»Ein Gefühl von freierem Leben«
Deutsche Dichter in Italien

»Ein Gefühl von freierem Leben«

Deutsche Dichter in Italien

von

Gunter E. Grimm, Ursula Breymayer
und Walter Erhart

J.B. Metzlersche Verlagsbuchhandlung
Stuttgart

CIP-Titelaufnahme der Deutschen Bibliothek

Grimm, Gunter:
»Ein Gefühl von freierem Leben« : deutsche Dichter in Italien /
von Gunter E. Grimm ; Ursula Breymayer u. Walter Erhart. –
Stuttgart : Metzler, 1990
ISBN 978-3-476-00710-0
NE: Breymayer, Ursula:; Erhart, Walter:

ISBN 978-3-476-00710-0
ISBN 978-3-476-03322-2 (eBook)
DOI 10.1007/978-3-476-03322-2

Ursprünglich erschienen bei J. B. Metzlersche Verlagsbuchhandlung
und Carl Ernst Poeschel Verlag GmbH in Stuttgart 1990

Inhalt

IV.
»Strahlend und fatal«: Schönheitsfeier im Fin de Siècle

V.
Lust und Last des Erbes. Deutsch-italienische Begegnungen im 20. Jahrhundert

Anhang:

»Reisen, die Erde und ihre Geschöpfe kennen lernen, ist die natürliche Bestimmung des Menschen: Stille sitzen und Phantasieen schmieden, sein unnatürlicher Zustand«.

Wilhelm Heinse, Tagebuch vom 9. August 1783

»Das ist das Angenehme auf Reisen, daß auch das Gewöhnliche durch Neuheit und Überraschung das Ansehen eines Abenteuers gewinnt.«

Goethe, Italienische Reise, 9. März 1787

Einführung:
Die Italiensehnsucht der Deutschen

Dem dritten Teil seiner *Reisebilder* stellte Heine ein Gedicht voran, dessen Polarisierung einigermaßen typisch für das deutsche Italienbild ist.

Schau hinein ins Buch, da drinnen
Siehst du Nebelmenschen schwanken,
Siehst wie blutende Gedanken
Durch die weißen Herzen rinnen.

Aber auch lebendge Rosen
Lachen blühend dir entgegen,
Und auf süßverschwiegnen Wegen
Hörst du Nachtigallen kosen.

Und sie kosen von Italia;
Und geschieht es auch in Prose,
Murmelt doch durch das Gekose
Fern melodisch die Kastalia.[1]

Italien, das Gegenbild Deutschlands im Guten wie im Bösen: Dem nüchternen Deutschland steht Italien, Land der Schönheit und der Kunst, Land der gefährlichen Verlockungen, verführerisch und bedrohlich gegenüber. Die Musen, von denen Heine singt, können sich durchaus als dämonische Gottheiten enthüllen, die ihren treuen Gefolgsmann nicht mehr ziehen lassen, ob er nun Tannhäuser heißt oder August von Platen. Gerade Platen, den Heine in den italienischen Reisebildern so übel behandelte, hat das Verfallensein an die Macht der Schönheit leitmotivisch in seinen Gedichten gestaltet. Dennoch ist das Schönheitsmotiv vergleichsweise jungen Datums.

Seit jeher gab es eine Fülle von Motiven, die den jahrhundertalten Beziehungen zwischen Deutschland und Italien zugrundeliegen. Es sind zunächst politische, wirtschaftliche und religiöse Gründe, dazu gesellen sich in der Neuzeit künstlerische, existentielle und touristische Argumente.[2] Die Menschen eines jeden Zeitalters hatten ihre primären Interessen, nach Italien zu fahren. Bei den deutschen Kreuzrittern war Italien nur Durchgangsstation auf der Fahrt ins Heilige Land; bei den Landsknechten des wackeren Georg von Frundsberg, die 1525 in der Schlacht von Pavía über die Truppen des französischen Königs Franz I. siegten und hernach plündernd durch Rom zogen, überwogen die materiellen Interessen. Der bußwillige Martin Luther dagegen sah in Rom, wo er sich 1510/11 aufhielt, eher den Standort des

Teufels. Im 16. und 17. Jahrhundert gehörte es für den Mann von Welt zum guten Ton, einmal durch Europa gereist zu sein. Hier boten sich besonders Frankreich und Italien an, doch auch nach England und den Niederlanden reisten die Kavaliere, um neben gesellschaftlichem Schliff ein wenig Gelehrsamkeit einzuholen. Daß der soziale Stand die »Kunst des Reisens« entscheidend beeinflußte, versteht sich von selbst. Landesfürsten reisten mit großer Equipage, Gelehrte allenfalls in ihrem Gefolge. Die barocken Reisenden suchten in Rom ihren melancholischen Gefühlen, daß alles hienieden vergänglich sei, reichlich Nahrung zu geben. Das antike Rom bot sich ja auch als Trümmerhaufen par excellence an; anders als heute, wo ein Kranz von Hochhäusern das historische Zentrum umgibt, öffnete sich im 17. Jahrhundert unmittelbar hinter den antiken Bauwerken das freie Feld. Die späteren Schüler des Kunsthistorikers Johann Joachim Winckelmann betrachteten dieselben Kunstwerke mit ganz anderen Augen – mit den Augen des Experten und des Ästheten, der in die wirre Ruinenwelt Ordnung bringt und das Schönheitsideal vom Mittelmaß trennt. Die Wissenschaft löste allmählich die Weltanschauung ab, an die Stelle des gleichnishaften Meinens und melancholischen Fühlens trat das exakte Deskribieren und penible Einordnen.

Wie näherten sich die deutschen Schriftsteller dem geliebten Objekt Italien? Naturgemäß war ihr Zugang ganz unterschiedlich. Selbstverständlich sind auch die Literaten den dominanten Wahrnehmungsparadigmen ihrer Epoche verhaftet. Sie können aber – und das macht das Besondere ihrer Wahrnehmung aus – auch selbst zur Schaffung bzw. zur Modifikation von Wahrnehmungsparadigmen beitragen. Ein Präzedenzfall ist sicherlich Goethes Italienreise. Er hat das Italienbild für das ganze 19. Jahrhundert geprägt, und wer nach Goethe Italien besuchte, kam nicht um die Auseinandersetzung mit seinem Italienbild herum.

Bei der Betrachtung, wie deutsche Dichter in Italien reisten, was sie wahrnahmen und wie diese Erfahrung sich auf ihr schriftstellerisches Werk ausgewirkt hat, spielen also verschiedene Gesichtspunkte eine Rolle. Zum einen verändert sich der Gegenstand Italien fortwährend, zum andern sind die Reisenden selbst recht verschieden: sowohl von ihren historischen Voraussetzungen her gesehen als auch von ihrer individuellen Eigenart her. Schließlich prägt die Art und Weise der Fortbewegung ihre Wahrnehmung. Zunächst ein paar Bemerkungen zum Wandel des Objekts. Wie Deutschland hat auch Italien eine recht bewegte Geschichte hinter sich, mit zahlreichen Katastrophen, Brüchen und verpaßten Gelegenheiten. Zwischen Spätantike und Bildung eines Einheitsstaates haben sich auf der italienischen Halbinsel zahlreiche kleinere und mittlere Staaten entwickelt, haben mehrere außeritalienische Mächte bestimmend hereingewirkt. Wenn also ein deutscher Dichter Italien bereiste, kam es sehr darauf an, in welcher Epoche dies geschah und welche Regionen er kennenlernte.

Ein Merkmal der Geschichte Italiens[3] im Mittelalter ist die politische Zerrissenheit; daraus resultiert die unterschiedliche Entwicklung der einzelnen Regionen. Für die deutsche Literatur spielt dieses Italien keine Rolle; selbst unter den Hohenstaufen spiegeln sich die Italienzüge nicht in der Dichtung. Erst im 15. Jahrhundert, im Werk des Südtiroler Lyrikers Oswald von Wolkenstein, gibt es einige Anklänge. Nach den erbitterten Kämpfen des Mittelalters, in denen es um die Vorherrschaft zwischen Papst und Kaiser ging und die mit dem Niedergang des Kaisertums und seines hegemonialen Anspruchs endeten, bildete sich nach dem Frieden von Lodi, den Mailand und Venedig im Jahre 1454 schlossen, eine Art politisches Gleichgewicht. Die Hauptmächte waren nun Florenz, der Kirchenstaat, Mailand, Neapel und Venedig.

Zu Goethes Zeit, in der zweiten Hälfte des achtzehnten Jahrhunderts, gliedert sich Italien in zehn größere Territorien: das Königreich beider Sizilien, das Süditalien und Sizilien umfaßt, den Kirchenstaat, das Großherzogtum Toskana (Florenz), die Herzogtümer Mailand, Mantua, Parma und Modena, die beiden Stadtrepubliken Genua und Venedig und schließlich das Fürstentum Piemont, zu dem seit 1720 das Königreich Sardinien gehört.

Nach dem Sturz Napoleons wurde auf dem Wiener Kongreß von 1815 Europa neu geordnet, darunter auch Italien. Diese Neuordnung kennt nur noch sieben selbständige Staaten: das Königreich beider Sizilien, den Kirchenstaat, das Großherzogtum Toskana, die drei Herzogtümer Parma, Modena und Lucca, sowie das Königreich Sardinien (also Piemont). Mailand, Mantua und Venedig fielen an das Kaiserreich Österreich, Genua kam an Sardinien-Piemont.

1860 erreichte Camillo Cavour, der Ministerpräsident Piemonts und treibende Kraft der Zusammenschließung Italiens, den Anschluß von Parma-Piacenza, Modena, der Toskana und der päpstlichen Legationen von Ferrara und Bologna. Die nötige Zustimmung Napoleons III. wurde durch die Abtretung Nizzas und Savoyens erkauft. Seit 1860 eroberte Garibaldi Sizilien und Unteritalien; sardinische Truppen besetzten Umbrien und die Marken. Am 17. März 1861 wurde zwar das Königreich Italien proklamiert, aber es fehlten noch einige Regionen. Sie kamen sukzessive hinzu: 1866, nach der österreichischen Niederlage gegen Preußen fiel Venedig an Italien, den preußischen Bündnispartner. 1870 wurde Rom eingenommen und der restliche Kirchenstaat annektiert, Rom zur Hauptstadt erklärt. Seit damals existiert der Nationalstaat Italien, der die Identität von italienischer Bevölkerung und Staat garantieren sollte, bis zu Mussolini, von dem das Prinzip des Nationalstaats zugunsten einer abenteuerlichen Eroberungspolitik verabschiedet wurde. Auch die häufigen Regierungswechsel nach dem zweiten Weltkrieg täuschen indes nicht darüber hinweg, daß Italien politisch mittlerweile zu den stabilen Demokratien Westeuropas gehört – und dies im Zeichen eines lang andauernden wirtschaftlichen Aufschwungs. Daran dürfte auch langfristig die immer noch vorhandene ökonomisch-kulturelle Nord-Süd-Spaltung nichts ändern.

Abgesehen von politischen Besonderheiten, die der heutige Italienreisende nicht mehr kennt, und die früher das Reisen durch Italien bzw. die einzelnen italienische Regionen sehr behinderten – ständige Paßkontrollen, verschiedene Währungen, unterschiedliche Gesetze usw. – spielt für das Italienbild der deutschen Reisenden ein kultureller Gesichtspunkt die maßgebliche Rolle. Schon immer standen einige Regionen bzw. Städte im Vordergrund des Interesses: Je nachdem, wohin der Italienreisende fährt, erhält er ein ganz unterschiedliches Bild von Italien. Es gibt also nicht nur politisch, sondern auch regional bedingt voneinander abweichende Italienbilder.[4] Modernen Datums ist das Interesse für die italienischen Strände; eine lange Tradi-

Der Brenner, eine von den Römern erbaute, von Augsburg nach Aquileja führende Straße, war schon im Mittelalter der am häufigsten benutzte Alpenübergang. Nach seinem Neubau von 1772 gewann dieser niedrigste und ganzjährig passierbare Paß zusätzliche Attraktivität.

tion dagegen haben drei andere Motive, die den Wanderer nach Italien lockten: Natur, Geschichte und Kunst. In den Städten konzentrierten sich die Aspekte Geschichte und Kunst. Nach wie vor üben vier Städte auf Italienreisende die größte Anziehungskraft aus: Venedig, Rom, Neapel und Florenz.[5]

Bei Venedig ist es die eigentümliche geographische Lage, die es auf der ganzen Welt so konkurrenzlos macht. Insofern brauchte es nie den Vergleich mit Rom zu scheuen. Eine Märchenstadt, eine Stadt des Traums und des Todes – als Schauplatz bei Dichtern und bei Filmemachern gleicherweise beliebt.[6] Zahlreiche deutsche Novellen und Romane spielen in Venedig, man muß hier nur an die neueren Romane *Die Rote* von Alfred Andersch, an *Masante* von Wolfgang Hildesheimer oder *Winterreise* von Gerhard Roth erinnern. Die Verbindung von Schönheit und Untergang ist der gemeinsame Nenner der Venedig-Literatur, ob bei Platen oder Hofmannsthal, ob bei Thomas Mann oder Hermann Hesse. Man hat die Stadt schon im vorigen Jahrhundert für todgeweiht erklärt; der Glaube an ihren baldigen Untergang gehört zum Nostalgiesyndrom, mit dem der Reisende Venedig besichtigt. Übrigens fallen die Urteile über Venedig keineswegs einhellig aus; rühmen die einen Besucher gerade die Einmaligkeit und die Faszination dieser Stadt und sehen über die negativen Seiten großzügig hinweg, so lassen sich die andern vom unübersehbaren Verfall und vom unüberriechbaren Schmutz vergraulen. Unvoreingenommen etwa das Urteil Theodor Fontanes, der sich auch hier durch einen klaren Blick auszeichnet: »Venedig ist interessant von Schritt zu Schritt, landschaftlich zauberhaft, poetisch durch und durch; aber es repräsentiert doch nicht *die* Form der Schönheit, die ich *dauernd* vor Augen haben möchte. Dazu ist mir, rund herausgesagt, die ganze Geschichte doch zu schmutzig. Sie bedarf des Mondlichts, bei dem man nur halb sieht. Sie bedarf der Verschleierungen, um immer wieder zu entzücken.«[7]

Mit Rom verhält es sich entschieden anders. Es ist noch heute so, daß Rom jede andere europäische Stadt an Vielfalt historischer und künstlerischer Eindrücke hinter sich läßt; insofern ist Rom weniger ein Objekt des Geschmacks als Venedig oder Florenz. Es ist eine historische Welt, der Mittelpunkt der älteren abendländischen, der römischen und der mittelalterlichen Geschichte. Rom galt jahrhundertelang als Caput mundi, und noch die heute übliche Benennung »Ewige Stadt« charakterisiert ihre historische Einmaligkeit. Fast alle Italienreisenden haben Rom als Ziel; im Mittelalter die büßenden Pilger, im Humanismus die Gelehrten, im Barock die Kavaliere, seit Johann Joachim Winckelmann dann die Kunst- und Kulturhistoriker.[8] Für die deutschen Künstler bildete Rom schon immer das Zentrum. Seit der zweiten Hälfte des 18. Jahrhunderts ließ sich hier ein Zirkel deutscher Maler nieder, im 19. Jahrhundert gab es literarische Kreise, heutzutage ist es die Villa Massimo, wo staatlich geförderte Künstler ihre Romeindrücke mehr oder weniger dankesschuldig zu Papier bringen – in Form von Gemaltem oder Geschriebenem. Wilhelm Heinse hat die Vielfalt des Rom-Erlebens in seinem Roman *Ardinghello* gerade im Vergleich mit anderen italienischen Städten hervorgehoben: »Es ist ein unaufhörlich Vergnügen, in Rom zu sein; man findet immer Neues, was von der Gewalt und Herrlichkeit des alten Volks zeugt und oft einen entzückt oder erschüttert. Es ist eine wahre Tiefe von Menschheit; die andern Städte sind dagegen wie erst angepflanzt.«[9] An dieser enthusiastischen Beschreibung ist etwas Wahres. Die Stadtbilder von Venedig und Florenz sind wesentlich geschlossener, sind überwiegend von einer Kunst – und Kulturepoche geprägt, in Rom dagegen haben alle Epochen ihre Spuren hinterlassen: Antike, frühes Mittelalter, Renaissance und Barock, das 19. Jahrhundert mit seinen historisierenden Monumentalbauten und natürlich auch das 20. Jahrhundert mit Zweckbauten aller Art. In Rom ist der Fremdling mit der gesamten abendländischen Geschichte und Kunst konfrontiert, auch wenn es – wie bereits Goethe feststellt, »ein saures und trauriges Geschäft« ist, »das alte Rom aus dem neuen herauszusuchen«. Mehr als zu seiner Zeit gilt auch heute sein Diktum, man treffe »Spuren einer Herrlichkeit und einer Zerstörung«, die beide über unsere Begriffe gingen: »Was die Barbaren stehen ließen, haben die Baumeister des neuen Roms verwüstet.«[10] Trotz dieser Einschränkungen gab es für Goethe niemals einen Zweifel, daß sich gerade in Rom der Prozeß seiner »Wiedergeburt« in Gang setzte, und er war überzeugt, »daß einer, der Italien, besonders Rom recht gesehn hat, nie ganz in seinem Gemüte unglücklich werden kann.«[11]

Wie für Goethe, so stellte der Romaufenthalt für viele Italienreisende den Höhepunkt dar. Einen Grund für das besondere Gefühl, das der Reisende in Rom, der einstigen Hauptstadt der zivilisierten Welt, empfindet, hat Goethe genannt:

»Wenn man so eine Existenz ansieht, die zweitausend Jahr und drüber alt ist, durch die Wechsel der Zeiten so mannigfaltig und von Grund aus verändert und doch noch derselbe Boden, derselbe Berg, ja oft dieselbe Säule und Mauer und im Volke noch die Spuren des alten Charakters; so wird man ein Mitgenosse der großen Ratschlüsse des Schicksals.«[12]

Das heißt: Der Reisende fühlt sich in Rom vom großen Hauch der Geschichte umweht, alles, sich selbst inbegriffen, erlebt er ein wenig aufgeladen mit historischer Bedeutsamkeit.

Die dritte Metropole mit allgemeiner Anziehungskraft ist Florenz.[13] Während Rom seit dem Mittelalter allgemeines touristsches Interesse beanspruchen konnte, rückte Florenz eigentlich erst seit dem 19. Jahrhundert, seit der Wiederentdeckung der Renaissance, in den Vordergrund. Außerdem bildet es einen bequemen Ausgangspunkt für Toskana-Rundreisen. Immerhin hat sogar Jacob Burckhardt, von dem man doch ein gewisses Faible für Florenz erwarten könnte, Rom ganz eindeutig den Vorzug gegeben. In der deutschen Literatur hat Florenz längst nicht die Rolle gespielt wie Rom und Venedig. Die Schriftstellerin Isolde Kurz, in ihren Anfängen auf den literarischen Spuren von Conrad Ferdinand Meyer, hat zwischen 1877 und 1913 dort gelebt; Florenz und die Toskana sind der Schauplatz in ihrer bekanntesten Novellensammlung, den *Florentiner Novellen* von 1890. Mag sein, daß der herbe Charakter der Stadt den Deutschen gerade das, was sie im Süden suchen – freie Ungebundenheit, heitere Geselligkeit und übersprudelndes Temperament – am wenigsten bietet, weniger jedenfalls als die Traumküste von Neapel.

So hat Neapel, die vierte der städtischen Hauptattraktionen Italiens, eigentlich noch nie als Stadt auf die Besucher gewirkt, sondern ausschließlich aufgrund seiner Lage im Golf.[14] Wer sich für Neapel begeisterte, tat dies wegen der Schönheit der Landschaft, oder auch wegen der Lebendigkeit der Bewohner – aber nicht wegen der Stadt selbst. Kaum ein Reisender, der über die Schönheiten des Golfes nicht ins Schwärmen geriete, ob es nun der griesgrämige Johann Gottfried Herder ist, der Architekt Karl Friedrich Schinkel, der melancholische Graf Platen oder die Historiker Leopold von Ranke und Ferdinand Gregorovius. Theodor Fontane, der sich über den allgemein in Italien herrschenden »Schwindelgeist« beklagte, räumte dennoch nonchalant-nüchtern ein: »Nur eines ist nicht Schwindel: der Golf von Neapel.«[15]

Freilich werden Eindrücke und Urteile nicht ausschließlich vom Gegenstand der Betrachtung beeinflußt. Nicht wegzudenken – gerade bei sensiblen Dichtern – ist die persönliche Verfaßtheit, die Mentalität und die augenblickliche Stimmung. Aber auch die Tatsache, ob der Autor als Tourist, als Stipendiat oder aus beruflichen Gründen reist, spielt für sein Wahrnehmen und Erleben eine nicht zu unterschätzende Rolle. Lessing etwa wäre lieber gar nicht nach Italien gefahren, er hätte lieber geheiratet – und diese Verzögerung wirkt sich gewiß negativ auf sein Erleben aus. Ähnlich Grillparzer, der zwar einigermaßen unvoreingenommen durch das Land reist, aber doch durch die vorausgegangene Familientragödie – Bruder und Mutter hatten Selbstmord begangen – negativ ›besetzt‹ war. Sein Blick jedenfalls, mit dem er die Dinge wahrnahm, war alles andere als ›sonnenhaft‹. Und das gilt auch für den melancholischen Grafen Platen, der aus Deutschland eher nach Italien floh und das Land mit manischer Besessenheit erwanderte. Wenn er auch in Italien nicht glücklich werden konnte – wegen seiner homosexuellen Veranlagung und seinem krankhaft poetischen Ehrgeiz –, wohler als in den einengenden deutschen Verhältnissen fühlte er sich gewiß. »Wie der Mensch ist, muß es ihm werden«, schrieb Goethe an Herder[16] – eine Wahrheit, die sich gerade auf Reisen bestätigt.

Hinzukommt ein Drittes. Bei allen individuellen Verschiedenheiten und Eigengeprägtheiten ist für die Rezeption des Neuen und Unbekannten das epochendominante Wahrnehmungsparadigma bestimmend. Entweder folgt der Reisende diesen durch Vorerwartungen geformten Anweisungen und Mustern, oder er durchbricht sie und setzt sich bewußt von ihnen ab. So steht es außer Zweifel, daß der Bibliothekar Lessing nur zähneknirschend seine Italienreise in Form einer Kavalierstour unternahm; aus freien Stücken wäre eine Gelehrtenreise daraus geworden. Italien konnte für ihn nicht zum epochalen »Ereignis« wie bei Johann Joachim Winckelmann werden.

Von Winckelmanns Wirken an datiert ein neuer Typus der Italienreisen. Die Wiedererweckung der antiken Kunst macht Italien von nun an zum Eldorado für alle Kunstfreunde, ob sie Kunst lediglich verehren oder selbst bildende Künstler sind. Goethe steht unleugbar unter dem Einfluß Winckelmanns, sein eigenes Kunstverständnis hat sich erst im Laufe des Romaufenthalts in einigen Punkten von Winckelmanns idealischem Antikenideal gelöst; überwunden hat Goethe das edel-erhabene, auf Harmonie angelegte Kunstideal Winckelmanns erst spät.

Goethes Italienbild war gewiß nur eine Projektion, aber eine folgenreiche, denn die Bildenden Künstler und die Dichter kannten die antike Kunst und das Italienbild in erster Linie aus Goethes *Italienischer Reise* von 1816/17. Man mißverstand das Buch oft als eine objektive Beschreibung des bereisten Landes, benutzte es wie einen Reiseführer, um sich auf Italien einzustimmen. Eine Fehleinschätzung, denn Goethes Darstellung sollte die Autobiographie *Dichtung und Wahrheit* fortführen und diente deshalb eher der persönlichen Rechenschaft als der objektiven Faktenwiedergabe. So ist es auch eher ein Unikum, daß der preußische Divisionsauditeur Gustav Nicolai in seinem 1834 publizierten Buch *Italien wie es wirklich ist* den »Bericht über eine merkwürdige Reise in den hesperischen Gefilden« liefert, und zwar als »Warnungsstimme für Alle, welche sich dahin sehnen.« Im einzelnen führt der kleinkrämerische Nicolai aus:

»Allerdings muß die Frage entstehen, wie es denn komme, daß Italien so außerordentlich gelobt und als so reizend geschildert werde? – Gegen das Ende des vorigen Jahrhunderts war, besonders von Engländern, die Wahrheit schon ziemlich unverschleiert zu erkennen gegeben worden, als Goethe in Deutschland über Italien seine Stimme erhob, und weniger die Wahrheit, als die Schönheit der darstellenden Farben vor Augen hatte. Es konnte auch ihm, der überall nur an sich selbst dachte, nicht darauf ankommen, ob er im Interesse seiner Landsleute schrieb. Bald tummelten, durch Goethe angeregt, auch andere Dichter ihre Phantasie in den hesperischen Gefilden, wiewohl sie dieselben gewöhnlich nie selbst gesehen hatten. In der Nebelschwebelperiode, durch Tieck, Novalis und Wackenroder begründet, entstand eine überspannte Verehrung für die Kunstsammlungen Italiens, Kunstschwärmerei und schwärmende Kunstphilosophie; mit derselben aber die krankhafte Sehnsucht nach dem Süden, welche seit Jean Pauls Titan in Manie ausartete. Von dieser Manie sind jetzt alle Künstler angesteckt. Haben diese nun das Land ihrer Sehnsucht erreicht, so sehen sie entweder aus Enthusiasmus falsch, oder sie vermeiden, im Dankgefühl für das einzelne Schöne, welches ihnen dort geboten wird, die Schattenseiten Italiens aufzudecken. Antiquitätenkrämer aber fühlen sich an jedem Orte überselig, wo sie in alten Schutthaufen umherkriechen können. Wo fänden sie deren mehr als in Italien? Mit dem Livius oder Florus in der Hand starren sie dort süß weinend die Steinklumpen an, die ihnen italienische Schlauheit für Ueberbleibsel der alten Zeit ausgiebt; beim Anblick Roms gerathen sie in Verzückung.«[17]

Und er schließt seinen Bericht über den römischen Aufenthalt mit dem Ausruf: »Welch ein trübseliges Land ist dies Italien! Bis jetzt haben wir fast nur reizlose, öde Felder, Wüsten, Kloaken, Ruinen und schmutzige Höhlen gesehen, und jetzt sollen wir nun deinen Landstrich durcheilen, in welchem der Pesthauch der Vernichtung weht und das Mordmesser des Räubers blinkt. Mein theures, zurückgesetztes deutsches Vaterland, wie bist Du so schön, so reizend, so gesund! Du bist das Abbild einer holden, mütterlichen Frau, Germania! Zürne nicht über Deine entarteten Kinder, die das freundliche, farbige Haus mit der grünen Flur, welches Du ihnen öffnest, verlassen, um sich in der Schmutzhöhle der Buhlerin Italien zu entnerven!«[18]

Sicher war Nicolai eine lederne Beamtenseele, wie schon seine empörten Zeitgenossen feststellten. Wer in einem anderen Land nicht auch einige Minuspunkte in Kauf nimmt, der sollte füglich auf die positiven Erlebnisse verzichten. Er bleibt besser zu Hause. Immerhin ist es doch nicht ganz fehl am Platze, über all der Kunstbegeisterung auch die Realitäten zu Wort kommen zu lassen. Sie rückten bei den begeisterten Kunstadepten oft aus dem Blick. Das Verhältnis Deutschland und Italien lief geradezu Gefahr, aus dem Realen ganz ins Transzendente abzugleiten, das Sinnlich-Lebendige, sich ins Mythisch-Abstrakte zu verlieren. Nicht von ungefähr, denn der gebildete Deutsche des 18. und 19. Jahrhunderts tendierte prinzipiell dazu, die Dinge nicht nur so zu nehmen, wie sie sich ihm darboten – er mußte sie sogleich in ein System einordnen und Polarisierungen vornehmen. Auch wenn man den Verallgemeinerungen skeptisch gegenübersteht – ganz kommt man nicht darum herum, Ordnung in die verschiedenen Typen der Italienerfahrungen zu bringen. Man hat sich darüber ja schon lange Gedanken gemacht, und die Resultate spiegeln letzten Endes auch die Geschichtlichkeit der Wissenschaft selbst. Dazu rechnet etwa das Erstellen von völkerpsychologisch untermauerten Idealtypen. Die ›Wesensbestimmung‹ der Völker ist allerdings keine ausschließlich deutsche Eigenheit, sie entspringt einer bestimmten Phase der Geisteswissenschaft, die einen Hang zu solchen, oft simplifizierenden und transzendierenden Systemen entwickelte. Bruno Arzeni liefert in seinem 1936 publizierten Aufsatz *Platen und Italien* ein Musterbeispiel für die geradezu metaphysische Betrachtung beider Nationen.

»Man sagt allgemein, daß Italien vielen deutschen Menschen zum Schicksal geworden ist: ein Wort, das wir tausendmal in Schriften und Reden antreffen und über dessen wahre Bedeutung wir nicht mehr nachzudenken pflegen. Es ist ein Schlagwort, das manchmal sogar in politischen Reden auftaucht, um die Verbundenheit beider Länder zu betonen. Das Verhältnis zwischen Italien und Deutschland ist aber viel tiefer als man aus der Geschichte selbst schließen könnte. – Es wurzelt schon im Transzendentalen. Man möchte behaupten, es ist fast eine Daseinsform. Norden und Süden ziehen sich an und stoßen sich ab: Neigungen und Abneigungen schwingen zwischen Mittelmeer und Nordsee. Ohne die Problematik dieses Verhältnisses wäre unsere europäische Kultur kaum zu verstehen. Ohne die Voraussetzungen und Formen, die jenes Verhältnis bedingen, ist es unmöglich, Entwicklung und Schicksal des nordischen Menschen und vor allem des deutschen Menschen zu begreifen. Die Dichter, die die feinsten Organe für alles, was lebendig ist, besitzen, weisen auch die Formen dieses Verhältnisses am klarsten und tiefsten auf. Wer den deutschen Menschen verstehen will, darf das Kapitel Italien nicht überschlagen. Aber Italien muß vor allem in der deutschen Seele selbst gesucht werden: nur in diesem Sinne ist dieses Land Schicksal und Glauben für die Deutschen.«[19]

Es erscheint heute müßig zu fragen, wer oder was »der deutsche Mensch« sei. Nach den Erfahrungen des Faschismus und des Nationalsozialismus sollte man sich vor solchen platten Verallgemeinerungen besonders hüten. Es ist freilich anstrengender, statt solcher meist am Schreibtisch erdachter einseitiger Spekulationen die Begegnung zweier Nationen empirisch zu erfassen. Der Historiker erkennt rasch, daß viele angebliche »Wesensmerkmale« beider Völker sich nur den historischen Gegebenheiten verdanken. Bereits Johann Gottfried Seume hat die miserablen sozialen Verhältnisse für die Spitzbübereien, die Räuberbanden und die allgemeine Unsicherheit auf den Straßen Italien verantwortlich gemacht. Sein empirischer Blick war jedoch das Ergebnis strapaziöser Fußmärsche. Bequemer war es, in der Kutsche das Land an sich vorübergleiten zu lassen. Im 19. Jahrhundert hielt man sich lieber an Idealbilder, an Typologien und an Absolutsetzungen. Ein solcher Nachhall der typologisierenden Betrachtungsweise findet sich im 1933 verfaßten Essay Jonas Lessers *Deutsche Südsehnsucht*. Lesser geht von allgemeingültigen Motivationen aus:

»Der Mensch nördlicher Breiten, von Ungenügen an sich selbst erfüllt, sucht im

Süden Ergänzung, Befreiung, Vollendung, er sucht und findet doch zuweilen neue Naivität, die »ihn erlöst vom Nebeltraum im Norden«. Die Sehnsucht nach einer schöneren, glücklich in sich ruhenden Welt erträumt und findet jenseits der Alpen arkadisch-selige Gefilde.«[20]

Etwas gemildert, aber im Grunde auch diesem idealtypischen Muster verpflichtet ist die Argumentation Joachim Wieders, der in seinem 1980 publizierten Aufsatz *Vom deutschen Italienerlebnis* einen Beitrag zur Kulturgeschichte der Italienreisen leisten will. Er erklärt die »gleichsam zauberische Anziehungskraft« mit den »historischen Monumenten des an dramatischen Geschichtsereignissen so reichen italienischen Bodens«, der »unübersehbaren Fülle seiner Denkmäler der bildenden Kunst«, der »Sehnsucht nach einem Sinne und Geist anregenden freieren, leichteren Dasein unter südlicher Sonne« sowie der »natürlichen Physiognomie des Landes«.

»Es darf mit Recht gesagt werden, daß der deutsche Drang nach dem Süden, die dichterisch so wunderbare verklärte deutsche Italiensehnsucht, tiefere Ursachen hat als die anderer nordischer Nationen. Das Italienerlebnis läßt gerade bei den großen Gestalten der deutschen Kunst- und Geisteswelt – ich erwähne hier nur Dürer, Winckelmann, Humboldt und Goethe – das zentrale Problem des Nord-Süd-Verhältnisses deutlich werden: die Begegnung und Auseinandersetzung mit Italien war eine entscheidende Hilfe in dem Streben nach Ordnung und Klarheit, nach Maß und Form, nach Ruhe und Sein gegenüber dem ewigen Werden und der Unruhe der zum Grenzenlosen, Mystischen und Unendlichen hinneigenden deutschen Wesensart. Sie führte zu Vollendung und Reife in Persönlichkeitsbildung und Schaffen. Es war meist eine Art Befreiung, eine Steigerung der Lebensfreude und Schöpferkraft, die unzählige Deutsche südlich der Alpen suchten und fanden. Sie wurde oft zu einem umwälzenden Ereignis ihrer geistigen Existenz.«[21]

Es versteht sich, daß Wieder hier nur die Gipfelereignisse der deutsch-italienischen Begegnung anpeilt, nicht den Badeurlaub werktätiger und erholungsbedürftiger Leute.

Das bekannteste und in mancher Hinsicht immer noch anregende Beispiel für diese typologisierende Geschichtsbetrachtung ist das Buch des Kunsthistorikers Wilhelm Waetzoldt *Das Klassische Land. Wandlungen der Italiensehnsucht.*[22] Es enthält freilich eine Reihe guter und richtiger Beobachtungen, und man kann es keineswegs als Negativbeispiel klassifizieren; nur werden hier gewisse Gegensätze, die sich historisch herausgebildet haben, verabsolutiert, als überzeitliche Größen behandelt. Ein paar Sätze aus der Einleitung über die »Italiensehnsucht« mögen dies illustrieren.

»Durch die Stimmen der Völker des Nordens klingt immer wieder der Ton der Sehnsucht nach dem Süden. Italien hat die Phantasie Europas seit der Antike gefesselt: als Herz des römischen Weltreiches, als Thronsitz der Nachfolger Petri, als Zentrum der großen kaiserlichen Politik, als Schatzkammer klassischer Kunst, als Quellgebiet wiedererwachender Wissenschaft, als Mutterland freien Menschentums. Daß Italien zu einem künstlerischen Ideal wurde, ist nur eine Seite dieses großen geistesgeschichtlichen Vorganges. Die Italiensehnsucht des Nordens schließt die Italienträume der Maler und Dichter in sich; sie hat in ihnen ihren beseeltesten und ihren bleibenden Ausdruck gefunden. [...] Sobald dem Nordländer das wesentliche

Anderssein des Südens bewußt wurde, sobald sein eingeborenes Daseinsgefühl nach der ultramontanen Ergänzung verlangte, gewann die Idee Italien Gestalt, formte sich in Bild und Wort das Italienerlebnis des nordischen Menschen.«[23]

Im folgenden entwickelt Waetzoldt aus diesem fundamentalen Gegensatz Nord – Süd eine Typologie, wie sich der Süden dem Nordmenschen erschließt; es habe sich bei aller Verschiedenheit im Laufe der Jahrhunderte eine »gewisse Typik« hinsichtlich des Gewahrwerdens und der künstlerischen Stilisierung herausgebildet. Und zwar präsentiere sich Italien in dreifacher Gestalt der schöpferischen Phantasie: einmal »als bunter Stoff«, als Motivquelle und als Themenschatz, zweitens »als ideale Form, in den beiden großen Bereichen der »reinen« Linie und des südlichen Lichtes«, drittens »als seelischer Gehalt, d.h. nach dem besonderen Lebenswert, den Italien für das Daseinsgefühl und den historischen Sinn des Nichtitalieners besitzt«. Diese typischen Reflexe seien von der Kunst in dichterische und in bildnerische Formeln gefaßt worden, die – wörtlich – »die Bedeutung klassischer Urkunden für das Verhältnis des nordischen Menschen zum Süden haben«. Waetzoldt selbst möchte »eine Art ideengeschichtlicher Ikonographie« liefern, die Darstellung und Analyse des von nordischen Künstlers geformten Italienbildes. Da es nicht um Richtigkeit oder Falschheit dieser Bilder geht, sondern um ihren künstlerischen Ausdruckwert und ihre Motivation, läßt sich aus ihnen naturgemäß auch manche Erkenntnis über ihren Schöpfer gewinnen; die Untersuchung des deutschen Italienbildes ist somit ein Teil einer kulturgeschichtlichen Rezeptionsgeschichte.

Zwei Beispiele einer solchen ideengeschichtlichen Ikonographie seien wenigstens skizziert. Zweifellos hat Goethes Gedicht *Mignon* das Italienbild vieler Epochen auf einen Nenner gebracht.[24] Es versammelt eine ganze Reihe von Bildern und Symbolen, die von Anthologisten und Werbemanagern in gleicher Weise eingesetzt worden sind.

Kennst du das Land, wo die Zitronen blühn,
Im dunkeln Laub die Gold-Orangen glühn,
Ein sanfter Wind vom blauen Himmel weht,
Die Myrte still und hoch der Lorbeer steht (...)

Soweit die Naturbeschreibung der ersten Strophe. In der zweiten Strophe wendet sich Goethe dann den Gebilden von Menschenhand zu, den malerischen arkadengeschmückten Häusern.

Kennst du das Haus? Auf Säulen ruht sein Dach,
Es glänzt der Saal, es schimmert das Gemach,
Und Marmorbilder stehn und sehn mich an (...)

In der dritten Strophe schließlich geht es um die wilde Natur, die der einsame und kühne Wanderer in Italien auch antreffen kann: etwa in den Abruzzen.

Kennst du den Berg und seinen Wolkensteg?
Das Maultier sucht im Nebel seinen Weg,

In Höhlen wohnt der Drachen alte Brut,
Es stürzt der Fels und über ihn die Flut (...)

Dieses Gedicht prägt nicht nur das Italienbild der nachgoetheschen Generationen, es hat auch künstlerisch Schule gemacht. Zahlreiche Dichter beziehen sich in ihren Versen auf dieses Gedicht, teils in direkter Wiederaufnahme oder Anknüpfung einzelner Bilder, teils in versteckten Anspielungen, teils auch in parodistischer Absicht, wie etwa, rund 150 Jahre später, Erich Mühsam in seinem prophetisch-agitatorischen Gedicht *Mignon 1925*: »Kennst du das Land, wo die Faschisten blühn [...]?«[25]

Ähnlichen Eindruck hat ein Gemälde hinterlassen – das 1828 gemalte Bild *Italia und Germania* des Johann Friedrich Overbeck. Overbeck war Begründer der sogenannten Nazarener, einer deutsch-österreichischen Künstlergruppe, die seit 1810 im leerstehenden Kloster Sant'Isidoro in Rom wirkte und eine Erneuerung der Kunst auf religiöser Grundlage anstrebte. Wie Claus Sommerhage herausarbeitet, hat das Bild mehrere allegorisch verschlüsselte Bedeutungsschichten: Die beiden Frauen verkörpern die Freunde Overbeck und Franz Pforr, das Bild ist also eine Idealisierung der Freundschaft. Die beiden Landschaften im Hintergrund – links die malerisch-italienische, rechts die altdeutsch-städtische – kennzeichnet die Tendenz der Nazarener zur Synthese von Präraffaelitismus und dürerisch-mittelalterlicher Kunst. Die Farben der Italia-Gestalt – rot, weiß und dunkelblau – verweisen auf die Tradition der Marien-Ikonographie und offenbaren, welche gewichtige Rolle der Katholizismus für die Nazarener gespielt hat.[26]

In diesem Zusammenhang muß nochmals auf Goethes Werk *Italienische Reise* hingewiesen werden. Goethes Italienwahrnehmung hat zweifellos den nachfolgenden Generationen als Modell gedient. Der gebildete Deutsche reiste ›auf Goethes Spuren‹ nach Italien, besuchte mit ehrfürchtigem Sinn die Stätten, wo der Dichterfürst geweilt hatte und las dabei dessen Bericht – wahrscheinlich alle, die Dichter und die Nichtdichter, in der geheimen Absicht, wie Goethe eine ›geistige Wiedergeburt‹ zu erleben. Insofern bildete dieses Buch, bei all seiner thematischen Vielfalt und strukturell-seelischen Komplexität, auch eine Barriere für nachfolgende Generationen. Programmierte es doch ein Italienerleben, das mit fortschreitender Technisierung immer epigonaler und ausschließlich historisierend wurde. Erst im 20. Jahrhundert, als auch die äußeren Bedingungen gänzlich von den Zuständen zu Goethes Zeit divergierten, lösten sich die reisenden Autoren aus dem übermächtigen Schatten Goethes.

Im Rahmen einer historischen Darstellung fungieren Wahrnehmungsparadigmen als Leitkategorien. Der Begriff des Wissenschaftsparadigmas wurde bekanntlich von Thomas S. Kuhn als terminus technicus zur Einteilung der Wissenschaftsgeschichte in die Diskussion eingeführt.[27] Das Paradigma meint soviel wie ein Modell zur Erklärung bestimmter Sachverhalte; zum Paradigma wird ein solches Modell dann, wenn es innerhalb einer Epoche dominiert, d.h. die Konkurrenzmodelle verdrängt. Gegenüber einer bloß zeitlichen Einteilung nach Epochen bietet die Paradigmeneinteilung den Vorteil, daß sie die verschiedenen Ausprägungen einem Leitinteresse unterordnet. So läßt sich der Begriff des Paradigmas sinnvoll auch zur Einteilung von

Italia und Germania idealtypisch, wie sie der Maler Johann Friedrich Overbeck im Jahre 1828 gesehen hat: zwei Schwestern, die ruhig sitzende Italia und die sehnsuchtsvoll in die Ferne schauende Germania.

historischen Wahrnehmungsweisen einsetzen. Im Rahmen des rezeptionshistorischen Themas »Deutsche Dichter in Italien« ist der Rückgriff auf solche Paradigmen durchaus sinnvoll, und zu ihrer näheren Abgrenzung gibt es eine Reihe von Gesichtspunkten, etwa 1. historische bzw. politische Gründe, 2. soziale Gründe, 3. religiöse Gründe, 4. geistesgeschichtliche (etwa ästhetische) Gründe, 5. technische Gründe (Fortbewegungsmittel).

Die unvollständige Liste zeigt, daß nur die technischen Gegebenheiten mit dem Vorgang des Reisens selbst zu tun haben; die anderen Argumente kommen von außerhalb – sind daher weltanschaulichen Einflüssen ausgesetzt. Vom Mittelalter bis zur Gegenwart lassen sich mehrere Paradigmen unterscheiden.

Wilhelm Waetzoldt hat 1932 in seinem Aufsatz *Die Kulturgeschichte der Italienreisen* eine historische Typologie der Italienreisen vorgelegt.[28] Ihm schließt sich Joachim Wieder an.[29] Beide unterscheiden folgende epochentypische Reisemodelle.

1. Pilgerreise,
2. Kavaliersreise,
3. empfindsame Reise,
4. moderne Bildungsreise,
5. romantische Reise als Sondertypus,
6. die moderne Erholungs- bzw-. Sightseeingsreise, von Wieder noch abschätzig »Karawanen- oder Herdenreise« tituliert.[30]

Nicht von dieser allgemeinen Bedeutung, eher berufsspezifisch sind die Gelehrtenreisen und die Künstlerreisen, zu denen in gewissem Sinne auch die Reisen der Dichter gehören. Die von Waetzoldt und Wieder vorgelegte Typologie ist allerdings unvollständig. So wichtig die sprechende Anordnung eines Buches auch sein mag, wichtiger sind doch die individuellen Erlebnisse. Die Paradigmen-Gliederung soll lediglich den historischen und den ideologischen Rahmen abstecken, innerhalb dessen jeder Autor doch seine ganz persönlichen Erfahrungen gemacht hat.

Schließlich soll auch der Aspekt, wie die Schriftsteller ihre Erfahrungen literarisch verarbeitet haben, nicht zu kurz kommen. In den Tagebüchern und Briefen spiegelt sich Italien unmittelbar, in den Werken, in Gedichten und Novellen, in Dramen und Romanen ist es bereits künstlerisch gefiltert. Italienerfahrung und Italienbild sind komplementär angelegt. Ausgeschlossen bleiben Autoren, die zwar Italiendichtungen geschaffen haben, jedoch selbst nie Italien gesehen haben – etwa Jean Paul und die Romantiker Achim von Arnim, E.T.A. Hoffmann, Fouqué, der frühe Tieck und Eichendorff. Ihr Italienbild verdankt sich reiner Imagination, das Italienerleben fehlt ihnen. Die reizvolle Möglichkeit, persönliche Erfahrungen und literarische Bilder zu vergleichen, entfällt bei ihnen. Beim Thema »Deutsche Dichter in Italien« versteht es sich, daß die Italienkenntnis eine conditio sine qua non für die Aufnahme der Autoren war. Denn nichts geht über die Autopsie des Objektes, über das man schreibt, ob es nun ein Gustav Nicolai, ein Goethe oder ein Hermann Hesse tut.

Der Aufbau des vorliegenden Buchs vermittelt zwischen historischer Epochengliederung und Paradigmenordnung:

Das erste Kapitel skizziert die Anfänge der Italienreisen, die Pilgerfahrten und die Kavaliersreisen bis zum Auftreten Winckelmanns. Literarische Zeugnisse aus der

Zeit der frühen Reisemodelle sind nicht erhalten; weder Pilger noch Kreuzritter haben von Italien gedichtet oder Tagebuch über ihre Erlebnisse geführt. Erst die Kavaliere oder die Begleiter fürstlicher Reisender haben Aufzeichnungen hinterlassen; freilich sind es mit ganz wenigen Ausnahmen keine poetischen Dokumente. Erst die Gelehrten haben sich literarisch erheblich geäußert – was nicht weiter verwunderlich ist, wenn man an die frühe Personalunion von Dichtern und Gelehrten denkt, eben an den humanistischen poeta doctus. Die eigentliche literarische Italienerfahrung setzt erst nach Winckelmann ein. Jetzt rückt die Kunst ins Zentrum des Interesses der Italienfahrer, auch wenn es durchaus Nachzügler gibt. Prominentes Beispiel einer ›gelehrten Kavaliersreise‹ ist Lessings verunglückte Italienfahrt. Von ganz anderem Kaliber ist der dionysische Italienzug Wilhelm Heinses – eines Einzelgängers, dessen Kunsturteile weit über die Ära Winckelmanns hinausweisen.

In den Fußstapfen Winckelmanns reist auch Goethe nach Rom. Natur und Kunst stehen bei ihm in einem Komplementärverhältnis; an der Natur orientiert sich der Dichter und der Zeichenschüler. Goethe hat sein Italienerleben absichtsvoll stilisiert – als »Wiedergeburt«, und er hat alle Begegnungen und Einsichten mit dem Anspruch auf Bedeutsamkeit dargestellt. Wer nach Goethe eine Italienfahrt unternimmt, tut dies bewußt oder unbewußt als Nachvollzug Goethescher Erfahrungen. Herder, unmittelbar nach Goethes Rückkehr nach Italien gereist, mißt sein eigenes Erleben krampfhaft an Goethes Wiedergeburtserlebnis. Seumes Italienfahrt stellt eine einzige Kontrafaktur zu Goethes hellem Italienbild dar; er sieht nur das Negative: die sozialen und politischen Mißstände. Das Privaterlebnis bleibt daneben fast ausgeblendet. Ganz anders wiederum bei Zacharias Werner, dem exzentrischen Romantiker. Für ihn bedeutet Rom allerdings auch eine »Wiedergeburt« – aber, und dies durchaus im bewußten Gegensatz zu Goethes säkularisierter Weltanschauung, eine Wiedergeburt im Schoße der Religion. Bei Werner finden Pilgerfahrt und Wiedergeburtsmythos zu einer abstrusen Synthese. Dies der Inhalt des zweiten Kapitels, das von Goethe bis Werner reicht und so verschiedene Aspekte wie Empfindsamkeit, Antikekult und Sozialkritik vereint.

Das dritte Kapitel reicht von der Metternich-Ära bis zum Kaiserreich. Auch wenn die Liebe zu Architektur, zu Plastik und Malerei seit Winckelmann eine unverlierbare Konstante des Italienwahrnehmung bildet, so geht doch auch die andere Konstante, der kritische Blick auf die politische Verfaßtheit und die ökonomischen Mißstände nicht mehr verloren – und dies gerade bei so traditionsbewußten Schriftstellern wie Grillparzer und Platen. Dennoch ist eine zunehmende Distanziertheit gegenüber Italien im weiteren 19. Jahrhundert unverkennbar. Hebbel und Fontane betrachten voller Interesse das ihnen fremde Land; zu einem inneren Verhältnis zu Italien gelangen sie nicht. Scheffel gar findet ausgerechnet in Italien zur bewußten Deutschheit. Historismus und Nationalismus – die zwei dominierenden Trends in der zweiten Jahrhunderthälfte – lassen es nur zu einem ›gefilterten‹ Italienerleben kommen: Der Reisende fährt nicht mehr unvoreingenommen ins Land seiner Träume. Er vergleicht ständig und grenzt sich und seine heimische Welt von der Fremderfahrung Italien ab.

Das vierte Kapitel behandelt den Schönheitskult, der in der internationalen Dekadenzdichtung des Fin de siècle gipfelt. Nicht von ungefähr kristallisiert sich die

Dichtung um Venedig, die untergangsgeweihte Stadt. Während in den vergangenen, am Christentum und antiker Kunst orientierten Epochen Rom unangefochten im Zentrum des Interesses stand, hat um die Jahrhundertwende Venedig die italienische Metropole auf den zweiten Platz verdrängt. Ob Rilke oder Hofmannsthal, ob Thomas Mann oder Hermann Hesse – sie alle stehen dem Phänomen der Lagunenstadt gleicherweise fasziniert gegenüber. Die lange Reihe der Venedigbewunderer eröffnet nicht von ungefähr Nietzsche, in dessen Zeichen die ganze Ära in ihrer Spannung zwischen melancholischem Untergangsbewußtsein und dionysischem Schönheitskult steht. Am Schluß wiederum eine Symbolgestalt – Gerhart Hauptmann, der die dionysischen und die apollinischen Elemente, die Einflüsse Nietzsches und Goethes zu vereinen sucht, und gerade in diesem vergeblichen Bemühen den epigonalen Charakter dieser Spätzeit zeigt.

Das letzte Kapitel handelt ausschließlich von Autoren des 20. Jahrhunderts. Auch sie orientierten sich an Goethe, und nicht zufällig wandelten die Dichter der sogenannten ›inneren Emigration‹ auf seinen Spuren, in einer unsicheren und dunklen Zeit sich an dem leuchtenden Vorbild innerlich aufrichtend. Italien wird ihnen zum Land des freiwilligen Exils, das politische Distanz und Schönheitssuche zugleich befriedigt – mit allen Problemen, die dieser mehrschichtigen Motivation entspringen. Flucht ist auch das dominierende Motiv für Alfred Andersch, von seiner Desertion aus Hitlers Armee bis zu seiner freiwilligen Emigration aus der Bundesrepublik. Wahlheimat ist Italien auch für Marie Luise Kaschnitz, in deren Werk Italien eine zentrale Bedeutung gewonnen hat. War Isolde Kurz die Italiendichterin des späten 19. Jahrhunderts, so ist es die Kaschnitz für die Nachkriegsära des 20. Jahrhunderts. Dem Historismus der Kurz korrespondiert die Gegenwartszugewandtheit bei Kaschnitz. Und dies ist auch einer der durchgehenden Trends moderner deutscher Italiendichtung. Nicht mehr die Verherrlichung der Vergangenheit, der antiken und der mittelalterlichen Geschichte, der Kunst der Renaissance und des Barock bilden die Hauptmotive zeitgenössischer Autoren. Sie wenden sich der Gegenwart mit ihren Problemen zu, Land und Leute spielen bei ihnen eine ganze andere Rolle als bei den früheren Autoren. Das Italienerleben ist unmittelbarer und unvoreingenommener, kein Bildungsballast drückt die Italienreisenden, die Wahrnehmung erfolgt nicht mehr durch die ›Brille Goethes‹. Mag sein, daß diese Spontaneität zugleich einen ›Abschied vom Mythos Italien‹ bedeutet – aber muß dies ein Nachteil sein? Das Schlußkapitel versucht, am Beispiel einiger neuerer Italienbücher, Antworten auf diese Fragen zu geben.

I.
Vom Pilgerzug zum Kunsterlebnis

Zwischen Erdenjammer und Kunstgenuß

Pilger, Gelehrte, Kavaliere auf Reisen

Im Mittelalter hatten die deutschen Könige und Pilger dasselbe Ziel: Rom, die »civitas sancta«, Hauptstadt der Welt und Zentrum der Christenheit. Während indes die Könige eine Erhöhung ihrer weltlichen Herrschaft anstrebten – der Papst sollte sie nämlich zum Kaiser des Heiligen Römischen Reiches deutscher Nation krönen –, richteten die Pilger ihre Gedanken hauptsächlich auf das Seelenheil. Sie eilten, besonders in den seit 1300 ausgeschriebenen Jubiläumsjahren der Kirche, aus allen Teilen Europas nach Rom, um die Gebeine der Apostel zu inspizieren und sich den Segen des Papstes zu holen. Sie besuchten zuerst die römischen Kirchen, vor allem die sieben Hauptkirchen und die Katakomben. Selten würdigten sie Kunstwerke, es seien denn religiöse Werke, z.B. den *Moses* des Michelangelo. Vereinzelt finden sich auch antiquarische Interessen. Martin Luther etwa hat 1511 die »Leichen der alten Bauten«, das Bad des Diokletian, das Kolosseum und die Aquädukte als Zeugen des göttlichen Strafgerichtes betrachtet und sich über den Niedergang der religiösen Sitten erregt.[1] Die aus dem Norden kommenden, oft etwas naiven Pilgersleute fielen alsbald in die Hände oder Klauen römischer Fremdenführer. Was sie den Schaulustigen zeigten, hat sich sogar in einer literarischen Gattung niedergeschlagen, in den »Mirabilia Urbis Romae«, den sogenannten Mirabilienbüchern, die recht einseitig Sehenswürdigkeiten der Hauptstadt auflisteten: Kirchen und geheiligte Stätten mit Reliquien und Ablässen.[2] Die Schönheiten der italienischen Landschaften nahmen diese Pilger nicht wahr; besonders die erhabene Natur galt ihnen als »wüst« und »ungeheuer« in einem sehr negativen Sinn. Richard Wagners Tannhäuser ist ein Musterfall solcher Naturblindheit, wenn er, nach eigenem Bekenntnis, »Italiens holde Auen« «blind« durchzog. Sein Sinnen und Trachten war ganz auf Zerknirschung und Buße gerichtet; und im allgemeinen brachten die Pilger auch ein froheres Ergebnis mit nach Hause. Neben einem bar bezahlten Ablaß für begangene Sünden führten sie noch allerlei hübsche Reliquien in ihrem Beutel, die sie vor künftigem Unheil und Laster bewahren sollten, etwa ein paar Knochensplitter oder ein paar Tuchfetzen irgend eines weniger bedeutenden Heiligen. Denn die Überreste der großen Heiligen waren für den Normalpilger schlichtweg unerschwinglich. 1575 weilte Jacobus Rabus, der Hofprediger des bayerischen Herzogs Albrecht V., in Rom. In seinem Reisebericht finden sich auch Hinweise auf antike Baudenkmäler. Den universalen Charakter der Stadt beschreibt Rabus mit nachdrücklichen Worten, die in ihrer Zeit vereinzelt sind:

»Rom ist einem jeglichen das, was er sich selbst ist. Ist einer fromm, heilig, gottesfürchtig, so findet er der Leut dieshalben allen Vorrat, wie ers nur haben will. Ist einer gelehrt und sucht Gelehrte, so findet ers. Ist einer bös, unrein, üppig und begehrt seines gleichen, so findet ers abermal. Wer dem Guten in Rom nachgehen und nachsetzen will, der wird in Deutschland von Rom gewißlich anders nichts denn alles Liebs und Guts wissen zu sagen.«[3]

Oft vermischen sich die kulturgeschichtlichen Typen der Italienreisen. Zum Beispiel war die Italienfahrt von Michel de Montaigne um 1580 ihrer Intention nach eine Badereise, sie geriet aber zur Studienreise, weil Montaigne sich für das Altertum und seine Bauwerke, für Kunst und Bibliotheken lebhaft interessierte.[4] Ihrer Form nach blieb sie allerdings im Rahmen einer Kavalierstour. Die Kavalierstour gehörte im 16. und 17. Jahrhundert als unerläßlicher Bestandteil zur Erziehung eines Mannes von Stande. Sie wurde zur »europäischen Kulturmode«.[5] Es gehörte zum guten Ton, sich in den europäischen Hauptstädten umzusehen, auf italienischem Boden vor allem Neapel, Turin, Mailand, ganz besonders Venedig und Rom aufzusuchen. Wurden Art und Ziel der Pilgerfahrt von geistlichen Mächten, so wurde die Kavalierstour von weltlichen Wünschen bestimmt. In gewissem Sinne war sie eine Bildungsreise, freilich hatte Bildung hier noch nichts mit dem Humboldtschen Ideal der Persönlichkeitsbildung zu tun. Es war ein vordergründig angelegtes Ideal, das vor allem Welthaltigkeit anstrebte. Den Mann von Welt machten nicht antiquarische Kenntnisse aus – das war eher etwas für stubenhockerische Gelehrte, der Kavalier sollte sich in der Welt umschauen und dabei Weltkenntnisse erwerben, die ihn vor allem zum Umgang mit hochgestellten Personen befähigten und ihn zum höfischen Beamten prädestinierten. Denn der legitime Platz für den Mann von Welt war zweifellos der Hof. Was der werdende Hofmann an den Ritterakademien erlernte, unterschied sich in der Tat vom herkömmlich humanistischen Fächerkanon der Universitäten. Georg Steinhausen hat für das Bildungsprogramm dieser Epoche einen Kanon zusammengestellt, der neben den unerläßlichen studia humaniora die ›politischen‹ und ›galanten‹ Disziplinen ins Zentrum rückt. Danach erhielten die angehenden Kavaliere Unterweisung in 1. Sprachen (vor allem Französisch und Latein, aber auch Italienisch, auf Wunsch Englisch und Spanisch), 2. in neuerer Geschichte (mit Geneologie, Geographie und Heraldik), 3. in der Staats- und der Rechtswissenschaft (Ethik, Politik, Naturrecht, Juststudium), 4. in den mathematischen Wissenschaften (Arithmetik, Geometrie, Architektur), 5. in Rhetorik und Briefschreibekunst, 6. in den Exerzitien, also Übungen im Reiten, Fechten und Tanzen, in den »Exercises du Mousquet & de la Pique«, im Voltigieren und Scheibenschießen,[6] 7. in der Conduite, also dem gesellschaftlich angemessenen Betragen, dem guten Benimm, Umgangsformen und Konversation.[7] Leisten konnte sich eine solche Tour ohnehin nur, wer genügend Kapital besaß. Die Kosten solcher Reisen waren dermaßen hoch, daß sie oft nur durch Kreditaufnahme der Eltern finanziert werden konnten. Nur eine kleine Schicht des höheren Adels war deshalb finanziell in der Lage, ihre ältesten Söhne auf Kavaliersreisen zu schicken. Unbetuchte Adlige und Bürgerliche durften immerhin als Begleitpersonen an solchen Kavalierstouren partizipieren.[8]

Die Bildung, die man auf ihnen erwarb, bestand vor allem in gesellschaftlichen und sprachlichen Fertigkeiten. Unter einer oberflächlichen humanistischen Hofmeisterbildung lagen Borniertheit, krude Neugier und hanebüchene Kunstfremdheit. Die Kavaliere inspizierten Italien als Kuriositätenkabinett und bestaunten am liebsten Sonderbarkeiten oder technische Wunderwerke, wie etwa die Wasserspiele in Schlössern und Parkanlagen.

In der Praxis vermischten sich die einzelnen Zwecke oft – also Besuch der heiligen Stätten der Christenheit, Kavaliersreise und diplomatische Mission, wie die Reise zeigt, die der Bischof von Osnabrück, Franz Wilhelm von Wartenberg, im Jahre 1641 unternommen hat.[9] Franz Wilhelm, der Sohn des Herzogs Ferdinand von Bayern (1550–1608), hat über seine Reisestationen mit eigener Hand penibel Buch geführt. Der Bischof reiste zwar incognito, aber dennoch mit großem Gefolge. Der Grund der Geheimnistuerei war, daß eine Incognito-Reise der Standesperson die Umgehung der strengen höfischen Etikette ermöglichte, zu der protokollarisch reglementierte Besuche und Aufenthalte gehörten, die immer mit unerwünschten Zeitverlusten verbunden waren. Das Incognito-Reisen bildete nachgerade einen Teil der höfischen Konvention des Versteckspiels. Im Durchschnitt reiste der Bischof 50 Kilometer pro Tag, vormittags 30 und nachmittags 20 km. Das Tagebuch hält drei Aspekte fest: die Visitatio liminum (den Besuch der Apostelgräber in Rom bzw. die Vorstellung beim Papst), die religiöse Wallfahrt (Franz Wilhelm, der an einer Kopfrose litt, pilgerte nach dem beliebten Loretto), und schließlich die Kavalierstour, die der Besichtigung von Sehenswürdigkeiten gewidmet war. Der Zeit entsprechend visitiert man die Sehenswürdigkeiten noch nicht wegen ihrer künstlerisch-ästhetischen Qualität, sie gelten als Kuriositäten, ob es sich nun um mechanische Wasserkünste, um Raritätenkabinette, um Labyrinthe oder Tierschauen handelt. Die wilde, domestizierte Natur ist den Menschen des 17. Jahrhunderts fremd, ja geradezu schrecklich. Die eingehegte Natur eignet sich für das Besichtigungsprogramm eines Kavaliersreisenden in besonderem Maße: Franz Wilhelm von Wartenberg besuchte in Parma zunächst den alten und neuen Palast, hernach die Pferdeställe – edle Pferde waren fürs 17. Jahrhundert die Sportautos von heute –, zuletzt den Garten, freilich mehr ein Tiergehege als ein botanischer Garten. Das Tagebuch verzeichnet die exotischen Tiere: »Item pulcros leones et multos: Leopart, beeren, wolff, Tiger.«[10] Im übrigen regelte die exakte Etikette Reise und Aufenthalte, vor allem den Umgang mit fremden Personen. Man darf sich den Tagesablauf eines solchen adeligen Reisenden aber nicht so eintönig wie eine moderne Sightseeingtour vorstellen: höfische Empfänge und »Spectacel« wie Feuerwerke und Wolfsjagden belebten das anstrengende Besichtigen.[11] Literatur und Bildende Kunst interessierten die damaligen Reisenden wenig, umso mehr aber Musik und Theater.

Auch die Kavalierstour hat eine besondere Art von Reiseschrifttum hervorgebracht. Während des Dreißigjährigen Kriegs blieb der deutsche Beitrag zur Italienliteratur naturgemäß bescheiden. Für Privatleute war eine kostspielige Auslandsreise kaum zu finanzieren. Deshalb reisten fast nur Fürsten und Mitglieder des höheren Adels nach Italien. Wie Wilhelm von Wartenberg führten sie entweder selbst Tagebuch oder ließen durch einen Sekretär den Verlauf der Reise festhalten – zur Erinnerung in späteren Jahren oder zur Belehrung und Vergnügung der Daheimgebliebenen.[12]

Am Beginn dieser Reiseliteratur stehen Franz Schotts *Itinerarium Italiae* von 1600, Johann Jacob Grassers *Neue und vollkommene italienische Schatzkammer* von 1610, Paul Hentzners *Itinerarium Germaniae, Galliae, Italiae* von 1612, Johann Heinrich von Pflaumerns *Mercurius Italicus* von 1625 und Martin Zeillers *Itinerarium Italiae novantiquae: oder Reisebeschreibung durch Italien* von 1640.[13] Italien war das gelobte Land für Kuriosa. Zeillers Begeisterung etwa galt einem Trinkgeschirr aus Rhinozeroshorn, das er in der päpstlichen Schatzkammer entdeckte; des weiteren hob er Straußeneier hervor, in die man die Passion Christi und andere Historien eingegraben hatte. Eine »Beschauung denkwürdiger Sachen und etlicher Solemnitäten« wollte 1669 Sigmund von Birken, eines der Häupter des »Pegnesischen Blumenordens«, einer Nürnberger Sprach- und Literaturgesellschaft, in seinem Werk mit dem ausufernden Barocktitel *Hochfürstlicher Brandenburgischer Ulysses: oder Verlauf der Länder Reise / Welche der Durchleuchtigste Fürst und Herr Christian Ernst / Marggraf zu Brandenburg durch Teutschland / Frankreich / Italien und die Niederlande / Auch nach den Spanischen Frontieren / hochlöblichst verrichtet: Aus denen mit Fleiß gehaltenen Reis-Diariis zusammengetragen und beschrieben* geben. Als Begleiter des sechzehnjährigen brandenburgischen Markgrafen Christian Ernst reiste er 1660/61 durch Deutschland, Frankreich, Italien und die Niederlande. Birken notiert mit Vorliebe gesellschaftliche Ereignisse, Begegnungen mit Adeligen und Fürsten in Rom. Kunstwerke dagegen listet Birken eher nur beiläufig auf; über das Reproduzieren des als sehenswert Geltenden kommt er nirgends hinaus. Von Interesse ist immerhin die Beschreibung, die er von einer Vesuvbesteigung gegeben hat – ein Indiz, wie sehr auch die Natur als Raritätenkabinett herhalten mußte und daß die Beschreibung nur den erwünschten Anlaß bildet, seine eigene Gelehrsamkeit auszubreiten.

»Folgenden Morgens den 18 diß / ritten Sie 12 Meilen nach dem Berg Vesuvio, jezt Monte di Somma genannt / denselben zu beschauen: welches Sie dann vor dißmal nit mit solcher Gefahr thun konden / wie der treffliche Naturforscher und Römischer Ammiral Plinius zu Kays. Titi Zeiten / der seine Curiositet mit dem Leben bezahlen müssen. Dieser grosse Mordbrenner / hatte Jars vor-her seine alten Sitten / nachdem er bey 30 Jahren geruhet / wieder hervorgesucht / die Gegend unter einen neuen Stein- und AschenRegen begraben / und seinen Rachen / welchen P. Kircherus kurz vorher oben 30 000 Schritte weit soll gefunden haben / wohl geweitert. Der Hochfürstliche Prinz stiege selber / wiewol mit großer Mühe / den Berg hinan / und sahe mit Verwunderung in diese Hölle hinein / welche dann ziemlich rauchet. Wie sehr dieser Berg raset / so dunget Er doch gleichwol die ümliegende Felderey mit seiner fetten Asche / ümpflanzet sich also selber mit einem schönen grünen Thal / und sendet durch dasselbe manches klares gesundes Bächlein / an statt der vorherigen Feuer Ströme. Man mag wohl von ihm sagen / wann er etliche Jahre gütig gewesen: Es stehe / mitten im Paradeis die HöllenPforte.«[14]

Im Vorwort legt er Rechenschaft über den Sinn des Reisens ab, und er empfiehlt den Fürsten ausdrücklich das Reisen – »nicht nur als eine Wollust ihrer Augen / sondern auch als Erbauung ihres Gemütes / dasselbe vielwissender zu machen.«

Was Birken schreibt, trifft im Grunde für sämtliche Kavaliersreisen zu:

»Sie reisen/ nicht nur viel Seltenes zu sehen / sondern auch viel Nützliches zu lernen. Da andere üm Gewinns willen Land und Wasser durchreisen / und keine Müh noch Gefahr scheuen / fremde Waaren aus der ganzen Welt in die Handel Städte ihres Vatterlands einzuholen: wieviel mehr soll ein Fürst befliessen seyn / die Schätze der Staats Witz und Tugend Verhältnis aus fremden Republiken und Ländern einzusamlen. Viel Regirungen beschauen / machen wohl und löblich regiren. Vieler Leute Leben betrachten / lehret recht leben. Man sihet / was andere zieret oder schändet / was ihnen nutzet oder schadet: und lernet daraus / was man thun oder unterlassen müsse. Ein Reisender / liset eine lebendige Historie / und beschauet viel Auftritte des WeltSchauspiels: die ihme dann zur LebensLehre dienen. Sein Gemüte wird gleichsam zu einem Kranze / der aus vielen wohlriechenden schönen Blumen mit dem Faden der Erfahrung gebunden worden. Der sich in der Welt ümgesehen / der trägt Sie bey sich in Haupt / und ist als ein Mensch aus vielen Menschen zusammengesetzet. Es ligt auch einem Fürsten viel daran / daß er die Sitten der Untern kenne; daher von vielen gelesen wird / daß Sie zuweilen verkleidet unter das gemeine Volk gegangen. Ein Fürst gelanget / durch Reisen / zu diesem Zwecke: sonderlich wann er incognito oder unbekandt reiset.«[15]

Eigene Aufzeichnungen machte der Herzog Ferdinand Albrecht zu Braunschweig von seiner Italienreise im Jahre 1662/63. Der Herzog, Mitglied der Fruchtbringenden Gesellschaft und der Royal Academy in London, gehörte zu den gebildetsten Vertretern seines Standes. In Siena etwa hielt er sich studienhalber ganze acht Wochen auf, in Rom sechs Wochen. Hier führte ihn Athanasius Kircher, er besuchte die Königin Christine und hatte zwei Audienzen beim Papst Alexander VII. In Sizilien bestieg er sogar den Ätna.[16]

Wenn der Kriegssekretär Johann Balthasar Klaute, der 1699 als Begleiter des Landgrafen Karl von Hessen-Kassel Italien bereiste, seinen Lesern Kunstschätze vorführt, so haben freilich seine Erläuterungen mit Kunstverständnis wenig gemein. Beim Anblick des Porträts einer Raphaelschen Mätresse hält er für besonders erwähnenswert, daß der Maler in sie »passionnement verliebt gewesen, daß er auch, nachdem er sich bei derselben zuviel angegriffen und epuisiert gehabt, in der Blüte seines Alters, nämlich im 36. Jahr, das Leben einbüßen müssen«.[17]

Die wenigen Bemerkungen über die Kavaliersreise machen die Folie deutlich, vor der sich die Anfänge eines neuen Sehens herausbildeten. Die kopernikanische Wende im Wahrnehmen, den epochemachenden Paradigmenwechsel hat Johann Joachim Winckelmann initiiert. Nicht von ungefähr urteilte er ziemlich harsch von diesen Reisenden: »[...] alle Kavaliere kommen als Narren hier und gehen als Esel wieder weg.«[18]

Nun zu den spezifisch poetischen Zeugnissen. Auch Dichter sind gereist, und so liegt der Verdacht nahe, daß sie ihr Reiseerleben entweder in ihre Romane eingebracht oder das eine oder andere Gedicht darüber angefertigt haben. Allzu reichhaltig ist

Das Pantheon, unter Kaiser Hadrian in den Jahren 118–125 n. Chr. erbaut, unter Papst Bonifaz IV. im Jahre 609 als Kirche S. Maria ad Martyres geweiht. Von der sogenannten Rotunda zeigte sich nicht nur Fürst Ludwig zu Anhalt-Köthen beeindruckt – die Reihe der Bewunderer dieses unter Kaiser Hadrian erbauten Rundtempels reicht von Hermann von Fritslar um 1350 über Wilhelm Heinse, Goethe, Jean Paul (der es nie gesehen hat) bis zu Wolfgang Koeppen und Franz Tumler. Interessant ist es, das Gedicht des Fürsten mit der enthusiastischen Beschreibung Heinses zu konfrontieren. Er schreibt an Fritz Jacobi am 15. September 1781: »Der Raum darin allein reißt ohne Wort und Feyer einen Menschen von Gefühl zur Anbetung hin, und entrückt ihn aus der Zeit in die Unermeßlichkeit. Sobald man hineintritt, fängt man an zu schweben, man ist in der Luft, und die Erde verschwindet. Das Licht, das einzig oben durch die blaue heitere himmlische weite Rundung in die reine Form hereinleuchtet, hebt auf Flügeln mit schaueriger Leichtigkeit in die Höhe. Kein Tempel je hat so etwas süßes banges erquickend unendliches in mir erregt; ich sehnte mich frey zu seyn und oben in Genuß und Ruhe. Der hohe Kreis Korinthischer Säulen umgab mich wie jungfräuliche Schönheit; und Raphaels Brustbild, und Annibal Carracis Brustbild, die hier begraben liegen, und unsers Mengs seins blickten mich an wie Unsterblichkeit. Ich wäre so gern die ganze Nacht da geblieben, aber man wollte schließen, und ich mußte fort. Kurz, es ist der Vatikanische Apollo unter den Tempeln, und nach ihm macht keine Kuppel mir mehr viel Freude; sie kommen mir alle als todte Nachahmungen vor ohne Zweck. Der Porticus mit sechszehn hohen Granitsäulen aus einem Stück und dem schroffen Dreyeck von Wetterdach davor ist ganz Majestät, so wie das Innwendige mit den schlanken schönen Marmorsäulen alle aus einem Stück lauter Himmel ist. Es ist das vollkommenste Kunstwerk unter allen Gebäuden, die ich kenne, und die erhabenste Idee eines Sterblichen.« Heinse: *Sämmtliche Werke*, Bd. X, S. 139f.

die Ausbeute der deutschen Barockliteratur zum Thema Italien allerdings nicht. Drei repräsentative Beispiele seien vorgeführt.[19]

Fürst Ludwig zu Anhalt-Köthen (1579–1650) begab sich zwischen 1598 und 1601 auf eine Kavalierstour durch Italien. Er reiste nach Florenz und Rom, dann ging es über Neapel nach Malta. Auf der Rückreise kam er über Palermo und Capri wieder nach Neapel und Florenz; am Schluß besuchte er Venedig. Zurückgekehrt nach Deutschland, ließ er seine Parkanlagen nach italienischem Muster modernisieren. 1617 gründete er nach dem Vorbild italienischer Akademien – vor allem der Florentiner Accademia della Crusca, in Weimar die »Fruchtbringende Gesellschaft«, die zur wichtigsten deutschen Sprachgesellschaft des 17. Jahrhunderts avancierte. In den späten vierziger Jahren griff der Fürst selbst zum poetischen Federkiel und brachte seine jugendlichen Reiseerlebnisse in die Form paarweise gereimter Alexandriner. In diesen Versen will er nicht schildern, welchen Eindruck Italien in seinem Gemüt hinterlassen hat, er gibt mehr eine nüchterne Bestandsaufnahme, eine Reihung detaillierter Beschreibungen. Gedruckt wurde dieser Bericht erst 1716. Daraus nun einige Beispiele. In Rom etwa bemerkt er vier Obelisken:

Der Nadelseulen vier in Rom seind wolzusehen /
Die weit nauf in die luft mit ihrer höhe gehen /
Von zween ist gesagt: die höchste / die ist glat /
Die erste Bilder viel an ihr gehauen hat
Nach Egiptischer art / von vögeln / auch von thieren /
Wormit von aussen man sie wollen herlich zieren.

Interessant ist auch die Beschreibung des zur Kirche umgestalteten Pantheons, also des unter Kaiser Hadrian errichteten Rundtempels.

Die Runde Marjen Kirch' erbauet ist gewesen
Im finstern Heidenthum den Göttern / wie gelesen
In alten büchern wird / sie oben hat ein loch /
Da felt das liecht hienein / ist weit und ziemlich hoch
Nauf in die luft gebaut / hat keine Seul und stütze:
Die solten drunter auch dar werden gar nichts nütze:
Der oben runde bau die kirche höchlich ziert /
Und kein unförmlichkeit an ihme wird gespürt.
Gleich im eingange stehn gar schön' und ehrne Seulen /
Dran statlich' arbeit ist / man hat sie müssen feilen
Zu schärffen ihren glantz / hier sich viel baukunst find /
Wie das gewölbe sich recht in ein ander bind.[20]

Unerwartet vielleicht die Akribie, die der Fürst im Detail walten läßt. Im allgemeinen begegnet in Gedichten des Barockzeitalters eher die Vernachlässigung lebenswirklicher Details, wähend das allgemeine Vergänglichkeitsgefühl dominiert. Fürst Ludwig war offenbar an Antiquitäten außerordentlich interessiert; und es liegt natürlich nahe, daß er bei seiner Versifizierung einer Reise, die über vierzig Jahre zurücklag, auf Reiseführer zurückgegriffen hat. Jedenfalls ist seine Poesie eher das Produkt eines Gelehrten als eines von der allgemeinen vanitas der Dinge gepackten Büßers, die antiken Überreste gelten ihm als Muster kurioser Sehenswürdigkeiten.

Christian Hoffmann von Hoffmannswaldau (1617–1679) ist neben Daniel Casper von Lohenstein der bedeutendste Dichter des Spätbarock. Er stammte aus Breslau, hatte jedoch bereits 1636 Schlesien verlassen. 1636 bis 1638 besuchte er das akademische Gymnasium in Danzig; im Herbst 1638 bezog er die niederländische Universität Leyden. Ende 1639 brach er zu einer großen Reise durch Europa auf. Lohenstein hat eine Biographie Hoffmannswaldaus verfaßt und darin betont, daß sich Hoffmannswaldau besonders um geistige Größen des Auslands bemüht habe, daß seine Reise weniger als Kavalierstour, sondern als Kombination aus Kavaliers- und Gelehrtenreise angelegt gewesen sei, als eine frühe Form der »Bildungsreise«. Über die Niederlande und England, wo er London und Oxford besuchte, ging die Reise nach Paris, wo er Mitte 1640 eintraf und wissenschaftliche und literarische Berühmtheiten kennenlernte. Nach sechs Monaten reiste Hoffmannswaldau weiter, über Lyon, Genua, Pisa und Siena nach Rom. Seinen ursprünglichen Plan, eine Reise an den türkischen Hof, ließ er fallen und kehrte über Florenz, Bologna, Ferrara, Venedig und Wien nach Breslau zurück. Dort traf er Mitte 1641 ein, nach eineinhalb Jahren Abwesenheit. In Lohensteins geschnörkeltem Stil hört sich das so an.

»Genua / Pisa und Siena hielten ihn eine geraume Zeit auf / ehe er Rom das Wunder der alten und neuen Welt besuchte. Er sahe daselbst zwar zu seiner Ergötzligkeit die prächtigen Aeßer der Zeit / und die Fußstapfen der Barbarn / aus derer zerschmetterten Marmeln / und zerschmeltzten Ertzte des Alterthums die Grossen neue Palläste bauten / und durch Verjüngung dieses Grausses gleichsam dem Verhängnüsse obzusiegen bemüht waren; Er aber erbaute sich vielmehr aus der Gemeinschafft mit dem Naudeus / Holstein / und andern hochgelehrten Leuten.

Als nun mehr seine Freunde / als er sich dem gemeinen Wesen zu dienen genungsam ausgearbeitet hielten; sintemal doch die geschicktesten Menschen nicht wie die Pilze bald in der Geburth / und mit ihrem ersten Wachsthume reif sind / drehete er dem väterlichen Befehle zufolge seine Deichsel dem Vaterlande zu; machte ihm aber im Rückwege alles / was Florenz schönes / Bologna gelehrtes / Ferrara denckwürdiges / Venedig kluges; der Keyserliche Hof zu Wien grosses in sich hatte / bekant und nütze.»[21]

Was hat sich nun vom Italienaufenthalt in Hoffmannswaldaus poetischem Werk niedergeschlagen? Italienische Dichtung, vor allem Giambattista Marino, haben sein eigenes, dem Manierismus zugerechnetes Werk, stark beeinflußt. Er hat später auch Übersetzungen aus dem Italienischen angefertigt, etwa das Drama *Pastor fido* des Giovanni Battista Guarini, das unter dem Titel *Der getreue Schäfer* ein großer Erfolg wurde. Thematisch freilich spielte das Italien-Motiv in seiner eigenen Dichtung kaum eine Rolle.

Eine Ausnahme bildet das Gedicht *Die allgemeine Vergänglichkeit*, eines seiner Begräbnisgedichte, in dem er die für Barocklyrik zentrale Thematik der irdischen vanitas abhandelt. Systematisch führt Hoffmannswaldau die Nichtigkeit aller irdischen Werte vor. Dieses Motiv schlägt bereits der erste Vers des Gedichtes an:

»Es zeiget sich der Tod in iedem Augenblicke«. Daran schließt sich nun eine Exempelreihe:

Der Tag / so gestern war / kommt nimermehr zurücke;
Es ist dahin / bleibt hin / und starb nach seiner Art;
Der Lippen kluges Wort / das Werck gelehrter Hände
Hat seinen Untergang / und sein bestimmtes Ende /
Was Welt und weltlich heist muß auf die Todesfahrt.

Im folgenden wird alles, woran ein normaler Mensch sich erfreut, als nichtig entlarvt: Regungen des Gemütes, aber auch die menschlichen Lebensalter sind eitel. Auch die scheinbar ewigen Bauwerke sind dem Untergang geweiht. Rom fungiert als ein Sinnbild irdischer Macht.

Diß was durch Menschen Hand ist worden aufgeführet /
Die Seule / die erkühnt die Wolcken fast berühret /
An der vermischtes Ertzt umhalst den Marmelstein /
Stirbt eben so / wie wir. Wir schauen / wie die Bogen /
Dadurch Domitian und Titus ist gezogen /
Zustümmelte Geripp' und halb begraben seyn.

Diß was Vespasian zum Schauplatz ihm erkohren /
Und in dem Tode noch Paläste hat gebohren /
Ist zwar Verwunderung / doch auch des Traurens werth /
Nichts lebet / was allda gesessen und geschauet /
Es hat / was dazumahl auf ewig war gebauet /
Der Zeiten Zahn zermalmt / der Jahre Rest verzehrt.

Das grosse Capitol / der Brunnen der Gesetze /
Der Sieger treue Schloß / der Sammelplatz der Schätze /
Da vormahls ieder Raum lag Kunst und Reichthum voll /
Hat aufgehört zuseyn: was Capitol itzt heisset /
Und jenem alten gleich zuwerden sich befleisset /
Dient itzt vor Grabe-Stein dem alten Capitol.[22]

Damit läßt es Hoffmannswaldau aber nicht genug sein. Er verlängert die Beispielreihe noch um die untergegangenen sieben Weltwunder, »Aegyptens Wunderwerck«, wie den Koloß von Rhodos, das Grabmal des Mausolus oder die hängenden Gärten zu Babylon. Dann nennt er noch die geistige Metropole des Altertums: Athen. Aber auch Karthago und Korinth liegen in Trümmern. Summa summarum:

Was itzt noch mächtig ist / wird auch nicht ewig bleiben/
Die Mauren kan die Zeit als wie das Fleisch zerreiben /
Und alles zeucht der Todt in sein verweßlich Reich.

In einem Gedicht von Andreas Gryphius wäre nun die Ermahnung an den sündigen Menschen gefolgt, sein Heil doch nicht im Irdischen, sondern in ewigen Werten zu suchen. Auch Hoffmannswaldau schließt an diese Untergangsbeispiele einige Reflexionen an, was von den Werten der Gegenwart Bestand habe. »Nichts«, lautet sein unerbittliches Urteil; und sein Resümee sieht nicht anders aus als das sattsam bekannte von Gryphius:

Was hier verfaulen wird / keimt zu dem neuen Leben.[23]

Freilich drückt er diese Hoffnung wesentlich verhaltener als Gryphius aus. Im Kontext des Italienthemas ist das Gedicht recht typisch. Wenn der Barockdichter eigene Anschauung heranzieht und eigene Erfahrung verarbeitet, so dienen sie ausschließlich der Illustration eines Gedankens, besitzen den Charakter eines Emblems, konkretisieren letzten Endes die stereotyp wiederholte Erkenntnis: daß alles vergänglich sei. Rom insbesondere, wo die Herrscher der Welt ihren Wohnsitz hatten, fungiert immer als illustres Beispiel, die Nichtigkeit irdischer Macht vor Augen zu führen. Die Bilder und Beschreibungen, die Hoffmannswaldau von Rom entwirft, besitzen keinen Eigenwert. Sie sind im Grunde beliebig austauschbar, und sie sagen vor allem nichts über die persönliche Gefühlswelt des Dichters. Sie sind Gleichnisse, topische Realien, eingesetzt, um die rhetorische Wirkung zu verstärken.

Angesichts solcher Dominanz rhetorischer Kunstmittel ist es umso erstaunlicher, daß sich ein persönliches Erleben bei dem rhetorisch so versierten Andreas Gryphius (1616–1664) findet. Er hat ebenfalls in Leyden studiert, und zwar ein halbes Jahr vor Hoffmannswaldau, von Juli 1638 bis Juni 1644; beide haben sich persönlich gekannt. Gryphius brach von Leyden ebenfalls zu seiner Europareise auf, zusammen mit fünf Landsleuten. Die Reise ging über Frankreich nach Italien. Im Dezember 1645 hielt sich Gryphius in Florenz auf, Anfang 1646 erreichte die Gruppe Rom. Dort begegnete Gryphius, der ja in Leyden selbst Kurse über alle möglichen Themen gehalten hatte, dem berühmten Jesuitengelehrten Athanasius Kircher; mit ihm hat er später einen gelehrten Briefwechsel geführt. Gryphius reiste jedoch nicht nur als Gelehrter; Rom sah er durchaus auch mit den Augen des traditionellen christlichen Pilgers. So beeindruckten ihn besonders die Katakomben, wie das Sonett *Über die unterirdischen Gruffte der Heiligen Martyrer zu Rom* und das Epigramm *Uber die unterirdischen Grüffte der heiligen Märterer zu Rom* festhalten.

Die Grüffte die du schawst / hat dise Schar besessen /
Die lebend Tod der Welt und ihrer Lust vergessen /
Und Länder doch bekehrt / und Höll und Feind erschreckt/
Und Wunderwerck erweist und Todten aufferweckt.
Der heilig-hohe Glantz dem sie hir wollen dinen;
Hat disen Ort bestrahlt und ihr Gemütt beschinen /
Itzt jauchtzen sie bey Gott / wir leben in der Welt /
Wir / dehnen ihre Weiß' und Wohnung nicht gefält.
Drumb muß bey unserm Tag ihr schönes Licht erbleichen.
Wir gehn mit Menschen umb: Drumb hört uns keine Leichen.
Sie wohnten / schaw / wie tieff! Doch stig ihr Geist hinauff.
Wir bawen hoch! Ach! Ach! Wohin sinckt unser Lauff.[24]

Das ist nichts anderes als eine Mahnung, sich angesichts der Gebeine heiliger Märtyrer auf sich selbst und die wahren menschlichen Aufgaben zu besinnen. Mit Rom als Stadt hat das Gedicht eigentlich gar nichts zu tun; es ist vollkommener Ausdruck der Idee christlicher peregrinatio. Rom ist für den Pilger nur als Ort, wo sich die Gräber der Apostel und der Märtyrer befinden, von Interesse; und deren Besichtigung dient auch nur dazu, sich selbst in christlichem Geist zu ertüchtigen und für das Jenseits aufzurüsten. Dazu gehört konsequent die Verachtung aller irdischen Werte, der prächtigen Bauwerke, der Paläste und Brunnen, aber natürlich auch der Schönheit südlicher Landschaft. Das paradoxe Ziel eines solchen Rombesuchs ist es, die Anschauung abzutöten, blind für äußere Pracht zu machen. Und wo könnte der Christ diesen heroischen Kampf besser gewinnen als in Rom, wo seine Blicke dauernd abgelenkt werden! Wie hat sich Gryphius angesichts dieses Wertezwiespalts verhalten? Ganz so einseitig, wie man aus dem zitierten Gedicht schließen könnte, war er zum Glück nicht. Gryphius hat insgesamt vier Sonette und ein Epigramm über Rom geschrieben. Das Epigramm und ein Sonett handeln von den Katakomben, zwei Sonette wenden sich der römischen Gegenwart zu. *Auf einen ungeschickten Römer* betitelt er das eine Sonett, in dem er einen durch seine Grobheit ausgezeichneten Römer porträtiert; das andere *An Gleandrum* überschriebene Sonett steht motivlich in antiker Tradition. Der Held Bibulus ist ein kulturell abgestumpfter Typ; er interessiert sich in Rom ausschließlich für den »Albaner Wein«. Aber im Grunde sind beide Sonette nicht romspezifisch. Gryphius hätte die hier dargestellten Typen auch in einer anderen Stadt ansiedeln können. Ganz anders nun das vierte Sonett, das nicht nur im Werk von Gryphius vereinzelt steht. Dieses bekannteste Romgedicht der Barockzeit ist nichts anderes als ein früher Hymnus auf die Schönheiten der Stadt, und das Erstaunliche ist, daß hier die Stadt und ihre Herrlichkeiten nicht bloß als Exempel für die Nichtigkeit der Welt verstanden werden. Offenbar muß Rom den vergänglichkeitsbewußten Dichter so beeindruckt haben, daß der Lobpreis des Schönen den Gedanken an seine Hinfälligkeit gar nicht aufkommen ließ. Anschauung übersteigt hier ein seltenes Mal die Funktion des Illustrierens.

Als Er auß Rom geschieden.

Ade' begriff der welt' Stadt der nichts gleich gewesen /
Vnd nichts zu gleichen ist / In der man alles siht
Was zwischen Ost vnd West / vnd Nord vnd Suden blüht,
Was die Natur erdacht / was je ein Mensch gelesen.
Du / derer Aschen man / nur nicht vorhin mit Bäsen
Auff einen hauffen kährt / in der man sich bemüht
Zu suchen wo dein grauß / (fliht trüben Jahre! fliht /)
Bist nach dem fall erhöht / nach langem Ach / genäsen.
Ihr Wunder der gemäld / jhr prächtigen Palläst /
Ob den die kunst erstarrt / du starck bewehrte Fest /
Du Herrlichs Vatican / dem man nichts gleich kan bawen;
Ihr Bücher / Gärten / grüfft'; Ihr Bilder / Nadeln / Stein /
Ihr / die diß vnd noch mehr schliß't in die Sinnen eyn /
Ade! Man kan euch nicht satt mit zwey Augen schawen.[25]

Gryphius verließ Rom im April 1646 und reiste über Florenz, Ferrara und die Poebene nach Venedig, wo er am 22. April in der Markuskirche den Schatz bewunderte. Er überreichte dem Rat der Stadt Venedig sein lateinisches, in Florenz gedrucktes Epos *Olivetum*. Die venezianische Commedia dell'arte hat übrigens die späteren Komödien von Gryphius beeinflußt. Über Straßburg und Leyden kehrte er schließlich im November 1647 ins schlesische Fraustadt zurück. Thematisch hat der Italienaufenthalt keine weiteren Spuren hinterlassen; in formaler Hinsicht – hier gibt es Parallelen zu Hoffmannswaldau zu konstatieren – hat die italienische Dichtung auch auf sein Werk eingewirkt, auch wenn Thematik und Stil beider schlesischen Dichter sich gravierend unterscheiden.

Die drei Beispiele zeigen, daß Dichter des 17. Jahrhunderts an allen Reisetypen partizipieren: an der Kavaliersreise, an der Pilgerfahrt und an der Gelehrtenreise. Die Gelehrtenreise ist sicherlich weder ein eigenständiges noch ein epochentypisches Paradigma, viel eher ein berufsständisches Phänomen, das sich in allen Epochen findet. Im Zeitalter des Humanismus besaß Italien geradezu magische Anziehungskraft. So schrieb der berühmte niederländische Gelehrte Justus Lipsius 1578 an einen jungen Landsmann:

»Du wirst dort keinen Schritt, keinen Blick tun, ohne auf ein Denkmal oder eine Erinnerung an das Altertum zu stoßen. Dort wirst Du gerührt auf den trasimenischen See, auf das Schlachtfeld von Cannä blicken, oder mit heiterm Sinn das Albanergebirge, Tivoli, das berühmte Bajä betrachten, die Wohnung des Plinius, die Geburtsorte des Virgil und Properz sehen, die Trümmer der Villa des Varro und Cicero. Welche Freude gewähren solche Anblicke, wenn sich die Geister der großen Männer nicht bloß vor die Seele, sondern fast vor die Augen stellen, und wir den Boden betreten, den jene so oft betreten haben. Ferner, wen sollten nicht jene alten Städte, Tempel, Theater, Bögen, Grabmäler, Steine im höchsten Grade zugleich belehren und ergötzen?«[26]

Zahlreiche deutsche Gelehrte zogen nach Rom, nach Florenz, Padua und anderen italienischen Kulturzentren. Sie suchten – mit den antiken Autoren bestens vertraut – die legendären Stätten der Antike auf und pflegten Kontakte zu berühmten italienischen Gelehrten. Viele dieser Philologen und Naturforscher sind noch heute bekannt, etwa Nikolaus Copernicus, Johannes Reuchlin, Johann Jakob Fugger und Conrad Celtis.[27] Die Dichter des Barockzeitalters, die auf dem von Martin Opitz gewiesenen Weg wandelten, verstanden sich als Nachfolger der Humanisten, als ›poetae docti‹. ›Gelehrt‹ waren sie indes nicht nur, weil sie das lateinische Poesieideal in deutscher Sprache verwirklichen wollten, sie waren darüber in den Realiendisziplinen wohlbeschlagen. Andreas Gryphius etwa, der spätere Syndicus der Stadt Glogau, hielt in seiner Leydener Zeit Kurse über Metaphysik, Geographie, Trigonometrie, Logik, Physiognomik, Philosophie, Astronomie, römische Antiquitäten, Geschichte, Poetik, Chiromantie, Anatomie.[28]

Auf dem europäischen Kontinent genoß die deutsche Universität kein besonderes Ansehen. Die Zentren moderner Wissenschaft waren die Niederlande (hier vor allem die Universität Leyden), ferner London und Paris – beides Universitätsstädte, in denen man keine weltabgewandte Wissenschaft betrieb wie an vielen deutschen

Provinzuniversitäten, sondern immer in Verbindung blieb mit dem Hof und den (meist von Fürsten gegründeten) Akademien. Die deutschen Professoren dagegen waren meist ziemlich verhockte Leute, die mit dem neuen Ideal des ›Politicus‹, also des Mannes von Welt, nichts anfangen konnten. Satiren aus dem Ende des 17. Jahrhunderts stellen den deutschen Gelehrten geradezu als Gegentypus zum Hofmann dar. So ist es auch verständlich, daß die neue Synthese von Gelehrtheit und Savoir vivre von Frankreich ausging. Der französische Hof und die Hauptstadt Paris erzogen die Gelehrten von selbst zu welthaltigen Leuten mit geschliffenen Umgangsformen. Die meisten Gelehrten der damaligen Zeit, die nach Italien reisten, stammten aus Frankreich. Besonders ihre Berichte vermitteln die Kenntnis der italienischen Wissenschaften und Universitäten.[29] Oft reisten sie wegen ganz konkreten Forschungsvorhaben nach Italien; bei ihrer Arbeit fanden sie Unterstützung der italienischen Fachkollegen. Im Zeitalter des Humanismus war die Wissenschaft von vornherein international angelegt, eine Tatsache, die durch die gemeinsame Wissenschaftssprache Latein erleichtert wurde. Die Nationalität der Wissenschaftler spielte keine Rolle; ihre Schriften waren, bis auf wenige Ausnahmen, ohnehin in lateinischer Sprache abgefaßt. Hielt sich ein Gelehrter an seine Kaste, so konnte er das gesamte Abendland ohne Verständigungsschwierigkeiten bereisen und der besten Empfehlungen und der freundlichen Unterstützung gewiß sein. Im allgemeinen stöberten die Humanisten, auf der Suche nach Handschriften und Büchern, in öffentlichen und privaten Bibliotheken herum. Die Kunstgeschichte war noch keine eigenständige Disziplin, Urteile über antike und zeitgenössische Kunst fallen noch recht willkürlich aus. Interessierte sich ein Gelehrter doch für antike Altertümer, so stellte er Verzeichnisse von Denkmälern, Statuen, Kameen, Münzen und Inschriften auf, ohne sich den katalogisierten Gegenständen historisch und kritisch zu nähern. Die Leitdisziplin dieser Bibliotheksgelehrten war die Philologie, das Wahrheitskriterium die Quellenkritik, nicht die Anschauung. Es war keine Seltenheit, daß diese Gelehrten – ähnlich wie früher die Pilger – blind durch Italien zogen. Sie konzentrierten sich ganz auf Druckware und hatten kein Interesse an Natur und Kunst.

Daß es unter diesen gelehrten Leuten auch rühmliche Ausnahmen gab, belegen jedoch einige französische Gelehrte des 17. und 18. Jahrhunderts. Der berühmte Historiker Jean Mabillon (1632–1707) hielt sich vom 1. April 1685 bis zum 2. Juli 1686 in Italien auf; der Zweck seiner Reise war die Erforschung kirchenrechtlicher und liturgiegeschichtlicher Dokumente. Zu seinen Italienerfahrungen gibt es drei Quellen: erstens den Erlebnisbericht unter dem Titel *Iter Italicum Literarium*, zweitens eine umfangreiche Sammlung von Briefen, die er vor allem mit italienischen Wissenschaftlern gewechselt hat, drittens schließlich die Sammlung seiner wissenschaftlichen Ergebnisse (*Museum italicum*). Auch wenn die Bibliotheken sein Hauptaugenmerk beanspruchten, und er während seines fünfmonatigen Romaufenthalts sämtliche öffentlichen und mehrere wichtige Privatbibliotheken inspizierte, begegnen in seinen Aufzeichnungen eine Reihe aufgeschlossener Bemerkungen über moderne Kunst, über Architektur, Bildhauerei und Malerei. Seine Beschreibung Campaniens und der Marken zeigt, daß er auch für die Schönheiten der italienischen Landschaft empfänglich war.

Ähnlich weit gespannt war der Interessenbogen anderer französischer Gelehrter,

Das Bildmotiv *Engelsbrücke, Engelsburg und Petersdom* war bei den Romfahrern besonders beliebt. Die Ausstattung der Brücke, des alten Pons Aelius, stammt aus den Jahren 1669/71 und gab der Brücke den Namen. Die Engelsburg, unter Kaiser Hadrian im Jahre 135 begonnen, unter Antoninus Pius beendet, erhielt ihren Namen unter Papst Gregor dem Großen, dem im Pestjahr 590 der Erzengel Michael auf den Zinnen erschien und das Ende der Epidemie anzeigte. Der ursprüngliche Zustand der Engelsbrücke wurde durch die Flußregulierung von 1892/94 verändert.

etwa des Historikers Bernard de Montfaucon (1655–1741), der vom Mai 1698 bis zum März 1701 Italien bereiste, des Mathematikers und Geographen Charles-Marie de La Condamine (1701–1771), der sich zwischen 1754 und 1756 in Italien aufhielt, des Abbé Jean-Jacques Barthelemy (1716–1795), der seit 1753 Direktor des Pariser Münzkabinetts war und dessen Italienaufenthalt in die Jahre 1755 bis 1757 fiel, und schließlich des Astronomen Lalande (1732–1807), der in seiner *Voyage d'un Français en Italie, fait dans les Années 1765 & 1766* (1769) eine umfassende Beschreibung Italiens gegeben und dabei alle Aspekte des gegenwärtigen Lebens, der Geschichte und Kunst berücksichtigt hat.[30]

Am Beginn der modernen Gelehrtenreise stehen Edward Gibbon und Johann Joachim Winckelmann, beide Begründer neuer Disziplinen: der modernen Geschichtswissenschaft und der Kunstgeschichte überhaupt. Gibbon kam die Idee, sein Riesenwerk *Geschichte des Verfalls und Untergangs des Römischen Reichs* (1776–88) zu schreiben, in Rom selbst, und zwar, als er »sinnend zwischen den Ruinen des Kapitols saß und die Barfüßermönche im Tempel des Jupiter die Vesper singen hörte«.[31] Ein Seitensproß der gelehrten Beschäftigung mit einem Land sind die systematischen Reisebeschreibungen. Aus dem 18. Jahrhundert stammen Johann Georg Keysslers *Neueste Reisen durch Deutschland, Böhmen, Ungarn, die Schweiz, Italien und Lothringen, worinnen der Zustand und das Merkwürdigste dieser Länder beschrieben, und vermittelst der Natürlichen, Gelehrten und Politischen Geschichte [...] erläutert wird* (zuerst 1740/41), zwei unhandliche Quartbände, und Johann Jakob Volkmanns, auf Lalande gestütztes dreibändiges Reisewerk *Historisch-kritische Nachrichten von Italien* (1770–71), der Baedeker der zweiten Jahrhunderthälfte, das auch Goethe in seinem Reisegepäck mit sich führte.

Der Typus der Gelehrtenreise findet sich natürlich nicht nur im Zeitalter der Humanisten, also zwischen 16. und 18. Jahrhundert. Wissenschaftler gehen immer mit bestimmten Spezialinteressen auf Forschungsreisen. Wenn daher Wilhelm Waetzoldt und, ihm folgend, Joachim Wieder, die gelehrte Reise nach der sogenannten »empfindsamen Reise« ansetzen, so ist das nur bedingt richtig.[32] Gelehrte Reisen haben eine lange Tradition. Freilich unterscheiden sich die frühen von den späteren Gelehrtenreisen doch ein wenig. Waetzoldt denkt vor allem an Kunsthistoriker und Historiker. Da die eigentliche Geschichtswissenschaft und die Kunstwissenschaft erst seit dem 18. Jahrhundert entstanden, muß man zwischen dem älteren und dem neueren Typus der Gelehrtenreisen differenzieren. Der neuere Typus läßt sich erst seit dem Entstehen der Geschichts- und der Kunstgeschichtswissenschaft datieren, der in seinen herausragenden Vertretern Gelehrten- und Künstlertum zu verbinden wußte. Namen wie Jacob Burckhardt, Ferdinand Gregorovius, Victor Hehn und Heinrich Wölfflin wurden weit über den Zirkel der Fachgelehrten hinaus bekannt. Bei ihnen verwandelte sich, ob sie nun nach Griechenland oder nach Italien reisten, die reine Gelehrtenreise in eine Bildungsreise, neben den wissenschaftlichen Forschungen stand ihnen gleichberechtigt das Ziel einer humanistischen Selbstbildung. Ein Gedanke, der sich erst seit Winckelmann und Goethe entwickeln konnte.

Betrachtet man die deutsche Universitätslandschaft der frühen Aufklärung, so läßt sich ohne weiteres von einer Erstarrung des Lehr- und Forschungsbetriebes sprechen. Die Schule des rationalistischen Philosophen Christian Wolff nahm dabei eine Schlüsselfunktion ein, und mit ihr zog der Geist der logischen Deduktion, das total abstrakte Denken, in die Hörsäle ein. Es hat in Deutschland kaum eine empirieferne Epoche gegeben. Empiriker fand man an den deutschen Universitäten jener Zeit nicht; sie forschten außerhalb der Universitäten, meist im Dienst von Fürsten oder als Privatleute, und erst mit der Gründung der Universität Göttingen ((1734/37) fand das empirische Forschen, insbesondere die auf Experimente gegründete Naturwissenschaft, Eingang in die Universität.

Neoscholastik und Abstraktion beherrschten in der ersten Jahrhunderthälfte alle Studienfächer. Als Johann Joachim Winckelmann im Jahre 1729 an der Universität Halle zu studieren begann, dominierte dort ebendieser Buchstabengeist. Eine »Stadt der Blinden« hat Winckelmann daher Halle genannt. Kunstkenntnisse wurden ausschließlich aus Büchern gelehrt, und zwar selbst von dem Wolff-Schüler Alexander Gottlieb Baumgarten, dem Begründer der Disziplin Ästhetik. Man merkt den totalen Mangel an Anschauung übrigens auch seinem Hauptwerk *Aesthetica* an; doch sogar Kant, der Verfasser der einflußreichen *Kritik der Urteilskraft*, soll als einziges Kunstwerk nur eine schön verzierte Tabaksdose gekannt haben (er war zeit seines Lebens nie über die Grenzen Ostpreußens hinausgekommen). Eine gewisse Ausnahme bildete Johann Heinrich Schulze, der in seiner Vorlesung über griechische und römische Altertümer seinen Hörern immerhin originalantike Münzen vorführte.[33] Das waren aber auch die einzigen Anschauungsbeispiele für antike Kunst.

Es ist das große und ausschließliche Verdienst Johann Joachim Winckelmanns, seinen Zeitgenossen die Augen für die Kunst der Antike geöffnet zu haben. Winckelmanns epochemachende Schriften haben zu einer Umkrempelung der ganzen Wahrnehmungsweise geführt. Und dieses ›neue Sehen‹ betrifft nicht zuletzt die Wahrnehmung der Schriftsteller, die nach ihm Italien bereisten. Ohne Winckelmann hätte Goethe etwa mit Sicherheit ganz andere Dinge in Italien gesehen, wäre seine ›klassische‹ Dichtung ganz anders ausgefallen.

Nach einer entbehrungsreichen Jugend im altmärkischen Stendal, einer unbefriedigenden Studienzeit in Halle und Jena, nach anstrengender Lehrtätigkeit in Halle und Seehausen erhielt er 1748 eine Stelle als Bibliothekar beim Reichsgrafen Bünau in Nöthnitz. Es handelte sich um die größte deutsche Privatbibliothek, und Winckelmann benutzte diese Chance zu ausgedehnter Lektüre. Schon während seiner Zeit in Seehausen hatte er bis zur Erschöpfung studiert. Er ging in der Regel erst um Mitternacht zu Bett und stand bereits um vier Uhr wieder auf. Das Lesen verband Winckelmann zeit seines Lebens mit Exzerpieren, und die von ihm angefertigten Exzerpte füllen zahlreiche Bände. Er las neben griechischen Autoren vor allem französische und englische Schriftsteller, in deren Werken ein freierer Geist als aus denen der deutschen Zunftgelehrten wehte. Der freie Zugang zu den Bauwerken und den Kunstschätzen, den er im nahegelegenen Dresden hatte, bewirkte, daß das Prinzip der Anschauung das der philologischen Kenntnisnahme allmählich verdrängte. Bücher, für die meisten deutschen Gelehrten das Primäre, wurden für Winckelmann allmählich sekundär. Auch in seinem persönlichen Lebenswandel wirkte sich diese Änderung aus; zum Umgang mit Gelehrten trat die Bekanntschaft mit zahlreichen Künstlern. Im Jahre 1755 veröffentlichte der 38-Jährige seine erste

Schrift, die berühmte Abhandlung *Gedanken über die Nachahmung der griechischen Werke in der Malerei und Bildhauerkunst,* die sein ganzes Programm in nuce enthielt. Er wandte sich darin von den Idealen des Spätbarock entschieden ab und verfocht das Ideal einer neuen Einfachheit. Er spricht nicht so sehr zu Fachgelehrten, eher zu Bildenden Künstlern seiner Zeit; ihnen hält er ein neues Muster vor die Augen: das vielgenannte Ideal der »edlen Einfalt« und der »stillen Größe«[34], das er in den antiken Kunstwerken entdeckt. Ihm sollen auch die Künstler der Gegenwart nachahmen, im Sinne des ›Nacheiferns‹. Die Kunst erhält einen humanistischen Auftrag zugesprochen. Es versteht sich, daß es Winckelmann nach Rom drängte. Hier hoffte er an der Quelle forschen zu können, hier stand ihm das reichhaltigste Anschauungsmaterial zu Verfügung. Seit 1755, zunächst mit einer königlich-sächsischen Pension, wirkte Winckelmann in Rom, seit 1758 als Bibliothekar und Kustos der Antikengalerie des Kardinals Albani, seit 1763 als »Aufseher über die Altertümer in und um Rom«. Dort entstand in siebenjähriger Arbeit sein Hauptwerk, die 1764 erschienene *Geschichte der Kunst des Altertums* (erweiterte Aufl. 1776). Wie er immer wieder betonte, sollte sich das wahre Kunstwerk durch seinen Ideengehalt, durch Schönheit und Anmut auszeichnen – eine für die Kunstauffassung der deutschen Klassik grundlegende Erkenntnis.

Was Winckelmanns Bedeutung weit über eine innerwissenschaftliche Angelegenheit erhöht, ist die Ambivalenz seiner Zielsetzung. Zum einen kann man ihn – vor allem wenn man seine späteren Schriften berücksichtigt – durchaus als den Begründer der Archäologie und der Kunstwissenschaft betrachten, zum andern hat er eine neue Kunstproduktion initiiert, und zwar zusammen mit einigen gleichgesinnten Künstlern, von denen Anton Raphael Mengs immerhin als bedeutendster Maler seiner Zeit galt. Winckelmann intendierte mit seinem Hauptwerk zweierlei: er wollte sowohl ein »Lehrgebäude« als auch eine »Geschichtsdarstellung« liefern.[35] Möglich wird die Synthese von Ästhetik und Geschichte, weil für Winckelmann die Lehre vom Schönen kein abstraktes System ist, sondern das Resultat historischer Prozesse darstellt. Seine Schönheitsideale basieren auf der Anschauung des historisch Gewachsenen, sie sind keine wirklichkeitsfremden Ideale. Wenn Winckelmann dennoch die einmaligen griechischen Schönheitsideale als Muster für künftige Zeiten proklamiert, also gewissermaßen ein historisches Kunstideal verabsolutiert, so nicht etwa, weil er die Geschichte negieren will, sondern in der Erkenntnis, daß zu keiner anderen Zeit innerhalb der Menschheitsgeschichte eine so hoch entwickelte Kultur und Kunst existiert habe wie im antiken Griechenland. Diesem Ideal solle die Gegenwart nachstreben. Wenn er dieses Wunschbild später in den Werken vor allem von Mengs verwirklicht sah, so zeigt dies, daß Winckelmanns Antike-Ideal nach heutigem Geschmack ›klassizistisch‹ war – allzu sehr auf ›edle Einfalt und stille Größe‹ versessen. Das heutige Antikebild ist sicherlich bunter und gewaltsamer. Man darf bei der historischen Einschätzung Winckelmanns nicht aus dem Blick verlieren, daß sein Programm sich auch gegen den herrschenden Kunstbetrieb seiner Zeit gewendet hat. Aber nur, indem er die griechische Kunst als neues Kunstideal proklamierte, konnte er auf die schaffenden Künstler einen solchen ungeheuren Einfluß ausüben. Hinzukam ein Weiteres: Winckelmanns Schriften unterschieden sich gravierend von der üblichen gelehrten Schreibe. Sie waren nicht mit der langweilig-pedantischen Detailakribie verfaßt wie die meisten antiquarischen Schriften. Nicht allein, daß Winckelmann die vergleichende Anschauung – also einen empirischen Zugriff – zur Hauptmethode erhob, er stellte seine Eindrücke mit begeisterndem Schwung und mit Empfindung dar, vor allem in den Beschreibungen antiker Skulpturen (*Apoll von Belvedere, Torso,* Laokoongruppe). Zur neuen Methode gesellte sich eine ungewohnt künstlerische Schreibe. Sie hat besonders bei Malern und Dichtern Furore gemacht.

Wie sehr Rom das Schicksal Winckelmanns geworden war, zeigt noch sein unglückliches Ende. Er brach seine Deutschlandreise ab, in der Absicht, über Wien schleunigst nach Rom zurückzukehren, überzeugt, daß für ihn »außer Rom kein wahres Vergnügen zu hoffen« sei.[36] In Triest fiel er am 8. Juni 1768 einem Mordanschlag zum Opfer.

Für Italiens Naturschönheiten hatte auch Winckelmann kein rechtes Auge gehabt. In Neapel störte er sich mehr an dem Lärm und dem Schmutz, als daß er sich an der landschaftlichen Schönheit erfreute.[37] Umsomehr begeisterten ihn die dort angehäuften Kunstwerke. Und in der Tat: Nach Winckelmann konnte man Italien nicht mehr wie früher bereisen. Aus dem Raritätenkabinett war das Mutterland der Kunst geworden. Der künstlerisch interessierte Reisende mußte fortan die Kunstschätze der Antike mit den Augen Winckelmanns betrachten.

Ich sehne mich herzlich wieder nach Deutschland

Lessing, der mißgelaunte Italienreisende

Die literarisch interessierten Leser des Jahres 1775 konnten Christian Friedrich Daniel Schubarts *Deutscher Chronik* vom 26. Juni folgende Meldung entnehmen: »Lessing befindet sich wirklich in Rom, und wühlt in Alterthümern. Seine Einsichten werden von den dasigen Gelehrten und Kennern ungemein hochgeschätzt.«[1] Im Dezemberheft steigert Schubart diese Hoffnungen noch. Lessing, so weiß er zu berichten, benutze seinen Romaufenthalt mit »Winkelmannischer Gewissenhaftigkeit« zu antiquarischen Studien. »Wie vieles läßt sich«, so ruft Schubart enthusiastisch aus, »von einem Manne erwarten, der beynahe den Kreis des menschlichen Wissens ausmaß!«[2] Schubart war sicher nicht der einzige, der außerordentliche Erwartungen in Lessings römisches Wirken gesetzt hat. Die Maiausgabe der *Berlinischen Nachrichten von Staats- und Gelehrten Sachen* brachte sie sogar auf einen epigrammatischen Nenner:

Befehl meiner Muse

Rausche schneller, Tyberstrom,
Wirf ans Ufer deine Schätze;

Lessing, der mißgelaunte Italienreisende

Altes Latium öfne deine Plätze,
Nichts in dir sey künftig Fabel, und Phantom:
Lessing kommt nach Rom.[3]

Von einer Italienfahrt ist bei Lessing schon in früheren Jahren mehrfach die Rede. Während der Niederschrift der *Antiquarischen Briefe* äußert er gleich mehrmals seine Absicht, nächstes Jahr, also 1769, nach Italien zu reisen.[4] Es lag nahe, diese Pläne in Verbindung mit Winckelmanns Tod zu bringen; Winckelmann war am 8. Juni in Triest ermordet worden. Wer besser als Lessing hätte dessen Nachfolge antreten können?

Aber als er das konkrete Angebot erhielt, traf es ihn im denkbar ungünstigsten Moment. Im Grunde betrieb Lessing im März 1775 seine Wienreise nur deshalb so eifrig, um seine Verlobte Eva König, die geschäftehalber sich dort aufhielt, zu treffen. Unerwarteterweise bittet ihn in Wien der zweiundzwanzigjährige Prinz Leopold von Braunschweig, der zweite Sohn von Lessings Dienstherrn, ihn doch nach Italien zu begleiten. Lessing glaubt, er könne sich dem fürstlichen Ansinnen nicht entziehen. Seine Umstände, so schreibt er dem Bruder, könnten dadurch ja nicht schlimmer werden, er bekomme auf diese Weise wenigstens »einen Vorschmack von Italien«.[5] Offenbar hat er nur mit einem kurzen, allenfalls bis Venedig führenden Italienaufenthalt gerechnet.

Die einzigen Quellen für Lessings Italienerlebnis sind die Briefe, die er an seine Verlobte Eva König geschrieben hat, sowie ein ziemlich fragmentarisch geführtes ›Tagebuch‹.[6] Freilich enthalten die Briefe lediglich wenige Fakten von Interesse, Lessing hat auch das Schreiben bald eingestellt. Nicht etwa, weil er seiner gesetzten Verlobten im feurigen Süden überdrüssig geworden wäre, sondern – ganz unpoetisch – wegen der miserablen Postzustellung. Beide Briefpartner erhielten monatelang keine Nachricht voneinander, die Briefe lagerten ungelesen, bis zur Rückkehr Lessings nach Wien.

Die Reiseroute Lessings war von der fürstlichen Willkür ziemlich abhängig, eine Tatsache, die ihm natürlich selbst am wenigsten zusagte.[7] Am 25. April bricht die kleine Gesellschaft von Wien auf. Der Weg führt zunächst nach Mailand; dort hat er zwei Briefe geschrieben, einen an den Bruder, einen an die Braut. Der unterschiedliche Duktus beider Schreiben sollte zu denken geben. Der »Vorschmack«, so berichtet er Karl, habe seinen »alten Gedanken, in Italien zu leben und zu sterben, auch schon wieder ganz erneuert: so sehr gefällt mir noch alles, was ich in dieser Gegend höre und sehe.«[8] Dazu reimen sich die Klagebriefe an die Verlobte schlecht. Wahrscheinlich hebt Lessing in seinen Briefen an die quasi sitzengelassene Braut den Zwangscharakter dieser Reise mit voller Absicht hervor. Am 23. Mai kommen die Reisenden in Venedig an. Gesundheitlich geht es Lessing nicht besonders gut; er muß sich zur Ader lassen. Der Prinz hat noch immer keine definitive Auskunft aus Braunschweig erhalten, so daß er sich entschließt, nach Florenz weiterzureisen. Lessing muß wohl oder übel mit. »Das hat man nun davon«, so bricht er unmutig aus, »wenn man sich mit Prinzen abgiebt! Man kann niemals auf etwas gewisses mit ihnen rechnen.«[9] Anfang Juni verläßt die Gesellschaft Venedig und gelangt über

Bologna nach Florenz. Lessing empfindet alles andere als Begeisterung: »Wahrhaftig«, so lautet sein Seufzer, »ich sehne mich herzlich wieder nach Deutschland. Denn in dieser Hitze in Italien herum reisen, um sich zu besehen, ist eine Sache, die mich gewaltig mitnimmt.«[10] Gottlob sei er noch gesund, man wisse ja niemals, wie lange das anhalte. Die Reisenden fahren über Pisa und Livorno, machen einen Abstecher nach Korsika und treffen schließlich Anfang August in Genua ein. Ein rund einmonatiger Aufenthalt in Turin folgt. Lessing beginnt mit kurzen tagebuchartigen Notizen. Dieses sogenannte »Tagebuch« hält von der siebeneinhalb Monate dauernden Reise nur knapp sechs Wochen fest.[11] In Turin besucht Lessing das Museum und die Bibliothek, er macht die Bekanntschaft mehrerer Universitätsprofessoren. Am 9. September meldet das Tagebuch: »Von Turin abgereist über Alessandria nach Pavia; wo wir den 11ten geblieben.« Am 12. September geht es über Piacenza nach Parma; dort besichtigt der Reisetroß die Malerakademie, die Bibliothek und die beiden Theater. Schon am 14. bricht die Gesellschaft auf und gelangt über Reggio, Modena und Bologna am 22. September nach Rom. Lessing hat in der Locanda Stuart am Spanischen Platz gewohnt, dem damaligen Zentrum des Fremdenviertels. Der Romaufenthalt, der nur von verschiedenen Reisen nach Frascati, nach Albano und nach Neapel unterbrochen wird und insgesamt bis Ende Oktober dauert, steht im Zentrum von Lessings Notizen.

Im übrigen muß er bald die Lust an der Tagebuchschreiberei verloren haben, denn die anfangs exakt datierten Eintragungen gehen unversehens in allgemeine Betrachtungen und gelehrte Notizen und Verzeichnisse über. Das Tagebuch löst sich in eine gelehrtenübliche Kladde auf, die nichts mehr von persönlichen Eindrücken verrät.

Als man gegen Ende Oktober von Neapel wieder in Rom eintrifft, liegt endlich die langerwartete Nachricht für den Prinzen bereit, die über sein künftiges Berufsleben entscheidet: er wird nach Frankfurt an der Oder beordert, wo er ein preußisches Regiment übernehmen soll. Von Wien aus, wo er Ende Dezember schließlich ankommt, berichtet Lessing der Verlobten in knappen Worten nur die Reisestationen – der Unmut über die mißliche Situation schwingt noch immer nach, ist aus den scharfen Worten, die er im selben Brief über das »große Geschmeiß«, den Adel und die Hofgesellschaft, verliert, immer noch zu spüren.[12] Trotz der ungünstigen Voraussetzungen dieser Reise ist es von Interesse, sich die Aufzeichnungen näher zu betrachten; in ihnen brauchte Lessing keine Rücksicht auf die Ansprüche und Erwartungen anderer zu nehmen.

Antikenverehrung und Naturempfindung, diese beiden Komponenten des neueren Italienverständnisses, waren fest etablierte Werte, als Lessing die Reise antrat. Betrachtet man seine geistigen Voraussetzungen, so schien er bestens gerüstet zu sein. Ausgebildet als klassischer Philologe, wohlbeschlagen in allen Fragen der Altertumswissenschaft und der bildenden Kunst, Verfasser eines so epochemachenden Werkes wie *Laokoon oder über die Grenzen der Malerei und Poesie* (1766), in dem er sich gegen Winckelmanns Vermischung der Kunstprinzipien aussprach. Seit Lessings Reflexionen hatte der horazische Grundsatz »ut pictura poesis«, wie die Malerei so die Dichtkunst, keine Geltung mehr, war die poetische Schilderungsmanier ad acta gelegt. Der Altertumsforscher hatte in seiner Auseinandersetzung mit Christian Adolf Klotz seine tiefen Kenntnisse bewiesen; davon zeugten die *Briefe antiquarischen Inhalts* (1768/69) und die bedeutende Abhandlung *Wie die Alten den Tod gebildet* (1769). Wie ungünstig also auch immer die persönlichen Umstände sein mochten, unter denen Lessing seine Italienreise antrat, ein Mann mit solchen Kenntnissen sollte fast zwangsläufig zu neuen Einsichten oder vertieften Anschauungen gelangt sein. Drei Gesichtspunkte standen für Lessing offenbar im Vordergrund: der Einblick in das italienische Leben der Gegenwart, die Beschäftigung mit allen möglichen Wissenschaften und die Kunstbetrachtung. Lessing der Mensch, der Gelehrte und der Künstler kommen zum Zuge.

Aufzeichnungen zum italienischen Alltag, zu Sitten und Gebräuchen der Italiener begegnen relativ selten. Lessing vergleicht seine Beobachtungen mit den Berichten seiner Reiseführer Volkmann und Baretti.[13] Beispielsweise erörtert er den Charakter der Piemonteser, ob sie lustigen Gemüts seien oder nicht. Ausführliche Beobachtungen sind die Ausnahme. Das Sprachproblem interessiert den Gelehrten; er stellt fest, daß die meisten Piemonteser »nicht einmal Italienisch verstehen«, sie sprechen entweder Französisch oder Dialekt. Dazu zitiert er Montaignes einschlägige Bemerkungen aus dessen Reisebericht von 1580/81 und weist eigens auf die Tatsache hin, daß gleichwohl einige Piemonteser »gegenwärtig berühmte Sprachkundige« seien. Seine besondere Verwunderung erregt die merkwürdige akademische Sitte, immer einen frisch promovierten Doktor zum Universitätsrektor zu wählen, und zwar allemal »den reichsten und vornehmsten« (S. 263). Denn des Rektors Gehalt allein reiche zu den verschiedenen »Ehrenausgaben« nicht aus. Den leidenschaftlichen Spieler Lessing beschäftigt die Behauptung, alle Piemonteser seien Spielernaturen. Über das zwischen dem Papst und dem König von Sardinien geschlossene Konkordat notiert er als Kuriosum: »Unter den Personen, die darinn von dem Rechte der Freystatt in den Kirchen ausgenommen werden, hatte man vergessen die Deserteurs mit zu nennen, und daher geschieht es daß das Desertiren in hiesigem Lande so häuffig und so leicht ist.« (S. 266) Undatiert sind noch einige Bemerkungen »Zu den Sitten der Italiener überhaupt«, ein paar Notizen über »Speisen der Italiener und Weine«. Hier hält er die »Gnocchi«, eine »Art von Mehlknöteln«, für besonders erwähnenswert (S. 270) – aber weniger wegen der darin steckenden Kochkunst, sondern, um allerlei gelehrte Bemerkungen anzubringen. Ein andermal verzeichnet er ein geflügeltes Wort:»Gli inglesi lo vogliono cosí, sagen die italienischen Wirthe wenn sie falsche Dinge auf ihre Rechnung setzen.« (S. 271). Mehr als beiläufige Streiflichter, anekdotenhafte Kuriositäten, sind das nicht. Systematisch hat sich Lessing jedenfalls der Beobachtung des Gegenwartslebens nicht gewidmet.

Im Grund hätte man das von Lessing auch nicht erwartet. Wie die zeitgenössischen Zeitungsberichte belegen, ging die allgemeine Erwartung eher in Richtung Kunst und Wissenschaft. Man machte sich ein Bild von Lessing, dem Kunstkenner, das deutlich an Winckelmann angelehnt erschien. Die *Zeitung für die elegante Welt* von 1805 etwa fantasierte: »Vornämlich lebte und webte er in den Kunstsammlungen der schönen Vorzeit. Man hatte ihn einst mehrere Stunden lang ängstlich und vergeblich aufgesucht, – endlich fand man ihn neben der herrlichen Gruppe des

Laokoon einsam und emsig beschäftigt, über dieses Meisterwerk der Kunst neue Bemerkungen zu sammeln.«[14] Ein Gedanke, der sich angesichts von Lessings Laokoon-Abhandlung förmlich aufdrängte! Tatsächlich enthalten die Tagebuchaufzeichnungen gerade über die Laokoongruppe kein Wort! Wohl aber äußert sich Lessing über andere Kunstwerke, über Architektur und Malerei. In Turin beschreibt er eindringlich die Bauweise des Architekten Paolo Guarini; in Pavía hingegen listet er nur die gesehenen Gebäude auf, das Collegio Borromeo und die berühmte Kartause; in Tortona registriert er das Grabmal des P. Aelius Sabinus. Dabei ist es einigermaßen typisch für ihn, daß er sich nicht mit der bloßen Kunstbeschreibung begnügt, daß vielmehr eine griechische Inschrift sein gelehrtes Interesse erweckt. (S. 266) Den Höhepunkt für den Kunstfreund bildete zweifellos der römische Aufenthalt. Am 26. September besucht Lessing den Petersdom; freilich nach hingebungsvoller Kunstbegeisterung klingt seine nüchterne Inventur zweitklassiger Kunstwerke nicht gerade. (S. 268f.) Weder erwähnt er Michelangelos *Pietà* noch spricht er von der Sixtinischen Kapelle, wohl aber von der Mosaikenfabrik hinter dem Dom. Volkmanns Beschreibung davon hält er für »ganz falsch«. (S. 269) Besserwisserisch notiert er den wahren Sachverhalt. Am 27. besichtigt man die vatikanische Bibliothek, am 28. »das übrige der Peterskirche, die Grüfte, das Dach und die Kuppel«, am 29. »das Capitolium, und das daselbst befindliche Museum.« Diese Notizen sind in ihrer Kargheit kaum zu überbieten. Die letzten Eintragungen über Kunst stammen aus Neapel: er nennt hier drei Maler und erwähnt als neapolitanische Besonderheit die »eingelegte SchildkrötenArbeit«. (S. 272) Insgesamt ein enttäuschender Eindruck! Große Gefühle hätte man bei Lessing ohnehin nicht erwartet, eher schon detaillierte Beschreibungen oder kunstsinnige Reflexionen. Von all derlei findet sich keine Spur. Wenn Kunsturteile fallen, so kommt es zu keinen anderen Wertungen als einem blassen »gut« oder »schön«.

Ergiebiger sind die Aufzeichnungen jedoch über rein wissenschaftliche Interessen, also über Antiquitäten, über Bibliotheken und über Gelehrte. Bereits bei den Bemerkungen zum italienischen Alltag wie zur Kunst fällt auf, daß Lessing selten vom unmittelbaren Eindruck, von der Anschauung ausgeht. Vielmehr spießt er sich irgendeine gelesene Bemerkung auf und widerlegt sie entweder durch eigene Erfahrung oder, noch besser, durch ein anderes Buch. In Turin gilt sein größtes Interesse dem Altertums-Museum. (S. 261f.) Fünf Bände der *Tabula Isiaca*, eines Verzeichnisses über Münzen und Büsten berühmter Männer des Altertums durchblättert er; außerdem sticht ihm die Vielfalt der »ägyptischen Alterthümer« ins Auge. Bemerkenswert erscheint ihm die Tatsache, daß sich dieses Museum zum guten Teil aus einheimischen Funden rekrutiert. »Nur Schade«, bedauert er, »daß von Zeit zu Zeit die Bauer doch auf ihren Feldern manches noch finden, und nicht an den Ort seiner Bestimmung bringen, sondern wenn es von Werth ist, an die Goldschmide verkauffen. Wie denn gewiß ist, daß sie schon seit mehr als hundert Jahren ein solches Gewerbe treiben, durch welches unter andern ein sehr ansehnlicher Schatz von goldnen Münzen aus der Welt gekommen.« (S. 262)

Akribisch notiert er sich 19 Professoren der Turiner Universität. In Turin, in Parma und in der Vatikanischen Bibliothek durchforstet er eifrig die Manuskripte und entdeckt hin und wieder ein kostbares Stück. (S. 264ff., 267, 269)

Inneres des Petersdoms. Das größte christliche Gotteshaus wurde zwischen 1506 und 1590 erbaut, der Zentralbau bis 1629 durch einen Langbau erweitert. Lessing hat den Dom am 26. September 1775 besucht und über die bauliche Veränderung diese Notiz angefertigt: »Die Peterskirche. Sie war zu einem griechischen Kreutze ⊗ bestimmt; durch die Verlängerung in ein Lateinisches aber ist erfolgt, daß sie bey dem Eintritte bey weitem so groß nicht scheinet, als sie ist. Histörchen von dem Schwaben, welcher die Halle für die ganze Kirche angesehen, und vergnügt nach Hause gereiset.« (Lessing: *Sämtliche Schriften*, Bd. XVI, S. 268.

Der undatierte Teil der Aufzeichnungen bietet nur Kollektaneen, Aufschriebe zu Merkzwecken, Exzerpte einer italienischen Zeitschrift (*Efemeridi letterarie di Roma*) und gelegentliche Reflexionen. (S. 237ff.) So etwa im Abschnitt »Von der italienischen Litteratur überhaupt«, wo Lessing das Problem des »reinen« Italienisch und das Verhältnis der Italiener zur neueren deutschen Literatur anspricht. Dann folgt eine seitenlange Rubrizierung zeitgenössischer italienischer Gelehrter: Mathematiker, Physiker und Philosophen, Historiker und Dichter. Hier schiebt Lessing einen Exkurs »Zur Geschichte des Italienischen Theaters überhaupt« ein (S. 281ff.); Titel diverser italienischer Schauspiele und Opern vermitteln einen Eindruck vom Spielplan der damaligen Theatertruppen. Mit Antiquaren, Philologen und Stilisten schließt die Aufzählung. Ein weiteres Appendix nennt »Bücher, die ich noch zu haben suchen muß«, vor allem poetische Werke. (S. 284ff.) Erich Schmidt, von dem die nach wie vor maßgebliche Lessingbiographie stammt, hat nicht zu Unrecht die »Armut«, die erkältende und drückende Wirkung dieses Tagebuchs betont.[15]

Bereits die Zeitgenossen spürten, wie gering der Einfluß des italienischen Aufenthalts auf Lessing gewesen sein mochte. So findet sich Anfang 1776 in den *Gothaischen gelehrten Zeitungen* schon eine Rücknahme des früher Berichteten.[16] Schubart, der viel Aufhebens von einer kurzen Papstvisite gemacht hatte, greift dieses Dementi prompt auf. Lessing, vermeldet er am 11. Januar 1776, »lachte sehr über die Nachrichten, die man von ihm in Teutschland verbreitete; 's war meistens Wind. Den Papst hat er zwar gesprochen; aber sein Gespräch war sehr unerheblich.«[17]

Die Kargheit der Lessingschen Ausführungen kommt nicht von ungefähr. Für Winckelmann und für Wilhelm Heinse, für Goethe und für Herder war die sinnliche Anschauung ein Bedürfnis, bedeutete eine Komplettierung der früher aus Büchern geschöpften Erkenntnisse. Lessing brauchte dieses sinnliche Moment offenbar nicht. Das geht bereits aus seiner Auseinandersetzung mit der Winckelmannschen Interpretation des *Borghesischen Fechters* im 13. *Antiquarischen Brief* mit ernüchternder Deutlichkeit hervor. Fast programmatisch klingt es, wenn Lessing hier erwidert: »Denn ich, ich bin nicht in Italien gewesen; ich habe den Fechter nicht selbst gesehen! – Was thut das? Was kömmt hier auf das *selbst Sehen* an? Ich spreche ja nicht von der Kunst; ich nehme ja alles an, was die, die ihn selbst gesehen, an ihm bemerkt haben; ich gründe ja meine Deutung auf nichts, was ich allein daran bemerkt haben wollte.«[18]

Für Lessings eher vom rationalen Kalkül, von der kritischen Reflexion ausgehende Wahrnehmungsweise spielte die Anschauung keine primäre Rolle. Und die Frage, ob es sich beim betrachteten Kunstwerk um ein Original oder nur um eine Kopie gehandelt habe, war für ihn letzten Endes sekundär. Die von Schiller in der *Thalia* überlieferte Anekdote von Lessings Besuch im Mannheimer Antikensaal scheint hier repräsentativ zu sein. Lessing stellte nämlich die einigermaßen ketzerische Behauptung auf, ein Aufenthalt in diesem Antikensaal gewähre dem studierenden Künstler mehr Vorteile als eine »Wallfahrt zu ihren Orginalien in Rom«. Dort stünden die Kunstwerke entweder im Dunkeln oder zu hoch oder sie seien gar unter schlechtere Stücke versteckt, erlaubten also dem Kenner keine eingehende Betrachtung oder Befühlung.[19]

Nun hat Paul Raabe aufgrund des Nachlaßinventars nachzuweisen versucht, daß die fälschlich als »Tagebuch« bezeichneten Notizen nur ein geringer Bestandteil umfangreicherer Aufzeichnungen waren, die nach Lessings Tod verloren gegangen sind.[20] Der Tatbestand einer fragmentarischen Überlieferung sagt freilich noch nichts über den Modus der Lessingschen Wahrnehmung aus. Die von Lessing während seines Italienaufenthalts für die Bibliothek in Wolfenbüttel erworbenen 276 Bücher – eine neuerschlossene und interessante Quelle – bestätigen die These vom gelehrt-antiquarischen Charakter der Reise, die in der Tradition des »iter academicum« stand. Die zweite bedeutsame Quelle, die von Walter Deeters vor 15 Jahren im Niedersächsischen Staatsarchiv Wolfenbüttel aufgefundene Kostenabrechnung der achtmonatigen Reise, erlaubt zwar die exakte Fixierung und Datierung der äußeren Reisestationen und -erlebnisse,[21] gestattet aber ebenfalls keine Schlüsse auf die individuelle Wahrnehmung Lessings, wie dies Raabe versucht: »Der Vielfalt der Eindrücke konnte sich Lessing bei aller denkbaren »Verweigerung« nicht entziehen. Das wird ganz besonders am Ende für Rom und Neapel gegolten haben.«[22] Wie die Frucht von Lessings italienischen Reisenotizen mutmaßlich ausgesehen hätte, darüber gibt ein Brief Lessings vom 20. September 1777 an Friedrich Nicolai beredten Aufschluß, in dem er Arbeitspläne nach Fertigstellung der *Wolfenbütteler Beiträge* entwickelt: »Das muß ich nun je eher je lieber aus den Händen haben, weil ich mir noch Kräfte zu bessern Dingen bewußt bin, zu welchen ich allerdings verschiedene Anmerkungen rechne, die ich auf meiner Reise in Italien gemacht zu haben glaube, und durch welche die antiquarischen Briefe noch ein Buch werden können.«[23] Dieser Brief enthält einen unübersehbaren Hinweis auf die Beschaffenheit der verlorenen Teile der italienischen Aufzeichnungen – kunsthistorische und antiquarische Notizen und Kollektaneen, aber keine persönlichen Reiseeindrücke, und er signalisiert doch sehr deutlich, daß Lessings Eigenart gerade in der »Verweigerung« gegenüber äußeren Eindrücken bestanden hat, ihrer farbigen Vielfalt und ihrer sinnlichen Intensität.

Lessings karges Italienerlebnis ist also nicht bloß auf die ungünstigen Voraussetzungen der Reise, die persönlichen Umstände zurückzuführen. Die Gründe dafür lagen in der Voreinstellung Lessings selbst. Eine existentielle Wende hätte Lessing in Italien überhaupt nicht erleben können, allenfalls eine Vertiefung seiner Kenntnisse, eine Erweiterung seines Wissensstandes. Die Dürftigkeit seines Italienerlebnisses ist paradigmenbedingt. Lessings Wahrnehmungsweise war durchaus ›vorwinckelmannisch‹, war polymathisch und antiquarisch. Er hat in Italien genau das gefunden, was er gesucht hatte: Antiquitäten und verstaubte Manuskripte! Und so, wie er nach Italien gekommen war, so fuhr er auch wieder zurück: unverwandelt. Beispielhaft zeigt die Italienreise das große Defizit Lessings: die schöne Sinnlichkeit! Weder in seiner Dichtung noch in seinem Denken hat der Italienaufenthalt eine Spur hinterlassen.

»*Ein unaufhörliches Vergnügen*«

Wilhelm Heinses dionysischer Italienzug

Zwei Namen stehen am Beginn des »neuen Sehens«: Winckelmann für die Wahrnehmung der Kunst und Rousseau für die Wahrnehmung der Natur. Mit seinem Roman *Julie ou la nouvelle Héloise* von 1761 hatte Rousseau ein neues Verständnis für Natur erweckt; erst jetzt nahm der Reisende, schwärmerisch und sentimental, Landschaft in ihrer eigentümlichen Schönheit wahr. Während der Reisende früherer Jahrhunderte beim Anblick etwa einer Wassermühle sofort nach dem Nutzwert fragte,[1] erfreute man sich auf Rousseaus Spuren ausschließlich an der Schönheit des Gegenstandes, ohne Ansehen der Verwendbarkeit.

Die Hinwendung zur Natur war dem Barockzeitalter ganz fremd gewesen. Die Kavaliere kannten nur das ›rationale Naturbetrachten‹, dagegen ist die Naturbetrachtung der empfindsamen Reisenden romantisch. Beleg dafür ist die unterschiedliche Beliebtheit von Kulturlandschaft und freier Landschaft. Gelehrte und Kavaliere rühmten die kultivierten Landstriche und die Städte.[2] Das wilde und unbebaute Land erschien ihnen dagegen barbarisch und reizlos; kein Kavalier dachte daran, querwaldein durch den Appennin zu wandern.

Erst im 18. Jahrhundert findet sich eine Tendenz zu objektiver Realitätserfahrung und der Drang zu ihrer individuellen Aneignung. Das kritische Betrachten von Dingen und Verhältnissen löst den nur auf das Kuriose, Exotische und Anekdotische abzielenden unkritischen Stoffhunger des 17. Jahrhunderts ab. An die Stelle weltmännischer Kavaliere traten räsonnierende Bürger. Nicht von ungefähr begeisterten sie sich für idyllische und erhabene Natur.

Über der Gartenliebhaberei erwacht das Naturempfinden.[3] Landschaftspreis und -schilderung bildeten einen festen Bestandteil der ›empfindsamen‹ Dichtung. Das Ideal der freien, wild gewachsenen Natur begünstigte die Ausbreitung der englischen Landschaftsparks, die allmählich die geometrisch gezirkelten Anlagen nach Versailler Muster verdrängten. Die sentimentale Wahrnehmungsweise nimmt ihren Ausgang von England und verbindet sich mit Rousseaus Natürlichkeitsprogramm. Die ersten sentimentalischen Naturbeschreibungen stammen von englischen Schriftstellern; Richard Lassels, der als Erzieher englischer Adeliger Mitte des 17. Jahrhunderts mehrere Italienreisen unternommen hat, bezeichnete Italien als »nature's darling«.[4]

Wilhelm Waetzoldt hat die »empfindsame Reise« als Gegenpol zur Kavalierstour charakterisiert, wobei jetzt an die Stelle des naiven Genießens derber Kavaliere das sentimentale Schwärmen schöner Seelen tritt. Italien ist nicht mehr bevorzugter Schauplatz für Liebesabenteuer, es avanciert zur »Heimat freien Menschentums und landschaftlicher Schönheit«. Das menschliche Verstehen und das landschaftliche Sehen gelten ihm als die kulturgeschichtlichen Leistungen der empfindsamen Reisen.[5]

Die sentimentalen Reisenden entdecken neue Landschaften – etwa den Lago

Maggiore mit seinen steil aufragenden Bergen; unvergleichliches Beispiel ist Jean Pauls farbenprächtiger Lobpreis der Isola Bella im *Titan*. Andere Gegenden, die neu ins Blickfeld rückten, waren die verlassene heroische Campagna, die einsamen Sabiner Berge oder die ligurische Küste.

Die Ästhetisierung der Natur gipfelte in der Apotheose der sentimentalen ›Landschaft mit Ruine‹. Zu den neuen künstlerischen Idealen gesellte sich die Vorliebe für die malerischen Reize südlicher Natur – nicht von ungefähr stellt das Epitheton ›malerisch‹ in den einschlägigen Reiseberichten ein besonders hohes Lob dar. Die römische Ruine symbolisiert solche Stimmungen, in denen ein Konglomerat von meist vagen Gefühlen verschmilzt: Sentimentalität, Lust am Pittoresken, Natursehnsucht und Vergänglichkeitsgefühl.[6] In den Berichten der empfindsamen Reisenden finden sich die »Anfänge eines impressionistischen Sehens«.[7]

Dieses neue Sehen, dem Kunst und Natur als organische Einheit erscheint, läßt sich an den Tagebüchern Wilhelm Heinses exemplarisch nachvollziehen. Sie geben einen unmittelbaren Eindruck seiner italienischen Erlebnisse. Heinses Italienreise bildet, bei aller individuellen Eigenart, ein Paradebeispiel für den empfindsamen Reisenden.

1746 geboren, gehört Heinse einer späteren Generation als Lessing an. Heinse hat in den ersten Jahren nach dem Schulbesuch ein unruhiges Leben geführt. Nach dem Studium in Jena und Erfurt arbeitete er zunächst als Sekretär eines Hauptmanns, dann als Hauslehrer in einer Halberstädter Familie.[8] Zunehmend erscheint ihm Italien als Eldorado, als »das gelobte Land von Europa«, wo man herrlich und in Freuden leben könne. (IX, S. 67) Wilhelm Ludwig Gleim warnt den jungen Freund vor allzu kühner Euphorie: Italien sei nur »für den reichen Mann« ein Paradies.[9]

Doch es steht für ihn fest: er muß nach Italien, koste es, was es wolle. Wie ein Gefangener fühlte sich Heinse, den das Fernweh verzehrte nach den »Thälern und Höhen« der Schweiz, nach Florenz und Rom und nach »dem schönen Sicilien«. (IX, S. 392 f.) Die gründliche Vorbereitung auf Italien – er hat schon seit längerem Italienisch gelernt –, die Auseinandersetzung mit italienischer Kunst und Wissenschaft drängen ihn förmlich in das Land seiner Träume.

Doch sollte es bis zur Verwirklichung des Wunschziels noch geraume Zeit dauern! In Elberfeld nämlich begegnet Heinse am 22. Juni 1774 Goethe, der ihm die frisch von Herder vermittelten Leitideen weitergab. Heinse, bisher ein anakreontischer Poet, traf hier zum erstenmal auf die revolutionäre Bewegung des Sturm und Drang. Ein anderer Anstoß kam von der Bildenden Kunst. In der bedeutenden Düsseldorfer Kunstgalerie entdeckte Heinse die lebendige Wirkung der Kunst, insbesondere der Kunst der Renaissance und des Barock. Angeregt durch die Genie-Programmatik des Sturm und Drang verficht er in seinen damaligen Zeitschriftenbeiträgen die »Feuerkraft des Gefühls«,[10] und er wettert gegen das verniedlichende Schönheitsideal des Rokoko. Als sein Ideal kristallisiert sich allmählich der ›große Mensch‹ heraus, das Genie, der politische Machtmensch, für den keine allgemein verbindliche Moral gilt. Ein Satz wie »Die Zeiten, wo bellum omnium contra omnes war, sind, nach aller Geschichte, immer die glücklichsten Zeiten für die Menschheit gewesen« (VIII 1, S. 98), ist eine ziemlich immoralistische Maxime, die in ihrer Verherrlichung des Schönen und Starken für sein späteres, im Roman *Ardinghello* entworfenes

Florenz. Wilhelm Heinse hat sich in der Renaissance-Metropole mehrmals aufgehalten. Am 18. Juli 1783 notiert er in sein Tagebuch: »Die Kuppel und der Thurm neben dem Dom zeigt sich fürtreflich von Florenz in der Ferne, und beyde machen schöne Formen. Ueber die Gegend selbst von lauter Hügeln und Gebürgen kan man nichts bessers sagen, als was Ariost gesagt hat: die Lusthäuser scheinen hier wie eine besondre Art Gewächse hervorzusproßen so viel sind ihrer.« (Heinse: *Sämmtliche Werke*, Bd. VII, S. 142.)

Renaissancebild jedenfalls fundamental wurde. Mit einer kleinen Wegzehrung und dem Vorsatz, sich in Italien durch Zeitschriftenaufsätze den Lebensunterhalt zu verdienen, bricht er schließlich am 21. Juni 1780 nach Italien auf. Zwei Jahre lang, so lautet sein Vorsatz, will er in Italien bleiben: »O glimmen will ich auf die höchsten Höhen, die noch keines Menschen Fuß betrat! um endlich einmal diesem unruhigen Herzen, das vor lauter eingepreßtem Leben zu Grunde gehen wollte, wieder Luft zu machen.« (IX, S. 399)[11]

Schon nach Andernach sagt er der Postkutsche Valet. Reisen im Wagen ist für ihn »ein abentheuerlich Stubensitzen« und »eine folternde wandernde Modekerkerey« (X, S. 229). Es ist für den sentimentalen Reisenden sehr bezeichnend, daß ihn der Anblick des Rheinfalls bei Schaffhausen im Innersten erschüttert. Von Genua reist er mit dem Vetturin – also einer Lohnkutsche – nach Venedig. Dort bleibt er ein halbes Jahr, wo er zumindest anfangs ein ziemlich kümmerliches Leben fristet. Eine schlechte und teure Wohnung – übrigens bei einem deutschen Wirt –, der langezeit ausbleibende Wechsel, die heruntergekommene Kleidung – all dies drückt auf sein Gemüt. Was fängt er in diesem Zustand in Venedig an? Im Winter hat er seine besonderen Probleme: Das Kamin-Feuer entwickelt dermaßen viel Rauch, daß er vor Husten fast umkommt. Er riegelt sich während der kalten Jahreszeit total ab, bleibt mindestens achtzehn Stunden im Bett liegen und übersetzt Tassos *Gerusalemme liberata*, zu dessen Ablieferung er sich auf Frühjahr verpflichtet hat. Eine Mahlzeit am Tage und zweimal Kaffee in der Woche muß genügen. (X, S. 92 ff.) Ende Mai verläßt er Venedig endgültig und zieht »mit frohem mutigem Herzen« über Ferrara nach Bologna. Anfang Juli 1781 trifft er in Florenz ein. In Florenz gewinnt er im Grafen Hohenwart einen Freund, der ihm die uneingeschränkte Erlaubnis zur Benutzung der großherzoglichen Galerien und Bibliotheken verschafft. Um die Monatswende Juli/August verläßt Heinse Florenz und wandert nach Rom. Diese Wanderungen haben für den perfekt italienisch Sprechenden einen ganz eigentümlichen Reiz – verschaffen sie ihm doch in ganz anderem Maß als die langweilenden Kutschenfahrten Kenntnis von Land und Leuten. In Rom hielt er sich insgesamt zweimal auf: von Ende August 1781 bis Ende Juni 1782 und von Anfang September 1782 bis Anfang Juli 1783. Dazwischen eingeschoben war eine zweimonatige Reise nach Neapel.

»Es ist ein unaufhörlich Vergnügen in Rom zu seyn«, heißt es im *Ardinghello*. »Man findet immer neues, was von der Gewalt und Herrlichkeit des alten Volks zeugt, und oft einen entzückt oder erschüttert. Es ist eine wahre Tiefe von Menschheit: die andern Städte sind dagegen wie erst angepflanzt.« (IV, S. 266; A S. 254)[12]

In Rom kauft er sich sogleich einen Stadtplan, um die Stadt für sich selbst zu erkunden, und zwar auf typisch empfindsame Art und Weise: Im Abenddämmern gelangt er zur Rotunda, die ihn tief beeindruckt; bei Mondenschein besucht er das Kapitol, das Kolosseum und den Spanischen Platz, wo er sein Domizil aufgeschlagen hat. Lebendige Eindrücke von Heinses römischem Aufenthalt vermitteln die Briefe, die er alle zwei Monate an Fritz Jacobi schickt, und die Tagebücher, die er unregelmäßig führt. Kunst und Landschaft interessieren ihn besonders. Die Zeit vertreibt er sich teils durch Kunstführungen für deutsche Neuankömmlinge, etwa den Göttinger

Staatswissenschaftler August Ludwig von Schlözer oder den ehemaligen Geniedichter Friedrich Maximilian Klinger. »Ich bin schon fast ein Jahr in Rom, und kann davon nicht los kommen, bin dahinein wie gezaubert, so sehr fesselt es mich an sich. Es wird einem nie alt, und man findet täglich neues.« (X, S. 164) So schreibt Heinse an Gleim, kurz bevor er Rom verläßt. Am 1. August macht er sich zusammen mit dem Landschaftsmaler Franz Kobell nach Neapel auf.

War Rom das Eldorado für den Historiker und Kunstfreund, so entzückt ihn in Neapel die unvergleichliche Schönheit der Natur. »Neapel«, notiert er ins Tagebuch, »ist so recht ein wollüstiges Nest fürs menschliche Geschlecht; zu strenger oder erhabner Weisheit ists fast nicht möglich da zu gelangen.« (VII, 56) Für den empfindsamen Autor und den Landschaftsmaler ist die Besteigung des Vesuv obligatorisch, ebenso der Besuch am Grabmal des Vergil oder bei den Ausgrabungen von Herculaneum und Pompeji. Am 7. Juli 1783 verläßt er Rom. Bereits an der italienischen Grenze, fällt ihm der Abschied aus dem gelobten Land bitter schwer. Am liebsten würde er gleich kehrt machen, wie vor ihm schon Winckelmann: »O daß ich auf der Grenze mit Ihnen selbst wieder umkehren könnte, und vom neuen an alle die bezaubernden Schönheiten der Natur und Kunst wallfahrten!« (X, S. 233)

Von nun an beginnt die Heimreise. Am 18. September trifft er in Düsseldorf ein. Die Reise hat volle drei Jahre gedauert.

Was alles hatte Heinse in diesen drei Jahren gesehen? Heinse ist durch und durch Sensualist, die Wahrnehmung geht bei ihm mit allen Sinnen vor sich. Kein Hauch langweilig-trockenen Katalogisierens wie bei Lessing, kein Schimmer vornehmer Blasiertheit, wie bei manchen der damaligen Kavaliers- und Gelehrtenreisenden, aber auch kein Drang zur klassizistischen Überhöhung wie bei Goethe.

Heinses Wahrnehmung konzentriert sich ganz auf Kunst und Natur. Beim unmittelbaren Vergleich mit den reisenden und notizenmachenden Zeitgenossen fällt die Eigenart dieses Autors auf. Heinse kennt zwar die gängigen Kunsttheorien, die Ansichten Lessings, Winckelmanns und Mengs', aber er betet diese Autoritäten nirgendwo nach. Gerade diese Selbständigkeit im Urteil, die theoretische Unvoreingenommenheit macht ihn heute interessant, weil sie späteren Maßstäben vorgriff, in ihrer antiklassizistischen, ihrer ›barockischen‹, ja dionysischen Sichtweise, die sich nicht allein in der Wahl der Gegenstände, doch besonders lebendig in der Wortwahl, der Kraft und Sinnlichkeit der Beschreibungen äußert.

Drei Aspekte dieser Reise seien hier besonders hervorgehoben: Heinses sentimentalische Naturwahrnehmung, seine Beschäftigung mit Bildender Kunst und seine Aufgeschlossenheit gegenüber den Italienern selbst. Wie Heinrich Mohr in seiner Heinse-Studie zu Recht bemerkt, speist sich Heinses italienisches Glück aus zwei Quellen: »aus der intimen Erfahrung des südlichen Landschaftsraumes und aus der Begegnung mit der Kunst aus der Antike und der Renaissance.«[13]

Wenn Heinse Landschaften schildert, handelt es sich nie um äußerliche Beschreibungen; er verwandelt die Landschaft in eine Seelenlandschaft, indem er sein Inneres, seine Gefühle, seine ganz persönlichen Eindrücke wiedergibt.[14] Heinse ist in erster Linie Augenmensch. Seine Naturdeskriptionen weisen auf den Impressionismus voraus. Das Hervorheben der Farbwerte ist ein malerisches Verfahren. Wenn deshalb Heinse die beschriebene Landschaft »malerisch« oder »pittoresk« nennt, so ist dies das höchste Lob-Etikett, das er zu vergeben hat. Als Beispiel für seine Wortmalerei die Beschreibung eines römischen Sonnenuntergangs:

»Ich habe noch keinen süßern Uebergang von Tag in Nacht gesehen. Die Harmonie der Lichttöne vom Saffranröthlichen in milchweißen Schimmer. Jetzt reines sanftes stilles Blau, gelöscht, und den Aschgrauen Saum der Wolken, die sich dunkel leicht auswölben, und unten sich alles in der Fluth wiederspiegelt, die hernach wie frische Quellentiefe fortströmt, und die grüne Nacht der Berge am Fuß [!], Abendstern vor mir, beynah Vollmond hinter mir, Nachtigallengesang, Grillenzirpen um mich, und aufschlipfende Fische, ist unbeschreiblich, nebst den freudigen Menschenkindern in der Ferne.« (VIII 2, S. 35)

Die Beschreibung steht keineswegs vereinzelt. Sie zeigt, wie Heinse mit Farbnuancen arbeitet, dem Handwerkszeug des Malers, daß er aber auch musikalische Momente einbaut. Als Musikexperte hat Heinse selbst verschiedene Instrumente gespielt. Die Wortsymphonie wirkt synästhetisch; verschiedene Sinneseindrücke werden durch Sprache erzeugt und miteinander verschmolzen. Der Endzweck dieser Farborgien ist es, in der Sprache einen analogen Eindruck zu erzeugen: die Verzauberung des Lesers. Nicht von ungefähr taucht deshalb das Wort »verzaubernd« oder »zauberisch« sehr oft im Zusammenhang mit Landschaftsbeschreibungen auf. Mehrfach begegnet, insbesondere in der Umgebung Neapels, das Epitheton »Paradies«. (VII, S. 61, 64, 102) Auch hier ein Beispiel; die Beschreibung des Gardasees – ein in glühenden Farben gemaltes Bild.

»Etwa eine Miglie von Pesquiera erblickt man den See di Garda, einen der reizendsten vielleicht auf der Welt, so prächtig und schön erheben sich nach und nach die Gebürge dahinter herum in frischen zauberischen Farbentönen von dunkel und braun und Luft. Die Konture sind schon schroff winkellicht und hastig abwechselnd mit Zacken und Rissen, und die großen Massen ragen gigantisch einzeln gen Himmel. Unten liegt still und blinkend und ruheklar und hell der See in lieblichem, wollüstigen fruchtbaren Grün der Bäume und mildem Schooß der Erde.« (VII, S. 220f.)

Gerade dieses Beispiel zeigt Heinses Tendenz, die Natur zu anthropomorphisieren, mit menschlichen Sinnen zu beleben. Diese Anthropomorphisierung geht bei Heinse immer in die Richtung sexueller Affekte – wie die typischen Wörter »wollüstig« und »Schoß der Erde« belegen. Anschauung und Sinnlichkeit gehen eine Synthese ein. So etwa, wenn er den »allerpittoreskesten Anblick« der Gegend um Civita Castellana rühmt. Dieses »Zaubertal« (S. 98) und die Berge – ein »ächtes Mahlermusäum« (S. 100) – erwecken in ihm den unwiderstehlichen Wunsch, im Fluß ein Bad zu nehmen – gleichsam symbolisch, um mit der Natur eins zu werden: »Wahre eigentliche Begattung mit der schönsten zauberischen Gegend.« (S. 97) Die Landschaft wird ihm zum »großen, in immer wechselnden Formen vollzogenen Liebesfest.«[15]

An lebendigen und entzückten Schilderungen italienischer Landschaft also kein Mangel! Meist handelt es sich um amöne Landschaften, also um literarisch sanktionierte Klischeenatur, wie sie in einer bis in die antike Literatur zurückreichenden

Tradition, vor allem in der Arkadiendichtung immer wieder beschrieben und gerühmt worden ist. Heinse macht darin keine Ausnahme, wohl aber im vitalistischen Duktus. Der Begriff »Wiedergeburt« wurde zum Leitwort von Goethes Italienerleben. Bei Heinse geht es weniger geistig als bei Goethe zu. Sein Erleben geht in erster Linie über die Sinne, und wenn er »Wiedergeburt« assoziiert, orientiert sie sich in erster Linie an leiblicher Schönheit und sinnlicher Freude. Als Heinse in jenem Fluß also ein Bad nimmt, um sich dergestalt mit der Natur zu begatten, kommt ihm unter anderem dies in den Sinn:

»Wie ich herum plätschere, den Kopf hinein stecke, mich auf den Rücken werfe, mit dem Leib herum wälze – ach daß ich keine süße Nymphe bey mir habe! wie würde im Wonnetaumel Himmel und Erde um mich herum vergehen und wieder neu gebohren werden!« (VII, S. 98)

Malerische Kennerschaft und persönliches Empfinden verbinden sich beim Anblick von Ruinen. Italien als Land der Ruinen bot für dieses sentimentalische Naturgenießen ohnehin reichlich Nahrung. Die Ruinen sind dermaßen typisch für die italienische Landschaft, daß sich noch keine Epoche diesem Eindruck entziehen konnte. Auf religiösen Bildern des 15. Jahrhunderts erscheinen bereits die antiken Ruinen. Bramante und Palladio studieren die verfallenen Bauwerke der Antike, die Maler des 17. und 18. Jahrhunderts, Claude Lorrain, Gaspard Dughet, Panini, Piranesi, Poussin und Woollett verwenden Ruinen als Landschaftsmotiv. Piranesi galt als Ruinenkünstler par excellence.[16] In den Ruinen gelangen Natur und Kunst zur gleichsam gewachsenen Einheit. Ruinen haben in den Dichtungen der deutschen Romantiker von Jean Paul bis zu Eichendorff ihren festen Platz. Und dieses sentimentalische Gefühl für die versunkene Größe der Vergangenheit findet man auch bei Wilhelm Heinse. Den Tempel der Minerva hält er für »eine der mahlerischesten Ruinen in Rom«. Menschliche Kunst und Naturgewalt befänden sich hier im letzten Kampfe, die letztere werde bald den Sieg davon tragen. Er konstatiert die überall hindurchgehenden Risse und die allseitige schöne Bewachsenheit mit Gras. (VII, S. 70f.) Wenn ihn zeitweise melancholische Stimmungen überkommen, hält er sich am liebsten unter Ruinen auf.[17] Seine besondere Begeisterung gilt den antiken Überresten bei Tivoli. Deren seitenlange Beschreibung schließt mit einem Stimmungsbild, das in seiner Mischung von Ästhetik und Historie alle die typischen Reizwörter enthält:

»Ach! es war so *rührend*, wie ich gegen Abend von Tivoli über den Teverone gieng, und auf der Heerstraße neben dem Schwefelsee da und dort stille stand, und mich umschaute, in das *herrliche* Gebürg auf beyden Seiten eingeschlossen, mitten unter *alten Villen und Ruinen* von Wasserleitungen; näher zur linken den Hügel von Präneste, wo *Marius sich erstach*, und der Tempel des Glücks in *hoher Feyer mit süßer Hofnung* die *Herzen schwellte*, das ohne Altar und Opfer noch jetzt die *Schiksale* der Menschen lenkt, und in *dämmeriger Ferne* das emporragende Gewölbe der Kuppel der Peterskirche; rückwärts alsdenn wieder das *verlaßne* Tibur auf seinen grünen Höhen in Olivenwäldern, und in der Pläne [d.i. Ebene] vor mir das *melancholische hohe große runde Grabmal* des Plautius, und weiter hin die *Villa Hadrians mit ihren zerfallnen Tempeln und Mauerwänden von Pallästen*, wo immer ein Stück höher das andre niedriger in *Trümmern aus den Zweigen der Bäume* hervorblickt, und man die

Der Vesta-Tempel in Tivoli war schon seit jeher ein beliebtes Motiv für Maler. An Gleim berichtet Heinse Ende Juni seinen Eindruck: »Den anziehendsten Reiz geben Tivoli die Wasserfälle. Der Hauptsturz des Teverone ist, so bald er hinten aus den Bergen herab an die Stadt kömmt, bey dem Tempel der Sybille, welcher durch die Landschaften von Claudius von Lothringen, von Poussin, Vernet und Dietrich so berühmt geworden ist. Dieser kleine runde korinthische Tempel, ein gar schöner Rest des Alterthums, wird von den Antiquaren für einen Tempel der Vesta gehalten [...]. Von den funfzehn Travertinsäulen, die sein Innres, in der schönen Weite von einander, umgaben, stehen jetzt noch zehn aufrecht mit ihrem Gebälk; und von dem innwendigen eben so zwey Drittel, mit einer Thür und einem Fenster. Der Thür gegenüber ist noch der Bogen von einer weiten Nische, worin sonder Zweifel das Bild der Sybille stand, da man in den alten Zeiten der Vesta keins aufstellte.« (Heinse: *Sämmtliche Werke*, Bd. X, S. 169f.)

Zeit von so manchen Jahrhunderten wie persönlich gegenwärtig schaut [...].« (X, S. 190f.)

Allerdings beläßt es Heinse nicht wie die Romantiker, Tieck oder Jean Paul, Stolberg, Zacharias Werner oder Eichendorff, oder gar die barocken Allegoriker bei der Klage über die Vergänglichkeit. Er begreift den Verfall zugleich als Ausdruck des Wechsels: Vergehen ist die Bedingung eines neuen Werdens. So endet die zitierte Passage mit einem Hymnus auf die fruchtbare Kraft der Erde:

»Und doch Geist ewig lebendig über dir Zerstörung! Oder vielmehr Zerstörung du selbst wieder junge reine Seele, die das alte Todte göttlich zu frischem Leben aufweckt. Die Erde mit uns, und allem was Odem hat, und Gras und Kraut und Bäumen, in ihrem Ocean und dessen Seeen [!] ist eine unsterbliche Schlange, die von Zeit zu Zeit die Haut ablegt.« (X, S. 191)

Diese organologische Betrachtung des Zirkels von Entstehen und Vergehen erinnert an Herders und Goethes Auslassungen. Auch für Goethe war »die bloße historische Kenntnis« kein Ersatz für die lebendige Anschauung.[18] Goethe bemühte sich, angesichts der Ruinen das einstige Bauwerk als Ganzes zu imaginieren, es von den Merkmalen des Alters zu entkleiden, es als einen Beitrag zur Kenntnis des Altertums zu benützen; die Ruine bedeutete für Goethes ganzheitliches Denken eher eine Hemmung, die es zu überwinden galt. »Und so wird es einem denn doch wunderbar zumute, daß uns, indem wir bemüht sind, einen Begriff des Altertums zu erwerben, nur Ruinen entgegenstehen, aus denen man sich nun wieder das kümmerlich aufzuerbauen hätte, wovon man noch keinen Begriff hat.«[19] Während die Romantiker also in ihrer Vorliebe für die Vergangenheit, für den Kult der Geschichte, mit sentimentalem, elegisch getöntem Eifer den Verfall und die Ruine als Inbegriff des Vergangenen feiern, erblicken Goethe und Heinse in der Ruine allenfalls »malerische« Vereinigungen von Kunst und Natur. Die Freude am Lebendigen, an der fortzeugenden Kraft der Natur überwiegt bei beiden entschieden, bei Heinse kommt hinzu die Lust am Vitalistischen und eine nicht unterdrückte Freude am Sexuellen. Diese Tendenz zeigt sich noch deutlicher als bei seinen Naturschilderungen in seinen einfühlsamen Deskriptionen von Kunstwerken, von Gemälden und von Skulpturen.

Heinse nennt Winckelmann einmal einen »Fantasten« (VII, S. 219). Dieses Urteil bezeichnet die Distanz, die zwischen der *Kunstanschauung* beider Autoren herrschte.[20] Für Winckelmann stand die absolute Vorbildhaftigkeit der Antike außer Zweifel; der neuere Künstler kommt nur über den Weg der Nachahmung zu eigener Größe. Heinse, der wie Herder an die Geschichtlichkeit der Natur und den Wandel ihrer Erscheinungsweise glaubt, leugnet jede überzeitliche Norm.[21] Heinse schließt sich den frühen Aufsätzen Herders über Ossian und Shakespeare an, wenn er Kunst als Sprache und »Abbild« von Natur auffaßt.[22] Wie für die Natur gelten Historizität und Relativität des Standpunkts auch für die Menschen selbst, sie richten sich in Bildung und Sitten nach Zeit und Region (VII, S. 184). Winckelmann und seine Anhänger sprechen – so meint Heinse – »wie die Besessenen, wie Verrückte, wenn sie sagen, man solle bloß die Antiken studieren und nachahmen. Sie machen das Mittel, einige Schönheiten der Natur leicht zu finden, völlig zum Zweck.« (VIII 1, S. 555) In direkter Stellungnahme gegen Winckelmann proklamiert Heinse deshalb:

»Die griechischen Statuen sind nicht die reinsten Quellen der Kunst, sondern die Natur.« (VIII 1, S. 552)

Natur steht also – als Orientierungsgröße – über der Kunst; eine Hierarchie, die auch aus Heinses Beschreibungen einzelner Kunstwerke deutlich hervorgeht. So rühmt er Tizians Gemälde *Martyrium des hl. Petrus* in der Venezianischen Kirche Santi Giovanni e Paolo als »das höchste«, das er geschaffen habe: das Stück sei »voll Natur und Schönheit« und er weist besonders auf die Vorzüge der Farbgebung und der Lebendigkeit hin. Trotzdem schließt er eine einschränkende Betrachtung an:

»Und doch wie wirft Natur alle Kunst über den Haufen! gleich daneben kniete eins der schönsten Venezianischen Mädchen, eine wahre Laura, nur reizender und heitrer und natürlicher. Welche Freyheit und reine Süßigkeit in ihrem Blick! und welch ein Geist im Zug ihrer netten festen Nase hervor, und welch ein Zauber Götterbeglückendes Wesen in ihrem Mund! Die Brüste wie zart empor schwellend! ihr Leib wie schlank zur seeligen Umarmung! So ein Geschöpf wirft bey einem Natursohn Römische Göttinnen auf die Seite.« (VII, S. 195)

Das Zitat zeigt, wie Heinse Kunst an der Natur bemißt, wie die Wertungsmaßstäbe, mit denen er Objekte aus beiden Sphären beurteilt, identisch sind. Und noch einen Schritt weiter: die Kriterien und die Attribute, mit denen Heinse vollkommene Kunstwerke bedenkt, stammen aus demselben Arsenal, wie die »malerischen Landschaftsstudien«.[23] Die Epitheta kreisen um die Ideale Schönheit und Empfindsamkeit, sind freilich durch einen Schuß Vitalität aufgelockert. Die bekannte Statue der Heiligen Teresa von Bernini liefert hierfür ein beredtes Beispiel. Neben Verzückung und Empfindung entdeckt Heinse in ihren Augen blitzende Wollust. Heinse verlangt von der Kunst nur Genuß und Täuschung,[24] einseitig orientiert am rhetorisch-barocken Wirkungsideal, wegeweit entfernt vom Ideal einer in sich selbst ruhenden, in ihrem Sosein human wirkenden Schönheit.

Dennoch wäre es ein Mißverständnis zu meinen, für Heinse erschöpfte sich Kunst *nur* im sinnlichen Vergnügen. Das Bild oder das Muster, nach welchem Heinse die Welt erfährt, Natur und Kunst, Musik und insbesondere jeden erhöhten Zustand, ist die Sexualität. (VIII 1, S. 17) Im Genießen erblickt Heinse die Bestimmung aller Wesen und im »Streben nach Genuß« den Beweggrund der »Elemente«, im Genießen vollziehen sich recht eigentlich Selbstverwirklichung und Weltaneignung.[25] Der Kunstgenuß ist ein Abbild jenes Genusses, den die Begegnung mit Vollkommenem gewährt, ein Genuß »für die Phantasie«, das Pendant zum Genuß »wirklicher Schönheiten« als Genuß »für die Sinnen«.

Heinses Kunsttheorie erscheint zunächst etwas äußerlich, fast krude naturalistisch. Die Kunst hält er nämlich prinzipiell für den »Ersatz des Abwesenden«, ihre Aufgabe bestehe darin, die Natur, das Leben, die Wirklichkeit zu ersetzen. Dies vermöge sie durch »Täuschung«. Oberstes Kunstprinzip ist die Illusionierung des Betrachters, nicht die Überwindung, Vervollkommnung oder Steigerung der Natur, sondern deren Imitation.[26] Dieser Naturalismus läuft auf die erwähnte Ablehnung von Winckelmanns Klassizismus-Ideal hinaus, wobei Kunst der Natur unterlegen bleibt.[27]

Wie die Beschreibungen von Statuen und von Bildwerken dartun, stellt »Leben«

für Heinse die oberste Kategorie auch für die Bewertung von Kunst dar – eine vitalistische und über das naturalistische Abkonterfeien weit hinausgelangende Ansicht. Dieser vitalistische, dynamische Impuls fällt auch an Heinses Kunstschilderungen auf. Sie meiden stets die Statik langweilender Deskriptionen und streben innere Bewegtheit an.[28]

An mehreren Stellen setzt er sich mit der berühmten Laokoon-Gruppe auseinander. Auch hier rühmt er die naturalistische Nachahmung von Wirklichkeit: »Laokoon ist ein Wunderwerk von Fleisch und Leben durch alle Glieder«.[29] Einziger Kritikpunkt ist – und dies deutet in Richtung einer naturalistischen Kunstästhetik –, daß ihm die Gruppe gekünstelt, als unnatürliche und angelernte »Tanzmeisterstellung« erscheint. (VIII 1, S. 536) Wenn er etwa an einem Kreuzigungsbild rühmt, daß Christus »meisterhaft angenagelt« sei, so zeigt dies, daß Heinses Ideale mit gutem Geschmack' wenig zu tun haben. (VIII 1, S. 365)

Nicht von ungefähr rangiert der Torso vor dem *Apoll von Belvedere* und vor der Laokoongruppe, weil er »lauter Kraft und Leben« ist – »bloße Natur ohne alle Prätension«. (VIII 1, S. 398)[30]. Mit dieser vitalistischen Wertung trifft sich Heinses Überlegung, der Hauptgegenstand der Kunst sei der »sinnliche Mensch mit seinen Leiden und Schmerzen«, die Kunst werde umso besser, je nackter, allgemeiner und menschlicher der Künstler diesen Menschen darstelle. (VIII 1, S. 403)[31] Präzise umschreibt ein Aphorismus Heinses antiklassizistisches Ideal: »Zur Schönheit selbst gehört der Charakter, oder das, wodurch sich eine Person von der andern unterscheidet; individuelles Wesen. Körperliche Schönheit mit lebendigem Charakter ist das schwerste der Kunst.« (VIII 1, S. 526)[32]

Die Verbindung von Kunst und Leben wird besonders in den hautnahen, dem Sexualbereich entnommenen Epitheta deutlich. Ungewöhnlich, aber noch recht harmlos die Bemerkung über eine Madonna Dominichinos, sie habe »ein süßes Kußmäulchen voll welschem Aberwitz« (VII, S. 78), an Michelangelos Eva in der Sixtina vermerkt er »einen vollen wollüstigen Hintern« (VII, S. 81) – überhaupt ist »wollüstig« eines seiner Lieblingsworte, wenn es gilt, anmutig-aufreizende Weiblichkeit zu beschreiben.[33] Dabei scheut sich Heinse auch nicht vor vulgärer Überdeutlichkeit, die zuweilen fast in Blasphemie ausartet (VIII, S. 138). Die ganze Natur drängt zum Kopulieren, im Zeugungsakt erblickt Heinse die Kulmination alles Lebendigen.

Jedenfalls avanciert das Wort »Vögeln« zu einem der Lieblingsworte, in denen eine Art pubertärer Befreiungsakt sich manifestiert. Die Venus Tizians erscheint ihm als »ein rechtes Wollustferkel von den Hüften bis zu den Kniekehlen«. (VII, S. 164)

Es besteht kein Zweifel, daß Heinse der Bildenden Kunst besonderes Interesse entgegenbringt und daß speziell die Malerei in seiner Hierarchie der Künste den ersten Platz einnimmt.[34] Weil sie ohne Zeitfolge den dauernden Genuß erlaube und wie keine andere Kunst das augenblickliche Leben wiedergebe. Ausdruck seines vitalistischen Ideals und seiner Opposition gegen Winckelmann und Lessing ist es, wenn er der Farbe eine etwas übertriebene Wertschätzung zukommen läßt und der Malerei das Darstellen von Handlungen konzediert. Am höchsten taxiert er Tizian – wegen seines Kolorits – und Raffael, den er bereits in der Düsseldorfer Zeit an die Spitze stellte. In Italien steigert sich seine Wertschätzung Raffaels ins ungemessene: er wird zum »göttlichen Maler«.

Interessant ist es, daß Heinse gerade in den Aufzeichnungen der Italienreise die Spitzenposition der Malerei relativiert und der Dichtung mit ihrer »Gewalt über die Herzen« den weiteren Umfang zuerkennt.[35] Letzten Endes zeigt diese Neuwertung, daß Heinse in der Bildenden Kunst auf dem Naturalismus als oberster Maxime beharrt, in Kunst Erinnerung an Faktisches sieht – anders etwa als Herder, der in den Bildwerken Ideale der höchsten Menschlichkeit erblickt, also der kruden Faktizität den humanen Appell entgegensetzt. In der Dichtung gibt Heinse diese eher vordergründige Anschauung auf; hier räumt er der Imagination stärkeren Platz ein.

Im Künstler-Roman *Ardinghello* hat Heinse seine Kunstanschauungen über Malerei und Dichtung zusammengefaßt und mit einer in Italien spielenden Handlung verknüpft.[36] Heinse wählte nicht zufällig das 16. Jahrhundert als zeitlichen Rahmen. Für einen hemmungslosen Machtmenschen und genialischen Künstler wie Ardinghello bot die Renaissance gewiß die größte Entfaltungsmöglichkeit. Ardinghello ist die Apotheose des selbstherrlichen Renaissancemenschen, des vitalen und völlig amoralischen Menschen, ein Kraftgenie, zurückprojiziert in das Zeitalter, in dem Kunst und Staat dem einzelnen einen großen Freiraum beließen – ein Vorklang zu Nietzsches Vision des moralfreien, neuen Menschen.

Noch ein paar Worte zu Heinses Erleben der italienischen Gegenwart. In seinen Briefen gibt er zuweilen anschauliche Berichte über seine Wanderungen und Aufenthalte, seine Lebensweise und seine Vergnügungen. Spartanische Lebensweise und vitalistisches Genie-Ideal standen bei ihm in keinem Widerspruch. Die Beschränkung aufs Notwendigste verschaffte ihm gerade die Unabhängigkeit von der »gemeinen Meinung«, die ein persönliches Genießen erst ermöglichte. In der Genußfähigkeit nämlich erblickte er die Besonderheit des »starken Kernmenschen«, der sich um sekundäre Motivationen wie Ruhm und Ehre nicht kümmerte. Dieses Ideal schwebte ihm während seiner Italienzeit offenbar vor Augen. (VII, S. 221) An den Italienern bewundert er Schönheit, Lebendigkeit und eine gewisse anmutvolle Natürlichkeit. Trotz seines ästhetischen Blickwinkels geht er mit offenen Augen durch Italien. Er sieht klarer als andere Reisenden Fehler und Mängel, er verschließt sein Auge nicht vor den grellen Kontrasten zwischen Arm und Reich.

Die Lebendigkeit, die sinnlich-vitale Lust, die seine Natur- und seine Kunstschilderungen auszeichnet, findet sich auch in seinen Charakteristiken des italienischen Alltags. In Civita Castellana etwa konstatiert er, daß Viehzucht und Kornbau die Lebensbasis der Einwohner bilden: »Die Jugend hat einen frischen vollkomnen Wuchs, und die Weiber sind kräftig, stramm, ohne niederländischen Schwulst; die Römische Göttlichkeit haben sie nicht, aber wilde zärtliche Natur in der Phisiognomie.« (VII, S. 99) Heinse erkennt völkerspezifische Unterschiede zwischen Deutschen und Italienern. Die Italiener leben kaum zielorientiert; ihr Ideal heißt »Gemächlichkeit«. Haben sie ihren täglichen Unterhalt, so lassen sie es genug sein und streben nicht nach weiterem, mit Unrast verbundenem Gewinn. Zweifellos stellt sich als Kehrseite dann ein gewisser Schlendrian ein. (VII, S. 239)

Die Italiener, ganz anders als die verstandesbetonten Deutschen, leben ganz aus der Empfindung, und dies bedeutet wieder die Verabsolutierung der Gegenwart: »Die Welschen sind wie die giftigen Thiere; ihr Zorn ist Messerstich«, notiert Heinse kritisch. »Sie sind meist bloße Empfindung, ein tiefer Gedanke, oder Empfindung mit umgreifenden Gedanken kann nicht bey ihnen hausen. Und so leben sie immer für den *Moment.*« (VII, S. 148; vgl. VIII 1, S. 403). Hauptgrund sind natürlich die Begünstigung durch schöne Natur und sonniges Klima. Für Heinse leben Menschen in den schönsten Landschaften am glücklichsten – selbst wenn sie blind gegenüber diesem Glück sind. Heinse spielt sie gegen Menschen der Ebene aus; konkret gegen die Bewohner Mantuas, einer Stadt, deren dicke und ungesunde Luft nur Unwohlsein in ihm erzeugt. (VII, S. 185; vgl. X, S. 234)

So entwickelt auch jeder Landstrich sein eigenes Schönheitsideal. An die Spitze stellt Heinse die Römer mit ihrer Stille, Größe und Schönheit. (VII, S. 143) Dagegen dünken ihn die Florentiner »trotzig und übermüthig und ungefällig« in ihrer etwas blindwütigen Reg- und Arbeitsamkeit (VII, S. 143), ein andermal spricht er den Florentinern »Großheit, Erhabenheit und Mannichfaltigkeit« ab; die meisten seien »eckicht und kleinlicht« (VII, S. 171). Die Natur prägt Aussehen und die Sitten der Menschen: In der Poebene erscheint dem Betrachter die Farbe der Frauenzimmer »weit blühender und zärter« als in Florenz, Rom und Neapel, obgleich die Gestalten nicht deren »reife ausgeführte Formen« besitzen. (VII, S. 184f.) Die Venezianerinnen schließlich – getreu ihrem traditionellen Ruf – erscheinen ihm als »reizende Geschöpfe und ganz gemacht zur Wollust« (VII, S. 197).[37] Italien als Land der ›befreiten Sexualität‹ – eine Komponente, die sich im Italienbild von Heinse über Platen bis zu Nietzsche findet, und die sich bei ihm als Sexualisierung des Italienbildes äußert. In Mailand spricht ihn ebenfalls die Schönheit der Frauen an: frischer Wuchs und blühende Farbe zeichnet sie aus, obwohl ihn eine gewisse Unfestigkeit der Formen und der Mangel an »sonnichtem hohem welschem Feuer« stört.

Über all der Begeisterung für die Schönheiten von Land, Kunst und Leuten vergißt Heinse freilich nicht, daß gerade in Italien krasse soziale Gegensätze klaffen. Selbst in der Toskana, wo ihm Fleiß und Munterkeit der Bewohner auffallen, veranlaßt ihn der Anblick von Leuten, die, ähnlich wie in Rom vor der Porta del popolo, vor den Türen im Freien schlafen, zu der Reflexion, es gebe doch eine Menge Menschen, »die platterdings wenig mehr als thierisch leben und äußerst wenig Genuß haben; der größte Theil ist elend, und plagt sich und arbeitet sich ab, um nur armseelig zu essen und zu trinken zu haben.« (VII, S. 142) In Mailand findet er viele mißgebildete Menschen, wobei die Verunstaltungen teilweise auf menschliche Einwirkung zurückzuführen sind; Heinse referiert den Ausspruch, »die Bettler brächen ihren Kindern oft die Beine, und sagten alsdenn: der ist versorgt.« (VII, S. 237) Auch in Bologna fallen ihm die armseligen Gestalten und Bettler auf (VII, S. 179), Ferrara gar scheint ihm unter einem Fluch zu leiden, so »betrübt und ärmlich« wie die Leute dort aussähen! Er läßt es jedoch nicht bei der Bestandsaufnahme beruhen. Der Mißstand datiere vom Beginn des päpstlichen Regiments. (VII, S. 182) Heinse macht ohne alle Umschweife die Herrschaftsform für die Wohlfahrt des Staatswesens verantwortlich. Mit der Ablehnung des verweltlichten Papsttums geht das Loblied auf die republikanische Staatsform einher.

Gute Regierungen lassen sich am Aussehn und Verhalten der Menschen erkennen. An der republikanischen Staatsform schätzt Heinse die Freiheit des einzelnen; sie erst motiviert zu selbsttätiger Arbeit; Druck und Kontrolle dagegen ersticken jede

Initiative im Keim. (VII, S. 215, 229) Heinses soziales und politisches Ideal war die Überwindung der alten Gesellschaftsformen. Wenn er dem einzelnen zubilligt, seiner individuellen Kraft entsprechend das öffentliche Leben mitzugestalten, so manifestiert sich darin die Anschauung des verwandten ›Sturm und Drang‹. Deutlich wird Heinses Einstellung aus der Gegenprobe, der Pfaffenkritik.

Auf der Rückreise von Neapel macht Heinse auch in Monte Cassino Halt. Konsterniert stellt er fest, daß die Mönche »platterdings weiter nichts als Fressen und Saufen und in den Stuhlbetten liegen.« (VII, S. 68) Ein ähnliches Bild zeichnet er von den Mönchen in Assisi. Bei beiden Klöstern ist die Umgebung fruchtbar und landschaftlich schön. Doch auch hier lassen sich die »Pfaffen« nur ihre Kutte küssen, »wohlleben und schmaußen«, indes die andern »armen Schelme« wie geprellte Dummköpfe herumgehen und arbeiten müssen. (VII, S. 124) Heinse nennt neben dem Klerus noch das schlechte Gesundheitswesen der italienischen Regierungen. (VII, S. 124) Die Krankenhäuser wimmeln von Seuchenkranken, wobei sich die meisten Seuchen wegen des miserablen Wassers entwickeln können. Verdorbenes Wasser, schlechte Luft, »Venerische Seuche« und »Politische Siechheit« sind Erbübel Italiens, für die jedenfalls auch die größten landschaftlichen Schönheiten nicht auf die Dauer entschädigen können. (VII, S. 243 f.)

Als Idealbild freilich läßt Heinse nichts auf »hohe Römische Schönheit«, auf landschaftlichen Reiz Neapels oder Tivolis kommen; dann gilt der Satz »Ein einzig hohes vollkommenes lebendig Ding geht doch ewiglich über eine ganze mittelmäßige Menge.« (VII, S. 245)

Heinse grenzte Deutschland und Italien nicht ungerecht voneinander ab. Kaum in deutschen Regionen, im oberen Etschtal, empfindet er hautnah die nahrhaftere, frischere und rauhere Natur. Mit Deutschland assoziiert er das Saftig-frische, das Steife und Plumpe, aber auch das Starke und »Freynackichte«, während die romanischen Länder das Trockene, Zarte, Feste und Feine repräsentieren – zwei Attributreihen, die sich auf den Gegensatz von Natur und Kunst zurückführen lassen (VII, S. 268). Deutschland ist das Land der Phantasie, Italien das des Genusses. Mit diesem fundamentalen Mentalitätsunterschied hängt es auch zusammen, daß die Deutschen sich mit ihrer Region, ihrem Klima nicht identifizieren können und die Hälfte ihres Lebens in Sehnsucht und Traum verbringen, während die Italiener zur völligen Identifikation mit ihrer Umgebung und sich selbst finden. Der Deutsche, der Welt der Imagination und der Gedanken zugeordnet, lebt immer halb in der Zukunft; der Italiener, ganz dem Diesseits zugewandt, kennt nur die Gegenwart.

Wie viele Italienreisende nach ihm hat Heinse in Italien die Befreiung aus deutschen Zwängen gesucht und gefunden. Mögen auch die Ideale, die er im *Ardinghello* entwirft, keinerlei Authentizität besitzen, für die Erfassung seines eigenen dionysisch-vitalistischen Lebensgefühls besitzen sie den Charakter einer Projektion. Heinses Italienbild ist das eines empfindsamen Stürmers und Drängers, vorausweisend auf Goethe, Jean Paul und Nietzsche – und gerade in dieser Vielschichtigkeit eine singuläre Erscheinung in seiner Zeit.

Heinses Italiensehnsucht besitzt viele Nuancen, ist sowohl Ausdruck des Kraftgenies als auch Zeugnis eines ästhetischen Immoralismus. »Heinse war ein Ästhet. Der

Religion gegenüber gleichgültig, Sitte und Moral ablehnend, wurde er nur durch Werke der Kunst zu Andacht gestimmt. Wie er aber für das Individuum Entfaltung gemäß seiner Natur forderte, so war die Natur ihm auch Vorbild und Maß des Kunstwerkes. Heinse nennt die italienische Kunst und die Natur in einem Atem. In dem Lande der Schönheit sind ihm Kunst, Natur, Leben ein und dasselbe.«[38] Heinses Italienbild weist auf die Romantik voraus – er hat das Interesse für italienische Musik, Malerei und Dichtung, für Landschaft und südliche Lebensweise nachhaltig geweckt.

II.
Goethe und seine Zeitgenossen

»Äther ohne Wolken...«
Mythos und Wirklichkeit in Goethes italienischen Metamorphosen

Italien

Auch mich hast du besucht,
Du mußt's bedenken!
Was ich vergeude,
Niemand kann es schenken.

Das Wehn der Himmelslüfte,
Dem Paradiese gleich,
Des Blumenfelds Gedüfte,
Das ist mein weites Reich.

Das Leben aus dem Grabe
Jahrhunderte beschließt;
Das ist der Schatz, die Habe,
Die man mit mir genießt.[1]

Diese Huldigung an Italien – ein Rollengedicht, dem personifizierten Italien in den Mund gelegt – ist zugleich ein Preislied auf das südliche Land, in dem sich Goethe glücklich fühlte und zu seinem eigenen Wesen fand. Das Gedicht entstand nicht zufällig im Januar 1815, zu einer Zeit also, in der Goethe mitten in der Bearbeitung der *Italienischen Reise* stand. Der verklärende Duktus fängt anschaulich jene heitere Beschwingtheit ein, die Goethes italienische Existenz so unverwechselbar geprägt hat.

1.

»Es ist mir als wenn ich hier gebohren und erzogen wäre und nun von einer Grönlandsfahrt Von einem Wallfischfang zurückkäme. Alles ist mir willkommen, auch der Vaterländische Staub der manchmal starck auf den Strasen wird und von dem ich nun solang nichts gesehen habe.« (T S. 40) Johann Wolfgang Goethe war zum erstenmal in Italien; und doch beschreibt sein Tagebucheintrag vom 11. September 1786 in Trient die Ankunft als glückliche Heimkehr eines lange Verbannten in das Land seiner Kindheit.

In der Tat besaß Goethe schon viele Jahre vor seiner Reise eine bildliche und geistige Vorstellung von Italien. In seinem Frankfurter Elternhaus am Großen Hirschgraben hingen Veduten von Venedig, Rom und Neapel an den Wänden; eine Gemälde- und Kupferstichsammlung und Abgüsse berühmter Plastiken vermittelten dem Knaben erste Eindrücke von der italienischen Kunst und Kultur. Auch Goethes »erstes Kinderspielzeug« (T S. 99), ein venezianisches Gondelmodell, hatte der Vater Johann Caspar von einer Italienreise im Jahre 1740 mitgebracht. In dessen Bibliothek befanden sich zahlreiche Reisebeschreibungen, beispielsweise Maximilian Missons *Nouveau voyage d'Italie* oder der im 18. Jahrhundert vielgelesene Italienführer von Joachim Christoph Nemeitz, ebenso die Werke antiker Autoren und einschlägige kunsthistorische Literatur, etwa Giorgio Vasaris Künstlerviten. Der promovierte Jurist und Kaiserliche Rat Johann Caspar Goethe war als 29jähriger über Mailand, Venedig und Rom bis nach Neapel gereist und hatte später seine Reisenotizen für sich und die Familie in italienischer Sprache niedergeschrieben. Fast 20 Jahre lang arbeitete er an dem 1096 Seiten umfassenden Traktat *Viaggio per l'Italia.*

»Nach Italien Langer! Nach Italien!«, schreibt Johann Wolfgang Goethe am 29. April 1770 an den Leipziger Studienfreund Ernst Theodor Langer, fühlt sich jedoch noch nicht reif für das als Krönung aller Erfahrungen gedachte Italien- und Romerlebnis: »Nur nicht über's Jahr. Das ist mir zu früh; ich habe die Kenntniße noch nicht die ich brauche, es fehlt mir noch viel. Paris soll meine Schule seyn, Rom meine Universität. Denn es ist eine wahre Universität; und wenn man's gesehen hat, hat man alles gesehen. Drum eil ich nicht hinein.«[2] Bis er sein Traumland Italien tatsächlich betritt und endlich »das Ganze mit Augen sieht, das man teilweise in- und auswendig kennt« (B S. 10), vergehen sechzehn lange Jahre, die letzten zehn davon am Hof des Herzogs Karl August von Sachsen-Weimar. Eingebunden in die Zwänge und Pflichten des gesellschaftlichen Lebens im spießigen Provinzstädtchen Weimar, und geplagt von einer unerfüllten Liebe zu der verheirateten Charlotte von Stein, fand Goethe schließlich mindestens einen dringlichen Grund, die lange geplante Italienreise geradezu fluchtartig, in Form einer »Hegire« (B S. 9) anzutreten: »[...] die Falten, die sich in mein Gemüth geschlagen und gedruckt haben, wieder auszutilgen«. (T S. 39)

Mit großen Erwartungen machte er sich am 3. September 1786, frühmorgens um drei, heimlich in Karlsbad auf seinen bislang weitesten Weg; allein die Strecke Karlsbad – Rom betrug immerhin rund 1500 km. Im Alter von 37 Jahren war Goethe zwar noch kein weit-, aber doch ein vielgereister Mann. Auf 13 größeren Touren hatte er bereits gut 8600 km per Kutsche, zu Pferde oder zu Fuß zurückgelegt; darunter seine beiden Schweizer Reisen und drei Ausflüge in den Harz.[3] Zudem brachte seine Tätigkeit in Weimar – er verwaltete zunächst die Ressorts Bergbau und Straßenwesen – häufige Dienstreisen mit sich, die er mit Wagen und Pferden des herzöglichen Marstalls unternahm.

Nach Italien fuhr Goethe mit den im 18. Jahrhundert üblichen öffentlichen Verkehrsmitteln, per Postkutsche oder mit samt Fuhrmann angeworbenen Mietwagen – und dies aus mehreren Gründen. Ein eigenes Fahrzeug besaß er (noch) nicht; erst 1792 schenkte ihm der Herzog eine Reisekutsche, sieben Jahre später kaufte er sich eine Equipage dazu. Das Reisen im eigenen Wagen hätte, abgesehen vom Anschaffungspreis, die Kosten beträchtlich erhöht, denn ein vornehm Reisender konnte auf eine standesgemäße, der neuesten Mode entsprechende Ausstattung und Dienerschaft kaum verzichten. Goethe reiste aber bekanntlich nicht als Weimarischer Hofbeamter und Autor des berühmten *Werther* in den Süden, sondern allein und inkognito, als Leipziger Maler namens Jean Philipp Möller. Selbst in Rom lebte er zunächst unter diesem Pseudonym, die erhaltenen Rechnungen und Quittungen sind noch bis zum 29. Juni 1787 mit Möller gezeichnet.[4] Aus einer fast abergläubischen Angst heraus, ein Mitwisser könnte seine Pläne vereiteln, »stahl« er sich heimlich aus Karlsbad fort und gab den Zurückgebliebenen seinen Aufenthaltsort erst nach der Ankunft in Rom preis. Nur sein Diener Philipp Seidel war informiert. Das sorgsam gehütete Inkognito und der anfängliche Verzicht auf einen Reisebegleiter bewahrten ihn zudem vor gesellschaftlichen Verpflichtungen, Einladungen und Besuchen und sicherten somit den nötigen Freiraum, sich unbelastet von seiner bisherigen Existenz zu bewegen. Offensichtlich bereitete Goethe die Rolle des ›Mr. Nobody‹ großen Spaß. Aus München berichtet er am 6. September 1786 im Tagebuch: »Niemand hat mich erkannt und ich freue mich so unter ihnen herum zu gehen. [...] Sonst hatt ich den Spas einige die ich dem Nahmen nach kannte, und ihr Betragen zu sehen. [...] Herder hat wohl recht zu sagen: daß ich ein groses Kind bin und bleibe, und ietzt ist mir es so wohl daß ich ohngestraft meinem kindischen Wesen folgen kann.« (T S. 18) Die gewonnene (Narren-)Freiheit soll jedoch nicht von unbegrenzter Dauer sein; ebenso wie Goethe seinen ›Ausstieg‹ aus der bedrükkenden Geheimratsexistenz umsichtig organisiert und mögliche ›Störfaktoren‹ auszuschalten sucht, wirbt er im Tagebuch und in den Briefen aus Italien für Verständnis und eine freundliche Wiederaufnahme in Weimar.

Die ersten Reisewochen verbringt er – folgt man den Aufzeichnungen im Reisetagebuch – in einer Art Glückstaumel. Jeder Stein, jede Pflanze, sogar jedes Geräusch wird emphatisch gefeiert: »Das Glocken oder vielmehr Schellengeläute der Heuschrecken ist allerliebst durchdringend und nicht unangenehm.« (Trient, 11.9. 1786, T S. 40)

Ohne Amt und Würden unterwegs zu sein, bedeutet aber auch, den Reisealltag selbst in die Hand zu nehmen, »immer aufmercksam, immer gegenwärtig seyn« (T S. 39). Zwar freut sich Goethe schon nach wenigen Tagen über eine »ganz andre Elasticität des Geistes«, er muß sich jedoch »um den Geldkurs bekümmern wechseln bezahlen, notiren, dir schreiben anstatt daß ich sonst nur dachte, wollte, sann, befahl und diktirte« (T S. 39). Nicht nur in den deutschen Landesteilen, sondern auch in Italien kursierten verschiedene Geldsorten; besonders im oberitalienischen Raum mußte sich Goethe mit Währungen aus Mailand, Parma, Florenz und Venedig herumschlagen. Vermutlich hat er eine der damals üblichen Umrechnungstabellen benutzt.[5]

Ansicht des Vesuvs. Goethe besichtigte den lavaspeienden Vulkan am 20. März 1787: »Durch die hellste Sonne erschien die Glut verdüstert, nur ein mäßiger Rauch stieg in die reine Luft. Ich hatte Verlangen, mich dem Punkte zu nähern, wo sie aus dem Berge bricht; dort sollte sie, wie mein Führer versicherte, sogleich Gewölb und Dach über sich her bilden, auf welchem er öfters gestanden habe. Auch dieses zu sehen und zu erfahren, stiegen wir den Berg wieder hinauf, um jenem Punkte von hintenher beizukommen. Glücklicherweise fanden wir die Stelle durch einen lebhaften Windzug entblößt, freilich nicht ganz, denn ringsum qualmte der Dampf aus tausend Ritzen, und nun standen wir wirklich auf der breiartig gewundenen, erstarrten Decke, die sich aber so weit vorwärts erstreckte, daß wir die Lava nicht konnten herausquellen sehen. Wir versuchten noch ein paar Dutzend Schritte, aber der Boden ward immer glühender; sonneverfinsternd und erstickend wirbelte ein unüberwindlicher Qualm. Der vorausgegangene Führer kehrte bald um, ergriff mich, und wir entwanden uns diesem Höllenbrudel.« (Goethe: *Italienische Reise,* S. 215f.)

Das Reisen mit öffentlichen Verkehrsmitteln war im 18. Jahrhundert zwar ein unbequemes und langwieriges, jedoch durchaus planbares Unternehmen. Neben der regelmäßig verkehrenden »Ordinari-Post« wurde auch das Lohnfuhrwesen zunehmend verstaatlicht und in Gestalt sogenannter »Extra-Posten« organisiert.[6] Mit Entfernungstabellen und Postroutenkarten konnte der Reisende Zeit- und Kostenaufwand in etwa überschlagen; der Eintrag in eine Passagierliste sicherte ihm den Platz in der gewünschten Postkutsche. Die einzelnen Streckenetappen berechneten sich nach der Laufkapazität der Pferde; die Poststationen lagen im allgemeinen zwischen drei und fünf Postmeilen auseinander. Eine Postmeile betrug in Deutschland rund 7,5 km und konnte von einem Gespann in einer Stunde bewältigt werden, je nach Witterung, Straßenzustand und Höhenunterschieden. Zur reinen Fahrtzeit hinzu kam der Aufenthalt auf den Poststationen; dort wurden die Pferde gewechselt, Briefe und Pakete geladen, man konnte etwas essen oder auch übernachten. In der Mittagszeit dauerte eine solche Unterbrechung bis zu zwei Stunden. Häufige Paßkontrollen – wegen der Landesgrenzen und der Straßengebühren – verzögerten das Fortkommen. Für eine Strecke von 75 km benötigte der Postkutschenpassagier gut 12 Stunden. Zu Beginn der Reise bis Verona hat Goethe die Ankunfts- und Abfahrtszeiten der Kutschen genau in seinem Tagebuch notiert. Während der ersten Reiseetappe Karlsbad – München, etwa 360 km, vermerkte er insgesamt 15 Poststationen und war 75 Stunden unterwegs.[7]

Der Fahrpreis, das »Postgeld«, setzte sich zusammen aus der Straßenbenutzungsgebühr (»Chausseegeld«), dem Trinkgeld für den Postillion und dem Schmiergeld für das Fetten der Wagenachsen. Für Steigungsstrecken mußten zusätzliche Gebühren entrichtet werden. Wer sich in die Obhut eines privat angemieteten Lohnkutschers – in Italien »Vetturino« – begab, kam in der Regel etwas schneller und auch während der Nacht voran. Jenseits der deutschen Landesgrenzen war das von der Ordinari-Post regelmäßig bediente Straßennetz weit spärlicher ausgebildet; auch die angebotenen Mietfuhrwerke entsprachen nicht dem sonst üblichen Standard und waren bisweilen eher eine Schnecken- denn eine »Extra-Post«. »Mit den Vetturinen ists eine leidige Fahrt, das beste daß man ihnen bequem zu Fuße folgen kann«, spottet Goethe am 22. Oktober 1786, wenige Tage vor der Ankunft in Rom (T S. 162).

Es ist aber nicht die alleinige Schuld der Vetturinen, daß Goethe bis Rom insgesamt 57 Tage unterwegs war; mit der Eilpost und Nachtfahrten hätte er die rund 1500 km lange Strecke in etwa 16 Tagen schaffen können.[8] Seine mehrfach geäußerte Ungeduld, jenes »erste Bedürfniß« zu stillen und endlich Rom zu sehen (T S. 153), hinderte ihn nicht daran, sich insgesamt 34 Tage in verschiedenen italienischen Städten aufzuhalten, jeweils einige Tage am Gardasee und in Verona, fast eine Woche in Vicenza, dann einen Tag in Padua und schließlich gut zwei Wochen in Venedig. Mit fünf Nachtfahrten zwischendurch – zwei davon per Schiff auf dem Po nach Ferrara – sicherte er sich längere Aufenthalte in den ihn interessierenden Städten. Erst gegen Ende der ersten, vorrömischen Reiseetappe weist der tatsächliche Verlauf Anzeichen von Hast auf. Nach zwei Tagen Bologna verweilt er nur drei

Stunden in Florenz, fährt dann für einen Tag nach Perugia, besucht auf der Weiterfahrt den Minervatempel von Assisi und besteigt bei Terni noch den Äquadukt von Spoleto. Am Abend des 29. Oktober 1786 trifft er in Rom ein.

In den vergangenen zwei Monaten hat er bereits ein riesiges ›Arbeitspensum‹ absolviert, das wohl nur mit einer bemerkenswerten Disziplinierung seiner Rom-Leidenschaft und einer strengen Zeiteinteilung zu bewältigen war: Besichtigungen von Kunst- und Kulturstätten (Galerien, Antikensammlungen, Kirchen, Gartenanlagen), das Studium der Menschen und der Natur in den verschiedenen Regionen (insbesondere Gesteine, südländische Vegetation und Klima), gelegentliches Zeichnen, Opern- und Theaterbesuche. Bei all seinen Unternehmungen ist es ihm »um die sinnlichen Eindrücke zu thun, die [...] kein Buch und kein Bild geben kann« (T S. 38). In Venedig beispielsweise wandert und gondelt Goethe Tag und Nacht durch die Stadt, auf den Spuren seines von Karl Ludwig Knebel geliehenen Italienführers, Johann Jacob Volkmanns *Historisch-kritische Nachrichten von Italien* (1770/71). Ein vor Ort angeheuerter Lohndiener zeigt ihm die kürzesten Wege und handelt die günstigsten Preise aus (T S. 117/125). Goethe unternimmt Ausflüge zum Lido, sieht zum erstenmal das Meer (T S. 105), besucht das Arsenal und den Fischmarkt. Auch einen Staatsakt mit dem Dogen läßt er sich nicht entgehen (T S. 128f.). Opern- und Theaterbesuche oder eine Gondelfahrt bei Mondenschein, zu der er sich »den famosen Gesang der Schiffer bestellt«, runden das Programm ab (T S. 139).

In Goethes vorrömischem Zeitplan ist zudem die gewissenhafte Fortführung seines Tagebuchs an Charlotte von Stein enthalten. Er selbst hat das Tagebuch als »Denckmal des ersten Eindrucks« bezeichnet (T S. 138) und sich schon früh Gedanken über eine spätere Verwendung gemacht. In einem Brief an Charlotte, den er der ersten Sendung mit den Tagebuchblättern bis Venedig beilegt, erteilt er diesbezügliche Anweisungen: »Wenn du es nach und nach abschriebst, in Quart, aber gebrochne Blätter, verwandelst das Du in Sie und ließest, was dich allein angeht, oder du sonst denkst weg: so fänd ich, wenn ich wiederkomme, gleich ein Exemplar, in das ich hineinkorrigieren und das Ganze in Ordnung bringen könnte.« (B S. 8)

Neben dem »Volkmann«, sowie Papier und Schreibzeug für das Tagebuch, befanden sich in Goethes Reisegepäck auch noch die Manuskripte mehrerer Dichtungen; außerdem schleppte er ein dickleibiges lateinisches Standardwerk der Pflanzenkunde, Carl von Linnés *Genera Plantarum*, mit sich herum. Für die Aufbewahrung der gewichtigen Fracht hatte Goethe zunächst »nur einen Mantelsack und Dachsranzen« vorgesehen: »[...] für meine Garderobe wäre es überflüssig, da ich aber soviel Bücher und Papiere mit habe, so war es zu beschweerlich. Nun hab ich mir ein Coffregen gekauft, das mich recht freut.« (T S. 16) Diese Anschaffung sollte sich als überaus nützlich erweisen, denn es blieb nicht bei den in Karlsbad eingepackten Utensilien. Eifrig sammelte Goethe unterwegs Gesteinsproben, wobei er sich aus verständlichen Gründen auf ein »kleineres Maas« beschränken mußte (T S. 51); außerdem erweiterte er die mitgeführte Reisebibliothek. Am 27. September erwirbt er in Padua einen Nachdruck von Andrea Palladios *I Quattro Libri dell'Architettura*, die theoretische Ergänzung zu den Bauten, die er in Vicenza und Venedig besichtigt: »[...] jetzt studier ich's und es fallen mir wie Schuppen von den Augen, der Nebel geht auseinander und ich erkenne die Gegenstände.« (T S. 106) Knapp zwei Wochen später legt er sich in Venedig eine Ausgabe des antiken Architekturklassikers Vitruv zu: »[...] den muß ich studiren, damit ich erleuchtet werde.« (T S. 137)

Goethes ursprüngliche Reisegarderobe, »(eine Veste mit Ermeln und ein Uberrock,) die auf alle vier Jahreszeiten gerichtet ist« (T S. 22), wurde schon bald ausgewechselt; sie entsprach nicht dem Klima und auch nicht seinem Wunsch nach Integration. Weil er sich in Rovereto in seinen Stiefeln und mit einem wollenen Rock wie »ein nordischer Bär vom Gebirge« fühlt (T S. 42), beschließt er, sich nach der landesüblichen Tracht zu kleiden. Das mit sichtlichem Vergnügen inszenierte Mimikry geht sogar noch weiter: »Ich sah mir ab, wie sich ein gewisser Mittelstand hier trägt und lies mich völlig so kleiden. Ich hab einen unsäglichen Spas daran. Nun mach ich ihnen auch ihre Manieren nach.« (T S. 65)

Über sein leibliches Wohl während der Reise verliert Goethe im Tagebuch nicht allzu viele Worte. In Vicenza trinkt er den Wein nur mit Wasser vermischt und lebt überhaupt »sehr mäßig« (T S. 79), eine Bemerkung, die er später wiederholt; er lebe bewußt »diät«, damit die Gegenstände ihn erhöhten und nicht bereits auf eine künstlich »erhöhte Seele« träfen (T S. 85). Die Diät besteht hauptsächlich aus vegetarischer Kost: »Mein eigentlich Wohlleben ist aber in Früchten; Feigen ess ich den gantzen Tag«, schwärmt er schon in Malcesine am Gardasee (T S. 45).

Neben den öfter vermerkten »Unbequemlichkeiten« der meist ungefederten Fuhrwerke beeinträchtigen schlecht ausgestattete, mitunter miserable Herbergen das Reisevergnügen. Goethe, der auf der Hinfahrt bis Rom insgesamt 52 Nächte in Gasthöfen verbringt, trägt's meist mit Fassung: »Der Gasthof hat keine Schlösser an den Thüren, und der Wirth sagte mir ich könnte sicher seyn, und wenn alles Diamanten wären was ich bey mir hätte. Sodann die Zimmer keine Fenster, sondern Oelpapierne Rahmen und es ist doch köstlich drinne seyn, drittens keinen Abtritt. Du siehst also daß man dem Naturzustande hier ziemlich nah kommt.« (Malcesine, 13.9.86, T S. 45) Auf den Apenninen sind die hygienischen Verhältnisse jedoch so schlecht, »daß an kein auslegen eines Blats zu dencken war« und nicht einmal das Tagebuch weitergeführt werden kann (T S. 163). Mit einer sublimen Form des Erlebens verwahrt sich Goethe gegen alle negativen Eindrücke und gegen die Strapazen des Reisealltags: »Der Genuß auf einer Reiße ist wenn man ihn rein haben will, ein abstrackter Genuß, ich muß die Unbequemlichkeiten, Widerwärtigkeiten, das was mit mir nicht stimmt, was ich nicht erwarte, alles muß ich bey Seite bringen [...]. Dann hab ich einen reinen bleibenden Genuß und um dessentwillen bin ich gereißt, nicht um des Augenblicklichen Wohlseyns oder Spases willen.« (T S. 89)

Daß er sich, abgesehen von den »abstrackten« Genüssen, zumeist auch eines guten Allgemeinbefindens erfreut, schreibt er selbst dem »mittägigen« südländischen Klima zu (T S. 107). Das »tramontane« Italien wird mehrfach mit der »ultramontanen« kalten Heimat unter einem »bösen Himmel« verglichen (T S. 40). Jenes Klima empfindet der »nordische Flüchtling« (T S. 128) als größten, ja einzigen Vorzug Italiens: »[...] und ich wiederhohle, ich will ihnen alles lassen, wenn ich nur wie Dido so viel Clima mitnehmen könnte als ich mit einer Kuhhaut umspannen könnte um es um unsre Wohnung zu legen. Es ist ein ander Seyn.« (T S. 150) »Tramontane« Witterung und Lichtverhältnisse prägen nach Goethes Eindrücken auch den Charakter des italienischen Volkes.

Goethes Quartier in Rom. Tischbeins Skizze zeigt Goethe in seinem »klein Stübchen«, in dem er Abgüsse antiker Skulpturen sammelt. Unter dem Datum des 6. Januar 1787 schreibt er in der *Italienischen Reise*: »Zu meiner Erquickung habe ich gestern einen Ausguß des kolossalen Junokopfes, wovon das Original in der Villa Ludovisi steht, in den Saal gestellt. Es war dies meine erste Liebschaft in Rom, und nun besitz' ich sie. Keine Worte geben eine Ahnung davon. Es ist wie ein Gesang Homers.« (Goethe: *Italienische Reise*, S. 58.)

Das Zusammenleben mit den Italienern fällt ihm offenbar leicht (T S. 100), denn das freie allgemeine Wesen (T S. 77), die Natürlichkeit und der »freye Muth« (T S. 84), die »Freyheit und Freymütigkeit« (T S. 86) laden zum Umgang ein. Zu Recht bringt Goethe die »freye Art Humanität«, die er in Vicenza vorfindet, mit der Öffentlichkeit des Lebens in Verbindung (T S. 87). Auch wenn der Terminus »öffentliches Leben« nicht von vornherein die bürgerlichen Rechte einschließt, so klingt Kritik an deutscher Kleinstaaterei auch bei Goethe an, wenn er die freieren italienischen Zustände mit den deutschen konfrontiert: »Ich kan dir nicht sagen was ich schon die kurze Zeit an Menschlichkeit gewonnen habe. Wie ich aber auch fühle was wir in den kleinen Souverainen Staaten für elende einsame Menschen seyn müssen weil man, und besonders in meiner Lage, fast mit niemand reden darf, der nicht was wollte und mögte. Den Werth der Geselligkeit hab ich nie so sehr gefühlt [...].« (T S. 88) Goethes Tagebuchnotizen über das italienische Alltagsleben sind eine Mischung aus Pittoreske und Realistik; sachliche Beobachtungen über Kleidung, Umgangsformen und Lebensweise in den verschiedenen Regionen und dekorative Genrebilder halten sich die Waage. Nach seiner Einschätzung kennt der Italiener keine Grenze zwischen Theater und Wirklichkeit, Fest und Alltag: »Und abends gehn sie in's Theater und sehn und hören das Leben ihres Tags, nur künstlich zusammengestellt, artiger ausgestutzt mit Mährgen durchflochten pp und freuen sich kindisch und schreyen wieder und klatschen und lärmen. es ist alles von Nacht zu Nacht, ja von Mitternacht zu Mitternacht immer dasselbe.« (T S. 115)

Doch die Kehrseite der meist wohlwollend registrierten Sorglosigkeit und Freizügigkeit (T S. 168) ist, abgesehen von dem bisweilen allzu geräuschvollen Trubel (T S. 170f.), ein bis zur Schmutzigkeit reichendes laisser aller, eine allgemeine Nachlässigkeit und Unsauberkeit. Goethe empfindet es gerade in Venedig als »unverzeihlich daß die Stadt nicht reinlicher ist, da sie recht zur Reinlichkeit angelegt ist« (T S. 107f.). So lautet die Anmerkung vom 1. Oktober; am 9. Oktober konkretisiert er den Hinweis: »Wenn ein Tag Regenwetter einfällt ist ein unleidlicher Koth. Alles flucht und schimpft. Man besudelt, beym Auf und Absteigen der Brücken, die Mäntel, die Tabarros, alles läuft in Schuh und Strümpfen und bespritzt sich, und es ist kein gemeiner sondern wohl beitzender Koth. Das Wetter wird wieder schön und kein Mensch denckt an Reinlichkeit. Der *Souverain* dürfte nur wollen; so geschäh es, ich möchte wißen ob sie eine politische Ursache haben, das so zu laßen, oder ob es die kostbare Negligenz ist, die dieses hingehen läßt.« (T S. 136f.)

Am 15. Oktober, zwei Wochen vor der Ankunft in Rom, zieht Goethe, offensichtlich ein wenig ernüchtert von den Reisestrapazen, aber mit ungebrochener Willenskraft, eine vorläufige Bilanz: »Wenn ich diese Reise noch einmal machte wüßt ichs auch nun beßer. Denn mit dem verschiednen Gelde, den Preisen, den Vetturinen, den schlechten Wirtshäusern ist es eine tagtägliche Noth, daß einer der zum erstenmal wie ich allein geht und ununterbrochnen Genuß suchte und hoffte, unglücklich genug sich finden müßte. Ich habe nichts gewollt als das Land sehn auf welche Kosten es wolle und wenn sie mich auf Ixions Rad nach Rom bringen; so bin ich's zufrieden.« (T S. 167)

Mit Goethes Eintreffen in Rom am 29. Oktober 1786 hat das unbequeme, zuweilen auch von Einsamkeitsgefühlen belastete Reiseleben vorerst ein Ende. Gleich am nächsten Tag zieht er zu dem Maler Johann Heinrich Wilhelm Tischbein, der in der Via del Corso 20 bei einem Kutscherehepaar als Untermieter logiert. Heute befindet sich dort eine Gedenktafel und ein kleines Goethemuseum.

Tischbein führte Goethe in den Kreis der in Rom lebenden deutschen Künstler und Gelehrten ein. Zu seinem ständigen Umgang gehörten die seit 1782 in Rom ansässige Malerin Angelica Kauffmann, die Maler Friedrich Bury und Johann Georg Schütz, der Bildhauer Alexander Trippel, Schöpfer einer Goethe-Porträtbüste, und später der Schweizer Maler und Kunstgelehrte Heinrich Meyer. Den Zeichner und Kupferstecher Johann Heinrich Lips kannte Goethe bereits aus Zürich. Man traf sich regelmäßig im Haus des Archäologen und Kunstsammlers Johann Friedrich Reiffenstein in Frascati, um über Kunst und die eigenen Zeichenversuche zu diskutieren. Den Schriftsteller Karl Philipp Moritz hat Goethe im Dezember einige Wochen lang betreut, als Moritz mit einem Armbruch das Bett hüten mußte. »Er ist wie ein jüngerer Bruder von mir, von derselben Art, nur da vom Schicksal verwahrlost und beschädigt, wo ich begünstigt und vorgezogen bin«, schreibt Goethe am 14. Dezember 1786 nach Weimar (B S. 38). Moritz veranlaßte Goethe im Zusammenhang mit seinem *Versuch einer deutschen Prosodie* (1786) zur Umarbeitung der *Iphigenie* in Jamben. Auch seine in der Schrift *Über die bildende Nachahmung des Schönen* (1788) formulierte Kunsttheorie hat Goethe stark beeinflußt.

Insgesamt vier Monate dauerte Goethes erster römischer Aufenthalt. Die Tage waren ausgefüllt mit Besichtigungen der antiken Stätten (Kolosseum, Ruinen der Kaiserpaläste auf dem Palatin, Diokletian-Thermen, Via Appia), er sah »das größte Werk der innern Großheit nach«, das Pantheon, und »das größte dem Maße nach«, die Peterskirche, die Sixtinische Kapelle und Raffaels Fresken im Vatikan, sowie berühmte plastische Kunstwerke, darunter »das genialischste«, den *Apoll von Belvedere* (B S. 14). Wohl kaum einen Tag ließ Goethe ungenutzt verstreichen, unternahm Ausflüge in die römische Umgebung, nach Frascati, Albano, Castelgandolfo, führte Gespräche mit den Freunden, studierte Winckelmanns Briefe und die *Geschichte des Altertums* (1764), arbeitete an den mitgeführten Manuskripten und übte sich im Zeichnen. »Seitdem ich in Rom bin, hab ich unermüdet alles Sehenswürdige gesehen und meinen Geist recht damit überfüllt [...]«, schreibt er Mitte Dezember '86 an Charlotte von Stein (B S. 38).

Etwa zur selben Zeit beginnt der Maler Tischbein mit Goethes Porträt. Das erst nach zwei Jahren fertiggestellte Gemälde *Goethe in der Campagna di Roma*, eines der Hauptwerke des deutschen Klassizismus, zeigt den Dichter in Lebensgröße, vor einer weiten römischen Landschaft auf einem umgestürzten Obelisken ruhend, bekleidet mit breitkrempigem Hut und einem togaähnlichen weißen Mantel. Das 1,64 mal 2,06 Meter große Werk wurde im 19. Jahrhundert durch lithographische Reproduktionen weit verbreitet und hat bis heute die bildliche Vorstellung von Goethe in Italien maßgeblich geprägt. Goethe selbst war mit Tischbeins Wiedergabe zufrieden: »Es gibt ein schönes Bild, nur zu groß für unsre nordischen Wohnungen.« (B S. 48) Authentischer und lebendiger als jene monumental-idealisierende Goethedarstellung wirkt jedoch eine kleine Aquarellskizze Tischbeins: mit dem Rücken zum Betrachter lehnt Goethe aus dem Fenster der gemeinsamen römischen Wohnung und beobachtet das (nicht sichtbare) Treiben auf dem Corso.[9]

Am 22. Februar 1787, nach dem Ende des römischen Karnevals, reist Goethe zusammen mit Tischbein nach Neapel weiter und bleibt dort etwa einen Monat. »Bei ganz rein heller Atmosphäre kamen wir Neapel näher; und nun fanden wir uns wirklich in einem andern Lande. Die Gebäude mit flachen Dächern deuten auf eine andere Himmelsgegend, inwendig mögen sie nicht sehr freundlich sein. Alles ist auf der Straße, sitzt in der Sonne, so lange sie scheinen will. Der Neapolitaner glaubt, im Besitz des Paradieses zu sein, und hat von den nördlichen Ländern einen sehr traurigen Begriff [...].« (IR S. 184) Auch hier läßt sich Goethe keine Sehenswürdigkeit entgehen, besucht etwa die freigelegte Stadt Pompeji und die Tempel in Paestum. Sein wissenschaftliches Interesse an der Entstehung, dem Alter und den verschiedenen Formen der Lava führt ihn insgesamt dreimal auf den Vesuv, bis an den Kraterrand.

Doch Neapel ist noch nicht die Endstation seiner Reise. Hier »hätte sie zu stumpf aufgehört«, schreibt er aus Palermo am 18.4. 1787.[10] Da Tischbein auf eine Anstellung in Neapel hoffte und sich das freundschaftliche Verhältnis der beiden zwischenzeitlich etwas abgekühlt hatte, wählte Goethe den jungen Maler Christoph Heinrich Kniep als Reisebegleiter für Sizilien. Kniep sollte unterwegs Zeichnungen für Goethe anfertigen.

Bei der Überfahrt per Schiff erlebte Goethe eine stürmische See; von ständiger Übelkeit gepeinigt, mußte er fast die ganze Zeit unter Deck verbringen. Anstatt etwa 32 Stunden dauerte die Seereise vier volle Tage. Auf Sizilien nahmen Goethe und Kniep zunächst in Palermo zwei Wochen Quartier. Vom 18. April 1787 bis zum 11. Mai umrundeten sie die Insel zu Pferde, mit jeweils mehrtägigen Pausen in Agrigent, Taormina, Catania und schließlich Messina. Da Volkmann über Sizilien nichts zu berichten wußte, benutzte Goethe Heinrich Riedesels *Reise durch Sizilien und Großgriechenland* (1771) als Reiseführer, den er »wie ein Brevier oder Talisman am Busen« trug (IR S. 277). Auch eine Homer-Ausgabe erwarb er auf Sizilien; somit stand ihm wenigstens ausreichende geistige Nahrung zur Verfügung, denn Verpflegung und Unterkünfte stellten alle bisher genossenen Widrigkeiten in den Schatten. Dennoch war Goethe zufrieden.

»Daß ich Sizilien gesehen habe, ist mir ein unzerstörlicher Schatz auf mein ganzes Leben«, schreibt er Ende Mai an den Herzog (B S. 88). Am 14. Mai war er, nach einer wiederum viertägigen ›Kreuzfahrt‹ auf dem Mittelmeer, wohlbehalten in Neapel gelandet. Zweieinhalb Wochen später hatte er dann endgültig genug von der quirligen Stadt – »das bunte Leben ist meine Sache nicht« (B S. 92) – zumal er »hier immer fauler und fauler« zu werden fürchtete und sich nicht einmal mehr zu Besichtigungen aufraffen mochte (B S. 92). Außerdem wuchsen ihm seine gesellschaftlichen Pflichten allmählich über den Kopf (IR S. 344). Goethe war nämlich auch in Neapel von einem Kreis angesehener Persönlichkeiten umgeben, etwa Philipp Hakkert, Hofmaler des Königs von Neapel, dem Fürsten Christian August von Waldeck und dem englischen Gesandten Lord William Hamilton. Dessen spätere Gattin, Miss Harte, unterhielt die Gäste in Hamiltons Haus mit regelmäßigen Schleiertanz-

Darbietungen. (IR S. 209) An seinem letzten Abend in Neapel genießt Goethe jedoch im Hause der Herzogin von Giovane, einer geborenen Würzburgerin, ein Schauspiel ganz anderer Art: »Wir standen an einem Fenster des oberen Geschosses, der Vesuv gerade vor uns; die herabfließende Lava, deren Flamme bei längst niedergegangener Sonne schon deutlich glühte und ihren begleitenden Rauch schon zu vergolden anfing; der Berg gewaltsam tobend, über ihm eine ungeheure feststehende Dampfwolke, ihre verschiedenen Massen bei jedem Auswurf blitzartig gesondert und körperhaft erleuchtet. Von da herab bis gegen das Meer ein Streif von Gluten und glühenden Dünsten; übrigens Meer und Erde, Feld und Wachstum deutlich in der Abenddämmerung.« (IR S. 345 f.)

Noch aus Neapel kündigt Goethe in Briefen an den Herzog Karl August und an Charlotte von Stein seine baldige Rückkehr nach Deutschland an; im September 1787 will er dort eintreffen (B S. 90, 92) Doch er bleibt noch einmal zehneinhalb Monate in Rom, vom 7. Juni 1787 bis zum 23. April des folgenden Jahres. »Ich muß nun mit Gewalt an die vier letzten Bände«, schreibt er am zweiten römischen Tag an Charlotte von Stein. (B S. 94) – Immerhin hatte er einst die Überarbeitung seiner auf acht Bände veranschlagten Werkausgabe als Grund für das Urlaubsgesuch beim Herzog angegeben. Neben der Redaktion der Manuskripte haben sich ihm inzwischen auch »neue Sujets zugedrängt« (B S. 94); außerdem stehen jetzt intensive Zeichenstudien und Modellieren auf dem Tagesplan. Allein zwei Wochen verbringt Goethe mit dem Maler Hackert in Tivoli. Im Frühjahr 1788 erlebt er noch einmal den römischen Karneval, dem er nun mehr Verständnis entgegenbringt; seine 1788 verfaßte Abhandlung *Das römische Karneval* ist die einzige Italienschrift, die schon bald nach seiner Rückkehr im Jahre 1789 veröffentlicht wird.

Gegen Ende seines zweiten Romaufenthalts bewegen ihn zwiespältige Gefühle. Einerseits will er gerne in Rom bleiben, andererseits zieht es ihn zurück nach Weimar. Die Trennung von Rom im April 1788 fällt ihm schwer. In drei Mondnächten durchwandert er die Straßen, steigt feierlich Treppen hinan und verweilt im Schatten der antiken Bauten. Er kommt sich wie der römische Dichter Ovid vor, den Augustus aus der Hauptstadt der Welt ins weltferne Tomi am Schwarzen Meer lebenslang verbannt hatte.

Wandelt von jener Nacht mir das traurige Bild vor die Seele,
Welche die letzte für mich ward in der römischen Stadt,
Wiederhol ich die Nacht, wo des Teuren so viel mir zurückblieb,
Gleitet vom Auge mir noch jetzt eine Träne herab. (IR S. 556)

Mit diesen melancholischen Versen beschließt Goethe seinen späteren Bericht über die *Italienische Reise*.

Am 23. April trat er die Rückreise an, in Begleitung des jungen Komponisten und Klaviervirtuosen Christoph Kayser, der nach Rom gekommen war, um Goethes *Egmont* zu vertonen. Nach einem etwa elftägigen Aufenthalt in Florenz fuhren sie die Poebene hinauf, über Modena und Parma bis Mailand. Einige Tage später ging es über den Comersee, Chur und Vaduz durch die Schweiz weiter bis nach Konstanz; am 18. Juni 1788, nach 44 Tagen, war Weimar erreicht.

Dank einer genauen Buchführung Goethes über die Ausgaben und Einnahmen während der Hin- und Rückreise sowie erhaltenen Notizen und Gastwirtsabrechnungen lassen sich seine Reisekosten einigermaßen überschlagen. Das Fahrgeld für die per Kutsche und auf dem Wasserweg zurückgelegte Strecke Karlsbad – Rom – Neapel – Sizilien und zurück betrug etwa 1000 Taler. An Einnahmen erhielt Goethe in den eineinhalb Jahren sein Beamtengehalt (insgesamt 2400 Taler) und als Geschenk des Herzogs einen Zuschuß von 1700 Talern. Etwa 3000 Taler hat er selbst beigesteuert, darunter das Honorar für seine bei Göschen erscheinenden Werke von 2000 Talern. Insgesamt legte Goethe knapp 5000 km zurück und gab etwa 7000 Taler aus.[11]

Seine Rechnung jedenfalls ging auf; vor allem aber die geistig-künstlerische ›Ausgaben- und Einnahmenbilanz‹ war positiv verlaufen.

2.

Zweifellos machte Goethe 1786 eine Krise durch, beruflich, persönlich und künstlerisch. Das Weimarer Amt – dies zeigte sich nach zehn Jahren immer deutlicher – hielt nicht, was Goethe sich davon versprochen hatte. War Weimar als Wirkungsstätte schon zu klein, so mußte Goethe sich dennoch mit Problemen aller Art herumschlagen. Große positive Änderungen im Staatswesen vermochte er nicht durchzusetzen.[12] So sollte die Italienreise eine Entlastung und Besinnung auf sich selbst und die eigentlichen Aufgaben mit sich bringen. Tatsächlich hat sich Goethe nach seiner Rückkehr aus Italien von der allzuvielen Verwaltungsarbeit frei gehalten – ein Arrangement mit dem Landesherrn Karl August, das er von Italien aus zielstrebig verfolgte. Seine wahren Aufgaben lagen – dies ist sicherlich eine in Italien wiedererlangte Erkenntnis – in der Kunst.

Der persönliche Grund für die klammheimliche Flucht aus Karlsbad war die immer zwanghaft-komplexer sich gestaltende Beziehung zu Charlotte von Stein. Insofern bedeutete Goethes Abreise in der Tat so etwas wie »eine gewollte Entfernung« von der Geliebten.[13] Goethe scheint sich der Illusion hingegeben zu haben, er könne das alte Verhältnis nach seiner Rückkehr nicht nur fortsetzen wie bisher, sondern auch noch anreichern durch seine italienischen Bildungserlebnisse. Darauf deutet seine verwunderliche Verstimmung angesichts der Kälte Charlottes. In Wahrheit hat der Italienaufenthalt ihn von einer abnormalen Bindung befreit und ihn auf die natürliche Beziehung zu Christiane Vulpius innerlich vorbereitet. So hat Charlotte von Stein das Ereignis jedenfalls verstanden, wie ihr wesentlich konsequenteres Verhalten nach Goethes Rückkehr belegt. Tatsächlich hatte Goethe erst nach dem Italienerlebnis den Mut, im kleinstädtisch-engen und deshalb auch spießigen Weimar eine ›freie Ehe‹ zu praktizieren.

Der dritte und für Goethe vielleicht der Hauptgrund für die Italienreise ist in seinem Künstlertum zu suchen. Ministeramt und unfruchtbare Liebesbeziehung erwiesen sich für sein Dichtertum als ungünstig. Überdeutlich wurde Goethe die Tatsache seiner entfremdeten Existenz im Sommer 1786, als es um die Edition seiner sämtlichen Schriften im Göschen-Verlag ging. Hier zeigte sich offenkundig, daß in den letzten Jahren seiner Weimarer Existenz kein größeres Werk entstanden war, daß zahlreiche bedeutsame Ansätze Fragment geblieben waren und zu keiner Vollendung kommen konnten: Dem Staatsminister fehlte einfach die Zeit für die künstlerische Konzentration. Von den geplanten und im Juli bereits angekündigten acht Bänden stand nur der Inhalt der vier ersten Bände fest. *Egmont* war unvollendet, von *Tasso* existierten nur zwei Akte, *Faust* war lediglich ein Fragment, *Iphigenie* lag als Prosafassung vor.

So diente der Italienaufenthalt der Konzentrierung auf die künstlerischen Ziele, insbesondere auf die Vollendung der liegengebliebenen Dichtungen, die er für die Gesamtausgabe seiner Schriften so dringend benötigte.[14] Existentieller als diese vordergründige Absicht freilich war ein anderer Grund: Wollte Goethe wieder als Dichter in Erscheinung treten, so mußte er – nach zehnjähriger Pause – endlich neue Werke vorlegen.

In einer tieferen Schicht seines Wesens mögen ihn zwei unbewußte Motivationen zu der Italienreise bestimmt haben: Die Selbstfindung und der mit ihr verbundene Drang, wahrhaft Großes und Bedeutendes zu erschauen. Nach gleichsam offizieller germanistischer Lesart fühlte sich der Künstler Goethe beim Anblick großer Natur und Kunst seelisch erhoben und zu eigenem Schaffen neu motiviert. Insofern sei – wie Conrady in seiner Goethe-Monographie darlegt – die »Suche nach Vorbildlichem, Verbindlichem«, die »Anschauung von Großem, Bedeutendem« nur die positive Kehrseite des Drangs, der Weimarer Fremdbestimmung zu entkommen.[15] Die Übereinstimmung mit sich selbst, die in Deutschland fast schon verloren gegangen war: in Italien fand er sie, und zwar in einem Maße, wie er sie bisher noch nicht erreicht hatte, so daß er am 14. März 1788 notieren konnte: »In Rom hab' ich mich selbst zuerst gefunden, ich bin zuerst übereinstimmend mit mir selbst glücklich und vernünftig geworden [...].« (IR S. 530)

Das andere Motiv hat Kurt R. Eissler in seiner psychoanalytischen Studie *Goethe* namhaft gemacht: In Italien befreit Goethe sich von der Übermacht seines Vaters, ja er übertrifft diesen noch, indem er einen Abstecher nach Sizilien unternimmt. Nach dem Einzug in Rom, der für Eissler die Inbesitznahme der Mutter symbolisiert, war Goethe »jetzt fähig, dort zu sein, wo sein Vater niemals gewesen war, und er konnte sich gestatten, Landschaften anzuschauen und sich an ihnen zu erfreuen, deren Schönheit sich sein Vater nicht einmal vorstellen konnte.«[16] Eissler deutet den psychischen Prozeß, den Goethe während der Italienfahrt vollzieht, als »vollstänige Vateridentifizierung«, bzw. als bewußtes Akzeptieren einer bereits früher vorhandenen latenten Vateridentifizierung. Mag man Eissler auch nicht in allen Einzelheiten folgen, ein von ihm hervorgehobenes Motiv klingt immerhin recht plausibel: Für Goethe bedeutete Italien die sexuelle Erfüllung. In Weimar war für den Minister ein außereheliches Verhältnis undenkbar; auch hemmte ihn die problematische Beziehung zur Frau von Stein an einer Verwirklichung sexueller Wünsche. In Rom hatte Goethe (vielleicht erstmals) sexuelle Kontakte. Ob die in den *Römischen Elegien* besungene Faustina tatsächlich mit der von Carletta aufgestöberten Witwe Faustina, Kellnerin in einer familieneigenen Osteria, identisch ist, spielt dabei nur eine untergeordnete Rolle.[17]

Es wirft ein recht bezeichnendes Licht auf die Goetheforschung, daß sich sein

Brief vom 16. Februar 1788 in keiner der gängigen Briefauswahl-Ausgaben findet. Recht locker berichtet er seinem von einer Gonorrhoe-Infektion geplagten Herzog »von einigen anmutigen Spaziergängen«.

»So viel ist gewiß und haben Sie, als ein Doctor longe experientissimus, vollkommen recht, daß eine dergleichen mäßige Bewegung, das Gemüth erfrischt und den Körper in ein köstliches Gleichgewicht bringt. Wie ich solches in meinem Leben mehr als einmal erfahren, dagegen auch die Unbequemlichkeit gespürt habe, wenn ich mich von dem breiten Wege, auf dem engen Pfad der Enthaltsamkeit und Sicherheit einleiten wollte.«[18]

Eissler zufolge, der es ja wissen muß, schreibt Goethe hier »wie ein Mann, für den Geschlechtsverkehr etwas Neues« war. Wie auch immer, jedenfalls gehörte dieses Erlebnis mit zum Tatbestand der von Goethe immer wieder beschworenen »Wiedergeburt«.

Goethe hat im Rahmen der *Italienischen Reise* einer Mythisierung seiner Existenz vorgearbeitet. »Wiedergeburt« avanciert nicht von ungefähr zum Leitwort seiner römisch-italienischen Lebensführung. Es wäre allerdings nicht richtig, wollte man in diesem aus dem pietistischen Wortschatz stammenden Erweckungs-Erlebnis nur den Ausdruck späterer Stilisierung erblicken.[19] Bereits in den erhaltenen Originaldokumenten spielen Begriffe wie »Neues Leben« und »Wiedergeburt« eine bedeutsame Rolle. So meldet Goethe an das Ehepaar Herder am 2. Dezember 1786 aus Rom, er zähle »einen zweiten Geburtstag, eine wahre Wiedergeburt von dem Tage«, da er Rom betreten habe. (B S. 33) Eine Woche später schreibt er dem Diener Philipp Seidel mit ähnlicher Metaphorik vom »neuen Leben« und vom »neuen Sinn«, die dem »denkenden und fühlenden Menschen« in Rom aufgehen. (B S. 35) Goethe bringt auch das »neue Sehen« – eine Größe, auf die später zurückzukommen sein wird – mit dem Gedanken des Wiedergeborenwerdens zusammen: um alle die Herrlichkeiten Roms in der rechten Gelassenheit sehen zu können, müsse man gleichsam »wiedergeboren« werden; erst dann sei man vom früheren, hier nur hemmenden Vorverständnis frei. (B S. 40) Eine Konsequenz des neuen Sehens: Es scheint ihm einfacher zu sein, Natur als Kunst zu beobachten und zu würdigen. Der Grund: Natur hat ihren Zweck in sich selbst, die Kunst dagegen verwirklicht – und oft nur unvollkommen – die Intention des Künstlers. (B S. 41 f.) Freilich fällt dem schönheitserpichten Rompilger das neue Kunsterleben nicht in den Schoß; er erarbeitet sich die Kunstwerke »mit mehr Mühe und Sorge als Genuß«, wie er Charlotte von Stein berichtet. Erst dann löst sich das »erste Staunen« in ein »Mitleben und näheres Gefühl des Wertes der Sachen« auf. Er bekennt der Freundin: »Die Wiedergeburt, die mich von innen heraus umarbeitet, würkt immer fort, ich dachte wohl hier was zu lernen, daß ich aber so weit in die Schule zurückgehn, daß ich so viel verlernen müßte, dacht ich nicht.« Goethe fühlt, daß nicht allein der Kunstsinn, auch der moralische Sinn an der großen Erneuerung teilhat. (B S. 44)

Fast penetrant klingt das Herausstreichen seiner »Wiedergeburt« in einem Brief an Herder, der in nuce eine Auseinandersetzung mit dessen Geschichtsphilosophie enthält. Mit voller Absicht, schreibt Goethe, habe er sich »aller alten Ideen, alles eignen Willens« entäußert, »um recht wiedergeboren und neu gebildet« zu werden. Als sehr hilfreich erweisen sich bei der Erkundung der römischen Welt die beiden Haupt-»Methoden« Herders, der Vergleich und das Fragen nach der Genese der betrachteten Gegenstände. Freilich folgt die Abgrenzung von Herders historischer Welt auf dem Fuße. Trotz dem Zugeständnis, daß sich von Rom aus die Geschichte »ganz anders als in einem jeden andern Orte der Welt« lese, kulminiert die Aussage Goethes im Satz: »Ich will Rom sehn, das bestehende, nicht das mit jedem Jahrzehend vorübergehende. Hätte ich Zeit, ich wollte sie zu was anders anwenden.« (B S. 46) Sein Interesse gehört nicht primär der Geschichte, sondern der Natur. Geschichte hemmt für ihn oft die Aktivitäten der Gegenwart, die Natur mit ihrer nach »ewigen« Gesetzen verlaufenden Entwicklung dagegen kann das hier und heute wirkende Subjekt letztlich nur fördern. Bereits hier kündigt sich die spätere Abkehr von Herder, dem kulturkritischen Geschichtsphilosophen, an; die eigene, ganz auf das Künstlertum konzentrierte Wesensart vermag den Wert von Geschichte nur dort als produktiv zu erkennen, wo sie die eigene künstlerische Tätigkeit mit Stoffen und Themen versorgt. »Wiedergeburt« avanciert in dieser prinzipiellen Auseinandersetzung geradezu zum terminus technicus, mit dem sich das produktive Künstlertum von der lediglich verstehenden Kulturphilosophie abgrenzt.[20] Mitschwingen mag auch ein wenig Konkurrenzdenken. Der jüngere Dichter zeigt dem älteren, früher willig als Lehrer akzeptierten Herder, daß er über dessen Position hinausgewachsen ist. Der Weltmann bezieht seine Ideale eines neuen Lebens aus anderen Quellen als der undogmatische Kirchenmann: aus der überzeitlichen Kunst und aus dem sprudelnden Leben der Gegenwart. Die Zeit, über die Goethe zu Beginn der Reise nicht verfügt – wozu wollte er sie wohl gebrauchen als zur Ausübung von Kunst? Welcher Kunst, war Goethe damals noch unklar: der Bildenden Kunst oder der Poesie. Damit war die ästhetische Zielrichtung seiner römischen Aktivitäten fixiert.

Im Rückblick jedenfalls bestätigt Goethe diese Motivation. In einem gleichsam offiziellen Rechenschaftsbericht gegenüber Herzog Karl August (vom 25. 8. 1788) erklärt er den Zweck seiner Italienreise zweifach – negativ: um sich von den bekannten Weimarer »physisch-moralischen Übeln zu heilen«, positiv: um »den heißen Durst nach Kunst zu stillen«. Wobei Goethe gesteht, das erste sei ihm nur »ziemlich«, das letzte jedoch »ganz geglückt«. (B S. 116) Im nächsten Brief an den Herzog bezieht Goethe diese Wiedergeburt, das wiedergewonnene neue Leben, auf sein schöpferisches Künstlertum: Er habe in der eineinhalbjährigen italienischen Einsamkeit »sich selbst« wiedergefunden: »als Künstler«. Und diese Selbsterkenntnis möchte er nach seiner Rückkehr umsetzen, als Dichter und als Staatsmann. (B S. 125, 121)

Rom bedeutete für Goethe alles andere als einen Ausstieg aus der Gesellschaft; es war eher die Abwehr einer zudringlichen Umwelt, die selbst nichts erlebte und sich dafür am interessanten Nachbarn schadlos hielt. In der Kleinstadt Weimar mit ihren sechstausend Einwohnern wurde jeder Schritt Goethes registriert und durchgehechelt. In Rom mit seinen rund 200 000 Einwohnern erlebte Goethe dagegen zum einzigen Mal in seinem Leben eine Großstadt, und er genoß den Freiraum, den das anonyme, unkontrollierte Leben verschaffte. Gab es in Weimar außerhalb der Ehe keine erotischen Erlebnisse, so gewährte eben dieses Rom. Wohl auch aus diesem ganz persönlichen Grund begann in Rom »ein neues Leben« (B S. 10). Goethe empfand das Leben unter einem »ganz sinnlichen Volke« auch als »moralisch heilsam«. (B S. 1, B S. 11; IR S. 126).

Wie aber sollte sich nun das neue ›Liebesleben‹ entfalten? Daß die »Liebesdienerinnen« ein gesundheitliches Risiko darstellten, war Goethe voll bewußt. Seinem Herzog, der in Liebessachen ein Eroberertyp war und dabei denn auch die fatalen Folgen in Kauf nehmen mußte, klagte Goethe, daß im »bösen Weltwinkel« Rom ein Techtelmechtel mit ehrbaren Mädchen gleich eine Eheverpflichtung nach sich ziehe. Ihr ganzes Sinnen und Trachten sei auf die Ehe gerichtet. Mit dem Herzen habe diese ganze Liebesdiplomatie nichts zu tun. Wer sich also auf solche »böse Bedingungen« nicht einlasse, sei auf die »öffentlichen Mädchen der Lust« angewiesen oder müsse sein Glück in der Liebe zu Männern suchen – ein verbreitetes Phänomen, das Goethe zutreffend als Kompensationshandlung deutet. (B S. 111f.) Soferne sich die »Liebe der Männer« in den »mittlern Regionen der Neigung und Leidenschaft« aufhält, erscheint sie Goethe als Fortführung griechischer Tradition. Seiner zahnwehgeplagten Charlotte bekennt Goethe – nicht besonders feinfühlend, wie man wird zugeben müssen –, daß er im Süden von all den Übeln, die ihn im Norden geplagt hätten, nichts empfinde: Hier lebe er mit »ebenderselben Konstitution« »wohl und munter«. Dieses »Wohlsein« werde er höchstwahrscheinlich in Italien zurücklassen, und beziehungsreich fügt er hinzu »wie manches andre Gute«. (B S. 113f.) Zweifellos eine versteckte Spitze, die in dieselbe Richtung weist, wie sein wesentlich offenerer Brief an den Liebeskumpan Carl August.

Freilich darf man sich Goethes Leben in Italien und auch im Kunst- und Lebens-Eldorado Rom nicht ausschweifend vorstellen. Von seiner »diäten« Lebensweise war schon die Rede. Schon vor Rom hatte er in Venedig die Anonymität der großen Städte, die Einsamkeit in der großen Menge, die er mit Freiheit und Privatheit identifizierte, zu schätzen gewußt. (T S. 99f., B S. 101) Italien erscheint dem aus deutscher Provinzialität entronnenen Dichter als Land, »wo alles einen außer sich ruft« (B S. 121), ein Land, wo die Sinne ganz auf ihre Kosten kommen – mit allen positiven und negativen Konsequenzen.

Bei einem Vergleich zwischen deutscher und italienischer Lebensart urteilt Goethe nicht ungerecht über die eigenen Landsleute. Auf Dauer leben möchte er nur dort, wo er tätig wirken kann; und das bedeutet für ihn: in Deutschland. (T S. 138, 149) In Rom, wohin es Goethe mächtig zieht, ändern sich zunächst seine Ansichten. Dort findet er – unter den Künstlern – die seiner freien Existenz angemessene Umgebung. (B S. 61)[21]

Darüber, was Goethe in Italien gesehen und nicht gesehen hat, ist schon sehr viel geschrieben worden.[22] Goethe hat sich in Italien für vieles interessiert und sich vielfältig betätigt – vor allem auf drei Gebieten: dem Malen, dem Schreiben und der Naturforschung im weiteren Sinne.[23] Da sein Ziel erklärtermaßen die Anschauung von Großem und Bedeutendem war, ist zunächst der Blick auf seine Vorlieben und

Abneigungen in der Bildenden Kunst und Architektur sinnvoll. Sie betreffen insofern den inneren Kern von Goethes Denken, als er sich die meiste Zeit des Italien-Aufenthalts als Bildender Künstler verstanden hat.

Goethes Interesse galt schon immer der Bildenden Kunst. Doch war zu Beginn der Italienreise seine ehemalige Begeisterung für gotische Kunst schon lange verflogen. Durch seinen Leipziger Lehrer Oeser war Goethe zum Anhänger Winckelmanns geworden, und er bevorzugte die griechische Kunst in ihren römischen Kopien – also den marmorglatten und kühlen Klassizismus. Während er sich aber in Deutschland mit oft schlechten Kopien begnügen mußte, sollte ihm der Italienaufenthalt die Begegnung mit den großen Originalen gewähren. So eng uns heute dieser Klassizismus auch erscheinen mag, für die damalige Zeit war er progressiv. Dazuhin: An welchen Maßstäben hätte sich Goethe sonst orientieren sollen, wenn nicht an den klassizistischen Winckelmanns? Das Gegenmodell zur Wertschätzung der glatten ›edlen Einfalt und stillen Größe‹ hätte nur das Barock oder die Gotik sein können – oder eine zum Grotesken tendierende Vermischung beider Stile.

Das Tagebuch, das er bis Venedig geführt hat, gibt über seine unmittelbare Wahrnehmung aufschlußreiche Auskünfte. In Verona registriert er Antiquitäten, Basreliefs, die ihm von einem »herrlichen Zeitalter« zu zeugen scheinen. Bekannt und überhaupt nicht erstaunlich ist Goethes Hochschätzung des Renaissancebaumeisters Palladio mit seinen, den antiken Gebäuden nachempfundenen Villen. »Palladio ist ein recht innerlich und von innen heraus groser Mensch gewesen«, schreibt Goethe am 19. September in sein Tagebuch. Als Beweis gilt ihm die »göttliche« Verbindung der einander an sich widersprechenden Bauprinzipien der Mauern und der Säulen. (T S. 74f.; vgl. T S. 77) Das positive Urteil über die Gemälde Mantegnas folgt denselben Maßstäben. Goethe sieht die Entwicklung in aufsteigender Linie verlaufen. An der Spitze der Malerei steht Raffael. In seinen Werken sieht er die für alle Zeiten gültige Schönheit der Antike wiederauferstanden. Palladio und Raffael gelten ihm als »ohnbedingt« groß, weil »an ihnen nicht ein Haarbreit willkührliches« ist, weil sie »die Gränzen und Gesetze ihrer Kunst im Höchsten Grade kannten und mit leichtigkeit sich darinn bewegten«. (T S. 158)

Die »Lebhaftigkeit des Geistes«, »die Energie ihrer Natur« und vor allem die ›Erleuchtung durch den Geist der Alten‹ begründet die Notwendigkeit der künstlerischen Progression. (T S. 95) Raffael hält er zu jeder Zeit für groß und unübertrefflich. Das gilt bereits für das Tagebuch (T S. 158) und in weit ausgeführterem Maß für die spätere Beschreibung der Kunstwerke Michelangelos und Raffaels. Während Goethe auf Raffael einigermaßen vorbereitet war, trifft ihn das unerwartete Erlebnis der Sixtinischen Kapelle umso nachhaltiger. Michelangelo sprengt zweifellos den Rahmen der klassizistischen Kunstvorstellungen – mit den Winckelmannschen Harmonie-Idealen kommt man seinen gewaltsamen Schöpfungen nicht bei, die gegen die ruhende Statik des Klassizismus die bewegte Dynamik des Vorbarock ausspielen. Obwohl ihm Raffael innerlich nähersteht, entzieht sich Goethe bewußt der Parteinahme für einen der beiden Renaissance-Giganten.[24]

Wo ein Künstler sich vom alleinseligmachenden Maßstab der Antike-Nachfolge entfernt, erscheinen Goethe seine Qualitäten zweifelhaft. Dies trifft bereits zu Beginn der Reise auf Tintoretto zu, an dem er einerseits die »Leichtigkeit« des Pinsels und den »Reichthum im Ausdruck« bewundert, andererseits einschränkt, daß hier – das Sujet ist die Krönung Mariens zur Himmelskönigin in einer Galerie Veronas – »ein unsinniger Gedancke mit dem schönsten Genie ausgeführt« sei. (T S. 68) In Venedig, wo er mit weiteren Gemälden dieses Meisters der Spätrenaissance konfrontiert wird, bemängelt er denn auch die überdimensionalen Ausmaße, die in keinem Verhältnis zur »innerlichen Natur« des Vorwurfs stünden: Sie haben »nicht innerlichen Gehalt genug um einen so großen Raum einzunehmen um uns mit ihrer Gegenwart zu imponiren« (T S. 133). Das Problem des Klassischen ist hier bereits angedeutet; es handelt sich dabei um die Beziehung von äußerlicher Gestalt und innerem Gehalt oder, mit anderen Worten, um das Problem von Größe und Willkür. Wahrer Kunst darf niemals etwas Willkürliches anhaften, sie muß nach objektiven und organischen Prinzipien geschaffen sein. Daß in Goethes italienischer Zeit diese Maßstäbe nichts anderes als eine Projektion klassizistischer Normen waren, läßt sich nirgends besser aufzeigen als an seinem schon immer verwundert registrierten Urteil über den Minervatempel zu Assisi und der Ablehnung aller Grotesk-Kunst.

Die gegenüber Tintoretto geäußerten Vorbehalte kehren bei den Malern der Spätrenaissance, insbesondere bei Guido Reni wieder.[25] In Bologna kritisiert Goethe die »unsinnigen Süjets« dieser Kunst; angewidert wendet er seine Augen von den »abscheulichen, dummen, mit keinen Scheltworten der Welt genug zu erniedrigenden Gegenständen« ab. Wo die Örtlichkeiten so abstrus sind wie Anatomie, Rabenstein oder Schindanger, wo das Leiden jegliche Handlung erstickt, dort sind die Helden ebenso extrem, nämlich »Mißethäter oder Verzückte, Verbrecher oder Narren«. Ein »gegenwärtig Interesse« kann nicht entstehen, und die Nacktheit der Figuren wird von den Malern alsbald schamhaft verhüllt. Nichts an diesen »geistlichen Helden«, was »nur einen Menschenbegriff gäbe«. (T S. 156f.)[26] Der Passus zeigt, daß Goethe immanent die christliche Religion für die abartige Thematik verantwortlich macht.[27] Deshalb fällt seine erste Begegnung mit dem Zeugnis einer rein menschlichen Kunst so enthusiastisch aus: Die vielzitierte Hymne auf den nicht sonderlich bedeutsamen Minervatempel zu Assisi.[28] In der *Italienischen Reise* hat Goethe seine Eindrücke zum Fazit verdichtet: »Was sich durch die Beschauung dieses Werks in mir entwickelt, ist nicht auszusprechen und wird ewige Früchte bringen.« Sehr bezeichnend beim Abstieg vom Minervatempel wieder die Konfrontation von erhebender Antike und drückendem Christentum: den Tempel personifiziert Goethe als freundlich und tröstend blickende »liebliche Minerva« und stellt ihn dem »tristen Dom des heiligen Franziskus« gegenüber. (IR S. 119)

Daß Goethe in Rom durch Anschauung und Einweisung – ihn führten schließlich Johann Friedrich Reiffenstein, ein Schüler und Freund Winckelmanns, sowie der klassizistische Maler Johann Heinrich Wilhelm Tischbein[29] – noch verstärkt Winkkelmannianer wurde, läßt sich an seinen in der *Italienischen Reise* dokumentierten Kunsturteilen ablesen.

Nach dem Amphitheater in Verona und dem Minervatempel in Assisi begegnet er in Spoleto dem dritten Bauwerk der Antike: einem Aquädukt. Auch er erscheint ihm »wieder so schön natürlich, zweckmäsig und wahr«, als Ausdruck eines innerlich großen Sinnes, Gegenpol zu den verhaßten »Willkührlichkeiten«. (T S. 172; vgl. IR S. 121f.) Den Höhepunkt bildet der Besuch bei den Tempeln von Paestum, Segesta und Girgenti; hier erweitert er seine Ansichten von griechischer Architektur. (IR S. 323)[30]

Wie zu erwarten, stellt er in Rom die antiken Götterplastiken über die anderen Kunstwerke, allen voran den *Apoll von Belvedere* und die mediceische Venus. Von den Köpfen des *Zeus von Otricoli* und der *Hera Ludovisi* erwirbt er sich Abgüsse und stellt sie gegenüber seinem Bett auf. (IR S. 151, 154) Aber anders als der nüchterne Lessing erlebt Goethe die Aura des Kunstwerks: So viel er auch Abgüsse gesehen habe und selbst ein »gutes Bruststück« besitze, im Angesicht des Originals glaube man doch, »die Statue nie gesehn zu haben«. (B S. 14; vgl. IR S. 134)

Das Fazit seiner Kunstanschauung zieht der Eintrag vom 6. September 1787: »So viel ist gewiß, die alten Künstler haben ebenso große Kenntnis der Natur und einen ebenso sichern Begriff von dem, was sich vorstellen läßt und wie es vorgestellt werden muß, gehabt als Homer. [...] Diese hohen Kunstwerke sind zugleich als die höchsten Naturwerke von Menschen nach wahren und natürlichen Gesetzen hervorgebracht worden. Alles Willkürliche, Eingebildete fällt zusammen, da ist die Notwendigkeit, da ist Gott.« (IR S. 394)

Kunst ist nach denselben Prinzipien wie die Natur organisiert: harmonisch und zweckvoll. Daß hier noch der alte Geist der Aufklärung mitschwingt, ist unübersehbar. Dem rationalen wie dem organologischen Kunstverständnis ist alles Willkürliche und Unsinnige tief zuwider.

Die Gleichsetzung der griechisch-antiken Kunst mit dem Göttlichen impliziert die Ablehnung mittelalterlicher Kunst; sie gilt ihm als »barbarisch«. Die Gotik erscheint ihm jetzt als Ausdruck des Willkürlichen, des Maß- und Formlosen. Aus Prinzip beinahe beachtet er die romanischen und gotischen Kirchen Oberitaliens nicht, nicht die Skaligergräber in Verona noch die gotischen Paläste Venedigs. Über den Dom San Marco, der Gotik und byzantinische Kunst verschmelzt, äußert er sich despektierlich: »Die Bauart ist jeden Unsinns werth der jemals drinne gelehrt oder getrieben worden seyn mag. ich pflege mir die Façade zum Scherz als einen kolossalen Taschenkrebs zu dencken.« (T S. 103) Giottos Fresken in Assisi läßt er »mit Abneigung links liegen«, er beachtet auch nicht die Meisterwerke der Frührenaissance von Donatello oder Verocchio; in Sizilien geht er achtlos an den arabisch-normannischen Kathedralen und Kapellen in Palermo und Monreale vorüber. In Rom würdigt er die altchristlichen Basiliken und die Barockpaläste keines Blickes. Zu Bernini findet sich in der *Italienischen Reise* kein Wort! Die Katakomben hat er erst im April 1788 besucht, die Besichtigung jedoch aus Unbehagen sofort wieder abgebrochen. (IR S. 548)[31] Das Christlich-Verzerrende konkretisiert sich ihm noch einmal im Mailänder Dom, zu dessen »Unsinn« oder »Armsinn« man »ein ganzes Marmorgebirg in die abgeschmacktesten Formen« gezwungen habe. (B S. 133)[32]

Das Antiharmonische und Unorganische kulminiert für Goethe freilich im Grotesken. Seine Urteile über die Verzerrung als das Wesen des Grotesken sind über die ganzen italienischen Aufzeichnungen verstreut. Die Gegenstände, worin sich Groteskes äußert, sind Karikaturen, Masken, Komödien und vor allem christliche Bildkunst. (T S. 111, 143, 156, 132) Den Inbegriff widernatürlicher Tollheit lernt Goethe auf Sizilien kennen: die berühmt-berüchtigte Villa des Prinzen Pallagonia. Er findet unter den drei Rubriken Menschen, Tiere und Dinge überall »Elemente der Tollheit«. Die eher wertneutralen Stichwort-Notate des Tagebuchs (T S. 183ff.) hat Goethe später genüßlich ausgearbeitet, dieses Mal ohne mit abschätzigen Urteilen zu sparen. »Unsinn«, »Torheit«, »Raserei«, »Spitzruten des Wahnsinns«, »Narrheit« sind einige der Etikette, mit denen er des Prinzen Liebhaberei belegt und als »pathologisches Phänomen« tadelt.[33] Er stellt sie als »das Abgeschmackteste« in diametralen Gegensatz zum Vortrefflichen, und seinen eigenen Bericht darüber betrachtet er als eine ›Rechenschaft vom Absurden‹. (IR S. 242f.) Insbesondere die im Park aufgestellten Skulpturen mißgebildeter Geschöpfe erregen Goethes Mißfallen: Riesen, Zwerge, Ungeheuer – Ausgeburten einer zügellosen Phantasie. »Pferd mit Menschenhänden, Pferdekopf auf Menschenkörper, entstellte Affen, viele Drachen und Schlangen, alle Arten von Pfoten an Figuren aller Art, Verdoppelungen, Verwechslungen der Köpfe.« (IR S. 245f.) Im Palast selbst sieht Goethe das »Fieber« des Prinzen nicht weniger rasen. Die Kapelle gewährt Goethe Aufschluß über den »ganzen Wahnsinn«: Es ist der Geist des Bigotten, der fehlgeleiteten Devotion – für Goethe eine nicht untypische Frucht christlicher Religion. Es mag seltsam erscheinen, daß Goethe sich über diesen Palast und dessen »Elemente der Unschöpfung« (IR S. 247) so ausführlich ausläßt. Der Grund liegt in der Verdeutlichung des Ideals: Erst vor dem Hintergrund des Unsinnigen, Unnatürlichen und Absurden vermag das harmonische Schönheitsideal Winckelmanns in voller Größe zu strahlen.

Rom und die Vielfalt seiner antiken Bauwerke[34] bilden die Grundlage für Goethes klassizistische Ästhetik. »Wer Rom verläßt, muß auf Kunst Verzicht tun«, schreibt er emphatisch an Charlotte von Stein (B S. 114), und übereinstimmend an Herzog Karl August, daß er zuerst in Rom die Kunst als »eine andre Natur« kennenlernte. (B S. 118) Natur und Kunst sind nicht voneinander abzukoppeln, und Goethes eigene Kunstausübung folgt diesen fast programmatisch formulierten Prinzipien.

Mit der Natur Italiens macht Goethe ähnliche Erfahrungen. Die Natur – hier knüpft Goethe an seine bereits in der Straßburger Zeit fixierten Überlegungen an[35] – ist identisch mit Leben und Entwicklung und steht insofern in striktem Gegensatz zum Nur-Historischen als dem Abgelebten, nicht mehr in die Gegenwart Hereinwirkenden. Während ihn in Venedig »die Wirthschafft der Seeschnecken, Patellen (Muscheln mit *Einer* Schaale) der Taschenkrebse« zum enthusiastistischen Ausruf »Was ist doch ein *lebendiges* für ein köstlich herrliches Ding« (T S. 137) bewegt, empfindet er es in Rom dagegen als ein durchaus »saures und trauriges Geschäft«, »das alte Rom aus dem neuen herauszusuchen« (B S. 18; vgl. IR S. 130). Ein andermal macht er aus seiner Sättigung mit Ruinen keinen Hehl: Der Ausflug nach Neapel soll ihn zur Natur führen und seine »Seele von der Idee so vieler trauriger Ruinen rein spülen« (B S. 36; vgl. auch B S. 46). Die Zitate verdeutlichen, daß Goethes Italienbuch – so hat es Pierre Bertaux sehr dezidiert formuliert – »ein gegen Herder und gegen die historische Weltanschauung gerichtetes Pamphlet« war.[36]

Goethe verstand sich mit zunehmendem Alter als Naturforscher; so schieben sich im Verlaufe seiner Reise die geologischen, mineralogischen, zoologischen, botanischen, ja sogar meteorologischen Interessen in den Vordergrund. Die geologische Bestimmung des Geländes gehört stets zur Pflicht des Reisenden. Während die Freunde am Strande von Torre dell' Anunziata Spiele treiben, klopft Goethe Stücke von den Felsblöcken und untersucht die Steinarten. Im Oreto-Tal bei Palermo holt er immerhin vierzig Steinchen aus dem Fluß. Den vulkanischen Basalten gilt sein besonderes Interesse – aus Anlaß des damals aktuellen Streits zwischen Vulkanisten und Neptunisten über die Erdentstehung. In Sizilien liegt der »Schlüssel« zur Lösung des Streitfalls. (IR S. 252) Die Tatsache, daß sogar im Bereich des Ätna Kalk vorkommt, beweist die Richtigkeit der neptunistischen Theorie.[37]

Von ebenso großer Bedeutung wie die Mineralogie ist die Botanik. Bekanntlich hatte Goethe bereits im Botanischen Garten von Padua die Idee, »daß man sich alle Pflanzengestalten vielleicht aus einer entwickeln könne«. (IR S. 60) Diesen Gedanken geht er in Neapel weiter nach, in der Villa Giulia in Palermo glaubt er die »Urpflanze« zu entdecken. (IR S. 266) Daraus entsteht die Idee einer »Metamorphose der Pflanzen«, wie sie das gleichnamige Gedicht festhält. Daß auch die Farbenlehre ihre Ursprünge in Italien hat, verwundert kaum; hier haben in der Tat die künstlerisch-malerischen Ambitionen Goethes Pate gestanden. Und daß er sich gerade in Italien für Meteorologie interessiert, ist fast selbstverständlich. Nach einem verregneten deutschen Sommer genießt er in Italien das milde Klima. Auch hier hat er in Italien begonnene Ansätze später ausgearbeitet in der meteorologischen Hauptschrift von 1825 *Versuch einer Witterungslehre.*

So ist Goethes Hinwendung zum Lebendigen, zur Natur und zu den »Sitten der Völker«, nur die konsequente Kehrseite seiner Geschichtsfeindlichkeit.

Von Beginn seiner Reise an interessiert er sich lebhaft für die Bewohner fremder Regionen, von der Beschreibung der Südtiroler (T S. 32), der Einwohner Veronas (T S. 64), Vicenzas (T S. 77, 87), Venedigs (T S. 101) bis zur berühmten Beschreibung des römischen Karnevals (IR S. 484–515), den er als »Naturereignis« darstellt.[38] Immer erfreut er sich am Lebendigen und Bewegten, wie etwa in Verona: »Auf den Plätzen ists an Marcktägen sehr voll. Gemüs und Früchte unübersehlich. Knoblauch und Zwiebeln nach Herzenslust. Ubrigens schreyen singen und schäkkern sie den ganzen Tag, balgen sich, werfen sich, jauchzen und lachen unaufhörlich.« (T S. 64)

Ähnlich der Eindruck vom öffentlichen Leben Venedigs, wo er die gierig feilschenden Fischhändler und die ›lustigen‹ Gerichtsverhandlungen beobachtet. (T S. 104f.) Die lautstarke Betriebigkeit der Italiener fasziniert ihn. »[...] alles lebt und treibt und läßt sichs angelegen seyn und spricht und betheuert und schreyt und bietet aus und singt und schilt und flucht und lärmt.« (T S. 115)

Die Italiener sind ausgesprochen kommunikativ – eine »Nation, die »beständig im Leben und sprechen begriffen ist« (T S. 118). Man hält es mehr mit Effekten als mit Innerlichkeit, mehr mit Rhetorik als verhaltenem Ausdruck. Besonders eindringlich zeigt sich dies im Schauspiel. Die Italiener wollen im Theater auf eine »krude Weiße gerührt« werden.[39] Deutschen Tiefsinn und deutsche Sorgen findet man bei den leichter lebenden Italienern nicht, eine Tatsache, die wesentlich durch das angenehme Klima begünstigt wird. Dafür Sinnlichkeit und Lärm. Lärm dominiert überall – beim Schweineabschlachten, im Schauspiel wie in der Oper. (B S. 11, 50)

Goethes Interesse ist also auf unverstellt natürliche Verhaltensweisen der Menschen ausgerichtet. Seinem Desinteresse an der Geschichte entspricht auch sein Desinteresse am Staat, wie er offen bekennt. Dabei übersieht er keineswegs die Mißbräuche im Staatswesen, die »schlimme Administration » und den päpstlichen

Der Corso in Rom. Goethe wohnte seit 29. Oktober 1788 in Johann Heinrich Wilhelm Tischbeins Wohnung, Corso Nr. 20, als Untermieter. Er schreibt am 1. November 1786 an den Freundeskreis in Weimar: »Für mich ist es ein Glück, daß Tischbein ein schönes Quartier hat, wo er mit noch einigen Malern lebt. Ich wohne bei ihm und bin in ihre eingerichtete Haushaltung mit eingetreten, wodurch ich Ruh und häuslichen Frieden in einem fremden Lande genieße. [...] Das Haus liegt im Corso, keine dreihundert Schritte von der Porta del Popolo. Die merkwürdigsten Ruinen des alten Roms, Sankt Peter, die Plätze, den Papst und die Kardinäle in der Paulskapelle am heutigen Feste, die Villa Borghese habe ich gesehen, und nun soll täglich etwas Neues vorgenommen werden.« Heute befindet sich in Goethes ehemaliger Wohnung ein kleines Goethe-Museum. (Goethe: *Briefe aus Italien* 1786–1788, S. 11f.)

Nepotismus (B S. 110) – aber seine einseitige Orientierung an Natur und Natürlichem läßt ihn die sozialen »Übel« als Sekundärphänomene zur Seite schieben. Fraglich bleibt, ob Goethes Interesse am Volk und seinen Lebensäußerungen »soziologisch« zu nennen ist.[40] In der Tat beobachtet Goethe das Volksleben, auch um hinter die Fassade einiger verbreiteter Etikettierungen zu schauen, wie sie – etwa bei der Klassifizierung der neapolitanischen Lazzaroni als Müßiggänger – auch der von ihm benutzte Reiseführer Volkmann reproduzierte. Primär ist dieses Interesse sicher nicht. Hinter Goethes Menschenbeobachtung steht immer das Interesse am Wesen des Menschen, der gerade in der Masse oftmals sein Wesen wahrhafter zeigt als im Einzelumgang. Das Unwillkürliche, Unverbildete und Unverkünstelte zeigt sich – dies hat Goethe bereits in Venedig erkannt – in der Anonymität der »großen Masse« (T S. 101).

Betrachtet man Goethes Verlautbarungen, insbesondere die Briefe, sine ira et studio, so fällt zuweilen eine gewisse Formelhaftigkeit auf. Allzu tief will sich Goethe mit den Dingen nicht einlassen! Es versteht sich, daß viele seiner Briefe, nach einem erlebnisreichen Tag hurtig zu Papier gebracht, eine Ansammlung von Leerformeln sind. Ein Beispiel. An Freund Knebel schreibt er:

»Wegen Sizilien laß ich das Schicksal walten. Vorbereitet bin ich, wenn das Glück mich lockt, geh ich. Lebe Du indessen wohl und hilf den Freunden leben. Gerne schrieb' ich viel und Interessantes. Ja ich wollte, von Rom abscheidend, wenn ich Zeit hätte, nur über das, was mir besonders vorgekommen und aufgefallen, einen Quartband schreiben [...].« (B S. 82)

Zu Recht betont Goethe Roms Charakter als einer »Welt«. Erst ein mehrjähriger Aufenthalt erschließt sie. Goethe muß also, haushälterisch auf seinen Bildungsprofit bedacht, sein Augenmerk auf ausgewählte Dinge richten. Er überläßt sich den Eindrücken mit wechselnder Intensität; seine Affiziertheit ist nach Graden abgestuft.

Bereits in Verona rühren ihn die antiken Grabmäler, in Venedig ein trauerloser Klage-Gesang zu Tränen (T S. 62, 131). Goethe läßt die neue Region als Bild auf sich wirken: mit den Augen des Künstlers. Die »Manier«, »sich davon recht sinnlich zu überzeugen«, gilt ihm als die beste (T S. 105; vgl. T S. 15). Schon in Venedig beginnt seine Metamorphose. »Die Revolution, die ich voraussah und die jetzt in mir vorgeht, ist die in jedem Künstler entstand, der lang emsig der Natur treu gewesen und nun die Uberbleibsel des alten grosen Geists erblickte, die Seele quoll auf und er fühlte eine innere Art von Verklärung sein selbst, ein Gefühl von freyerem Leben, höherer Existenz Leichtigkeit und Grazie.« (T S. 107)

Da Bildende Kunst im Zentrum seines Interesses steht, wählt er, der sich ganz als Künstler fühlt (B S. 94), Rom als Aufenthaltsort – für einen geschichtsfeindlichen Reisenden sicher keine Selbstverständlichkeit. Hingabe an die »sinnlichen Eindrücke« (B S. 118) ist Voraussetzung für die künstlerische Produktion. Sie hat Goethe im Blick, wenn er dem Weimarer Conseil-Präsidenten Freiherr von Fritsch erklärt, Rom sei für jeden, »der sich applizieren will, eine wahre Hohe Schule« (B S. 109). Zweifellos denkt Goethe hier an sein eigenes Künstlertalent. Zu jener Zeit, im Oktober 1787, pflegt er intensiven Umgang mit den deutschen Malern. In Rom halten ihn keine historischen Studien, doch die Möglichkeit, das durch Anschauung Erfahrene und durch Übung Erlernte zweckvoll anwenden zu können.

Auffällig, wie Goethe in allen seinen Aufzeichnungen die Rolle des Auges betont. Seine Wahrnehmungsweise ist primär optisch. So notiert er am 10. September in Trient, wie sehr es ihm – im Gegensatz zu statistischer Empirie – um die »sinnlichen Eindrücke« zu tun sei, die ihm weder Buch noch Bild geben könnten. Gerade beim Reisen, beim Erfahren des Fremden erprobe er die Wahrnehmungskraft seines Auges bzw. die Rezeptionsfähigkeit seines Geistes. (T S. 38f.) Er sieht die Notwendigkeit, sein Auge erst zu »bilden«; er müsse sich »zu sehen gewöhnen«, Auge und »innern Sinn« üben. (T S. 63, 67, 79) Täglich erschließt er dem Auge neue Dinge, das Auge sensibilisiert sich zunehmend, für kulturelle Herrlichkeiten wie für Naturimpressionen. (T S. 83, S. 102, S 124)

Das Primat der Anschauung beherrscht auch die Briefe. Kaum in Rom angekommen, schreibt er dem Freundeskreis in Weimar von seiner behutsamen Annäherung an das Neue. Er »tue nur die Augen auf und sehe« (B S. 14; vgl. B S. 19). Täglich dringen »neue, große, seltsame Bilder« auf ihn ein, denen er mit »lichtem« Auge, d.h. offen, durch keine Absichten oder Ansprüche abgelenkt, begegnet. (B S. 20) Was Goethe unter den »Bildern« versteht, hat er Knebel dargelegt; es sind die »Wasserleitungen, Bäder, Theater, Amphitheater, Rennbahn, Tempel«, die »Paläste der Kaiser, die Gräber der Großen«. (B S. 24) Goethe hat auch eine idealtypische Stufenfolge der Anschauung formuliert: Auf das absichtslose Einwirken der Gegenstände auf den freien Sinn folgt das vom Kenner und Künstler gelenkte Studieren der Objekte. (B S. 28)[41] In besonderem Maße gilt diese Reihenfolge für die Wahrnehmung von Bildender Kunst: Unbenommenes Sehen, Vergleichen, Studieren zum Zweck der inneren Bildung des Selbst (B S. 30, 32). Es handelt sich also in keinem Fall nur um äußerliches Sehen; im Brief an die Herzogin Luise legt Goethe sein Prinzip des inneren und (deshalb) bildenden Sehens in aller Grundsätzlichkeit dar. (B S. 41f.)[42]

Die vielen intensiven Eindrücke zwingen Goethe zu einer »Pause im Sehen«. Er will das Gesehene auf sich wirken lassen. (B S. 46) Es kommt ihm entschieden auf das Selbst-Sehen an, auf die ganz individuelle Art der Wahrnehmung. (B S. 49) Wie das seinem Diener Seidel gesandte Diktum zeigt, »einer, der Italien, besonders Rom, recht gesehn« habe, könne »nie ganz in seinem Gemüte unglücklich werden« (B S. 56), fühlt sich Goethe zur Weitergabe seiner Eindrücke und Erfahrungen verpflichtet. Er will den in Weimar Zurückgebliebenen klare Begriffe von Italien mitbringen – und nicht nur das, er will es den Freunden »sehen machen«. (B S. 67)[43] Ganz konkret meint Goethe, daß er nicht nur durch Schilderungen, doch auch durch handgezeichnete Blättchen der Imagination der Freunde nachhelfen möchte. Drängte es ihn doch ohnehin schon die ganze Zeit, das Gesehene mit eigener Hand festzuhalten. (B S. 68) Den Weimarer Freunden schickt er zahlreiche Bildchen (»sie sollen auch jedes ein Bildchen haben«, B 69) – »ostensible« Blätter gleichsam. Zunächst hatte er geplant, sein italienisches Tagebuch mit eigenen Skizzen zu illustrieren. Auch wenn ihm das Zeichnen konkreter Details anfangs schwerfällt und er mit den Resultaten unzufrieden ist, die Anstrengung des Zeichnens – so erkennt er – erleichtere »jede Vorstellung von sinnlichen Dingen«, kommt mithin der Wahrnehmung selbst wieder zugute. (B S. 75) Schließlich nimmt er bei Tischbein eifrig Zeichenunterricht. (B S. 76, 77f.) Mit den deutschen Malern besucht er Museen und Kirchen oder streift durch die Campagna und die Albaner Berge auf der ›Jagd‹ nach zeichnerischen Motiven. Anschaulich hat er diese Unternehmungen in der *Italienischen Reise* geschildert: »[...] nun habe ich mir aber seit vierzehn Tagen einen Mut gefaßt und bin mit kleinen Blättern hinausgegangen durch die Tiefen und Höhen der Villen und habe mir ohne viel Besinnen kleine auffallende, wahrhaft südliche und römische Gegenstände entworfen und suche nun mit Hülfe des guten Glücks ihnen Licht und Schatten zu geben. Es ist ganz eigen, daß man deutlich sehen und wissen kann, was gut und besser ist; will man sich's aber zueignen, so schwindet's gleichsam unter den Händen, und wir greifen nicht nach dem Rechten, sondern nach dem, was wir zu fassen gewohnt sind. Nur durch geregelte Übung könnte man vorwärts kommen, wo aber sollte ich Zeit und Sammlung finden! Indessen fühle ich mich denn doch durch das leidenschaftliche, vierzehntägige Streben um vieles gebessert.« (IR S. 173) Freilich, allzu viel hält er nicht von diesen Versuchen, den »Krakeleien nach der Natur« (B S. 80). »Sie sind klein und ist nicht viel dran«, schreibt er Charlotte, »allein sie werden Dir eine Idee des Landes geben [...].« (B S. 78) Im Grunde stellen diese flüchtig skizzierten, bald auch kolorierten Bildchen nichts anderes als ›Fotos‹ dar, wie sie der heutige Reisende für sein Fotoalbum knipst.[44] Der Anspruch hoher Kunst wird nicht gestellt. Fährt der »Zeichengeist« in ihn, so ›kritzelt‹ und ›sudelt‹ Goethe ohne Unterlaß und versorgt Charlotte, die Herders und Knebel mit seinen »Stückchen«. (B S. 82, 83) Goethe übt nicht von ungefähr so unverdrossen sein »Zeichentalentchen« (B S. 98), weil er die landschaftlich so berühmte Region Neapels anschaulich machen will: »Zur Neapolitanischen Reise ist das schönste Papier gekauft, und wir haben die festeste Intention, brav zu zeichnen.« (B 84f.) Goethe untertreibt hier. Er hat sich – dies geht aus seinem dem Herzog dargelegten Plan eindeutig hervor – intensiv der künstlerischen Ausbildung gewidmet: zunächst will er Architektur, Perspektiv, Komposition und Farbengebung üben, danach Zeichnen im Freien nach der Natur, schließlich will er sich der menschlichen Figur und dem menschlichen Antlitz zuwenden.[45]

Doch an vorderster Stelle steht nach wie vor die Landschaftsmalerei, befriedigt sie doch am ehesten Goethes »Begierde des Anschauens« und des Nachbildens. (B S. 106; vgl. B S. 102, 105) Freilich, je ernsthafter sich Goethe um die Kunst bemüht, desto mehr bleiben die Resultate hinter seinen Ansprüchen zurück. Er verschließt sich nicht der Erkenntnis, daß sein Talent zur Ausübung des Malerberufs nicht zureicht, und er zieht umgehend die Konsequenz. (B S. 110f.) In der *Italienischen Reise* legt er seinen Verzicht an zwei Stellen dar. Das eine Mal begründet er ihn mit seinem Alter: Er sei zur Bildenden Kunst zu alt – ob er »ein bißchen mehr oder weniger pfusche, ist eins.« Er gesteht sich also ein Recht auf Dilettantismus zu, aufs Bildermalen zum Privatpläsier. (6.2. 1788; IR S. 517)[46]

Dezidierter und grundsätzlicher fällt die zweite Stelle aus. »Täglich wird mir's deutlicher, daß ich eigentlich zur Dichtkunst geboren bin und daß ich die nächsten zehen Jahre, die ich höchstens noch arbeiten darf, dieses Talent exkolieren und noch etwas Gutes machen sollte, da mir das Feuer der Jugend manches ohne großes Studium gelingen ließ. Von meinem längern Aufenthalt in Rom werde ich den

Vorteil haben, daß ich auf das Ausüben der bildenden Kunst Verzicht tue.« (22.2. 1788; IR S. 519)

Trotz dieses resignativen Schrittes war Goethes Bemühung um die Bildende Kunst alles andere als vergebens. Denn die Konsequenz, die er zog, implizierte nicht den Verzicht auf den Ertrag seiner neugewonnenen Sehfähigkeit. Lediglich das Anwendungsfeld wechselte. Zeichnen wird zum Hilfsmittel für die Dichtung, indem es auf charakteristische Wesensmerkmale aufmerksam macht, die nur ein Maler-Auge wahrnehmen kann. So lassen sich Verbindungslinien zwischen Goethes Zeichnen und der Gegenständlichkeit, der Klarheit und farbigen Lebendigkeit seines Stils ziehen. Mehr als in seinen rund 850 Zeichnungen aus der italienischen Zeit,[47] von denen er nach seiner Rückkehr immerhin 300 in einem chronologisch angeordneten Sammelband zusammenstellte, kommen die malerischen Qualitäten in seinen literarischen Beschreibungen zum Ausdruck.

Für Goethes Dichtung ist die Italienreise unvergleichlich bedeutsamer als für sein bildnerisches Vermögen.[48] Allerdings stellt der Italienaufenthalt keine Umwälzung seiner künstlerischen Gesinnung dar, eher eine Bestätigung und Entfaltung seiner klassizistischen Ideale. Die dichterischen Werke, die Goethe in Italien vollendet, neu geschaffen oder begonnen hat, sind: die Umformung der Prosafassung der *Iphigenie* in Blankverse; im Januar 1787 war die Versfassung beendet. Die Notwendigkeit dieser Umformung hatte Goethe bereits in Weimar erkannt. In Torbole am Gardasee entwarf er den Grundriß der neuen Bearbeitung, in der Villa Borghese in Rom vollendete er das Drama. Auf die gleiche Weise bearbeitete er den *Tasso*-Entwurf während der Sizilienreise. Andere Bearbeitungen galten den Singspielen *Erwin und Elmire* und *Claudine von Villa Bella*; auch hier goß er Prosa in Verse um. Im September 1787 schloß er den *Egmont* ab und plante wenigstens die Vollendung von *Tasso* und *Faust*. Von den diversen Plänen sei wenigstens das Drama *Nausikaa* genannt, das sich aus dem Entwurf eines *Ulysses auf Phäa* entwickelt hatte. Zwei Pläne zu dieser Dichtung sind erhalten und einige ausgeführte Fragmente. Aber das Entsagungsmotiv, das auch dieses Drama organisiert, wurde in einem anderen Werk realisiert; im *Tasso*, an dessen fünftem Akt Goethe noch auf der Heimreise arbeitete. Erstaunlicherweise entstand während der Italienreise kaum lyrische Dichtung. Lediglich zwei Gedichte sind hier zu nennen: *Cupido, der lose eigensinnige Knabe* und *Amor, der Landschaftsmaler* verdanken sich seiner Begegnung mit der »schönen Mailänderin« – eine Episode, die er in der *Italienischen Reise* auf novellistische Weise gestaltet hat. Die *Römischen Elegien* entstanden erst nach der Rückkehr aus Italien, im Herbst 1788, *Tasso* wurde erst im August 1789 vollendet.

Das Grundsätzliche an Goethes Entscheidung für die Literatur ist nicht an die Vollendung dieser Werke gebunden. Für Goethe gewinnt nun die Sprache, das dichterische Wort, einen neuen Wert.

Während er noch zu Beginn des Italienaufenthaltes über die Unzulänglichkeit des Wortes geklagt hatte, die Landschaftsszenen adäquat einzufangen,[49] kann in diesem gleichsam geläuterten Stadium davon keine Rede mehr sein. So ist der Abschied aus Rom durchaus ambivalent: der Verzicht auf den Malerberuf wird aufgewogen durch den schriftstellerischen Gewinn. Der Italienaufenthalt hat den Dichter erst sehen gelehrt – wie ein Maler. (B S. 114) Auf sein dem ›Malerischen‹ aufgeschlossenes Auge hält sich Goethe fortan nicht wenig zugute.[50]

Es ist natürlich, daß nach den italienischen Erfahrungen die großen Landschaftsmaler Claude Lorrain oder Gaspard Poussin im Kurs steigen. (B S. 118) Zu messen ist Goethes neue künstlerische Intention daran, wie er als Schriftsteller von seinen Maler-Erfahrungen profitiert, wie er als Autor typisch ›malerische Techniken‹ entwickelt.[51]

Daß für den Schriftsteller Goethe das »Malerische« von Anfang an ein Ideal gewesen zu sein scheint, belegen die zahlreichen, im Tagebuch und in den Briefen begegnenden Etikettierungen. Goethe genießt italienische Landschaft von vornherein mit den Augen des Malers. Im Tagebuch gibt es einige sehr bildhafte Beschreibungen italienischer Landschaften und Städte, insbesondere Venedigs, aber auch der Italiener selbst. (T S. 36, 40, 43, 83, 101, 109) Und in den Briefen hält er den ›malerischen‹ Charakter der italienischen Landschaft fest: »Wo man geht und steht, ist ein Landschaftsbild, aller Arten und Weisen. Paläste und Ruinen, Gärten und Wildnis, Fernen und Engen, Häuschen, Ställe, Triumphbögen und Säulen, oft alles zusammen auf *ein* Blatt zu bringen.« (B S. 19)[52] Besonders achtet er auf Farben und Farbschattierungen, so etwa, wenn er die Frauen von Vicenza (T S. 83) oder die Lagune vom Markusturm herab beschreibt (T S. 137). Seine Manie, Landschaft und Volksszenen in ›Tableaus‹ zu sehen, wirkt freilich unangebracht, wenn er das soziale Elend nur als farbige Staffage nimmt, ja die ›ästhetische Notwendigkeit‹ der Bettler betont (T S. 105). Wie anders später Seume! Dem Nahblick auf Bilder aus dem antiken Rom (B S. 24) entspricht der Fernblick von der Kuppel des Petersdoms. Dort findet Goethe »das Bild einer wohlgebauten Stadt im kleinen«. »Häuser und Magazine, Brunnen (dem Ansehn nach), Kirchen und einen großen Tempel, alles in der Luft, und schöne Spaziergänge dazwischen. Wir bestiegen die Kuppel und besahen die heitere Gegend von den Apenninen, dem Berg Soratte, nach Tivoli, die Vulkanischen Hügel, Frascati, Castelgandolfo und die Plaine und weiter das Meer. Nahe vor uns die ganze Stadt Rom, in ihrer Breite und Weite, mit ihren Bergpalästen, Kuppeln pp. Es rührte sich keine Luft, und in dem kupfernen Knopf war es heiß wie in einem Treibhause.« (B S. 26)

Unverkennbar die Anlage der Beschreibung als Landschaftsgemälde! Malerische Momente finden sich in Goethes Beschreibungen zuhauf. Dennoch wäre es zu kurz geschlossen, wollte man Goethes Schriftstellertum nur als Kompensation einer verwehrten Malerlaufbahn interpretieren. Denn Goethe ist keiner der ›malenden‹ Autoren vom Schlage eines Stifter oder auch eines Flaubert. Oswald deutet sogar Goethes Essay *Das Römische Karneval* als Ausdruck eines schriftstellerischen Selbstverständnisses, dessen Ideal nicht das Zeichnen, sondern das Beschreiben sei.[53] Worauf es Goethe mehr als aufs Abmalen ankommt, ist die durch das neue Sehen geweckte Sensibilität des Auges, Dinge wahrzunehmen, die ein untrainierter Reisender übersieht. Beobachten, Abschildern und Ordnen sind die Richtlinien, nach denen er die Bilderfolge des *Karneval* komponiert.

So finden sich auch in den Dichtungen, die Goethe in Italien fertiggestellt hat, Beobachtungen, die nur ein malerisch geschultes Auge so festhalten konnte. Die berühmten Verse aus dem *Nausikaa*-Fragment

Karneval in Rom. Goethe hat dem römischen Karneval anfangs nicht viel abzugewinnen vermocht. Am 20. Februar 1787 notiert er, man müsse das Karneval gesehen haben, »um den Wunsch völlig loszuwerden, es je wieder zu sehen.« Er fand nur Lärm, aber keine »Herzensfreude«. Zu schreiben gebe es darüber nichts. Ein Jahr später hat er seine Meinung indes revidiert. Im Februarbericht 1788 schreibt er zum ausgelassenen Ereignis: »Es war das zweite Mal, daß ich das Karneval sah, und es mußte mir bald auffallen, daß dieses Volksfest wie ein anderes wiederkehrendes Leben und Weben seinen entschiedenen Verlauf hatte.« (*Italienische Reise*, S. 175, 519f.) Der zweiten Begegnung verdankt sich die berühmte Abhandlung *Das römische Karneval*, die er schon 1789 veröffentlicht hat.

> *Ein weißer Glanz ruht über Stadt und Meer*
> *Und duftend schwebt der Äther ohne Wolken.*[54]

lassen sich als poetische Umsetzung eines Gemäldes bezeichnen. Der Brief an Charlotte von Stein vom 29. Februar 1787 mag als Schlüssel dieses Phänomens dienen. Goethe berichtet von Rom: »Über der Erde schwebt ein Duft des Tags über, den ich nur aus den Gemälden und Zeichnungen des Claude kannte, das Phänomen in der Natur aber nie gesehn hatte.« (B S. 84; vgl. IR S. 174)

Der ganze *Zweite römische Aufenthalt* läßt sich als Darstellung dieser künstlerischen Umpolung lesen, zugleich als Ausdruck einer gereiften Lebenshaltung, die sich der eigenen Grenzen bewußt ist und sie akzeptiert.[55] Legte bereits die Bearbeitung der *Italienischen Reise* beredtes Zeugnis von Goethes bildnerischem Gestaltungswillen ab – aus der Flucht nach Italien wird ein Bildungsroman, eine »autobiographische Inszenierung des ›Weimarer Bildungsprogramms‹«[56] – so liefert der *Zweite römische Aufenthalt* die ›ideologische Begründung für die definitive künstlerische Entscheidung.

3.

Goethe, auf dessen Spuren später so viele – mehr oder weniger epigonale – Nachfolger in Italien zu wandeln pflegten, glaubt sich während seiner eigenen Reise nach Rom auf nicht unbedingt neuem Terrain. Einen Tag nach seiner Ankunft in Venedig verzeichnet das Tagebuch bereits die Spuren einer zur Zeit Goethes schon ausgeschöpften Tradition: »Von Venedig ist alles gesagt und gedruckt was man sagen kann, darum nur weniges wie es mir entgegen kommt.« (T S. 100f.) Florenz schließlich wird gegenüber der imaginierten Adressatin des Tagebuchs, Charlotte von Stein, erst in Perugia erwähnt, eine Schilderung der Stadt zunächst wieder abgewiesen: »Von der Stadt sag ich nichts die ist unzählichmal beschrieben.« (T 164)

Über Italien gibt es nichts mehr zu sagen: Die Tradition der Italienreisen – nach den gelehrten Beschreibungen der vergangenen Jahrhunderte und den aufklärerischen Reiseberichten des 18. Jahrhunderts – hat 1786 offensichtlich bereits einen Punkt erreicht, bei dem es in der Schilderung Italiens nur mehr Bekanntes zu wiederholen gibt. Seiner fernen Geliebten schlägt Goethe deshalb vor, die eigene italienische Reise auch in Weimar – mit einem Reiseführer – mitzuerleben: »Ich will fortfahren fleißig zu schreiben, nur schaffe dir Volckmanns Reise nach Italien, etwa von der Bibliotheck, ich will immer die Seite anführen und thun als wenn du das Buch gelesen hättest.« (T S. 57) Die imaginäre Simultanreise im nördlichen Deutschland: Was jedoch die Neuigkeiten aus Italien betrifft, so scheint sich die Neugierde der daheim Gebliebenen – eine jahrhundertalte Legitimation der Reiseberichte – mittlerweile doch erschöpft zu haben. Der Italienreisende Goethe jedenfalls läßt keinen Zweifel daran, daß die Darstellung der italienischen ›Sehenswürdigkeiten‹ für die zu Hause Gebliebenen längst nicht mehr aktuell ist. Es kann nachgelesen werden: »Ich habe meist gesehen was Volckmann von p. 484–489 anzeigt.« (T S. 150) – so Goethe zunächst über die Stadt Ferrara; ähnlich beginnt auch der Report über die nächste Station in der Stadt Cento: »Siehe Volckm[ann] p. [482–484]« (T S. 151).

Was sich fast zu einer Parodie gelehrter Italienreisen fortschreiben ließe, ist in Goethes Tagebuch allerdings nur die Folie zu einem gänzlich anderen Interesse, gegenüber dem die Aufzählung der Reisestationen in der Tat nur noch zu einem Epilog vergangener Italienreisen gerät. Unmittelbar nachdem er der Frau von Stein die Anschaffung des »Volckmann« angeordnet hat, beginnt Goethe den zweiten Tag in Verona mit folgender Notiz: »Nach und nach find ich mich.« (T S. 57) Während Italien im Reiseführer schon längst zu ›haben‹ ist, gibt es das eigene Ich erst noch zu entdecken: Die »Unruhe« (T S. 38), die Goethe nach eigener Aussage durch Italien treibt, ohne ihn lange an den einzelnen Stationen und Gegenständen verweilen zu lassen, hat in einer zunächst ziellosen Ichsuche ihren tiefer gehenden Grund. »Gott sey Danck wie mir alles wieder lieb wird was mir von Jugendauf werth war.« (T S. 138) – In diesen Tönen preist Goethe in Venedig nicht etwa die Lagunenstadt, sondern das Wiederfinden der eigenen Jugend: die seine Kindheit begleitenden italienischen Erinnerungen des Vaters und die seit Kindestagen imaginär ausgemalte Antike. Und plötzlich verschwindet die traditionelle Beschreibungs- und Sammlerwut der gelehrten und antiquarisch interessierten Italienreisenden, und an die Stelle Italiens tritt die eigene Individualität – überdeutlich schon in Bozen, wo Goethe sich zunächst eigentlich aufgerufen fühlt, die dort zusammengetragenen »Produckte« der Tiroler »Messe« zu beschreiben, eine vom Aufklärungsgebot diktierte Beschreibungspflicht des Italienreisenden. Stattdessen nimmt die Szene eine charakteristische Wendung: »Doch ist das mein Trost, alles das ist gewiß schon gedruckt. In unsern statistischen Zeiten braucht man sich um diese Dinge wenig zu bekümmern ein andrer hat schon die Sorge übernommen, mir ists nur jetzt um die sinnlichen Eindrücke zu thun, die mir kein Buch und kein Bild geben kann, daß ich wieder Interesse an der Welt nehme und daß ich meinen Beobachtungsgeist versuche, und auch sehe wie weit es mit meinen Wissenschafften und Kenntnissen geht, ob und wie mein Auge licht, rein und hell ist [...].« (T S. 38f.)

Mit der Betonung des eigenen »Beobachtungsgeistes« verwandelt sich das ganze Italienerlebnis in die subjektive Aneignung der Fremde, die bei Goethe nicht etwa untergründig wirkt oder sich unbewußt vor die Deskription Italiens schiebt, sondern bereits zum eigentlichen Programm erhoben wird: »Zu meiner Weltschöpfung hab ich manches erobert.« (T S. 24) Goethe will sich mit seiner »Welt« auch sein eigenes »Italien« erschaffen: Nicht mehr die Objektivität der Reisebeschreibung, sondern die Integration des fremden – antiken – Landes in den eigenen Wahrnehmungshorizont bildet das Motiv der Goetheschen Reise: »Was mich freut ist daß keine von meinen alten Grundideen verrückt und verändert wird, es bestimmt sich nur alles mehr, entwickelt sich und wächst mir entgegen.« (T S. 87) Nicht von ungefähr vergleicht sich Goethe mit einem »Kind«, das erst anfängt zu leben (T S. 42): Die Aneignung der Welt vollzieht sich nicht so sehr in einer aktiven Inbesitznahme der Fremde, wie es aus den »Statistiken« aufgeklärter Reisender immer auch spricht, sondern aus dem Gefühl der Geborgenheit, mit dem die Welt der kindlichen Offenheit entgegenkommt: »Es spricht eben alles zu mir und zeigt sich mir an.« (T S. 15) Derlei Äußerungen begleiten seine Reise, bevor er überhaupt italienischen Boden erreicht – in Regensburg wie auf dem Brenner, als der deutsche Dichter im Sohn des Gasthauswirtes eine Figur aus seinem Jugenddrama *Die Mitschuldigen* zu erkennen glaubt: »So finde ich nach und nach meine Menschen.« (T S. 23) Es ist kaum verwunderlich, daß Goethe bei der Ankunft in Venedig das »Schicksal« bemüht, das ihn dorthin geführt habe. Und der erste Bericht im Tagebuch gilt kaum der Stadt selbst, sondern der Erinnerung an »mein erstes Kinderspielzeug«, dem vom Vater seinerzeit mitgebrachten »Gondelmodell« (T S. 99).

Das längst »gedruckte« Material aller Italienreisen und die Reise in das eigene Ich: Schon vor Rom bilden sich beide Motivstränge der Goetheschen Italienreise heraus, die einerseits von der Erschöpfung eines alten Italien-Paradigmas zeugen, andererseits eine neue Epoche der Italienreisen ankündigen. In Goethes Tagebuch von 1786 steht beides noch nebeneinander. Goethe notiert die Reisestationen – mit Ankunfts- und Abfahrtsdaten – auf penibelste Weise (T S. 35), verzeichnet Witterungsverhältnisse, Gesteins- und Gebirgsformationen in eigenen eingefügten Kapiteln und Tabellen und erklärt manche befremdlichen Phänomene des italienischen Lebens durch die Analyse ihrer empirisch nachzuzeichnenden Ursachen und Gesetzmäßigkeiten: allesamt Relikte der Aufklärungsreisen, deren Ertrag der Menschen- und Landeskunde zugute kommen sollte.[57] Schließlich verweist auch die Form des Tagebuchs noch auf eine ältere Tradition des Reisens, die ihr Ziel erst mit der Mitteilung des Erlebten erreichte. Goethe scheint sich die Beschreibungen ebenfalls auf die mündliche Kommunikation aufsparen zu wollen: »Von Gebäuden nichts weiter. wenn wir die Kupfer zusammen ansehn dann gar viel.« (T S. 83) Fast immer ist Goethes Tagebuch in dieser und ähnlicher Form auf den Dialog mit der Adressatin bezogen: Mal wünscht er sich Herder herbei (T S. 62), mal klagt er über Heimweh nach Weimar (T S. 84), immer wieder vertröstet er auf das am Ende der Reise in Aussicht gestellte Gespräch, das die Früchte seiner Reise erst in der ihr gemäßen Form zeigen werde. Es ist diese Vielfalt der Aspekte, die Goethes Tagebuch zu einem Ausdruck einer vielschichtigen, freilich auch ›normalen‹ Italienreise werden lassen: Noch ist nicht allzu viel zu spüren von der epochemachenden Klassizität, die Goethes italienische Reise später zu beanspruchen wußte. Von deren Dokument, den mehrere Jahrzehnte später redigierten Endfassungen der *Italienischen Reise*, ist das Tagebuch freilich noch weit entfernt. Zwar meldet sich schon auf der Reise selbst unüberhörbar das von Goethe zuletzt immer stärker stilisierte Ich-Erleben, ebenso deutlich zeigen sich aber nicht nur die Spuren einer älteren Italientradition, sondern auch die Motive, die das neuartige Italienerlebnis eines Goethe erst hervortrieben.

Die italienische Reise beginnt eigentümlich ziellos: Goethe versucht sich erst einmal als müßiggehender Zeichner[58], noch schwankt er selbst wohl zwischen der nüchternen Beschreibung Italiens und der Aufmerksamkeit auf das eigene Ich. Schon früh allerdings beginnt jener Prozeß, in dem sich eine Bewältigung der persönlichen Krisenmomente anbahnt. Aus den ihn bedrängenden Problemen löst sich Goethe nicht nur geographisch, sondern theoretisch – mit Hilfe ästhetischer wie historischer Strategien. Nicht Geschichte, nicht ein möglichst breites, vorurteilsfreies und ›aufgeklärtes‹ Bild von Italien ist das Ziel dieser Italienreise, sondern eine Form der Wahrnehmung, die von allem abstrahiert, was die gewünschte Heilung des von der Krise bedrohten Individuums beeinträchtigen könnte[59]: »Auf dieser Reise hoff ich will ich mein Gemüth über die schönen Künste beruhigen, ihr heilig Bild mir recht in die Seele prägen und zum stillen Genuß bewahren.« (T S. 119)

Beruhigung und Bewahrung: Psychoanalytisch könnte man von einer Selbsttherapie sprechen, in der ›Italien‹ den Stellenwert einer Kompensation innehat. Die Totalität der Kunst und Natur füllt die bedrohliche Leere eines mit sich selbst zerrissenen Ich, als das sich Goethe in Weimar – politisch, künstlerisch und ›privat‹ – empfand.[60] Goethe rückt sich Italien zu diesem Zweck zurecht, zimmert aus seiner Italienreise ein Instrument der Selbstheilung, in der sich ihm das italienische Erlebnis so weit anverwandelt, wie er es an sich heranzulassen erlaubt. Das »hoff ich will ich« des zuletzt angeführten Zitats erinnert nicht von ungefähr an eine autosuggestive Praxis, in der das Ich die Hauptrolle spielt: Zwar beschreibt auch Goethe nach aufklärerischer Art und Weise Land, Volk und Leute; Verknüpfungspunkt ist jedoch immer wieder eine Wahrnehmungsform, in der sich das Bedürfnis des nach Beruhigung verlangenden Individuums spiegelt. Von daher erklärt sich – bei aller Beobachtungsgabe – die Distanz zum sozialen Leben, die Goethes Reise begleitet. Im Tagebuch kann dieses Ich-Bedürfnis durchaus noch melancholische Züge annehmen, so wenn sich der einsam reisende Goethe wehmütig an die Heimat erinnert: »Da ich die armen Bauern auch hier so mit Mühseligkeit die Steine umwenden sah dacht ich an dein Kochberg und sagte recht mit innerlichen Herzens trähnen: wann werd ich einmal wieder in Kochberg einen schönen Abend mit ihr feyern!« (T S. 171)

So wie sich jedoch die dialogische Struktur des Tagebuchs in der späteren *Italienischen Reise* zur fiktiven und monologischen Rede Goethes an das Weimarer Publikum wandelt[61], so verlieren sich auch die negativen Reminiszenzen an die verlorene Heimat. Stattdessen wird Italien zum Selbstbildungserlebnis umgeformt. Die Passivität des ›flüchtenden‹ Goethe, die Therapieversuche und tastenden Selbstheilungsversuche – im Tagebuch noch nachzulesen – lösen sich auf in dem erst sehr viel später beschriebenen Erfolg dieses Reiseexperiments. Was im Tagebuch noch als zufällige Entdeckung – sowohl an Italien als auch am Zustand des eigenen Ich – auftaucht, ist in der späten *Italienischen Reise* ein planvolles Bildungsstreben.[62]

Ansätze dazu finden sich schon auf Goethes Reise selbst, besonders als die erste Etappe von Karlsbad nach Rom – die im Tagebuch aufgezeichnete Strecke – vorüber ist: Bereits Rom ist im Jahre 1786 nicht nur Zielpunkt der Reise, sondern auch ein Beweis für die von Goethe inszenierte und geglückte Aneignung Italiens. Schon die ersten römischen Briefe verwandeln das im Tagebuch noch zitierte Modell einer ›aufklärerischen‹ Italienreise, bei der Goethe selbst zum Epigonen zu werden drohte, in einen abgeschlossenen Bildungsprozeß. Die Italienreise hat ihr neues Ziel gefunden: »Nun bin ich hier und ruhig und wie es scheint auf mein ganzes Leben beruhigt. Denn es geht, man darf wohl sagen ein neues Leben an, wenn man das Ganze mit Augen sieht, das man teilweise in- und auswendig kennt. Alle Träume meiner Jugend seh ich nun lebendig [...].« (B S. 10) Was Goethe zuvor an der Natur als »ganz« gerühmt hatte, ist nun schon auf das eigene Leben übertragen: ein Verfahren, mit dem sich die Endredaktion der *Italienischen Reise* bereits ankündigt.

Von Rom an versiegen – sieht man von den Briefen des ersten römischen Aufenthalts ab – die authentischen Quellen der italienischen Reise: Goethe führt sein Tagebuch nicht weiter, den größten Teil der späteren Reisebeschreibung schreibt er erst im neuen Jahrhundert, als er die eigenen Materialien zu einer autobiographischen Gesamtschau ordnet: Goethes *Italienische Reise* wird dort zu einem integralen

Bestandteil von *Dichtung und Wahrheit*.[63] Nicht nur alle privaten Äußerungen, die Anreden an Frau von Stein, mit der das innige Verhältnis schon in Rom – ein kühler Brief aus Weimar machte den Anfang – zerbrach, die Heimwehgedanken und vor allem die vielen Unsicherheiten über Sinn und Zweck der Reise, die Goethe während der Reise vereinzelt noch äußerte, hat der Autobiograph später getilgt. Das Italienerlebnis selbst wird in noch stärkerem Maße umgeschrieben zu einem konsequent durchgeführten Bildungserlebnis, das Goethe an seiner eigenen Person demonstriert. Zugleich erhebt er die eigene Reise in den Rang eines ästhetischen Programms: Das »neue Leben«, eine gleichsam private Bewältigung der Lebens- und Künstlerkrise, präsentiert Goethe später als exemplarischen und allgemeingültigen Erziehungsprozeß, mit dem auch die Überwindung einer ganzen Epoche angezeigt sein soll. Als Goethe in Neapel den Hofmaler Philipp Hackert trifft, der den »Prinzessinnen« im Zeichenunterricht das aufgeklärte Ästhetikkompendium des Johann Georg Sulzer, die *Allgemeine Theorie der Schönen Künste*, vorlegt, zieht er insgeheim einen Trennungsstrich zwischen den zwei Zeitaltern: »Welch ein Unterschied ist nicht zwischen einem Menschen, der sich von innen aus auferbauen, und einem, der auf die Welt wirken und sie zum Hausgebrauch belehren will!« (IR S. 207) Die Bildung »von innen aus«: Die spät redigierte *Italienische Reise* wird zu einem Dokument dieser von Goethe persönlich in Anspruch genommenen Idee, wie bereits ein Brief an Herder vom 10. November 1786 ausweist: »Ich bin fleißig und bin nicht hier, um nur nach meiner Art zu genießen, ich will lernen und mich ausbilden, ehe ich vierzig Jahre alt werde.« (B S. 21) Die im Tagebuch eher rastlos geäußerten Augenblickseindrücke werden – getreu dieser römischen Maxime – zu einer neuen Inbesitznahme der Fremde geordnet, in der die zuvor erprobte Selbsttherapie die Gewichtigkeit eines neuen Paradigmas einzunehmen beginnt. Die Umarbeitung der biographisch vorliegenden Quellen will nämlich zugleich zum symbolisch-gesetzmäßigen Ausdruck eines zeitlos gültigen Bildungserlebnisses vordringen.[64]

Die beiden Ziele der Italienreise, das ›neue Sehen‹ der italienischen Natur und Kunst sowie die Bildungsreise des sich neu gebärenden ›Kindes‹, sind fortan nicht mehr auseinanderzuhalten, ja bedingen sich gegenseitig. Jede Beobachtung Goethes in Rom, Neapel und Sizilien ist Teil einer Selbststilisierung, mit der sich Goethes Existenz, seine ihm selbst erst geoffenbarte und als naturgeschichtliches Phänomen begriffene organische Entwicklung, zugleich als Beispiel eines vorbildhaften Menschseins ausgibt: »Ich habe viel gesehen und noch mehr gedacht: die Welt eröffnet sich mehr und mehr, auch alles, was ich schon lange weiß, wird mir erst eigen. Welch ein früh wissendes und spät übendes Geschöpf ist doch der Mensch!« (IR S. 210)

Die italienischen Einsichten sind eine Antwort auf Goethes Krise, eine freilich stilisierte Antwort in zweifacher Weise. Zum einen gibt die *Italienische Reise* nicht bloß die Reiseeindrücke selbst wieder, sondern wie Goethe später – vom Ziel und Ende her – sich selbst interpretiert: Der in Italien reisende Goethe wird zur autobiographischen Kunstfigur.[65] Zum anderen ist ›Italien‹ selbst ein Konstrukt, das Goethe sich zum Bildungserlebnis gewissermaßen zurechtstutzt. »Man müßte mit tausend Griffeln schreiben, was soll hier eine Feder!« (IR S. 131) – so beschreibt Goethe seine erste römische Woche, ganz im Sinne seiner aufgeklärten Zeitgenossen, deren Beschreibungswut und Mitteilungsdrang sich auf der italienischen Reise oft überfordert sah. Im Falle Goethes jedoch ist es ohnehin nur eine, die unverwechselbare Goethesche Feder, die dem Autor zu eigen ist. Diese wiederum läßt nur ein einziges – das genuin Goethesche – Italien sichtbar werden: Wie sich nämlich das Goethesche Leben in seiner Ganzheit und vollendenden Bildung präsentiert, so sieht Goethe auch in Italien schließlich nur noch eine nahezu vollkommene Welt, die den Blick immer auf die zu ihrer gültigen Form gelangten Wesensphänomene freigibt. Er habe »glückliche Menschen« kennengelernt, glücklich, »weil sie *ganz* sind«: Sogar der »Geringste« unter ihnen – offensichtlich hat Goethe die zahlreichen römischen Bettler im Sinn – sei »in seiner Art vollkommen« (B S. 94). So Goethe in einem römischen Brief an Frau von Stein, dem er sogleich eine Entdeckung für seinen Freund Herder hinzufügt: Dem »Geheimniß der Pflanzenzeugung und Organisation« sei er nun »ganz nah« (B S. 94), die Theorie der »Urpflanze« kündigt sich an. In der späteren *Italienischen Reise* fallen die »glücklichen« Menschen Italiens schließlich mit der »ganzen« Natur in eins: »Von der Nation wüßte ich nichts weiter zu sagen, als daß es Naturmenschen sind, die unter Pracht und Würde der Religion und der Künste nicht ein Haar anders sind, als sie in Höhlen und Wäldern auch sein würden.« (IR S. 143)

Auch dies gehört zur Abstraktionsleistung des ›neuen Sehens‹: Zeitgeschichtliche Probleme Italiens, soziales Elend wie politische Spannungen, geraten kaum in Goethes Blickfeld.[66] Was sich für Goethes Bildung zum »Ganzen« rundet, darf auch im Bild Italiens keine Dissonanzen ergeben: Wie in der stilistischen Glättung der späten autobiographischen Reisebeschreibung Ruhe und Ganzheit als hervorstechendste Merkmale des Italienerlebnisses hervortreten sollen[67], so ist Goethe – noch mehr als im Tagebuch – bemüht, diejenigen Eindrücke fernzuhalten, die das harmonistische Konzept der Selbstheilung auch von außen trüben könnten. Das »nächste Blatt« werde er »einmal ganz von Unheil, Mord, Erdbeben und Unglück anfüllen«, lautet eine beinah ironische Anmerkung Goethes am 2. Dezember 1786 in Rom, die auf das wilde Ambiente der südländischen Fremde – wohl auch den damals weithin bekannten Bedürfnissen des daheim gebliebenen Publikums – anspielt: »daß doch auch Schatten in meine Gemälde komme« (IR S. 146). Das »nächste Blatt« freilich kommt angesichts der »herrlichen Gegenstände« gar nicht dazu: Am Ende der nächsten Eintragung rühmt Goethe nicht nur Rom, wo die »ganze Geschichte der Welt« recht eigentlich anfing, sondern zugleich auch das eigene Leben, die »wahre Wiedergeburt, von dem Tage, da ich Rom betrat« (IR S. 147).

Die italienische ›Heilung‹, der sich nach vorn drängende Optimismus der Reisebeschreibung, die in der Forschung immer wieder bemühte ›Heiterkeit‹ dieser biographischen Epoche – sämtliche ›lichten‹ Elemente gehen jedoch zumeist auf das Konto der Goetheschen Selbstbildung, weniger auf die Anschauung und die Präsenz Italiens. Wo sich dennoch die »dunklen« Seiten dieser Reise hervordrängen[68], zeigt Goethe vielmehr, wie das Verarbeitungs- und Verdrängungsprogramm dieser Bildung funktioniert. Das Zerstörungswerk Pompejis – Sinnbild menschlicher Vergeblichkeit – wird schnell retuschiert: »Den wunderlichen, halb unangenehmen Eindruck dieser mumisierten Stadt wuschen wir wieder aus den Gemütern, als wir, in der Laube zunächst des Meeres in einem geringen Gasthof sitzend, ein frugales

Mahl verzehrten und uns an der Himmelsbläue, an des Meeres Glanz und Licht ergötzten [...].« (IR S. 199) Auch der »geringste« Gasthof ist für Goethe in Italien bekanntlich ein ›vollkommener‹ – noch dazu wenn er den Blick von den »dunklen« Seiten menschlicher Existenz auf die »glänzende« Natur zu richten hilft. Bilder des Todes[69], der Vergänglichkeit, aber auch Disharmonien der Kunst – die bizarre Sammlung des Fürsten Palagonia in Palermo – und der italienischen Gegenwart – den römischen Karneval – erwähnt Goethe entweder nur in gleichsam beiseite gesprochenen Unmutsäußerungen[70] oder er wendet alles in eine ›objektive‹ Betrachtung der zur reinen Natur verwandelten und dadurch ›neutralisierten‹ Phänomene[71]. Es ist ein fast künstliches Italienbild, das hierbei zum Vorschein kommt, ein Bildungsprogramm, das nicht nur auf Selektion beruht, sondern Italien lediglich als Folie eines grandiosen Ich-Erlebnisses wahrnimmt: Nicht Italien, sondern die Selbsterziehung der Individualität mittels Italien ist ihr Thema. Als solche füllt sie auch das durch die Erschöpfung eines Italien-Paradigmas entstandene Vakuum, das Goethe im Tagebuch noch mehrmals betont hatte: Hatte Winckelmann die Türen zu einem ästhetischen Italien-Erlebnis geöffnet, so dient das Ästhetische dem Winckelmann-Schüler Goethe bereits zur Überformung Italiens mit einer Wahrnehmungsweise, die auf das geschönte Bild einer Idealkonstruktion zielt. Italien hat schließlich seine Schuldigkeit für Goethes biographische und künstlerische Regeneration getan. Ein zweiter Italienaufenthalt – 1790 in Venedig – ist von erheblich geringerer Wirksamkeit und Wichtigkeit. Und kann das Ästhetische durchaus entbehren: Goethe findet – in einem Brief an Herder – ganz im Gegenteil recht drastische Worte über das »Sauleben dieser Nation«[72]. Selbst die Rückreise kann diesmal nicht schnell genug gehen; fast flehentlich schreibt Goethe aus Mantua: »Sehnlich verlange ich nach Hause. Ich bin ganz aus dem Kreise des Italiänischen Lebens gerückt.«[73]

Zuletzt gibt Goethes ›klassisches‹ Italien-Bild jedoch eine epochale Antwort auf die Probleme des Zeitalters der »Aufklärung«. In der Moderne wird das Individuum aus seinen sozialen und ideologischen Bindungen zunehmend herausgelöst, erkauft diese Freisetzung jedoch mit Orientierungsverlusten und Unsicherheiten, die dem soeben »aufgeklärten« Menschen schon wieder bedrohlich werden. Goethe und die zumeist mit dem Ende der italienischen Reise datierte Weimarer Klassik antworten darauf mit der Idee des großen Individuums, das seine äußerlich nicht mehr verfügbare Erziehung durch innere Bildung mehr als wettmacht – eine Idee, der als intellektuelles Programm freilich ebenfalls nur ein befristetes Dasein beschieden war.[74]

Nicht nur die Goethe-Philologen, auch das deutsche Bildungsbürgertum hat die Goethesche Lesart Italiens allerdings weniger als autobiographische Krisenstrategie mit beschränkter Geltung wahrgenommen denn als ›objektive‹ Darstellung des deutschen Italienerlebnisses schlechthin. Was Goethe jedoch allzugern als Objektivität auszugeben bemüht war, war allenfalls subjektiv, weitaus mehr aber geradewegs fiktiv: Schon in Rom ordnet Goethe seiner Reise eine im Tagebuch noch weithin unklare Zielsetzung zu, die *Italienische Reise* schließlich präsentiert den vollends gereinigten Reisebericht, in dem der Held schon von vornherein wußte, was er wollte. Statt dem Tagebuch war es diese Endfassung der *Italienischen Reise*, die deutsche Italienreisende fortan im Reisegepäck mit sich führten – und zugleich auch die Hypothek dieser ›klassischen‹ Italienreise: Jede private Italienreise sollte fortan ein Bildungserlebnis im Goetheschen Sinne sein, »auf Goethes Spuren« sollte jeder Deutsche in Italien seine private Wiedergeburt im kleinen erleben. Das Bild Italiens war dadurch nicht nur bereichert, sondern auch entfremdet: Die bemühten Goethe-Huldigungen des 19. Jahrhunderts und ihre Kontrafaktur bei den kritischen Italienreisenden und Goethe-Parodisten von Heine bis Rolf Dieter Brinkmann legen davon ein deutliches Zeugnis ab.

Nimmt man Goethes Dokument als gültige Darstellung der deutschen Italienerfahrung, gibt man gar die Goethesche ›Objektivität‹ als das gültige Italien-Erlebnis der Deutschen aus, so droht man – auf Goethes Spuren – einem Irrtum zu verfallen. Goethe selbst hat seine Italienreise und sich selbst nicht nur stilisiert, sondern zu einem Mythos umgearbeitet, von dem immer diejenigen geblendet wurden, die ihn für Realität annahmen oder ihm gar nacheifern wollten. Die Ausblendung der italienischen Realität um 1800 kam der mythischen Selbsterhöhung des Italienreisenden Goethe fast proportional zugute: Italien wird umgestaltet zum idyllischen Paradies[75], die Reise Goethes erreicht nicht das eigentliche Italien, sondern führt in eine Natur und Kunst vereinende, immerwährende Antike, eine Fahrt, die sich selbst an den Strukturen des griechischen Mythos, dem Bleibenden, Statischen, allem Zufälligen Entgegengesetzten, orientiert[76].

Zu einer Zeit, in der über den »Tod des Subjekts« eifrig diskutiert wird, mutet Goethes Reise an wie das Zeugnis einer anderen und fernen Epoche – ›Italien‹ als Bildungserlebnis eines großen Individuums ist jedoch nicht nur das Zeichen eines selbst traditionsmächtigen Neubeginns deutscher Italienreisen, sondern auch eine Last, von der sich zu befreien durchaus schöpferische Impulse freisetzen kann: Die zahlreichen Epigonen Goethes haben über Goethe und Deutschland recht viel, über das reale Italien meist nur wenig zu berichten.

»Ich bin nicht Goethe«

Johann Gottfried Herders italienische Bedrängnisse

Der Glanz, den Goethe seiner Italienischen Reise zu geben verstand, läßt die Italien-Erlebnisse der Vorgänger und Zeitgenossen verblassen, der Lessing und Heinse, der Moritz und Herder. Und doch lohnt es sich, auch über Herders Italienreise ein paar Reflexionen anzustellen. Wenn zwei dasselbe machen, ist es bekanntlich nie dasselbe, und die Gründe liegen oft näher, als der Reisende dies wahrhaben will – in ihm selbst nämlich.

Auf den ersten Blick scheint es einige Gemeinsamkeiten zwischen den Freunden zu geben. Goethe war bekanntlich bei Nacht und Nebel ausgerückt, um den unerquicklichen Weimarer Verhältnissen zu entfliehen, um in Italien zur Freiheit und zu sich selbst zu finden. Nicht viel anders ging es Goethes Freund Johann Gottfried Herder, der ja erst 1776 durch Goethes Vermittlung nach Weimar gekommen war. Goethes auf der Heimfahrt geschriebenes Wort, in Rom sei er in seinem Leben »das erstemal unbedingt glücklich« gewesen,[1] bestärkte Herder in seiner Reiseabsicht, auch wenn er, der ehemalige Mentor Goethes, nur ungern in dessen Fußstapfen trat.

Goethe hatte die Reise bekanntlich inkognito angetreten, als Maler Filippo Möller; Herder, der protestantische Generalsuperintendent, konnte die Gesellschaft nicht derartig an der Nase herumführen. Aparterweise reiste er im Gefolge eines katholischen Prälaten – gewissermaßen als wissenschaftliche Begleitperson. Die wahren Interessen des jungen, körperlich verwachsenen Hugo von Dalberg, Domherr zu Trier, Speyer und Worms, tendierten eher zum Weltlichen. Seit Augsburg gesellte sich dem Italientroß Dalbergs Mätresse bei, die exzentrische Sophia Friederike von Seckendorff. Ihre Launen diktierten fortan die Reiseroute. Wen verwundert es, daß die anfängliche Hochgestimmtheit Herders sich bald ins Gegenteil verkehrte, zumal ihn die Mätresse mit sicherer Hand ausbootete. Dabei war Herder auf die finanzielle Unterstützung angewiesen. Im November trennte man sich schließlich; die pekuniäre Abfindung des Domherrn verschaffte ihm seine Unabhängigkeit wieder – eine unbeschwerte Phase hätte beginnen können. Aber auch jetzt mußte Herder mit unüberwindlichen Schwierigkeiten kämpfen; er wurde seiner Freiheit nie froh. Von Anfang an stand seine Reise in Goethes Schatten.

Im Juni 1788 war Goethe aus Italien zurückgekehrt, am 6. August brach Herder auf.[2] Die Reise führte über Innsbruck und Bozen nach Verona und Ancona, dann ziemlich rasch nach Rom, wo sich Herder vom 19. September bis zum 1. Januar 1789 aufhielt. In Rom schloß er sich übrigens der Reisegesellschaft der Weimarer Herzogin Anna Amalia an. Gemeinsam mit dieser Gruppe reiste er nach Neapel weiter; der zweite römische Aufenthalt dauerte vom 20. Februar bis zum 14. Mai; auf der Heimreise kam Herder über Ferrara, Florenz und Venedig. Weitere Stationen waren Padua, Verona, Parma und Mailand. Am 9. Juli 1789 traf er wieder in Weimar ein. Soweit die äußeren Fakten.

Auch Herder erhoffte sich vom Italienaufenthalt eine »geistige Wiedergeburt«. Aber anders als Goethe war Herder auf seiner Reise nicht frei, die persönlichen und finanziellen Belastungen drückten schwer auf sein hypochondrisches Gemüt. In Gedanken fortwährend bei der Familie in Weimar, bedrängt von beruflichen Problemen, kommt er selten zum ungetrübten Genuß der Gegenwart.

Das jahrtausendealte Rom, von Goethe als Gipfelerlebnis verherrlicht, wirkt auf Herder eher abschreckend: Als Mausoleum, als »Grab«, als »totes Meer« (S. 278, 368). Die Abneigung gegen Rom nimmt nach dem Besuch Neapels geradezu idiosynkratische Formen an: »traurig«, »tot«, »lästig« und »wüst« sind die Attribute, mit denen er die Heilige Stadt bedenkt.[3] Das auffallende soziale Elend, die Diskrepanz zwischen Arm und Reich, registriert er nur beiläufig in einem Brief an den Sohn Adelbert:

»Da sitzen sie denn in einem engen Winkel und lassen diese schönen Zimmer leer stehen und leben wohl gar schmutzig und geizig; sie halten eine Menge Bedienten und geben ihnen sehr wenig; auf manchen Kutschen stehn 4. hinten, und einer auf einem hangenden Tritt, der die 4. an den Füßen hält; das sind lauter unnütze, müßige Leute. In ganz Rom ist alles voll Müßiggänger; die Familien, die Geld haben, haben Alles; die andern sind arm und müssen sich nähren, wie sie können und mögen. Die Häuser der Bürger und gemeinen Leute sehen entsetzlich schmutzig aus; und alle sorgen nur für den heutigen Tag.« (S. 233)

Stärker befremdet ihn, den sittenstrengen Geistlichen, die ungezügelte und unverhohlene Sinnlichkeit der Südländer. Nicht nur, daß der südliche Himmel den Geist erschlaffe und an den Müßiggang gewöhne, das sinnliche Leben halte geradezu vom Denken und vom Erwerbstrieb ab. Edlere Gefühe wie Liebe finden sich nur in Form des »sinnlichen Genusses«, und der edle Herder ekelt sich schließlich vor dem »Troß der Buhlereien«. (S. 269, 400)

Erst Neapel bewegt ihn zu enthusiastischen Worten. (S. 300ff.) Doch auch hier schränkt er das Bekenntnis, in dieser großen und schönen Natur könne er »wiedergeboren« werden, durch den Nachsatz ein: wenn er nicht so alt wäre und jemanden Vertrauten um sich hätte. (S. 311f.)

Das Verhältnis Herders zu Goethe ist zahlreichen Schwankungen unterworfen; insgesamt überwiegen die negativen Äußerungen. Angeborenes Mißtrauen und eine gewisse Profilierungsneurose spielen dabei eine nicht zu übersehende Rolle. Goethes eigene nonchalante Ratschläge in der Art »Wie der Mensch ist, muß es ihm werden« oder »Genieße Rom, sorge, daß Ihr nach dem Karneval nach Neapel geht«,[4] sind ebenfalls nicht dazu angetan, den sauertöpfischen Generalsuperintendenten zu erfreuen. Für ihn sind die vielgerühmten Festivitäten, Weihnachten und die Heilige Osterwoche, nichts anderes als »Pfützen aus einem toten Meer, so sehr sich auch Goethe den Mund aufreißt, ihre Süßigkeit zu loben.« (S. 359)

Ungünstig wirkt sich auch die ständige Konfrontation mit Goethes, von der Malerkolonie kultisch gepflegten Erinnerungen aus: »Alles liebt und bewundert ihn, was ihn hier gekannt hat« – berichtet Herder schon kurz nach dem Eintreffen in Rom. (S. 133) Die anfängliche Isolation verstärkt Herders üble Stimmung; erst nach und nach erwirbt er sich genügend Italienischkenntnisse, um auch in die italienischen Kreise zu gelangen. Dennoch, die Abgrenzung zu Goethes Lebensstil bleibt grundsätzlich: »Goethe hat gut reden;« schreibt er am 11. Oktober an die Gattin, »alle seine Ratschläge in Ansehung Roms taugen nicht; er hat wie ein Künstlerbursche hier gelebet. Da schwätzt er und warnt mich vor dem schwarzen Rock, und macht, daß ich den meinigen nicht mitnehme. Und nun muß ich mir einen hier machen lassen, weil ich mit Keinem andern, auch keinem gestickten, der immer nur Frack ist, in eine Gesellschaft kommen kann [...]. Ich muß mich also in doppelte Kosten setzen, mir einen schwarzen und violetten zu kaufen; und so hat er mehr geredet; ich habe mich manchmal schon über ihn geärgert, daß ein Mensch, der 2. Jahr in Rom gewesen ist, einen so ziehen läßt.« Unmutig bricht er aus: »Ja wohl bin ich in Rom auf meine Lebenszeit genesen, aber in anderm Sinn, als Goethe es meinet.« (S. 156) Und drei Wochen später bekennt er seiner Frau, daß ihm »die Regeln aus Göthes Munde« nicht schmecken. Er könne, möge und wolle nicht so leben, wie Goethe in Rom gelebt habe. Überhaupt spreche Goethe über Rom »wie

Aufgang zum Kapitol. Herder hat sich in Rom – auf Winckelmanns Spuren – vor allem der Kunstbetrachtung gewidmet, in der er einen Ersatz fand für die »Kunst des Lebens«, die er zwar rühmte, selbst jedoch nicht besaß. An Herzog Carl August schreibt er am 29. November 1788: »Den schönsten Anblick indessen von dem, was das alte Rom zeigt, gewähren die Denkmale, die diese Räuber der Welt zusammengeschleppt haben, soviel deren nämlich die alte Mutter Erde in ihrem Schoß verborgen uns aufbewahrt hat: denn der größeste Teil ist wohl zerstört oder liegt noch unter der Erde, oder im Schlamm der Tiber. Da muß ich denn E.D. bekennen, daß die Schätze der Kunstwerke im Clementino, auf dem Capitol, in der Villa Borghese, Albani, Giustiniani u.s.f. für mich gerade das Reizendste sind, was Rom hat, alle Zeichen und Wunder Raphaels selbst nicht ausgenommen. Die Seele bekommt unter diesen Denkmalen Formen der Wahrheit und Schönheit, des Anstandes und der Bildung allgemeiner Begriffe, die sie vorher nicht hatte und sonst nirgend in der Welt erlangen kann.« (Herder: *Italienische Reise*, S. 240f.)

ein Kind«, und er habe auch »wie ein Kind, freilich mit aller *Eigenheit*, hier gelebet«. »Ich«, so fährt Herder in seiner mißlaunigen Suada fort, »ich bin nicht Goethe, ich habe auf *meinem* Lebenswege nie nach seinen Maximen handeln können; also kann ichs auch in Rom nicht.« (S. 209) Das Schielen auf den überlegenen Freund nimmt zuweilen peinlich-groteske Züge an. Herzog Karl August hatte beim Bildhauer Trippel eine Büste von Herder als Gegenstück zur bekannten Goethebüste bestellt. »O der leidigen Pendants!« beklagt sich der halb geschmeichelte, halb eitle Prälat, »Goethe hat sich als einen Apollo idealisieren lassen; wie werde ich Armer mit meinem kahlen Kopf dagegen aussehn!« (S. 362) Besorgt wünscht er, daß Trippel ihm auf der Stirn »etwas mehr Haar« anbringen möge: »Jetzt ist sie fast kahl in der Buste, welches mich gar zu philosophisch macht.« (S. 502)

Während Heinse und Goethe sich bei den deutschen Künstlern heimisch fühlten, errichtete Herder eine ›Mauer der sozialen Besonderheit‹ um sich und verkehrte nur bei seinesgleichen – beim hohen römischen Klerus, wo er als ›Vescovo di Weimar‹ die bekömmliche Reputation genoß.[5] Doch bald grenzt er sich auch von den Standesgenossen ab; die Welt des Zeremoniells, der »Seelenlosen Konversationen und Observanzen« läßt ihn auf die Dauer kalt: »Die große Welt«, schreibt er kurz vor Weihnachten an Caroline, »die Kardinäle, Monsignori, Principi und Principesse fangen mich auch an zu ennuyieren.« (S. 269)

Johann Gottfried und Caroline – gewiß ein klassischer Schutz- und Trutzbund, aber ebenso ein Schimpf- und Schmähverein, wenn sie sich hintan gesetzt fühlten. Und das geschah oft genug. Carolines pflichteifrige Hofberichterstattung war nicht dazu angetan, seinen Groll zu lindern – dafür sorgte schon die Verpackung, mit der sie Goethes lockere Aussprüche servierte. So schließt die erboste Gattin an Goethes Bonmot, es werde Herder »nicht eher wohl werden in Rom«, bis er liebe, einen ungehemmten Gefühlsausbruch an: »Gebe das gute Schicksal Dir gute Stunden, für manches lange Leiden; nur sei klug und vorsichtig, lieber Engel – über den Alpen bist Du wieder ganz mein; ja Du bist mein, Du bist mein!« (S. 203) Carolines Erregung spiegelt sich umgehend in Herders Reaktion – Caroline solle Goethe melden, »daß wenn Liebe zur Glückseligkeit in Rom gehört, ich leider noch nicht liebe.« (S. 239)

Caroline ändert allerdings im Laufe von Herders Abwesenheit ihre Meinung über Goethe. Anfänglich über seine künstlerhaft-egozentrischen Äußerungen empört und ungehalten, erkennt sie zunehmend die Festigkeit und Beständigkeit seines Wesens; ja sie wirbt geradezu bei Herder für Goethe um Verständnis, als dieser sich immer schroffer vom Weimarer Freund absetzt. (S. 364, 438f.) Er bleibt indes bei seinem anfangs von ihr durchaus geschürten Vorurteil, Goethe sei ausschließlich ein kaltherziger Künstler. »Was Du über Göthe schreibst, ist ganz wahr«, erklärt er am 10. Februar aus Neapel, »meine Reise hieher hat mir seine selbstige, für andre ganz im Innern unteilnehmende Exsistenz leider klärer gemacht, als ichs wünschte. Er kann indessen nicht anders; laß ihn machen; es tut wehe, es zu fühlen, daß man einen angenehmen Traum verloren habe, und doch ists besser wachen als träumen.« (S. 334) Bei diesem Urteil bleibt es, und zweifellos hat der Italienaufenthalt zur dauernden Entfremdung beider beigetragen.

Zu den psychischen Hemmnissen tritt als objektives Faktum hinzu, daß Herder anders als der lebenslustig-ledige Goethe, sich durchaus an Caroline, sein geliebtes und treu für ihn sorgendes Weib, gebunden fühlte. Sie ihrerseits überwachte ihn auch aus der Ferne mit Argusaugen. Schon zu Beginn der Reise ängstigt sich die gute Gattin um die Tugend des Eheherrn; der Bericht einer Freundin habe sie einigermaßen beruhigt, die Italienerinnen vermöchten offenbar das Herz nicht zu fesseln. Freilich dürfte ihr Wunsch: »Sie mögen auf alle Weise Dein Leben angenehm machen, nur Dich nicht festhalten«, nicht gar so ernst gemeint sein. (S. 47) Vermutlich steckt sie auch hinter der unkindlichen Äußerung von Sohn Gottfried, die Weimarer Herzogin habe aus Rom berichtet, wie beliebt Herder bei den römischen Damen sei, doch solle sich die Mutter darüber keinen Kummer machen, »denn Sie blieben ihr so treu wie ein GeneralSuperintendent«. (S. 276) Caroline wittert überall Gefahr für den kahlköpfigen Gatten. Als sie Herder im »sinnlichen« Neapel weiß, verdichtet sich ihre Furcht zum Trauma. »Ich wollte fast wetten«, schreibt sie, »daß Du mir in dieser Nacht, vom 8–9t. untreu – nein das nicht – nur daß Du genossen hast.« (S. 303) Angstträume quälen sie, und auch Goethes weltmännische Tips helfen nicht mehr. Schließlich wird es Herder zu bunt. Er antwortet seiner Ehehälfte dezidiert, sie solle sich doch über ihre Träume nicht beunruhigen, und er fährt fort: »Ich habe Dir schon geschrieben, in welcher jungfräulichen Enthaltsamkeit ich lebe und wahrscheinlich immer leben werde: denn das andre Ding ist der Mühe nicht wert, oder es hat zuviel Gefahren für Seele und Körper.« Sein schmaler Geldbeutel und seine Gebundenheit erlaubten ihm gar keine Seitensprünge, und überhaupt weise er alle Versuchungen von sich, weil er »als ein verständiger Mensch« sein Leben im Kreis seiner Familie zu endigen gedenke. »Ich fühle es«, setzt er pathetisch hinzu, »Buhlereien schicken sich nicht mehr für meine Jahre, und sie sind mir durch die Umstände meiner Reise ganz fremd geworden. Wo alles sinnlich ist, wird man unsinnlich; man sucht mit seiner Seele etwas, das man mit den Sinnen nicht findet.« (S. 333f.) Ein Körnchen Wahrheit lag freilich doch in Carolines Furcht.

War Herders Reise ein totaler Mißerfolg? Eines seiner Ziele war das Auffinden seltener Bücher besonders in der vatikanischen Bibliothek. Da ihm der freie Gebrauch der Kataloge oder die selbständige Ansicht der Schränke nicht erlaubt wurde, mißlang dieses Vorhaben. Schließlich ergreift ihn sogar »eine Art inneren Ekels und Überdrusses« vor dem »Kerker« der Vaticana, »in dem so viele Gefangene hinter Schlössern unnütz liegen«. (S. 368) Gegenüber seinem Dienstherrn Karl August von Weimar glaubt er sich dennoch zu einer positiven Nachricht verpflichtet: Er habe »auf manchem Spaziergange von ein paar Stunden mehr gelernt«, als er »durch das Lesen von hundert Büchern je würde gelernt haben«. (S. 240) Freilich, empirische Beobachtungen zum italienischen Alltagsleben darf man in seinen erst 1980 aufgefundenen Aufzeichnungen nicht erwarten. Herder betrachtet Italien mit den Augen des Winckelmannianers, als Kunstkenner und Humanist.

Besonders die Abgrenzung von Goethes Kunstverständnis verdeutlicht Herders Standpunkt. Er hält Goethes Künstlertum für selbstzweckhaft; alles – Natur und Menschen – gerate ihm zum Material für die eigene Produktion.[6] Er ist sich des Unterschieds zwischen der Sehweise des schaffenden Künstlers Goethe und der eigenen, um Verstehen und Einfühlen bemühten Betrachtung sehr wohl bewußt. Er schreibt Goethe einigermaßen gereizt: Wenn er aus Italien zurückkomme, müsse Goethe ihm unbedingt erzählen, was er gesehen habe und er, Herder, »hätte *sehend* sehen sollen«. (S. 293) Herder betrachtet die Kunst, und bezeichnenderweise geht es immer nur um antike Kunst, mit anderen Augen. Statuen und Kunstwerke, so bekennt er seiner Frau, schlössen ihm eine »ganz andre Welt« auf, gewährten ihm »die schönste Philosophie«. Er vergesse bei ihnen »Zeit und Stunde, wie ein Verliebter«. (S. 262) Sie gelten ihm geradezu als »Kodex der Humanität in den reinsten, ausgesuchtsten, harmonischen Formen«. (S. 272) Herders Zugang zur Kunst geht nicht über die Malerei, sondern ausschließlich über die Plastik, insbesondere die antiken Bildwerke. Gegenüber Herzog Karl August bezeichnet er die Skulpturen als »das Reizendste, was Rom« habe – »alle Zeichen und Wunder Raphaels selbst nicht ausgenommen«. (S. 241) Und gleichlautend an Goethe: Die Gemäldegalerien jagten ihn immer zu seinen »geliebten Statuen« zurück, von denen er sogar schon träume – sie seien im Grunde sein »liebstes und wahres Heiligtum« (S. 252 f.). Aus einem Brief an Knebel erfährt man gar, daß er täglich drei Stunden vor den Plastiken schauend verbringe. (S. 272)

Nun ist es sicherlich richtig, daß die Plastik seit jeher im Zentrum von Herders Ästhetik gestanden hat; in seinen frühen ästhetischen Schriften – dem *Vierten Kritischen Wäldchen* von 1769 und der *Plastik* von 1778 – stellt er die Skulptur an die Spitze der Bildkünste. Während Malerei nur Oberfläche, Kleid und Hülle zustandebringe, schaffe Bildnerei dagegen schöne Formen und beseelte Körper.[7] Diese rigide Trennung ist weniger befremdlich, vergegenwärtigt man sich Herders Kunstideal, das den edlen Menschen in den Mittelpunkt stellt. Die edlen Skulpturen, so phantasiert Herder gegenüber seinem Herzog, vermittelten der Seele »Formen der Wahrheit und Schönheit, des Anstandes und der Bildung allgemeiner Begriffe«, die sie vorher nicht gehabt habe und sonst nirgends in der Welt erlangen könne (S. 241) oder, inhaltlich gleichlautend, an den Sohn August: Unter den antiken Göttergestalten lerne man, »was in menschlichen Formen und Charakteren alles verborgen sei«, man werde »gar rein und vornehm, wenn man unter diesen Anschauungen« lebe. (S. 193)

Nun erlauben die im Weimarer Staatsarchiv wiedergefundenen Italienaufzeichnungen, diese programmatischen Briefurteile nachzuvollziehen – in Form »angewandter« Kunstbetrachtung.[8] Die 45 doppelseitig beschriebenen Blätter enthalten in gewisser Weise Herders Intimstes, und zwar nicht, wie zu erwarten gewesen wäre, bewegte Klagen über Nöte und Drangsale der Reise, sondern fast ausschließlich Beschreibungen antiker Bildwerke. Sie kompensieren die negativen Erlebnisse, wirken fast wie eine Flucht aus der unerträglichen Gegenwart Roms in die harmonische Idealität der Kunst.

Herder deutet die antiken Götter als Verkörperung des reinen Menschentums. Das signalisieren ständig begegnende Epitheta wie »edel« und »rein«, »groß« und »hoch«, lauter ethisch-menschliche Attribute mit dem unübersehbaren Hang zum Harmonisch-Idealisierenden.[9] Diesem einseitigen ästhetischen Ideal entspricht die partielle Wahrnehmung: Herder fühlt sich nur in die Gruppe der apollinischen

Schönheiten ein – hierin ganz ein Schüler Winckelmanns, der vom vollkommenen Kunstwerk Ideengehalt, Schönheit und Anmut verlangt hatte. Dennoch ist Herders Beschreibung ganz so ätherisch auch wieder nicht, und zwar nicht bloß, weil er die Priorität des Tastsinns mit seinem ganz sinnlichen Zugriff gegenüber dem eher oberflächenhaft die Skulptur erfassenden Auge betont.

Die Wahl der Objekte hängt ja von der Hierarchie der Sinne nur bedingt ab. Herder aber bevorzugt eindeutig schöne Frauengestalten. Seine Äußerung »Wenn mich etwas in Rom tröstet, sinds die Statuen und Köpfe« läßt unschwer erkennen, worüber die Beschreibungen hinwegtrösten sollen. (S. 360) Während bei den Männerfiguren eher konventionelle Metaphorik herrscht, steigert sich Herders Emphase beim Ertasten der weiblichen Schönheit. Das fängt an bei der unverfänglichen Beschreibung der Ceres aus dem Palast Rondanini, bei der Herder lapidar konstatiert, »voller Busen, aber schön«. (S. 565) Im Museum Clementinum sieht der Herr Generalsuperintendent genauer hin. Bei einer »äußerst schlanken« Diana-Statue bemerkt er hohe Brüste, »aber jungfräulich straff wie ein Hügel, insonderheit die linke.« (S. 570) An einer Muse rühmt er die »lieblichen Brüste«, an einer anderen die »jungfräuliche Brust«, wobei »durch das Vorwerfen des Gewandes über den Schoß« das »dünne engbekleidete Leibchen bis zum Schoß sichtbar« werde. »Das Gewändchen zwischen den Brüsten beugt sich niedlich herunter.« (S. 572f.) Die Urania aus dem Museum Clementinum scheint ihm gar anständig bekleidet zu sein: »Über die Brust geht das Obergewand unter der rechten Brust über die linke bis zur linken Schulter hinauf, daß die linke Brust also auch überdeckt wird und nur unter dieser Falte das Spitzchen sanft kennbar bleibet. Überdem ist alles, auch die rechte Brust bekleidet.« (S. 574) An der mit »einem schönen Kamisolchen faltig« bekleideten Melpomene erfreut ihn »eine schöne, spitze, jungfräulich strenge Brust« (S. 575), an einem Hermaphroditen die »schönen starkgeschwollnen jugendlichen Brüste« und die vier Daumen lange »schöngeschwollne elastische Scham«. (S. 602) Selbst an der »hohen kolossalischen« tragischen Muse bemerkt er Brüste, »jungfräulich stark und hart«. (S. 578)

Herders Busenobsession macht weder vor Jungfrauen noch Matronen halt. Ob »tiefer hinab« und »sanft-mütterlich« gegürtet, oder ob »groß und majestätisch« wie bei einer Juno (S. 578f.) – nichts entgeht seinem sachkundigen Blick! Doch er ist auch gegenüber anderen Reizen aufgeschlossen. An einer Musenmutter erscheint ihm der »rechte etwas angespannte« Schenkel bemerkenswert; er ist nämlich »voll, reich, fest, aber tief unter dem vollen Gewande« (S. 576). Auch an schlanken Hälsen, wohlgerundeten Waden und zierlichen Füßen vermag er sich nicht sattzusehen. Den Gipfel seines Fleisch-Enthusiasmus erreicht er in der zweiseitigen Beschreibung einer hellenistischen Venus aus dem Clementinum. »Von hinten zeigt sich der schöne Hintere, ohne das, was unter ihm ist [...]. Zur linken Seite sieht man die schöne Krümmung und Hebung ihres Leibes, die linke Brust unter dem linken Arm, mit dem Ellbogen vorwärts, die vortreffliche reiche linke Hüfte, auf der sie sitzt mit allem schönen Reichtum der Weiche der untern Seite, die stehende Wade, das untergeschlagne rechte Bein und die Finger der vorgebognen rechten Hand; dies ist wohl die ahndungsreichste, wollüstigste Seite.« Die angehängte Legitimierung des Nackten wirkt einigermaßen künstlich: »Rechte Probe, wie Scham, Denudation verschieden ist und gegeneinander: so auch Scham und Schönheit. Verhüllung und Nacktheit streiten, was verhüllt werden muß, auf der höchsten Spitze des nackten Reizes.« (S. 584) In seinem großen Gedicht *Stanzen*, das eine Art poetische Rechenschaftsablage darstellt, weiß er seine Schaulust aufs geistigste zu sublimieren:

Ich lernt' an eurem Knie, an eurem Busen
Nichts als – Humanität, erhabne Musen. (S. 381)

Bestätigt wird die Geheimbotschaft dieses Tagebuches durch die Begegnung mit der 47jährigen Malerin Angelika Kauffmann. Hier findet Herder endlich ein fühlendes Herz für seine Nöte; sie erscheint ihm als »himmlische Erscheinung« (S. 401), als »eine in sich zurückgescheuchte Taube« (S. 413), als »Engel« (S. 434), als seine »einzige Trösterin« (S. 395). Die Malerin verkörpert ihm »die Moralität, Frömmigkeit, Sittsamkeit, Reinheit und Unschuld selbst«, und er gerät fast ins Schwärmen über diese »einzige Seele«, die er in Rom gefunden habe (S. 413, 410). Unüberhörbar klingt verdeckte Erotik an: Die liebe und holde Angelika sei nur leider durch die »fatale Kunst [...] auf ihrem Stamme vertrocknet«. Alle Personen, die sie porträtiere, erhielten einen idealisierten Anstrich. Wahrscheinlich ungewollt kommt er zum hintersinnigen Resultat: »Sie kann nicht anders und ist überhaupt eine zarte Engelsfrau oder vielmehr Jungfrau, das sie leider noch sein mag.« (S. 360) Auch sonst weiß er dieses »seltne jungfräuliche Kunstwesen« nicht genug zu rühmen. (S. 395) »Ich bin bei ihr fast alle Tage«, bekennt er offenherzig (S. 410). Was schließlich meinen so vieldeutige Worte wie »Leider, daß sie in Rom, dem verwünschten Rom lebet, und noch so manches andre Leider!« (S. 413)? Die solchermaßen mitrauisch gemachte Gattin beruhigt er umgehend und pflichtschuldigst, es handle sich um eine rein geistige Beziehung: »Fürchte auch nichts von der Angelika Freundschaft. Sie ist die honetteste Frau von der Welt; ihr und mein Gemüt wendet sich anders wohin. Sie ist, wie ich wiederholen muß, eine wahre sittliche Schönheit«, welche die Sinne nicht reize. (S. 460) Er lebe, so besänftigt Herder schon früher die um seine Tugend besorgte Gattin, »in der höchsten Sinnlichkeit von außen so ätherisch-unsinnlich«, daß er selbst »davon keinen Begriff in Deutschland gehabt hätte«. (S. 322)

Man sollte freilich die sprechenden Dokumente, wozu sicherlich auch der von Liebesbeteuerungen gespickte Briefwechsel des Ehepaars gehört, nicht ausschließlich als Ausdruck eines Defizits und seiner Kompensation auffassen. Der Italienaufenthalt trug auch geistige Früchte. Er bestärkte Herder im systematischen Aufbau seiner Humanitätsphilosophie in den *Briefen zu Beförderung der Humanität* von 1795. Die griechische Kunst gilt ihm fortan als »Kennzeichen einer reinen Unbefangenheit«, eines »richtigen Gefühls« und »tieferen Mitgefühls«.[10] Bei Raffael und dem Klassizisten Anton Raphael Mengs erkennt er eben diesen antiken »Geist der Ruhe«, in den Gemälden der Angelika Kauffmann die »eingeborne moralische Grazie«.[11] Diese unhistorisch typisierende Anschauung bedeutet in Herders Denken jedoch eher einen Rückschritt. Auf die »ätherisch-unsinnliche« Kunstbetrachtung des älteren Herder trifft der Einwand der epigonalen Antike-Nachahmung, gegen die er in seiner Jugend zu Felde gezogen war, durchaus wieder zu. Die erzwungen »unsinnliche« Lebensweise seines Italienaufenthaltes hat sich unversehens in seine Kunstphilosophie eingeschlichen.

Eine andere Konsequenz ist die Verstärkung des Nationalen. Mehrmals erscheint in Herders Briefen der Gedanke, er habe erst in Italien sein Deutschtum zu schätzen gelernt. Bezeichnenderweise wieder in Abgrenzung von Goethe, dessen Verhältnis mit Christiane Vulpius er als Folge des römischen Lebenswandels auffaßt, während er selbst nach Rom gereist sei – »um ein echter Deutscher zu werden«.[12]

Herder erblickt in seiner Italienreise, an deren Ende er »des Sehens und Reisens satt« war (S. 471), erstaunlicherweise eine »Hohe Schule« weniger der Kunst als des Lebens. (S. 289) Dies deutet nicht etwa auf die Unergiebigkeit der Reise in Sachen Kunst, sondern auf die Bedeutung, die Herder nun dem »humanen Kern« der Kunst zugestand:

> *Nicht Kunst, nicht Wissenschaft. Die Kunst des Lebens*
> *ist Wissenschaft; sonst ist die Kunst vergebens.* (S. 381)

Es wäre verfehlt, aus diesem Bekenntnis Herder gar einen Strick drehen zu wollen: er selbst habe in Italien gerade nicht diese »Kunst des Lebens« erlernt. Die Verse zielen auf anderes: auf die Integration der Humanität in Wissenschaft und Kunst, auf das sittliche Fundament, das Herder an Goethes Kunst- und Lebensauffassung immer mehr vermißte. Konsequent jedenfalls war es, wenn er der Lehre vom interesselosen Schönen immer entschiedener sein Credo entgegenstellte: alle Kunst habe der humanen Persönlichkeit zu dienen. Zieht man alle negativen und skurrilen Begleitumstände von Herders Italienaufenthalt in Betracht, so ist das Niveau und die Konsequenz seiner Sublimierungskunst durchaus bewundernswert – bei aller angebrachten Skepsis.

Mit den Augen eines Außenseiters

Johann Gottfried Seume und die Entdeckung der italienischen Wirklichkeit

»Meine meisten Schicksale lagen in den Verhältnissen meines Lebens; und der letzte Gang nach Sizilien war vielleicht der erste ganz freie Entschluß von einiger Bedeutung.« (SS S. IX) 38 Jahre alt war Johann Gottfried Seume, als er seinen ersten ganz freien Entschluß, eine Reise quer durch Italien, 1801 in die Tat umsetzen konnte. Bis zu diesem Zeitpunkt hatte er selbst recht wenig Einfluß auf die Gestaltung seines Lebens gehabt. Als Sohn eines sächsischen Landwirts in ziemlich bescheidenen Verhältnissen aufgewachsen, war er nach dem frühen Tod seines Vaters völlig auf die Hilfe von Gönnern und Mäzenen angewiesen. Ein Graf ermöglichte ihm den Besuch verschiedener Schulen und ließ ihn anschließend in Leipzig ein Theologiestudium beginnen. Doch der Studieneifer des zu Dankbarkeit verpflichteten Zöglings galt den antiken Schriftstellern und der alten Geschichte. Sein dürftiges Kostgeld von monatlich fünf Talern kam meist nicht dem leiblichen Wohl, sondern Theaterbesuchen zugute. Die Lektüre freigeistiger Schriften verstärkte Seumes Unwillen und Skepsis gegenüber dem orthodoxen Glauben: »Ich glaubte nur, was ich begriff; und ich begriff von den Kirchendogmen nur sehr wenige«, erklärt er in seiner autobiographischen Schrift *Mein Leben*.[1] Zwischenzeitlich sogar der Ketzerei verdächtigt, sah er schließlich nur noch einen Ausweg, seinen Gönnern und dem ungeliebten Studium zu entkommen: die Flucht aus Leipzig. Paris hieß sein erstes Reiseziel; anschließend wünschte er auf der Artillerieschule in Metz eine militärische Ausbildung zu beginnen. Doch bereits nach drei Tagen Wanderschaft wurde die ›Reiseleitung‹ von höherer Stelle übernommen. Seume geriet hessischen Werbern in die Hände und wurde zusammen mit 12.000 weiteren Gefangenen als Söldner an die Engländer verkauft, um in Nordamerika die Befreiungsversuche der Kolonien niederzuschlagen. Nach einer strapaziösen, 22 Wochen dauernden Überfahrt endlich am Ziel angekommen, gab es jedoch nicht mehr viel zu tun, denn der Kampf war bereits zugunsten der Republikaner entschieden. Seume vertrieb sich die Zeit mit Jagen, Fischen und dem Schreiben von Gedichten – letztere nach eigener Aussage »höchst mittelmäßig«.[2]

1783 kehrte er zurück – preußische Werber verschleppten ihn nach Emden. Erst nach fast vierjähriger Gefangenschaft gelangen ihm Flucht und endgültige Heimkehr nach Leipzig. Ein dort begonnenes Jurastudium schloß Seume 1791/92 mit Promotion und Habilitation ab, doch schienen die Aussichten auf eine wissenschaftliche Karriere gering. Trotz seiner eher leidvollen Erfahrungen mit dem Kriegsdienst zog es ihn wieder zum Militär. Denn hier, so glaubte er, zähle die persönliche Leistung und nicht die Herkunft.

Seit 1792 verdingte er sich als Sekretär und Adjutant des Generals von Igelström im Dienste der russischen Besatzer Polens – diesmal ging es um die Bekämpfung der polnischen Freiheitsbewegung. Wohl nur durch eine strikte Trennung von Berufs- und Privatethos vermochte Seume den Konflikt zwischen dieser Aufgabe und seiner freigeistigen Gesinnung zu lösen: »Ich that damals als russischer Offizier meine Schuldigkeit und dachte sodann über die Sache nach meiner Weise«, schrieb er 1798 an Johann Wilhelm von Archenholz (PR S. 111). Daß er »zwei Mal gegen die Freiheit zu Felde zog«, wie er später in seinem Italienbericht bekennt, hat ihn sein ganzes Leben lang beunruhigt und in Briefen und Werken immer wieder zu Selbstrechtfertigungen geführt (SS S. VIII).[3]

Pflichtbewußtsein und Treue gegenüber den Liquidatoren Polens wurden jedenfalls nicht belohnt. Als Seume einen Gestellungsbefehl zu spät erhielt und nicht rechtzeitig in Rußland eintreffen konnte, mußte er den Dienst quittieren und verlor sogar seinen Pensionsanspruch; eine bittere Enttäuschung für ihn und Anlaß, sich endlich im bürgerlichen Leben zu versuchen.

1797 tritt er in Grimma eine Stelle als Korrektor – das entspricht etwa dem heutigen Lektor – beim Göschen-Verlag an. Seumes Oberaufsicht über Göschens Klopstock-Ausgabe verläuft nicht ohne Spannungen und Streitigkeiten mit dem hypersensiblen Klopstock, der keinerlei Veränderungen an seinem Manuskript dulden will. Auch privat wird Seume nicht eben vom Glück verfolgt. Seine Beziehung zu der schönen und reichen Wilhelmine Röder nimmt ein schnelles und unerfreuliches Ende. Wilhelmine löst die Verbindung angeblich auf Drängen ihres Vaters; doch wie Seume wenig später erfahren muß, hat dieser gar nichts von seinem Schwiegersohn in spe gewußt. Immerhin zieht Seume seine Tätigkeit als Korrektor dem Kriegshandwerk vor: »In dubio ist es wohl noch besser, wenn ich ein schlechtes Buch mache, als wenn ich eine gute Bataille gewinnen helfe.«[4] Dennoch bewertet er seine Zukunft unter den gegebenen Umständen pessimistisch: »Wenn ich so fort korrigiere fürchte ich nur, mein ganzes Leben wird ein Druckfehler werden«, klagt er 1798 seinem väterlichen Freund und Berater Wilhelm Ludwig Gleim (PR S. 182).

In der Folgezeit spricht Seume dann wiederholt von einem geplanten »Spaziergang nach Syrakus« (PR S. 187), ein Vorhaben, das bei seinem Arbeitgeber Göschen auf Unverständnis stößt und den besorgten Gleim zu eindringlichen Warnungen veranlaßt:[5] »Sie begeben sich in große Gefahren. Wer weiß, wo sie ein Unthier oder ein Unmensch um's Leben bringen wird. Bleib' zu Hause, rath' ich, lieber Genius Seume, und nähre Dich redlich! Wie viele Reisende meiner Bekanntschaft kamen unweiser, als sie abreisten, aus Italien und Griechenland zurück«, schreibt er am 11.2. 1801 an Seume (PR S. 271), der ihm einen Tag zuvor angekündigt hatte: »[...] Ende des Jahres [...] denke ich abzupilgern, da ich zu Hause vor der Hand nichts Vernünftigeres zu thun weiß.« (PR S. 273)

Denn er fühlt sich – nicht ohne Bitterkeit – durchaus entbehrlich: »Mein Vaterland verliert, wie ich merke, nichts, wenn mich auch ein Banditendolchstich dahin fördern sollte«, hieß es schon in einem Brief vom Mai 1800 (PR S. 253).

Nichts zu verlieren hat auch Seume selbst: weder ein aussichtsreicher Posten noch private Verpflichtungen binden ihn an die Heimat. Die Möglichkeit, sich – nach Jahren der Unterordnung und Benachteiligung – mit einer Reise den gesellschaftlichen Zwängen und der Trostlosigkeit seines Korrektordaseins eine Zeit lang zu entziehen, erscheint hingegen verlockend. Obwohl derartige ›Aussteiger‹-Absichten sicherlich eine Rolle spielen, bleibt Seumes anfängliche Orientierung an der traditionellen Bildungsreise unübersehbar. Italiensehnsucht und humanistische Reminiszenzen leiten auch ihn; neben der Absicht, »der Mediceerin ein wenig auf und in die Händchen und dem Vater Aetna in den Mund zu sehen«, ist es der bescheidene Wunsch, »eine Idylle Theokrits auf der Landspitze von Syrakus zu lesen«.[6]

Auf den ersten Blick weicht Seumes Italientour tatsächlich kaum von der üblichen Besichtigungsroute vornehmer Italienfahrer ab: Sie führt zu bekannten Kunstwerken und Naturwundern, zu den Originalschauplätzen antiker Literatur und großer Geschichte, zu Denk- und Grabmälern berühmter Männer. In der konkreten Ausführung aber unterscheidet sich Seume gravierend von seinen Vorgängern. Er reist gewissermaßen ›alternativ‹ – zu Fuß nämlich, was die billigste, zugleich aber die unbequemste und gefährlichste Reiseart war. Den Verzicht auf Reisekomfort begründet er in seinem späteren Rußland-Reisebericht *Mein Sommer* weniger finanziell, sondern als Voraussetzung für eine erweiterte Wahrnehmung und eine ethische Haltung: »Wer geht, sieht im Durchschnitt anthropologisch und kosmisch mehr, als

Von den deutschen Literaten hat Seume als erster die unteren Bevölkerungsschichten Italiens ins Blickfeld gerückt und deutliche sozialkritische Töne angeschlagen. Auch in Heinrich Bürkels (1802–1869) Gemälde *Rom. Am Marcellus-Theater* findet sich italienisches Alltagsleben, freilich in stilisiert-pittoresker Form: das ›Volk‹ fungiert eher als ›realistische‹ Staffage kulturträchtiger Ruinen denn als Indiz sozialer Ungerechtigkeit.

wer fährt [...]. Sowie man im Wagen sitzt, hat man sich sogleich einige Grade von der ursprünglichen Humanität entfernt.« Die Beschränkung ist Ausdruck geistiger und körperlicher Stärke und des sozialen Engagements: »Fahren zeigt Ohnmacht, Gehen Kraft. Schon deshalb wünschte ich nur selten zu fahren, und weil ich aus dem Wagen keinem Armen so bequem und freundlich einen Groschen geben kann.«[7]

Mit seiner Fußwanderung protestiert Seume gegen das Reiseprivileg des begüterten Italienfahrers, gegen die ständische Beschränkung der spätfeudalen Gesellschaft. Seumes eigene soziale Außenseiterposition und die Fußgängerperspektive garantieren den Blick ›von unten‹; anders als die Bildungsreisenden seiner Zeit kommt er hauptsächlich mit den unteren Bevölkerungsschichten in Berührung. Die engagierte Beobachtung des gegenwärtigen Lebens, die Parteinahme für die Entrechteten und Armen verdrängen zunehmend die vagen bildungsbürgerlichen Motive und führen gar zur demonstrativen Abkehr von herkömmlichen Bildungsidealen. In seinem 1803 erstmals erschienenen Reisebericht *Spaziergang nach Syrakus im Jahre 1802* jedenfalls weist er nachdrücklich darauf hin, er sei »nicht nach Italien gegangen, um vorzüglich Kabinette und Galerien zu sehen«, und beschränkt sich in Fragen der ›klassischen‹ Kultur auf eine selbstbewußt vorgetragene »Laienphilosophie« (SS S. 97).

Am 6. Dezember 1801 trat Seume seinen weiten Weg an. Sein Freund und Begleiter, der Maler Veit Hans Friedrich Schnorr von Carolsfeld, blieb bereits in Wien zurück, vermutlich, weil ihm das Unternehmen am Ende doch zu gefährlich erschien.[8] Konsequenterweise verzichtete Seume auf jegliche finanzielle Absicherung. »Litterärische Verbindlichkeiten«, durch die seine Reise doch noch so etwas wie einen Auftrag und immerhin einige hundert Taler Zuschuß erhalten hätte, lehnte er ab. »Es ist immer drückend, Obliegenheiten zu haben, wodurch man einigermaßen von dem Willen eines andern abhängt«, schrieb er an Gleim (PR S. 261).

Nicht zu drücken schien ihn hingegen ein ganzer Stapel antiker Literatur von Homer bis Tacitus, den er in seinen Tornister packte. Mit dieser Last auf dem Rücken wanderte Seume in nur neun Monaten von Wien über Triest, Venedig, Bologna und Rom bis Neapel – von hier ging es dann mit dem Schiff nach Palermo – dann weiter zu Fuß rund um Sizilien herum; zurück nach Neapel, Rom, Florenz, Mailand, Zürich, Basel, Paris, Nancy, Straßburg, Frankfurt am Main, Weimar und schließlich nach Leipzig.

Zwischen Goethes und Herders Italienreisen und Seumes Fußwanderung liegt das welthistorische Ereignis der Französischen Revolution. Napoleon hatte seit 1796 zunächst die Lombardei erobert und war dann weiter nach Süden vorgestoßen. Es folgte die Gründung der französischen Tochterrepubliken Mailand und Genua, der Kirchenstaat wurde zur römischen, das Königreich Neapel zur Parthenopäischen Republik erklärt. Schon 1799 brachen die französischen Tochterrepubliken zusammen, jedoch gewannen die napoleonischen Truppen bald die Oberhand zurück. Napoleons ›Neuordnung‹ von 1802 setzte schließlich den Kirchenstaat und das Königreich Neapel wieder ein. Teils verehrte die Bevölkerung Napoleon als Befreier, teils litten die Italiener unter der französischen Besatzung; in jedem Fall wirkten die ständigen Wechselbäder zwischen Monarchie und Republik demoralisierend. Wirtschaftlich war das Land, auch als Folge der jahrhundertelangen Kirchenherrschaft, dem Ruin nahe. Zahlreiche berühmte italienische Kunstwerke hatten die Franzosen übrigens kurzerhand nach Paris überführt.

Der Fußgänger Seume lernt ein zerrüttetes, teilweise verwüstetes Land kennen, dessen Bewohner psychisch und meist auch physisch am Ende sind. Die ernüchternde Gegenwart Italiens verdrängt die Zeugen der großen Vergangenheit. Roma aeterna, für Goethe und viele seiner Zeitgenossen das künstlerische Mekka, der Ort geistiger Wiedergeburt, erscheint Seume als »Kloake der Menschheit« – eine nicht uninteressante Parallele zu Herders deprimierendem Romerlebnis. »Die Straßen sind nicht allein mit Bettlern bedeckt, sondern diese Bettler sterben wirklich daselbst vor Hunger und Elend. [...] Ich selbst habe Einige niederfallen und sterben sehen. [...] Man kann hier sein und sich wohl befinden, nur muß man die Humanität zu Hause lassen.« (SS S. 217, S. 219)

Die Fußgängerperspektive, seine persönliche Leidensbiographie und die aktuelle Geschichte Italiens schärfen Seumes Blick für die Kehrseite des überlieferten Italienbildes. Den möglichen Vorwurf der Miesmacherei entkräftet er gleich in der Vorrede zur zweiten, 1805 erschienenen Auflage seines Reiseberichts: »Faktisch waren die Dinge so, wie ich sie erzähle [...]. Warum sollte ich zu entstellen suchen? Zu hoffen habe ich nichts, und fürchten will ich nichts.« (SS S. XIII)

Die Faktizität ist also erklärter Maßstab seiner Schilderungen. Dies führt zu einer bisweilen pedantisch anmutenden Auflistung des Handfesten – man findet die Preise für Unterkünfte und Maultiere ebenso verzeichnet wie die Qualität landesüblicher Mahlzeiten oder der italienischen Straßenverhältnisse, zu deren Verbesserung er sogar konkrete Vorschläge macht. (SS S. 92 f.)

Faktizität heißt für Seume, daß Italien nicht zur Chiffre für große Kunst und Geschichte verkommt, sondern daß die realen Lebensbedingungen der Italiener, die politischen und sozialen Verhältnisse im Zentrum stehen.

Von der wissenschaftlich-enzyklopädischen Reisebeschreibung, etwa eines Johann Jacob Volkmann, aber auch von der ästhetisch ausgerichteten Italienliteratur grenzt Seume seinen Bericht ausdrücklich ab. »Du mußt und wirst von mir nicht erwarten, daß ich Dir eine topische, statistische, literarische oder vollständig kosmische Beschreibung von den Städten gebe, wo ich mich einige Zeit aufhalte. [...] Ich erzähle Dir nur freundschaftlich, was ich sehe, was mich vielleicht beschäftigt und wie es mir geht.« (SS S. 111)[9] Den Leser bezieht er als imaginären Briefpartner und Vertrauten unmittelbar in das Geschehen mit ein und stellt damit eine emotionale Verständigungs- und Identifikationsbasis her. Die im 18. Jahrhundert durchaus gebräuchliche Brieffiktion ist zudem die einzige formale Klammer. Denn Seume geht bei der Anordnung der beobachteten Fakten nicht systematisch vor; er erzählt spontan, greift manchmal vor oder zurück, philosophische Einsichten stehen neben persönlichen Abenteuern, soziale Zustandsberichte neben Lappalien – gleichwohl zieht sich die sozialkritische Perspektive wie ein roter Faden durch den gesamten »Spaziergang«. Zuweilen gerät das Werk zur polemischen Kampfschrift gegen das korrupte Regierungswesen und gegen die anachronistische Herrschaft der Kirche.

Seume unterscheidet nämlich strikt zwischen Volk und Regierung. Die Italiener gelten ihm als brave, ja als edle Nation. Er gibt der feudalistischen Verfassung, der korrupten Regierung und dem »Religionsunwesen« die ausschließliche Schuld an der Misere, der Vergrößerung der Kluft zwischen arm und reich, der Unsicherheit auf den Straßen und der intellektuellen Unterdrückung (SS S. 213). Weltliches und geistliches System stützen einander auf Kosten des Volkes. Insbesondere auf Mönche und Klöster hat Seume einen ausgesprochenen Pik. Er sieht in ihnen »das geistliche Mastheer«, »das Ungeziefer des Staats«, lauter abergläubische Heuchler und Schmarotzer, einen Ausbund an Unvernunft und Nutzlosigkeit (SS S. 217, S. 162). Die Besichtigung sizilianischer Klöster weckt in ihm nur einen einzigen Wunsch: »Ich wollte, es wären Schweineställe.« (SS S. 130)

Läßt sich Seumes sarkastische Mönchsschelte noch aus alter reformatorisch-protestantischer Tradition erklären, so verwundern dagegen seine fortwährenden Ausfälle gegen Kirche und orthodoxen Glauben. Immerhin war zwei Jahre zuvor sein *Pflichten- und Sittenbuch für Landleute* erschienen, in dem er den Bauern die christlichen Tugenden Demut und Gehorsam gepredigt und als unverzichtbare Garanten der öffentlichen Ordnung und der sozialen Zufriedenheit propagiert hatte.

Im napoleonisch geordneten Italien indes erkennt er den restaurativen Charakter kirchlicher Lehren, die – entgegen der christlichen Intention – die soziale Ungerechtigkeit nicht beseitigen, als sie vielmehr zementieren. Überall erblickt er die »Nebelkappe der Vorurteile, der Privilegien, des eisernen Gewissenszwanges« (SS S. 214). Das christliche Kreuzeszeichen symbolisiert ihm »knechtische Geduld« und subalterne Tugend«, also Eigenschaften, die gerade in einem so unterjochten Land fehl am Platze sind (SS S. 236f.). Oder das Dogma von der »Vergebung der Sünden« scheint ihm in der Praxis nur der Vermehrung der Bösewichter zu dienen, indem es ja präsumptiv Straffreiheit zusichert. »Man darf nur die Länder recht beschauen, wo diese entsetzliche Gnade im größten Umfange und Unfuge regiert; kein rechtlicher Mann ist dort seiner Existenz sicher.« (SS S. 204) Gegen den orthodoxen Katholizismus reklamiert Seume für sich selbst einen »Katholizismus der Vernunft, der allgemeinen Gerechtigkeit, der Freiheit und der Humanität« (SS S. 214). Auch seine ursprüngliche Verehrung für Napoleon weicht einer kritischen Bewertung des Mannes, der seit dem Antritt der Alleinherrschaft »die Freiheit entschieden wieder zu Grabe zu tragen droht« (SS S. 275). »Ich wollte so gern einmal einen wahrhaft großen Mann rein verehren; das kann ich nun hier nicht«, lautet Seumes ernüchternde Bilanz zum Thema Napoleon (SS S. 278).

Hinter der stark politisch-zeitgeschichtlichen Akzentuierung seines Reiseberichts tritt die Auseinandersetzung mit der italienischen Vergangenheit und Kunst zurück. Überhaupt registriert Seume, hierin ganz Kind seiner Zeit, fast ausschließlich die antiken Bauwerke. Seine Kommentare, seine Konfrontationen von Geschichte und Gegenwart, von künstlerischer Prachtentfaltung und praktischer Verwendbarkeit wirken oft wie die Ironisierung der eingeschworenen Antiken- und Kunstenthusiasten. »In der langen Vorstadt von Messina traf ich einige sehr gut gearbeitete Brunnen mit pompösen lateinischen Inschriften, worin ein Brunnen mit Recht als eine große Wohltat gepriesen wurde. Nur schade, daß sie kein Wasser hatten.« (SS S. 178)

Blick auf Syrakus/Sizilien Von der Bedeutung und Größe der einstigen Griechenmetropole Syrakus ist bei Seumes Ankunft im Jahre 1802 nicht mehr viel zu verspüren. Um 734 v. Chr. von dorischen Korinthern besiedelt, erlebte die Stadt zwischen 500 v. Chr. und dem Beginn der römischen Herrschaft 241 v. Chr. eine glanzvolle Blütezeit und stellte zeitweise selbst Athen in den Schatten. Bis zu 800000 Menschen lebten in Syrakus, »mehr Einwohner, wie jetzt die ganze Insel«, wie Seume betrübt feststellen muß (Seume: *Spaziergang nach Syrakus*, S. 158). Melancholische Gefühle beschleichen ihn beim Blick über die einstmals riesige Fläche der Stadt, die nun auf das Areal des Inselchens Ortygia mit dem unter staufischer Herrschaft erbauten Castello Maniace zusammengeschrumpft ist.

Auffallend jedenfalls und keineswegs als Banausentum erklärbar ist Seumes prononciertes Desinteresse an Kunstschätzen. »Du kennst meine Saumseligkeit und Sorglosigkeit in gelehrten Dingen und Sachen der Kunst. Was soll ich Laie im Heiligtum? Die Galerie sah ich nicht, weil ich dazu noch einmal hätte Schuhe anziehen müssen; den Antikensaal sah ich nicht, weil ich den Inspektor das erste Mal nicht traf; und das übrige nicht, weil ich zu indolent war.« (SS S. 4) Die wiederholten Hinweise auf die eigene Inkompetenz sind aber letztlich nur Ausdruck einer bewußten Kunstabstinenz und Bildungsdistanz. Gegen den »an Kunstwerken orientieren Begriff einer ästhetischen Kultur« im Sinne der Winckelmannianer setzt Seume ein auf die soziale und politische Praxis bezogenes Kulturverständnis.[10] Die Plastiken, in denen etwa Herder den Gipfel einer humanistisch geprägten Antike erblickt, besitzen für den »Laien im Heiligtum« keinen Wert an sich. Auch Bauwerke bewertet er unter dem Aspekt der gegenwartsbezogenen Nützlichkeit: »Ich bekenne, daß ich für zwecklose Pracht, wenn es auch Riesenwerke wären, keine sonderliche Stimmung habe.« (SS S. 90) Ein erkennbarer Nutzwert hingegen versöhnt sogar mit der kirchlichen Herkunft: »Eine Wasserleitung halte ich überall für eins der wichtigsten Werke und für eine der größten Wohltaten [...]. Wenn ein Papst eine recht schöne wohltätige Wasserleitung bauet, kann man ihm fast vergeben, daß er Papst ist.« (SS S. 75)

Auch für das sogenannte »Pittoreske« hat Seume keinen Blick. Armut, Bettelei und Lethargie des italienischen Volkes werden nicht zu folkloristischen Genreszenen verklärt und als Ausdruck der vielgepriesenen »dolce far niente«-Mentalität gefeiert, sondern als erschütternde soziale Tatsachen geschildert, Glieder einer lückenlosen Beweiskette, mit der Seume das Versagen von Obrigkeit und Kirche belegt. Ebenso können historische Bauwerke als Symbole für bestimmte politische Systeme stehen. Seumes Schilderung der ins »Riesenmäßige« gesteigerten Peterskirche ist zugleich eine Kritik am Herrschaftsanspruch der katholischen Kirche (SS S. 225). Zwar stellt er hierbei dem hybriden christlichen Kirchenbau das antike Pantheon als Beispiel »der stillen Größe der alten Kunst« gegenüber (SS S. 225). Doch bedeutet dies nicht, daß er die seit Winckelmann unangetastete Vorbildlichkeit der Antike auch in ihrer historisch-politischen Dimension gelten läßt. Der Anblick römischer Gefängnisruinen bestätigt ihn in seiner Ablehnung des antiken Staatswesens, das ihm von außen als »Raub« und von innen als »Sklaverei« erscheint (SS S. 224).

Ähnlich wie in der Kunstbetrachtung folgt Seume auch in seiner Einschätzung von Geschichte pragmatischen Gesichtspunkten: Wenn ihm die Geschichte nur Belegmaterial für richtiges und falsches Handeln liefert, so vertritt Seume hierin zwar einen Vor-Herderschen Standpunkt. Das Neue und Zukunftsweisende seiner Betrachtung ist jedoch die Verlagerung vom Individuum auf den Staat. Statt von einem ethisch-humanistischen Persönlichkeitsideal auszugehen, fragt er nach der ungeschminkten sozialen und politischen Realität, denn sie bestimmt seiner Meinung nach die Ausbildung, Selbstfindung und Verwirklichung des einzelnen. Seume plädiert für die Republik als Staatsform, vorausgesetzt, daß Gerechtigkeit und Gesetze für alle Bürger gelten, Privilegien und Standesschranken abgeschafft werden. Diese Forderungen sieht er weder in den antiken noch in den gegenwärtigen Gesellschaften erfüllt. »Wo nicht der Knabe, der diesen Abend in der letzten Strohhütte geboren wurde, einst rechtlich die Magistratur seines Vaterlandes verwalten kann, ist es Unsinn von einer vernünftigen Republik zu sprechen.« (SS S. 275)

Ziemlich unempfänglich ist Seume auch für die Schönheiten der Natur. Natur- und Landschaftsbeschreibungen finden sich kaum. Die spärlichen formelhaften Eindrücke wie »schön« oder »herrlich« können nicht darüber hinwegtäuschen, daß Seume – entsprechend dem einseitigen agrarischen Wirtschaftsideal der Aufklärung – Kulturlandschaften der wilden und erhabenen Natur vorzieht. Als schutzloser Wanderer ist er zudem in unbebauten Landstrichen besonders großen Gefahren ausgesetzt; die wiederholte Bekanntschaft mit Räuberbanden bleibt ihm nicht erspart. Landschaft gewinnt, ähnlich wie das Geschichtsmaterial, erst in ihrer Verwendbarkeit Wert für die Menschen. Als Ausdruck menschlichen Fortschritts dokumentiert sie zugleich deren politische Verfaßtheit – der Zustand der Kulturlandschaft wird zur Anklage oder zur Legitimation des Herrschaftssystems, das über sie verfügt. Der faktische Widerspruch, daß ein »wahrer Hesperidengarten« »von elenden Bettlern« wimmelt, lenkt den Leser, ohne moralischen Zeigefinger, auf die politische Ursache (SS S. 126).

Goethe hatte als Absicht seiner Italienreise definiert, sich »an den Gegenständen kennen zu lernen«. Auch Seumes Reise löst einen persönlichen Verstehensprozeß aus, er setzt jedoch ganz andere Prioritäten. Sein italienischer Spaziergang führt ihn zur Klärung seiner bis dahin recht widersprüchlichen politischen Ansichten. Das Selbstfinden mündet in ein Bekenntnis zum politischen Schriftsteller, der das »Wahre und Gute« »laut und fest und deutlich« sagt (SS S. VII). Eine nutzbringende Literatur soll sich deshalb nicht an der Phantasie orientieren, sondern an der geschichtlichen Wirklichkeit.[11] Ästhetische Fragen sind – gemäß seiner zweckorientierten Kunstauffassung – zweitrangig, im Falle seines Italienberichts würden »Charakteristik und Wahrheit« »durch ängstliche Glättung zu sehr leiden« (SS S. XII). Der Schriftsteller soll, ohne Emotionen und Vorurteile, »die Sachen ernsthaft geschichtsmäßig nehmen« und die geschilderten Fakten immer durch Orte, Personen, Namen, Umstände belegen, »damit alles soviel als möglich aktenmäßig würde« (SS S. VII). Als literarische Mittel, die Datenfülle in politischem Sinne einzusetzen, dienen ihm distanzierendes Urteil und kontrastiver Vergleich sowie der parodistisch-respektlose, ja der sarkastische Ton.

So erhält das aufgehäufte empirische Material, alle beobachteten und niedergeschriebenen Fakten, eine politische Funktion: Sie sollen die Überlegenheit einer freien Gesellschaft über eine feudale Gesellschaft erweisen. Konsequenterweise spielen für Seume Kategorien wie Rasse und Nationalcharakter keine Rolle. Wo er Freundlichkeit und sittliches Verhalten vermißt, führt er den Mangel auf soziale und politische Gründe zurück. Das Gesetz, dem Seumes Empirismus und dessen regimekritischer Einsatz sich verpflichtet weiß, ist der Humanitätsglaube. Für Seume ist jedoch Humanität nicht das Resultat einer geistig-individuellen Erziehung – wie bei Herder –, sondern eine Frage des sozialen Zustands. Freiheit, Gleichheit und Gerechtigkeit – erst die staatliche Verfaßtheit dieser Werte ermöglicht dem einzelnen eine humane Lebensführung, ganz gleich, ob er als Italiener, Franzose oder Deutscher geboren wird.

Es läßt sich nicht leugnen, daß Seumes sozialkritische, für alle Nationen verbindlichen Maßstäbe den Blick auf manche italienische Eigentümlichkeit, auf herausragende Schönheiten und Schätze versperren. Er sucht und findet in Italien nichts grundsätzlich Anderes, Unvergleichliches oder gar Exotisches. Sein beschwerlicher Fußmarsch führt dennoch in ein ›anderes‹, zu Beginn des 19. Jahrhunderts in Deutschland so gut wie unbekanntes Italien: in die von individualistischer Verklärung und bildungsbürgerlicher Schwärmerei befreite italienische Wirklichkeit.

»Von Reu' zur Gier, von Gier zur Reu'«
Zacharias Werners römisches »Damaskus«

Das Erlebnis Rom hat im Leben zahlreicher dichtender Italienreisender eine entscheidende Rolle gespielt, aber wohl bei keinem wurde die ganze Existenz so total umgekrempelt wie bei dem aus Ostpreußen stammenden Zacharias Werner. Er figuriert als nicht untypisches Beispiel eines exaltierten romantischen Dichters, der – auch wenn seine Dramen und Gedichte heute weitgehend vergessen sind – auf seine Zeitgenossen doch nachhaltigen Eindruck gemacht hat. Die Quellen für die Kehrtwende in Werners Leben finden sich in Briefen und Tagebüchern.

Geboren wurde Friedrich Ludwig Zacharias Werner um Mitternacht, zwischen dem 18. und 19. November 1768 in Königsberg. Sein Vater lehrte an der dortigen Universität als Professor der Beredsamkeit und der Geschichte, starb jedoch bereits 1782, und der junge Werner geriet nun ganz unter den für ihn so unglücklichen Einfluß seiner Mutter Luise Henriette, einer Nichte des Dichters und Gottsched-Lehrers Johann Valentin Pietsch. Sie war einem pietistischen Mystizismus zugetan, hatte hysterische Anfälle und neigte zu religiöser Überspanntheit, in der sie zuletzt ihren Sohn für Jesus Christus und sich selbst für die Jungfrau Maria hielt.[1] Hier liegen wohl die Wurzeln für Werners eigene mystische Religiosität, die in krassem Gegensatz zu der frühentwickelten hemmungslosen Sinnlichkeit steht. Entgegen dem Wunsch seiner Mutter, er möge Theologie studieren, entschloß er sich zum Jurastudium in Königsberg, das er 16 Semester lang ohne sonderlichen Eifer betrieb.[2] Ein paar Worte zur Biographie, die sein Romerlebnis erst erklärt.

Bei seinem lockeren Treiben, das ihn mit seinen Kommilitonen in diverse Freudenhäuser führte, lernte er 1791 die Dirne Friederike Schultz kennen. Sie muß es seinen Sinnen offenbar so angetan haben, daß er sich alsbald entschloß, sie zu ehelichen. Und diesen Entschluß setzte er, gegen den selbstverständlichen Widerstand seiner Verwandtschaft, sogleich in die Tat um, floh nach Warschau und heira-

Auf seiner Reise nach Rom kam Werner auch durch *Bologna.* Sein kurzer Tagebucheintrag spiegelt den Eindruck dieser altertümlichen Stadt bildhaft wider: »Wenn man über den Markt geht, so gelangt man auf den Platz, wo die beiden Thürme sind, der lange, schlanke, hohe, genannt Torre dei Asinelli, und dabei ein hängender schiefer, wie die Aufklärung. Gothische Gebäude umgeben diesen schönen alten Platz, und es ist sonderbar, daß die gothische Architektur in Italien einen ihr in Deutschland sonst nicht eigenen Charakter von Zierlichkeit und Heiterkeit gewinnt [...].« (Werner: *Tagebuch*, S. 117)

tete sie dort. Die überstürzte Verbindung war denkbar unglücklich, Friederike betrog ihn und die Scheidung von der »unwürdigen Kreatur« kam bereits nach zwei Jahren. Obwohl Werner alles andere als asketisch lebte, ging er doch am 11. November 1799 eine zweite Ehe ein, diesmal mit einer völlig anders gearteten Person: mit dem Königsberger Fräulein Karoline Friederike Luise Jorzig. Liebe spielte bei dieser Verbindung offenbar überhaupt keine Rolle, und zwar auf beiden Seiten nicht. Die Ehe währte noch kürzer; schon im Frühjahr 1801 trennte man sich. Aber schon am 27. August desselben Jahres heiratete er ein drittes Mal, die des Deutschen nicht kundige Margarethe (polnisch Malgona) Marchwiatowski, die Tochter eines polnischen Schneidermeisters. Diesesmal war es eine reine Liebesheirat, ja, noch in späterer Zeit bekennt er sich zur Einzigkeit dieser Beziehung. Zunächst ließ sich auch alles gut an; die schöne Polin folgte dem Dichter nach Königsberg, um dessen schwerkranke Mutter zu pflegen. Hier entstand sein erstes Drama, das ihn allgemein bekannt machte, *Die Söhne des Tals*. Doch auch diese Ehe nahm ein unglückliches Ende. Ausgerechnet ein Freund Werners, der Geheimerat Kunth, verliebte sich in Malgona, und seine Liebe wurde erwidert. Die paradoxe Situation entstand, daß Werner, dem Kunth einen Posten im heißersehnten Berlin verschafft hatte und der nun sein bisher eher kärgliches Dasein pekuniär zu verbessern trachtete, von seiner Frau vor die Wahl gestellt wurde: sie freizugeben und dadurch glücklich zu machen oder zusammen mit ihr unglücklich zu werden; denn sie liebe ihn nicht mehr. Werner konnte sich der vereinten Tränenflut der Liebenden nicht entziehen und in rührenden Szenen nahm man Abschied voneinander.[3] Die Scheidung fand Ende 1805 statt, und Margarethe heiratete alsbald den Geheimerat Kunth. Gleichwohl bewahrte Werner ihr ein liebendes Angedenken. Allerdings, von der Ehe hatte er endgültig genug. Er warf sich fortan mit voller Kraft aufs Dichten, und hier, im Drama und in der Lyrik, hatte er rasch Erfolge aufzuweisen.

Im Kreis seiner Warschauer Freunde, vor allem Johann Jakob Mnioch und Julius Eduard Hitzig, lernte Werner die neueren romantischen Literaturbestrebungen kennen, ohne jedoch mit seinem Landsmann E.T.A. Hoffmann in nähere Verbindung zu treten. Hoffmann mochte den »gesprenkelten Charakter« Werners wenig.[4] Werner, der sich damals mit der mystischen Philosophie Jakob Böhmes beschäftigte, erklärt den Glauben der Romantiker – er denkt dabei an Novalis, Tieck und Schlegel – für den alleinseligmachenden. Mehrfach hebt er als die drei obersten Kategorien Religion, Kunst und Liebe hervor, und er schwärmt von der Gründung eines Ordens, einer »wahren Kirche«, in der die Ideale Religion, Moral und Kunst verherrlicht würden. Dem Staat obliegt nach seiner Ansicht die Vernunftbildung, der Kirche und »deren Dienerin«, der Kunst, dagegen »die Bildung der Phantasie und die Verbrüderung der Menschheit durch Vertilgung des Egoismus«.[5]

Von Interesse ist sicherlich seine Beziehung zu Goethe, weil der bindungslose, zwischen subalternen Staatsämtern und freiem Wanderleben pendelnde Werner in dem Dichterfürsten einen neuen Halt suchte und zunächst auch fand.[6] Das Verhältnis beider läßt sich fast auf den Nenner bringen: Werner, dieser unselbständige, von der Mutter verhätschelte, zwischen derber Sinnlichkeit und mystischer Religiosität hin- und hergerissene, von drei Frauen verlassene Mann, suchte an Stelle des schmerzlich vermißten Vaters eine Ersatz-Vatergestalt. Diese Vaterfigur fand er in

Goethe, den er in seinen Briefen als »Helios« buchstäblich vergöttert – ein Indiz für die wunschbildhafte Projektion eines ›Übervaters‹.[7]

Die zwei Weimaraufenthalte Werners lassen sich exakt datieren. Der erste dauert vom 19. Dezember 1807 bis zum 28. März 1808, der zweite vom 21. Dezember 1808 bis zum 4. Juni 1809. Bereits 1804 hatte Werner Goethe einen verehrungsvollen Brief geschrieben, in dem er ihm *Die Söhne des Tals* sandte. Goethe hatte den Brief jedoch nicht beantwortet. Zum ersten Mal sah Werner den Weimarer am 1. Dezember 1807 in Jena.[8] Goethe fand offenbar an Werner ziemliches Gefallen, er führte im Januar 1808 auf der Weimarer Bühne sogar dessen Amazonen-Drama *Wanda, Königin der Sarmaten* auf. Beim zweiten Weimar-Aufenthalt kam es zu einem Eklat, als Werner am Silvestermittag 1808 ein mystisches Sonett vortrug, das Goethe zu einem heftigen Verweis provozierte. Werner hatte darin den vollen Mond mit einer Hostie verglichen – und damit Goethes bekannte Abneigung gegen alles Romantisch-Christliche geweckt.[9] Nach einer dreiwöchigen Pause besserte sich zwar wieder das Verhältnis, doch die alte Eintracht wurde nicht mehr ganz erreicht; Goethe stand Werners geistigen Produkten deutlich reservierter als zuvor gegenüber.[10] In Jena, wohin er Goethe Ende Mai folgte, versöhnten sich beide wieder. Dort, im Hause des Jenaer Buchdruckers und Verlegers Frommann, ist ihm die Malerin Louise Karoline Sophie Seidler begegnet, und hat sein Aussehen festgehalten: »Der Eindruck, den er machte, war eigentümlich genug: klein und erloschen die grauen Augen, die Gestalt lang, schlotternd, die Toilette schmutzig und vernachlässigt. Überdies schnupfte er unaufhörlich.« (T II, S. 66) Es gab einen rührenden Abschied; in Goethes »großem, göttlichem Auge« glänzt eine Träne und ein wortloser Händedruck verheißt Werner die Versöhnung. (T I, S. 44) Gesehen haben sich beide Dichter nie wieder, aber Werner hat Goethe mehrmals aus Rom geschrieben. Ein Brief, den Werner am 22. August aus Tübingen an Goethe schrieb, zeugt von der labilen, hingabewilligen Verfaßtheit seines Charakters: »[...] Aber zuvor will ich noch einmahl in Gedanken Ew. Excellenz theure Hände küssen für jenen mir geschenkten göttlichen Jenaischen Abend; er reihte sich an jene hellen Decembertage, wo mir Helios belebend und erwärmend aufgieng in Jena, wie ein würdiges Alter an eine freudige Jugend! Nie habe ich die Allmacht und Huld der göttlichen Natur des gebohrenen Meisters Aller, die zu ihm heraufschauen, lebhafter, entzückender empfunden, als an eben diesem Jenaischen Abschieds-Abende, wo die Strahlen, die kürzlich nur noch als Blitze in mein dürres Halmenfeld geschlagen hatten, mir tröstend aufgiengen als ein Regenbogen, das Zeichen des alten ewigen Bundes.« (B II, Nr. 172, S. 201)

Im nächsten Brief an Goethe kündigt er eine auf sechs bis acht Monate angelegte Italienreise mit den Zielen Rom und Neapel an: »Es zieht mich eine unüberwindliche Sehnsucht nach dem hochgelobten Lande Italia; vielleicht ist es mein Schicksal, das mir winkt, vielleicht will es mich heilen oder mit mir enden! Ich will, ich muß diese Sehnsucht stillen, wäre es auch nur um, von ihr selbst geheilt, nachdem ich das schönste Land der Erde gesehn, entweder dort Hütten zu bauen, oder beruhigt zurückzukehren, meinen Wanderstab zerbrechen und in irgend einem Flecke Deutschlands dann still fortzuleben.« (B II, Nr. 174, S. 214)

Während dieses Italienaufenthaltes vollzog sich die endgültige Abkehr von Goethes Evangelium des ›reinen Menschentums‹. Wie bei kaum einem anderen Autor bildet Italien die Kulisse für eine innere Konversion. Rom ist für Werner, anders als für Goethe, nicht der Inbegriff antik-klassizistischer Kultur, sondern, als Sitz des Papstes, die Hauptstadt des wahren Christentums.

Werner hat während seiner Reisen eifrig Tagebuch geführt. So sind insgesamt fünf Tagebücher überliefert zu seiner Schweizerreise und zwei Reisen an den Rhein. Vom italienischen Aufenthalt haben sich zwei Tagebücher erhalten.[11] Ergänzt werden die recht ausführlichen Aufschriebe durch wenige erhaltene Briefe. Ausgerechnet über die Periode seines Konfessionswechsels sind keine Aufzeichnungen überliefert, die Notizen vor und nach der Konversion aber haben einen völlig anders gearteten Zuschnitt, so daß sich bereits aus dem Unterschied ein innerer Wandel ablesen läßt.

Der Gedanke einer Romfahrt entsprang sicherlich einem lange gehegten Wunsch, auch wenn das ursprüngliche Interesse wohl eher dem Kennenlernen der Kunstschätze und der vielbesungenen Aura Roms selbst galt. Nichts deutet anfangs jedenfalls auf das Saulus-Erlebnis Werners hin.

Eugen Wohlhaupter hält das Reisejournal vom November 1809 bis Januar 1810 mit seiner »fast erschreckenden Offenheit« für den Ausdruck eines »zwar gebildeten, aber doch haltlos zwischen Wollust und Ekel, zwischen Sünde und Reue taumelnden Welt- und Lebemannes«.[12] Werner beginnt die Reise in Genf. Zusammen mit der Frau und der Tochter des angesehenen Genfers Bürgers Jean Jacques Isaac Bellamy fährt er in einer Kutsche nach Turin. Dort besichtigt er den Palast und den Dom und besucht die Oper. Am 10. November verläßt er Turin. Die herrliche Landschaft inspiriert Werner zu mehreren Gedichten, doch bereits seine Tagebuch-Beschreibung ist lyrisch genug:

»Das schöne Wetter, der klare italienische Himmel lockten mich noch vor Sonnenaufgang aus dem Wagen. Es war einer der prächtigsten, den ich jemals gesehen habe, unbeschreiblich schön war das Schauspiel des in tausend Farben noch vor Sonnenaufgang schillernden vom Morgenroth durchglühten Himmels, der sich wie eine Glocke von Diamant über den noch grünen von Bäumen mannigfaltig durchschnittenen, hinten von Gletschern begränzten Fluren Piemonts wie liebend ausgebreitet.« (T I, S. 110f.). Während Werner Landschaften und Dörfer kurz beschreibt und die Stationen seiner Reise festhält, vergißt er nie, das Äußere der italienischen Schönen zu notieren. Über Asti, Alessandria und Marengo geht die Fahrt nach Tortona, wo ihn sogleich »einige passable Mädchen« erfreuen und ihm die Osterszene aus Goethes *Faust* in den Sinn kommt. Da bei dem einsetzenden Regenwetter sich niemand mehr auf den Straßen zeigt, tröstet er sich in der Kirche Stradellas mit dem Anblick einer »hübschen Mutter Gottes« (T I, S. 113). Das eigentliche Königreich Italien erreicht die Gesellschaft in Modena, wo eine strenge Zollkontrolle stattfindet. Werner hält es immerhin für aufzeichnenswert, daß nach einer Mittagspause, während der er mit einigen »passabel hübschen Dienstmädchen« gescherzt hat, die dicke Wirtin mit dem Finger auf ihn zeigt und sagt »Der alleräIteste ist der lüderlichste.« (T I, S. 116) Am 20. erreicht Werner Florenz, wo er im Hotel »Grande Bretagne« absteigt. Es versteht sich, daß Werner in Florenz die Uffizien und die Kirche Santa Croce besichtigt und dem Theater verschiedene Besuche abstattet. Die Beschreibung von Kunstwerken, die er hier eher kursorisch vornimmt, gehört ja zum epochenüblichen Stil eines jeden Reisetagebuchs, doch handelt es sich hier eher

Fassade von St. Peter und Petersplatz. Zacharias Werner hat sich in Rom besonders um sein Seelenheil bemüht. Für den Dichter, der Rom als ausgepichter Sünder betrat und, nach massiver Hirnwäsche, als angehender Heiliger verließ, spielten Kirchen und Katakomben eine beherrschende Rolle. Über die Peterskirche äußert sich der leicht zu beeinflussende Werner begeistert: »Die Colonnade schließt sich unmittelbar an die Kirche an und o Gott, an welche! an den Tempel aller Tempel! Nein es ist unmöglich, daß das Wesen der Christenthums, die sich der Menschheit menschlich und versöhnend nähernde Gottheit in einem schönern Symbole dargestellt werden kann, als in diesem Einklange der ungeheuersten Größe-Dimensionen zur vollendetsten Schönheit!« (Werner: *Tagebuch*, S. 130)

um eine unerläßliche Pflichtübung als um ein künstlerisches Herzensbedürfnis. Kirchenbesichtigungen und Bordellbesuche halten einander die Waage (T I, S. 123f.) – ein merkwürdiges, aber für Werners Gemütszustand einigermaßen typisches Nebeneinander. Am 9. Dezember trifft er wohlbehalten in Rom ein.[13] Die vorhandenen Quellen sind von unterschiedlicher Ergiebigkeit. Das erste römische Tagebuch umfaßt die Zeit vom 9. Dezember 1809 bis zum 10. Januar 1810; dann gibt es noch einige Tagebuchfragmente vom April, Mai und Juni 1810. Das zweite römische Tagebuch aus der Zeit nach der Konversion enthält Aufzeichnungen vom November bis zum Januar 1812. Danach ist man wieder auf Briefe angewiesen. Im Vordergrund des ersten Tagebuches, wo Rom auf den Neuling einen ungeheuren Eindruck macht, stehen Beschreibungen von Roms stolzen Gebäuden, von Kirchen und Palästen, von Plätzen und Villen, aber auch Schilderungen des römischen Alltags und spezifisch römischer Kunst-Improvisationen, Berichte von Essen und Lektüre, schließlich von der deutschen Gesellschaft, in der er verkehrte – kurz, es ist ein rechtes Sammelsurium, das Werner als einen durchaus aufgeschlossenen Touristen zeigt. Eine Art Rechenschaftsbericht vor sich selbst, eine moderne Spielart antiker res gestae, wo alles, was irgendwie Eindruck auf ihn gemacht hat, seinen Niederschlag findet. Die Ansichten von Stadt und Land inspirieren den Dichter hin und wieder zu einem Sonett, wie er auch gerne im Kreise künstlerisch gesinnter Freunde aus eigenen Dichtungen vorträgt.

Gleich zu Beginn steht eine Beschreibung der entfesselten römischen Betriebigkeit am Corso. Der Anblick des Petersdomes macht einen nachhaltigen Eindruck auf Werner; er gerät ins Schwärmen, eine erste Vorahnung seiner christlichen Umkehr.

»Die Colonnade schließt sich unmittelbar an die Kirche an und o Gott, an welche! an den Tempel aller Tempel! Nein es ist unmöglich, daß das Wesen des Christenthums, die sich der Menschheit menschlich und versöhnend nähernde Gottheit in einem schönern Symbole dargestellt werden kann, als in diesem Einklange der ungeheuersten Größe-Dimensionen zur vollendetsten Schönheit!« Ungeheure Größe verbindet sich mit dem Eindruck des Lieblich-Heiteren, und Werner bekennt, daß er noch nie in seinem Leben »so das Wesen der christlichen Göttlichkeit, nemlich ein Entsetzen, und eine Wehmuth, welche die erhabenste, seligste Freude nicht aufkommen läßt«, empfunden habe. Ein Gefühl ergreift ihn, »als ob Gott der liebende König und Vater nun hier ganz eigen wohne, als ob man leise auftreten müsse, um nicht den hohen hier säuselnden Frieden der Gottheit zu stören.«

Angesichts dieser Pracht und Herrlichkeit erfaßt ihn, einen neuen Tannhäuser, tiefe Zerknirschung und Reue ob seines bisherigen sündhaften Lebenswandels. Er betet »mit unaussprechlich reuiger Wehmuth« am Grabe des heiligen Apostels. Die Märtyrergebeine, die brennenden Leuchten und die knieenden Beter machen tiefen Eindruck auf das zerrissene Weltkind. Er kniet sich selbst unter ihre Schar, »von süßer Andacht und bitterer Wehmuth übrwältigt«, betet herzlich und unter Tränen schlägt er des Thomas von Kempen Werk *De imitatione Christi*, das er ständig bei sich führt, auf und zwar just die Kapitel 52 und 53 des dritten Buches, wo von Sündhaftigkeit des Menschen und der vergebenden Gnade Gottes die Rede ist – ein zukunftsweisendes Omen für den labilen Poeten. »Wer hier nicht Gottes Finger sieht, erkennt ihn nirgend«, durchzuckt es den reuigen Sünder, freilich weiß er sofort: »aber ich Verächtlicher bin zu stumpf um die dort verlangte Entsagung zu leisten.« (T I, S. 130f.) Gleichwohl verläßt er »beruhigt durch Gottes Gnade« das Gotteshaus, geht in sein Hotel zurück und verfertigt das Sonett *Der Petersplatz*, worauf er friedvoll einschläft.

Ein paar Tage darauf besichtigt er die Sixtinische Kapelle, und wieder ergreift ihn beim Anblick von Michelangelos ungeheurem Fresko des Jüngsten Gerichtes das höllische Grausen. (T I, S. 139)

Diese vorübergehenden und seine Psyche entlastenden Reueanwandlungen und Zerknirschungsanfälle wiederholen sich in dieser Intensität nicht mehr. So kann er sein künstlerisches Auge wieder den Schönheiten der Kunst und des Lebens zuwenden. Ausgiebige Bordellbesuche bezeugen dies. Höhepunkt ist sicher der 14. Dezember, wo er gleich dreimal ins Bordell gehen muß – denn, wie er frohgemut im Tagebuch konstatiert: »aller guten Dinge sind drei«. (T I, S. 140f.) Kein Wunder, daß er nun weidlich erschöpft ist und nach einem frugalen Abendessen nach Hause wankt. (T I, S. 140)

Angesichts seiner sexuellen Unterhaltungen langweilen ihn literarische und insbesondere »prosaisch-religiöse Gespräche«, überhaupt die vornehme und die gelehrte Gesellschaft (T I, S. 146, 152, 154, 159).[14] Auffällig bleibt immer das unvermittelte Nebeneinander von Kunstbeschreibungen und Sinnenbefriedigung. Stammt sein Nachholbedürfnis in Sachen Sexualität aus seiner pietistisch infizierten Vergangenheit? War das Interesse an der Kunst nur Fassade? Gehörte es sich für den Italienreisenden nach Winckelmann einfach zum guten Ton, auch über Kunstwerke zu reden?

Das Taumeln zwischen Kirche, Kunst und käuflicher Liebe mutet in der Tat wie eine Karikatur an – »ein grausig fratzenhaftes Bild seines Dreieinigkeitssystems Religion, Kunst und Liebe«.[15] Unschwer zu erkennen, daß dieser lockere Lebenswandel geradezu nach Bekehrung schreit! Dennoch, in diesen Tagen verhält sich Werner gegenüber der Religion noch ziemlich unbefangen, ja kritisch. So berichtet er unter dem Datum des 1. April 1810: »Die Messe war schon angegangen; sie hielt ein sehr junger Prälat, der Monsignore Franzoni, er hat das Aeußere eines Schwachkopfs, ist aber, wie meine Wirthin und deren Tochter, die ihn kennen, versichern, ein Engel an Religiosität und seine ganze Familie ist auf den nemlichen Ton gestimmt. Die Mädchen knieten um die Marmorbalustrade des Altars, alle in violettfarbene Seide gekleidet, mit weißen Schleiern, die ihnen ein nonnenmäßiges Ansehn gaben. Während der Messe und vor der Communion hielt ein Pfaff, oder heulte vielmehr, eine Anrede an sie, der man es ansehn konnte, daß Alles, was er aus seinem feisten Maul herausschwatzte [...], grob erlogene Rührung war.« (T I, S. 160)

Poetisch hat Werner diese erste unheilige Phase in seinem Gedicht *Abschied aus Rom* festgehalten.

Gehetzt, der alten Sünde treu,
Von Reu' zur Gier, von Gier zur Reu',
Selbst auf den heil'gen Bergen
Hab' ich gesündigt freventlich;
Entwürdigt hab' ich Rom und mich,
Das will ich nicht verbergen.

[...]
Vergebens! den die Schuld verstockt,
Der wird zum Abgrund hingelockt
Selbst durch der Schönheit Strahlen;
Kunst, Andacht reizten mein Gelüst,
Durch Roma's Tempel rannt' ich, wüst,
Genießen nach und Qualen![16]

Was ihn dann urplötzlich zur Konversion am Gründonnerstag, dem 19. April 1810, veranlaßt hat, läßt sich in seiner ganzen Tragweite nur erahnen. Tagebuchaufzeichnungen fehlen aus diesem Zeitraum. Überbrücken läßt sich diese Lücke durch eine Reihe von Briefen, die allerdings ziemlich unterschiedlichen Zuschnitt haben. Die Briefe, die Werner mit der frömmlerischen Sophie von Schardt (einer 53jährigen Nichte des dänischen Staatsmannes von Bernstorff, einer Bekanntschaft aus Weimar) gewechselt hat, enthalten seit jeher nur die eine Komponente seines zwischen Weltzuwendung und Weltabkehr schwankenden Wesens: die gefühlsüberschwängliche und ekstatische. Am 17. April, also zwei Tage vor der Konversion, schreibt er ihr einen vom neuen Geist des Evangeliums geprägten Brief:

»Theure in Xsto geliebte Schwester.

Ich bin gesund an Körper, und gesunder wie nie, an der Seele! Diese Zeilen zeige niemanden. Ich habe mehr Hofnung zur Wiedererlangung meines seit 20 Jahren verlohrnen Friedens. [...] Der Wollust habe ich entsagt auf immer. Ich bin Deiner würdig. Preise Gott für mich, und bete daß wir getreu bleiben bis ans Ende, denn sonder Ihn, der grosses an mir gethan hat, sind wir gar nichts [...].«[17]

Genaueren Aufschluß über den jähen Gesinnungswandel gibt das bereits zitierte Gedicht *Abschied von Rom*, das er »unter Gottes Beistand« im Juli 1813 begann und am 5. August in Mailand vollendete. Metaphorisch umschreibt er sein Damaskus:

Da ließ er Herr den Blitz erglüh'n:
»Nur der Entsagung wird verzieh'n«,
Sprach Gott in Blitzesflimmer! –
Ottiliens erstarrter Schmerz
Schoß wie der Blitz in's wunde Herz,
Und ich entsagt' für immer!

Im Hornung achtzehnhundert zehn
Hatt' ich den Wunderblitz geseh'n;
Und noch im selben Jahre
Am Tage vor des Herren Qual,
Als er fundirt sein Abendmahl,
Kniet' ich am Sühnaltare!

Seitdem nahm, der die Schlang' zertrat,
Den Willen mir zur Frevelthat
Doch Will' und Sinn sich zanken!
Der Wille schwingt die Kreuzesfahn',
Der Sinn, des Teufels Veteran,
Treibt jeden in die Schranken![18]

Immerhin deutet Werner rund ein Jahr später das Motiv für diesen erstaunlichen Wandel vom sündigen Saulus zum gläubigen Paulus an. Wie er seinem »hochverehrten, innigst und ewiggeliebten« Übervater Goethe am 23. April 1811 in einem honigsüßen, verehrungstriefenden aber nichtsdestoweniger in der Sache alle leidigen Konsequenzen einkalkulierenden Brief schreibt, hat ihn die Lektüre der *Wahlverwandtschaften* auf das Motiv der Entsagung gebracht, hat in ihm eine Art Initialzündung ausgelöst. »›Nur unter der Bedingung einer völligen Entsagung‹ heißt es darin ›hatte Ottilie sich verziehen, und diese Bedingung war für ihre ganze Lebenszeit unerläßlich.‹[19] Diese von Gottes Geist Ihnen in die Feder dicktirten [...] ewigen Worte [...] sind es, die mich katholisch gemacht haben und mich zwingen es, mag auch über mich ergehen, mag auch dabey von mir zu Grunde gehen was da wolle, es lebenslang und ewiglich zu bleiben!«[20]

Werner hatte eine Entscheidung getroffen, die kein ›Sowohl – Als auch‹ zuließ. Goethes Ideal der reinen Menschlichkeit erforderte einen starken Charakter, der sich seiner Möglichkeiten und Grenzen voll bewußt war. Dem allen irdischen Verlockungen so willfährig ausgesetzten Werner konnte nur eine institutionalisierte Autorität den benötigten Halt geben. Insofern fiel die Entscheidung zwischen selbstbewußtem Humanitätscredo und bußfertiger Religiosität bereits in Weimar: »Als die höchste und reine Menschlichkeit ihn nicht retten konnte, blieb ihm nur noch ein Weg und der leitete ihn in den Schoss der katholischen Kirche.«[21]

Zu Goethe stellte sich keine enge Beziehung mehr her. Zwar bat Werner noch 1813 Sophie von Schardt, dem geliebten Dichter zu sagen, daß »niemand ihn mehr geliebt hätte, mehr liebe, und mehr lieben werde« als er; aber Goethe entzog dem poesieabtrünnigen Dichter, der ihm fünf Sonette *An Helios* übersandte, sein teilnehmendes Wohlwollen.[22] Bereits früher hatte Goethe sich selbst hellsichtig von Werner abgegrenzt und dessen Vermischung des Heiligen mit dem Schönen getadelt. Es entstehe daraus »eine lüsterne Redouten- und Halb-Bordellwirtschaft, die nach und nach noch schlimmer werden wird.«[23] Und am 6. Februar 1814 verfaßte er ein derbes, erst aus dem Nachlaß bekanntgewordenes Epigramm *Herr Werner, ein abstruser Dichter*.[24] »Unselig« nennt er ihn 1828 gegenüber Carlyle, er sei eine Persönlichkeit, deren »fratzenhaftes Betragen bei einem entschiedenen Talente« ihm einst »viel Not gemacht« habe, indessen er ihn »aufs treuste und freundlichste zu fördern« gesucht habe.[25] Der Weg, der Werner konsequent von der Dichtung zur Religion führte, erschien Goethes säkularisiertem Weltsinn zweifellos als Rückschritt, für Werners ›nach Anbetungen brünstigen‹ Sinn dagegen bedeutete er die Rettung. Der Italienaufenthalt, für Goethes weltoffenen, der Kunst und dem Genießen zugewandten Sinn der Höhepunkt seines Lebens, bedeutet für Werner nur eine Durchgangsstation auf seinem Weg von der Sinnlichkeit zur Geistlichkeit, von der Verklärung der fleischlichen Liebe zur Verabsolutierung der sinnenlosen Caritas. Sein Italien-Erleben und seine Aufzeichnungen darüber sind deshalb um keinen Deut geistiger.

Ob Werners Brief an Goethe nun die volle Wahrheit enthält oder nur, was ihm zu berichten für tunlich erschien, bleibe dahingestellt. Sicherlich fühlte sich Werner vom erotisch getönten Glanz des römischen Katholizismus angesprochen.[26] Der willensstarke Abbate (und spätere Kurienkardinal) Pietro Ostini, Professor am Collegium Romanum, leitete ihn und überzeugte ihn wohl auch von der Unumgänglichkeit eines Übertritts. Jedenfalls steuerte Werner nach seiner Konversion zielstrebig das Priesteramt an.

Noch aber lebte er ja in Italien, und so begab er sich schon vierzehn Tage nach dem Glaubenswechsel auf einen Ausflug nach Neapel. Unterwegs begeistert ihn nicht allein die herrliche Aussicht vom Amphitheater in Capua (T I, S. 163), er erfreut sich auch an den Reizen der holden Landweiblichkeit; zwar seien die Mädchen nicht »so völlig und gereift schön als die Römerinnen«, doch hätten sie »feinere Gesichter, die sehr geistreich sind, schöne Augen, ein etwas verbuhltes Wesen und besonders eine niedliche Tracht« (T I, S. 164). Der bereits vor der Konversion offenbare Zwiespalt von Kunstinteresse und Fleischbegier ist immer noch vorhanden – lediglich ›aufgehoben‹ oder wenigstens zugedeckt unter dem Mantel eines Katholizismus, der für Werner geradezu medizinische Funktion erhält. Die schizophrene Zweiheit von Lust und Kunst, möglicherweise ein pietistisches Erbe – im Katholizismus der römischen Zeit befreite es sich mühsam von den eigenen Zwängen. Leichter fällt Werner der hingebungsvolle Genuß von Landschaft. Das sittenfreie Neapel erscheint ihm als ausgesprochen heitere Stadt. Der Anblick des Golfs versetzt ihn in Entzücken. Er vergleicht die Gegend mit einem Paradies (T I, S. 172). In Neapel verkehrt er im Kreise Karoline von Humboldts und der Schriftstellerin Friederike Brun (T I, S. 167). Man beschließt, an der Feier zum Blutwunder des Heiligen Januarius teilzunehmen (T I, S. 169ff). Nach einigen Anfangsschwierigkeiten nimmt das Wunder seinen geplanten Verlauf. Der Priester schwenkt die in einer Phiole aufbewahrten Blutklumpen.

»Alles, Priester und Laien, schrie betend durcheinander, Jedes betete, was ihm einfiel, die Meisten laut, Andre still; entsetzlich laut schrieen die dem Heiligen verwandten Weiber, besonders eine Alte, die Vorsängerin oder Vorschreierin schien; sie schrie ganz entsetzlich. Pausenweise hörte das Geschrei auf, um dann wieder verstärkt anzufangen. Es war wie ein eigentlich peruanischer Götzendienst, und doch unendlich rührend und herzzerreißend.« Auch Werner, »in der unbeschreiblichsten Angst« seines Herzens, beschwört Gott geradezu, ihm die Richtigkeit seiner Konversion durch die »Flüssigwerdung des Bluts« zu bestätigen.

Plötzlich beginnt das verklumpte Blut zu fließen. Alles schreit vor Freude und Entzücken auf. Werner hat sein ersehntes Wunder bekommen! Er ist überzeugt, es floß, »als ich gebetet hatte, mir zum Trost, mir war es Wunder und unvergeßlich sei dieser Tag, Halleluja!« (T I, S. 171)

Die eigentliche Seelenwäsche Werners durch den kundigen Konvertitenführer Ostini beginnt erst nach seiner Rückkehr aus Neapel. Werner wird in die Riten und die katholischen Gesellschaften Roms eingeführt. Das zweite römische Tagebuch umfaßt die Zeit vom 1. November bis zum 22. Dezember 1810 sowie Einzelnotizen aus den Monaten April, Juli, Oktober, Dezember 1811 und Januar 1812; es besitzt einen ganz anders gearteten Charakter als die bisherigen Aufzeichnungen.[27] Alles Lebenszugewandte verschwindet, es dominieren eindeutig die geistlichen Interessen, die Beschreibungen religiöser Bräuche und Kunstwerke, des eintönigen Tagesablaufs und der zahlreichen Andachtsübungen. Als Beispiel der Eintrag zum 2. November:

»Aufstehn, Gebet, Bibel, Vulgata, Texterklärung, Thomas a Kempis lesen. Frühstück. Theologisches Studium. Gang nach St. Peter. Messe hören um 12 Uhr Mittags. Essen [...] Weintrinken bei Don Joseph Sozio, theologisches Gespräch mit ihm und zwei Pfaffen und Pallavicini. Gang zu Pallavicini. Mit ihm in die Chiesa dei Morti oder Maria oratorio. Unterirdische Begräbniß-Kapelle geschmackvoll mit Todtenköpfen und Knochen decorirt. Ein großes Skelett hält den Finger ins Weihwasser, ein anderes eine Uhrscheibe. [...] Gang zu Hause. Brevier lesen. Dichten an Raphaels Leben. Gebet und Schlafengehen.« (T I, S. 179)

Werner schiebt tagein tagaus durch Kapuziner-Grüfte und Souterrains voller Totengebeine, aufgeschichteter Schädel und brennender Kerzen, betet an Märtyrergräbern, liest im Brevier, im Thomas a Kempis und in Novalis' geistlichen Liedern, beichtet unablässig und hört unendlich viele Messen. Freilich treibt er das Bekehrungswerk nicht blindlings.[28] Kuchenessen und Weintrinken ist nicht verboten, ja eine gelegentliche Schlemmermahlzeit belebt das monotone Brevierlesen (T I, S. 222). Andere irdische Versuchungen überwindet er standhaft (T I, S. 191);[29] in der Peterskirche fleht er zu den Aposteln, sie mögen ihn durch ihre Fürbitte doch vor der Wollust retten (T I, S. 201). Werner begibt sich alsbald auf Proselytenmacherei: vor allem seinen Freunden fällt er mit seinem missionarischen Eifer auf die Nerven, wie die 26jährige Marianne Jung, später verheiratete von Willemer, notiert hat. In einem Epigramm amüsiert sie sich über Werners Mühen, sich zum Heiligen zu mausern.

Du willst ein Frommer werden?
Das rath' ich nimmermehr!
Das Frommsein hat Beschwerden,
Die drücken gar zu sehr.
Wie solltest Du denn können
Die Sünden all benennen,
Die Du geliebet sehr;
Bis nichts mehr übrig wär'?
Vorerst die guten Weine!
Die schönen Mädgeleine!
Mit guten Bissen auch
Hast Du gepflegt den Bauch.
Nun willst Du all dies meiden,
Parforce in Himmel reiten?
Wird kosten Müh' und Zeit
So große Frömmigkeit.
Dir wünsch' ich Lebensfrist,
Bis Du ein Frommer bist![30]

All seine tränenseligen Glaubenskuren waren indes nicht mit Kasteiungen verbunden; Sophie von Schardt meldet er, daß er nach seiner »Heeringsart« dick und fett werde! (B II, Nr. 179, S. 234) Neben den Buß- und Betaktionen, den endlosen Heiligenlitaneien und Meditationen dichtet er unermüdlich und »frischweg« Sonette, in denen er römische Örtlichkeiten mit persönlichen Eindrücken koppelt.[31]

Die restlichen Aufzeichnungen aus Rom konzentrieren sich ganz auf die geistig-seelische Vorbereitung zum Priesteramt. Werner zieht sich von allen gesellschaftlichen Ereignissen zurück und führt ein fast mönchisches Leben, Roms Kunstschätze werden ihm gleichgültig.[32] Wie viele Konvertiten gibt er sich noch päpstlicher als der Papst und verfällt einer übertriebenen Erfüllung des Formalen. So besucht er am Jahrestag seiner Ankunft in Rom nicht weniger als fünf Messen oder erzählt seinen deutschen Freunden fortwährend Wundergeschichten.[33] Gegenüber Dalberg rühmt er sich verschiedener von ihm veranlaßter und angekurbelter Bekehrungen, darunter der fünf Maler Friedrich Cramer, Philipp Veit, Ludwig Ferdinand Schnorr von Carolsfeld, Johann Friedrich Overbeck und Christian Schlosser[34]; seine Weimarer Freundin Sophie von Schardt hat er ebenfalls zum Übertritt bewogen.[35]

Für das Italienbild deutscher Dichter hat der restliche Romaufenthalt Werners nichts beigetragen, auch nicht sein längeres Verweilen in Florenz von 1812. Man muß Heinrich Düntzer zustimmen, der Werners Bekenntnis für bloße »Rednerei« hält, er habe in Rom »die plastische Darstellung der Weltgeschichte«, in Neapel »den Zorn und die Milde der Natur«, in Florenz »die Wiege der Kunst« betrachtet und habe, nachdem er »auf diesen drei Hochschulen die geregelte Kühnheit des Schicksals, der Natur und Kunst in Bezug auf Gott achten gelernt, in Venedig den Gipfel und Fall der bloss menschlichen Keckheit verachten gelernt.«[36] Aber bei welchem Dichter hätte Rom einen so nachhaltigen Eindruck hinterlassen? Der Romaufenthalt bedeutet für ihn nicht bloß eine Bekehrung in Sachen Kunst, wie bei so vielen Italienreisenden seit Winckelmann, vielmehr eine existentielle Wandlung. Dem Postulat »Du mußt Dein Leben ändern!« ist Werner nach seiner Rückkehr auch, allen Anfechtungen zum Trotz, getreulich nachgekommen. Er verließ Rom am 22. Juli 1813, trat Ende Januar 1814 in das Priesterseminar in Aschaffenburg ein und wirkte, mittlerweile zum Priester geweiht, seit Mitte August, also kurz vor Beginn des epochemachenden Wiener Kongresses, in Wien als Weltpriester bis zu seinem Tode am 17. Januar 1823, und zwar, wie allgemein bestätigt wurde, als rhetorisch effektvoller und einflußreicher Kanzelredner.[37]

Werners Gedichte, Tagebücher und Briefe aus der italienischen Zeit sind Zeugnisse einer so menschlich anrührenden, wie exaltiert ausfallenden Haltsuche, einer krampfhaften Anstrengung, die innere Unsicherheit zu überwinden. Nicht Italien, sondern der römische Katholizismus bildet dabei den Angelpunkt, nicht das weltfrohe Erleben südlicher Kultur, Landschaft und Menschlichkeit, sondern eine von der Prachtentfaltung des Papsttums glorifizierte, eher mystisch-nebulose Religiosität. Von künstlerischem Wert gering, bieten seine italienischen Schriften zumindest für Psychologen ein ergiebiges Forschungsfeld. Für das Italienbild der nachgoetheschen Ära haben sie freilich keine neuen Akzente gesetzt. Wohl aber sind sie einigermaßen typisch für den süßlichen Geist der ›nazarenischen Jahre‹.

III.
Die Verlegenheit der Epigonen

»In Schutt liegt eure Größe« – Grillparzers kritische Italienvisite

Zacharias Werner wurde am bekanntesten als Verfasser des Schicksalsdramas *Der 24. Februar*. Als ›Schicksalsdramatiker‹ feierte auch Franz Grillparzer seinen ersten Triumph. Die *Ahnfrau*, sein Erstlingsstück, 1816 geschrieben und am 31. Januar 1817 am »Theater an der Wien« uraufgeführt, wurde vielleicht sein größter Erfolg. Das Trauerspiel *Sappho* vermehrte den Ruhm des erst 26jährigen Autors beträchtlich. Da rissen Selbstmord des Bruders und der Mutter ihn jäh aus dem beschwingten Schaffen. Die Ärzte rieten ihm zu einem dringend benötigten Urlaub – um die Folgen seiner »bedeutenden Gemütskrankheit« zu heilen, habe er »eine Reise in die südlichen Gegenden notwendig«.[1] Dem sensiblen Dichter wurde die Italientour geradezu verordnet, um ihn auf hellere Gedanken zu bringen: Reisen als Therapie. Also reichte Grillparzer am 13. März ein Gesuch bei der Hofkammer ein, in dem er um Gewährung eines längeren Urlaubs bat. Einmal, um die angegriffene Gesundheit zu regenerieren, zum andern, um durch das »Berühren jenes klassischen Bodens« die »erschlaffte Kunsttätigkeit« wieder in Gang zu setzen. Statt der eigentlich notwendigen sechs Monate würde sich der bescheidene Konzeptspraktikant, »seine Dienstverhältnisse ehrend, und bereit, seine liebsten Wünsche ihnen unterzuordnen«, mit nur drei Monaten begnügen.[2]

Freilich war es nicht so einfach, diesen Plan sogleich in die Tat umzusetzen. Als Beamter benötigte Grillparzer eine höchstkaiserliche Genehmigung für den Auslandsaufenthalt; da sie in der Schnelle nicht zu besorgen war, erteilte ihm sein Gönner, der Finanzminister Philipp Graf Stadion, eine Reiseerlaubnis. Sie fungierte an Stelle eines regulären Passes.

Die gewöhnliche Fortbewegungsweise in den rumpelnden Postwägen galt als gesundheitsschädigend. So war es ein glücklicher Zufall, daß Grillparzer sich dem kaiserlichen Kämmerer Graf Franz Deym anschließen konnte, der die Reise teils im eigenen Wagen, teils mit komfortabler Extrapost durchführte. Hinzukam die für Grillparzers schmalen Geldbeutel erfreuliche Tatsache, daß er nur den halben Preis bezahlen mußte. In Triest überraschte ihn die »unbeschreibliche Schönheit« des Meeres (S. 279).

Eigentlich wollten die Reisenden gleich von Triest nach Ancona weitersegeln. Doch man verweigerte ihnen die Pässe, die nur bis Venedig ausgefertigt worden waren. So mußten sie wohl oder übel über Venedig reisen, und zwar, da sie das selten verkehrende Dampfschiff versäumt hatten, in einem nach Käse, Teer und Tran stinkenden, mit Hundepolster als Betten ausgestatteten »Handels-Trabaccolo«.

Grillparzers erster Eindruck von der Lagunenstadt war – wen wundert es nach den Strapazen – alles andere als überschwänglich positiv. Er empfand die Stadt vielmehr als »befremdend«, als »einengend« und ausgesprochen »unangenehm«. »Diese morastigen Lagunen, diese stinkenden Kanäle, der Schmutz und das Geschrei des unverschämten, betrügerischen Volkes geben einen verdrießlichen Kontrast mit dem kaum verlassenen, heitern Triest.« (S. 284) Erst auf den zweiten Blick entdeckte er die Schönheiten der Stadt. »Es ist vielleicht kein Ort in der Welt,« so konstatiert er, »wo das Altertum mit solcher Lebendigkeit den Menschen anspräche. Rom ist tot, ein herrlicher Leichnam, aber Venedig regt sich noch und dehnt seine Riesenglieder zum unfreiwilligen Abschied aus dem Leben.«[3] Freilich kannte Grillparzer Rom noch gar nicht! Doch signalisieren diese Sätze seine wachsende Ergriffenheit. Der Dogenpalast erscheint ihm als rätselhafte Architektursynthese von Starrheit und Zierlichkeit und erinnert ihn, ohne daß er dies erklären könnte, an ein Krokodil. Fieberschauer ergreifen ihn, als er während einer nächtigen Gondelfahrt zwischen altehrwürdigen und geheimnisvollen Palästen unversehens unter der Seufzerbrücke hindurchgleitet. Ihm ist, als schwebten die Geister der Verbrecher, der Mörder und ihrer Opfer um ihn herum. Venedig ein Ort für den phantasiereichen Poeten, ein Ort der Imaginationen und der Empfindungen! Weltschmerz veranlaßt ihn zum Ausruf:

»Schaut hin Unbeugsame, Starre, Unmenschliche! Das wofür ihr gemordet habt und gerichtet, es ist nicht mehr. In Schutt liegt eure Größe, euren Abgott hat die Zeit verschlungen, eure Taten sind zur Fabel geworden und euer Streben zum Märchen. Über euren Gräbern wandelt eine entartete Menge, die bald den Namen vergessen wird, für den ihr starbt.« (S. 285)

Schon hier ist ein für Grillparzer charakteristisches Verhalten bemerkbar: Während Goethe sich von der Vergangenheit nicht in den Sog der Nostalgie reißen läßt, überläßt sich Grillparzer pathetischen Klagen über die Vergänglichkeit von Macht und Pracht – eine typisch sentimentalische Einstellung, die über dem Reflektieren und Gedenken sich selten zu selbständigem Gestalten aufschwingt.

Beim Anblick der versinkenden Pracht packt ihn das Bedürfnis zu weinen. Wo einst Feste gefeiert wurden, dort treiben sich jetzt Lohnbediente herum; wo einst Siegesfahnen flatterten, dorthin hängt der Diener Grillparzers Rock. Vielleicht war Grillparzer diese byronschen Stimmungen seinem Tagebuch geradezu schuldig. Weilte zur selben Zeit doch Englands legendenumwobener Dichter, Lord Byron, in der Stadt, wo er eines seiner Techtelmechtel mit der Frau eines venezianischen Bäckermeisters hatte. Der österreichische Gouverneur Graf Gös mußte schließlich den Lord vor den Gewalttätigkeiten des zornentbrannten Bäckers schützen. Zu einer Begegnung beider Dichter kam es indes nicht, weil Grillparzers Reisegefährte auf keinen Fall die Osterzeremonien in Rom versäumen wollte und darüber hinaus dem soeben in Rom eingetroffenen österreichischen Kaiserpaar seine Aufwartung machen wollte.

Angesichts des Übermaßes an Prunk und Machtdarstellung kommen Grillparzer gewisse Zweifel; er dankt sogar Gott, kein Venezianer zu sein – »der Anblick dieses Saales und dieses Palastes könnte einen wahnsinnig machen«. (S. 287)

In aller Eile und ohne Zwischenstationen geht es in Richtung Rom. Am Mittwoch vor Ostern erreichen die Reisenden die Hauptstadt der Welt,[4] gerade noch rechtzeitig, um die wichtigen Feierlichkeiten mitzuerleben: Den Segen des Papstes, die Pontifikalmesse und vor allem das berühmte Miserere Allegris. (S. 293, S. 307f.) Grillparzer stürzt sich in den Trubel Roms und geht auf Jagd nach den Sehenswürdigkeiten Roms, den Galerien und Altertümern, den Kirchen und Palästen. Er tut dies auf eigene Faust, da ihn die landwirtschaftlichen Interessen des Grafen Deym kalt lassen und er sich ebensowenig den nazarenischen Malern anbequemen will. Grillparzer ist ein kritischer Beobachter. Auch die Überreste der römischen Antike betrachtet er nicht enthusiastisch-blind, immer reflektiert er Schönheit und Zweckmäßigkeit der Gebäude. So bemängelt er etwa am Forum Romanum die unsymmetrische Anlage; man könne sich mit dem besten Willen nicht vorstellen, »wie das je schön sein konnte«. (S. 294)

Auch die Einzelbeobachtungen zeugen von Grillparzers nüchtern abwägendem Urteil. Statt sich euphorisch dem ersten Eindruck hinzugeben, geht er der Genese spätantiker Monumente auf den Grund. Eine Feststellung wie »Die Säule des Phokas ist ganz aus älteren Monumenten zusammengestohlen« ist einigermaßen typisch für Grillparzers räsonierende Wahrnehmung. »Stehlen« und »Flicken« avancieren beinahe zu Leitwörtern, wenn er die frühchristliche Kunst charakterisiert.[5] Die kaiserzeitlichen Bäder gelten ihm als barbarisch, als Zeugnisse eines despotischen Regimes, unberührt vom heiteren Geist des Griechentums. Positiver schätzt er das Kolosseum ein; als einziges Bauwerk vermag es ein »lebhaftes Bild der römischen Größe« zu vermitteln und zwar in ganz anderem Maß als die unüberschaubare Peterskirche.

Grillparzers Italienerleben ist von den drei Gipfeln Venedig, Rom und Neapel geprägt. Venedig als Verkörperung mittelalterlicher Kunst und Geschichte, Neapel als Inbegriff des italienischen Alltagslebens und Landschaftszaubers. Am differenziertesten fällt sein Romerlebnis aus: War es seit Winckelmann gute Sitte, sämtliche Galerien, Museen und Kirchen abzuklappern, so hat Grillparzer dies zwar auch getan, doch seine Tagebücher enthalten keine pedantischen Deskriptionen, ja nicht einmal eine Auflistung der besichtigten Kunstwerke. Vergangenheit und Gegenwart drangen hier in dreifacher Form auf ihn ein: als römische Überreste, als christliche Omnipräsenz und als italienischer Alltag. Grillparzer sieht ästhetisch und historisch zugleich. Statt über den Sieg des Christentums zu triumphieren, bedauert er den Untergang antiker Herrlichkeit – auch hier dieselbe sentimentalische Einstellung zur Geschichte wie bei Venedig.

Der Anblick der an der Via Appia gelegenen frühchristlichen Katakomben stimmt ihn melancholisch, symbolisieren sie doch den Triumph einer aus düsterer Unterwelt hervorgekrochenen Religion über die Pracht des heidnisch-antiken Rom.

Das *Forum Romanum*, einst Inbegriff römischer Macht- und Prachtentfaltung, verfiel seit der Spätantike immer mehr und wurde obendrein von den einfallenden Germanenstämmen geplündert. Jahrhundertelang aufgegeben, von Gras überwuchert, diente das einstige Forum dem Vieh als Weideplatz. In der Renaissance wurde es deshalb »Campo Vaccino« (Kuhweide) genannt. Archäologische Ausgrabungen wurden Ende des 18. Jahrhunderts begonnen. Grillparzer besichtigte die Stätte am 12. April 1819. Aus dem Trümmerfeld versuchte er sich in der Phantasie das einstige Zentrum Roms vorzustellen. Die spekulative Rekonstruktion fällt recht kritisch aus. »Was uns in Rom am meisten auffiel, war die ausnehmende Kleinheit aller öffentlichen Gebäude. All diese Werke, die sich die Phantasie als so groß vorstellt konnten, aus dem Raum zu schließen, der von einer Ruine bis zur anderen geht, waren nur äußerst klein und demungeachtet mußte wegen ihrer Menge das Forum so mit Gebäuden überladen sein, daß man kaum an ein gutes Aussehen desselben glauben kann. Hiezu kommt noch, daß die Gebäude offenbar ohne Symmetrie unter sich hingepflanzt waren; mit einem Wort, man kann sich keine klare Vorstellung machen, wie das je schön sein konnte.« (Grillparzer: *Sämtliche Werke*, Bd. 4, S. 294)

(S. 298) Mit dem Papsttum assoziiert Grillparzer Unfruchtbarkeit und Unterdrükkung. Die unfruchtbare und dürre Heidelandschaft und der schauerliche Anblick der am Straßenrand aufgerichteten Galgen, an denen die ausgedörrten »zerrissenen Überreste von Räubern und Mördern« baumeln, verstärken den traurigen Eindruck der Priesterherrschaft. (S. 299)

Doch lebt Grillparzer nicht ganz in der Vergangenheit. Er wendet sich der römischen Gegenwart zu, besucht verschiedene Theateraufführungen, wohl in der Hoffnung, daß die Anwesenheit des kaiserlichen Hofes die römischen Künstler zu größeren Leistungen anspornen würde. Vergebens, die Vorstellungen langweilen und ermüden ihn, auch die »ohrenzerreißenden« Bemühungen eines froschartig sich aufblasenden Bassisten vermögen ihn nicht zu überzeugen. Bei der Beschreibung dieser denkwürdigen Aufführung kommt Grillparzers satirisches Talent voll zum Zuge.

»Die Prima Donna ein dürres, widerliches Geschöpf ohne nur irgend ausgezeichnete Stimme oder Vortrag. Der Buffo unergötzlich bis zur Widerwärtigkeit. Die Krone von allem aber war der erste Tenor. Gebaut wie ein Lastträger, die emporgehobenen Schultern beinah zum Buckel mißstaltet, den Kopf hinabgedrückt, das Gesicht ein Gemisch von Rohheit, Häßlichkeit und Stupidität, dabei in ein pomeranzenfarbiges Gewand mit brennend-blauer Leibbinde und goldenen Tressen auf den Nähten gekleidet, machte er einen wahrhaft unausstehlichen Eindruck und glich auf ein Haar dem Prinzen Höckerich im Feenmärchen.« (S. 303f.) Überhaupt übertreiben die italienischen Schauspieler, daß für einen Deutschen das, was sie als Wahrheit ausgeben, wie eine Karikatur wirkt – etwa, wenn in Maffeis *Merope* die Königin sich wie eine Megäre gebärdet und »zum Zerplatzen« schreit, sich »in der höchsten Wut« mit den Fingern in die Augen greift, »als ob sie sich die Augäpfel ausreißen wollte«. (S. 307)

Es versteht sich, daß die kirchlichen Osterfeierlichkeiten einen besonderen Platz einnehmen; ihretwegen war die Gesellschaft ja in aller Eile von Venedig hergereist. So hinterläßt auch die Erteilung des päpstlichen Segens einen nachhaltigen Eindruck, insgesamt aber ist Grillparzer von den kirchlichen Feiern enttäuscht. (S. 293, 305) Die Zeremonien sind für seinen Geschmack zu sehr auf vordergründigen Effekt berechnet: Jegliche Andacht wird im Keim erstickt. Auch der Einzug des von seinem prächtigen Hofstaat umringten Papstes gerät eindrucksvoll, obgleich es Grillparzer sonderbar vorkommt, »daß der oberste Priester der Gottheit, statt als servus servorum ein Beispiel der Demut zu geben, sich selbst als einen Götzen hinstellt, nicht minder hoch und glänzend auf seinem Thron als der Gott gegenüber auf seinem Tabernakel.« »Kirchenpöbel« nennt er die Kardinäle und Prälaten, die Zeremonien »leeres Possenspiel«. (S. 306, 333) Zusehends erschöpft ihn die Jagd nach Sehenswürdigkeiten. (S. 309)[6] Er klagt über das »ungesunde Klima« und die »elende Kost mit Öhl und Käse« und ist froh, daß er wenigstens vom »Wechselfieber« verschont bleibt.[7]

Eine schicksalsschwere Wende trat ein, als Grillparzer heftigen Durchfall bekam und auf fremde Hilfe angewiesen war. Seine römischen Vermieter, rechte Aasgeier, heiterten seine trübe Stimmung mit statistisch gefütterten Berichten auf, »wie viele

Deutsche in Rom schon am Durchfall und am römischen Fieber gestorben seien«. (S. 96) Der Leibarzt des Staatskanzlers Metternich, Friedrich Jäger, rettete ihn schließlich; zusammen mit dem leutseligen Obersthofmeister der Kaiserin, Graf Gundakar Heinrich Wurmbrand-Stuppach, reiste der Dichter nach Neapel weiter – als maître de plaisir gewissermaßen, denn der hohe Herr langweilte sich allein. Mit dem Kaiserpaar traf der scheue Grillparzer, allen Bemühungen Wurmbrands zum Trotz, nicht zusammen – dennoch entstand das Gerücht, der Dichter sei Privatsekretär der Kaiserin geworden – ein völlig aus der Luft gegriffenes Gerede, das freilich alsbald in Wien kursierte. Dagegen lud Österreichs allmächtiger Staatskanzler Metternich ihn zum Diner ein. Dort rezitierte der Kanzler den ganzen vierten Gesang aus Byrons *Childe Harold* auswendig, eine ungeheure Gedächtnisleistung, die ihn als dezidierten Musenfreund ausweisen sollte. (S. 100)[8]

Zacharias Werner hatte sich in der Januariuskirche mit gläubiger Inbrunst der Metamorphose des Blutklumpens hingegeben; für Grillparzer hat das Spektakel mit Glauben herzlich wenig zu tun; unverblümt schreibt er, »Hauptgenuß« sei, »den ersten Eindruck der Sache auf das Volk zu sehen«. Nüchtern beobachtet er das Wunder und dessen Wirkung. Den phiolenhaltenden Domherrn hält er für »ausgelernt«: »Er machte eine so verzückte Miene, so begeisterte Augen, zitterte so natürlich und wischte sich so eifrig den Angstschweiß von der Stirne, daß man ihn für wahrhaft hätte halten können, hätte ich nicht bemerkt, wie er in der höchsten Ekstase immer verstohlen nach mir schielte, der ich ihn unverrückt beobachtete, und wie er unter all den Grimassen gewaltsam die Augen zusammenpreßte, um eine Träne herauszupressen, die aber nicht kam, daher er die wegwischte, die nicht da war.« Mit scharfem Auge erkennt er, daß es sich bei der Substanz in den Phiolen nicht um Blut handeln kann, weil es nicht am Glase klebt. (S. 310 ff.) Ebensowenig wie er diese kirchlichen Scharlatanerien hinnimmt, schließt er die Augen vor dem sozialen Elend Neapels. Das Lustgewerbe sieht er in engem Zusammenhang mit der Armut, die zu diesem »entsetzlichen Handwerk« treibt. (S. 323)

Er unternimmt Ausflüge in die nähere Umgebung. Ausführlich beschreibt er eine Besteigung des Vesuv, der damals ständig eine glühende Rauchsäule ausstößt. Grillparzer achtet nicht auf die Gefahren des Aufstiegs; was andere als Grauen erleben, gilt ihm als Ausdruck des Erhabenen. Begeistert ruft er aus: »Habe Dank Natur, daß es ein Land gibt, wo du heraus gehst aus deines Werkeltags Geschäftigkeit und dich erweisest als Götterbraut und Weltenkönigin, habe Dank!« (S. 318)

Da Grillparzers Gönner, der Graf Wurmbrand, einen schweren Unfall hatte, mußte er vier Wochen lang in Neapel (auf eigene Kosten) ausharren, ehe sie zusammen die Rückreise antreten konnten – ungern, da ihm nach Rückkehr aus dem Urlaub eine Dienstbeförderung bevorstand.[9]

Am 24. Juni verließen endlich der Graf und sein Begleiter Neapel. Die Reise führte sie über Capua. »Die Gegend ist ein Paradies« konstatiert der Dichter knapp. (S. 324) Immer wieder begegnen im Tagebuch Äußerungen wie »Schöner kann man nichts sehen« oder »reizende Gegend« oder »unbeschreiblich«. Zur Begeisterung über die zauberische Landschaft gesellt sich das Entzücken über die Schönheit der Bewohnerinnen – ein deutliches Indiz für die Gesundung des psychisch angeschlagenen Poeten. In Gaeta bemerkt er wohlgefällig, wie die »mutwilligen, geputzten Mädchen die Tarantella tanzten«, in Molo entdeckt er »den schönsten Weiberschlag« des südlichen Italien, häufig mit blonden Haaren und blauen Augen. (S. 326)

In Rom wurde er für die erlittene Unbill etwas entschädigt. Der Graf gab ihn als kaiserlichen Sekretär aus – und schon standen ihm ein schönes Appartement und eine päpstliche Equipage zur Verfügung, dazuhin einige Diener und ein Abbate als Begleiter. Grillparzer war alles andere als ein klerikaler Katholik. An einer Audienz beim Papst liegt ihm nichts; er versucht sie sogar zu vermeiden, bis sie unumgänglich wird. Ist ihm der Handkuß bereits fatal, so empfindet er den Fußkuß, den er dem 77jährigen Papst Pius VII. zu geben gezwungen ist, als geradezu entwürdigend. Im Tagebuch notiert er: »Hätte ich die hündische Art gekannt, wie der Fußkuß geschieht, ich wäre weggeblieben. Man muß sich dazu, da der schwache Alte den Fuß nicht heben kann, fast auf den Bauch niederlegen.« (S. 334) »Und so mußte ich«, schließt der Dichter seinen humorvollen Bericht in der *Selbstbiographie*, »der ich dem Papst nicht hatte die Hände küssen wollen, nunmehr seinen Fuß küssen. Alles rächt sich in dieser Welt.« (S. 104)

Am 5. Juli verläßt Grillparzer Rom, in der Ahnung, daß dies wohl ein Abschied für immer sein würde. Seine überdimensionalen Erwartungen sind einigermaßen abgekühlt. »Nicht als ob ich Rom nicht bewunderungswürdig gefunden hätte, aber wann hat die Wirklichkeit gehalten, was die Phantasie versprochen?« (S. 335)

Die Aufzeichnungen von der Rückreise sind spärlich gehalten. Wie schon früher, bemerkt er auch hier die barbarische Sitte, Mörder und Räuber am Straßenrand »zerstückt und gedörrt« auf Pfählen zur Schau aufzuhängen (S. 336).[10] Bei Narni und Terni gerät er über der Schönheit dieser Gegend ins Schwärmen: »[...] an Schönheit ein Eden und an Frieden. Da möcht ich leben und sterben!« (S. 340)

Doch ruht sein Blick auch wohlgefällig auf den Frauen mit ihren »vorzüglich schönen und vollen Brüsten«. (S. 344) »Was sind die Mädchen hier herum hübsch!« ruft er begeistert aus. (S. 345, 347)

Am 8. Juli erreicht die Gesellschaft Florenz, Grillparzer hat nur drei Tage Zeit für die Besichtigung der zahllosen Kunstwerke. Er erlebt die Stadt ähnlich wie Venedig: historisch. Auf Schritt und Tritt begegnet ihm der Geist der Renaissance. Die Stadt erscheint ihm zu Recht als ein »italienisches Athen«. In Florenz trifft man wieder auf den Hof; gemeinsam mit ihm verläßt Grillparzer die Stadt und reist über Gastein nach Wien zurück.

Grillparzers Aufzeichnungen zur italienischen Reise spiegeln den eigenen Entwicklungsgang. Das eigentliche Italienerlebnis, die geistigen und künstlerischen Anregungen, halten nur die Tagebuchblätter fest. Es sind nicht bloß flüchtige Notizen, Stichwortaufzeichnungen oder tägliche Kostenabrechnungen. Grillparzer hat auf die literarische Form große Mühe verwendet. Das wahrnehmende Ich ist kaum sichtbar, die Atmosphäre Italiens spricht den Leser ganz unmittelbar an.

In Triest etwa beschreibt er das Meer als Farbensymphonie, einer Turnerschen Impression vergleichbar:

»Ist die See schön wenn die Morgen- oder Mittagsonne sie beleuchtet, so ist sie es noch unendlichemale mehr beim Untergange. Die Wellen haben ihr sanftes Grün-

Kolosseum, das unter Vespasian und Titus zwischen 70 und 80 n. Chr. erbaute Amphitheater. Am 14. April notiert Grillparzer in sein Tagebuch: »Ein lebhaftes Bild der römischen Größe, so daß die Phantasie dadurch wirklich erweitert wird, gibt unter allen hiesigen Denkmälern alter Zeit, beinah allein das Kolosseum. Herrlicheres kann man nicht mehr sehen. Dieses wird besonders in Rom klar, wo man so viele vorzügliche Gebäude sieht und doch verschwinden alle in nichts vor diesem Koloß.« Grillparzer bekam mit der österreichischen Zensur Ärger, weil er in dem Gedicht *Campo vaccino* sein Mißfallen über das am Eingang des Kolosseums errichtete Kreuz ausgesprochen hatte. Er hätte es lieber ohne christliche Zutat in seiner heidnischen Monumentalität erhalten gewußt. (Grillparzer: *Sämtliche Werke,* Bd. 4, S. 296.)

lichblau abgelegt und spielen von der Sonne schräg beleuchtet, in allen Farben des Regenbogens. Blau und rot und grün und golden schwamm es um uns her und ich dachte mir im Feenlande zu sein bis die Sonne hinabgegangen war, und die Herrlichkeit des Tages unterging in ein düsteres Grau.« (S. 281)

Doch bereits hier – im nichtssagenden Attribut »schön« – macht sich eine gewisse Formelhaftigkeit bemerkbar, die sich durch die gesamten Aufzeichnungen zieht. Charakteristisch für das Tagebuch ist ein unorganisches Nebeneinander von Nüchternheit und Enthusiasmus, wobei sich gerade die Begeisterung niederschlägt in klischeehaften Wendungen wie »Keine Sprache der Welt reicht hin die Schönheit der Gegend zu beschreiben, in der Narni liegt« und austauschbaren Formeln wie »reizend«, »herrlich«, »hübsch«, »anmutig«, »unbeschreiblich«, »unbeschreiblich schön«, »zauberisch«, »malerisch«, »Paradies« – letztlich Ausdruck eines künstlerischen Dilemmas: Der Klassizist verfügt über keine selbstgeprägte Sprache, bedient sich eines bekannten und vielfach abgenutzten, ja bläßlich gewordenen Wort-Arsenals.

Anders die späteren zusammenhängenden Darstellungen, der 1844 verfaßte Aufsatz *Meine Reise nach Italien* und die *Selbstbiographie* von 1853. In ihnen tritt das Erlebnis Italien zurück, während sich das erinnernde als das erleidende Ich in den Vordergrund schiebt; die *Selbstbiographie* weist zudem Züge eines ärztlichen Bulletins auf, so penibel vermerkt Grillparzer hier sein gesundheitliches Befinden.

Die Italienreise hatte noch ein unerquickliches Nachspiel. Das Gerede, er sei Sekretär der Kaiserin geworden, hatte mittlerweile die Runde in Wien gemacht.[11] Glaubte man nun, Grillparzer habe diese Stelle nicht mehr nötig, war es eine Intrige oder nur die Folge eines unglücklichen Versehens, daß die kaiserliche Urlaubs-Verlängerung nicht eingetroffen war – kurz, die Stelle, auf die er sich Hoffnung gemacht hatte, wurde einem jüngeren Mitbewerber gegeben, und auch die nächsten offenen Posten fielen anderen Beamten zu.

Auch die poetischen Früchte der Italienreise brachten nur Ärger ein.[12] Hatte er zu Beginn der Reise seiner Begeisterung freien Lauf gelassen und Goethes Frage »Kennst du das Land?« für sich beantwortet:

Gelobt sei Gott! die Stund ist da!
Den Wanderstab in die Hand!
Zu dir hin gehts, Italia,
Du hochgelobtes Land! (W I, S. 111)

so erwies sich der weitere poetische Ertrag der Reise eher in kritischen Räsonnements als in Hymnen und Eklogen. Das Kolosseum inspiriert ihn zu einem Gedicht, »eine[r] mehr rednerisch als lyrisch ausgemalte[r] Schau in die Geschichte«.[13] Bereits hier deutet er sein Mißfallen über das am Eingang angebrachte Kreuzeszeichen an, und diese Unangebrachtheit hat ihn zu dem großen Gedicht *Campo vaccino* inspiriert. In sechzehn Strophen zu je acht Versen handelt er hier ein Thema ab, das er in Byrons *Childe Harold* vorfand und das ihn in Prosa und Vers mehrfach beschäftigte: die Ablösung der heidnischen Antike durch das christliche Mittelalter und den Schaden, den die Kunst durch diesen Wechsel angeblicherweise erfahren hat. Ein Gang über das Forum Romanum führt den Dichter an verschiedenen Ruinen altrömischer Herrlichkeit vorbei: am Tempel der Concordia und am Jupitertempel, an den Triumphbögen des Septimius Severus und des Titus, bis zum Rathaus, zum Konstantinsbogen und zum Kolosseum. Die auf den stolzen Trümmern flanierenden Mönche symbolisieren den Sieg des Christentums über die Antike. Bereits im Tagebuch konstatiert Grillparzer, das Vortreffliche am Konstantinsbogen stamme von andern Denkmälern – »die zeitgenossische [!] Arbeit daran ist schlecht«. (S. 294) Konstantin erscheint ihm geradezu als Vollender dieser Zerstörungstat:

Über Romas Heldentrümmern
Hobst du deiner Kirche Thron,
In der Kirche magst du schimmern,
Die Geschichte spricht dir Hohn.

Mit dem Raub von Trajans Ehren
Hast du plump dein Werk behängt;
Trajan kann des Schmucks entbehren,
Er lebt ewig, unverdrängt:
Aber eine Zeit wird kommen,
Da zerstäubt geraubte Zier,
Da erborgter Schein verglommen.
Was spricht, Heuchler, dann von dir? (W I, S. 116f.)

Es handelt sich hier um die bei Historikern des 19. Jahrhunderts geläufige Verurteilung Konstantins als eines Heuchlers, weil er das Christentum nur aus politischen Gründen zur Staatsreligion erhoben habe. Aber Grillparzer läßt es bei diesem Vorwurf nicht bewenden. Bereits nach dem Besuch der Katakomben notiert er in sein Tagebuch: »Als ich herausgestiegen war aus diesen Klüften der Unterwelt und hinüberblickte nach dem herrlichen Rom und seinen Denkmalen der Vergangenheit, da ward mir nachdenklich und sonderbar zu Mute. Dort die Stadt, urbs et orbis, thronend und prangend und hier die Katakomben, wie Repräsentanten des Heidentums und des Christentums. Und all deine Kraft und all deine Pracht hat dich nicht retten können, göttliche Roma, du bist erlegen und auf den Zinnen deiner Götter prangt das Zeichen, das hervorging aus diesen Klüften und langsam wandelnd, aber unabläßlich dich überholte, als du müde warst und nicht mehr fliegen konntest.« (S. 298)

Nach Grillparzers Auffassung zehrt das Christentum, auch wenn es die heidnische Götterwelt überwunden hat, noch heute von der antiken Kultur. Ist es angesichts der kulturellen Übermacht der Antike angebracht, das Kreuzeszeichen als Symbol des Sieges gerade am Kolosseum, diesem Inbegriff antiker Größe, anzubringen? Papst Pius VII. hatte nämlich, zum Gedächtnis an die bei den Tierjagden im Kolosseum getöteten Märtyrer, ein Kreuz am Eingang zur Arena aufstellen lassen. Und nun verlangt Grillparzer – wahrhaftig unvorsichtig für einen Untertan des österreichischen Kaisers –

Nehmt es weg, dies heilge Zeichen!
Alle Welt gehört ja dir;
Übrall, nur bei diesen Leichen,
Übrall stehe, nur nicht hier!

Und er schließt mit der pathetischen Klage:

O, so stürze ganz zusammen
Und ihr andern stürzet nach,
Decket, Erde, Fluten, Flammen,
Ihre Größe, ihre Schmach.
Hauch ihn aus, den letzten Oden,
Riesige Vergangenheit!
Flach dahin auf flachem Boden
Geh die neue, flache Zeit! (W I, S. 117f.)

Grillparzers kulturkritisch gemeinte Verse richten sich gegen die Politik der Kirche, die er für den desolaten Zustand Italiens verantwortlich macht. In der gegenwärtigen kulturellen und politischen Erstarrung spürt der Reisende nichts mehr von der »riesigen Vergangenheit«: Flachheit, wie die dreimalige Nennung bezeugt, ist das Attribut der Gegenwart. Die Verse sind nicht gerade ein Beleg für hinreißende Inspiration. Aber selbst höhere Qualität hätte die alsbald ausbrechende Entrüstung nicht vermindert.

Sein Gedicht, im Kolosseum begonnen und während der Reise vollendet, gibt er Joseph Schreyvogel für dessen Taschenbuch *Aglaja*. Er wurde nicht, wie er es selbst darstellt, dazu genötigt; im Gegenteil: er hat sein Produkt – wohl um seinen Gegensatz zu Zacharias Werner allseits vor Augen zu führen – dem Freund eher aufgedrängt.[14] Die Zeitschrift war der Königin Friederike Wilhelmine Caroline von Bayern gewidmet, 400 Exemplare gelangten ins Ausland und dabei auch nach Bayern. Dort nahm besonders der – wie Grillparzer ironisch vermerkt – »wegen seiner erleuchteten Kunstansichten als wegen seiner strengen Religiosität bekannte« bayerische Kronprinz, der spätere König Ludwig I., Anstoß an Grillparzers Gedicht und beschwerte sich beim Wiener Hof, wie denn ein Almanach mit einem solchen Gedicht seiner Gemahlin habe zugeeignet werden können. Auch die frommen k.u.k.-Majestäten hielten das Gedicht für blanke Blasphemie, für einen Angriff auf den Papst und obendrein für eine Verspottung der katholischen Majestäten, in deren Gefolge der Autor ja Italien bereist hatte.[15] Polizeiminister Graf Sedlnitzky spricht dem Autor das kaiserliche Mißfallen aus.[16] Als Staatsbeamter und Dichter des Burgtheaters muß er sich vom Haut gout des Freigeistes reinigen. (W IV, S. 107ff.) In einem umfangreichen Brief an den Polizeiminister stellt Grillparzer das Ganze als ein einziges Mißverständnis dar. Die nachgereichten Argumente sollen auch den befreundeten Zensor Schreyvogel entlasten. Das Gedicht – Produkt seines »gereitzten Körper- und Geisteszustandes« – enthalte keineswegs sein Glaubensbekenntnis, es sei »eine Klage über den Untergang der herrlichen klaßischen Zeit«. Bei nüchterner Lektüre des Gedichtes werde die Nichtberechtigung der Vorwürfe deutlich.

So führt er zu Konstantin aus: »Wenn Konstantin darin getadelt wird, so geschah es in der, auf historische Beweise sich stützenden Nichtachtung seines Charakters als

Mensch; so geschah es in dem gerechten Unwillen, daß er und seine Nachfolger es waren, die, statt durch das Christenthum die gesunkene römische Größe wieder aufzurichten und zu veredeln, diese vielmehr ganz zu Boden stürzten und dadurch der Barbarei des Mittelalters mit allen ihren traurigen Folgen Thür und Thor öffneten.«[17]

Zu der mißverständlichsten Stelle, nämlich dem Wunsch nach Beseitigung des Kreuzeszeichens, macht er allerlei sophistische Ausführungen: Das Kreuz sei am Eingang des Kolosseums deplaziert.

»Überall in der ganzen Welt möge und soll das heilige Zeichen der christlichen Religion stehen, nur nicht am Kolosseum, nur nicht auf diesem Kampfplatz für wilde Thiere, nur nicht an diesem durchaus heidnischen Gebäude, wo es nicht hingehört; ist das ein Ausfall gegen das Kreuz?« (B I, S. 217) Grillparzer simuliert ethische Gründe; in Wahrheit verkündet das Gedicht doch eher die gegenteilige Ansicht: man solle durch das Symbol der Sieger nicht den »noch im Sterben großen« Rest der Antike entwürdigen. Grillparzers geistige Verrenkungen hatten zunächst den gewünschten Erfolg, Autor und Zensor blieben unbehelligt. Dennoch geriet der Vorfall so schnell nicht in Vergessenheit, und die Wendung »ja wenn er die Geschichte mit dem Papst nicht gehabt hätte« wurde zur bequemen Formel, seine Karriere zu blockieren.[18]

So wurde Italien zum Schicksal der beiden »Schicksalsdramatiker« Zacharias Werner und Franz Grillparzer, auch wenn Rom auf sie eine unterschiedliche Wirkung ausgeübt hat. Abkehr vom Lasterleben der Welt und Bekehrung zum Katholizismus beim einen, Stärkung des kritischen Urteilsvermögens und wachsende Distanz zum Kirchenglauben beim anderen. Übrigens hat Grillparzer den erfolgreichen Bußprediger Werner persönlich gekannt, aber das Heil erwartete er von ihm nicht.[19] Grillparzer blieb dem aufgeklärten Geist des Josephinismus, in dessen Zeichen er seine Italienfahrt angetreten hatte, unverändert treu.

»Wer die Schönheit angeschaut ...«

August von Platens Flucht aus Deutschland

August von Platen starb am 5. Dezember 1835 in Syrakus, wohin er vor der Cholera, die auf dem italienischen Festland wütete, geflohen war. Als er, bereits auf sizilischem Boden, von einer heftigen Kolik befallen wurde, glaubte er, die Seuche habe ihn erfaßt und nahm die Arzneimittel in solcher Überdosis, daß sie zusammen mit der Kolik zu seinem Tode führten. Platen stand erst im 40. Lebensjahr. Dennoch haftet diesem Tod etwas merkwürdig Symbolisches an: Platen, der ewige Flüchtling, der rastlose Schönheitssucher, der Metrik-Virtuose deutscher Poesie, war dichterisch an einen Endpunkt angelangt. Der Tod, den er fern seiner Heimat fand, ist ein Ausdruck äußerer und innerer Distanz zu Deutschland, letzten Endes aber ein Ausdruck seiner eigenen, psychisch verankerten Unbehaustheit. Die Haltsuche im Werk bildet das Gegenlager zum ziellos umherirrenden, Don Quijotehaften Lebenswandel.[1]

Platen war ein unglücklicher Mann: als Dichter klassizistischer Dramen und antikisierender Oden wenig erfolgreich, als Mensch durch seine homoerotische Veranlagung zum Außenseiter abgestempelt. Da ihm weder das Militär noch die Juristerei zusagte, studierte er Sprachen in Würzburg und in Erlangen. Er strebte die unabhängige Existenz eines freien Schriftstellers an nach der Devise »Lieber betteln als meine Individualität opfern«.[2] Von den zahlreichen Freundschaften erhielten sich nicht zufällig die gemäßigten, etwa mit Graf Friedrich von Fugger, während die leidenschaftlicheren, etwa zu Eduard Schmidtlein alias Adrast, von ständigen Trübungen und Zerwürfnissen bedroht blieben.[3]

Zum ersten Mal reiste Platen im September 1824 nach Italien. Venedig, in dem er sich zwei Monate aufhielt, begeisterte ihn von Tag zu Tag mehr. Das Tagebuch verzeichnet unter dem Datum des 14. Septembers, seit einer Woche habe er nun keine Eintragung gemacht. »Die Fülle der Gegenstände ist zu groß, um in der bisher beliebten Art fortfahren zu können. Manches Herrliche sieht man nur so flüchtig, daß man kaum wagt, davon zu sprechen, und lange Zeit ging ich hier wie im Traume herum, aus dem ich mich langsam erhole.« (T II, S. 669) Am 13. Oktober notiert er: »In der That, je länger ich in Venedig bin, desto mehr wächst vor meinen Augen die Herrlichkeit dieser wunderbaren Stadt, jeder Tag lehrt mich neue Schönheiten, neue Schätze kennen. Ich habe mich so gewöhnt, jeden Morgen mit der Anschauung schöner Kunstwerke zuzubringen, daß ich nicht weiß, wie ich diesen Genuß werde entbehren können.« (T II, S. 699) Während seiner ersten Begegnung mit Italien verhält sich Platen wie ein bildungssüchtiger Kulturvielfraß. Er durcheilt sämtliche Kirchen und Paläste, Museen und Galerien und listet die visitierten Kunstwerke fein säuberlich-pedantisch auf, seitenlang und gnadenlos. Ein Beispiel:

»Der Grimanische Palast, den wir dann besuchten und der einer noch wohlhabenden Familie gehört, verschließt eine Reihe von schönen Antiken in sich. Am meisten hat mich die Figur eines, wie es schien, Soldaten angezogen, dessen Waffenkleidungen an einem Baum hängen, und der seinen Helm an einem Stock auf der Schulter trägt. Er ist im Vorwärtsschreiten begriffen; was er aber eigentlich vorhat, ist schwerlich zu sagen; die Figur ist keine zwei Schuh hoch. Unter den dasigen Gemälden befindet sich eines von Albrecht Dürer, das nicht zu seinen besten gehört, mehrere Salviatis, ein etwas plumper Amorino von Guido Reni und auch zwei Marienbilder meines venetianischen Lieblingsmalers Gian Bellin. Besonders das eine größere ist sehr lieblich, wiewohl sie anderen Werken dieses großen Meisters nicht gleichkommen. Der ganze Palast ist ein wahrer Tempel der Kunst, nichts ist störend und prosaisch. Die Plafonds sind meist gemalt oder sonst von Sansovino und Giovanni da Udine verziert, der Boden ist von dem herrlichsten venetianischen Pflaster und verschiedenen Farben und Variationen, die Tische von schönem Marmor und eingelegter Arbeit.« (T II, S. 672)

In diesem Stil geht es seitenlang weiter – ein wahres Raritätenkabinett gewaltsam angeeigneter Kunst.

Immerhin genießt Platen auch die morbide Atmosphäre der Lagunenstadt, gondelt mehrfach auf dem Canale grande oder durch diverse kleinere Kanäle; über die Markuskirche, dieses »kolossale Labyrinth« (T II, S. 675), fallen einige sehr kritische Bemerkungen. (T II, S. 679) Am 28. September 1824 zieht er fast so etwas wie ein Fazit seines Venedig-Aufenthaltes:

»Ich befinde mich in einem sonderbaren Zustande, den ich nicht zu definieren weiß. Venedig zieht mich an, ja, es hat mich mein ganzes früheres Leben und Treiben vergessen lassen, so daß ich mich in einer Gegenwart ohne Vergangenheit befinde. Dennoch bin ich gezwungen, diese neue Welt, über deren Grenzen ich nicht hinausblicken mag, in wenigen Tagen zu verlassen. Ich fühle eine unendliche Trägheit, mich vom Platz zu bewegen, und doch empfinde ich auf der anderen Seite, wie wenig Italien die Heimat eines Deutschen sein kann, wie gleichsam seine ganze Natur sich ändert, und wie gedankenlos ich mir selbst in dieser Periode meines Lebens vorkomme.« (T II, S. 684)

Es ist ein Südlandsgefühl, das in der Tat die Stimmung hebt, die Urlaubsbedürfnisse befriedigt, aber es zu keiner Leistung kommen läßt und darum für den schaffenden Künstler unbefriedigend bleibt – zumal sich Platen offenbar von Italien und seinen Kunstschätzen »Wachstum und Ausbreitung seines dichterischen Vermögens« versprochen hat.[4] Das »Schwelgen in der Kunst« – so konstatiert Platens Biograph Max Koch – »diese ästhetische Lebensfülle, die Platens Schilderungen seines genußvollen Aufenthaltes in Prosa und Versen ausatmen, hat selbst in der langen überreichen Geschichte deutscher Italienfahrten und italienischen Schilderungen kaum ihresgleichen.«[5] Vergleicht man indes Platens künstlerische Ausbeute mit der Lord Byrons oder Richard Wagners, der immerhin 1858/59 den zweiten Akt von *Tristan und Isolde* in Venedig komponiert hat, so fällt sie quantitativ dürftig genug aus – es sind zwölf Sonette – die ersten Fassungen der sechzehn venezianischen Sonette (am 20.10. 1824 beendet, T II, S. 707). Immerhin gehören einige dieser Gedichte zu den besten deutschsprachigen Sonetten;[6] sie fangen die elegische Untergangsstimmung, die Übergangszone zwischen Leben und Sterben, das geheimnisvoll-schauerliche Morbid-Moribunde, in plastischen Bildern und verschwebenden Klängen ein, Chiffern der »geheimen Verwandtschaft zwischen Schönheit und Tod«.[7]

Venedig liegt nur noch im Land der Träume
Und wirft nur Schatten her aus alten Tagen,
Es liegt der Leu der Republik erschlagen,
Und öde feiern seines Kerkers Räume. (W III, S. 179)

Am 9. November 1824 verließ Platen zunächst Venedig und reiste über Padua, Vicenza und Verona nach München zurück. Wenn er dennoch schon bald einen längeren Romaufenthalt ins Auge faßte, so spielten dabei nicht nur die offiziellen Gründe, die er Schelling gegenüber angibt, eine Rolle: das Bedürfnis, sich durch große neue Eindrücke weiterzubilden. (B IV, S. 492–495) Vielmehr fühlte er sich auf

Dauer in Deutschland, ob in Ansbach oder in Erlangen, unverstanden, als Freund zurückgewiesen und als Dichter nicht genügend gewürdigt – seine Dramen wurden von vielen Bühnen, denen er sie angeboten hatte, zurückgewiesen. Schwer getroffen hat Platen die harsche Abweisung, die sein liebevolles Werben bei Karl Theodor German in Erlangen erfuhr. (B IV, S. 201 f., 204 f.) Sein Gemütszustand verschlechtert sich, und seine in bisher unbekanntem Maß gegen die Menschen empfundene »schneidende Kälte« gipfelt im Ausbruch: »Es ist höchste Zeit, daß ich Deutschland verlasse; alle Bande sind gelöst, alle Liebe hat sich ins Innerste meiner Brust geflüchtet, um nie mehr hervorzutreten.« (T II, S. 797)

Seit 1826 hielt sich Platen, als Leutnant der bairischen Armee dauernd beurlaubt, durch eine Pension des bairischen Königs Ludwig I. abgesichert, in Italien auf,[8] das er mit fanatischer Unermüdlichkeit durchquerte, wobei Fußmärsche von 50 bis 60 km am Tag keine Seltenheit waren. Wie kein zweiter deutscher Autor durchstreifte er alle Regionen Italiens, so daß er Schelling, der sich nach Platens Rückkehr erkundigte, bereits im Dezember 1828 ohne Übertreibung mitteilen konnte, wie groß auch »der Ersatz« sei, den ihm seine Freunde bieten würden, so könne er sich doch nicht dazu überwinden, unter dem deutschen Pöbel zu leben. »Abgesehen davon, daß mir Italien so unbeschreiblich wohl gefällt. Rom, Neapel, Florenz und so vieles Andre ist ein Theil meiner Seele geworden.« (B IV, S. 494)

Ähnlich klingen auch die Verse aus dem Prolog zum Epos *Die Abbassiden*:

> *Doch bis hieher zu weitentferntem Strande*
> *Kann Lieb' und Haß den Dichter nicht beschreien!*
> *Hier mag er weilen, unzerstreut vom Tande,*
> *Vom bunten Wirrwarr deutscher Klatschereien;*
> *Er konnte hier, in einem Zauberlande,*
> *Die bange Brust von jedem Schmerz befreien:*
> *Es steht bei dir, ihm vorzuziehn Lappalien,*
> *Du nordisch Volk, ihn aber schützt Italien.* (W II, S. 129)

Platens Äußerungen, in denen er sich von Deutschland abgrenzt, weisen zwischen privaten Tagebuchaufzeichnungen und adressatenorientierten Briefen wenig Unterschiede auf. Treiben ihn die persönlichen Motive aus Deutschland,[9] dem Land, in dem er »alle Bitterkeiten des Lebens« erfahren hat, so gibt es doch auch allgemein gültige Motive für sein Bestreben in Italien, die Deutschen zu meiden. Denn »sie machen einander bloß das Leben sauer, grübeln über alles«. (T II, S. 821) Fast scheint es, als scheue der Dichter die Begegnung mit seinen Spiegelbildern. Daneben gibt es auch das poetische Wettbewerbsmotiv. Der Brief an den Freund Friedrich von Fugger verdeutlicht dieses Argument: »Von Deutschland schäle ich mich immer mehr los, und ich merke wohl, daß man meine Comödie geflissentlich ignorirt [...].« (B IV, S. 267) Der poetische Ehrgeiz treibt Platen auch in Italien um; gegenüber Doktor Röstell, der ihn nach Lektüre seiner Gedichte etwas ironisch fragt, er wolle also nicht nach Deutschland zurückkehren, bis er nicht etwas Großes vollbracht habe, erwidert er kurz angebunden (weil innerlich verletzt), er dächte nie an eine Rückkehr nach Deutschland. (T II, S. 859)[10]

Über all diesen persönlichen und poetischen Gründen ist das angenehme Klima Italiens nicht zu vergessen. Die heilsame Luft Neapels, die Seebäder etwa würde er in der »Melancholie einer deutschen Stadt« mit ihrer »allzugroßen Kälte« nur vermissen. (B IV, S. 285, vgl. S. 492f.) In Deutschland würde er sich immer »elend« fühlen. (B IV, S. 286) Das deutsche »gelehrte Bücherleben« sei einem Dichter wahrscheinlich noch unzuträglicher als das italienische Wanderleben. »Chaotisch« nennt er Deutschland zuweilen; jedenfalls ist er fest entschlossen, lieber in ein italienisches Kloster einzutreten, als in Deutschland in unwürdigen Verhältnissen zu leben. (B IV, S. 355) Individueller Freiheitsdrang und poetische Ruhmsucht gehen eine exquisite Verbindung ein; gegenüber dem Freund Georg Friedrich Puchta phantasiert er: »Unter dem ewigschönen Himmel, in reizenden Myrtengebüschen am Ufer des Meerspiegels gedenke ich die Tage, die mir noch vergönnt sind, an die Unsterblichkeit meines Namens und hoffentlich mehr als meines Namens, zu setzen.« (B IV, S. 355) Mit der Distanz scheint die Abneigung gegenüber Deutschland sogar zu wachsen, »blos bei den Haaren« ließe er sich dahin zurückziehn. (B IV, S. 446) Die gehässige Polemik Heines in dessen Reisebildern *Die Bäder von Lucca* verbittern Platens Leben (B IV, S. 503); sein leichtsinniger Affront Heines im *Romantischen Ödipus* hat diesen zu einer seiner schärfsten und persönlichsten Satiren herausgefordert. Parias beide, der Jude und der Homosexuelle – und gerade deshalb besonders empfindlich gegenüber den Angriffen des anderen.[11] Im Prolog zu den *Abbassiden* bescheinigt Platen Italien, das für einen Dichter bekömmlichere Land zu sein:

Hier kann er froh sein und des Tags genießen,
Dort müßt' er frieren, Buße tun und darben;
Hier kann Gesang am reinsten sich ergießen,
Denn welche Dichter lebten hier und starben!
Drum kann zu fliehn er sich noch nicht entschließen
Das Reich des stäten Lenzes und der Farben (...). (W II, S. 130)[12]

Als er schließlich im August 1832 doch wieder einen Abstecher nach Deutschland unternimmt, erfüllen ihn die dortigen Eindrücke mit Melancholie – »die eckige Bauart der Häuser, die kleinen Fenster, die hölzernen Fußböden, die schweißtreibenden Federbetten, vor allem die frostige Temperatur«. Auch die deutsche Sprache gefällt ihm nicht mehr; allzu polterhaft klingt sie seinen melodischere Klänge gewohnten Ohren. (T II, S. 939) Schon im darauffolgenden Frühjahr verläßt Platen Deutschland für immer. Benito Mussolini, der sich zuweilen auch mit deutscher Dichtung befaßte, hat den ›Mittelmeerdeutschen‹ Platen (»questo tedesco ›mediterraneo‹«) mit einem von Ort zu Ort wandernden antiken Rhapsoden verglichen.[13] Italien hat denn auch sein Andenken lebendiger gehalten als Deutschland.[14]

Die Quellen zu Platens Italienbild sind einerseits seine dichterischen Werke, die Sonette, die Oden, die Idyllen und die Hymnen, andererseits die Briefe an die Freunde und Verwandten in Deutschland; schließlich – und dies ist sicher das intimste und umfangreichste Dokument, das 30. bis 33. Buch seiner Tagebuch-Aufzeichnungen. Es versteht sich, daß in den italienischen Briefen und Tagebüchern nicht fortwährend von Italien die Rede ist, denn – anders als bei den meisten

Platens besondere Liebe gehörte *Venedig*, das er erstmals im Herbst 1824 besuchte. Aus dieser Zeit stammen seine vielleicht berühmtesten Gedichte, die *Sonette aus Venedig*. Am 13. Oktober 1824 zieht er ein Fazit seiner zahlreichen Aufenthalte: »In der That, je länger ich in Venedig bin, desto mehr wächst vor meinen Augen die Herrlichkeit dieser wunderbaren Stadt, jeder Tag lehrt mich neue Schönheiten, neue Schätze kennen. Ich habe mich so gewöhnt, jeden Morgen mit der Anschauung schöner Kunstwerke zuzubringen, daß ich nicht weiß, wie ich diesen Genuß werde entbehren können. Ferne von allem Staub der Schule, unter einem Volke, das voll Unbefangenheit und dem Augeblick zu leben weiß, fange ich selbst erst an, das Leben zu erkennen und zu genießen.« (Platen: *Tagebücher* II, S. 69f.)

Zunftkollegen – lebte Platen in Italien bald nicht mehr als Tourist. Italien wurde für ihn zur neuen Heimat, eine immer bekannter werdende Größe. Je länger er sich in Italien aufhielt und bald ausschließlich Italienisch sprach, desto weniger schrieb er darüber – so selbstverständlich ist es ihm geworden.

Ein kurzer Blick nun auf die Hauptstationen seiner Italienreisen und -aufenthalte. Am 3. September 1826 verließ Platen Erlangen; die Reise ging über Augsburg, Innsbruck nach Verona. Über Mantua, Parma, Reggio, Modena und Bologna erreichte er am 28. Dezember Florenz, wo er den Winter verbrachte. In der Folge hielt er sich noch mehrmals in der Hauptstadt der Toskana auf: im Mai, Juni und Dezember 1828 und im Januar 1835. Nach Beendigung seiner sizilischen Reise wollte er sich hier auf Dauer niederlassen. Mehr als die Architektur der Stadt animierten ihn die reine toskanische Sprache und deren Bewohner, die sich bis in die untersten Schichten durch »Adel der Physiognomie« auszeichneten. Keine Stadt könne »verlockender sein, sich einen Freund zu suchen«. (T II, S. 812) Drängte es Platen anfangs, wie vor ihm schon Goethe, nach Rom weiter, so fiel ihm ein Jahr später der Abschied von Florenz außerordentlich schwer, und er rühmte die ›unvermerkte‹ Anziehungskraft der Stadt. (5.6. 1828; T II, S. 865)

Zu Rom hatte Platen ein merkwürdig zwiespältiges Verhältnis. Sein erster römischer Aufenthalt dauerte vom 24. Oktober 1826 bis zum 26. April 1827, der zweite Aufenthalt vom 23. November 1827 bis zum 28. April 1828, der dritte schließlich vom 5. Dezember 1829 bis Ende April 1830. Die großen Plätze, die Säulen und Springbrunnen, der Corso beeindrucken ihn; nach den schreckhaften Berichten über die Unreinlichkeit Roms ist er fast angenehm enttäuscht. Immerhin gesteht er doch zu, man müsse sich in den Nebengassen vor dem Kot in Acht nehmen, der aus den Fenstern von oben auf den Fußgänger herniederprassle. (B IV, S. 259) An klaren Sonnentagen im Dezember sei Rom »unbeschreiblich schön«: »Alle diese Palläste und Säulen und Ruinen und Kirchen, diese prächtigen Springbrunnen, diese großen Plätze mit ihren ägyptischen Obelisken, man weiß nicht wohin man sich wenden soll, und sieht sich nirgend satt. Keine Stadt kann reicher an Spaziergängen und Aussichten seyn als Rom, und alles dieß ist in den Ringmauern dieser ungeheuern Stadt; denn ausserhalb derselben ist Rom eine Wüste [...].« (B IV, S. 263 f.) Im März klingt die Hymne auf Rom noch begeisterter; unerschöpflich erscheinen dem Betrachter die Herrlichkeiten an Kunst und Architektur. (T II, S. 828; B IV, S. 273) Den berühmten römischen Karneval macht Platen, konfettiwerfend, mit;[15] ausführlich schildert er die Feierlichkeiten der Karwoche und das »großartige Schauspiel« des Girandola genannten Feuerwerks seinem Freund Fugger (B IV, S. 281 f.). Freilich, dichterisch inspiriert ihn das Caput mundi nicht sonderlich – »noch hat Rom nichts Bestimmtes in mir hervorgerufen, ja es ist mir, als ob meine poetische Ader so ziemlich versiegt wäre.« (T II, S. 821) Ähnlich ergeht es ihm im November 1827, nach der Rückkehr aus Neapel; Rom »affiziert« ihn nicht besonders, er empfindet »großes Heimweh« nach dem sonnigen Neapel (T II, S. 844); ausgemalter das negative Urteil im Brief an Kopisch: »Rom schien mir unbeschreiblich öde und melancholisch, so zerstückelt und buntschäckig, die Menschen so bleich und elend [...].«

(B IV, S. 330) Freilich, nach dem Winter in Rom, ergreift ihn beim Abschied doch wieder die Melancholie. (T II, S. 857) Im übrigen sind die Urteile Platens mit Vorsicht zu genießen. Wenn er an Fugger schreibt, keine Stadt sei mit Rom zu vergleichen »und selbst Neapel und Venedig müssen sich mit dem zweiten Range begnügen« (B IV, S. 301), so zielt er hier auf das Gesamtheitserlebnis Rom, die Fülle der architektonischen, künstlerischen und historischen Zeugnisse, mit deren Universalität es in der Tat keine andere Stadt aufnehmen kann. Es ist nicht übertrieben, eine Wesensverwandtschaft zwischen Rom, dem Zentrum cäsarischer Macht, und dem nach Monumentalität und Erhabenheit strebenden Dichter zu konstatieren.[16]

Neapel spricht Platen persönlich weit mehr an. Gleich nach seiner Ankunft apostrophiert er es als »wahrhaft herrliche, bewegte und schöne Stadt« (T II, S. 833). Tatsächlich hat sich Platen während aller seiner Italienfahrten am längsten in Neapel aufgehalten und dieser Stadt eine besondere Sympathie entgegengebracht; wahrscheinlich wegen der heilsamen Kraft ihres milden Klimas, vielleicht auch, daß die neapolitanische Lebendigkeit seinem eher melancholischen Naturell zeitweilig die notwendige Ergänzung bot. Die Zeit seiner Anwesenheit in dieser Stadt läßt sich exakt datieren: vom 29. April bis zum 20. August und vom 19. Oktober bis zum 19. November 1827, vom 1. Mai bis zum 2. Juni, vom 26. Oktober 1830 bis zum 1. Juli 1832, von Anfang August bis 12. September 1834 vom 1. bis zum 27. April 1835 und schließlich vom 11. Juli bis zum 10. September 1835. Jedes Lüftchen scheint ihm hier »Wollust« zu hauchen (B IV, S. 291); das milde Klima begünstigt die Öffentlichkeit des ganzen Lebens: »[...] auf der Straße wird gekocht und gebraten, gegessen und geschlafen, gesungen und getanzt.« (B IV, S. 291) Mitunter empfindet er die große Lebendigkeit der Bewohner als störend. So anmutig und heiter die ständig bewegte Stadt auf ihn wirkt (T II, S. 833), um immer hier zu leben, dazu ist sie ihm »zu geräuschvoll, zu zerstreuend und zu verführerisch« (B IV, S. 325).

Neapel hat ihn zu einer Idylle *Bilder Neapels*, inspiriert, die mit den emphatischen Versen beginnt:

> *Fremdling, komm in das große Neapel, und sieh's und stirb!*
> *Schlürfe Liebe, geneuß des beweglichen Augenblicks*
> *Reichsten Traum, des Gemütes vereitelten Wunsch vergiß,*
> *Und was Quälendes sonst in das Leben ein Dämon wob:*
> *Ja, hier lerne genießen, und dann, o Beglückter, stirb!*
> *(W IV, S. 141 f.)*

Zu Venedig hatte Platen seit seinem ersten Aufenthalt ein besonders nahes Verhältnis.[17] Auch beim zweiten Aufenthalt, Jahre später, zwischen 17. Oktober und 18. November 1829, gewann der unverwechselbare Zauber der Lagunenstadt allmählich wieder Gewalt über ihn, obwohl er die Stadt diesmal »ziemlich kalt« betreten hatte. Insgesamt weilte Platen fünf Mal in Venedig. Der dritte Aufenthalt lag zwischen 23. Juli und 17. August 1832, der vierte zwischen 1. Mai und 11. November 1833, der fünfte und letzte dauerte nur eine Woche, vom 2. bis zum 12. Mai 1834. Beim detaillierten Vergleich stellt Platen Venedig über Florenz und resümiert die Eigenart der Lagunenstadt als eine Symbiose von Schönheit und Geheimnis, ja er meint, dem

Schönen sei geradezu etwas »Schauerliches« beigesellt, das ihren Reiz nur noch erhöhe. Überhaupt gewinne Venedig immer durch einen längeren Aufenthalt. (T II, S. 811f.)

Es hat wenig Sinn, alle Wanderungen Platens in Ober-, Mittel- und Unteritalien akribisch nachzuzeichnen.[18] Ausgenommen den Südosten hat Platen alle italienischen Landschaften erwandert. Nur einige Streiflichter noch auf Vorlieben und Abneigungen des bedürfnislosen Fußgängers. Der Gelehrte Gotthilf Heinrich von Schubert, Platens Freund aus der Erlanger Zeit, hat ein anschauliches Bild des Grafen entworfen: »Ein leichter Rock für den Sommer, ein etwas dichterer für den Winter mußten gewöhnlich an und mit seinem Leibe mehr denn einen Jahreskurs durchmachen; ein einziges Paar Schuhe für den Sommer, ein einziges Paar Stiefeln für die Zeit des Regenwetters reichten ihm für seine Ausgänge während des Aufenthaltes in Italien hin, obwohl ihn diese Sparsamkeit zuweilen in eine unliebe Abhängigkeit von dem Schuhmacher versetzte. So ging der treffliche Mann im ziemlich abgetragenen Röckchen und mit gar veraltetem Hute überall im strengsten Inkognito unter dem Volke der Deutschen und Welschen umher. Was wir andern Gäste an der Kost eines bürgerlichen Speisehauses in Venedig nicht zu loben fanden, das war Platen bei seinen täglichen Besuchen niemals aufgefallen, sondern hatte ihn vollkommen befriedigt.«[19] Gegenüber dieser wahrheitsgemäßen, von Sympathie getragenen Schilderung fällt das boshafte Porträt, das der Komponist Felix Mendelssohn-Bartholdy von Platen entwirft, dem er in Neapel begegnet war, umso stärker als Ausdruck von verletzter Parteilichkeit ab (wie Heine fühlte sich Mendelssohn von Platen als Jude angegriffen): »Graf Platen ist ein kleiner, verschrumpfter, goldbebrillter Greis von fünfunddreißig Jahren; er hat mir Furcht gemacht. Die Griechen sahen anders aus! Er schimpft auf die Deutschen gräßlich, vergißt aber, daß er es auf deutsch tut.«[20]

In Italien lernte Platen auch den holsteinischen Freiherrn Karl Friedrich von Rumohr kennen, den Kunstexperten und Gourmet, Verfasser kunsthistorischer Werke und eines Kochbuchs; mit ihm verbrachte Platen einige Zeit, in der Nähe seines bei Florenz gemieteten Landsitzes. (T II, S. 863) Rumohr, reich und verwöhnt, reiste freilich nicht zusammen mit dem fußwandernden Platen, dessen Anspruchslosigkeit immerhin den Vorteil hatte, daß er Gegenden und Orte sah, die Rumohr niemals kennenlernte. Freilich hielt Platen es nirgends lange Zeit aus. Das Reisen, so erkannte er, sei für ihn »eigentlich die zuträglichste Lebensart« (T II, S. 886).

Fast zu allen bedeutenden Städten Italiens hat Platen in seinem Tagebuch Notizen hinterlassen. Piacenza gefällt ihm, in Turin langweilt er sich. (B IV, S. 498) Obwohl allein Siena »mehr schöne Gebäude als ganz Deutschland« habe, erscheint es ihm für einen Daueraufenthalt ungeeignet – es gebe dort »keine einzige gute Trattoria«. (B IV, 528) Dagegen eigne sich Pisa wegen seiner zentralen Lage als Ausgangspunkt für alle möglichen Italienwanderungen. Die Toskana mit ihren landschaftlichen Schönheiten und ihren reichen Kunstschätzen hat es ihm besonders angetan. »Auch bietet Toscana überhaupt große Vortheile dar. Schon die schöne Sprache ist angenehm, man wird allgemein verstanden, und versteht Jedermann. Wenn nur nicht alle

Städte in Italien so unbeschreiblich interessant wären! Überall möchte man bleiben, überall die Wunder der Natur und der Kunst genießen.« (B IV, S. 327) Auch ein wenig Renommiererei gesellt sich bisweilen dazu: »Wenn ich diesen Sommer in hiesiger Gegend zubringen wollte und könnte, so würden mir die schönsten Landgüter und Villen in den pittoreskesten Gegenden zu Gebote stehn.« (B IV, S. 541)

Kunstwerke und Naturschönheit sind die beiden Gesichtspunkte, nach denen er eine Region oder eine Stadt beurteilt. Venedig und Florenz stehen ihm deshalb, als Zentren moderner Kunst, an der Spitze. (B IV, S. 557) Brescia, Verona und Mantua sind interessant durch ihren »außerordentlichen Schatz an Gemälden«, Verona auch durch seine antiken und modernen Bauwerke. (B IV, S. 572) Typisch für Platens Klassifizierung einer Stadt etwa das Urteil über Ascoli, im Brief vom 10. September 1829 an Freiherr Christian Karl Josias von Bunsen: »Ascoli, wo ich fünf Tage zubrachte, ist eine sehr schön gelegene und schön gebildete Stadt auf einer Halbinsel zwischen zwei Flüssen. Die Gebäude sind fast alle aus dem besten Zeitalter der Kunst, weniger die öffentlichen, als die Privatpaläste. Die Kirchen sind weniger merkwürdig, da sie zum Theil verdorben, zum Theil aus der spätern Zeit sind. Die Spaziergänge sind unerschöpflich, und dem Landschaftsmaler ist die Gegend sehr anzurathen. Von Alterthümern haben sich eingemauerte Korinthische Säulen, wenige Rudera eines Amphitheaters, Theile der Stadtmauer u.s.w. erhalten [...].« (B IV, S. 579f.)

Ein Vergleich mit dem Tagebuch zeigt die Tendenz von Platens offizieller Berichterstattung: Schilderungen über Kunst und Natur werden ausgeschmückt, die dem schönheitserpichten Wanderer ebenso wichtigen Aufzeichnungen über das Aussehen der Menschen dagegen ausgespart. »In Ascoli, wo ich fünf Tage blieb, sah ich noch ein paar gute Gemälde in den Kirchen und machte herrliche Spaziergänge, an denen die Gegend unerschöpflich ist. Uebrigens hatte ich noch Streit mit dem unverschämten Wirt, und somit war ich froh, daß ich wegkam. Der Menschenschlag der dortigen Gegend ist nicht schön, wiewohl man hier und da hübsche Mädchen sieht.« (6.9. 1829; T II, S. 905) Nach drei Jahren Wanderung lautet Platens Fazit, zwischen Venedig, Florenz, Rom und Neapel könne »Einem aber wohl die Wahl weh thun«. Jede dieser Städte habe ihre Vorzüge, Neapel durch Klima und Lage, Florenz durch Bibliotheken, Architektur und den schönen toskanischen Dialekt; Venedig freilich wäre dennoch die »schönste«, wenn es nur unter anderer Herrschaft stünde. (B IV, S. 583) Aber als er sich dann wieder in Venedig befindet, erliegt er erneut dem verführerischen, die Sinnlichkeit aufregenden Zauber dieser Stadt. (B IV, S. 594)

Auch anderen Städten gehört seine Sympathie: Genua mit seinen prächtigen Palästen, das heitere Mailand mit seinen langen und breiten Straßen, schließlich Bologna, eine der »schönsten Städte« Italiens. (T II, S. 874f., 876, 911) Immer zieht es den unruhvollen Platen dorthin, wo er gerade nicht weilt.[21] In Siena sehnt er sich nach Neapel. Sizilien ist schon lange sein Wunschtraum. Immer wieder verschiebt er diese Reise. Sein Ziel ist es, wie er Veit Engelhardt im Dezember 1828 erklärt, zuerst »die obere Hälfte von Italien kennen lernen zu wollen. Denn Italien zerfällt in zwei ganz ungleiche Hälften, wovon die untere blos Neapel und Sicilien, die obere alles Uebrige umfaßt; dieses ist das Land der neuen Kunst, welche unerschöpfliche

Reichthümer über sie ausgegossen hat, die andere das Reich der Natur und des Alterthums wie Pompeji worin es selbst Rom übertrifft.« (B IV, S. 501)

Endlich am 27. März 1835 tritt er die Reise von Florenz aus an; der Abschied stimmt ihn melancholisch. Die Reise führt ihn über Neapel, am 28. April trifft er in Palermo ein. Wohlgefällig vermerkt Platen, daß der Fremde hier die »beständigen Prellereien von Neapel« nicht zu befürchten habe. Platen übersieht auch nicht das Elend der Bevölkerung: »An Bettlern wimmelt es.« (T II, S. 975) In seinem Gedicht *In Palermo* klagt er über die Pfaffenherrschaft, die das Volk in tiefster Sklaverei hält.

Wohl reizend ist die Stadt Panorm,
Vom Hochgebürg umzäunt,
Die Fraun der Kypris gleich an Form,
Die Knaben schön gebräunt.

Wetteifernd stets im holden Streit
Zeigt hier sich Stadt und Flur:
Es kämpft der Menschen Lieblichkeit
Mit deinem Reiz, Natur!

Doch hinter ehrnem Wahn verschanzt
Herrscht hier allein der Pfaff;
Das Seil, worauf so frech er tanzt,
Er hält's beständig straff!

Aus jenen schönen Stirnen keimt
Nie ein Gedank' empor;
Auf jede hat ein Brett geleimt
Der schnöde Pfaffenchor. (...) (W II, S. 141f.)

Er besichtigt die Sehenswürdigkeiten Palermos, freilich ohne sonderliche Begeisterung – für den Klassizisten kann die arabisch-normannische Baukunst allenfalls merkwürdig, niemals aber vorbildlich sein: »Der Dom von Monreale, ebenfalls ganz mit Musivarbeiten ausgelegt, sehr merkwürdig.« (T II, S. 975) Catania mißfällt ihm (T II, S. 978), Taormina dagegen mit seiner herrlichen Aussicht auf den Ätna erinnert ihn an Neapel, das Nonplusultra landschaftlicher Schönheit: »Man findet Sorrent und Amalfi wieder und vielleicht noch mehr dazu.« (T II, S. 978)

Über Kalabrien wandert Platen zurück nach Neapel. Am 27. Juni erreicht er den Busento, den Fluß, in dem der Westgotenherrscher Alarich begraben wurde, dem er schon 1820 die Ballade *Das Grab im Busento* gewidmet hatte. Wahrscheinlich hat ihn der Anblick des im Sommer als klägliches Rinnsal dahinschleichenden Flusses enttäuscht. Cosenza jedenfalls, »die steile, schmutzige Stadt« erscheint ihm, trotz ihrer anmutigen Lage, »häßlich genug« (T II, S. 982). Auch der Menschenschlag ist »außerordentlich häßlich« (T II, S. 983). Am 11. Juli kommt er zurück nach Neapel, um dort den Winter zu verbingen. Wegen der aus Oberitalien drohenden Cholera macht er sich indes wieder nach Sizilien auf. Am 11. September kommt er zum zweiten Mal nach Palermo. In Syrakus, wo er nach der strapaziösen Durchquerung der Insel am 11. November 1835 eintrifft, ist er einen knappen Monat später gestorben.

Platens Reisestil war alles andere als luxuriös. Von seiner Bedürfnislosigkeit war schon die Rede. Seine geringen Ausgaben – für Kost und Logis – bestreitet er von der königlichen Pension und von den unregelmäßig überwiesenen Honoraren seines Verlegers Cotta. Die Beschwerden über die lächerlich geringe Pension, immerhin 500 Gulden im Jahr, und über die Knausrigkeit des Verlegers gehören zu Platens ständigen brieflichen Lamentos.[22] Dennoch blieb er, allen Klagen zum Trotz, Verleger und König treu.

Gesundheitlich wechselte Wohlbefinden (vor allem in Neapel) mit diversen Krankheitszuständen: in Venedig einer »unleidlichen Kolik« (T II, S. 680), in Rom einem heftigen Magenkrampf (B IV, S. 271), fast überall angegriffenen Nerven (B IV, S. 271, 274, 312), besonders aber Verstopfungen und Hämorrhoiden, die er mit Blutegelkuren bekämpft.[23] Ironisch bezeichnet er sich selbst einmal als »einen alten, von Hämorrhoiden geplagten Habenichts« (B IV, S. 574).

Trotz aller Beschwerden fühlte sich Platen im milden Klima Roms und Neapels wohl und erfreute sich guter Gesundheit, so strapaziös bisweilen das Reisen auch war – bei umfallenden Kutschen und nächtig beißendem Ungeziefer (B IV, S. 515, 984). Kein Wunder, daß der Graf bisweilen etwas heruntergekommen wirkte. (T II, S. 885) Freilich reiste er bewußt »so wohlfeil als möglich« und trug »so schlechte Kleider«, daß er sich vor vornehmen Leuten fast schämen mußte. (B IV, S. 546) Das Alleinsein wird ihm zum selbst auferlegten Schicksal. »Ich esse allein, gehe allein spazieren und thue überhaupt alles allein. Ganz ohne eigentliche Freunde zu leben, ist eine harte Aufgabe«, heißt es in Siena. (T II, S. 892) Sicherlich hielt sich Platen in Rom vom munteren Künstlervölkchen mit voller Absicht fern. Auch die Reisen unternahm er allein. Das heißt aber nicht, daß er von Natur ein Eigenbrötler war. Denn trotz aller Gewöhnung klagt er über das Alleinsein, nimmt es zuweilen als sein Schicksal hin, will aber doch immer wieder aus diesem Zirkel von Einsamkeit, Langeweile, Melancholie, momentaner Niedergeschlagenheit und ständigem Unglücklichsein ausbrechen.[24] Besonders traurig sind für ihn die einsam verbrachten Geburtstage (T II, S. 842, 914, 989). Auch Lesen hilft nicht immer. Die poetische Ader scheint fast zu vertrocknen. In den größeren Städten, in Venedig, Florenz, Neapel, Rom und Palermo, setzt er sich in die öffentlichen Bibliotheken und macht sich ans Verfassen historischer Werke; in Venedig nimmt er Flötenunterricht (T II, S. 946, 950). Das Gefühl des Lebensüberdrusses und der Reisemüdigkeit stellt sich immer häufiger ein (etwa B IV, S. 592). Das einunddreißigste Buch seiner Aufzeichnungen endet am 5. Juni 1828 mit einer typischen Notiz »Blicke ich auf die drei Jahre zurück, die es umfaßt, so habe ich eher Ursache, zu seufzen, als mich zu freuen. Was auch das Leben äußerlich darbieten mochte, so war ich eigentlich durchhin unglücklich.« (T II, S. 866) Es verwundert nicht, wenn Platen manchmal mit dem Klosterleben liebäugelt. (B IV, 355)

Die späteren Aufzeichnungen Platens werden immer persönlicher, sind letzten Endes Selbstgespräche, die den Dialog mit anderen Menschen ersetzen. Auf seinen Fußmärschen kommt es nur zu wenigen Gesprächen mit Einheimischen. Jetzt gerät immerhin außer der Kunst auch das italienische Alltagsleben in den Blick, ganz anders als in den meisten seiner Werke.[25]

Schon beim ersten Anblick war Platen von *Neapel* angetan. Einen Tag nach seiner Ankunft notiert er, am 30. April 1827, in sein Tagebuch: »Seit gestern abend bin ich hier in dieser wahrhaft herrlichen, bewegten und schönen Stadt und habe mich bald zurechtgefunden. [...] Alles ist Heiterkeit und Bewegung, und die Stadt ist wie das Meer offen und frei und geräuschvoll [...].« (Platen: *Tagebücher II*, S. 833) In Neapel arbeitete Platen an einer historischen Darstellung *Geschichten des Königreichs Neapel.* Der letzte Aufenthalt datiert vom 11. Juli bis zum 10. September. Dann flieht er vor der nahenden Cholera nach Sizilien.

Was ist es, das den Grafen nach Italien treibt? Sicherlich der Deutschlandüberdruß, die persönlichen Enttäuschungen und die Mißerfolge, die der vom brennenden Ehrgeiz beseelte Dichter erfahren hat. Doch genügen diese negativen Motive nicht, um eine zehnjährige Wanderschaft, ein Leben in Einsamkeit, in Armut und Unrast, zu erklären. Der lebenslange Zwiespalt, Anziehung und Abstoßung, macht sich schon 1824, beim ersten Venedigaufenthalt, bemerkbar. So empfindet er einerseits die Fremdheit des italienischen Lebensstils – weil die auf Tätigkeit angelegte Natur des Deutschen hier gleichsam aus der Bahn geworfen werde und in Trägkeit und Gedankenlosigkeit versinke (T II, S. 684), gesteht aber andererseits den Italienern Feinheit und »zuvorkommende Artigkeit« zu, kurz, jene taktvolle Lebensart, die er an den Deutschen vermißt (S. 691). Und doch greift auch diese Erklärung zu kurz, die das Italienerlebnis des Melancholikers auf eine, ihm anscheinend so notwendige Komplementärerfahrung reduziert. Der eigentliche Schlüssel zu seiner ganzen italienischen Existenz ist die Faszination durch das Phänomen des Schönen, das fast manische Anschauen der Kunstwerke.[26]

In seinem berühmten Gedicht *Tristan* hat Platen dieses Grundmotiv seines Lebens in die immer wieder zitierten Verse gekleidet:

> *Wer die Schönheit angeschaut mit Augen,*
> *Ist dem Tode schon anheim gegeben,*
> *Wird für keinen Dienst auf Erden taugen (...) (W II, S. 94)*[27]

Natürlich befriedigt Platen sein drängendes Schönheitsverlangen durch Betrachten von Kunstwerken, Gemälden und Skulpturen, wo immer er in Museen und Galerien ihrer ansichtig wird. Seine Tagebuchaufzeichnungen strotzen von Notaten, welche Kunstwerke er wann besichtigt, wie viele Kirchen er pro Tag durchjagt hat.[28] Freilich darf die Fülle des Besichtigten nicht über die Bläßlichkeit von Platens Kunsturteilen hinwegtäuschen. Selten kommt er über nichtssagende Epitheta wie »schön« und »herrlich« hinaus; zur lebendigen Individualität eines Heinse erhebt er sich nie. Er lobt ziemlich wahllos, begeistert sich gleicherweise für Tizian (T II, S. 677, 690, 710) und Veronese (T II, S. 708, 945) wie für den modischen Guido Reni, an dem er Seele, Leichtigkeit und Anmut rühmt (T II, S. 857). Die Schönheit der Kunst bleibt letzten Endes unbelebt und ohne Empfindung.

Fast klingt es wie Selbsterkenntnis, wenn Platen davon spricht, er wisse, daß er nicht glücklich werden könne, denn »Natur und Kunst reichen nicht aus, um das Herz zu füllen« (T II, S. 814). Im Brief vom 2. Dezember 1826 an Fugger schlägt Platen selbst die Brücke zwischen Kunst und lebendiger Schönheit. »Der Reichthum und Werth der beiden großen Antikenmuseen auf dem Capitol und im Vatikan ist unbeschreiblich. Und nicht blos Gebäude und Statuen und Obelisken und Gemälde staunt man hier an, auch die Menschen, deren Schönheit häufig über allen Ausdruck ist.« (B IV, S. 261) Im Zentrum seines Italienerlebens steht darum der Mensch, die Suche nach dem schönen Menschen, der Verkörperung des antiken Kalokagathie-Ideals.[29] In Italien waren unter dem männlichen Geschlecht die Sitten freier und ungebundener. Es war kein Geheimnis, daß homoerotisch veranlagte Männer hier leichter zur Befriedigung ihrer Wünsche gelangten. Schon Goethe hatte in einem

Brief an Herzog Karl August auf das »sonderbar Phänomen« der »Liebe der Männer untereinander« hingewiesen, das er nirgends »so stark als hier gesehen habe«. Goethe macht seine Bemerkungen im Zusammenhang mit der Tatsache, daß die unverheirateten italienischen Mädchen »keuscher als irgendwo« seien, bzw. nur den Hafen der Ehe ansteuerten. So erscheinen die homosexuellen Beziehungen geradezu als Ausweg zwischen der verpflichtenden Bindung und der risikoreichen Prostitution mit »öffentlichen Mädchen der Lust«.[30]

Männliche Prostitution hatte in Italien eine lange Tradition. Italien wurde vor allem in der zweiten Hälfte des 19. Jahrhunderts zum »bevorzugten Auswanderungsland und Aufenthaltsort deutscher Homosexueller«, weil die italienische Gesetzgebung die gleichgeschlechtliche Liebe nicht unter Strafe stellte.[31] Platen hat – dies dokumentieren seine persönlichen Aufzeichnungen in aller Eindeutigkeit – ständig den Umgang mit schönen jungen Männern gesucht. Zu längeren Kontakten scheint es aber nie gekommen zu sein. Aus welchen Gründen auch immer. Platen blieb selten lange an einem Ort, und es ist vielleicht nicht abwegig, seine »Reiselust« auch als eine Art Therapie zu begreifen, als Mittel, der als Unglück empfundenen Homosexualität nicht nachzugeben.

In Venedig lernt er 1824 zwei junge Männer kennen, beide ausgezeichnet an Gesicht und Gestalt. »Beide würden Modelle zu einem Merkur und Apollo sein können.« (T II, S. 704) Ein Blatt aus dem Tagebuch fehlt, von Platen persönlich herausgerissen. Enthält es die Geheimbotschaft in allzu deutlicher Sprache? Platen meditiert über die Anziehung, wie Italien die »Gemüter anlockt«. »Es ist nicht die reiche Natur allein, noch die reichere Kunst, es sind nicht bloß die herrlichen Kirchen, die geschmackvollen Schauspielhäuser, in denen man umherwandelt, die präch ---« (T II, S. 808) Vier Tage später berichtet das Tagebuch von einem »sechstägigen Freund«, »meinem teuren Freund Luigi«, an dem ihn die »Lieblichkeit seiner Sitten« fast noch mehr als »die Anmut seiner Gestalt und die Schönheit seines Profils und seiner Augen« begeistert. »Meinen Luigi einmal wieder zu treffen, ist jetzt mein liebster Wunsch.« (T II, S. 810)

In Florenz begegnen dem schönheitstrunkenen Wanderer die potentiellen Adonisse zuhauf – wären sie bloß besser gewaschen und rasiert (T II, S. 812). Lernt er Menschen, Deutsche oder Italiener, persönlich kennen, notiert er umgehend deren körperlichen Eindruck: »Fries [ein deutscher Maler] ist ein sehr hübscher Mensch.« (T II, S. 820) Graf Ermenegildo Roberti »hat eine feine Gestalt, das Gesicht mehr pikant als eigentlich schön, aber das ganze Wesen ebenso launisch als liebenswürdig« (T II, S. 823). Beim römischen Karneval macht er die Bekanntschaft eines jungen italienischen Malers. »Ich habe ihn einmal schon im November vorigen Jahres in einer Trattoria gesehen, und seit jenem Augenblick schien er mir immer der schönste Mann und das nationellste Gesicht, das mir jemals in Italien, wo die Schönheit alltäglich ist, vorgekommen.« Zwar ohne Gelehrsamkeit, sei er doch geistreich und ungemein beredt. »Diese Gaben, vereint mit einer unbeschreiblichen Wohlgestalt und jenen tiefen, schwärmerischen Feueraugen, die ich nie in solcher Vollkommenheit gesehen habe, würden mir nichts zu wünschen übrig lassen, wenn ich hoffen dürfte, die Freundschaft eines solchen Jünglings zu erwerben, in welchem ich mich bloß insofern getäuscht haben kann, als er mich nicht liebt, aber nicht insofern, als er nicht höchst würdig jeder Liebe und jeder Achtung wäre.« (T II, S. 827f.)[32] Platen weiß, daß in Italien, insbesondere in Neapel »die Liebe zwischen Männern so häufig ist, daß man selbst bei den kühnsten Forderungen keinen Korb zu gewärtigen hat.« (T II, S. 836) Diese vielsagende Stelle findet sich unmittelbar hinter einer Eintragung, in der er sein erstes Zusammentreffen mit dem Dichter-Maler August Kopisch verzeichnet. Auch diese Freundschaft zwischen Platen und dem heiteren Schlesier, dem Wiederentdecker von Capris Blauer Grotte, der in den Jahren 1824 bis 1828 in Italien weilte, ist von Erotik geprägt, ist fast eine Liebesgeschichte. Aufs neue befindet sich Platen in einem erregt-erotischen Zustand, wie bei der verhängnisvollen Begegnung mit German. Mit Kopisch zusammen fühlt er sich glücklich, auch wenn es in der kurzen Phase ihres persönlichen Zusammenseins zu »Mißhelligkeiten« und Trübungen kommt. Platen hütet sich diesmal vor allzu offenen Bekenntnissen, und so bleibt die Freundschaft zwischen beiden Dichtern erhalten.[33]

Bei all seinen Wanderungen notiert Platen den ästhetischen Habitus der Anwohner. In Florenz ist es die »auffallende Schönheit des Menschenschlags« (T II, S. 960), in Livorno gibt es »viele wohlgebildete Gesichter« (T II, S. 892), in Palermo sieht er »viele schöne Gestalten und höchst interessante Physiognomien« (T II, S. 975), in Ascoli dagegen findet er keine schönen Menschen, und in Taormina und Messina gar lebt ein »im ganzen sehr häßlicher Menschenschlag« (T II, S. 987), der allenfalls von der außerordentlichen Häßlichkeit der Bewohner Cosenzas übertroffen wird (T II, S. 983). Die Betrachtung der Schönheit allein macht nicht glücklich, und so klagt Platen denn auch, daß sein Leben »so ganz ohne Liebe, oder wenigstens ohne Gegenliebe« »fürchterlich« sei. (T II, S. 848) Auch der weiblichen Schönheit gilt sein Augenmerk. Veroneserinnen und Mantuanerinnen sind leuchtende Beispiele an Anmut und Anstand. Sie erscheinen ihm »wie höhere Wesen« Und sogleich schiebt er nach, auch unter den Männern sehe man »die schönsten Profile und Gesichtszüge bis zu den gemeinsten Ständen herab«, unter denen man hingegen keine schöne Frauen antreffe. Kurz: »So viel ist gewiß, daß man ein Jahr in Deutschland reisen kann, ohne so viele reizende Gesichter zu sehen, als an einem Abend in Italien. Dazu trägt nun freilich auch das öffentliche Leben der Italiener bei. Alles ist, alles geschieht auf der Straße. Die Handwerker treiben ihr Geschäft vor aller Welt; man ißt, man trinkt, man spielt bei offenen Thüren. Wie bequem ist es besonders für den Fremden, in jeder Kirche, vor jedem Kaffeehaus Platz nehmen, ausruhen, lesen oder ein Gespräch anfangen zu können. Nichts fällt hier auf, wo die persönliche Freiheit ungestört ist.« (T II, S. 806f.)

Hier fällt ein Stichwort, das ein weiteres Grundmotiv für Platens Flucht aus Deutschland und seinen langjährigen Italienaufenthalt bildet. Die »Freiheit«, die er in Deutschland vermißt, sie findet er in Italien, wenn auch nicht im Staatswesen, so doch im Privatbereich. Wo in Deutschland alles der bürokratischen Reglementierung unterliegt, dort herrscht in Italien der Geist eines freieren Gewährenlassens, bei dem sich die Individualität gewiß besser entfalten kann. Kein Zufall, daß Platen, der den polnischen Freiheitskampf begrüßt hat, sich auch gegen die Unterdrückung der Italiener durch weltliches und kirchliches Regiment engagiert.[34] In der Ode *Italien im Frühling 1831* polemisiert er gleicherweise gegen Napoleon und gegen den Papst –

ein republikanisch gesinnter Nachfahr Seumes. Angesichts seiner unverhüllten Kritik verliert das in Deutschland kursierende Gerücht, Platen sei katholisch geworden, jegliche Glaubwürdigkeit. Er hat es ohnehin selbst dementiert. Religion spielte für Platen keine zentrale Rolle.[35]

> *[...]*
> *Was frommt es, daß so liebevoll dich ausgeschmückt Natur?*
> *Du bist für deine Söhne selbst ein dumpfer Kerker nur!*
> *Begeisterung und Wissenschaft bedrückt der schwerste Bann,*
> *Und wer noch nicht in Ketten liegt, der ist ein feiger Mann!*
> *Was frommt dir nur dein Genius, so lodernd und so hell?*
> *Was Raffael und Dante dir, Colomb und Macchiavell?*
> *Dein größter, letzter Held sogar erkämpfte fremden Thron,*
> *Du hast zu eignem Jammer dir erzeugt Napoleon.*
> *Nichts frommt es, was du je gewannst und was der Welt du gabst,*
> *Du hegst an eigner Brust den Krebs, den Antichrist, den Papst.*
> *Als Luthers Stimme tönte, ward von dir sie nicht begrüßt,*
> *Du wandtest weg dein taubes Ohr und hast es schwer gebüßt!*
>
> *(W II, S. 210)*

Auf einer ganz anderen Ebene als bei Kopisch ist die Beziehung zu Wilhelm Waiblinger angesiedelt. Ihn lernt Platen im Januar 1827 in Rom kennen. Er ist, wie Platen selbst, ein radikaler Deutschlandaussteiger, allerdings von ganz anderem Wesen: genialisch, despektierlich, rebellisch und bramarbasierend.[36] Platen, selbst nicht gut bei Kasse, hat den völlig Mittellosen mit Geld unterstützt. Aber zu einem tieferen Kontakt zwischen beiden Dichtern ist es nicht gekommen. Platen, dem introvertierten Einzelgänger, mußte das wichtigtuerische Gehabe Waiblingers unangenehm sein. Er vermerkt tadelnd »das Gemeine in der Persönlichkeit« des Dichters, der sich völlig zu Unrecht als »Apostel der Classizität des Geschmacks« aufspiele. (B IV, S. 366, 353) Waiblinger hat außer flüchtig gearbeiteten Novellen eine Reihe antikisierender Gedichte und sehr lesenswerte Reiseberichte hinterlassen, die er für zwei Dresdner Journale, die *Abend-Zeitung* und die *Morgen-Zeitung* verfaßt hat. Platen hat gegenüber Gustav Schwab wenig freundlich über das verlotterte Genie geurteilt: »Er hat viel Talent, aber vielleicht nicht genug, um eine Existenz darauf zu gründen. Der Aufenthalt in Italien ist ihm in vieler Hinsicht schädlich und vermehrt seine Geniesucht. Seine Gedichte werden um nichts besser, wenn auch in jedem das Pantheon das Colosseum und das forum romanum vorkommen, was Alles bei ihm Phrasen sind. Ein eigentlich tiefes Naturell hat er gar nicht; aber es kann ein potenzirter Kotzebue, ein wahrer Kotzebue im Domino, aus ihm werden, der auf den Theater große Fortüne macht. Die Täuschung besteht blos darin, daß solche Leute sich dann für künftige Sophoklesse halten, was man aber nicht so leicht werden kann, wenn man gelebt hat wie ein Schwein, was er selbst jeden Tag eingesteht; denn seine Aufrichtigkeit geht bis zum Ekelhaften.« (B IV, S. 375) Platens scharfe Charakteristik, die vielleicht nicht frei ist von Kollegenmißgunst, enthält allerdings ein Korn Wahrheit: tatsächlich sind die meisten von Waiblingers in Rom entstandenen Gedichten mit antikem Bildungsgut überfrachtet oder mit Italianismen gespickt – ein klein wenig wollte der Deutschlandflüchtling vor seinen Landsleuten doch renommieren. Die Vorzüge seiner Reiseschilderungen, eben das minutiöse Beschreiben italienischen Alltagslebens, finden sich auch in seinen Gedichtzyklen *Bilder aus Neapel* und *Sizilianische Lieder.* Waiblingers offener und vorurteilsloser Blick erlaubt die authentische Wiedergabe des italienischen Volkslebens. Wie kein zweiter deutscher Schriftsteller kennt er sich in den weniger gut situierten Schichten aus. Während bei den meisten deutschen Dichtern die Vergangenheit dominiert – sei es nun die Antike, das germanische Mittelalter oder die Renaissance – bei Waiblinger findet man pralles Gegenwartsleben. Insofern können seine Schriften, über ihren literarischen Wert hinaus, auch als Dokumente italienischen Lebens im ersten Drittel des 19. Jahrhunderts gelesen werden.

Beide Dichter haben sich kennengelernt in Rom und einander porträtiert: Waiblinger den herablassenden Grafen mit einigem Wohlwollen, Platen den zur Kompensation gezwungenen Jungautor mit spürbarer Distanz. Offen bekennt er, daß ihm Waiblinger zuweilen zur Last falle, obwohl er ihm Talent und Geist und auch eine gewisse Gutmütigkeit nicht abspricht. (T II, S. 854) Waiblinger redet von Platen in freundlicherem Tone, nennt ihn »einen der talentvollsten Dichter«, rühmt seinen »herrlichen Umgang« nennt ihn »trefflich« und seinen »innigsten Freund«.[37] Eine Reihe von Abenden verbringen sie gemeinsam. »Mit Graf Platen«, berichtet Waiblinger an Friedrich Eser, »steh' ich fortwährend in engstem Freundschaftsverhältnis. Leider ist er ein Hypochonder, aber ich weiß ihn oft zu erheitern. Das ist wohl einer der allergeistreichsten, und der Form nach, der allergrößte Dichter unserer jetzigen Zeit.«[38] Auch hier kommt es zu einer Trübung im Verhältnis, Eitelkeit und Kollegenneid spielen sicherlich weniger herein, als Waiblinger dies vermutet,[39] denn Platen hat die schriftstellerischen Schnellschüsse Waiblingers wohl zu Recht gering eingeschätzt.[40] Am 10. Dezember traf Platen den tödlich erkrankten Waiblinger wieder – ein Opfer von acht Blutstürzen und vierzehn Aderlässen. Am 17. Januar 1830 starb er, fünfundzwanzigjährig, in Rom an der Schwindsucht. Einen Tag zuvor hatte ihn Platen zum letzten Mal gesehen. (T II, S. 918) Waiblinger wurde auf dem protestantischen Friedhof bei der Cestius-Pyramide begraben.

Platens eigene poetische Produktion sprudelte längst nicht so eilig wie die Waiblingers. Er achtete mehr auf Qualität als auf Menge; sein Kunstverständnis rückte den Dichter in die Nähe des antiken vates.[41] Als Dichter war ihm kein Lorbeer zu hoch gewachsen; er wetteiferte im Drama, im Epos und in der Lyrik mit Goethe.[42] Noch im Januar 1828 spricht er in Rom die Hoffnung aus, neben Klopstock und Goethe als »der dritte lyrische Dichter der Nation« gewürdigt zu werden – allerdings nur von den Kennern (B IV, S. 347) – Menschen, die mehr von Goethe als von Schiller halten und die das Poetische in einer »seligen Harmonie von Form und Wesen« erkennen (B IV, S. 386). Er will der Dichtkunst die Würde, die ihr einst Klopstock gegeben und Goethe fast wieder geraubt habe, wieder verschaffen.[43] Nur seine »poetische Existenz« interessiert ihn noch, »Leben und Tod« – so schreibt er an Schelling – »sind mir vollkommen gleichgültig.« (B IV, S. 493) Im Sonett *Abschied*, im Oktober 1829 an Puchta gesandt, bezeichnet er sich selbst als den »werten Meister«, der den »Pfad des Echten« gewiesen habe. Angesichts des fehlenden Interesses und des herrschenden

Auf dem Protestantischen Friedhof an der *Cestius-Pyramide* liegen zahlreiche Ausländer begraben; darunter Goethes Sohn August, zwei Söhne Wilhelm von Humboldts, der frühverstorbene Wilhelm Waiblinger, die englischen Romantiker John Keats und Percy Bysshe Shelley, die Schriftstellerin und Frauenrechtlerin Malwida von Meysenbug. Platen, der sich seine Ruhestätte dort gewünscht hatte (Platen: *Tagebücher II*, S. 821), liegt freilich in Syrakus begraben, im Garten der Villa Landolina.

Ungeschmacks dünkt ihm das eigene Schweigen als die strengste Strafe für das deutsche Publikum.

In Wahrheit lagen die Dinge freilich eher anders. Aus dem unmittelbaren Kontakt mit Deutschen herausgerissen, nicht eingezwängt in deutsche Wochen- oder Monatsjournale, kam ihm immer mehr die unmittelbare Motivation zum deutschen Dichten abhanden. Was tat es, ob einer dieses oder jenes Gedicht überhaupt las? Schon am 22. Oktober 1829 schreibt er Freund Fugger, er habe angesichts deutscher abgeschmackter Reaktionen keine Lust mehr, auch nur irgend etwas drucken zu lassen. Vielmehr wolle er seine »literarische Laufbahn« mit dem 33. Geburtstag beenden. (B IV, S. 594) Natürlich war dies nicht Platens Ernst, aber dennoch ist für die späteren Jahre das Nachlassen lyrischer Produktion auffallend.[44] Klagen über poetische Unfruchtbarkeit finden sich mehrfach in seinen Aufzeichnungen. (T II, S. 843, 965) Das im Dezember 1830 vollendete Epos *Die Abbassiden* und die *Geschichten des Königreichs Neapel* (1830/32) – ein Ausflug in die Historiographie – zeigen eine vielleicht altersmäßig bedingte Wendung zum Epischen.

Die antikisierende Dichtung Platens – die Oden, Eklogen und pindarischen Hymnen – haben keine unmittelbare Nachfolge gefunden, wohl aber gibt es eine Entwicklungslinie, die von Klopstock über Hölderlin, Platen bis zu Stefan George führt. Es ist die Tradition des sogenannten »bauenden« lyrischen Stils, im Gegensatz zum sangbar-volksliedhaften Stimmungsgedicht der Romantiker und ihrer Nachfolger. Formstrenge in Metrum und Reim sind Platens Erbe, das die spätere Münchner Schule um Geibel und Heyse nachdrücklich gepflegt hat.

Schon früh hat Platen geahnt, daß er in Italien sein Leben enden werde; im Schatten der Pyramide des Cestius sieht er sich dereinst begraben (T II, S. 821). Platen hat sich getäuscht. Sein Grab liegt in der Nähe von Syrakus. Nicht auf dem öffentlichen Kirchhof, der rechtgläubigen Katholiken vorbehalten blieb, sondern auf dem Landsitz des Marchese Mario Landolina. Dieser, »ein alter Mann von außerordentlicher Güte und Gefälligkeit« (T II, S. 993), hatte den Kranken in seinen letzten Tagen gepflegt.

Was er in seiner Ode *Die Pyramide des Cestius* sich selbst prophezeit hatte, hier erfüllte es sich:

Wehe, wer nicht spielend, ein Kind der Kirche,
Ihr im Schoß ruht! Wehe, denn jeden Tag droht
Priestermund ihm, Priestergemüt in Rom ihm
Stäte Verdammniß!

Aber huldreich gönnten sie doch des Irrtums
Söhnen gern hier eine geheime Ruhstatt,
Ja, es kühlt dein Schatten, o Bau des Cestius,
Nordische Gräber!

Möchten hier einst meine Gebeine friedlich
Ausgestreut ruhn, ferne der kalten Heimat,
Wo zu Reif einfriert an der Lippe jeder
Glühende Seufzer.

(*W IV, S. 42f.*)

Weltschmerz und Emanzipation –
Heinrich Heines Attacken gegen die Bildungsphilister

Heinrich Heine ist im August 1828 gerade erst einige Tage in Italien, als ihn in Trient – so beschrieben in seinem freilich stilisierten Italienbericht *Reise von München nach Genua* – eine schwermütige Stimmung überfällt. Mit der neuen Umgebung scheint die Melancholie nicht recht zusammenzustimmen: »Grillenhaftes Herz! jetzt bist du ja in Italien – warum tirilierst du nicht?« (R S. 350) Die beinahe verwunderte Selbstvergewisserung, daß das ausgesuchte Reiseland wohl mehr versprochen habe als es dann einlösen kann, ist nicht nur eine Weltschmerzreaktion des jungen Dichters, dessen *Buch der Lieder* ein Jahr zuvor mit dem Zyklus *Junge Leiden* eröffnet wurde, sondern gleichzeitig ein ironischer Kommentar zu der deutschen Italienbegeisterung am Anfang des 19. Jahrhunderts. Im Gefolge von Goethes Italienreise erhielt das klassische Land nicht nur den Nimbus einer nahezu unverbrauchten Erfahrungswelt für alle von der nachgoetheschen Epigonalität bedrohten deutschen Dichter und Künstler, als Chiffre für südliche Lebensfülle stieg Italien darüber hinaus zu einer europäischen touristischen Attraktion auf, für die bereits Tausende pro Jahr über die Alpen in Richtung Süden aufbrachen.

Schon zu Beginn seiner Reisebeschreibung schildert Heine eine kuriose Szene in München, die vor aller Eigenerfahrung bereits diesen Aspekt des Italienbildes in das Blickfeld des Reisenden rückt. Das »erzprosaische Witwenkassengesicht« (R S. 316) eines Berliner Touristen erhellt sich in ekstatischer Begeisterung, als im Gespräch über Reiseziele das Stichwort »Italien« fällt. Während sich der Berliner zu einem jauchzenden »Tirilly! Tirilly! Tirilly!« im Kreise dreht, verspürt auch der Erzähler drängende Reiselust: »[...] ich will so bald als möglich das Land sehen, das den trockensten Philister so sehr in Ekstase bringen kann, daß er bei dessen Erwähnung plötzlich wie eine Wachtel schlägt.« (R S. 327)

Satirische Entlarvung der philiströsen Italienbegeisterung und stilisierte Weltschmerzgeste des Dichters in Trient, satirischer Zweck der Beschreibung und eigene Reiseerfahrung, beides verweist auf zwei Grundbedingungen von Heines Italienreise: Einerseits plant Heine ein ironisches Seitenstück zu der Reise- und Italienliteratur seiner Zeit, andererseits sind auch seine eigenen Reisevoraussetzungen und -erfahrungen nicht von der Art, daß er viel Grund zu »tirilieren« gehabt hätte. Heine zerstört das Klischee »Italien«, weil er das besungene und gepriesene Ideal längst nicht mehr vorfindet.

Der junge Heinrich Heine war das Reisen in Europa gewöhnt. Keinesfalls aber die Suche nach poetischen Erfahrungen und die Reiselust des schriftstellernden Intellektuellen ließen Heine zum Reisenden werden, vielmehr jedoch berufliche und persönliche Existenzprobleme: »Es ist aber ganz bestimmt, daß es mich sehnlichst drängt dem deutschen Vaterlande Valet zu sagen. Minder die Lust des Wanderns als die Qual persönlicher Verhältnisse (z.B. der nie abzuwaschende Jude) treibt mich von hinnen« – so Heine in einem Brief an Moses Moser vom 14. Oktober 1826. (HSA XX, S. 265)

Der Sohn des Handelsmannes Samson Heine und Neffe eines der reichsten Männer Hamburgs, des Bankiers Salomon Heine, hatte nach einer Banklehre mit einem vom großzügigen Onkel eingerichteten Kommissionsgeschäft, »Harry Heine & Co.«, bereits Bankrott gemacht, als der reiche Onkel dem gescheiterten Nachwuchsbankier noch einmal ein Studium der Rechtswissenschaft in Bonn, Göttingen und Berlin finanzierte. Als der achtundzwanzigjährige Student und angehende Poet – 1822 erschien in Berlin sein erster Gedichtband – zum Doktor der Jurisprudenz avanciert, ist seine Zukunft dennoch weiterhin ungewiß. Pläne einer Anwaltsposition in Hamburg und einer Universitätskarriere in Berlin schlagen fehl; für seine Familie schon fast eine gescheiterte Existenz, geht der erfolglose Doktor Heine 1827 auf Reisen. Er besucht, gesundheitlich immer wieder angeschlagen, das Seebad Norderney, verbringt einige Wochen in Hamburg und bei seinen jetzt in Lüneburg lebenden Eltern, bereist London und die englischen Seebäder Ramsgate, Margate und Brighton. Der kränkelnde, sich planlos in Europa herumtreibende Schriftsteller, gesellschaftlicher Out-cast aus guter Familie und finanziell völlig abhängig von seinem Millionärsonkel, hat insgeheim jedoch nur ein Ziel: gesellschaftlich nach oben zu kommen.[1] Deshalb hatte er sich 1825 taufen lassen – ein vergeblicher Versuch, sein geächtetes Judentum ›abzuwaschen‹ – und sieht endlich seine große Chance gekommen, als ihm durch Vermittlung des Verlegers Cotta in München eine Redakteursstelle bei den *Allgemeinen politischen Annalen* angeboten wird.

Durch seine 1827 veröffentlichte Lyrikssmmlung *Buch der Lieder* in Literatenkreisen mittlerweile weithin bekannt, entfaltet der frischgebackene Kritiker schon auf seiner Reise nach München im selben Jahr rege berufliche Aktivitäten. Heine hat Großes vor, unterschreibt einen Brief an Karl August Varnhagen stolz mit »Der Redakteur H. Heine« (HSA XX, S. 302), fordert seine Freunde aus den Berliner Literatursalons zur Mitarbeit an den *Annalen* auf – »leading article« soll eine »Critik englischer und deutscher Literatur« (HSA XX, S. 301) werden – und geht zum Angriff auf den noch lebenden Dichterfürsten Goethe über: Dieser sei ein »schwacher, abgelebter Greis, den es verdrießt, daß er nichts mehr erschaffen kann« (HSA XX, S. 303). Der gescheiterte Kaufmannssohn will sich als Dichter und Kritiker profilieren und konkurriert – wenn auch nur in Privatbriefen – mit dem größten Dichter seiner Zeit: Goethe werde – so Heine an Varnhagen – nicht »verhindern« können, »daß sein großer Namen einst gar oft zusammen genannt wird mit dem Namen H. Heine« (HSA XX, S. 304).

Ironie und dennoch das stolze Bewußtsein einer endlich vor Augen liegenden gesellschaftlichen Zukunft: So versucht Heine – als Redakteur von Cotta überaus gut bezahlt[2] – in München Fuß zu fassen; um so enttäuschender entwickelt sich die mühselige Redaktionsarbeit für den offensichtlich stark am Münchner Föhnwetter leidenden Heine. Fast alle Briefe klagen über klimabedingte Krankheiten und bald auch über die politischen und persönlichen Anfeindungen, die der Jude und linksliberale Kritiker im aristokratisch-klerikal beherrschten München erleben muß:

»Stecke bis am Hals in Politik« schreibt er schon im Februar 1828, er sei »umlagert von Feinden und intriguirenden Pfaffen« (HSA XX, S. 319), fühle sich »allein. Gräßlich isoliert« (HSA XX, S. 329). Auch mit dem Erfolg scheint es von Anfang an nicht recht weiterzugehen: »Meine Finanzen sind zerrüttet, ich habe Schulden [...]« (HSA XX, S. 313). Erneut unsicher über sein gesellschaftliches Fortkommen – Erfolg und einschlagende Wirkung der *Annalen* bleiben weitgehend aus – bittet er sogar seinen einflußreichen Freund, den späteren bayrischen Innenminister Eduard von Schenk, um eine Intervention bei König Ludwig I. für eine eventuell mögliche Literaturprofessur an der Münchner Universität.

Während dieser Zeit der Querelen, enttäuschten Hoffnungen und noch dazukommenden Unstimmigkeiten mit dem *Annalen*-Redakteur Lindner[3] taucht bei Heine immer wieder der Gedanke einer Italienreise auf. »Ich bin sehr krank, und sehe ich, daß das Clima hier meinen Zustand verschlimmert gehe ich nach Italien« (HSA XX, S. 311), schreibt Heine aus der winterlichen bayrischen Hauptstadt an seinen Freund Merckel in Hamburg, liest dazu Wilhelm Heinses *Ardinghello* und Gottlob Heinrich Heinses *Fiormona oder Briefe aus Italien* (HSA XX, S. 319). »Ein Meer von kleinen Seelen und schlechtes Clima«, so schimpft Heine über die Stadt München in einem Brief an den Stuttgarter Literaturkritiker Menzel noch im Frühling, der anscheinend keine Besserung für den kränklichen Literaten bringt: »Bin noch immer krank und sehne mich nach Italien.« (HSA XX, S. 329)

Sehnsucht nach Italien: Von vornherein unterscheidet sich Heines Italienplan von seinen anderen, mehr ziel- und rastlosen Reisen im nördlichen Europa. Noch immer unschlüssig über die weitere Zukunft, entmutigt von den Auseinandersetzungen in München, ungewiß zumal über die erhoffte Professur, die Eduard v. Schenk am 28. Juli 1828 tatsächlich in einem Brief an Ludwig I. vorzuschlagen wagte, wird Italien auch für Heine zum Symbol einer Befreiung aus drückenden deutschen Verhältnissen.

Schon im April reift der Entschluß: Heine erbittet von Varnhagen das bei ihm verwahrte Depositum seines Onkels, immerhin 800 Taler, und mit der Italienreise verbinden sich auch neue Hoffnungen für die ins Stocken geratene Karriere: »Vielleicht ändern sich die Dinge, ich gehe nach Italien, sammle mich, kehre gerüstet nach Norddeutschland zurück und bilde eine Schule« – so der hoffnungsvolle Heine in einem Brief an Johann Hermann Detmold im Februar des Jahres 1828. (HSA XX, S. 319) Wieder kann die ironische Koketterie nicht über den spürbaren Ernst hinwegtäuschen: Immer noch angewiesen auf die Finanzen des Onkels, sollte die Italienreise auch Impulse geben für neue literarische Zukunftsaussichten. Von Italien aus wollte Heine die königliche Entscheidung über seine Professur abwarten, dort wollte er an seinen *Reisebildern* – 1826/27 erschienen *Harzreise*, *Die Nordsee* und *Briefe aus Berlin* – weiterarbeiten, Cotta mit Reiseberichten für das berühmte *Morgenblatt* versorgen, dabei vielleicht in die Fußstapfen berühmter italienischer Reisender, allen voran seines halb verehrten, halb verhaßten ›Konkurrenten‹ Goethe treten, nicht zuletzt auch seinen angeschlagenen Gesundheitszustand kurieren.

Italien als Chiffre für Gesundheit und südliche Fluchtstation deutscher Poeten scheint jedenfalls auch im Falle Heines noch wirksam gewesen zu sein: Nach kurzem

»Das ist nämlich der Gemüsemarkt, und da gab es vollauf Gestalten, Frauen und Mädchen, schmachtend großäugige Gesichter, süße wöhnliche Leiber, reizend gelb, naiv schmutzig, geschaffen viel mehr für die Nacht als für den Tag.« (Heine: *Reise von München nach Genua*, S. 361) Neben idealisierenden Frauenbildern, die sich den Vorbildern der Antike annähern sollten, rückten die Frauen der italienischen Gegenwart kaum je in den Blick der Dichter und Maler des 19. Jahrhunderts. Auch wenn die Kunst gewillt war, sich des italienischen Volkes anzunehmen, geschah dies meist in stilisierter Form so wie in dem Genrebild Christian Ernst Stölzels (1792–1837): *Frauen aus den Abruzzen* (1830). »Italien« wird hier zum Sinnbild naiver Volkstümlichkeit, aber auch – analog zu Heine – zum Versprechen einer Sinnlichkeit, die einen Kontrapunkt zum deutschen Bürgertum der Biedermeier-Zeit setzen soll.

Zögern – »Hier bleiben oder absegeln« (HSA XX, S. 323) – bricht der einunddreißigjährige Heine Anfang August 1828 nach Italien auf.

Ähnlich wie Goethe flüchtete Heine aus den auch politisch mißliebigen deutschen Verhältnissen nach Italien; schon sein Reiseweg allerdings unterschied sich in bezeichnender Weise von der Fährte des Weimarer Dichterfürsten und seiner zahllosen Nachahmer und Nachfolger. Nicht über Venedig und Florenz direkt in die Hauptstadt Rom führte Heines Route, bereits im Münchner Reisepaß war als Reiseziel stattdessen Genua eingetragen.[4] Wie Heine später aus Florenz dem Baron von Cotta mitteilte, »lief« er zwar von der lästigen Redakteursarbeit mitten im Hochsommer »fort nach Italien« (HSA XX, S. 349), nicht aber um sich in die Kunstschätze des klassischen Landes selbsterneuernd zu vertiefen, sondern um »nicht die Badesaison (zu) versäumen« (HSA XX, S. 349). So war weder die Metropole des christlichen Mittelalters noch das antike Italien das heimliche Ziel der Reise, sondern die Seebäder des Mittelmeers: Anfangs – in Tirol – noch in Begleitung seines Bruders Maximilian, setzte Heine den Postkutschenweg über Bozen, Trient und Verona fort, um dann die übliche Touristenlinie nach Venedig und Rom zu verlassen und über Mailand nach Genua weiterzureisen. Dort vermißte Heine wohl die passenden Badegelegenheiten und hielt sich schließlich vier Septemberwochen an der italienischen Riviera auf, neun Tage in Livorno und drei Wochen in Lucca, wo er die ersten Kapitel seiner *Reise von München nach Genua* niederschrieb. In nähere Berührung mit dem ›klassischen‹ Italien kam Heine erst in Florenz, wo er vom 1. Oktober bis Ende November den dann allerdings größten Teil seines Italienaufenthaltes verbrachte. Anfang Dezember reiste Heine, der ursprünglich geplant hatte, den ganzen Winter über in Italien zu bleiben, über Bologna, Venedig und Verona zurück nach München – vermutlich nachdem er von der schweren Erkrankung seines Vaters unterrichtet wurde, der in Hamburg, noch vor der Ankunft Heines, am 2. Dezember 1828 starb.

Heines vier Monate in Italien waren weit davon entfernt, als Kunstreise nach Arkadien zur Regeneration der malträtierten deutschen Dichterseele beizutragen. Die deutschen Sorgen – finanzieller, beruflicher und politischer Art – gerieten nicht in kunst- und naturbegeisterte Vergessenheit, sondern beherrschten die Briefe Heines nahezu ausschließlich. Schon im ersten erhaltenen Brief aus den »Bagni di Lucca« – an Eduard von Schenk – bittet Heine den Freund, »die längst erwartete freudige Nachricht« (HSA XX, S. 339) von der erhofften Ernennung zum Münchner Literaturprofessor nach Florenz – »an Dr. H. H. poste restante« – zu schicken: Die Italienreise gibt sich schon zu Beginn nicht als therapeutischer Selbstzweck, sondern als Wartestation für die anstehende Karriere zu erkennen. Geldprobleme führen die noch ungesicherte Intellektuellen-Existenz vor Augen und erinnern an die Abhängigkeit vom reichen Onkel Salomon. »Ich brauche jetzt so rasend viel Geld« (HSA XX, S. 340), lautet am 8. September die Klage an den Freund Moses Moser in Berlin; eine Woche später folgt der Briefentwurf an den Onkel: Wie ein gehorsamer Neffe und pflichtschuldiger Tourist von Onkels Gnaden ergeht sich Heine in belanglosen und nichtssagenden Plattitüden, dem noch heute vetrauten Stil der Postkartengrüße: »Die Natur ist hier schön und die Menschen liebenswürdig. In der hohen Bergluft, die man hier einatmet, vergißt man seine Sorgen und Schmerzen und die Seele erweitert sich.« (HSA XX, S. 341) Ein paar Zeilen später jedoch zeigt Heine, daß er die sehr handfesten »Sorgen« offenbar doch nicht vergessen kann: Er wehrt sich gegen die wohl anläßlich der zweifelhaften Dichter-Existenz des Neffen geäußerten »Klagen« des Onkels, die – so Heine – nicht allzu schwer wiegen sollten, »da sie sich doch alle auf Geld reducieren lassen« (HSA XX, S. 342). Aber die italienischen Geldprobleme zwingen den jungen Heine doch dazu, für die familiäre Harmonie vorzusorgen. Zu den Postkartengrüßen gesellt sich peinliche Schmeichelei: Heine liebe die »Seele« des Onkels und wolle ihm zu verstehen geben, »daß diese doch noch schöner ist, als all die Herrlichkeit, die ich bis jetzt in Italien gesehen.« (HSA XX, S. 343)

Die wenigen Briefe Heines aus Italien sprechen eine deutliche Sprache: Statt sich – wie sein Antipode Goethe – in der Anonymität des reisenden deutschen Künstlers selbst zu ›erneuern‹, ist Heine auf die Beziehungen zu Deutschland krampfhaft fixiert. Neben dem Vertrauen des Onkels versucht Heine den Kontakt mit seinem Verleger Campe in Hamburg aufrecht zu erhalten, verspricht den dritten Band der *Reisebilder* und korrespondiert mit Cotta über die Erneuerung der erfolglosen Zeitschrift unter dem Titel *Neue Annalen, eine Zeitschrift für Politik, Literatur und Sittenkunde.* Häufig gibt er seine Adresse an, weil er – oft vergeblich – Post erwartet: »al Signor Henrico Heine, Dottore, *Poste restante* in Firenze, Capitale della Toscana in Italia« (HSA XX, S. 349).

Italien als fremde Kulturlandschaft taucht in den Briefen nur vereinzelt auf, und dann nicht vorbehaltlos: Hatte Goethe bereits an der Sprachgrenze in Rovereto geschwärmt, jetzt werde die »geliebte Sprache lebendig« und endlich zur »Sprache des Gebrauchs«[5], wird Heine mit der Sprachbarriere konfrontiert: »Ich versteh' die Leute nicht und kann nicht mit ihnen sprechen.« (HSA XX, S. 339) Weiter unten im selben Brief an den Freund Schenk kokettiert Heine aber schon damit, daß dem »armen Tedesco« ja noch die Kommunikation mit den hübschen Italienerinnen freistünde, in einer Sprache, »womit man von Lappland bis Japan bei der Hälfte des menschlichen Geschlechtes sich verständlich machen kann« (HSA XX, S. 339). Ebenso übermütig schreibt Heine an Moses Moser aus Lucca, wo er »jetzt bade, mit schönen Frauen schwatze, die Appeninen erklettere und tausenderley Thorheiten begehe« (HSA XX, S. 340).

Florenz schließlich scheint Heine zum ersten Mal auch als Kunst- und Kulturstadt gefallen, teilweise sogar begeistern zu können: Der Markt von Florenz – so schreibt er an Schenk – sei der »herrlichste und interessanteste Anblick, den nur ein Mensch finden kann« (HSA XX, S. 344). Ebenso schwärmt er über die »Alterthümlichkeit, die bedeutungsvollen Statuen, die hohen Arkaden« sowie über die »Blüthe des Medicäerthums« und »gar oben im Palast Uffizi die griechischen Götterwohnungen« (HSA XX, S. 344), fügt aber sogleich hinzu, daß ihn mehr als »die uralte zusammengeflickte Göttin der Liebe« im Museum die sie besichtigenden »Augen einer Italiänerin« anzuziehen vermochten.

Stadt- und Kunstbeschreibungen jedoch bleiben eindeutig oberflächlich; dahinter kommt immer wieder die bohrende Sorge um »die Ausfertigung des königlichen Dekrets« (HSA XX, S. 345) zur Sprache. Heine beklagt sich über die existentielle »Unbestimmtheit, die sehr unbequem ist« (HSA XX, S. 345), geht nach eigener

Auskunft jeden Morgen zur Post und bittet sogar den russischen Diplomaten und Schriftsteller Tjodor Iwanowitsch Tjutschew in einem auf französisch geschriebenen Brief um Vermittlung, nachdem der erhoffte Brief von Schenk lange ausbleibt.

Zu der finanziellen Unsicherheit und den elementaren Zukunftssorgen gesellt sich der notwendige schriftstellerische Zweck der Reise: Schon von Anfang an stehen die erwarteten Artikel für das Cottasche *Morgenblatt für gebildete Stände* im Mittelpunkt – im Dezember 1828 erscheint der erste, teilweise zensierte Teilabdruck *Reise nach Italien*, im November 1829 die *Italienischen Fragmente*. Statt Begeisterung über das Sehnsuchtsland ist Italien für Heine trotz anfänglicher Unproduktivität – »Ich lebe viel und schreibe wenig« (HSA XX, S. 341) – hauptsächlich Anlaß zu journalistischer Tätigkeit: »Was ich über Italien denke, werden Sie daher spät oder früh gedruckt sehen« (HSA XX, S. 339), betont der Schriftsteller schon im ersten Brief an Schenk.

Heine führt selbst kein Tagebuch, auch Gedichte als Ertrag der Italienreise sind bei dem lange Zeit fast nur als Lyriker berühmten Heine vergeblich zu finden. Das Italienerlebnis um 1830 ist für den satirisch erprobten Journalisten bereits weniger lyrisch-sentimental als – in einem Brief an Cotta etwa – ironisch geprägt: »Ich hoffe dieser Brief findet Sie ohne Schnupfen, Husten und ähnliche Freuden, die jetzt in dem Lande, wo die Zitronen blühen, ebenfalls ganz besonders gedeihen und noch wohlfeiler zu haben sind.« (HSA XX, S. 347)

Sowenig Heines Italienreise sich durch kunstbeflissene Italienbegeisterung auszeichnet, sondern von den auch in Italien präsenten Nöten und Querelen eines politischen Redakteurs und Schriftstellers geprägt ist, so wenig sind seine »Italienbilder« – *Reise von München nach Genua*, noch weniger *Die Bäder von Lucca* und *Die Stadt Lucca* – Ausdruck eines enthusiasmierten Italienerlebnisses à la »Auch ich in Arkadien«. Statt erfüllter Sehnsucht kommen bei Heine satirisch-politische Reflexionen über den gesellschaftlichen Zustand des bereisten Landes sowie die dem engagierten Poeten Heine verdächtige Italienschwärmerei seiner europäischen Zeitgenossen zur Sprache.

Im geheimen Zentrum von Heines ›italienischer Reise‹ steht der an fast allen Etappen der Italienroute variantenreich auftretende reisende ›Bildungsphilister‹, eine biedermeierliche Vorform des modernen Touristen. Schon der »tirilierende« Berliner zu Beginn der *Reise von München nach Genua* hatte sich im Gespräch als vermeintlich reiseerfahrener Europatourist eingeführt: »Haben Sie Petersburg gesehen?« (R S. 327)

In der Tat blieben in der ersten Hälfte des 19. Jahrhunderts die Länder Europas nicht nur Reiseziele aufgeklärter Adliger, Gelehrter und Künstler wie im 18. Jahrhundert, sondern wurden zu Zielorten des planmäßig betriebenen Reiseverkehrs breiter bürgerlicher Schichten: Die Geburtsstunde des Tourismus in seiner heute bekannten Form fällt – befördert durch den raschen Ausbau des Verkehrswesens – in eben diese Zeit.[6] Da das klassische Italien schon beinahe selbstverständlich zum ersten Saison-Schlager europäischer Reisender im 18. Jahrhundert wurde, ist es kein Wunder, daß Heines ironischer Blick noch vor dem Erreichen des italienischen Sprachgebiets auf den Touristenstrom diesseits und jenseits der Alpen fällt.

Schon in der Innsbrucker Hofkirche treten die Engländer, die aufgrund ihres historisch bereits früh entwickelten Bürgertums zu den Hauptvertretern des europäischen Tourismus jener Zeit gehörten, in Erscheinung. Mit dem schon damals unentbehrlichen Reiseführer, dem »Guide de voyagers«, ausgerüstet, begeht das von Heine beschriebene englische Ehepaar nur den Fehler, die adligen Standbilder der Habsburger Herrschaftshäuser vom falschen Ende her abzuschreiten, so daß auf die Gemahlinnen der Fürsten laut »Guide« immer die Beschreibungen der männlichen Pendants und umgekehrt zutreffen. Dennoch aber wird dem bewährten Reiseführer mehr Vertrauen geschenkt als dem bloßen Augenschein; die vermeintlich historische Eigenart vertauschter Kleider scheint sogar das Erlebnis zu steigern: »A fine exhibition, very fine indeed!« begeistert sich »Mylady« (R S. 333).

Nicht nur derlei Anekdoten aber – die eben skizzierte hatte Heine im übrigen einer Satire Waiblingers, *Briten in Rom* (1828), nachgedichtet[7] – charakterisieren Heines Kritik der zeitgenössisch-bildungselitären Reisewut; Heine zeigt auch in einer erstaunlich modern anmutenden Betrachtung, wie der Tourismus die Reisegebiete und die Nationalkulturen selbst verändert und zerstört. Die Tiroler etwa »geben ihre Persönlichkeit Preis, ihre Nationalität« (R S. 338), indem sie aus dem italienischen Durchreiseverkehr Kapital schlagen und sich auf gewinnträchtige Touristenfolklore spezialisieren: »Diese bunten Deckenverkäufer, diese muntern Tiroler Bua, die wir in ihrem Nationalkostüm herumwandern sehen, lassen gern ein Späßchen mit sich treiben, aber Du mußt ihnen auch etwas abkaufen.« (R S. 338) Die betuchten Reisenden sehnen sich zwar nach fremder und bildungssteigernder Kultur, beschweren sich aber, wenn die Einheimischen aus dem Reisestrom finanzielles Kapital schlagen. Das bis heute aktuelle Problem verfolgt Heine auch in Mailand, wo eine englische Reisegruppe im Hotel sich lautstark über die Italiener beklagt. »Sir William« ist erbost über in Padua verlangte »zwölf Francs für ein mageres Frühstück«, sein »Vetter Tom« hat ein generelles Urteil darüber parat: »Alle Italiener seien Spitzbuben [...].« (R S. 370)

Es ist kennzeichnend für Heines Sichtweise und Kritik, daß Italien als Kultur- und Naturlandschaft auch im Reisebericht kaum in den Blick gerät; das gepriesene Italienerlebnis ist überlagert von der in der Realität stattfindenden Reisewelle, die nicht nur den Reisenden mehr mit seinen ihm schon von München her vertrauten europäischen Zeit- und Reisegenossen als mit Italien konfrontiert, sondern auch das gesuchte »Arkadien« in seiner natürlichen Unberührtheit und mit seinen Kunstschätzen kompromittiert. Heine entschuldigt sich ironischerweise, daß in seiner Italienschilderung so viel von Engländern die Rede ist, und verweist hilflos auf die das Land entfremdende Übermacht der Touristen: »sie durchziehen dieses Land in ganzen Schwärmen, lagern in allen Wirtshäusern, laufen überall umher, um alles zu sehen, und man kann sich keinen italienischen Zitronenbaum mehr denken, ohne eine Engländerin, die daran riecht, und keine Galerie ohne ein Schock Engländer, die, mit ihrem Guide in der Hand, darin umherrennen, und nachsehen, ob noch alles vorhanden, was in dem Buch als merkwürdig erwähnt ist.« (R S. 371)

Die ›romantische‹ Natur der blühenden Zitronenbäume und die italienische Kunst sind die Konstanten, die seit Goethes Vorbild die deutschen Italienreisenden motiviert hatten. In der Realität zeigen sie sich allerdings ebenso beeinträchtigt, weil buchstäblich verstellt von Touristen. Auch Goethes Italienfanfare »Kennst du das

Land, wo die Zitronen blühen?« zitiert Heine zu Beginn eines Kapitels in voller Länge, um es dann auf seinen realen Erfahrungsgehalt hin zu überprüfen: »- Aber reise nur nicht im Anfang August, wo man des Tags von der Sonne gebraten, und des Nachts von den Flöhen verzehrt wird.« (R S. 369)

So wie die Engländer sich Italien ohne ihren »Guide« gar nicht mehr vorstellen können, so bringt insgesamt der europäische Tourismus auch eine Fülle an Reiseliteratur mit sich. Heines Vertrautheit mit den gängigen Italienbüchern seiner Zeit war immens.[8] Dies ist von besonderer Bedeutung, da es sich bei Heines Italienbuch weniger um einen genuinen Erlebnisbericht handelt als um journalistisch-satirische Erzählprosa, die die Italienliteratur der Zeit satirisch verarbeitet und geradezu als Parodie auf das Genre der italienischen Reisebeschreibungen gelesen werden kann.[9] Sogar ein eigenes Kapitel der *Reise von München nach Genua* ist der Vorstellung und Besprechung verschiedener Italienbücher gewidmet, angefangen mit Goethes *Italienischer Reise*, auf die Heine schon deshalb ironisch verweist, da Goethe ja bis Verona »dieselbe Tour« (R S. 367) wie er, Heine, gemacht habe.

»Warum zu den zweyhundert und zwanzig Reisebeschreibungen von Italien, die eine neueste Zählung zusammengebracht hat, noch die zweyhundert ein und zwanzigste hinzufügen?«, fragte sich 1826 Friedrich Thiersch im Vorwort des auch von Heine erwähnten Bandes *Reisen in Italien*.[10] Die italienische Reisebuchwelle war im ersten Drittel des 19. Jahrhunderts in der Tat dermaßen angewachsen, daß Wilhelm Müller 1820 in einem ebenfalls von Heine erwähnten Literaturbericht konstatieren konnte, mittlerweile hätten die »Reisebeschreibungen von Italien [...] einen eigenen Zweig der schönen Literatur der Engländer, Franzosen und Deutschen gebildet«[11].

Die deutsche Italienbegeisterung verdankte sich gerade im Jahrzehnt zwischen 1820 und 1830 zahlreichen neuen Quellen und Anregungen. Während das Interesse für das klassische Italien zahlreiche detaillierte Kunstführer hervorbrachte und das zu dieser Zeit einsetzende moderne Geschichtsbewußtsein Antikenforscher und Altertumsliebhaber mit historischen Reisehandbüchern ausstattete – 1828 wurde in Rom sogar das »Deutsche Archäologische Institut« gegründet –, erweckte die romantische Bewegung den Enthusiasmus für das Sehnsuchtsland Italien mehr durch eine grassierende Mittelalterbegeisterung und die Verklärung der romantischen Künstlerwallfahrten nach Rom. Während der Zeit von Heines Italienreise etablierte sich in der christlichen Metropole des Abendlandes die deutsche Künstlerkolonie der »Nazarener«, die in ›altteutscher‹ Tracht einem mittelalterlich-katholischen Italienbild nachzueifern versuchten.[12] 1826 verklärte Eichendorffs *Aus dem Leben eines Taugenichts* den Prototyp des romantischen Wanderers, der singend und träumend ins Märchenland Italien aufbricht. Der reale Anblick englischer und deutscher Touristen jedoch war eher ernüchternd. Wilhelm Müller beschrieb bereits 1818 die Auswüchse der Reisewelle in einem Rom-Gedicht: »Briten die sah ich in Rom, auch Deutsche, die auf den Ruinen / Taschen und Tücher sich voll steckten mit Ziegeln und Kalk. / Schwerstein nennen sie das, und es dient zur Zierde dem Schreibtisch, / Wenn es geformt und poliert ruht auf dem leichten Papier.«[13] Die Suche nach dem Souvenir eines Briefbeschwerers und das Modell des Taugenichts in Eichendorffs Novelle: Überdeutlich klaffen hier touristische Realität und italienbegeisterte Symbolik auseinander – eine Dissonanz, die das Italienbild der Deutschen seither begleiten wird. Heine war einer der ersten, der nicht nur beide Seiten thematisiert, sondern diesen Zwiespalt in das Zentrum seiner italienischen Reisebilder stellt.

Eichendorff selbst war wie so viele seiner über Italien dichtenden Kollegen – Brentano, E.T.A. Hoffmann oder Novalis – nie selbst in Italien. So wie der Heinesche Engländer in Innsbruck die Aussage des »Guide« über das sinnliche Erleben stellt, so ist zur Zeit Heines auch für viele Künstler das Bild Italiens in erster Linie eine bereits durch Lektüre und Kunst präformierte, künstliche Erfahrung. Heine pointiert dies in schlagender Weise, wenn er die ihm in Trient begegnenden italienischen Frauengesichter wie »ausgeschnitten aus jenen altitalienischen Gemälden« aus der Düsseldorfer Kunstgalerie empfindet oder ihm die »ganze Stadt« Trient so vorkommt wie »eine hübsche Novelle, die ich einst einmal gelesen, ja, die ich selbst gedichtet [...]« (R S. 344). Umgekehrt ist auch Heines Italienreise wiederum daraufhin angelegt, literarisch ausgewertet zu werden; von Florenz aus erklärt er im Brief an Schenk, er habe schon »zur Hälfte ein Buch geschrieben, eine Art sentimentaler Reise« (HSA XX, S. 344). Heine selbst verweist damit auf das Vorbild der witzig-ironischen Reisebeschreibung im Stile von Laurence Sternes *A sentimental journey through France and Italy* (1768). Einerseits nimmt Heine also die Tradition der aufgeklärt-unpathetischen, gleichsam ›vorwinckelmannschen‹ Reisebeschreibungen auf, andererseits verbindet ihn die freie poetische Assoziationstechnik seines Vorbildes Sterne mit der betont subjektiv-phantasiegeprägten Reiseliteratur der Romantiker.[14] Eine eindeutig kritische Tendenz in Heines Italienbüchern ist jedoch die satirisch-politische Stoßrichtung gegen die unpolitisch-schwärmerische Italiensehnsucht seiner Gegenwart. Schon die von Heine im 26. Kapitel seiner *Reise von München nach Genua* empfohlene, zumeist in der Tradition der Aufklärung stehende Italienliteratur ist in der Weise untypisch, daß in ihr – angefangen bei Johann Wilhelm von Archenholz (*England und Italien*, 1785) bis zu Seume, Wilhelm Müller (*Rom, Römer, Römerinnen*, 1820) und Lady Morgan (*Italy*, 1821) – kaum enthusiastische Betrachtungen über Kunst und das antik-klassische Italien, sondern vielmehr nüchterne, auch die politischen Mißstände Italiens kritisierende Schilderungen von Land und Leuten zu finden sind.

Wie Goethe nach Italien ging, um die ewig gültige Kunst der Antike und die immerwährende schöne Natur des Südens zu finden, so reisen Heines Zeitgenossen oft nach Italien, um sich von allen aktuellen, politischen und kulturellen Problemen der Gegenwart abzuwenden zugunsten des ewigen ›Reiches des Schönen und Wahren‹. Die Autonomieästhetik der deutschen Klassik entwarf ein Paradigma der Italienansicht, das für die kunstbegeisterten Pilger auf Goethes Spuren bestimmend blieb. Der ›Flucht in den schönen Schein‹ getreu der klassischen Kunstdoktrin entsprach eine ›Flucht in den schönen Süden‹ – gleichsam als Vervollkommnung der ästhetischen Gesamtbildung. Heines Kampf gegen die »Kunstperiode« der Klassik begann deshalb mit der politischen Publizistik seiner ersten *Reisebilder* und setzte sich in den Italienbüchern fort.[15] Mit ihr rückt auch ein anderes Italienbild in das Blickfeld. Nicht das schöne und das ›gesunde‹ Italien, wie es sich nach dem Vorbild Goethes nahezu selbstverständlich zu verklären begann, steht im Vordergrund der Heineschen Reiseberichte, vielmehr das politisch gefährdete, das ›kranke‹ und unterdrückte Italien – Sinnbild auch des unter seiner Zeit leidenden ›zerrissenen‹ Dichters.[16]

Schon auf der in anderen Italienbüchern weitgehend unbeachteten Reise durch Tirol und Oberitalien macht Heine deutlich, daß sich der deutsche Reisende noch nicht aus dem politischen Bereich des Nordens entfernt hat: Venetien und die Lombardei mit ihren Städten Trient, Verona und Mailand gehören damals schließlich allesamt zum Hoheitsgebiet Habsburgs. Schon in Innsbruck verweist Heine auf das in Tirol verbotene Drama *Trauerspiel in Tirol* seines Freundes Immermann, das den Tiroler Freiheitskampf Andreas Hofers zum Thema hat. In Brixen schildert er eine Wirtshausszene mit einem Jesuiten und einem Aristokraten, die sich im vertrauten Gespräch – ein Sinnbild europäischer Restaurationspolitik – die »heiligen Allianzhände« (R S. 335) reichen. Noch der Marktplatz von Trient hat neben Brunnen und Palazzo vor allem auffällige Kennzeichen europäischer Herrschaftspolitik zu bieten, nämlich »einige graue östreichische Soldaten«, die dort »zum Heldentume abgerichtet« (R S. 345) werden. Betrachtet man das Reiseland Italien in dieser Perspektive, verliert es seinen klassischen Eigenwert als Ziel deutscher Sehnsucht und wird zu einem integrierten Teilstück europäischer Herrschaftsverhältnisse: Das von Habsburg abhängige Norditalien sowie das in Herzogtümer und Kirchenstaat aufgespaltete Mittelitalien werden einbezogen in den »heiligen Befreiungskrieg der Menschheit« (R S. 378), in dem Heine unter dem Zeichen der »Emanzipation« (R S. 376) – einem Schlüsselbegriff der *Reisebilder*[17] – den Klerus und die Aristokratie als Hauptfeinde ausmacht.[18]

In der spezifischen Betrachtung Italiens kehrt Heines Reisebericht die Tendenzen der meisten Italienschilderungen im Gefolge Goethes gewissermaßen um: Statt Natur und Kunst stehen – wie schon bei Seume – Geschichte und Politik im Mittelpunkt der Reflexionen über Italien.

»Die Natur wollte wissen, wie sie aussieht, und sie erschuf Goethe« (R S. 367), witzelt Heine über Goethes *Italienische Reise*, auch um Goethes Begeisterung über die südlichen Natureindrücke von der eigenen geschichtsbezogenen Betrachtung um so deutlicher abzugrenzen. Wenn Goethe das italienische Volk nur folkloristisch unter dem Aspekt der Natur und der Schlichtheit, als reizvollen Statisten in einer immergleichen Kunstlandschaft, wahrnimmt, erkennt Heine in dem »armen geknechteten Italien« (R S. 353) eine politisch unterdrückte Nation. Der bei Goethe ahistorisch gezeichneten Simplizität des Volkes und der dort ebenso betonten Zeitlosigkeit der klassischen Kunst widerspricht Heines Verfahren, die geschichtlichen Dimensionen Italiens und die politische Bedeutung der Kunst für das italienische Volk vorzuführen: In den Frauengesichtern glaubt Heine »die Spuren aller Zivilisation Italiens« entdecken zu können, von der »etruskischen, römischen, gotischen, lombardischen, bis herab auf die gepudert moderne« (R S. 347); soziale Mißstände und geschichtlicher Wandel werden deutlich, wenn er an den Frauenkleidern den »verschollenen Luxus« der Trientiner Vergangenheit mit den »ordinären und wohlfeilen Fabrikaten unseres Zeitalters« (R S. 349) konfrontiert. Das Exempel der politischen Kunst statuiert Heine schließlich an einem italienischen Musikstück aus »irgend einer beliebten Opera Buffa« (R S. 353), das eine Musikantengruppe vor dem Hotel zum besten gibt. Die Musikfreude der Italiener erklärt Heine mit ihrer »Begeisterung für die Freiheit«, die den italienischen »Groll gegen fremde Herrschaft« auf

Nicht nur Denkmäler und Kunstschätze, Bildungsreise und »geistige Wiedergeburt« waren das Ziel der deutschen Italienreisenden nach 1800. Die *Bagni di Lucca* erfüllten auch eine wesentlich trivialere Sehnsucht der Reisenden: als ein früher Ort touristischer Sommerfrische. Heinrich Heine genierte sich nicht, statt Rom die Badeorte an der Ligurischen Küste anzusteuern – um dort zuallererst den europäischen Bildungsphilister zu karikieren.

sinnliche und versteckte Weise – »Das ist der esoterische Sinn der Opera Buffa« (R S. 353) – zum Vorschein bringt. Der Kunst als Spiegel der ewigen schönen Natur im Goetheschen Sinn stellt Heine die soziale und politische Funktion der italienischen Volkskunst gegenüber. Nicht zuletzt ist Heines Beschreibung italienischer Straßenmusik auch eine Replik auf die in Italien traditionell geäußerte Begeisterung für die Überreste der römischen Antike. Die bewußte Konfrontation mit Goethe, die in den *Reisebildern* bis in kleinste versteckte Anspielungen zu spüren ist[19], wird deshalb gerade beim Besuch des Amphitheaters in Verona betont. Goethe hatte nach der Entzückung über das erste antike Monument seiner Reise sogleich die Besinnung auf die der Zeit und dem Geschichtswandel entzogene Bewahrung seiner antiken Gestalt folgen lassen: »[...] und so gut erhalten!«[20] Heine hingegen faßt im Amphitheater demonstrativ den Vergleich zwischen der Geschichte und der Gegenwart ins Auge: Das Monument erinnert ihn zunächst an die Macht des römischen Imperiums. Gegenüber den damals stattgefundenen Gladiatorenkämpfen böte die nun von Heine beobachtete Komödienaufführung einen fast wohltuenden Eindruck: Die imperialen und theatralischen »Spiele der Römer« waren im Vergleich dazu der »barste, blutige Ernst« (R S. 364). Den Bogen zur »christlich-östreichischen Gegenwart« schlägt wiederum die Politik: Aus den Träumereien über die römischen Herrscher, die Heine sich im Amphitheater spazierengehend vorstellt, weckt ihn recht unsanft »das dumpfsinnige Geläute einer Betglocke und das fatale Getrommel des Zapfenstreichs« (R S. 365).

Heines Reiseberichte wollen keine bestimmte Epoche oder die Natur in unversehrtem Zustand aufsuchen, sondern die Spuren der Geschichte – eine Darstellungsweise, die zu diesem Zweck freilich von der Realität des Reiselandes Italien ebenso abstrahiert wie Goethes ›klassische‹ Anschauungsweise. Heines phantastisch anmutende Szenen und seine fast skurillen Erzähleinfälle – im Wirtshaus zu Ala zertrümmert ein wohl eifersüchtiger Italiener Geschirr und wird von der Wirtstochter mit einem Küchenmesser vertrieben, im Veroneser Theater wandeln Cäsar und Brutus versöhnt Arm in Arm, am Mailänder Dom flüstern die steinernen Heiligen über den Weiterbau des Doms durch Napoleon und prophezeien das Ende des Christentums – diese Episoden überschreiten ständig die Grenze zur Fiktionalisierung und ergänzen die reale Reiseerfahrung mit imaginären Bildern. Erst durch minutiöse Quellenforschung etwa wurde sichtbar[21], daß auch die politische Szene auf dem Schlachtfeld von Marengo nahe Mailand – dort siegte 1800 Napoleon über die Östereicher – erfunden ist: Heines Reiseverlauf ließ den Besuch dieser Stätte gar nicht zu. Während Heine also den Ort keinesfalls besichtigt haben konnte, nutzt er die ausgemalte Fiktion für seine politischen Zwecke: Der »Emanzipation« als der großen Menschheitsaufgabe seiner Zeit ist ein eigenes Kapitel gewidmet; die historische Lokalität Marengo wird daraufhin zum Anlaß, die Revolutionsaussichten verschiedener europäischer Länder im – fiktiven – Gespräch mit einem livländischen Russen zu erörtern.

Trotzdem ist Heines italienisches »Reisebild« keine politische Tendenzschrift, in der das Italienerlebnis zu frei erfundenen Propagandaszenen umgearbeitet wird. Heine kritisiert nämlich nicht nur die klassisch-goethische Ästhetik der meisten deutschen

Italienreisenden mit Hilfe eines auf Politik und Gegenwart bezogenen literarischen Programms, sondern führt zugleich eine ›neue Schreibart‹[22] journalistisch-poetischer Prosa vor, in der Geschichte und Politik zum Anwendungsfeld der Ästhetik werden sollen. Italien wird in Heines Schrift zu einer »Bedeutungslandschaft«[23], deren Chiffren und Symbole den Charakter von politischen Signalen und utopischen Zukunftsvisionen annehmen. An der als Befreiungsfanal interpretierten »Opera Buffa« wird dies ebenso deutlich wie an den besichtigten Bauwerken, die dem politischen Poeten assoziative Reflexionen über die daran aufzeigbare Geschichte erlauben. Die solchermaßen bewußt gemachte Historie des Menschheitskampfes zwischen Herrschern und Beherrschten mündet in die Vision einer befreiten Zukunft, die Heine in die sensualistisch-sinnliche Utopie einer universalen Bedürfnisbefriedigung kleidet: »eine Gesellschaft von Pairs an einem gutbesetzten Tische« (R S. 377).

Die spezifisch poetischen, fast romantischen Elemente dieses Erzählens, etwa die bizarren Träume oder die leitmotivische Liebesqual des Dichters um die geheimnisvolle »tote Maria«, sind nur vordergründig subjektivistische Einsprengsel. Weltschmerz und »Zerrissenheit« des Dichters spiegeln zugleich die Leidensgeschichte der Menschheit, ebenso wie die Liebesthematik der »Opera Buffa« die gesellschaftlichen Repressionserfahrungen und Revolutionshoffnungen des italienischen Volkes in sich birgt. Subjektive Impressionen und politische Tendenz, individuelle Bedürfnisse und menschheitsgeschichtlicher Befreiungskampf treten zwar auseinander, verweisen aber auf ihre utopische Versöhnung in einer ästhetisch vorweggenommenen Emanzipation. Zwischen dem abstrakten Programm der Politik und dem existentiellen Leiden des Individuums entwirft die Kunst eine ästhetische Symbolsprache, die beides aufeinander bezieht und in der Enthüllung gesellschaftlicher und individueller ›Leidensgeschichten‹ gleichzeitig utopische Intentionen einer anderen Zukunft aufrecht erhält.[24]

Der »Weltschmerz«, in jenen Zeiten oft ein unerklärliches Phänomen innerer Entfremdung, wird in den italienischen Reisebildern konsequent politisiert: Heine spiegelt die eigene Existenznot der zwanziger Jahre als Leiden an einer Gesellschaft, der er in bald aggressiver, bald ironischer Schärfe die Verweigerung seiner Wünsche vorrechnet – Wünsche, die zugleich den »Befreiungskampf« der Menschheit auf den Plan rufen. Die Selbstvervollkommnung, die Goethe und seine Nachfolger als Ziel ihrer Italienreisen auf ihre Fahnen geschrieben haben, wendet Heine deshalb in ihr Gegenteil: Alles in Italien wird Ausdruck eines Mangels, einer Verlusterfahrung, innerhalb derer allein die ästhetische Symbolik auf die Erfüllung einer auch gesellschaftlichen »Emanzipation« verweist.

Der Leser wiederum soll das fremde Italienerlebnis nicht nachvollziehen. Kunst – sowohl die Kunst Italiens als auch Heines literarische »Reisebilder« selbst – soll ihn vielmehr mobilisieren, nicht mehr um getreu Goethes ›italienischer‹ Maxime »das Große und Schöne willig und mit Freuden zu verehren«[25], sondern um das vorenthaltene Versprechen des Ästhetischen auch gesellschaftlich einzufordern. Das »interesselose Wohlgefallen« an ästhetischen Objekten, mit dem Kant in seiner *Kritik der Urteilskraft* ein Prinzip der Autonomieästhetik auf den Begriff brachte, kritisiert Heine auch und besonders in den italienischen *Reisebildern*, blieb Italien doch ein Land, das in den zahlreichen Rom-Wallfahrten der Biedermeierzeit hauptsächlich der Bildung dieses ästhetischen, interesselosen Sinnes dienen sollte. Statt dem Leser in Mailand »Kunsturteile aufzutischen«, gibt der Reisechronist Heine den Hinweis, daß das »spitze Kinn, das den Bildern der lombardischen Schule einen Anstrich von Sentimentalität gibt«, auch auf Mailänder Straßen »bei mancher schönen Lombardin« (R S. 372) zu entdecken sei: Überhaupt könne auf diese Weise bei allen italienischen Malerschulen die Erforschung ihrer regionalen Besonderheiten vertieft werden!

Die *Reise von München nach Genua* endet in Genua mit dem Besuch einer Gemäldegalerie. Wie sehr Heine in Italien den Bezug der Kunst zu ihrer sozialen Funktion in den Mittelpunkt stellt, wird erneut deutlich, wenn er dort nicht etwa italienische Gemälde beschreibt, sondern das sich in der Galerie befindliche Rubens-Gemälde mit den Bildern des Münchner Malers Peter Cornelius vergleicht. Cornelius war ein Vetreter des von Heine bekämpften Künstlertums: 1811 zum ersten Mal in Rom, schloß er sich später den Nazarenern an, widmete Goethe eigene Illustrationen zu dessen *Faust* und zeichnete mittelalterbegeisterte Nibelungenbilder. In Italien erinnert sich Heine also an das Italien-Syndrom seiner deutschen Heimat: Nicht Italien-Bilder, sondern die Wirkung der Italienbegeisterung auf die deutsche Kunst, nicht ein zeitloses Italien, sondern die Wirkung dieser Italienverklärung auf die Zeitgenossen ist das vorrangige »Kunst«-Interesse des Italienfahres Heine.

In den *Bädern von Lucca* und der *Stadt Lucca* tritt die eigentliche Italienbeschreibung hinter diesem Interesse fast vollständig zurück. Nicht mehr Italien, sondern nur noch Italienschwärmer werden in satirisch überzeichneter Theatralik vorgeführt. Der Hamburger Bankier Christian Gumpel hat sich vor lauter Italienschwärmerei zu einem »Markese Christophoro di Gumpelino« italienisieren lassen und prahlt mit seiner in Italien erworbenen ästhetischen Bildung: »Sie sollen mir die Augen zubinden und mich in der Galerie zu Florenz herumführen, und bei jedem Gemälde, vor welches Sie mich hinstellen, will ich Ihnen den Maler nennen«. In ähnlicher Weise empfiehlt Heines fiktiver Parade-Tourist die »Naturgegend« Italiens: »ist nicht alles wie gemalt?« (R S. 404)

Sein Begleiter und Bediensteter Hirsch Hyazinth gibt jedoch zu, nur wegen der »Bildung« mitgereist zu sein, und sieht sich in seiner Sehnsucht nach dem Land der blühenden Zitronen enttäuscht: »Ach, ich bin jetzt in Italien, wo die Zitronen und Orangen wachsen; wenn ich aber die Zitronen und Orangen wachsen sehe, so denk ich an den Steinweg zu Hamburg, wo sie, ganzer Karren voll, gemächlich aufgestapelt liegen, und wo man sie ruhig genießen kann, ohne daß man nötig hat, so viele Gefahr-Berge zu besteigen und so viel Hitzwärme auszustehen.« (R S. 403) Ebenso wehrt Hyazinth die Katholizismus-Begeisterung Gumpelinos aus finanzpolitischen Erwägungen ab: »Es ist eine gute Religion für einen vornehmen Baron, der den ganzen Tag müßig gehen kann, und für einen Kunstkenner; aber es ist keine Religion für einen Hamburger, für einen Mann, der sein Geschäft hat« (R S. 427). Die katholisierende Begeisterung des Hamburgers Gumpel im südlichen Rom – eine deutliche Nazarener-Parodie – erweist sich als parasitärer Müßiggang gelangweilter Bildungsbürger: »Herr Gumpel meint freilich, es sei nötig für die Bildung, und wenn ich nicht katholisch würde, verstände ich nicht die Bilder, die zur Bildung gehören« (R S. 428).

Die *Bäder von Lucca* gehören zum Italienbild Heines unbedingt dazu, weil in ihnen

Touristensatire und Politisierung der Reisebeschreibung, die beiden Tendenzen der Italienbücher, zur Deckung kommen. Tourismuskritik und politische Gesellschaftskritik stehen nicht mehr nebeneinander, sondern werden direkt aufeinander bezogen, indem die gesellschaftlichen und psychologischen Ursachen der Italienschwärmerei erst sichtbar gemacht werden. Gumpelino und Hirsch Hyazinth wollen den bildungsbürgerlichen Ansprüchen genügen, demonstrieren dabei aber ständig ihre Entfremdung von dem, was eigentlich erlebt und erfahren werden soll: Natur und Kunst. Die Naturschwärmerei produziert »unwahre Naturempfindung« und »grüne Lügen« (R S. 405) und wird ad absurdum geführt, der religiös verbrämte Bildungshunger nach Kunst erschöpft sich in eitler Prahlsucht und in sentimentalem Kitsch, der unfreiwillig den Italienenthusiasmus der deutschen Klassik parodiert: »Ich bin sehr bewegt, mein Gemüt ist aufgelöst, ich ahne eine höhere Welt [...]« (R S. 431). Bildung wird zur Kapitalanhäufung ›blinden‹ Wissens, Natur ist nur mehr künstlich wahrnehmbar (»wie gemalt«).

Die emotionale und intellektuelle Deformation der Hamburger Geschäftsleute weist indes nur zurück auf die kapitalistische hanseatische Heimat, die sich von Natur und Kultur längst entfernt hat: Die dort deformierten Bedürfnisse stellen sich im arkadischen Land, wo sehnsüchtige Bedürfnisse ja im Grunde gestillt werden sollten, erst eigentlich zur Schau. In den kuriosen Kabinettstücken in Lucca ist das friedliche Nebeneinander von biedermeierlich-kapitalistischer Restauration und bildungsbürgerlicher Italienbegeisterung im 19. Jahrhundert satirisch entstellt – und gerade dadurch kenntlich gemacht.

Wenn die »unberührte Landschaft und die unberührte Geschichte« bis heute die »Leitbilder des Tourismus«[26] geblieben sind, ist Heines Demaskierung der Italiensehnsucht als erster Beitrag zu einer Pathologie des Tourismus zu lesen. In gewisser Weise zieht Heine damit einen satirischen Schlußstrich unter ein halbes Jahrhundert deutscher Italienreisen im Zeichen einer seit Winckelmann und Goethe florierenden Sehnsucht nach dem erhofften Arkadien.

Auch Heine allerdings kennt ein Italien, das abseits der Touristenströme zur Chiffre eines vergangenen, aber auch utopischen Sensualismus jenseits christlich-asketischer Spiritualität zu werden vermag: Der ›zerrissene‹ Dichter beschwört »toskanische Nächte«, die an »jene besseren Götterzeiten, wo es noch keine gotische Lüge gab« (R S. 420), erinnern, und freut sich in der *Stadt Lucca* – prosaischer und witziger – über den Mangel an aus der Heimat vertrauten »Philistergesichtern«: »Und gibt es hier auch Philister, so sind es doch italienische Orangenphilister und keine plump deutschen Kartoffelphilister.« (R S. 481) Hier löst Italien bereits ein Versprechen ein, das der politische Dichter sonst an die Zukunft delegiert. Das ›Hier und Jetzt‹ einer italienischen Idylle scheint sich bei Heine jedoch immer schnell zu verflüchtigen, um stattdessen dem ›Hier und Jetzt‹ einer auch in Italien spürbaren gesellschaftlichen Misere Platz zu machen.

Freilich: Das von Heine ins Licht gerückte Italien wird ebenso wenig plastisch wie jene von August von Platen beschworenen und leblos bleibenden Bilder eines antiken Italiens, die Heine dem Grafen in seiner sattsam bekannten Polemik ankreidet. Das utopisch aufgeladene Versprechen des Südens, das Heine mehr in ästhetisch-fiktiven Bildern und Symbolen aufleuchten läßt als an Italien selbst beschreibt, verwandelt Heines italienische Reise in seltene Glanzstücke deutscher ironischer Prosa, läßt das eigentliche Italienerlebnis ihres Autors jedoch eher in den Hintergrund treten. Im Falle Heines – dies zeigen die Briefe – mag es nicht allzu intensiv gewesen sein. Die Revolutions- und Emanzipationshoffnungen Europas um 1830 jedenfalls sieht Heine in einem anderen europäischen Land der Wirklichkeit wesentlich näher gerückt als in Italien. Schon die spätere »Nachschrift« zum letzten italienischen Reisebild *Die Stadt Lucca* schließt mit dem Schlachtruf der französischen Revolution: »Aux armes citoyens!« (R S. 529) Nach seiner Rückkehr aus Italien blieb Heine nur noch zwei Jahre in Deutschland. Im Jahre 1830, nach der Pariser Julirevolution, zog es ihn für immer in die Hauptstadt Frankreichs. Aus dem »Dottore *Henrico* Heine« wird der deutsch-französische Schriftsteller und homme d'esprit *Henri* Heine.

»Stellt euch Hamburg in Trümmern vor und ihr habt Pompeji« – Hebbel, Scheffel, Fontane: die distanzierten Beobachter

1836 notiert der holsteinische Student Friedrich Hebbel in sein Münchner Tagebuch: »Nicht, wie so mancher, mögt ich, Inschriften aufkratzend, wie ein Antiquitäten-Krämer, oder Phrasen drechselnd wie ein Alltagspoet, an den unendlichen Schätzen der Kunst (in Italien) vorüberkriechen, oder vorübertrampeln.« (HW IV, S. 45) Wie viele seiner Altersgenossen begann sich auch der dreiundzwanzigjährige Hebbel von der klassischen Italienbegeisterung vorhergehender Generationen zu distanzieren und wollte den Spuren euphorischer Arkadienpilger nicht mehr so recht folgen. Italien wird zum Stichwort einer Tradition, deren Kunstverständnis dem angehenden Schriftsteller Hebbel nur noch als negatives Exempel zu dienen vermag.

Sieben Jahre später machte sich Hebbel dennoch mit dem Gedanken einer Italienreise vertraut. Der mittellose Poet aus proletarischen Verhältnissen – 1841 war sein erstes Drama *Judith* erschienen – hielt sich gerade in Kopenhagen auf, wo er in einer ärmlichen Unterkunft auf ein vom kunstfreundlichen dänischen König gewährtes Reisestipendium wartete. Das königliche Wohlwollen schließlich setzte Hebbel zum ersten Mal in den Stand, eine finanziell abgesicherte Künstlerexistenz zu führen, die er mit dem notwendigen Schliff des »savoir vivre« (HB II, S. 204) versehen wollte: »Ich habe nun viele Pläne, denke an Paris und Italien.« (HB II, S. 259)

Hebbels Italienreise war indes weniger durch Begeisterung für das südliche Land als durch taktische Überlegungen motiviert: Ein Gesuch um Verlängerung des mittlerweile ein Jahr laufenden Stipendiums – so teilt er seiner Hamburger Braut Elise Lensing aus Paris mit – sei nämlich erfolgreicher, wenn es aus Rom einginge. Immerhin gibt er anfangs zu – vielleicht auch dies jedoch eine Taktik gegenüber der zur Heimkehr und ausstehenden Heirat drängenden Braut –, daß er kein Dichter wäre, »wenn die ewige Stadt der Cäsaren mich nicht lockte« (HB III, S. 76). Ausschlaggebend sind später allerdings materielle Gründe: »Ich muß fort. Nicht weil meine Sehnsucht nach dem Lande, wo die Citronen blühen, so stark geworden wäre, nur, weil das Geld zu Ende geht« (HB III, S. 146). Von Paris fährt Hebbel im September 1844 per Postkutsche über Lyon nach Marseille und setzt von dort mit dem Dampfschiff nach Civitavecchia in der Nähe Roms über.

»22 Jahre auf einem Fleck in Dithmarschen und jetzt doch im Begriff, nach Rom zu gehen« (HW IV, S. 690), frohlockt Hebbel am Morgen des ersten Reisetages in seinem Tagebuch; die Briefe aus Paris jedoch hatten nichts von drängender Freude, viel mehr jedoch von abschreckenden Reisesorgen und -ängsten verraten: »Das Reisen in Italien ist sehr, sehr theuer« (HB III, S. 85), so ein immer wiederkehrender Refrain; bei »völliger Unkenntniß der Sprache« fürchtet Hebbel ferner »unter den abgefeimten Italiänern einen harten Stand« (HB III, S. 113) zu haben, bemüht sich deshalb früh um Empfehlungen und deutsche Adressen in Rom. Die »Tücke des römischen Klimas« (HB III, S. 113) muß er dann ebenfalls sehr schnell erfahren und beginnt seinen ersten Monat in Rom dementsprechend »trübe«: »vom gastrischen Fieber befallen« (HB III, S. 177).

Nicht nur die persönlich widrigen Umstände trugen dazu bei, das zunächst wohl vorhandene stolze Gefühl des dithmarsischen Romfahrers zu mindern, auch der Romeindruck war eher nüchterner Natur. Zeigte sich Paris als brodelnde Weltstadt, von der der Abschied »sehr, sehr schwer« (HB III, S. 108) fiel, so ist für Hebbel von der ehemals großen Weltstadt Rom nur noch ein gewaltiges Geschichtsmonument übrig geblieben: »Paris ist ein Ocean, Rom das Bett eines Oceans. In Paris kann man mitschwimmen, in Rom muß man untersuchen, wie Andere vor Jahrtausenden geschwommen haben.« (HB III, S. 167)

Hebbels eigene Untersuchung über den »Geist der Geschichte« (HB III, S. 168), den er in Rom anfangs noch vorzufinden hoffte, führt zu eher spärlichen Resultaten. Die lakonische Aufzählung römischer Sehenswürdigkeiten in seinen Briefen – »Petri-Kirche«, Vatikan, »Colisseum«, »Capitol« – enthüllt wohl mehr das Pflichtprogramm des Italientouristen – allerdings habe er auch zu der bildenden Kunst »kein so inniges Verhältniß wie z.B. Goethe« (HB III, S. 167). Hebbels römische Tagebuchnotizen verzeichnen ästhetisch-philosophische Reflexionen, Drameneinfälle und wenige, belanglose Stadtimpressionen. Statt sich den Eindrücken des fremden Landes zu überlassen, klagt er – fast beleidigt – das obligatorische Italienerlebnis ein. »Warum steht noch nichts über Rom in diesem Tagebuch? Weil etwas ganz Besonderes darin stehen sollte!« (HW IV, S. 692): So sinniert Hebbel zu Beginn seines Aufenthaltes. Ein paar Monate später war das »ganz Besondere« offensichtlich immer noch ausgeblieben: »Ebensowenig« wie die Kunst, bemerkt Hebbel resigniert, »hat die antiquarische Seite der Stadt Rom einen Reiz für mich; ich kann mir den Götter-Tempel aus dem Steinhaufen, der noch von ihm übrig blieb, nicht wieder zusammensetzen« (HW IV, S. 712).

Beeindruckt ihn Rom als »Grab der Vergangenheit« (HW IV, S. 713) infolgedessen wenig, so wird ihm die Gegenwart durch ständige Geldsorgen vollends verleidet. »Begreiflicherweise« sei seine Situation »eine sehr peinliche«, da es ihm in Anbe-

Für die deutschen Künstler war die Romreise des 19. Jahrhunderts keineswegs mehr eine Fahrt ins fremde Land. Die italienische Hauptstadt bot oft eine intensivere Möglichkeit der Künstlertreffen als die provinzielle deutsche Heimat. Ganze Cafés waren bekannt, in denen europäische Schriftsteller und Maler ihre Zelte aufschlugen – Künstler-Stammtische der einzelnen Nationen wie in dem Aquarell von Ludwig Passini: *Deutsche Künstler im Caffè Greco um 1856.* Manch einer wurde des lauten Treibens schon mal überdrüssig und sah sich gezwungen, in die römischen Berge zu flüchten – und lief auch dort noch Gefahr, einer deutschen Künstlerkolonie – auf Landausflug – zu begegnen.

tracht der auslaufenden Stipendiumsgelder »unmöglich« sei, »den Moment zu genießen«: »ohne Geld führst Du in Rom ein eben so erbärmliches Leben, wie in Wandsbeck« (HB III, S. 179). Das Essen sei zwar billig – »Viele Suppen, immer Macaroni« (HB III, S. 170), aber schon die obligatorischen Galerien muß sich der Künstler wegen hoher Trinkgeldforderungen zeitweise versagen.

Ein mißgünstiger Blick fällt dadurch auch auf das städtische Leben der Metropole. Den Karneval 1845 will er, obwohl er sich eingestandenermaßen »ganz leidlich amüsirt«, gleich gar nicht beschreiben, »dazu interessirt er mich doch zu wenig«; es genüge überdies, »auf Goethe zu verweisen« (HB III, S. 192). Zu der römischen Osterprozession fallen dem norddeutschen Protestanten nur zynische Kommentare über »heilige Fratzen«, den Papst (»Der Alte«) und die »ekelhaften Kastraten-Stimmen« der vatikanischen Sänger ein: Trotz der »großen Vergangenheit« dieser Tradition würde er »keine zehn Schritte darum machen, nun ich weiß, was daran ist« (HB III, S. 213ff.).

Derlei abweisende Worte sind nicht nur als persönliche Aversionen zu verbuchen, sondern spiegeln auch eine zeittypische Situation. Je mehr sich die traditionelle Italienbegeisterung abschwächte oder nur noch epigonal restauriert werden konnte, desto häufiger gerät der fast erzwungene Versuch, das alte und traditionsreiche Italien zu erfahren, zu einem enttäuschenden Unterfangen: »Die Stadt der Cäsaren« wirke statt durch Anschauung »nur durch Reflexion«, faßt Hebbel später in Neapel seinen römischen Eindruck zusammen, »man muß die Bruchstücke des großen antiken Daseyns kümmerlich aus dem modernen Ameisenhaufen heraussuchen, und weiß auch dann noch nicht, was man damit anfangen soll« (HB III, S. 240).

Die »Ruine« Rom (HK VI, S. 331) oder der »grauen Weltstadt bröckelnde Ruinen« (HK VI, S. 309) finden sich auch in den zahlreichen Italiengedichten Hebbels, von denen allerdings nicht wenige in altertümelnde Preisgesänge der »ewigen Stadt« zurückfallen, wo die »Myrthe gedeiht, und wo der Lorbeer nicht mangelt« (HK VI, S. 331) – Elogen, die durch Hebbels Briefe und Tagebuchnotizen gleichzeitig gründlich dementiert werden.

Buchstäblich ›zu Hause‹ fühlt sich Hebbel in Rom nur inmitten der deutschen Künstlerkolonie, deren Mitglieder er zum Teil schon am ersten Tag im »Café am Corso« (HB III, S. 169) aufgesucht hatte. Zwar grämt er sich anfangs darüber, daß die meisten davon – überwiegend Maler – »ohne Talent und Geist, wie ohne Bildung« (HB III, S. 169) seien, doch bald wird der nationale Zirkel auch für Hebbel zum römischen Alltag. Sogar seine Post läßt er sich dorthin adressieren: »al Cafe greco, via condotti« (HB III, S. 183). Am Weihnachtsabend besucht er eine Feier mit Weinlaubbekränzung, Geschenken und ausgebrachten »Toaste(n)« (HB III, S. 198), im Juni berichtet er seiner Braut von einem opulenten Künstlerfest in Cervaro vor Rom, auf dem Scherz- und Spottverse vorgetragen, römisch-mythologische Kostümierungen präsentiert und schließlich Fackelzüge veranstaltet wurden. Ähnliche deutsche Künstlertreffen und Trinkgelage mögen öfter vorgekommen sein – sicherlich mußte sich Hebbel Zurückhaltung auferlegen in den Berichten an die eifersüchtige und zu Recht an Hebbels Gegenliebe zweifelnde Braut.

Der Umgang mit den deutschen Künstlern erinnerte Hebbel wohl auch an seine eigene Arbeit: 1844 war sein zweites Drama *Maria Magdalena* erschienen, dessen relativ günstige Aufnahme er über die ihm zugesandten Rezensionen und einige in Rom umlaufende Pressegerüchte verfolgte. Seine Bitte um Verlängerung des königlichen Stipendiums führte jedoch zu einem Mißerfolg – er bekam gerade 200 Taler zur Heimreise bewilligt. Empört beschließt Hebbel im Juni 1845 dennoch nach Neapel und Sorrent zu reisen: Er wolle dort »eine neue Tragödie anfangen« (HB III, S. 233). Trotz der Sommerhitze, die zunächst jedes Arbeiten verhindert, und den fortgesetzt ärmlichen Verhältnissen, in denen sich Hebbel befindet, verbessern sich während der vier Monate in Neapel Stimmung und Lage des nun fast bohemienhaft lebenden Dichters. Hebbel, häufiger Gast im »Café di Europa« und »Café dell'bel-l'arti«, konstatiert stolz seinen beginnenden Ruhm: Komponisten sprächen ihn auf der Straße an und wollten seine Gedichte vertonen, Kollegen und Kritiker urteilten anerkennend über seine Werke (HB III, S. 254ff.). Mit dem Erfolg und dem Selbstwertgefühl seines »genuß- und thatendürstigen Innern« (HB III, S. 255) steigt auch die tatsächliche Genußfähigkeit in der fremden Stadt: Er sei recht gerne in Neapel, meldet er seinem Freund Ludwig Gurlitt im Juli, und liebe den »Aufenthalt in großen viel bewegten Städten, wo die Menge durch Massen für ihre Miserabilität im Einzelnen entschädigt« (HB III, S. 260).

Der dithmarsische Dichter lobt das pittoreske neapolitanische Nachtleben und die südländisch-tropische Vegetation. Das negativ-nüchterne Italienbild freilich ändert sich nicht, im einzelnen herrscht auch hier anscheinend »Miserabilität«: Die Vesuvbesteigung wird zwar der Braut ausführlich geschildert, die Feilscherei der Bergführer »nach echt Neapolitanischer Weise« (HB III, S. 245) jedoch nicht minder, der »hiesige Volksschlag« sei überhaupt »ein gründlich niederträchtiger« (HB III, S. 249). Der Aufenthalt in Pompeji führt zu der zweifelhaften Empfehlung: »Stellt euch Hamburg in Trümmern vor und ihr habt Pompeji«. Im übrigen sei Neapel »eine Stadt, wie Paris, nur natürlich nicht so groß« (HB III, S. 248).

Die Eigenheit Italiens blieb Hebbel bis zum Schluß seiner Reise weitgehend verschlossen. Nicht Geschichte und Gegenwart Italiens, sondern nur die eigene literarische Produktion und der ersehnte Künstlerruhm standen im Mittelpunkt seines Italienaufenthalts. Zwar beschreibt er aus dem »Café di Europa« bei einem »Glas Eis« die »hungrigen Gesichter« vor den Caféhausfenstern und imaginiert erschrocken den Beginn einer »Mordschlacht zwischen den Besitzenden und den Proletariern«, genießt jedoch das neapolitanische Straßenbild wie ein ästhetisches Genregemälde: »denn die Schönheit wird mir in Kunst und Leben immer mehr Bedürfniß« (HB III, S. 249). Von den in Italien lediglich aus der Ferne verfolgten vorrevolutionären Bewegungen in Europa fürchtet er deshalb nur, daß sie zu einer »jede künstlerische Regung erstickenden barbarischen Gleichgültigkeit gegen die höchsten Processe des menschlichen Geistes« (HB III, S. 265) führen könnten.

Die »höchsten Processe« jedenfalls versucht der Dramatiker in seinen Geschichtstragödien darzustellen. Schon in Paris plante Hebbel ein für Italien passendes »Stück« mit »Rom und Carthago im Hintergrund« (HB III, S. 108). Wie in den meisten Dramen Hebbels wird auch in dem in Neapel entstehenden *Moloch*-Fragment ein geschichtsphilosophisches Weltgemälde vorgeführt, bei dessen tragischem Ausgang sich die Mission eines genialischen Individuums am Ende zur Selbstzerstörung verkehrt[1]: Der Karthager Hieram will einen Germanenstamm zum Götzenglauben zwingen, um ihn nach seinem Willen zum Rachefeldzug gegen Rom anzustacheln. Am Ende fällt er der von ihm inszenierten Religionsstiftung selbst zum Opfer und wird von dem fanatisierten Germanenstamm getötet.

Nicht erstaunlich ist es, daß bei derart düster-schaurigen Tragödienstoffen, mit denen sich Hebbel in Italien abplagt[2], das Italienerlebnis – nimmt man die drückende Armut des Dichters hinzu – schnell verblaßt. »Der Abschied wurde mir nicht schwer« (HB III, S. 274), schreibt Hebbel am 8. November 1845 aus Wien über seine Rückkehr. Das Tagebuch vermerkt lakonisch: »Abreise von Rom, Ankunft in Wien« (HW IV, S. 749). »Jeder Lebensmuth war in Italien in mir erstickt« (HB III, S. 301), erinnert sich Hebbel in Wien, wo er sich für den Rest seines Lebens niederließ; dort löste er das Verhältnis mit seiner Braut und heiratete die Burgschauspielerin Christine Enghaus, dort wurden fast alle Dramen des schnell berühmt werdenden Dichters in der Folge aufgeführt.

Italien als literarisches Motiv taucht nur noch vereinzelt in Hebbels Werken auf. Eine ihm in Neapel zu Ohren gekommene Begebenheit etwa wird bald nach seiner Reise zum Anlaß für das *Trauerspiel in Sizilien*, einer blutrünstigen Geschichte von Habsucht, Mord und Anarchie: Die zwei Soldaten Ambrosio und Bartolino töten eine aus ihrem Elternhaus geflohene junge Frau und klagen den mit ihr verabredeten Geliebten des Mordes an. Die Episode sei »symbolisch« für die »sittlichen und selbst die politischen Zustände des Landes und Volks« (HW I, S. 388), bringt Hebbel in der Dramenvorrede sein Italienbild auf einen literarischen Nenner, und dabei ist es wohl geblieben. Italien, Chiffre einer unsittlichen Welt voll Betrug und Geldgier oder einer zum Untergang verurteilten geschichtlichen Großmacht, wird in Hebbels Werk zum Versatzstück großer Historiengemälde (*Moloch*-Fragment, *Michel Angelo*, 1855) oder zur Kulisse abenteuerlicher Mordgeschichten (*Trauerspiel in Sizilien*, *Julia*, 1851). Zwischen armseliger Gegenwart und großer, doch in Ruinen zerbröckelter Geschichte erfährt Hebbel Italien in einer für das 19. Jahrhundert durchaus charakteristischen Weise.

»Das Italien von heut ist ein trauriges Kapitel«[3] – mit diesem trockenen Fazit setzt der junge Joseph Viktor Scheffel sieben Jahre später die Italienkritik seiner Zeitgenossen fort. Auch Scheffel war zur Zeit seiner Italienreise noch weit von der späteren Schriftsteller- und Adelswürde im Deutschen Kaiserreich entfernt. Der Sechsundzwanzigjährige, damals Hofgerichtssekretär zu Bruchsal mit dem heimlichen Berufswunsch »Maler«, mußte seinen Italienplan erst mühsam gegen den skeptischen Vater durchsetzen, bevor er im Mai 1852 von Karlsruhe über die Schweiz, Genua und Florenz nach Rom aufbrechen konnte.

Scheffel, enttäuscht von der gescheiterten bürgerlichen Revolution von 1848 sowie seines biederen Gerichtsdienstes überdrüssig, wollte auf der Italienreise in erster Linie dem Bruchsaler Juristenalltag entfliehen. Als Historien- und Landschaftsmaler in spe, der nach den eigenen resignierten Worten »auf italischem Boden einen Schluck Lethe trinken wollte, in dem alle Erinnerungen seit 1848 ausgetilgt würden«[4] stürzt sich Scheffel von vornherein auf das Italien vergangener Zeiten. In Mailand und Genua studiert er Historiengemälde und besucht alte Bibliotheken, in Florenz führt sein Stadtrundgang an der »Loggia dei Lanzi« von den dort müßigge-

Das enthusiastische Lob der Antike führte nach wenigen Jahrzehnten schon zur Trauer über eine in Ruinen zerfallene Welt. Manch ein Poet im 19. Jahrhundert fühlte sich vor der ihn umgebenden Trümmerwelt schon versucht, das barocke »Memento mori« anzustimmen. Rudolf von Alts Bild *Inneres des Colosseums in Rom* (1835) scheint beides anzudeuten: das ehrfürchtige Staunen über die Gewaltigkeit der römischen Antike einerseits, Trauer und Kleinmut angesichts der toten und übermächtigen Ruinen einer längst entschwundenen Epoche andererseits.

henden Italienern – »nicht die beste Gesellschaft« – sofort zu den Geschichtsdenkmälern, wo ihn »noch eine andere Gesellschaft« (SB S. 6), nämlich eine Reihe antiker Skulpturen, erwartet. Der seiner Schwester in Karlsruhe geschilderte Spaziergang durch die toskanische Hauptstadt ruft die »Erinnerung an glanzvolle alte Zeiten« (SB S. 7) wach und endet in den Uffizien schließlich »beim Schönsten des Schönen«, der »Venus von Medicis« (SB S. 7). Scheffels Stadtführung stellt die geschichtlichen Gipfelpunkte der Antike und der Renaissance, die »Werke toskanischer Meister aus dem Ende des XV. Jahrhunderts« neben dem »Preiswürdigen aus classischer Zeit« (SB S. 7), in einer erhabenen Vergangenheitsschau unterschiedslos nebeneinander. Sein Überblick florentinischer Impressionen ist darin deutlich geprägt vom Historismus des 19. Jahrhunderts, dem sich die Geschichte zum imaginären Museum des menschlichen Geistes in allen seinen Epochen vollendet.

Seitenlang beschreibt Scheffel in Briefen an das Elternhaus seine »Studien in florentinischen Kirchen zur Geschichte der Historienmalerei« (SB S. 16) und erwähnt das italienische Stadtleben nur, um zu versichern, daß er sich von dort nach Sitte der »deutschen Gelehrten« unverzüglich in den »Staub alter Pergamente, in den Schutt alter Ruinen« (SB S. 16) zurückziehe und sich »ein Bild verklungener Zeiten« (SB S. 17) herbeizaubern wolle. Scheffel zieht schon in Florenz einen gleichsam historistischen Schlußstrich unter die Mannigfaltigkeit der geschichtlichen Zeugnisse und faßt die »Pointe aller geschichtlichen Studien« resignierend zusammen: »Alles schon dagewesen.« (SB S. 17)[5]

Nur noch als vergangene Größe scheint Italien erlebenswert. Schon der erste Anblick der antiken und christlichen Hauptstadt wird auf der Anreise als historisches Erlebnis gefeiert: »Eviva Roma« skandiert der »deutsche Doctor« angesichts der Peterskuppel und wird gleich nach Ankunft, trotz der zugegebenermaßen »schmutzigen Straßen und des uncomfortablen Aeußeren« vom »Zauber des alten Rom« (SB S. 31 f.) in Beschlag genommen. Das Italien der Jahrhundertmitte ist bisher außer den lästigen »Plackereien und kleinen Prellereien« (SB S. 27) der Gastwirte und Fuhrleute kaum zur Sprache gekommen; erst auf der Postkutschenreise nach Rom unternimmt Scheffel einige »soziale Studien an den Italienern« und kann »so manchen Zug guten Humors« (SB S. 30) dabei entdecken.

Wie schon im Falle Hebbels wird der römische Alltag bald von den Zusammenkünften mit den deutschen Künstlern bestimmt; ja, der Maler Scheffel schließt sich sofort seinen Kollegen an und verbringt fast den ganzen Sommer an den malerischen Aufenthaltsorten der bildenden Künstler außerhalb Roms. Eine »unerschöpfliche Quelle landschaftlicher Studien« (SB S. 35) böten ihm die Orte Albano, Genzano und Olevano, schreibt Scheffel nach Karlsruhe.

Nachdem die »spinnwebig, dintig, streusandige Actenstube« (SB S. 46) in Bruchsal endlich hinter ihm liegt, erlebt der Hofsekretär in Italien eine Neuauflage seines nostalgisch gefeierten Studentenlebens: Scheffel erzählt begeistert von den »deutschen Abenden zu Albano« (SB S. 40), wo ein »vergnügliches Zechen« mit dem Absingen deutscher Volkslieder lautstark abgeschlossen und dem »Zauber der Heimath« (SB S. 37) gehuldigt wird.

Studentisch verbunden blieb Scheffel auch seinem Freundeskreis in Heidelberg, dem sogenannten »Engeren Ausschuß«, an den er eine Reihe burschenschaftlich beschwingter Briefe adressiert, die als *Römische Episteln* später veröffentlicht wurden.[6] In der altertümelnd-lateinisierten Sprache und dem weinseligen Stammtischton der »Episteln« erscheint Italien als malerisch-exotische Kulisse, vor der sich teutonischer Frohsinn genügend zu entfalten vermag: Die Gefährten ziehen von Osteria zu Osteria, »eyn scharfes Trinken« (SW IV, S. 330) bildet fast immer Auftakt und Abschluß der Aktivitäten, »heitere Stimmung« ist angesagt, wenn die »Genazzaner Würstlein« so »schmackhaft« sind, »als wären sie zu Nürnberg in dem ›Blauen Glöcklein‹ oder zu Ulm im ›Schwarzen Ochsen‹ angefertigt« (SW IV, S. 340), oder wenn »germanische, des Trinkens kundige Männer auf eynem fernen welschen Berggipfel beisammensitzen« (SW IV, S. 343f.). An Silvester versuchen sich die angeheiterten germanischen Freunde in der Darstellung antiker Skulpturen, unter anderem einer grotesken Laokoon-Gruppe, weswegen am anderen Morgen einiges »an zerbrochenem Hausrat« (SW IV, S. 346) in der Pension zu bezahlen ist.

Wie die Studenten- und Wanderlieder Scheffels, deren Sammlung *Gaudeamus* (1867) später berühmt wurde, sind auch die breit ausgeführten – freilich literarisch stilisierten – Trinkgelage und Burschenschaftsszenerien »im italienischen Wanderleben« (SW IV, S. 44) Symbole befreiender Flucht aus der Philister- und Bürokratenwelt der deutschen Amtsstuben und korrespondieren darin der Resignation und dem Rückzug aus Politik und Gesellschaft im nachrevolutionären Deutschland.[7] Angetan mit einem »grauen Schlapphut« und dem »steineichenen Malerspieß« (SW IV, S. 335) probt der studierte »Hofsecretarius« den Ausbruch in das ›alternative‹ Leben der germanischen ›Aussteiger‹-Kolonie – und kann doch den deutschen Biedermann nie ganz verleugnen.

Im beginnenden Herbst will sich Scheffel wieder nach Rom zurückziehen, zu malen beginnen und »abends alte Geschichte und Kunst studieren« (SB, S. 55). Die anfangs gepriesene Geschichtsmonumentalität des alten Rom enthüllt sich jedoch bald als übermächtige Belastung, das imaginäre Historienmuseum wird zum monströsen »Gräberfrieden« (SB, S. 79): Die »Masse von alter und mittelalterlicher Kunst« habe »fast etwas erdrückendes« (SB S. 58), meldet er dem Vater; »die Besichtigung der unendlich vielen antiquitas«, so heißt es – humoristischer – an den Heidelberger Freundeskreis, mache den Menschen müde »als wie eyn Lasttier« (SW IV, S. 332). Über Italien sei »alles schon so ausgeschaut, ausgeschrieben, ausbewundert« (SB S. 67), klagt der um Worte verlegene Dichter, dem in Rom neben dem »Scirocco« wohl deshalb auch »mancherlei Melancholey« (SW IV, S. 335) zu schaffen macht.[8]

So ist Scheffel im Februar 1853 schließlich fast froh, in dem »unbeschreiblich schönen Neapel« der römischen »Grabeinsamkeit« (SB S. 77f.) entflohen zu sein. Scheffels künstlerische Ambitionen beginnen sich dort schnell vom malerischen auf das literarische Gebiet zu verlagern – nicht weil im Süden sein mächtiger poetischer Genius urplötzlich geweckt worden wäre, wie es eine hagiographische Scheffelliteratur immer wieder wollte, sondern wohl eher weil seine versierteren Malerfreunde ihm die Grenzen seines zeichnerischen Könnens aufgezeigt haben.

Neben humoristischen Gedichten in studentischer Manier und traditionell-epigonalen Italienreimen – »O Braut meiner Seele, Italia« (SW I, S. 257) – macht sich Scheffel, ähnlich wie Hebbel mit dem *Moloch*-Fragment, an die Bearbeitung eines

Historienstoffes, in dem das vergangene Italien als geschichtsträchtiges Requisit eingebaut wird. Auf Capri, wo Scheffel mit dem befreundeten Dichter Paul Heyse ein »insulanisches Stilleben« (SB S. 85) zu führen beginnt, entsteht in sieben Wochen mit dem *Trompeter von Säckingen* jenes Versepos, das den Ruhm des Dichters begründete.[9] Zwar endet diese Romanze des bürgerlichen Trompeters und des adeligen Fräuleins mit der Verlobung im päpstlichen Rom des 17. Jahrhunderts; in dem beschaulich-heimatverliebten »Schwarzwaldlied« (SW II, S. 188) gerät das barocke römische Treiben jedoch zu einer bloßen Kulisse – selbst Ausdruck eines blassen Historismus, dem die Geschichte zur Puppenstube deutscher Gemütlichkeit gerät.

Studentenlieder und mittelalterlich-historische Genreszenen – im Roman *Ekkehard* und den Versgedichten *Frau Aventiure* – blieben dann auch die Domäne des Dichters Joseph Viktor von Scheffel: Den »zerfahrenen Epigonen« (SB S. 17) seines Zeitalters bleibe nur die Beschwörung einer fernen Vergangenheit, beschied der Dichter-Maler Scheffel schon in Florenz seiner Gegenwart, aus der er in das Studium italienischer Vergangenheit und später in sein poetisches Wander- und Inselleben emigrierte. In Italien entstand deshalb auch Scheffels Konzeption einer deutschen historischen Dichtung, die Wunschlandschaft eines malerischen Altdeutschlands, mit der er der »spätlebenden eisenbahndurchsausten Gegenwart« (SW III, S. 459) einen fernen idyllischen Spiegel vorhalten wollte – mit so großem Erfolg, daß die Historienbestseller *Der Trompeter von Säckingen* und *Ekkehard* noch bis zum Jahre 1921 über 500 Auflagen erlebten und Scheffel zu einem der berühmtesten Dichter zwischen 1870 und 1920 avancierte.[10]

Immer wieder verrauchte Scheffels Italienbegeisterung sehr schnell. Obwohl er den traditionsreichen Enthusiasmus wiederzubeleben versuchte, zog sich der Dichter – persönlich und literarisch – meistens bereitwillig in die altdeutsche Vertrautheit zurück. Schnell war Scheffel 1853 auch von Capri nach Karlsruhe zurückgekehrt: Seine Eltern hatten den Sohn nach Hause bestellt, als sich seine Schwester nach der Auflösung ihres Verlöbnisses in einer schweren psychischen Krise befand. Scheffels nächster Italienbesuch – zwei Jahre später – war von langer Hand geplant und endete mit einem Mißerfolg. Der Geschichtsdichter trug sich mit dem Gedanken eines tragischen Historienromans vor dem Hintergrund der venezianischen Renaissance (*Irene von Spilimberg*) und wollte zu diesem Zweck – zusammen mit dem Maler Anselm Feuerbach – Lokalstudien vor Ort treiben. Die in der *Venetianischen Epistel* geschilderte Reise in die anvisierte »Heimat der Schönheit und Kunst« endete allerdings in einer höchst unerfreulichen Gegenwart: Die »hohen Zechen und die bösen Insekten und die unsäglichen Gerüche« (SW IV, S. 382), schließlich eine ausbrechende Cholera-Epidemie, vereitelten den für länger geplanten Aufenthalt.

Der fluchtartige Aufbruch der beiden Künstler sowie das bald endgültige Scheitern des Romanprojekts illustrieren symbolisch das Ende von Scheffels gesamter Italienerfahrung: Zwar blieb das unbeschwerte Treiben um Rom und der Aufenthaltauf Capri in durchaus freundlicher Erinnerung, die vor Ort bereits skeptisch beurteilte Gegenwart Italiens blieb dem späteren ›Sänger deutscher Vorzeit‹ letztlich jedoch fremd.

Nach Friedrich Hebbel und dem zumindest im Deutschen Kaiserreich gefeierten Joseph Viktor von Scheffel ging mit Theodor Fontane in den Jahren 1874 und 1875 auch ein großer Romancier der Wilhelminischen Ära auf die italienische Reise. Fontane, obwohl schon 55 Jahre alt, hatte zu diesem Zeitpunkt allerdings noch keinen seiner berühmten Romane geschrieben, sondern war ein noch weithin unbekannter Journalist und Theaterkritiker in Berlin.

Neben wenigen Briefen gibt über Fontanes Reise nur ein privates Tagebuch Auskunft, das erst 1970 veröffentlicht wurde. Schon die Form der Aufzeichnungen ist kennzeichnend für Stil und Haltung des Berliner Italienreisenden: Knappe Notizen halten das erledigte Tagesprogramm in dürren Stichworten fest. »Höchst interessantes, italienisches Treiben, heiter, lachend, laut, bunt, polcinellhaft« (FA 9f.), so lautet eine charakteristische Momentaufnahme schon in Verona. Zu den Scaliger-Grabmälern wird ein karges »Höchst interessant« wiederholt, der Rest des Tages findet kurze Erwähnung: »Flanirt in der Stadt. Dies und das gesehn. Alte Brücken, Kirchen, Plätze, römische Ueberreste.« (FA 10) »Dies und das gesehn« – fast ein Motto für die lakonisch-unterkühlte Art der Wahrnehmung Fontanes auf seiner ersten Italienreise, die ihn im Oktober 1874 – mit seiner Frau – von Verona nach Venedig und von dort über Florenz nach Rom und Neapel führte.

Bereits Scheffel konnte 1855 die Fahrt von Karlsruhe nach Venedig zumeist mit der Eisenbahn zurücklegen. Für Fontane ist die Zugfahrt schon nahezu selbstverständlich: Italien, seit 1881 unter Viktor Emanuel II. national geeint, war mittlerweile mit einem dichten Eisenbahnnetz überzogen. Ließ die traditionelle Postkutschenreise den allmählichen Wechsel der Landschaft noch unmittelbar räumlich und sinnlich wahrnehmen, so reihen sich nun im Eisenbahncoupé die Stationen der Reise in raum- und zeitüberwindender Geschwindigkeit aneinander.[11] Die vormalige Schilderung des sich während tagelanger Postkutschenreisen langsam entfaltenden Italienerlebnisses weicht der kommentierten Fahrplannotiz Fontanes: »Am 3. von München aus über Innsbruck (Nest) und dem Brenner nach Verona. Das Innthal hinauf, das Etschthal hinunter.« (FB II, S. 474) Die Etappe von Verona nach Venedig etwa wird zu einer vierstündigen Spazierfahrt: »Gegen 6 Uhr nach Venedig. Fahrt über Vicenza, Padua, Mestre und die colossale Lagunen Brücke. Ankunft gegen 10.« (FA S. 11)

Der fünftägige Aufenthalt Fontanes in Venedig gilt überwiegend der bildenden Kunst; einen Großteil seiner Zeit verbringt er nun in der »Academia delle belle Arti« und im Dogenpalast, wo er die Renaissance-Gemälde studiert und im Tagebuch die Museumsinhalte mit kurzen Kommentaren auflistet. Der Berliner Kunstkritiker, der die englische und niederländische Malerei auf Reisen kennen und schätzen gelernt hatte, zeigt sich von der Renaissancekunst jedoch wenig beeindruckt; dafür habe er »wohl ein Verständniß, aber kein Herz« (FB II, S. 478), teilt er dem befreundeten Ehepaar Zöllner in Berlin mit.

Im minutiös geschilderten Tagesablauf reiht Fontane die touristischen Attraktionen Venedigs aneinander – etwa ein »Kostbares Landschaftsbild« (FA S. 14) vom Campanile herab –, bewertet insgesamt aber eher kühl: Die Seufzerbrücke erinnere an den Londoner Tower, doch seien die »Eindrücke im Tower stärker« (FA S. 20). Am Lido wird eine »hübsche Fahrt« sowie ein »hübscher Blick aufs adriatische

Meer« vermerkt, das vernichtende Gesamturteil läßt jedoch nicht auf sich warten: »sonst eigentlich langweilig« (FA S. 20). Von Florenz wird ähnliches mitgeteilt: In der Renaissance-Stadt habe Fontane zwar den »Palazzo vecchio und die Loggia dei Lanzi aufrichtig bewundert« sowie die Skulpturen »ernsthaft durchgenommen«, das restliche Tagespensum verrät darüber hinaus wenig Begeisterung für das südliche Flair: »Kaffe genommen, einen Guide gekauft; noch ein wenig flanirt. Blick in die Uffizien; dann nach Hause. Thee. Geplaudert, geschrieben, gelesen« (FA S. 23). Außerhalb der Galerien und Museen bleibt der Italienreisende dem Land gegenüber ähnlich reserviert wie vor ihm Hebbel. Fiesole sei ein »ziemlich verkommener Flekken« (FA S. 34), erst die Kunstwerke in der Kathedrale »interessirten« ihn wieder – »interessant« wird überhaupt zum Lieblingswort, mit dem der preußische Kulturreisende – den unvermeidlichen Baedeker in der Tasche – die touristisch üblichen Sehenswürdigkeiten zuweilen eines kargen Lobes würdigt.

Auf der achtstündigen Zugfahrt von Florenz nach Rom -»gerade gut genug zum Vorbeifahren« (FA S. 35) – sei es nur »die historische oder historisch-romantische Reminiscenz« der Gegend, die einen »Zauber« zu entfalten vermöge. Auch Fontane – wie Hebbel und Scheffel – bevölkert zu diesem Zweck das reale Italien mit der historistischen Imagination des Bildungsbürgers: »Hier focht Hannibal, hier fiel Flaminius, hier dichtete Properz, hier malte Perugino«, sagt er sich in Umbrien etwa vor und skizziert am Trasimener See sogar den Schlachtplan Hannibals (FA S. 36f.). Die antike Geschichte bleibt auch in Rom die touristische Hauptattraktion: »Das Trümmer-Rom interessiert mich 100 mal mehr, als das was steht und prunkt.« (FB II, S. 482)

Die mühsame Wohnungssuche und eine Krankheit Fontanes erschweren dem Ehepaar die ersten römischen Tage. »Theo ganz krank! innigste Sehnsucht nach Potsdamerstr 134.c.III.« (FA S. 47), notiert Frau Fontane und setzt die Tagebucheintragungen zunächst allein fort; unverdrossen werden dann aber die Sehenswürdigkeiten abgehakt – »die verschiedenen Reste des alten Rom oberflächlich besichtigt« (FA S. 48) – oder das Inventar des Vatikanischen Museums durchforstet: »Theo macht Aufzeichnungen über jedes Bild.« (FA S. 60)

Der »Stoff ist endlos« (FB II, S. 483), klagt Fontane in seinen Briefen über die »Detail-Schätze« Roms. Er spricht zwar von »sich bescheiden« (FB II, S. 484) und entschuldigt seinen lakonischen Briefstil mit dem »kolossalen Respekt« (FB II, S. 485), den Rom auf die Reisenden auszuüben pflegt, ist anscheinend aber fast froh, aus der zum Geschichtsmuseum verwandelten Stadt wieder abreisen zu können. Von Neapel aus wird das touristische ›Programm‹ fortgesetzt: »Capri, Sorrent, Salerno, Paestum«. Es ist zwar von der »alle Mißstimmung und allen Nörgelhang siegreich überwindenden Schönheit« (FB II, S. 488) der neapolitanischen Umgebung die Rede, sowohl briefliche Schilderung als auch Tagebucheintragungen werden jedoch immer spärlicher.

Das Tagebuch spricht überhaupt eine andere Sprache als die um touristische Legitimation offensichtlich bemühten Briefe. »Insektenpulver angewendet« (FA S. 61), weiß Emilie Fontane über das neapolitanische Hotel zu berichten. »Ueber alle Vorstellung interessant« sei Pompeji, gleichwohl: »Sehr angreifende Partie. [...] Todtmüde zu Bett« (FA S. 61f.). Am »höchst interessanten Ruinencomplex« des

Serapis-Tempels andererseits bleibt vor allem die »unverschämteste Bettelei« (FA S. 65) unangenehm im Gedächtnis.

Am südlichsten Punkt seiner Italienvisite begründet Fontane in Briefen, gleichsam als Rückblick, seine reservierte Haltung gegenüber den Kunstschätzen des Landes: Von »Kunstschwatz« (FB II, S. 486) habe er generell absehen wollen; für ihn sei gerade das »aus Furcht oder Eitelkeit Nachgepappelte« der Kunstkritiker, wie es sich in den Reiseführern finde, »unsagbar abgeschmackt« (FB II, S. 486) und im Grunde völlig wertlos. Trotz seiner Touristenallüren und seiner Kaltschnäuzigkeit legt der Berliner Kunstreisende deshalb großen Wert auf eigenständig-individuelle Betrachtung der Kunstwerke.[12] Oft lassen ihn die den Touristen gerühmten Kunstwerke vollkommen »kalt«, während er dem sonst Unbeachteten seine Aufmerksamkeit zuwendet. Unbekümmert um Baedekerkriterien sucht er überall »etwas Seelisches, zu Herzen Gehendes« (FB II, S. 487) und lobt statt prunkhaft-allegorischer Darstellung das liebevoll ausgestattete Alltagsleben in den Historien- und Landschaftsgemälden. Darin meldet sich schon der Romancier des poetischen Realismus, dessen Romane später eine Synthese von realistischer Darstellung und poetischer Verklärung des bürgerlichen Alltags einzugehen versuchten.[13] Deshalb kritisiert Fontane schon in Venedig an der aristokratischen Repräsentationskunst der Renaissance den »Mangel an aller Innerlichkeit« (FB II, S. 478), was er dann in einem Renaissance-Aufsatz für die Vossische Zeitung im Januar 1875 (*Letzter Tag in Italien*) zur gleichsam offiziellen Verlautbarung – »es fehlt die *Innichkeit*« (FA S. 134) – erhebt.

Von der Erfahrung des fremden Landes abseits seiner musealen Gegenstände ließ sich der Berliner Kritiker sowieso nicht beeindrucken. »Ich komme preußischer zurück denn je« erklärt er offen und kommentiert das laxe »Bummelvolk« der Italiener auf gestreng-preußische Art: »Der Mensch bedarf der Trainirung.« (FB II, S. 487) Zu allem Übel wird dem Ehepaar Fontane auch noch Geld gestohlen, so daß es den Freund Karl Zöllner eiligst um die Übersendung von 50 Thalern für die Heimfahrt bitten muß. Nach Hause »in drei großen Etappen: Florenz, Verona, München« (FB II, S. 489) – das Aufatmen über die schnelle Rückkehr zu Spree und Havel ist dem Italienreisenden deutlich anzumerken.

War den jungen Künstlern Hebbel und Scheffel die Enttäuschung deutlich anzumerken, als das in irgendeiner Form doch erwartete einzigartige Erleben Italiens auszubleiben drohte, konnte der Berliner Fontane sein preußisch-nationalbürgerliches Bewußtsein schon wie selbstverständlich gegen die italienische Welt aufbieten und war dadurch vor jeder enttäuschten Erwartung von vornherein gefeit. Dem armen Poeten Hebbel zerfiel die Italientradition in ein trostloses Trümmerfeld, dem Maler Scheffel verwandelte sich die römische Artistenausbildung zu ausgelassenen Ferientagen und in Sorrent zu der Rückzugsidylle seines »Schwarzwaldliedes«, Fontane schließlich bleibt von Anfang bis Ende derselbe selbstbewußte Kunstkritiker aus dem preußischen Berlin.

Knapp ein Jahr später unternimmt Fontane einen neuen Versuch und bereist – diesmal ohne Begleitung – das nördliche Italien. Zwar wird auch jetzt vieles als »sehr interessant« (FA S. 86) im Tagebuch vermerkt, Fontane entdeckt in den Norditalienern, verglichen mit den Römern und Neapolitanern, sogar ein wirkliches »Kulturvolk« mit einem »gesitteten, wohlanständigen und durchaus unbettelhaften Wesen«

(FB II, S. 511); allein, die ungerührt negativen Eindrücke über das italienische Kunst- und Kulturerlebnis nehmen eher noch zu: Auch von der Renaissance »wird sich die Welt wieder erholen« (FA 86), lautet Fontanes Fazit über jene Kunstepoche, Eintragungen entlang der Reiseroute Mailand, Mantua, Genua, Pisa, Bologna, Ravenna und Padua bleiben gewohnt knapp und kritisch; manches ist »schön«, vieles »von sehr zweifelhaftem Werth« (FA S. 120), das meiste jedoch wird auch diesmal getreu dem bekannten Leitmotiv des unbeeindruckten Italientouristen bloß notiert: »Dies und das gesehn«.

Nach seinen Reisen blieb Italien in Fontanes Erzählwerk durchaus präsent – schon aus Gründen des Realismus vermutlich, entwickelte sich Italien doch für die berlinisch-preußischen Großbürgerkreise zu einem Hauptreiseziel des nunmehr einsetzenden Eisenbahntourismus. Die Novelle *L'Adultera* von 1880 ist sogar benannt nach dem irrtümlich Tizian zugeschriebenen venezianischen Gemälde *Christus und die Ehebrecherin*, das in der Erzählung die Privatgalerie des Berliner Kommerzienrates von der Straaten schmückt. Die Ehebruchsgeschichte, die mit der Flucht nach Italien, einer in Rom vollzogenen Heirat und dem in Venedig gerade noch legitim zur Welt kommenden Kind schließlich zum noch glücklichen Ende findet, ist durchaus abenteuerlich angelegt; das Italienbild jedoch bleibt der kühl-preußischen Art Fontanes verpflichtet: Florenz sei »voller Engländer und Bilder« (FW II, S. 108) und werde gehörig »überschätzt« (FW II, S. 107), konstatiert die weibliche Hauptfigur. Die italienische Hauptstadt wird zwar gebührend gelobt – »Ach, wie schön ist diese Stadt« (FW II, S. 109) –, Rom und Venedig bleiben jedoch nur blasse Folien der Berliner Liebes- und Hochzeitsgeschichte – wie für Scheffel und Hebbel letztlich ein Griff in die Requisitenkiste.

Welches von beiden ist ein Gedicht Fontanes überschrieben, das – ungefähr im Jahre 1888 verfaßt – so etwas wie eine kondensierte Bilanz seiner Italienerfahrung darstellt. »Rom im Siebenhügelkranz« wird in wenigen Versen den Berliner Ausflugszielen – »Cremmen, Schwante, Vehlefanz« – gegenübergestellt; »Nemi-See, Genzano-Sträußchen« korrespondieren paarreimend den prosaischen Orten »Stralau, Treptow, Eierhäuschen«; dem »Blick aufs Forum« und der römischen Kirche »Ara Celi« antwortet die »Tasse Kaffee bei Stehely«. Für Fontane jedenfalls steht fest: »Lockt auch Fremde, Schönheit, Pracht, / Glücklicher hat mich die Heimat gemacht.« (FW VI, S. 336)

Daß der große Romancier in dem traditionell italienbegeisterten Genre der Lyrik seinen privaten Abgesang auf Rom mit einem gereimten ›fabula docet‹ beschließt, ist bezeichnend für die geschilderte nüchtern-preußische Reiseerfahrung, zielt darüber hinaus aber wiederum auf ein Charakteristikum der Epoche. Für Hebbel, Scheffel und Fontane war »Italien« kein poetisches und persönliches Erweckungserlebnis mehr, sondern blieb Episode. Sie alle brachen nicht unbedingt sehnsuchtsvoll nach Arkadien auf, sondern absolvierten bereits das Pensum einer etablierten Reisetradition. Der Stipendiat des dänischen Königs Hebbel mußte schon um der Stipendienverlängerung willen in das Land der deutschen Dichter, für den Maler Scheffel blieb die Italienreise wie für alle bildenden Künstler der Zeit ein obligatorischer Bestandteil der erhofften Malerkarriere, für Fontane schließlich war die Italientour als Pflichtprogramm großbürgerlich-preußischer Welterfahrung unverzichtbar. Sie alle fanden

Nach der Antike wurde um 1800 auch das italienische Mittelalter und die Renaissance von den deutschen Künstlern entdeckt. Der Wunsch nach klassizistischen Formen und die aus der Not des beginnenden Industriezeitalters geborene Idealisierung einer nostalgisch empfundenen Vergangenheit ließen die Geschichte zu einem imaginären Museum erhabener Gestalten und Ereignisse erstarren. In Anselm Feuerbachs Gemälde *Dante und die edlen Frauen von Ravenna* (1858) verbinden sich klassizistische Strenge und romantische Verklärung: Wie in den Werken seines Freundes Joseph Viktor von Scheffel bilden Kunst und Geschichte Italiens eine sagen- und glanzumwobene Folie, in die sich Sehnsüchte und Schmerz der von Epigonalität bedrohten Zeitgenossen einzeichneten.

dementsprechend auch keine unberührten Kultur- und Naturlandschaften vor, sondern folgten den breitgetretenen Pfaden der Touristenströme und der museal aufbereiteten Geschichte.

Die Historie wurde in diesen Reiseerfahrungen nicht nur – wie schon bei Heinrich Heine – zu einem wichtigen Faktor des künstlerisch inspirierten Kulturreisenden, sondern verwandelte sich zur übermächtigen und bedrückenden Monumentalität einer antiquarisch gewordenen Vergangenheit. So wurde Rom in allen Fällen zu einem Ruinenfeld, von dem man sich schnell wieder wegzuwünschen beginnt. Die ein Jahrhundert zuvor wiederentdeckte Welt der Antike wird zur unangenehmen Antiqitätenschau.[14] Aus diesem Grund wohl auch konnten die Italiennovellen des Münchner Dichterfürsten Paul Heyse, eines anderen deutschen Italienfahrers dieser Epoche, in der zweiten Hälfte des Jahrhunderts so erfolgreich werden. Fern von allem geschichtlichen Ballast, fern auch vom Italien der Gegenwart, entwerfen diese Erzählungen – *L'Arrabbiata* (1854) oder *Das Mädchen von Treppi* (1855) – eine zeitlos gültige Ideallandschaft Italiens in gewollt stilisierter Goethescher Simplizität und Natürlichkeit: Historistische Erinnerung und zeitlos-idyllische Wunschlandschaft sind dabei nur – wie schon bei Scheffel – zwei Seiten einer epochalen Medaille.

Das 19. Jahrhundert war nicht nur das Zeitalter des Historismus, sondern auch die Epoche der einsetzenden Industrialisierung und der erstarkenden Macht- und Nationalstaaten. In dieser Zeit des wirtschaftlich und politisch mächtigen Bürgertums und des wachsenden nationalen Selbstbewußtseins mußte sich auch der Blick auf das südliche Nachbarland verändern. In den Reiseberichten häufen sich die abschätzigen Bemerkungen über Volks- und Nationaleigenschaften der Italiener. Auch der norddeutsche Protestant Hebbel, der sich altdeutsch gebärdende Scheffel und der preußisch-strenge Fontane erleben Italien aus der Sicht ethnologisch fremder Kulturreisender, für die eine buchstäblich befremdende Gegenwart Italiens allenfalls durch die Spuren bildungsmächtiger Geschichtsepochen vertraut zu werden vermag. In den Augen dieser im Wilhelminischen Deutschland gefeierten und berühmten Schriftsteller stellt sich Italien deshalb grundsätzlich anders dar, als es die Entdecker Arkadiens in Klassik und Romantik wahrgenommen hatten.

Fontane als Romancier der preußischen Gesellschaft blickt – wie schon der eingangs zitierte junge Hebbel – nur noch einigermaßen skeptisch auf diese Italientradition zurück: »So schön und herrlich Italien ist, so ist es mir doch ganz unzweifelhaft, daß es durch jugendliche Menschen, namentlich durch die unglückselige Klasse der Maler, noch zu etwas herrlicherem hinaufgeschraubt worden ist, als nöthig war.« (FB II, S. 491) Bei näherer Betrachtung zeigt sich jedoch die Nüchternheit, mit der diese Bildungsreisenden des 19. Jahrhunderts auf die verblassende Tradition der Italiensehnsucht reagierten, als eine lediglich andere Form der Voreingenommenheit: Statt schwärmerischer Sehnsucht droht hier die entgegengesetzte Gefahr, sich nämlich der Fremderfahrung des italienischen Lebens hartnäckig zu verweigern. Lediglich für begeisterte Historiker des 19. Jahrhunderts im Gefolge eines Jacob Burckhardt[15] oder Ferdinand Gregorovius[16] und dann erst wieder für jene Söhne der Wilhelminischen Gründergeneration, die das eben etablierte Nationalbürgertum bereits als »fin de siècle« zu entlarven versuchen, wird »Italien« erneut zum Symbol geheimer dichterischer Imagination.

IV. »Strahlend und fatal«: Schönheitsfeier im Fin de Siècle

»Gott ist tot« – »Es lebe der Gott Italiens« Friedrich Nietzsches Metaphysik des Südens

Von seinem Winterdomizil Rapallo aus hat Friedrich Nietzsche am 14. Februar 1883 zufällig das nahegelegene Genua besucht und in der Abendzeitung *Caraffo* die Nachricht über den Tod Richard Wagners gelesen: Der weltberühmte Komponist war einen Tag zuvor in Venedig gestorben. Weniger Trauer als »Erleichterung« habe ihm diese Todesnachricht gebracht, bekennt Nietzsche schon fünf Tage später in einem Brief an den befreundeten Musiker Peter Gast (B VI, S. 333). Mit Wagners Tod nämlich schien ihm ein endgültiger Schlußstrich gezogen unter eine längst abgekühlte, ja förmlich abgebrochene Freundschaft, die einst als geheimes Bündnis zwischen dem Meisterkomponisten und seinem enthusiastischen Schüler begonnen hatte. Seit 1869 war Nietzsche ein enger Vertrauter von Richard und Cosima Wagner, avancierte in Tribschen bei Luzern nicht nur zum Hausfreund und Mitarbeiter der Wagnerschen Musik- und Festspielpläne , sondern machte auch die Philosophie der Wagnerschen Musik unverblümt zum Thema seines ersten Buches: Die *Geburt der Tragödie aus dem Geiste der Musik* (1872), das wissenschaftliche Debüt des achtundzwanzigjährigen Basler Philologie-Professors, ist zugleich eine Programmschrift des ›Wagnerismus‹, die das von Wagner geschaffene neue Musikdrama als welthistorische Wiedergeburt des verlorengegangenen antiken Mythos feierte.[1]

1876 hatten sich Nietzsche und Wagner in Italien das letzte Mal getroffen, eher zufällig, aber in einem Land, das für Wagner schon eine gewisse biographische Bedeutung besaß. Als Nietzsche, der sich zu dieser Zeit von Wagners Einfluß bereits gelöst hatte, dem alten Meister kurz vorher seine eigenen Italienpläne mitteilte, versäumte er es nicht, auf diese Bedeutung sogleich hinzuweisen. Ein »Streifen schwärzester Melancholie, aus dem man sich gewiß nicht schnell genug nach Italien oder ins Schaffen oder in beides retten kann« (B V, S. 190), läge hinter ihm, schreibt

Nietzsche von Basel aus an Wagner und schlägt – noch ganz mit der Attitüde des ehrfürchtigen Schülers – im gleichen Atemzug den Bogen zu dem ersten Italienerlebnis des mittlerweile dreiundsechzigjährigen Wagner: »Wenn ich Sie mir in Italien denke, so vergegenwärtige ich mir, daß Ihnen dort die Inspiration zum Anfange der Rheingold-Musik kam. Möge es für Sie immer das Land der Anfänge bleiben!« (B V, S. 190f.) In seiner Lebensbeschreibung hat Wagner später selbst erzählt, wie ihm bei seinem Italienaufenthalt im Jahre 1853 die Idee zum Auftakt des »Nibelungen«-Rings eingegeben wurde: In La Spezia an der italienischen Riviera entwickelte sich in einer Traumvision aus den Klängen rauschenden Wassers das Orchestervorspiel des »Rheingolds«, das zur sofortigen Heimkehr und zur Ausarbeitung der Opernkomposition aufrief – eine Selbstmystifikation Wagners[2], die sein vermeintlicher Schüler getreu kolportierte, um jedoch zugleich den Unterschied zur eigenen Italienreise hinzuzufügen: »Sie wissen vielleicht, daß ich auch im nächsten Monat nach Italien gehe, aber nicht, wie ich meine, als in ein Land der Anfänge, sondern des Endes meiner Leiden.« (B V, S. 191) Die »Krankheit eines Gelehrten« habe er sich zugezogen, klagt der junge Professor, und in der Tat waren Nietzsches Basler Jahre gekennzeichnet von einer kontinuierlichen Verschlechterung seines Gesundheitszustandes, von langwierigen, unspezifischen Magenbeschwerden – »so etwas wie ein Magengeschwür« (B V, S. 63) – und anfallsweise auftretenden Kopfschmerzen mit Erbrechen, die zu regelmäßiger Arbeitsunfähigkeit führten. Nietzsche ersuchte deshalb den Präsidenten der Basler Universität um Beurlaubung für ein Jahr, »eine größere Reise nach dem Süden zu Zwecken einer freieren wissenschaftlichen Ausbildung zu machen« (B V, S. 158). Von der Wissenschaft ist allerdings nur in diesem offiziellen Antrag die Rede; in dem Brief an Richard Wagner entwirft Nietzsche ein eher medizinisches Italienprogramm: »Völlige Ruhe, milde Luft, Spaziergänge, dunkele Zimmer – das erwarte ich von Italien; mir graut davor, dort etwas sehen oder hören zu müssen.« (B V, S. 191)

Nietzsche erwartete demnach fast das Gegenteil von dem, wonach die traditionellen Bedürfnisse der Italienreisenden seit Goethe verlangt hatten: Erfahrung und »Anschauung« der italienischen Kulturlandschaft. Mit gutem Grund, scheint es, denn bereits Nietzsches erster Italienaufenthalt war der gescheiterte Versuch einer solchen Kunstreise, die er im Jahre 1872 auf dem Höhepunkt seiner professoralen Laufbahn – vermutlich auf Anraten des Italienkenners Jacob Burckhardt – unternahm.[3] Ein Aufenthalt in den Schweizer Bergen sollte damals mit einer italienischen Reise gekrönt werden, vor allem um in Brescia die Bilder Morettos, »eines großen Venetianers« zu »studieren« (B IV, S. 57). Dahinter jedoch wirkte noch einmal das Goethesche Vorbild: »Der Blüthemoment unsrer *epischen* Kultur ist Goethe in Italien« (KSA VII, S. 105), verrät eine Notiz des jungen Nietzsche aus dem Jahr 1870 oder 1871. Noch in den Alpen begeisterte sich Nietzsche – gleichsam im Vorgriff – über Brescia und Bergamo: »zwei edle italiänische Städte«, die er ihrer »herrlichen venetianischen Schildereien« wegen »auserwählt« (B IV, S. 60) habe. Die Hoffnung auf Kunstgenuß jedoch trog, unmißverständlich unterrichtete er später die Schwester über das Ergebnis der Reise: »Ein Versuch nach Italien zu reisen mißlang – [...] Ich kam bis Bergamo (Mitte bis Venedig) und reiste von dort spornstreichs, Hals über Kopf, zurück nach dem Splügen« (B IV, S. 67). Die Nachfolge Goethes wurde

Nicht nur italienische Kunst und auch nicht antike Vergangenheit standen im Zentrum von Nietzsches Italienerfahrung – und der italienischen Reisen zahlreicher bekannter und schon wieder vergessener Nietzsche-Jünger: Wie der Sänger des *Zarathustra* suchten sie die rauschhaft empfundene Natur eines verklärten und oft imaginären Südens – eine Italien-Tradition, die mit Wilhelm Heinse begann und mit Nietzsche keineswegs zu Ende war. Ein vielgerühmtes Beispiel ist *Portofino*: einst ein kleines Fischerdorf, heute weltberühmt durch seine bereits von Nietzsche gepriesene einmalige Lage am Meer.

offensichtlich durch die Klima- und Lichtverhältnisse der oberitalienischen Region gründlich vereitelt: »ekelhafte weichliche Luft, keine Beleuchtungen!« (B IV, S. 67)

Der zweite Versuch mit Italien im Jahre 1876 hatte mit der Wiederherstellung der Gesundheit ein sehr viel konkreteres – diesmal süditalienisches – Reiseziel, das wiederum der Schwester hoffnungsvoll beschrieben wird: »Mit der italiän. Reise richtet sich alles so ein, dass es schöner als meine Wünsche werden könnte. Meer und Wald und bei Neapel – vielleicht läuft es darauf hinaus.« (B V, S. 180) Nietzsche folgte der Einladung Malwida von Meysenbugs, einer mit Wagner befreundeten Schriftstellerin, und plante den Aufenthalt in der Bucht von Neapel diesmal auf längere Zeit. Zu diesem Zweck brachte Nietzsche auch neue Freunde mit in den Süden, den Privatgelehrten Paul Rée und den Juristen Albert Brenner, einen jungen, Nietzsche ergebenen Basler Schüler.

Hatte der Basler Altphilologe Nietzsche als Ziel seiner italienischen Reise gegenüber Wagner nur das »Ende« seiner Krankheitsgeschichte erwähnt, so bedeutete der erste große Italienaufenthalt doch auch einen neuen Anfang für den Philosophen Nietzsche, in einem Sinne jedoch, der Wagner wohlweislich verschwiegen wurde, beinhaltete er doch den nicht mehr lange verhehlten Bruch mit dem einstigen Meister. Hatten Wagner und der junge Nietzsche die im Musikdrama verkörperte Kunst noch als letzte Sinnstiftung inmitten einer entfremdeten Gegenwart gefeiert und die nationale Mission einer deutschen Mythologie als neue »Artisten-Metaphysik« verklärt[4], so beginnt Nietzsche nun die Wagnersche Kunst einer psychologischen Kritik zu unterwerfen: Anstatt ihr theoretisch zu Diensten zu sein, sucht er sie fortan als Religionsersatz und falsche Erlösungssehnsucht zu entlarven.[5]

Der ehemalige Wagner-Schüler trägt sich nun selbst mit dem Gedanken einer philosophischen Privatakademie. Frei von den Zwängen der altphilologischen Professur und der Wagner-Gefolgschaft sieht er in dem italienischen Freundeskreis schon vor Reisebeginn den Ursprung einer neuen philosophischen Schule, ein Plan, der Nietzsche von da an viele Jahre begleiten wird: »wir alle haben ein Haus zusammen und alle höheren Interessen überdies gemeinsam: es wird eine Art Kloster für freiere Geister.« (B V, S. 188)

Nach einem gemeinsamen Aufenthalt im Schweizer Wallis reisen Nietzsche und Paul Rée mit der Eisenbahn nach Genf, von dort mit Albert Brenner weiter bis Genua, um mit dem Schiff schließlich nach Neapel überzusetzen, wo Malwida von Meysenbug die Gäste schon erwartet. Am 26. Oktober war eine Pension, die Villa Rubinacci, gefunden, wo sich Nietzsche bis Anfang Mai, noch einen Monat länger als Paul Rée, aufhielt. Das gemeinsame »Kloster«-Leben der »Freigeister« stand tatsächlich im Zeichen philosophischer Exerzitien[6]: Rée und Nietzsche arbeiten an ihren neu entstehenden Werken, Albert Brenner wird Privatsekretär des augenkranken Nietzsche, die Abende bieten Zeit für gemeinsame Lektüre. Burckhardts Vorlesungen über die griechische Kulturgeschichte, die dazugehörigen antiken Autoren und die ›klassischen‹ Freigeister der französischen Literatur – Montaigne, La Rochefoucault, La Bruyère, Voltaire und Diderot – bilden das Zentrum: Darin kündigt sich nicht nur Nietzsches nächstes Werk *Menschliches Allzumenschliches* an, sondern auch der von Wagner endgültig abführende Weg: Statt moralischer Erneuerung betreibt Nietzsche nun die Demaskierung aller moralischen Ideale. »Gestern Abend waren wir bei Wagner's, welche 5 Minuten von uns, im Hôtel Victoria wohnen und noch den Monat November bleiben« (B V, S. 197): So lautet der lakonische Kommentar Nietzsches in einem Brief an die Schwester. Wagner trug sich mit den Plänen seines religiösen Bühnenweihespiels »Parsifal«, einige Gespräche dürften die gegenseitige Entfremdung verstärkt haben[7]; schon am 7. November reisten die »Wagners« ab, weder das Tagebuch Cosima Wagners noch Nietzsches Briefe verzeichnen einen gegenseitigen Abschied.

Die philosophische Idylle in der Villa Rubinacci zeitigt indes jedoch nicht die von Nietzsche erhoffte therapeutische Wirkung für die angegriffene Gesundheit. Fast pflichtschuldig hatte er der Mutter noch im Oktober das italienische Ambiente in Touristenlaune geschildert: »Sorrent und Neapel sind schön, man übertreibt nicht.« (B V, S. 197) Danach allerdings werden die Briefe zu einer Litanei wechselnder Krankheitszustände: »In Genua lag ich krank und in Sorrent habe ich schon 4 mal den heftigen Anfall gehabt.« (B V, S. 199) »[...] ich war Dienstag, Mittwoch und Freitag, mit den alten Schmerzen zu Bett, auch die andern Tage, von Sonntag an, waren schlecht.« (B V, S. 201) Den ganzen Winter über laboriert Nietzsche an diesen »alten Schmerzen«. Mitte Februar wird sogar ein Arzt in Neapel aufgesucht, der diagnostizierte »Kopfkatarrh« (B V, S. 222) ist jedoch so vage wie unkontrollierbar. Selbst die italienische Natur bietet meist nur eine trübe Kulisse für den kranken Philosophen: »Ein böser Monat, mit ewigem Regenwetter und Sturm. [...] Wir waren in Capri, ohne viel Glück; ich einen Tag krank, wie bei jeder kleinen Reise.« (B V, S. 225) Der an Wagner gerichtete Wunsch, in Italien »nichts sehen und hören« zu müssen, muß fast zwangsläufig in Erfüllung gehen; auch der neapolitanische Frühling wird überwiegend aus der Perspektive des Bettlägerigen wahrgenommen, zumal nach der Abreise von Paul Rée: »Mein Befinden seit dem wieder schlecht, mehrere mal zu Bett gelegen. Schöner Frühling überall.« (B V, S. 228) Nur Spaziergänge und kleinere Ausflüge, von denen Nietzsche jedoch kaum berichtet, unterbrechen die italienische Krankengeschichte. Zwar kam für Rée der junge Freiherr von Seydlitz mit seiner Frau auf Besuch; gerade während der letzten Sorrentiner Zeit jedoch scheint sich das »Kloster für freiere Geister« in ein regelrechtes Sanatorium verwandelt zu haben: »Mir ging es so schlimm! Innerhalb 14 Tagen lag ich 6 Tage zu Bett mit 6 Hauptanfällen, der letzte ganz zum Verzweifeln. Ich stand auf, da legte sich Frl. v. M [eysenbug] auf 3 Tage wegen Rheumatismus.« (B V, S. 230) Die Krankheiten und der Verlust von Freund und Sekretär brechen auch die philosophische Kommunikation ab; eine Postkarte an Paul Rée schildert das veränderte Abendprogramm: »Abends spielen wir Mühle.« (B V, S. 229)

Der Abschied aus Italien ist für Nietzsche schließlich weder ein wehmütiger noch ein freudiger Anlaß, sondern eine krankheitsbedingte Notwendigkeit, die er am letzten Tag in Sorrent dem Basler Freund Franz Overbeck mitteilt: »Befinden immer schlechter, so dass ich schnell abreisen muss, ich lag alle 3 Tage zu Bett.« (B V, S. 232) Die Rückfahrt wird zu einer Tortur, in der sich die »Seekrankheit« mit den »schwärzesten Gedanken« (B V, S. 235) einer psychischen Depression verbringt. Der anschließende Aufenthalt im Schweizer Kurort Bad Ragaz brachte zwar die Befreiung vom gefährlichen »Frühlings-Klima in Süditalien«, verstärkt jedoch die Melancholie des Heimgekehrten, die in einem Briefentwurf an den Studienfreund Erwin Rhode unverhüllt zur Sprache kommt: »Meine Einsamkeit ist groß, meine Aussichten sehr trübe, die Gegenwart verhaßt, geistige Beschäftigung jeder Art untersagt, Skrupel und Sorgen allerlei auf dem Gemüth« (B V, S. 238).

Italien war für Nietzsche zunächst alles andere als eine geistige »Wiedergeburt« oder auch nur eine physische Regeneration, stattdessen ein Neubeginn ganz anderer Art: Noch in Sorrent erkundigt sich der beurlaubte Professor bei Overbeck, wohin er sein »*Demissions*-Gesuch zu richten« (B V, S. 233) habe. In Italien also reift der Entschluß, die Professorenlaufbahn zu beenden und die freie italienische Existenz auf Dauer einzurichten. Trotz der auch im Süden fortdauernden Krankheit behielt das erste italienische Jahr der »freigeistigen« Existenz seine symbolische Bedeutung: Einige Monate später bekennt Nietzsche Malwida von Meysenbug, wie er eine »schlaflose Nacht« damit verbracht habe, »in lieblichen Naturbildern zu schwelgen und mich zu besinnen, ob ich nicht auf irgend eine Weise oben auf *Anacapri* wohnen könnte.« Obwohl er sich gleichzeitig der »Einsicht« erinnert, »dass Italien mich entmuthigt, mich kraftlos macht« (B V, S. 284), bleibt das südliche Land das imaginäre Bild einer philosophischen Existenzform, die er sich für die italienischen Pläne schon früh ausgemalt hatte.

Kurz vor seiner Entlassung als Basler Professor richtet Nietzsche seine Blicke deshalb schon wieder nach Süden. Dort, in Venedig, will sich zu dieser Zeit Peter Gast niederlassen, einer der frühen Basler Schüler Nietzsches, den dieser zeitlebens zum neuen Antipoden Wagners hochzustilisieren versucht. Wieder schwelgt Nietzsche 1879 in einem Brief an Gast in südlichen Reisephantasien: »Ich will nichts *sehen* als zufällig. – Aber auf dem Markusplatz sitzen und Militärmusik hören, bei Sonnenschein. Alle Festtage höre ich die *Messe* in S.Marco. Die öffent[ichen] Gärten will ich in aller Stille ablustwandeln. Gute Feigen essen. Auch Austern. [...] Größte Stille. Ein paar Bücher bringe ich mit.« (B V, S. 389) Das Leben eines Flaneurs bleibt Nietzsches Existenzform auch in einem weniger angenehmen Sinn: Immer wieder ist er auf der Suche nach geeigneten Orten für die Therapie seiner Krankheiten, jeder Aufenthalt ist zugleich ein Experiment auf die Zukunft. Der Venedig-Plan wird zunächst wieder aufgeschoben, Nietzsche entdeckt St.Moritz – »das *Rechte* für mich« (B V, S. 423) –, ist wenig später auf der Suche nach »Winter-Projekten« (B V, S. 426), erwägt erneut Neapel und landet nach einem Zwischenaufenthalt im heimischen Naumburg Ende 1879 in Riva am Gardasee. Bei allem Wanderleben jedoch ist das Ziel nach wie vor der als ideal ausgemachte Ort, an dem statt deutscher Moral und Metaphysik eine antike und mittelmeerische Philosophie des Lebens ihren Platz finden sollte: »*Wo* wollen wir den Garten Epicurs erneuern?« Die Frage an Peter Gast ist philosophisch und physisch zugleich gemeint: Die Akademie der Freigeister ist immer auch der ersehnte Ort der Gesundheit, kontrastiert doch der am selben Tag auf einer Postkarte nach Naumburg geleitete Krankheitsbefund dem epikureischen Zustand auf das Empfindlichste: »Einer der härtesten Anfälle mit vielem Erbrechen. Der Magen immer zerstört.« (B V, S. 399)

Erst ein Jahr später, von März bis Juni 1880, erfolgt schließlich der »vielerwogene Versuch mit Venedig«, gegenüber dem Nietzsche in einem Schreiben an Overbeck jedoch sogleich auch sein »Mißtrauen« (B VI, S. 11) äußert. Die aus Venedig geschriebenen Postkarten wiederum verraten nicht allzuviel; Nietzsche genießt vor

»Gutes achtzehntes Jahrhundert« nannte Nietzsche die Prachtbauten und breiten Straßenzüge *Turins*. Von den Italienreisenden der Goethe-Zeit wie von den Touristen späterer Epochen eher gemieden, zeichnet sich Turin für den Dichter des *Zarathustra* durch seine vornehme aristokratische Vergangenheit und seine – auch geistige – Lage zwischen den Alpen und den Apenninen aus. Im 19. Jahrhundert besaß Turin den Ruf einer berühmten Handwerkerstadt – für Nietzsche jedoch behielt es die Aura einer geheimnisumwitterten Stadt, in der die Zeit stillzustehen schien. »Hier kommt Tag für Tag mit gleicher unbändiger Vollkommenheit und Sonnenhelle hinauf: der herrliche Baumwuchs in glühendem Gelb, Himmel und der große Fluß zart blau, die Luft von höchster Reinheit.« (Nietzsche: *Briefe*, Bd. 8, S. 400f.)

allem seine nach ein paar Tagen in der Stadt bezogene Wohnung am Ufer: »frei wie am Meer, mit dem Blick auf die Todteninsel« (B VI, S. 14). Der Aufenthalt ist ganz den Bedürfnissen des Kranken angepaßt; die »Stille« sorgt für guten Schlaf, die »Meerluft« ist in der Wohnung »noch nicht durch Venedig verdorben« (B VI, S. 15), die »dunkeln Gäßchen« (B VI, S. 22) sind eine Wohltat für die empfindlichen Augen. Es ist dies der für Nietzsche immer wieder typische Blick auf den Süden. Venedig selbst, seine Kunstwerke und seine Bevölkerung, die Geographie der Kanäle und Brücken werden mit kaum einem Wort erwähnt. Stattdessen reduziert sich die ganze Stadt auf Nuancen der Atmosphäre und des Klimas, auf Temperatur, Meerluft, Licht und Schatten: Venedig, die »Stadt des Regen's, der Winde und der dunkeln Gässchen« (B VI, S. 20).

Auch hier erhält die venezianische Stimmung erst im Rückblick den Charakter eines verlockenden Italien-Bildes. »Verlassen Sie das gute Venedig nicht so leicht«, schreibt Nietzsche im Juli aus dem böhmischen Marienbad an Peter Gast und schildert den Norden als düsteres Gegenbild zu Italien: »die Menschen sind hier so häßlich, das Beefsteak kostet 80 Kreuzer, man ist wie in einer schlechtern Welt.« (B VI, S. 25) Einen Monat später fällt eine folgenreiche Entscheidung, zunächst nur für den kommenden Winter, im Unterton jedoch schon für die Zukunft der Nietzscheschen Existenz: »Mitte Oktober aber führt es mich wieder südwärts, es hilft nichts – bis jetzt vertrage ich Deutschland noch nicht.« (B VI, S. 34) »Noch nicht« oder »nicht mehr«: In diesem Jahr 1880 beginnt jedenfalls nicht nur der geographische Abschied Nietzsches von der Naumburger, Leipziger, Basler und Bayreuther Vergangenheit, sondern auch die Gestaltwerdung einer neuen – »seiner« – Philosophie. Der neue ›Immoralismus‹, mit dem Nietzsche Abschied nimmt von der deutschen Schulphilosophie und den meisten Wertvorstellungen des 19. Jahrhunderts, verbindet sich mit der Aufbruchsstimmung einer neuen Geographie, mit der Nietzsches exemplarisches Italienerlebnis erst beginnt. Er entdeckt Genua: »[...] wir sind auf dem rechten Wege! Einsamkeit, und Strenge gegen uns vor unserm eignen Richterstuhl, kein Hinhorchen mehr nach Anderen, Mustern und Meistern! Ein Leben, das unserm innersten Wunsche gemäß ist und *wird*, eine Thätigkeit ohne Hast, kein fremdes Gewissen über uns und unserm Thun! So versuche ich's nun wieder einmal, mir herzurichten: und Genova scheint mir der rechte Ort, drei Mal jedes Tages ist mir hier das Herz übergegangen, bei dieser in die Ferne weisenden Größe und unternehmenden Mächtigkeit.« (B VI, S. 50f.)

Unvermerkt spielt die neue philosophische Unabhängigkeit hinüber in die Metaphern einer städtischen Topographie; auch hier gewinnt die »große bewegte Meerstadt« (B VI, S. 51) keine Plastizität in einer genauen Beschreibung, sondern bleibt Atmosphäre des Südens: »Meer und reiner Himmel!« (B VI, S. 57) Jede Naturdarstellung gerät Nietzsche in Genua dagegen zu einer Umschreibung der wiedergewonnenen geistigen Stärke: »[...] wenn ich nach Mittag, fast Tag für Tag, auf meinem abgeschiedenen Felsen am Meere sitze oder liege, wie die Eidechse in der Sonne ruhe und mit den Gedanken auf Abenteuer des Geistes ausgehe.« (B VI, S. 57) Nietzsche, jetzt fern von jedem gesellschaftlichen Verkehr, beginnt in Genua seine oft stundenlange »Spaziergängerei« (B VI, S. 80), pendelt zwischen seinen billigen – im Winter schlecht oder gar nicht geheizten – Pensionsunterkünften, dem Genuesischen Straßengewühl und der ligurischen Küste, zumeist beschäftigt mit den tastenden Versuchen seiner neuen Philosophie.[8] Vielleicht sah Nietzsche in Genua seine »freigeistige Existenz« auch in einem noch konkreteren Sinn verwirklicht. Spielende nackte Knaben am Strand, die Allgegenwart des Meeres als Symbol einer sinnlichen Naturgewalt jenseits von Gut und Böse, die Anonymität des philosophierenden Spaziergängers, der wie Kolumbus die ›alte Welt‹ der Moral hinter sich läßt: Der vor kurzem geführte Nachweis, Nietzsche habe in Italien auch die Befreiung seiner eigenen, latent homosexuellen Natur gesucht, läßt sich nicht leicht von der Hand weisen.[9]

Von realen Eindrücken und Erlebnissen in der italienischen Hafenstadt ist indes kaum etwas überliefert; die Stadt selbst bewahrt ihre segensreiche Wirkung wieder nur für einige Monate: Im Frühjahr klagt Nietzsche bereits über die unerträglichen »Uebergangsmonate« (B VI, S. 80) in Italien; das durch die grell werdende Sonne notwendig bedingte Ende der Spaziergänge bedeutet zugleich den Beginn der Kopfschmerzen, vor denen Nietzsche während des Sommers schließlich wieder in die Alpen flüchtet. Dort landet er zum ersten Mal in Sils-Maria und hat damit zumindest seinen eigenen Reiserhythmus auf Jahre hinaus gefunden: Den Winter verbringt er von nun an regelmäßig am Meer, das Engadin wird zur Zuflucht während der Sommermonate.

In diesem geographisch ziemlich eingegrenzten Raum zwischen Meer und Gebirge, zwischen Nizza, Genua, Venedig und Sils-Maria entstehen die philosophischen Werke, mit denen Nietzsche nicht so sehr die Tradition der Philosophie fortzusetzen versucht als vielmehr einen Angriff auf die gesamte bisherige Philosophie erprobt: In Genua beginnt Nietzsche mit der *Morgenröte* und der *Fröhlichen Wissenschaft*; in Rapallo wird 1883 der erste Teil des *Zarathustra* geschrieben.

Das erste Werk enthält laut Untertitel »Gedanken über die moralischen Vorurteile«, und ein »Vorurteil« kennzeichnet die gesamte abendländische Philosophie, nämlich jenes »Vertrauen auf die Vernunft« (KSA III, S. 15), das Nietzsche nicht müde wird zu attackieren. Moral, Vernunft, Substanz, selbst das »Ich« des sich seiner selbst bewußten Subjekts sind Fiktionen, die sich allein dem Spiel der Affekte und der Triebe verdanken: Ein von Nietzsche später »Wille zur Macht« genannter Trieb, die schöpferische Energie des »Lebens«, verwandelt alle scheinbaren »Wahrheiten« und »Werte« in bloße Wertschätzungen eines »starken« oder »schwachen« Daseins.[10] Kommt hinter den Idolen der Vernunft und des Geistes eine Physiologie der Sinne zum Vorschein, so wird aus der Tätigkeit des Philosophen das ästhetische Vermögen des Künstlers[11]: Die »fröhliche Wissenschaft« ist ein ästhetisches Philosophieren, ein Spiel mit Metaphern, Bildern und Perspektiven, eine Archäologie der moralischen Empfindungen, die statt Moral und dem Zwang der Begriffe eine *»Zeichensprache der Affekte«* (KSA V, S. 107) zu Tage fördert. »Wir Luft-Schiffahrer des Geistes« heißt ein Aphorismus der selbst metaphorisch betitelten *Morgenröte*, in der Nietzsche seinen philosophischen Aufbruch als ozeanische Reise umschreibt: »[...] wo Alles noch Meer, Meer, Meer ist!« (KSA III, S. 331)

Die Metaphorik des Südens wandert gleichsam in die Philosophie Friedrich Nietzsches ein, die in den ersten Jahren in Genua selbst die Gestalt einer »fröhlichen Wissenschaft« anzunehmen beginnt. Wie Nietzsches Beobachtungen in Italien meist auf die klimatischen und atmosphärischen Eindrücke beschränkt bleiben, so gruppiert sich auch um die Metaphorik des Lichtes und des Meeres die neue Bilderwelt dieser aphoristischen Philosophie – eine traditionelle Metaphorik zwar[12], die bei Nietzsche jedoch zum Inhalt einer spezifisch südlichen Philosophie werden soll. Wieder in Genua, ermuntert Nietzsche im Oktober 1881 ›seinen‹ Peter Gast noch einmal zu einer Wagner diametral entgegengesetzten Musik: *»Es giebt noch keine Oper*, bei der einem Nordländer völlig *südländisch* zu Muthe wird, – das bleibt *Ihnen* aufgespart!« (B VI, S. 133) Am 27. November desselben Jahres hört Nietzsche in Genua zum ersten Mal Bizets *Carmen*, die er fortan als Gegenentwurf zu Wagners nordischer Mythologie feiern wird. Es ist kein konkreter Süden, keine genau beschreibbare italienische Landschaft, die das Bildmaterial von Nietzsches »südländischer« Philosophie bestimmt, eher das imaginär entworfene Phantasma einer Traumlandschaft, die den Schein, die Illusion und die Oberfläche eines von der Moral und der Vernunft befreiten Lebens verklärt. Und es ist dieses visuelle Spiel einer befreiten Sinnenwelt, mit dem sich Nietzsche endlich selbst in den »Charakter Epikurs« versetzt und seinen epikureischen Garten an der Küste Genuas zu verspüren meint: »ich sehe sein Auge auf ein weites, weissliches Meer blicken, über Uferfelsen hin, auf denen die Sonne liegt, während grosses und kleines Gethier in ihrem Lichte spielt, sicher und ruhig wie dies Licht und jenes Auge selber.« (KSA III, S. 411) Selbst die Architektur gewinnt ihren südländischen Charakter aus der philosophischen Bedeutung einer aristokratischen Distanz, die nicht nur Nietzsches vernichtender Kritik an der christlichen »Herdenmoral« zugrundeliegt, sondern auch dem genuesischen »Menschen« angedichtet wird. In einem »Genua« überschriebenen Aphorismus etabliert schon die südliche Architektur den weltbestimmenden Gegensatz zum christlichen und moralischen »Norden«: »Im Norden imponirt das Gesetz und die allgemeine Lust an Gesetzlichkeit und Gehorsam, wenn man die Bauweise der Städte ansieht: man erräth dabei jenes innerliche Sich-Gleichsetzen, Sich-Einordnen, welches die Seele aller Bauenden beherrscht haben muss.« Demgegenüber gerät die südliche Metropole zum Inbegriff der neuen »fröhlichen Wissenschaft«, die sich bereits in der Existenz ihrer Bewohner verkörpert: »Hier aber findest du, um jede Ecke biegend, einen Menschen für sich, der das Meer, das Abenteuer und den Orient kennt, einen Menschen, welcher dem Gesetze und dem Nachbar wie einer Art von Langerweile abhold ist und der alles schon Begründete, Alte mit neidischen Blicken misst [...].« (KSA III, S. 532) Der Genuese als nietzscheanischer Künstler-Philosoph: Wie der Süden sich als Ort einer neuen Philosophie »jenseits von Gut und Böse« entpuppt, wird auch der italienische Seefahrer zum Protagonisten einer »Experimental-Philosophie« (KSA XIII, S. 492) mythisiert.

Auch Nietzsche selbst wagt sich einmal höchstpersönlich auf das unbekannte weite Meer, als er in einer plötzlichen Laune nach Messina aufbricht, im März 1882 »als einziger Passagier« an Bord eines Frachters Genua verläßt und aus Sizilien den neuen Entschluß sofort enthusiastisch kommentiert: »dies Messina ist wie geschaffen für mich« (B VI, S. 190). Nicht für lange jedoch, denn nach wenigen Wochen nur vertreibt ihn der Scirocco auch aus dem sizilianischen Frühling. Messina jedoch ist auch ein philosophisches Experiment, ein Versuch, die südländisch-ästhetische Philosophie in die Tat umzusetzen; und es ist dort, wo der Altphilologe sich zu einem dithyrambischen Sänger der Lebensphilosophie wandelt oder sich vielmehr so zu zeigen versucht: Viele der später als *Idyllen aus Messina* veröffentlichten Gedichte wurden schon in Genua geschrieben, später als die *Lieder des Prinzen Vogelfrei* der *Fröhlichen Wissenschaft* als »Anhang« hinzugefügt. In ihnen gewinnt die Ästhetik des Südens ihre lyrische Gestalt, die Bilder sind kombiniert aus Sinnenreizen und metaphorischen Motiven italienischer Stimmungen: »Dorthin – *will* ich; und ich traue / mir fortan und meinem Griff. / Offen liegt das Meer, ins Blaue / Treibt mein Genueser Schiff.« (KSA III, S. 649)[13] Was Nietzsche wirklich in Sizilien gesucht haben mag, bleibt – auch bei dem fast geheimnisvollen Mangel an Selbstaussagen – wiederum dunkel: Ob die von ihm gefeierte »Unschuld des Südens« (KSA III, S. 641) in dem orientnahen Sizilien auch das homoerotische Versprechen einer heidnischen Existenz erfüllen sollte, läßt sich wohl nicht mehr eindeutig nachweisen.[14] Zumindest die sizilianische Euphorie deutet darauf hin, wenn sich auch die Selbstzweifel und Depressionen des Naumburgischen Pastorensohns bald wieder gemeldet haben dürften – die Nietzsche zeitlebens begleitende Kehrseite seiner »dionysischen« Abenteuer.

Auf der Rückreise von Messina trifft Nietzsche in Rom Lou Salomé, jene Frau, deren Verhältnis zu Nietzsche und dem sich ebenfalls schon in Rom befindenden Paul Rée – mit wechselseitigen Heiratsanträgen – seit jeher mit Legenden umrankt ist.[15] Im Petersdom fand die erste Begegnung statt, die Nietzsche mit den selbst legendär gewordenen pathetischen Worten begonnen haben soll: »Von welchen Sternen sind wir uns hier einander zugefallen?«[16] Zu dritt trat man die Reise zu den oberitalienischen Seen an, wo man sich alsbald mit dem Gedanken einer gemeinsamen Lebensform trug, die jedoch – wenige Tage in Luzern und Leipzig ausgenommen – nie zustandekam. Der schönen und geheimnisumwitterten Russin zuliebe plante Nietzsche zeitweise sogar seine südlichen Reisepläne einzustellen. Bis nach Berlin reiste der dem Norden sonst so abholde Philosoph der späteren Geliebten Rainer Maria Rilkes nach: angeblich um dort ein neues Feriendomizil für sich ausfindig zu machen, in Wirklichkeit jedoch, um – allerdings vergeblich – Lou Salomés Wege auf einer ihrer Reisen zu kreuzen. Im thüringischen Tautenburg, wo sie ihn später noch einmal besuchen wollte, schreibt er ihr von seinem außerordentlichen Wohlbefinden und deutet ihr darin vielsagend eine neue Existenzform in der nördlichen Hemisphäre an: »Für meine Augen und meine einsamen Neigungen ist hier das Paradies; ich verstehe den Wink, daß die Zeit meiner Südländerei vorüber ist; die Reise von Messina bis Grunewald war ein dicker Strich unter *diese* Vergangenheit.« (B VI, S. 212)

Auch die Hoffnung auf die philosophischen Lebensgefährtin und Schülerin allerdings trog: Im Bewußtsein einer endgültigen Trennung von Lou Salomé, die mit Paul Rée bald eine gemeinsame Wohnung in Berlin beziehen sollte, nach einem – wegen Lou Salomé – schweren Zerwürfnis mit Mutter und Schwester reist Nietzsche schon im November 1882 wieder nach Genua zurück, das er »eisig-kalt und regnerisch« (B VI, S. 279) vorfindet. Schon spricht er allerdings von »meiner Residenz Genua« (B VI, S. 278): Trotz des einsamen und kalten Winters an der italienischen Riviera haben sich die Bilder eines südlichen Philosophen-Landes schon so weit verinnerlicht, daß sie bereits gegen die reale und bedrückende Realitätserfahrung zu wirken beginnen. »Mein Reich erstreckt sich jetzt von Portofino bis Zoagli« (B VI, S. 288), teilt er Peter Gast am 3. Dezember 1882 aus dem neuen Quartier in Rapallo mit, und der wohl als endgültig empfundene Abschied aus dem Norden verklärt sich zugleich in dem Bewußtsein einer neuen philosophischen Mythologie, die sich dem neuheidnischen Philosophen im Süden eröffnet: »Addio, es lebe der Gott Italiens« (B VI, S. 289). Die Sentenz verliert einen Teil ihres scherzhaften Tons, bedenkt man, daß in der Genueser *Fröhlichen Wissenschaft* die berühmte Formel, »dass Gott todt ist« (KSA III, S. 573) nur kurze Zeit vorher ihren Platz gefunden hat. Während jener Monate in Rapallo schließlich entstand auch der »Zarathustra«, in dessen »Vorrede« Zarathustras Besuch bei dem »alten Heiligen« stattfindet, der immer »noch nichts davon gehört« hat, »dass *Gott todt* ist« (KSA IV, S. 14).[17] Der »Gott Italiens« besetzt in diesem Metaphernspiel die Stelle des verwaisten Throns, ein ›Gegenmythos‹ der Sinnlichkeit und der Unmittelbarkeit des Lebens.[18] Längst hat sich die italienische Metaphorik verselbständigt zu einer Mythologie des Südens, die in offene Gegnerschaft tritt zu dem Gott des Christentums und der von ihm noch nicht befreiten Moral und Metaphysik aller bisherigen Philosophie. Immer mehr werden Nebel und Wolken des Nordens zu Metaphern einer trüben nordischen Moral, die die Helligkeit der neuen Zarathustra-Lehre noch nicht verträgt, immer mehr wird auch Nietzsche selbst zum Propheten, dessen »Reich« zwar noch in Italien lokalisiert ist, der jedoch schon seine Blicke über das Meer wirft: »Meine Gesundheit erlaubt mir den Norden noch nicht, ja ich bin Europas *müde*, ich brauche ewig blauen Himmel, um das Leben zu *ertragen*.« (B VI, S. 303)

Pläne und Projekte werden denn auch geschmiedet: Schon vorher hatte Nietzsche zuweilen mit Tunis und Mexiko als Reiseziele kokettiert, sein Arzt empfiehlt angeblich »Süd-Spanien« (B VI, S. 343), »Barcelona« wird zum zeitweiligen Stichwort (B VI, S. 350, S. 448), später kommen noch Teneriffa und Korsika hinzu. Stattdessen bleibt Nietzsche die meiste Zeit in Nizza, im Engadin und in Italien, besucht Rom und das in den Abruzzen gelegene Aquila, kommt schließlich seit 1884 fast jeden Frühling zu Peter Gast nach Venedig. In noch stärkerem Maße jedoch weitet sich das reale Italien aus zum Arsenal einer Bilderwelt, in der die Sehnsucht nach dem außereuropäischen Refugium ihre imaginäre Erfüllung findet. Das oft enttäuschende Italien wird dann plötzlich umstilisiert zu einem Gleichnis des Südens, das die Atmosphäre des Orients und Afrikas, der terra incognita jenseits des Meeres, annehmen kann.[19] Schon Venedig rechnet Nietzsche vor einem erneuten Besuch »*nicht* zu Italien: irgend was vom Orient ist da hinuntergefallen« (B VI, S. 484). Die gegenüber Peter Gast geheimnisvoll umschriebene »liebste Verführung« (B VII, S. 20) dieser »dunkelsten aller Städte« (B VII, S. 37) bleibt einige Zeit das neue Traumbild Nietzsches, das er in Briefen aus Nizza entwirft. Schon ist Venedig »die einzige Stadt, die ich liebe« (B VII, S. 38) – um ihn drei Wochen später beim ersten Kontakt bereits wieder zu enttäuschen: »Hier, in der feuchten Luft Venedigs, finde ich es viel lästiger als in der trocknen Luft Nizzas [...].« (B VII, S. 42)

Erst in den Venedig-Gedichten entsteht die Stadt für Nietzsche neu, als fremde Klang- und Bilderwelt: »Gondeln, Lichter, Musik« und ein in »brauner Nacht« an der Brücke stehender Dichter, wie es in dem berühmt gewordenen – bezeichnenderweise erst in Turin niedergeschriebenen[20] – ›Gondellied‹ von 1888 (KSA VI, S. 291) heißen wird.[21] Der Prolog zu dem Gedicht in *Ecce Homo* schließlich verwandelt die geographische Sehenswürdigkeit Venedig selbst in eine musikalische Impression: »Wenn ich ein andres Wort für Musik suche, so finde ich immer nur das Wort Venedig.« (KSA VI, S. 291)

Das gesuchte Italien aber scheint meistens nie an dem Platz zu sein, wo sich Nietzsche selbst gerade befindet; erst im Rückblick oder in neuer Erwartung gewinnt der »Süden« seine verheißende Gestalt. »Rom ist kein Ort für mich« (B VI, S. 374), hieß es schon im Mai 1883; wenig vielversprechend ist im November 1885 auch die Toskana: »Florenz paßt nicht, es ist laut, ungleich gepflastert und voller Wagen-Gefahr für mich.« (B VII, S. 106) Anders als die Italienreisenden der Zeit nahm Nietzsche die traditionellen Ziele und auch das moderne Italien des 19. Jahrhundert kaum wahr: Stattdessen wird dem kurzsichtigen Professor der Florentiner Postkutschenverkehr zur Gefahr.

Die Abenteuer des Geistes erwachsen dagegen in der Phantasielandschaft der italienischen Riviera: Wie »eine Insel des griechischen Archipelagos« wirke die Gegend um Portofino; und sogleich strebt die Einbildungskraft wiederum über das Meer: »[...] etwas Piratenhaftes, Plötzliches, Verstecktes, Gefährliches; endlich an einer einsamen Wendung, ein Stück *tropischen* Pinienwaldes, mit dem man aus Europa weg ist, etwas Brasilianisches, wie mir mein Tischgenosse sagt, der die Erde mehrmals umreist hat.« (B VII, S. 261) Europa – das bedeutet Richard Wagners »décadence« und die »asketischen Ideale« des Nordens, deren Herkunft aus der Psychologie der »Herdeninstinkte« Nietzsches *Genealogie der Moral* 1887 noch einmal enthüllen wollte. Stattdessen beschwört Nietzsches Philosophie bis zu den ekstatischen *Dionysos-Dithyramben* und die späten Aphorismen des geplanten Hauptwerks *Der Wille zur Macht* die Bilderwelt eines »mediterranen Mystizismus«[22], der sich von der Riviera bis zu jenen orientalischen oder afrikanischen »Wüsten« erstreckt, die der dithyrambische Sänger zu seiner kultischen Heimstätte stilisiert: *»Die Wüste wächst: weh dem, der Wüsten birgt«* (KSA VI, S. 382).

Nietzsche schafft sich dabei nicht nur sein eigenes, mehr und mehr ›unwirkliches‹ Italien-Bild; seine Philosophie verbreitet später auch den ästhetischen »Mystizismus« des Südens: André Gides *Nourritures terrestres*, Gabriele d'Annunzios Ästhetizismus, Theodor Däublers Italiengedichte oder Gottfried Benns »Metaphysik der Form« verdanken ihre Bilderwelt auch dem Dichter des *Zarathustra*. Die um 1900 beispiellos einsetzende europäische Wirkung Nietzsches in der Literatur[23] verdrängt nicht zuletzt auch das »apollinische« – und in Deutschland zumeist immer noch Goethesche – Bild des Südens: Der »Anschauung« tritt nun die ekstatische Erfahrung eines rauschhaften Lebens und einer artistischen Sprachmächtigkeit gegenüber, in der sich Klänge, Farben und Wortmusikalität vom Inhalt einer beschaulichen Erlebnislyrik emanzipieren.[24]

Die Gebärde des Formkünstlers, der sich sein südliches Imperium selbst erschafft, wendet Nietzsche in einem Fragment aus dem Jahre 1883 auch gegen die grassierenden Italienreisen seiner wilhelminischen Zeitgenossen: »Die meisten freilich glauben, sie werden *höhere Naturen,* wenn jene schönen ruhigen Gegenstände auf sie eingewirkt haben: daher die Jagd nach Italien und Reisen [...]. *Sie wollen sich formen lassen* – das ist der Sinn ihrer Kultur-Arbeit!« Gegen diesen touristischen Aufwand

Die als Synagoge errichtete *Mole Antonelliana* in Turin galt für den dem Wahnsinn nahen Nietzsche als Symbol der eigenen Philosophie: »... aus einem absoluten Höhentrieb heraus – erinnert an garnichts außer an meinen Zarathustra.«

setzt Nietzsche seine kulturkritische Philosophie des großen einsamen Willensmenschen: »Aber die Starken Mächtigen wollen *formen und nichts Fremdes mehr um sich haben*!« (KSA X, S. 290f.) Auch wenn der pensionierte deutsche Professor in Italien den Eindruck des vornehmen »Übermenschen« wohl kaum annähernd zu verkörpern wußte[25], formte er sich in Gedanken gleichwohl seinen eigenen »afrikanischen« Süden. An Meta von Salis beschreibt er am 1. Januar 1887 – wiederum in einem Rückblick aus Nizza – die Küste von Portofino: »Die einsamste Welt, die ich bisher fand, sehr Zarathustrisch« (B VIII, S. 5). Damit wird Italien endgültig heimgeholt in eine Privatmythologie, der sich nun die italienische Landschaft selbst anzugleichen sucht: Die »zarathustrische« Imagination formt Italien nach ihrem Bild um.

Nietzsches letzte italienische Entdeckung bringt diesen Prozeß zu einem dramatischen und bestürzenden Abschluß: In Turin verliert sich das Bewußtsein des Philosophen nicht nur in den Krankheitszeichen des ausbrechenden Wahnsinns[26]; der geisteskranke Nietzsche feiert Turin zugleich als die letzte Heimstätte des dionysischen Gottes, in den er selbst sich um die Jahreswende 1888/89 verwandelt glaubt.

Peter Gast hatte im Sommer 1888 Turin als neuen möglichen Aufenthaltsort vorgeschlagen, und die »würdige und ernste Stadt« (B VIII, S. 285) findet Nietzsches uneingeschränktes Lob: »Turin ist die einzige Großstadt, die ich gern habe.« (B VIII, S. 292) Ein schnelles Urteil nach erst wenigen Tagen, das sich jedoch zu einem noch weitaus enthusiastischeren Lobpreis steigert, wenn Nietzsche etwa die atmosphärischen Einzelheiten seines neuen Domizils beschreibt: »Es ist eine Stadt nach meinem Herzen. Sogar die einzige. Ruhig, fast feierlich. Klassisches Land für Fuß und Auge (durch ein süperbes Pflaster und einen Farbenton von gelb und braunroth, in dem Alles eins wird). Ein Hauch gutes achtzehntes Jahrhundert. Paläste wie sie *uns* zu Sinnen reden: *nicht* Renaissance-Burgen. Und daß man mitten in der Stadt die Schnee-Alpen sieht! Daß die Straßen schnurgerade in sie hineinzulaufen scheinen! Die Luft trocken, sublim-klar. Ich glaubte nie, daß eine Stadt durch Licht so schön werden könnte. Fünfzig Schritt von mir der palazzo Carignano (1670): mein grandioses Vis-à-Vis. Noch einmal fünfzig Schritt das teatro Carignano, wo man gerade sehr achtungswürdig *Carmen* präsentirt. Man kann halbe Stunden in Einem Athem durch hohe Bogengänge gehn. Hier ist Alles frei und weit gerathen, zumal die Plätze, so daß man mitten in der Stadt ein stolzes Gefühl von Freiheit hat.« (B VIII, S. 293f.)

Sämtliche Italienbilder Nietzsches treffen in Turin demnach zu einer Einheit zusammen: Klima, aristokratische Vornehmheit, Gebirge und schließlich auch jene Musik, mit der Nietzsche bis zuletzt in einer nie bewältigten Haßliebe und Verwandtschaft Wagner, den *»Künstler der décadence«* (KSA VI, S. 21), verfolgt. Im Turiner Mai 1888 entsteht sogleich die neue Polemik *Der Fall Wagner*, die mit dem autobiographischen Bekenntnis beginnt, eben zum zwanzigsten Male Bizets »Carmen« gehört zu haben: die Musik einer »südlicheren, bräuneren, verbrannteren Sensibilität« und ein Heilmittel gegen den »Schirokko« der Wagnerschen Oper, den *»feuchten* Norden« und den »Wasserdampf des Wagnerschen Ideals« (KSA VI, S. 15).

Nietzsche findet in Turin nicht nur die große Gesundheit, die er als die lebensbejahende Rückseite des von ihm diagnostizierten Nihilismus prophezeit hatte[27], er glaubt sie auch am eigenen Leib zu erleben. In Kopenhagen hat dazu noch ein gewisser Georg Brandes zum ersten Mal Vorlesungen über seine, Friedrich Nietzsches Philosophie gehalten, eine Nachricht des beginnenden Ruhms, die von da an fast jedem Briefpartner nahezu fieberhaft – und nicht unbescheiden – mitgeteilt wird: »Die großen Zeitungen geben Berichte. – Sic *incipit* gloria mundi« (B VIII, S. 307).

Es beginnt aber auch die Tragödie des deutschen Philosophen, dessen endlich erreichte Hochstimmung im Innern zugleich den von außen deutlicher wahrnehmbaren Zerfall der Persönlichkeit ankündigt.[28] Die euphorische Stimmung, die Nietzsche in Turin regelrecht überfällt, taucht die Stadt, sogar die von Nietzsche sonst kaum erwähnten italienischen Einwohner, in ein durchweg glänzendes Licht, »die Menschen sympathisch und guten Muths« (B VIII, S. 299). Der Mutter gegenüber erzählt er von der preiswerten Unterkunft und Verpflegung, über die beispiellose Qualität von »Café«, Eis, Wasser und »Brod«, die »Chokolade Turin's« nicht zu vergessen, »die berühmteste Europa's« (B VIII, S. 301 f.).

Schwer ist es, Traum und Wirklichkeit in Nietzsches Stadtbildern aus Turin zu trennen; wie immer – und zuletzt im Extrem – verformen die Stimmungen auch die Sichtweise des Italienreisenden. Kann Nietzsche etwa fast noch ironisch eine »treffliche Trattoria« loben, »wo man den deutschen Professor aufs Artigste behandelt« (B VIII, S. 299), so schlägt das Genrebild alsbald um in das monströse Phantasma des exaltierten Philosophen: »wenn man hier heimisch ist, wird man *König* von Italien« (B VIII, S. 300). Fast unmerklich geht das an sich selbst diagnostizierte Wohlbefinden über in die Träume des Größenwahnsinnigen, der sich am Ziel seiner philosophischen Mission glaubt. Nach einem kurzen Intermezzo in Sils-Maria kehrt Nietzsche schon im September 1888 nach Turin zurück; wie immer ist die Reise beschwerlich, das Ziel nun jedoch fast verklärt: »Durch die schlaffe und widrige Luft der Lombardei erschöpft kam ich in Turin an: aber seltsam! wie im Ruck war Alles in Ordnung. *Wunderbare* Klarheit, Herbstfarben, ein exquisites Wohlgefühl auf allen Dingen.« (B VIII, S. 444)

Immer mehr wird jetzt auch die innere Euphorie auf »alle Dinge« des Turiner Alltags übertragen: Nietzsche, der »Werth darauf« legt, »überall als distinguirter Fremder empfunden zu werden«, bekommt in der Trattoria auch »die besten Bissen« (B VIII, S. 460), fühlt sich nicht nur auserwählt, sondern entwirft seine neue Welt in mythischen Farben: »Hier kommt Tag für Tag mit gleicher unbändiger Vollkommenheit und Sonnenhelle herauf: der herrliche Baumwuchs in glühendem Gelb, Himmel und der große Fluß zart blau, die Luft von höchster Reinheit – ein Claude Lorrain, wie ich ihn nie geträumt hatte, zu sehn. Früchte, Trauben in braunster Süße – und billiger als in Venedig!« (B VIII, S. 460 f.) Nietzsches Turiner Imagination erschafft sich die idyllischen und mythischen Szenerien des berühmten französischen Landschaftsmalers neu: einen »Claude Lorrain in Permanenz« (B VIII, S. 472), wie Nietzsche wiederholt verkündet. Selbst Nizza, zuvor noch die »afrikanische« Residenz, ist im Lichte des Turiner Neubeginns nurmehr »dies kalkige baumarme und stupide Stück Riviera« (B VIII, S. 460), zu dem Nietzsche aus Turin nicht mehr zurückzukehren wünscht.

Während der herbstlichen Spaziergänge in den Turiner Parks und am Po-Ufer entlang sinniert Nietzsche über *Ecce homo*, seine Autobiographie, in der er mit der Entstehung seiner Werke auch die italienischen Stationen seines Lebens Revue passieren läßt, »meine große *Erntezeit*« (B VIII, S. 453), schreibt er am 18. Oktober nach Basel an Franz Overbeck. Sie begann in Turin mit der Fertigstellung der *Götzen-Dämmerung*, einem heilsgeschichtliches Ereignis: »[...] es war nur das letzte Viertel des Werks noch abzuthun. Am 30. September grosser Sieg; Beendigung der Umwerthung; Müssiggang eines Gottes am Po entlang.« (KSA VI, S. 356)

Die Dissonanz zwischen Nietzsches Italien-Bildern und der italienischen Realität wird gerade in den letzten Monaten zu einem sich unaufhörlich verschärfenden Gegensatz zwischen den Phantasien des euphorischen Nietzsche und der ärmlichen äußeren Lebensweise des »professore tedesco«.[29] Nietzsche, bei der Familie des Turiner Zeitungshändlers Davide Fino einquartiert, hört italienische Blasmusik, besucht französische Operetten und symphonische Konzerte, meint jedoch weltumstürzenden Ereignissen beizuwohnen. Anfang Dezember etwa hört er ein einfaches Streichquartett des italienischen Komponisten Rossaro[30]: Seinem »maëstro Peter Gasti« (KSA VI, S. 291) berichtet er am 2. Dezember sogleich von einem »Concert-Eindruck«, der seinem Gesicht »fortwährende Grimassen« (B VIII, S. 498) entlockt habe, einer »Musik allerersten Ranges«, die seinen »ganzen Begriff vom Italiäner verändert« (B VIII, S. 498f.) habe. Das äußere Erlebnis gleicht sich dem inneren Hochgefühl an; eine Woche vorher vertraute Nietzsche seinem Leipziger Verleger an, daß im »Zarathustra« nichts weniger als »das Schicksal der Menschheit einbegriffen« (B VIII, S. 490) sei. Nietzsche, voll »Heiterkeit« und »Stolz«, im Begriff eine Berühmtheit zu werden, wähnt sich im Besitz einer welterobernden Philosophie, die ihm auch entsprechende Reaktionen einbringe: »ich werde behandelt wie ein Prinz« (B VIII, S. 520). Die zuvor noch ironisch inszenierten Fiktionen werden allmählich wahnhafte Wirklichkeit: »Turin ist wirklich meine Residenz; ah mit welcher *Distinktion* man mich hier behandelt!« (B VIII, S. 543)

Nicht mehr lange, und der wahnsinnige Nietzsche hält sich tatsächlich für einen Welteroberer, der Briefentwürfe an Kaiser Wilhelm II. und Otto von Bismarck abfaßt, mit »*Der Antichrist* Friedrich Nietzsche« (B VIII, S. 504) unterschreibt und mit dem italienischen König über eine römische Weltkonferenz verhandeln will. In den ›Wahnsinnsbriefen‹ an Burckhardt, Georg Brandes, Cosima Wagner, Strindberg und Peter Gast betitelt er sich um die Jahreswende wechselweise als »Der Gekreuzigte«, »Dionysos«, »der Antichrist« oder »Nietzsche Caesar«, verwandelt sich – immer noch euphorisch – in seine Traumgestalten und glaubt die von ihm ausgehende »vollkommene Fascination« zugleich auf den Straßen von Turin zu spüren: »Aber wenn ich in ein großes Geschäft komme, so verändert sich jedes Gesicht; die Frauen auf der Straße blicken mich an, – meine alte Hökerin legt für mich das Süßeste von Trauben zurück *und hat den Preis ermäßigt*!« (B VIII, S. 549) Turin wird zu einem mythischen Ort, an dem die Weltgeschichte in der dionysischen Botschaft des viele historische Rollen übernehmenden Nietzsche untergeht: Die äußerste Verwandlung des mystifizierten Südens und seines zarathustrischen Sängers ist erreicht.

Keine »Wiedergeburt«, sondern die Auflösung der Identität ist das Ergebnis dieses letzten Italienerlebnisses, das jedoch auch hier noch – wenn man will – der Logik von Nietzsches Philosophie folgt: Der Feldzug gegen abendländisch-christliches Denken sollte die Begriffe der »Wahrheit«, der »Moral« und des »Subjekts« als ideologische Dogmen entlarven und das dionysische Zerbrechen des »principium individuationis« in das Zentrum einer neuen Künstlerphilosophie stellen; nun erfährt Nietzsche selbst die Flucht vor dem Realitätsprinzip als einen euphorischen Aufbruch zu neuen unbekannten Ufern.[31] Die von Nietzsche immer wieder verkündigte »Trunkenheit« des »afrikanischen« Südens sucht den selbsternannten Propheten Zarathustras in den Turiner Wintertagen offensichtlich selbst heim: Overbeck berichtet später in Schlüsselloch-Andeutungen von den dionysisch-orgiastischen Tänzen des wahnsinnigen Nietzsche in seiner Turiner Kammer.[32]

Das anekdotische Ende schließlich erlangte noch einmal Weltberühmtheit.[33] Davide Fino sah, wie zwei Polizisten seinen Mieter, den deutschen Professor, in die Richtung seines Hauses führten. Der Fremde mit dem absonderlichen Gebaren sei mitten in Turin plötzlich einem Pferd um den Hals gefallen. Wenig später wird Franz Overbeck nach Turin geholt, der den Kranken nach Basel bringen soll. Am St.Gotthard sei Nietzsche noch einmal aufgewacht, berichtete Overbeck später, und dort habe er, längst ohne klares Bewußtsein, sein venezianisches Gondellied – »bald trällernd, bald summend«[34] – intoniert: Abschied von Italien.

Keine italienische Zeitung hat über den Ausbruch von Nietzsches Wahnsinn berichtet – ganz anders als beim Tod Richard Wagners in Venedig. Selbst in Turin, wo Wagners Opern noch während Nietzsches Aufenthalt Triumphe feierten[35], hat – wahrscheinlich – Davide Fino eine Zeitungsnotiz über Nietzsches Ende verhindert: Das Stigma des verrückten Professors sollte den Ruf des ehrbaren Vermieters nicht belasten.[36] Erst Jahrzehnte später verbreitete sich mit der »Zarathustra«-Philosophie auch der Mythos des Friedrich Nietzsche unter den Intellektuellen der spätwilhelminischen Epoche – zu einer Zeit, als Nietzsche im nördlichen Naumburg, heimgekehrt zu Mutter und Schwester, in der geistigen Umnachtung von seinem nunmehr real gewordenen Weltruhm längst nichts mehr bemerkte.

»Es regt sich ein Heimweh nach Märchenpracht ...«
Venedig-Impressionen um 1900 und in der Dichtung Hugo von Hofmannsthals

Laß dir aber vom Führer berichten, wie alles entstanden,
Und das phantastische Bild löst in Vernunft sich dir auf!

Mit dieser ernüchternden Empfehlung beschließt Friedrich Hebbel ein Gedicht mit dem Titel *Venedig*.[1]

Knapp ein halbes Jahrhundert später, im Jahre 1890, ist der sechzehnjährige Hugo von Hofmannsthal weit davon entfernt, nach einer rationalen Erklärung für das märchenhafte Erscheinungsbild Venedigs zu suchen:

Siehst du die Stadt, wie sie da drüben ruht,
Sich flüsternd schmieget in das Kleid der Nacht?
Es gießt der Mond der Silberseide Flut
Auf sie herab in zauberischer Pracht.

Der laue Nachtwind weht ihr Atmen her,
So geisterhaft, verlöschend leisen Klang:
Sie weint im Traum, sie atmet tief und schwer,
Sie lispelt rätselvoll, verlockend bang ...

Die dunkle Stadt, sie schläft im Herzen mein
Mit Glanz und Glut, mit qualvoll bunter Pracht:
Doch schmeichelnd schwebt um dich ihr Widerschein,
Gedämpft zum Flüstern, gleitend durch die Nacht.
(GD S. 471f.)

Hebbels ›vernünftiger‹ Blick auf Venedig bleibt ein Einzelfall; schon zu seiner Zeit galt Venedig vielen Künstlern mehr als eine italienische Stadt, die man auf der Durchreise nach Rom besuchte. In der zweiten Hälfte des 19. Jahrhunderts wählte ein ständig wachsender Kreis von Malern, Musikern und Dichtern aus ganz Europa die Lagunenstadt an der Adria als zeitweilige Arbeitsstätte, Thema oder wenigstens Kulisse ihrer Werke.

Venedig: im Jugendgedicht Hofmannsthals ein personifiziertes Wesen, rätselvoll, unwirklich, verlockend schön – eine Verführerin; es ist nicht das erste und einzige Mal, daß die magnetische Anziehungskraft der »Serenissima« mit speziellen weiblichen Eigenschaften apostrophiert wird.[2]

»Venedig, die schmeichlerische und verdächtige Schöne – diese Stadt, halb Märchen, halb Fremdenfalle« heißt es im *Tod in Venedig* Thomas Manns, der wohl berühmtesten deutschsprachigen und von der Forschung in immer neue Bedeutungstiefen ausgeloteten Venedigerzählung.[3]

Den geschichtlich-politischen ›Tod‹ von Venedig markiert das Jahr 1797: die Dogenrepublik wird österreichische Provinz. Der Untergang der einst mächtigen und unermeßlich reichen »Königin der Adria« als wirtschaftliche und politische Größe war damit besiegelt – der Aufstieg als ästhetisches Objekt und vieldeutige Metapher, die Ausformung einer eigenständigen Venedigdichtung beginnen. Denn die Begegnung vieler Dichter mit Venedig – ästhetisch mehr orientalisch als abendländisch anmutend, geographisch und nun auch politisch nicht richtig zu Italien gehörend – läßt sich nicht mehr ohne weiteres unter der Rubrik ›Italienerlebnis‹ abhaken. Auch schlägt die Wasserstadt nicht nur deutsche, englische und französische Italienpilger in ihren Bann, sondern sogar Italiener.[4]

1866 fiel Venedig wieder an das italienische Königreich zurück – als Symbolkomplex erreichte die Stadt gegen Ende des 19. Jahrhunderts ihre Unabhängigkeit von Italien; ein – im doppelten Sinne – Kunstprodukt zwar, das mit der venezianischen

Realität, aber auch mit den bisher geläufigen Italienklischees vom sonnigen, vitalen Süden und der geistigen Wiedergeburt wenig gemein hat. Gerade wegen seiner hinfälligen Schönheit und todesgeschwängerten Atmosphäre wird Venedig nämlich gepriesen.

Thomas Mann hat Venedig die »verführerisch todverbundene Stadt, die romantische Stadt par excellence« genannt.[5] Tatsächlich gehören die literarischen Entdecker der ›Nekropole‹ Venedig der romantischen Epoche an. Lord Byron, 1816 zum ersten Mal in Venedig, hat schon früh den besonderen Reiz des morbiden Venedigs erkannt und besungen, und die eigene, bedrohte Künstlerexistenz mit dem Schicksal der Stadt in Verbindung gebracht. Als einer der ersten deutschen Italienfahrer nach Goethe zog Graf August von Platen die verfallende Traumstadt dem Goethemekka Rom eindeutig vor: »Plump und zu bunt ist Rom, und Neapel ein Haufe von Häusern; Aber Venedig erscheint eine vollendete Stadt.«[6]

Die spezifischen, Dichterphantasien beflügelnden Qualitäten der Stadt setzen sich aus verschiedenen ästhetischen und geschichtlichen Komponenten zusammen; auch bereits vorhandene literarische Motivtraditionen spielen eine wichtige Rolle. Denn Venedig als Muster des Verfalls ist nicht erst seit dem tatsächlichen Untergang der Republik ein literarisches Thema. Schon Jahrhunderte vorher galt die Stadt den Dramatikern des elisabethanischen und des puritanischen Englands als »eine Brutstätte der Sittenverderbnis und darum sehenswürdig«.[7] Die von Hofmannsthal und anderen bearbeitete Tragödie *Venice preserved* Thomas Otways aus dem Jahr 1682 handelt ebenfalls vom drohenden Untergang des Dogenstaates. Als schauriger und unheimlicher Hintergrund für unerklärliche Ereignisse begegnet Venedig bereits in der zweiten Hälfte des 18. Jahrhunderts in zahlreichen Dichtungen. Nicht zuletzt in den mittelalterlichen Volkssagen war die Idee des im Wasser versunkenen Venedigs schon vorhanden.[8]

Venedigs äußeres Erscheinungsbild hat sich seit dem Frieden von Campoformio bis heute kaum verändert. Der vom Meer her Kommende erblickt zuerst eine Art Fata Morgana, die »weder dem Lande noch dem Wasser angehört«, wie Georg Simmel treffend beschrieb[9]; im Innern sieht sich der Fremde einem verwirrenden Labyrinth von Gassen, Kanälen, Brücken und Plätzen ausgeliefert. Die Bauten mit dem überreichen Zierat der venezianischen (Sonder-)Gotik erscheinen märchenhaft, »Fusion der Antike und des Orients« heißt es in Hofmannsthals *Andreas*-Fragment (E S. 234); kein Verkehrslärm stört beim Betrachten von Glanz und Reichtum, Verfall und Schmutz. Wer sich nicht alles vom Führer erklären läßt, fühlt sich auch heute noch »in einer Zeit, die nicht völlig Gegenwart, und an einem Ort, der nicht völlig das Hier ist« (E S. 234).

Die venezianische Kulturgeschichte ist reich an schillernden Gestalten und Ereignissen. Eine glanzvolle Blütezeit für Venedig war das Zeitalter der Spätrenaissance. Berühmte Künstler hinterließen ihre Spuren: Palladio, erster Berufsarchitekt und Wegbereiter des Klassizismus, setzte antike Akzente, Andrea del Ponte schuf mit der Rialto-Brücke ein Wahrzeichen der Stadt, Longhena mit der Santa Maria della Salute-Kirche ein anderes. Aus der venezianischen Malschule der Bellinis gingen die Malerfürsten Giorgione und Tizian hervor, schon zu Lebzeiten vergöttert und später als Inbegriff der Renaissance verehrt.

Im 16. Jahrhundert wurde Venedig zu einem bedeutenden Zentrum der Musik. In der Nachfolge von Claudio Monteverdi, bekanntester Musikersohn der Stadt und »Vater« der Oper, entwickelte sich die venezianische Oper zu einer »europäischen Institution von Weltrang«.[10] Mit einer »Operndekoration« hat Hofmannsthal die Stadt verglichen (BR I, S. 268); für Friedrich Nietzsche waren Musik und Venedig gar Synonyme (vgl. Kapitel 12).

Als Verkörperung einer unbeschwerten Rokokokultur und Urbild des Abenteurers und Frauenhelden gilt der Venezianer Giacomo Casanova, 1725 als Sohn eines Schauspielerehepaars geboren und nicht zuletzt in Hofmannsthals Dichtung wieder auferstanden. Das venezianische 18. Jahrhundert ist zudem die legendäre Zeit der Feste, des Theaters und des Karnevals. Von Oktober bis Aschermittwoch wurden in der Öffentlichkeit Masken getragen, die Grenzverwischung von Standes- und Altersunterschieden, Theater und Alltag, Schein und Sein gefeiert. »Venezianischer Carneval – (...) die Aquariumatmosphäre des Lebens: nichts fest, alles an den Rändern magisch, ineinander lebendig überrinnend, alles in der Luft, dem Geist Gottes«, notierte Hofmannsthal im Oktober 1894 in sein Tagebuch (A S. 108).

Im 19. Jahrhundert war Venedig politisch bedeutungslos geworden, um so mehr bedeutete die Lagunenstadt den Künstlern aller Sparten. Deutsche Maler, beispielsweise Anselm Feuerbach oder Franz Lenbach, fuhren nach Venedig, um dort die venezianischen Meister zu kopieren, oder wie der Wiener Historienmaler Hans Makart, eine *Huldigung an Tizian* – so der Titel eines seiner Gemälde – auf die Leinwand zu bringen. Die Komponisten Felix Mendelssohn-Bartholdy, Franz Liszt und Richard Wagner hielten sich sogar zur selben Zeit, im Winter des Jahres 1882/83, in Venedig auf. Mit dem Namen Wagner sind zwei entscheidende Ereignisse in Venedig verbunden: Er komponierte hier 1858/59 den zweiten Akte des *Tristan*, »also der dekadenten Musteroper«[11], 15 Jahre später, am 13. Februar 1883, erlag er in Venedig einem Herzanfall. Erwin Koppen wertet den berühmten (Künstler-)Tod in Venedig und das dort ausgestreute »Tristan-Gift« als eine Art Initialzündung für die »dekadente« Venedigliteratur mit weit größerer Wirkungskraft als die bereits vorhandenen, in der romantischen Literatur ausgeformten Verfallsmotive.[12] Tatsächlich entstehen um 1900 eine Reihe von Werken, in denen die Person Wagners, zumindest als heimliche Reminiszenz, eine Rolle spielt und Venedig als gefährlich-faszinierender Ort des Todes und der hinfälligen Schönheit erscheint. Maurice Barrès' Essay *La Mort de Venise* (1903), Gabriele d'Annunzios Roman *Il Fuoco* (1904) und Thomas Manns Novelle *Der Tod in Venedig* (1911) gelten gemeinhin als Paradebeispiele dekadenter Venedig-Dichtung und belegen die Reichweite der Ausstrahlung Venedigs über nationale Grenzen hinweg. D'Annunzio verfaßte übrigens die Inschrift auf der Gedenktafel am Sterbehaus Wagners: »In diesem Palazzo verspüren die Seelen den letzten Hauch Richard Wagners. Ewig wie das Meer das den Marmor umspült.« (deutsche Übersetzung)[13]

Der ›Fall Wagner‹ bietet aber keine erschöpfende Antwort auf die Frage, weshalb die Lagunenstadt gegen Ende des Jahrhunderts den (vorläufigen) Gipfel ihrer Beliebtheit erreichte und mehr denn je Phantasien und Träume der Dichter beschäftigte. Wagners Tod und dessen in vielen Publikationen theatralisch geschilderte Begleitumstände – der Sarg wurde in einer Gondel über den Canale Grande gerudert

August Macke: *Venedig.* Nicht nur Hofmannsthal war fasziniert vom nächtlichen Venedig. Nach der Rückkehr von einer Italienreise im April des Jahres 1905 – Verona, Padua, Venedig, Bologna, Florenz, Rapallo und Bozen – schuf der Maler August Macke diese in dunkelblauen bis schwarzen Tönen gehaltene, mit raffinierten Lichtreflexen belebte Nachtszene auf dem Canale Grande. Anders als Mackes berühmtere Tunesienreise neun Jahre später hat der Besuch in »dem blauen Lande« – so bezeichnete Macke Italien in einem Brief – jedoch insgesamt nur wenig Spuren in seinem Werk hinterlassen.

– fügt sich nahtlos in die Bilderwelt einer Reihe von Künstlern, deren Passion für Venedig nicht temporäre Laune, sondern Ausdruck einer bestimmten Lebens- und Wirklichkeitsauffassung gewesen ist.[14] Hugo von Hofmannsthal hat bereits 1893 in einem Aufsatz über den italienischen Dekadenz-Vertreter d'Annunzio einige wichtige Grundzüge der Lebens- und Geisteshaltung dieser Künstlerschicht – »ein paar tausend Menschen, in den großen europäischen Städten verstreut« (PR I, S. 148), herausgearbeitet:

»Man hat manchmal die Empfindung, als hätten uns unsere Väter [...] und alle die unzähligen Generationen vor ihnen, als hätten sie uns, den Spätgeborenen, nur zwei Dinge hinterlassen: hübsche Möbel und überfeine Nerven. [...] Wir haben nichts als ein sentimentales Gedächtnis, einen gelähmten Willen und die unheimliche Gabe der Selbstverdoppelung. Wir schauen unserem Leben zu; wir leeren den Pokal vorzeitig und bleiben doch unendlich durstig [...]. Wir haben gleichsam keine Wurzeln im Leben und streichen, hellsichtige und doch tagblinde Schatten, zwischen den Kindern des Lebens umher. [...] Heute scheinen zwei Dinge modern zu sein: die Analyse des Lebens und die Flucht aus dem Leben. [...] Man treibt Anatomie des eigenen Seelenlebens, oder man träumt. Reflexion oder Phantasie, Spiegelbild oder Traumbild. Modern sind alte Möbel und junge Nervositäten. Modern ist das psychologische Graswachsenhören und das Plätschern in der reinphantastischen Wunderwelt. [...] und modern ist die instinktmäßige, fast somnambule Hingabe an jede Offenbarung des Schönen, an einen Farbenakkord, eine funkelnde Metapher, eine wundervolle Allegorie.« (PR I, S. 147ff)

Auch für Hofmannsthal, der die existentielle Krisenstimmung seiner Zeit ebenso scharf beobachtet wie selbst empfunden hat und im berühmten *Chandos-Brief* mit einer tiefgreifenden Sprachskepsis (ab-)reagierte, wurde die Lagunenstadt zu einem wichtigen Fixpunkt seiner ›Lehr- und Wanderjahre‹. Seit 1892, zwischen 1897 und 1907 beinahe jedes Jahr, verbrachte er einige Wochen in Venedig. »Denn das ist die Stadt meiner arbeitsamsten Arbeit, meiner konzentriertesten Konzentration und meiner einfältigsten Einfälle«, gesteht er 1904 dem Dichterkollegen Arthur Schnitzler (BR II, S. 159). Noch 1922 schreibt ihm sein Freund Carl J. Burckhardt aus Italien: »[...] das ist Ihre Stadt, dort sind Sie gegenwärtig, sind wieder der Gastgeber und ich der Gast.« (BWBU S. 77)

Mit 18 Jahren besuchte Hofmannsthal während einer Abitursreise seine spätere Lieblingsstadt das erste Mal – im selben Jahr veröffentlichte der frühreife und bereits als Gymnasiast in Wien gefeierte Dichter sein fragmentarisches Versdrama *Der Tod des Tizian*. Auf eine stark vereinfachte Formel gebracht, geht es in dem Stück um den zeittypischen Dualismus Kunst und Welt bzw. Kunst und Leben. Der Tod des venezianischen Malerfürsten der Spätrenaissance findet nicht in Venedig selbst statt, sondern – an einem »Spätsommermittag« (GD S. 183) – in einer Villa »nahe bei Venedig« (S. 181), einem von der Außenwelt abgeschirmten, vergitterten Kunstrefugium. In der Figur Tizians, der nicht als Person in Erscheinung tritt, sondern durch die Gespräche seiner Schüler Gestalt erhält, sind Kunst und Leben eine Einheit, seine unermüdliche Schaffenskraft erfährt im Sterben noch einmal die höchste Steigerung. Seine Schüler hingegen sind willensschwache Ästheten, weder zum Leben noch zur Kunst befähigt, ihr ganzes Dasein empfangen sie aus zweiter Hand, durch ihren Meister: »Er hat uns aufgeweckt aus halber Nacht [...].« (S. 194)

Venedig erscheint den im esoterischen Garten der Kunst Versammelten als Außenwelt und Verkörperung des Lebens, aus der Ferne zwar verlockend und schön, in Wahrheit aber »ekelhaft und trüb und schal erfüllt/Von Wesen, die die Schönheit nicht erkennen« (S. 190).[15]

Ursprünglich sollte das Stück, so Hofmannsthal in einem Brief an den Wiener Literarhistoriker Walther Brecht aus dem Jahre 1929, auf eine »Art Todesorgie« hinauslaufen, er wollte die Tizianschüler in das von der Pest verseuchte Venedig hinabsteigen und dort »das Leben in der höchsten Zusammendrängung« erfahren lassen.[16]

Daß sich konzentriertes Leben ausgerechnet in einer dem Tod geweihten, pestinfizierten Stadt vollziehen soll, ist für die »Spätgeborenen« keineswegs widersprüchlich. Lebens- und gleichzeitig Todessehnsucht sind nur Symptome ein- und derselben, von Wurzellosigkeit und Lebensdistanz geprägten Endzeitstimmung. In den Jugendbriefen Hofmannsthals läßt sich seine persönliche Vertrautheit mit dem im *Tod des Tizian* thematisierten ›Zeitgeist‹ verfolgen. »Mir fehlt die Unmittelbarkeit des Erlebens; ich sehe mir selbst leben zu und was ich erlebe ist mir wie aus einem Buch gelesen; erst die Vergangenheit verklärt mir die Dinge und gibt ihnen Farbe und Duft«, schreibt er 1982 – dem Entstehungsjahr des Fragments – an Edgar Karg von Bebenburg (BWBE S. 19).

Das ersehnte ›Leben‹ wurde von vielen Fin de siècle-Vertretern nicht in der Realität gesucht, sondern in vergangenen, exotischen, illusionären und künstlichen Welten, vornehmlich in der Kunst. Die Bewunderung vor allem für die Renaissance mit ihren vital und sinnenfreudig erscheinenden Individualistengestalten verhieß Entschädigung für das, was die Gegenwart offensichtlich nicht bieten konnte, oder was man selbst nicht zu leisten vermochte. »Wir sind fast alle in der einen oder anderen Weise in eine durch das Medium der Künste angeschaute, stilisierte Vergangenheit verliebt. Es ist dies sozusagen unsere Art, in ideales, wenigstens idealisiertes Leben verliebt zu sein«, urteilte Hofmannsthal in einem Aufsatz über Walter Pater, der – ähnlich dem bekannteren Jacob Burckhardt – zur Wiederentdeckung und Neubewertung der Renaissance im 19. Jahrhundert beigetragen hat (PR I, S. 204).

Schon im *Tod des Tizian* klingt an, daß der Rückzug in eine Kunstenklave keinen befriedigenden Ersatz für das wirkliche Leben bieten kann. Im Prolog heißt es über das Stück:

> *Von jungen Ahnen hat es seine Farben*
> *Und hat den Schmelz der ungelebten Dinge;*
> *Altkluger Weisheit voll und frühen Zweifels,*
> *Mit einer großen Sehnsucht doch, die fragt.*
> *GD S. 183)*

»Es regt sich ein Heimweh nach Märchenpracht, nach vielen und glühenden Farben, nach romantischer Flucht aus dieser Welt der deutlichen Dinge«, schreibt Hofmannsthal ein Jahr später im Vorwort zum *Modernen Musenalmanach auf das Jahr 1893* (PR I, S. 113).

Bei der Flucht aus dieser prosaisch, häßlich und sinnlos empfundenen Wirklichkeit empfahl sich offensichtlich ganz besonders Venedig als geeignete Sinnen- und Seelenheimat. Das dort in eigener Anschauung Erfahrbare, in Historie und Mythen überlieferte, versprach – gemischt mit einer guten Portion Einbildungskraft und Spekulation – eine ganze Palette von Ersatzwelten. Äußerlich schien die Lagunenstadt nach den Prinzipien der Schönheitssucher arrangiert: hinfällig schön, exotisch, naturfern, eine erlesene Perle im Meer des Normalen und Gewöhnlichen, das »Unvergleichliche, das märchenhaft Abweichende« ist es im *Tod in Venedig*.[17] Die Monumente venezianischer Kunst, »mit ihrer glühenden und berauschenden Farbenpracht, die eines Tizian und Corregio« boten Augen und Sinnen »eine große und leidenschaftliche, in der Schönheit fast überwirkliche und traumhafte Welt«.[18] Der Anblick der nicht auf festen Boden gegründeten Häuser zwischen Pracht und Verfall, Glanz und Elend, das »Doppelleben dieser Stadt«[19] korrespondierte mit einer gebrochenen Wirklichkeitserfahrung, das labyrinthische Gassengewirr entsprach der eigenen Orientierungslosigkeit. Latenter Pessimismus und Melancholie wurden durch den sichtbaren Niedergang einstiger Macht und Größe stimuliert und bestätigt.

Der Vergleich der Gondel mit dem Sarg hatte bereits seit Goethe Tradition, jetzt war sie zudem ein willkommenes Gegenbild zum industriellen Fortschritt und adäquates Symbol mangelnder Tatkraft, »Pfuhl der Willensschwäche«, wie Franz Werfel sie in seinem *Verdi*-Roman genannt hat; »der weichste, üppigste, der erschlaffendste Sitz von der Welt« findet Thomas Manns Gustav Aschenbach.[20] Ohne Mühe konnte man sich in einem solchen Fahrzeug in Maskenfeste und Abenteuer hineinträumen, die Auflösung von Sein und Schein, Alltag und Traum wenigstens im Geiste zelebrieren. »Stadt der Paläste, der Abenteurer, der Masken und der blassen Lagunennächte, die, wie keine anderen Nächte sonst, den Ton von heimlichen Romanzen tragen«, charakterisierte Rainer Maria Rilke, ein Liebhaber der Stadt und Schöpfer bedeutender Venedig-Gedichte, die assoziative Wirkung des venezianischen Erscheinungsbildes.[21]

Venedig als ideale Heimstatt und Bewältigungsmodell des entwurzelten ›Spätgeborenen‹ und sensiblen Ästheten: morbides Sinnbild für existentielle Krisen, unerschöpfliches Reservoir für Fluchten, Träume, Projektionen – sicherlich eine schematisierte Darstellung des Phänomens ›Venedig‹ um 1900. Erst mit dem persönlichen Lebenshintergrund des einzelnen Künstlers und einer umfassenden sozialgeschichtlichen Analyse kann sich ein differenziertes Bild der Motive und Motivationen literarischer Venedig-Verarbeitung ergeben. Immerhin genügt schon ein flüchtiger Blick, um – im europäischen Vergleich – wenigstens einen gemeinsamen Nenner der Venedig-Dichtung des Fin de siècle herauszufiltern: Venedig als Stadt der Künstler und Ort der schöpferischen Inspiration, des Arbeitsfiebers: »Wahrlich, ich kenne keinen Ort der Welt – Rom ausgenommen – wo ein starker und ehrgeiziger Geist besser die Tatkraft seines Intellekt anregen und alles Drängen seines Wesens nach dem Höchsten betätigen könnte, als auf diesem regungslosen Wasser. Ich kenne keinen Sumpf, der imstande wäre, in den menschlichen Pulsen ein heftigeres Fieber zu erzeugen, als jenes, das uns zuweilen plötzlich im Schatten eines schweigsamen Kanals überfällt.«[22]

Diese Sätze stammen nicht etwa von einem deutschen Venedig-Verehrer, sondern aus d'Annunzios Roman *Il Fuoco*. D'Annunzio, später einer der theoretischen Wegbereiter des italienischen Faschismus, fand im deutschsprachigen Raum große Beachtung. Die von dem Italiener ausgehende Faszination wurde noch vermehrt durch seine Verbindung mit dem legendären Tragödienstar Eleonora Duse, für Hofmannsthal, Rilke und viele andere ein Inbegriff weiblicher Schauspielkunst. Hofmannsthal, der d'Annunzio auch persönlich kennenlernte (BR I, S. 267f), widmete ihm zwischen 1893 und 1897 insgesamt vier Aufsätze, wobei die anfängliche Bewunderung für dessen Werke allmählich einer kritischen Distanz weicht.[23] Immerhin ist der Italiener dem Österreicher auch noch im letzten Aufsatz »der größte, der einzige große Dichter des gegenwärtigen Italiens« (PR I, S. 290). Schon im ersten Essay verliert Hofmannsthal einige bezeichnende Worte über das Heimatland und die Muttersprache d'Annunzios: »[...] ist es doch die schönste, die ewig beneidete Sprache; ist es doch das Land unserer Sehnsucht, wo es Städte gibt, deren Namen nicht nach schalem Alltag und rauher Wirklichkeit klingen, sondern tönen, als hätten die süßen duftenden Lippen der Poesie selbst sie beim Singen und Plaudern geformt.« (PR I, S. 158)

Hofmannsthals persönliche Italiensehnsucht konzentriert sich von Anfang an auf die von schalem Alltag und rauher Wirklichkeit am weitesten entfernte und gleichzeitig ›unitalienischste‹ Stadt: Venedig. Als Ort künstlerischer Inspiration und variantenreich gestalteter Schauplatz zahlreicher Werke erhält Venedig einen zentralen Platz in Hofmannsthals »dichterischer Topographie«.[24] Die reale Stadt wird von ihm jedoch in Luft- und Lichterscheinungen aufgelöst, mehr ent- denn vergegenständlicht. Die venezianische Topographie jedenfalls bleibt höchst undurchsichtig. Intuition, Impression, stimmungsvolles Ambiente oder Reminiszenzen schöpft er aus den venezianischen Kanälen, bestenfalls erblickt er darin das Spiegelbild seiner Seele, das zugleich die Züge einer ganzen Generation trägt.

Im Gegensatz zum *Tizian*-Fragment ist in seiner zweiten dramatischen Venedig-Verarbeitung von Spätzeitmelancholie und dem »Schmelz der ungelebten Dinge« wenig zu spüren. Während eines Venedigbesuches im Herbst 1898 erwirbt Hofmannsthal die Memoiren Casanovas, die ihn zu eigener Arbeit inspirieren (BR I, S. 269). »Das Leben ist wunderbar angenehm mit Arbeit, Meer und Markusplatz«, berichtet er am 24. September den Eltern (BR I, S. 271). Freund Leopold von Andrian hatte empfohlen: »Wenn Du in Venedig bist, geh recht viel Abends aus – ich habe die merkwürdigsten Erlebnisse meines Lebens vielleicht dort gehabt.« (BWA S. 117) In *Der Abenteurer und die Sängerin* wird Venedig zum atmosphärisch-impressionistischen Hintergrund für die Geheimnisse und »Die Geschenke des Lebens«, so der Untertitel, dem Helden Genuß und Sinnenfreuden verheißend. Baron von Weidenstamm fühlt sich in seiner Heimatstadt an »die glücklichsten Stunden erinnert, an die unbeschreiblichsten, die unvergeßlichsten« (DR I, S. 166). Ähnlich mag es auch Hofmannsthal in Venedig ergangen sein. Einige Jahre später schreibt er rückblickend über sein Stück und die Atmosphäre der Entstehung: »Es stellt sich vor mir auf wie ein bunter, leichter Triumphbogen, behängt mit Girlanden und Teppichen, die sich im Wind blähen, und durch den Bogen hindurch sehe ich Venedig in einer ganz bestimmten strahlenden, überreichen Herbstbeleuchtung, der Beleuchtung jener glücklichen 16 oder 17 Tage, in denen ich es dort plötzlich empfangen und niedergeschrieben habe, [...] ganz einsam und sehr glücklich.« (BR II, S. 108)

Im Herbst 1902 reist Hofmannsthal nach Rom. Von dem bereits länger geplanten Aufenthalt verspricht er sich sehr viel (BR II, S. 80), besonders, weil eine »elende, leere, tote Zeit« ihm zu schaffen macht, wie er in einem Brief vom August 1902 berichtet (BR II, S. 79). Im selben August entsteht der *Chandos-Brief.*

Doch in Rom lassen die durch schlechtes Wetter bedingten ungünstigen Lichtverhältnisse, wovon für Hofmannsthal so viel, »ja zu allermeist der Unterschied zwischen Stanislau und Venedig abhängt« (BR II, S. 85), zumindest anfänglich keine rechte Begeisterung aufkommen. Ein »eigentümlich bedrücktes und unfreies Gefühl« enttäuscht die hochgesteckten Erwartungen (BR II, S. 90). Seine unmittelbare Erlebnisfähigkeit ist stark eingeschränkt: »[...] ich kann alles dergleichen eigentlich erst auf einem sehr mühsamen Umweg genießen, durch eine Art von Reproduktion [...].« (BR II, S. 90) Ausgerechnet in Rom stürzt er sich in ein neues Venedig-Projekt, die Bearbeitung von Otways Verschwörungstragödie *Venice preserved.*[25] Der Stoff hatte ihn bereits während der Niederschrift des *Chandos-Briefs* beschäftigt, wie eine Tagebuchnotiz bezeugt (A S. 133), und behandelt, wiederum in Unterschied zum *Abenteurer,* ein düsteres, morbides Venedig, »durchtränkt von Heuchelei und Heimlichkeit, voll von Spionen, Gift und Meuchelmord« (DR II, S. 158).

Schon nach kaum einem römischen Monat reist Hofmannsthal nach Venedig und quartiert sich dort ein. Daß sein neues Stück in Venedig spielt, ist nicht der einzige Grund für den recht plötzlichen Ortswechsel (BR II, S. 97). War der Romaufenthalt wohl eher ein pflichtschuldiges Zugeständnis an gewisse Künstlerkonventionen – eine Art Zwang, der Stadt etwas Positives abzugewinnen, ist in den Briefen deutlich spürbar – so kann er in der Lagunenstadt wieder aufatmen, leben und arbeiten[26], zumal hier offensichtlich die richtige Beleuchtung vorhanden ist: »Alles schwimmt im Licht und kühler, bewegter, glitzernder Luft. Das ist doch die schönste Stadt auf der Welt; man spürt ihren Zauber immer stärker und es ist ein Glück, daß wir das so nahe von Wien haben.« (BR II, S. 97)

Doch bleibt Venedig nicht isoliert in Hofmannsthals visuell geprägter Motivik. Eine dreitägige Sommerreise ein Jahr später führt ihn in das Bergdorf Castelfranco, den Geburtsort Giorgiones und zur Palladio-Villa Rotonda bei Vicenza. Der atmosphärisch dichte Essay *Sommerreise* (1903) beschreibt den Blick von den Bergen aus auf die italienische Ebene hinunter, »auf das Land, das wie ein Mantel von den Hüften der Alpen niederschleift bis ans Meer« (PR II, S. 56). Venedig ist eine der »prunkvollen Spangen im Saum dieses Mantels » (S. 57). Beides, »die Alpen und die an ihrem Fuß liegenden Gegenden und Städte« gehören für Hofmannsthal »zu einer einzigen Landschaft zusammen, zu der, die eigentlich, glaub' ich, die Heimat meiner Phantasie ist«, schreibt er kurz vor der Reise an Hans Schlesinger (BR II, S. 109). Denn diese Landschaft vermag Einklang zu stiften, eine »süße Vermischung von Weite und Nähe, von Dunkel und Helle, von Tag und Traum« (PR II, S. 58), zugleich die schöpferische Grundlage für die Kunst Giorgiones und Palladios; die Entstehung des *Ländlichen Konzertes* von Giorgione und Palladios Villa Rotonda werden in Hofmannsthals Essay auf kunstvolle Weise mit den »Herrlichkeiten der großen Landschaft« verwoben (PR II, S. 62).

Hofmannsthals erste Komödie *Christinas Heimreise*, 1907 wiederum im Anschluß an einen Venedig-Besuch konzipiert, führt erneut in die Welt Casanovas.[27] Doch werden jetzt beide Pole seiner ›Phantasie-Heimat‹ als Schauplätze und Symbole unterschiedlicher Lebenshaltungen gestaltet, den optischen Kontrasten gegensätzliche Moralvorstellungen zugeordnet. Venedig ist Heimat und adäquater Lebensraum der Casanova-Gestalt Florindo, die weibliche Heldin Christina hingegen kommt aus dem Gebirgsdorf Cadiponte. Florindo kann sein flüchtiges Abenteurerdasein zwischen Traum und Wirklichkeit, Schein und Sein nicht aufgeben und kehrt, nachdem er Christina heimbegleitet und auf halbem Weg verführt hat, wieder nach Venedig zurück, um sich dort in neue Liebesabenteuer zu stürzen. Für Christina wird die Begegnung mit Venedig und dem Venezianer zu einer Art Durchgangsstation auf dem Weg zur Selbstfindung und den ihr angemessenen moralischen Werten, etwa der Ehe und dem Landleben. Mit der resolut-biederen Christina und ihrer äußerlich und innerlich intakten, sittlich gefestigten (Alpen-)Welt seien, so Richard Alewyn, die »impressionistische Lebensform und der nur vitale Lebensbegriff [...] in ihrer Unvollkommenheit und Fragwürdigkeit endgültig bloßgestellt«.[28]

Aber auch eine schöpferische Spannung ergibt sich aus der Konfrontation von venezianisch-abenteuerlichem (Großstadt-)Dschungel und ländlich-alpiner Klarheit, Schritt für Schritt nachvollziehbar in Hofmannsthals 1908 veröffentlichtem Essay *Erinnerung schöner Tage*. Der Aufsatz beginnt mit der Ankunft des Erzählers und eines Geschwisterpaars in Venedig. Einmal mehr erscheint es als undefinierbare, »impressionistische Stadt par excellence«[29], faszinierender Ort der ständigen Verwandlungen und Kontraste zwischen weiten Plätzen und engen Gassen, Licht und Schatten, »wie in einem Traum« (PR II, S. 346). Für Katharina, die Venedig zum ersten Mal erlebt, stellt sich immer wieder die Frage: »Ist dies wirklich? Kann dies wirklich sein?« (S. 347) Überall ein »Aufleuchten des Lichts« und »Dinge, die leuchteten« (S. 348).[30] Die geheimnisvolle Atmosphäre hat etwas Erotisches, der Erzähler muß »jäh an Lippen denken, wie sie den langentwöhnten Weg zu geliebten Lippen leicht und traumhaft wiederfinden« (S. 343). Vor den Auslagen der Juwelen- und Antiquitätenhändler hin- und herschlendernd, überkommt ihn der schöpferische Wille: »Wie die feurige, feuchte Luft eines Inselstrandes den funkelnden Schmetterling aus sich bildet, wie das Meer mit dem unter seiner Wucht begrabenen dämonischen Licht die Perle und den Nautilus bildet und sie auswirft, so wollte ich etwas bilden, das funkelte von der inneren Lust des Lebens, und es hinter mich werfen, wenn der unaufhaltsame und entzückende Sturz des Daseins mich dahinriß.« (S. 349)

Aber der Anblick Venedigs allein genügt noch nicht, »Funkelndes« zu schaffen. Der Erzähler zieht sich in seinen Gasthof zurück und wird dort, angeregt durch die Gegenwart einer schönen Frau im Nebenzimmer, in einen seltsamen Schwebezustand versetzt, »ein Schlaf und immer ein neues Hinüberwachen in neue Träume, Besitzen und Verlieren [...] ein Sichhaben und Sichnichthaben« (S. 352). Eine Ahnung von Heimat und Kindheit steigt auf »denn es geht ja bergauf, hinauf ins

Gebirg [...] ganz hinaus ins alte Dorf« (S. 352). Die in dieser venezianischen Nacht durchlebten Verwandlungen, »Kommen und Gehen. Fremd und daheim«, »Morgenluft der Kinderzeit und Ahnung des Totseins« (S. 351 f.) befähigen erst, lebendige Dichtung, »wirkliche Gestalten aus dem nackten Steinboden« des Gasthofzimmers zu bilden (S. 353).

In Hofmannsthals unvollendetem Roman *Andreas oder die Vereinigten* und den zugehörigen Entwürfen – ursprünglich als weitverzweigtes Projekt geplant und über Jahre hinweg bearbeitet – ist Venedig ein letztes Mal sinnlich und seelisch adäquater Schauplatz metaphysischer Verwandlungen und Begegnungen, »die Welt, die das Individuum von sich entfernen will, um es zu sich zu bringen« (A S. 218). Ebenso wie all seine Venedig-Dichtungen steht der erste Entwurf *Venezianisches Tagebuch des Herrn von N.* unter dem unmittelbaren Eindruck eines Venedig-Aufenthalts im Juni des Jahres 1907.[31] Im Hauptfragment *Andreas oder die Vereinigten*, das vermutlich in den Jahren 1912/1913 entstand, wird Venedig erneut mit der intakten, ländlichen Alpenwelt gekoppelt. Dort muß Andreas auf peinliche Weise erfahren, daß er aufgrund charakterlicher Schwächen und einer unreifen Persönlichkeit die Bauerstochter Romana und damit den Eintritt in eine integre (Erwachsenen-)Existenz noch nicht verdient hat. Er verläßt den Ort seiner schlimmsten Niederlage und begibt sich nach Venedig, das sich schon bei der Ankunft als verwirrendes, ja gespenstisches Labyrinth voller Rätsel und Verführungen entpuppt. Die Welt ist nicht, wie sie scheint: Ein vornehm und vertrauenswürdig aussehender Herr wird bald als haltloser Spieler entlarvt, die gräfliche Familie, bei der Andreas ein Unterkommen findet, setzt die eigene Tochter als Hauptpreis in einer Lotterie für die ›feine‹ Gesellschaft Venedigs aus.

Venedig bleibt aber hier nicht nur ein gestaltloser, märchenhaft entrückter Ort. Zumindest enthält das Fragment anschauliche Milieustudien, gewährt Einblicke in venezianische Hinterhöfe, einsame Plätze und dunkle Gäßchen, die allerdings den dämonischen Zauber der Stadt keineswegs beeinträchtigen. Es erscheint deshalb fragwürdig, hier von einer »Entromantisierung« des Venedig-Bildes zu sprechen.[32]

Einmal mehr geht es nicht um die Beschreibung einer Stadt; Venedig ist das geeignete Ambiente, der Spiegel für eine individuelle Psyche und gleichzeitig Krisenbewältigungsmodell. In den beiden in einer Art Kurzschrift abgefaßten Konvoluten *Das venezianische Erlebnis des Herrn von N.* und *Die Dame mit dem Hündchen*, hat Hofmannsthal die psychologischen Motivationen seines Helden deutlicher herausgearbeitet. Denn Andreas, eine Art »alter ego« des Autors, geht nach Venedig, weil die Stadt seiner eigenen seelischen Krisendisposition entspricht, »weil dort die Leute fast immer maskiert sind«, einer gespaltenen und orientierungslosen Persönlichkeit, »Andreas‹ zwei Hälften, die auseinanderklaffen«, der Schwierigkeit, die Realität richtig einzuschätzen: »Überhaupt quält ihn jetzt der Unterschied zwischen Sein und Erscheinung [...]« (E S. 195)

»Es ist mir völlig die Fähigkeit abhanden gekommen, über irgend etwas zusammenhängend zu denken oder zu sprechen«, heißt es im *Chandos-Brief* (PR II, S. 11). In einer vergleichbaren Situation befindet sich Andreas: »[...]schwierige schleppende Rekonvaleszenz nach einer seelischen Krise, Spuren von Anhedonia, von Verlust des Wertgefühls, Verwirrung der Begriffe.« (E S. 221)

Doch die im Venezianischen versinnbildlichte Entfremdung von der Welt und dem Leben ist die Voraussetzung für die Selbstfindung und Andreas' Weg ins Leben: »[...] zuerst liebesfähig werden, dann lernen, daß Geist und Körper eins sind.« (S. 226) In Venedig begegnet Andreas dem Malteser – »sein Wesen ein Wissen um das Geheimnis der menschlichen Organisation« (S. 201) – und der weiblichen Doppelgängergestalt Maria /Mariquita, »Spaltungen ein und derselben Person« (S. 206), die Hofmannsthal nach einem psychiatrischen Dokument gestaltet hat.

Andreas verläßt schließlich fluchtartig den Ort der Irritationen; erst jetzt kann sich die gleichsam kathartische Wirkung des Venedig-Erlebnisses entfalten: »Wie Andreas flüchtet und wieder bergauf fährt, ist ihm, als ob zwei Hälften seines Wesens, die auseinandergerissen waren, wieder in eins zusammengingen.« (S. 220) Was ihm sein weiteres Leben auch bringen mag, »er fühlt mit Schaudern, daß er in die eingeschränkte Wiener Existenz gar nicht zurück kann, er ist ihr entwachsen« (S. 247).

Hugo von Hofmannsthals ›Italienerlebnis‹ reduziert sich, etwas überspitzt formuliert, geographisch auf Venedig, lebensgeschichtlich auf seine jüngeren Jahre und dichterisch aufs Atmosphärische und der Krisenstimmung seiner Zeit Gemäße.

Andere Italieneindrücke, Besuche bei seinem Freund Rudolf Borchardt in Lucca 1912, 1913 (mit Rudolf Alexander Schröder) und im Todesjahr 1929, der Romaufenthalt von 1902 und ein weiterer mit Richard Strauss im Jahre 1913, sowie einige spätere Italienreisen einschließlich eines Sizilienbesuches 1924, haben ihn offensichtlich nicht so stark berührt, daß eine Verarbeitung innerhalb seiner Dichtung nachweisbar wäre.[33] Überhaupt wendet er sich nach etwa 1913 – abgesehen von der Arbeit am *Andreas*-Projekt – ganz anderen Themen zu.

Auch er hat von der faszinierenden venezianischen ›Mischung‹ profitiert: optische Reize, einzelne Aspekte der Kultur- und Geistesgeschichte (Tizian, Casanova) und literarische Motivtraditionen sind Inspirationsquellen und Gegenstände seiner Dichtung. Ästhetische Eindrücke dominieren, werden jedoch auch zu Symbolen seelischer Vorgänge verdichtet – es entsteht eine ständige Wechselwirkung zwischen Außen und Innen, zwischen Seheindruck und Bewußtseinslage. Das sinnlich wahrgenommenen Erscheinungsbild Venedigs wird etwa der Lebenshaltung des (städtischen) undurchsichtigen Abenteurers und Sinnenmenschen zugeordnet; als ästhetischer und moralischer Gegenpol zum Venezianischen fungiert die (ländliche) Welt der Alpen.

Der Todessehnsucht und Renaissancestilisierung seiner Zeitgenossen in den dichterischen Anfängen sehr nahestehend, hat sich Hofmannsthal später nur noch in seinem Trauerspiel *Das gerettete Venedig* mit einem ausschließlich ›morbiden‹ Venedig beschäftigt.

Venedig ist zwar immer die faszinierende und zugleich gefährliche Stadt der Irritationen und Verführungen, ja auch der Abgründe des Lebens. Aber für Hofmannsthals Figuren endet der Aufenthalt zumeist nicht tragisch oder tödlich, er ist vielmehr notwendig für existentielle Verwandlungen: des Dichters, der (Ehe-)Frau Christina oder des krisengeschüttelten Andreas. Nicht zufällig besteht zwischen Hofmannsthals nachlassendem Interesse für die Lagunenstadt und der Überwindung seines ästhetizistischen, ›dekadenten‹ Lebensgefühls ein enger lebens- und werkgeschichtlicher Zusammenhang.

»Unmöglichkeit, von hier ins Kleinliche, Nichtige zurückzusinken«, heißt es im *Andreas*-Fragment (E S. 234).

Eine Unmöglichkeit auch, so möchte man hinzufügen, das Phänomen ›Venedig‹, trotz aller Licht- und Luftspiegelungen immerhin eine real existierende Stadt, dichterisch zu bewältigen, zu vergegenständlichen.

Dichterfürst und Taugenichts –
Die Italienreisen Gerhart Hauptmanns (1897) und Hermann Hesses (1901)

Beinahe wäre es zu einem italienischen Treffen zwischen den beiden deutschen Dichtern gekommen. Wenige Schritte nur trennten Gerhart Hauptmann und Hermann Hesse im Jahre 1911 an der italienischen Rivieraküste, als Hermann Hesse sich jedoch schnell aus dem Staub machte, bevor Hauptmann den jüngeren Kollegen überhaupt wahrnehmen konnte. Fritz Brun berichtet von dieser nicht eigentlich stattgefundenen Begegnung in einer autobiographischen Skizze über seine Umbrienreise mit Hermann Hesse und einigen Schweizer Freunden. Auf der Rückreise »bummelten« die Gefährten am Meer entlang nach Rapallo, wo sie an der Uferpromenade »Gerhart Hauptmann spazieren« sahen, eine offensichtlich nicht allzu angenehme Überraschung: »Wir machten einen Bogen um den Dichter und gingen zum Bahnhof.« (I S. 330)

Vermutlich wäre die hier spürbare Distanz und Abneigung auch gegenseitig gewesen, als so fremd und verschieden dürften sich beide Künstler schon damals empfunden haben: Gerhart Hauptmann, gefeierter Dramatiker auf allen Bühnen Europas, der sich nach seinen naturalistischen Welterfolgen der achtziger und neunziger Jahre als Dichterfürst seiner Zeit in Szene zu setzen wußte, Hermann Hesse andererseits, dessen Frühwerk das neuromantische Leiden an der Wirklichkeit mit stillem Außenseitertum und stimmungsvoller Naturverbundenheit zu verbinden suchte. Mochte sich in dem realen und symbolischen »Bogen«, den Hermann Hesse 1911 demonstrativ um Gerhart Hauptmann schlug, das Gegensätzliche deutlich anzeigen: Ihr beider Künstlertum jedoch entsprang ohne Zweifel derselben gesellschaftlichen Krisenstimmung am Ende des Wilhelminischen Deutschen Reiches. Nicht von ungefähr rückte Hauptmann mit seinen symbolisch-mythologischen Dramenversuchen um 1900 selbst in die Nähe der »Neuromantik« – so fragwürdig auch Etikettierungen gerade für diese literarische Epoche sein mögen.[1]

Schon daß sie ausgerechnet in Italien aneinandergerieten, war weniger zufällig, als es die Plötzlichkeit der Hauptmannschen Erscheinung in Rapallo vermuten läßt. Beide Dichter nämlich hielten sich zeit ihres Lebens immer wieder in Italien auf:

Hauptmann verbrachte fast jedes Jahr seine Ferien in den italienischen Küstenstädten; Hesse, der sich später sogar in der italienischen Schweiz niederließ, unternahm allein zwischen 1901 und 1914 etwa zehn Italienreisen. Und noch mehr: Italien wurde für beide nicht nur zum südlichen Feriendomizil, sondern auch zum Anlaß, sich mit den eigenen literarischen und künstlerischen Vorstellungen auseinanderzusetzen. Hauptmanns Abkehr vom Naturalismus und die Neubestimmung seiner Dichterrolle erfolgten auch im Zusammenhang mit seiner italienischen Reise von 1897, Hesses erste Italienreise im Jahre 1901 war auch ein Bewältigungsversuch früher dichterischer Nöte, die in den ästhetizistischen Weltschmerzklagen des *Hermann Lauscher* (1901) ihren Ausdruck gefunden hatten. Die privat geführten Tagebücher beider Reisen wurden erst in jüngster Zeit – 1978 und 1983 – publiziert und der Öffentlichkeit zugänglich gemacht.

Der fünfundreißigjährige Hauptmann reiste 1897 schon zum dritten Mal nach Italien: Vorausgegangen war 1883/84 sogar der Versuch einer Bildhauerlehre in Rom, die wegen einer Typhus-Erkrankung jedoch nach sechs Monaten abgebrochen werden mußte. Da jene ersten Reisen von Hauptmann nur in seinen großen autobiographischen Schriften rückblickend geschildert wurden[2], gibt nur das Tagebuch von 1897 einen authentischen Einblick in die Art des Italienerlebnisses, wie es für Hauptmanns künstlerische Entwicklung und seine Stellung zu Italien grundlegend blieb.

Nur vier Jahre liegen zwischen den Reisen Hauptmanns und Hesses. Die Vergleichbarkeit beider Italienreisenden erstreckt sich dabei nicht nur auf die lebenslange Liebe zum südlichen Land. So wie die Reisenotizen eine intensive Auseinandersetzung mit den Problemen der Kunst zum Vorschein bringen, so betraf auch die gemeinsame Grundfrage dieser Reflexionen immer wieder die Stellung der Kunst und des Künstlers in der modernen Welt. Beide Literaten empfanden ihre Zeit, die in den Metropolen in Berlin, München und Wien tatsächlich zur epochalen Krise eines »Fin de siècle« stilisiert wurde, als Bedrohung der Kunst und zugleich als Beginn einer Suche nach ihren neuen Aufgaben. Für beide bedeutete diese Künstler-Problematik auch die große Krise ihrer Jugend: Schulabbrüche, fehlgeschlagene Bildungswege, soziales Außenseitertum und literarische Kompensations- und Fluchtversuche legen davon ein eindrucksvolles Zeugnis ab.[3]

Die Kunst wurde zur Existenzfrage, während die fortschreitende Entwicklung der modernen, kapitalistisch-industriellen Welt der Funktionslosigkeit der Kunst immer mehr Vorschub leistete. Der Künstler selbst fühlte sich in dieser gesellschaftlichen Situation zwischen der Auserwähltheit seiner Sendung und der Ausgestoßenheit aus der modernen Gesellschaft – einer Grunderfahrung der Dichter um 1900 – hin- und hergeworfen.[4] Die Erhebung der Kunst zur säkularen Religion und die Erfahrung der künstlerischen Existenzkrise sind nur zwei Erscheinungsformen desselben Phänomens. So wie Hauptmann in seinen Dramen den zweifelnden, von der Nutzlosigkeit seines Tuns verunsicherten Künstler und Intellektuellen – auch in autobiographischer Stilisierung – mehrmals vorgeführt hat, wie für Hermann Hesse der Künstler als ein der Gesellschaft entfremdeter Vagabund zum festen Bestandteil seines Figurenarsenals geworden ist, so ist beiden auch der bedingungslose Glaube an die fast religiöse Funktion und Wirkung der Kunst gemeinsam. Auf seiner Italienreise räsonniert Hauptmann in Wien über das »Wunder dichterischen Schaffens« als eines

Längst war das Eisenbahnzeitalter angebrochen, als sich Lebensphilosophen und romantisch inspirierte Natur-Apostel aufmachten, um Italien noch einmal so zu erfahren, wie es Seume einst vorbildhaft praktiziert hatte: zu Fuß. Besonders um die Jahrhundertwende haben Körperkult und Aussteiger-Mentalität neue Wahrnehmungs- und Bewegungsformen geprägt: In Ascona, der italienischsprachigen Schweiz, wurde die naturverbundene Künstlerkolonie auf dem Monte Verità gegründet, Nietzsches wirkungsträchtige Philosophie predigte einen neuen Kultus des Lebens, in Italien schließlich besann sich der Bohemien – wie hier *Hermann Hesse mit seinem Freund Othmar Schoeck* im Jahre 1911 – auf das Wandern als die alte Philosophie des Reisens.

kultisch-religiösen Offenbarungsaktes: »Es ist was von Prophetie darin, was von persönlichem Umgang mit Gott, was von unmittelbarer Beziehung, darunter Kleinmenschliches keine Stätte hat.« (T S. 13) Ebenso bekennt Hesse drei Jahre später in seinen autobiographischen Tagebuchnotizen im *Hermann Lauscher*: »daß es sich lohnt, alle körperlichen und geistigen Dinge nur in ihren Beziehungen zur Schönheit zu betrachten«, daß seine ästhetische Religion »Erhebungen schenken kann, die an Reinheit und Seligkeit denen der Märtyrer und Heiligen nicht nachstehen« (HW I, S. 321). Wie die ›zufällige‹ Begegnung in Rapallo ist auch diese Koinzidenz mehr als nur bloßer Zufall. Die »Beziehungen zur Schönheit« – Ästhetik und Kunst – waren beiden Schriftstellern nicht nur eine professionelle Tätigkeit, sondern bedeuteten eine zentrale, religiös übersteigerte Sinnperspektive in einer sinnentleerten »kleinmenschlichen« Gegenwart.

Reisen nach Italien fungieren in diesem Zusammenhang als Proben aufs Exempel: Die Reise als ästhetische Wahrnehmungs- und Existenzform, das Italienerlebnis als künstlerische und existentielle Erweckung in der Goetheschen Tradition sowie die italienische Kunstreise als Begegnung mit der abendländischen Tradition vereinigen sich dabei zu einem Brennpunkt moderner Künstlerprobleme. Gemeinsamer Ausgangspunkt und divergierende zeitgenössische Ausprägung der Kunsterfahrung, die im Falle Hauptmanns und Hesses später sogar zu zwei exemplarischen – und nobelpreiswürdigen[5] – Repräsentationen deutschen Künstlertums führten, finden ihren intimen, gleichwohl objektivierbaren Ausdruck in der zeitlichen Nachbarschaft der beiden italienischen Tagebücher.

Anders als der Basler Buchhandlungsgehilfe Hermann Hesse war Hauptmann zur Zeit seiner Italienreise 1897 schon ein weltberühmter Großschriftsteller. Nach seinen frühen naturalistischen Theatererfolgen – *Vor Sonnenaufgang* (1889), *Die Weber* (1892), *Der Biberpelz* (1893) – setzte er Mitte der neunziger Jahre Publikum und Kritik gleichermaßen in Erstaunen, als er diesen sozialen Anklagen symbolistische »Märchendramen« folgen ließ: In *Hannele* (1894) verwandelt sich die Armenhauskulisse in eine von leibhaftigen Engeln begleitete Himmelfahrtsszenerie, in *Die versunkene Glocke* (1897) scheitert die symbolische Künstlerfigur des Glockengießers Heinrich beim Versuch, zur Entfesselung genialischer Schöpferkraft aus dem biederen christlichen Bürgertum in die mythisch-heidnische Zauberwelt der Gebirgshexen und -dämonen zu entfliehen. Vom Naturalismus zum Mythos: Hauptmanns Weg spiegelt auch den exemplarischen Wandel eines Schriftstellers, dessen sozialer Protest sich in die gesellschaftsferne Dichterrolle des mythischen Sängers verwandelt.[6]

Der junge Hermann Hesse hingegen trat von vornherein als neuromantischer Kritiker des Naturalismus auf: *Romantische Lieder* hieß sein erster Gedichtband (1898), ein Motto von Novalis zierte seine Prosaskizzen *Eine Stunde hinter Mitternacht* (1899), Flucht aus Gesellschaft und Politik in ein selbsterbautes »Künstler-Traumreich«[7] ist Programm und Existenzgrundlage schon im frühesten Werk. So nimmt es nicht wunder, daß Hermann Hesse 1897 seine Begeisterung für Hauptmanns *Die versunkene Glocke* in einem Brief an seinen Vater bekanntgab, wobei er die frühere Geringschätzung des ›naturalistischen‹ Hauptmann nicht hinzuzufügen vergaß.[8] Schon 1895 hatte der Buchhandelslehrling nach der Lektüre von *Hannele* sein Tübinger Zimmer mit einer Photographie Gerhart Hauptmanns dekoriert.[9]

Der Dichterfürst Gerhart Hauptmann und der dichtende Sortimentsgehilfe Hermann Hesse, vereint unter dem Banner der neuromantischen Strömung? Wie sich zeigen wird, sprechen schon die Italien-Tagebücher eine andere Sprache. Hauptmann ist auf der Italienreise erfüllt vom Bewußtsein seiner dichterischen Sendung. Als »Werkzeug der Offenbarung« (T S. 13) apostrophiert er schon zu Beginn der Reise den schöpferischen Künstler, der mit den höchsten Kräften des Weltgeschehens in Verbindung stehe. Eine »stille freudige Gewißheit« verspürt der Dichter Gerhart Hauptmann, als er in Wien – zum Auftakt der Italienreise – seine künstlerische Zukunft überdenkt: »Du hast noch Großes zu sagen, das dir ein Größerer aufgetragen.« (T S. 14)

Der Dichter im Zwiegespräch mit Gott – fast theatralisch zelebriert Hauptmann diesen für die Jahrhundertwende typischen Kultus des dichterischen Genius.[10] Fünf Monate hielt sich Hauptmann in Italien auf. Die Stationen im Januar und Februar 1897 waren Venedig, Florenz und Rom, für den Rest des Aufenthalts ließ er sich in der Nähe von Sorrent nieder. Obwohl Hauptmann die Reise ohne Ehefrau, dafür aber mit seiner Geliebten Anna Grundmann – die Ehekrise jener Zeit schilderte er später im *Buch der Leidenschaft* (1930) – unternahm, ist das italienische Tagebuch kaum privaten Begleitumständen, sondern ganz der Kunstreflexion gewidmet. Mehr als die Betrachtung und den Genuß des fremden Landes allerdings führt sich Hauptmann dabei immer wieder die eigene Künstlermission vor Augen. »Das Schicksal hat mich richtig geleitet«, konstatiert er bei der Ankunft in Venedig, um sogleich den Unterschied zu seinen ersten jugendlichen Reisen nach Italien zu betonen: »Ich bin etwas geworden, und mehr, ich fühle: *ich bin etwas*«. Wieder glaubt er sich hierbei einem höheren Geschick verpflichtet: »Ich stehe da und danke dir, Gott, für deinen – meinen Reichtum! und daß du mich bis hierher wolltest führen.« (T S. 24) Heidnische Künstlerreligion und sozialer Aufstiegswille des geltungssüchtigen, kleinbürgerlichen Verhältnissen entstammenden Hauptmann[11] verbinden sich in dem stolzen Gefühl der Auserwähltheit, mit dem der Dichter italienischen Boden betritt: Es sei ihm zumute »wie einem, der vor einem ganz märchenhaft unermeßlichen Schatze steht, der, wie er fühlt, bald sein Eigentum sein wird« (T S. 24).

Anders Hermann Hesse. Im *Hermann Lauscher* ist zwar ebenfalls vom »Triumph der reinen Schönheit über alle Regungen des bewußten und unbewußten Lebens« die Rede, mehr jedoch von Einsamkeit, »dem Leiden unter der Gemeinheit«, der »Weltentsagung« und dem »niedergezwungenen Ekel« (HW I, S. 321 f.). Die mühsam ersparte und durch Sprachstudien sorgfältig vorbereitete Italienreise ist denn auch keine inszenierte Künstlerreise, in der die produktive Kraft des Genius sich an der italienischen Welt erprobt, sondern der Eintritt in eine Welt der Kunst und der Natur, deren Eindrücken und Reizen sich die empfindsam-romantische Dichterseele bereitwillig öffnet. Steht für Hauptmann der Künstler in tiefer, elementarer Verbindung mit den wesentlichen Kräften des Daseins, so zeichnet sich der Poet in der Manier Hesses durch die übergroße Sensibilität aus, mit der er die Fülle der Erscheinungen als Chiffren der eigenen Seelennöte und einer lyrisch-romantischen Gestimmtheit wahrnimmt und erfährt.

Die Differenz prägt die Sichtweise beider Dichter in Italien. Hauptmanns Blick versucht die Größe des Eindrucks sofort zu erfassen, das Gesamtbild von der hohen

Mit den romantisch gestimmten und wandernen Poeten der Jahrhundertwende hatte *Gerhart Hauptmann* wenig gemein. Von Anfang an war der selbsternannte Dichterfürst der deutschen Literatur auch in Italien auf Distinktion und vornehme Zurückhaltung bedacht. Schon im Äußeren wußte er sich von Hermann Hesse deutlich zu unterscheiden: Hauptmann posiert – hier auf dem Markusplatz in Venedig – in der Haltung des repräsentativen Bildungsreisenden, dem Italien als kulturträchtige Geburtsstätte dichterischer Ideen dienen soll.

Warte des Dichterfürsten zu überschauen, Hermann Hesses Wahrnehmung haftet an den impressionistischen Details, registriert fast liebevoll die italienischen Einzelheiten, läßt sich von der Fülle der Erscheinungen treiben. Triest etwa, die erste italienische Station, wird von Hauptmann weltläufig knapp anläßlich eines »Morgenspaziergangs« kommentiert: »Triest als Stadt, südlich, hell, geräumig: seine Lage ist schön und großartig, an die Nizzas erinnernd.« (T S. 20) Hesse hingegen, der Italien im März 1901 über die Schweiz bereist und die nächsten zwei Monate in Florenz und Venedig verbringt, notiert Augenblickseindrücke: zwar auch den »Großstadtcharakter« Mailands und die »Aussicht auf Stadt und Alpen« (I S. 61) vom Dom, ebenso aber zahllose Fresken und Gemälde, »Winkelkneipe« und »Trattoria«, in Genua den »Gang durch die farbige Stadt« sowie im Garten des Palazzo Durazzo die »Orangen (erfroren!) am Baum«, in den Sälen eine »Masse meist schöner van Dyck, *Silen* von Rubens, auch ein köstlicher kleiner Dürer«, in den Straßen »ein paar hübsche Frauen, enge Gassen, Laden an Laden, Lärm, Matrosen, Blumenbuden« (I S. 63).

Tritt Hauptmann der italienischen Welt gleichsam ebenbürtig gegenüber, mißt er ihren Reichtum mit dem stolzen Blick der wesensverwandten genialischen Schöpfernatur, so will sich der junge Hesse die Erfahrungen gleichsam einverleiben, taucht in der Erscheinungswelt unter und verwandelt sie in die poetischen Impressionen seiner Tagebuchnotizen. Ein Vergleich der Venedig- und Florenzerlebnisse beider Dichter zeigt die Konsequenzen dieser unterschiedlichen Haltung für die Erfahrung der italienischen Gegenwart wie ihrer Kunstschätze.

In San Marco sei ihm »aufgegangen«, daß er vom Schicksal richtig geleitet wurde, bekennt Gerhart Hauptmann am ersten Tag in Venedig: »Jedenfalls durfte ich nirgend anders hingehen wie hierher, wo ich alles finde, was ich suche und was mir nottut.« (T S. 24) Hauptmann weiß nicht nur, was er sucht, sondern glaubt es auch im ersten Zugriff als das Gefundene zu erkennen. Anstatt sich den Eindrücken zu öffnen, legt er sich dieselben in fast herrischer Gebärde zurecht. Noch am ersten Tag bemerkt er stolz, daß »die zerstreuten Eindrücke zur Einheit in meinem Geiste aneinanderwachsen und als Ganzes mir bleibender Besitz werden« (T S. 29). Der Dichter synthetisiert das Gesehene sofort zu einem von ihm selbst geschaffenen Bild. Das »Wunder des Markusplatzes« (T S. 29) und das »Orientalische von Venedig« (T S. 34) beschwört Hauptmann als die vergangene Schaffenskraft einer »versunkenen Epoche« (T S. 30): So wie er in dem Drama *Die versunkene Glocke* die Verborgenheit mythischer Kräfte in dem Bild der Glocke symbolisiert, so wird Venedig zum geheimnisvollen »Märchen« (T S. 28) einer geschichtlichen Größe, die in der Gegenwart jedoch »erstorben« scheint: »hier wandelt nichts mehr – nicht ein Mensch mehr, im stolzen Bewußtsein oder Unbewußtsein jener göttlichen Kulturkraft, die so märchengewaltig und wirklichkeitsgewaltig zugleich sich hervortat.« Ein Gerhart Hauptmann freilich scheint dieses Wandelns noch fähig und fühlt sich eins mit dem althergebrachten Schöpfungstrieb, der Venedig und seine orientalische Kulisse zurückgelassen hat: »Ich fühle, mit tausend Wurzeln senkt sich meine Seele in diese Gegenwart.« (T S. 23)

Ein »vollkommenes Märchen« (I S. 136) sei der Anblick der Lagunenstadt, vertraut auch Hermann Hesse seinem Tagebuch an. Weniger die mythisch verklärte Schöpfung einer versunkenen »Kulturkraft« jedoch, vielmehr die märchenhafte Verbindung der Geschichtszeugnisse mit der venezianischen Gegenwart kennzeichnet für Hesse das Erlebnis der Lagunenstadt: Nirgends kenne er »eine solche Einheit des heutigen Lebens mit dem Leben, das aus den Kunstwerken der goldenen Zeit Venedigs redet und in welchem Sonne und Meer wesentlicher sind als alle Historie« (I S. 54).

Auch wenn Hauptmann später zugibt, die »Totenstadt« sei mittlerweile der »lebendigen« (T S. 23) gewichen, und Hesse angesichts verwitterter Fresken den »Untergang vieles Schönen« als »zuweilen schmerzlich« (I S. 172) bedauert, so bleibt beider Wahrnehmung trotz dieser identischen Verlusterfahrung doch fundamental verschieden. Tritt Hauptmann etwa dem Markusplatz gegenüber und glaubt sich dabei »Orientpracht« und »Dogenzeit« Venedigs »erschlossen« (T S. 24) zu haben, so versucht Hesse »den Dogenpalast und San Marco zu verstehen«, indem er sich die Fremdartigkeit des Eindrucks aus den Einzelheiten der Perspektive zu erklären sucht, die »komplette Stillosigkeit« der Architektur »aus dem aparten Charakter der Stadt, aus orientalischen Einflüssen und aus dem etwas weichlichen, vorwiegend aufs Dekorative gerichteten Geschmack Venedigs« (I S. 132). Während Hauptmann den Markusdom als »erschlossen« gleichsam beiseite legt und sich daraufhin dem Spott über die »Pfaffen« (T S. 26) inmitten des heidnisch-orientalischen Ambientes widmet, schildert Hesse seine langsame Erkundung des fremden Komplexes: Er verweilt im Vorraum der Mosaike ebenso wie im stattfindenden Gottesdienst, besteigt die innere Galerie, um die Mosaiken aus der Nähe und das »riesige Goldfeld« (I S. 134) insgesamt zu besichtigen, erklettert die äußere Galerie für die Außensicht und bleibt schließlich eine Weile auf der Piazetta, um den Glockenschlag abzuwarten. Auch hier stehen sich der gewollt und herrschaftlich anmutende Gesamteindruck, mit dem Hauptmann sich das Fremde unterwirft, und das detailverliebte »Verstehen« Hermann Hesses gegenüber.

Hauptmann sucht »alles Gegenwärtige« zu verwandeln in die »ewige Sprache der Vergangenheit, Gegenwart und Zukunft« (T S. 30). Dieser gleichsam mythischen Objektivität[12] ist er auch in Venedig auf der Spur: Die Märchen von *Tausendundeine Nacht* verstärken und inspirieren den orientalischen Hintergrund, auf dem Hauptmann Venedig erlebt und gleichzeitig Skizzen für ein orientalisches Drama, *Sittulhassan*, entwirft.[13] Mehr als der italienischen Kultur in ihrer Vielfalt ist Hauptmann jedoch den Imaginationsquellen großer Künstler verpflichtet. An Goethes *Italienischer Reise* sei »das Behagen des Ausruhens, die Freude am Besitz seiner selbst« (T S. 39) zu verspüren, bemerkt er in Venedig, und eifert dem klassischen Vorbild sofort nach: Am Lido fühle er »zum erstenmal« nach langer Zeit »wieder drängende Schaffenslust«. Die Konsequenz dieser Besinnung auf die eigene Schöpferkraft, den »Besitz seiner selbst«, ist freilich das Eintauchen in einen anderen Kosmos als den der italienischen Geographie: »Venedig versank mir.« (T S. 35)

Auch in der »Accademia di Belle Arti« versucht sich Hauptmann der Größe der Künstlerkollegen zu vergewissern. Tintorettos »herbe Macht und Ganzheit« sei ihm aufgegangen, Paolo Veronese habe sich ihm »in aller Großartigkeit eingeprägt«, die »Klugheit des Meisters« müsse man an Tizian »bewundern« (T S. 37). Veroneses

Christus im Hause Levis wird eindringlich betrachtet: »ein Stück venezianischer Kultur und Überkultur« darin erinnere in der Gestalt des Levi an die gegenwärtige ›décadence‹ des »Fin de siècle« (T S. 44), die nähere Reflexion über die Faszination der Darstellung führe jedoch »von allem Venezianischen ab, da diese fragliche Angelegenheit rein künstlerischer Natur« (T S. 47) sei.

Hesses Orientierung dagegen zielt auf die Kunst nicht als Ausdruck der großen und mächtigen Persönlichkeit oder als urtümliche Sphäre mythischer Gesetze, wie sie Gerhart Hauptmann in der Lektüre und den Museen zu rekonstruieren versucht, sondern als Produkt einer Lebenswelt, die es verstehend nachzuvollziehen gilt. »Gestern ein Abend voll Eichendorff-Melodie« (I S. 168), faßt Hesse später eine venezianische Nacht zusammen. Wie ein Eichendorffscher Taugenichts will sich der Neuromantiker aus Calw auch Venedig zum Erlebnis machen; Dazu gehören malerische Gondelfahrten, das Muschelsammeln am Lido, »Piazzabummel« (I S. 139) und Taubenfüttern ebenso wie Galeriebesuche, Trattorien, Plaudereien mit Kindern, Gastwirten und »Muschelmännern« (I S. 151), Entdeckungen versteckter Kirchen und Ausflüge zu den kleinen venezianischen Inseln. Statt der ›objektiven‹ Zuschreibungsversuche Hauptmanns – »Venedig ist heiter, genußfroh, genußgewohnt; es ist graziös, elegant und schwärmerisch« (T S. 43) – sammelt Hesse in impressionistischer Manier die sinnlichen Erfahrungen italienischer Lebenswelt; statt sich auf die Wesensgesetze der Kunstproduktion zu besinnen, will Hesse vielmehr selbst italienisch und venezianisch werden. Er gefällt sich im ›Verbummeln‹ (I S. 141), berichtet, wie er den Tag »vergondelte« oder einen »Abend verkneipen« will, bringt das Erleben der italienischen Welt schließlich auf einen ironisch gegen die angestrengt-touristischen Kunstreisen formulierten Nenner: »Ich beginne hier die schöne Kunst des vollendeten Müßiggängers gelehrig zu erfassen.« (I S. 145)

Mag Hesses Bild über den vagabundierenden Italiener der Realität des italienischen Lebens nicht ganz entsprechen, gerade der Kultur- und Lebenszusammenhang der italienischen Kunst wird dem müßiggehenden Taugenichts zum Ziel der Erfahrungen. »Nun verstehe ich Bellini, Giorgione, Palma, Tizian und Veronese«, stellt Hesse in der Accademia fest, nachdem er mit den Museumsbesuchen – wie Hauptmann übrigens auch – einige Tage abgewartet hatte, um erst »ein paar Tage venezianische Sonne zu sehen und hiesige Luft zu atmen« (I S. 139). Anders als bei Hauptmann aber führt das nähere Studium der Kunst nicht vom Venezianischen ab, sondern komplettiert den impressionistischen Sinnenreichtum der Stadteindrücke. Das »süße, weiche Goldbraun, die satte, tieftönige Luft, der ganze goldduftige Schmelz dieser Bilder« sei auch außerhalb der Museen und Paläste zu finden, und erst als Hesse »sowohl von venezianischer Kunst wie von Natur und Leben so Reiches und Vieles« gesehen habe, sei ihm »der Zauber dieser einzigartigen Stadt ganz aufgegangen« (I S. 139). Hesse versteht das ästhetische Erleben Italiens als erfahrbare Einheit von Kunst und Leben, als romantisch inspirierte Einübung in die südliche Lebenskunst. Während Hauptmann sich in einem Café in die Photographie seines bedeutendsten Kunsteindrucks, des Veronese-Gemäldes, vertieft, um sich zu fragen, warum ihm gerade dieses Bild »zum Ereignis« (T S. 45) geworden sei, sucht Hesse die Originale am liebsten an ihrem angestammten Ort und Funktionszusammenhang auf. In Kirchen und Kreuzgängen studiert er die Details der Gemälde,

Fresken und Ornamente, neben der Kirche Santi Giovanni e Paolo bemerkt er die »schönsten Brunnenöffnungen Venedigs«, er läßt sich auf der Gondelfahrt von den Pallastfassaden »fesseln« und genießt das »Farbenbild« einer Fischersfrau mit ihrem Kind (I S. 142).

Schafft sich Hauptmann sein eigenes Venedigerlebnis, so will Hesse die venezianische Einheit von Leben und Kunst miterleben. Hauptmann kann deshalb bereichert und ohne Verluste abreisen: »Mein Venedig im Herzen, beneide ich den Italiener nicht um das seine.« (T S. 49) Hesse dagegen muß vom venezianischen« Leben unwiderruflich Abschied nehmen: »nicht ohne Tränen« geht er nach seinem letzten Abendspaziergang auf dem Markusplatz »bedrückt und still nach Hause« (I S. 153).

Bevor Hauptmann sich sein festes Domizil bei Sorrent wählte, blieb er die längste Zeit seiner Reise in Venedig; Hermann Hesse dagegen verbrachte mehr als die Hälfte seines gesamten Italienaufenthaltes in Florenz. War für Hauptmann Venedig das Erlebnis, das ihn zu den orientalischen Mythen und den Märchen aus *Tausendundeine Nacht* führte[14], so bestimmte Hesse – die Schriften des Baslers Jacob Burckhardt im Gepäck – die Medici-Stadt Florenz und damit die *Kultur der Renaissance in Italien* zum ersten Ziel seiner Fahrt. Kunsteindrücke sind dann auch die erste Frucht seiner dreißig Tage in der toskanischen Hauptstadt. Hesse flaniert in den Uffizien wie in den Florentiner Straßen, durchstreift an verschiedenen Tagen einzelne Säle, kehrt zu Lieblingsbildern mehrmals zurück, läßt die Einzelheiten langsam und wiederholt auf sich wirken. Auch hier jedoch ist der Museumsbesuch eingebettet in das uneingeschränkte Erleben von Natur, städtischer Atmosphäre und italienischem Volk. »Das Geld geht trotz des billigen Lebens eiligst fort: Galerien, Wein, Blumen, Trinkgelder etc.« (I S. 68) Beim Spaziergang nach Miniato folgt eine impressionistische Gesamtschau, der »erste helle, große Eindruck des Südens«: »diese leuchtenden weißen Villen und alten Mauern zwischen den klassischen, ernst-schönen Piniengruppen, Zypressen, Sonne, Wärme, Blumen.« (I S. 68) Die Eindrücke in Florenz wiederum sind bunt gemischt: »Blumenmarkt« (I S. 73), »Bauernmarkt« (I S. 75) und Raffaels *Stieglitzmadonna* – sie »wiegt alles auf, was ich je sah, und lohnt allein die Reise« (I S. 68) – beschreibt Hesse ebenso aufmerksam wie Osterprozession und *Aida*-Vorführung: »eine vorzügliche Gelegenheit, dieses Volk näher kennenzulernen« (I S. 79).

Ganz anders wiederum Gerhart Hauptmann. Nach Venedig scheint ihm Florenz, sieht man ab von ein paar Fahrten in das toskanische Umland, dessen »Gartenherrlichkeit« (T S. 54) er bewundert, nur wenig nennenswerte Eindrücke bieten zu können. Das Florenz-Erlebnis konzentriert sich schließlich allein auf den Hymnus eines einzigen Künstler, bei dem Hauptmann die schon in Venedig immer wieder betonte genialische Kraft des großen Kunstschöpfers in nuce entdeckt: Michelangelo. Die Grabkapelle mit den Michelangelo-Skulpturen wird zum bevorzugten Aufenthaltsort Hauptmanns. Wieder verwandelt sich die Kunstbetrachtung in das Aufspüren der genialischen Quellen künstlerischer Expressivität: von einer »großen, stolzen Empfindung geboren« (T S. 60), werde in diesem Werk der »großartige Zustand der Seele« gespiegelt, »dessen bedeutende Männer, nachdem sie Hölle und Himmel gleichsam haben ermessen müssen, doch noch teilhaftig werden« (T S. 58).

Raffaels *Stieglitz-Madonna* war ein Höhepunkt der Florenz-Reise Hermann Hesses: »wiegt alles auf, was ich je sah, und lohnt allein die Reise.« (Hesse: *Italien*, S. 68) Goethe ließ die Frage offen, wer von den beiden gegensätzlichen Renaissance-Künstlern Michelangelo und Raffael vorzuziehen sei, Hesse und Hauptmann ergriffen Partei. Während der Neuromantiker Hesse in das Loblied Raffaels einstimmte, blieb Hauptmann skeptisch: In den Uffizien waren ihm die Zeichnungen Michelangelos wichtiger als der ›göttliche‹ Raffael.

Unverkennbar wittert Hauptmann in Michelangelo wieder den ihm selbst ähnlichen Künstlerkollegen. Reflexionen über den Künstlerstatus, Kommentare über den Italienreisenden Goethe und die Michelangelo-Bemerkungen münden in beinah identische Charakterisierungenen großer Kunst. »Ein Tempel von abgeklärter Heiterkeit« (T S. 57) sei die Grabkapelle, »olympisch« (T S. 58) müsse man die von Michelangelo geschaffene Atmosphäre nennen, und nur »wer Olympisches zuweilen erlebt, wird zu ihr ein echtes Verhältnis gewinnen« (T S. 58). Hauptmann jedenfalls läßt an seinem eigenen Verhältnis dazu keinen Zweifel. »Flüchtiges Durcheilen der Uffizien« (T S. 61) – so lautet eine Tagebucheintragung über den Uffizien-Besuch, der Hauptmann erst bei den Handzeichnungen Michelangelos überhaupt zu interessieren begann: »Vor der Kraft dieser mächtigen Handschrift erscheint das Umgebende marklos und weibisch.« Diesem Werturteil entgeht der von Hesse verehrte Raffael erst recht nicht: »[...] auch Raffael hielt mich nicht« (T S. 62).

Es ist faszinierend zu sehen, wie Hauptmanns und Hesses unterschiedliche Wahrnehmungsformen in Italien sich auch in diametral entgegengesetzten ästhetischen Urteilen und Vorlieben spiegelt. Schon in Venedig gehörte Tintoretto zu den stärksten Eindrücken Hauptmanns, die sich in späteren Jahren sogar zu einem Tintoretto-Essay (CA VI, S. 963–983) verdichteten, Hesse dagegen zeigte sich von Tintoretto schlicht »enttäuscht« (I S. 139): Außer wenigen Bildern habe er von ihm »fast nur Oberflächliches« (I S. 142) gefunden. In Florenz schließlich besucht Hesse die Grabkapelle in San Lorenzo erst spät. Die Michelangelo-Skulpturen kommentiert er nur kurz: sie seien »technisch großartig und von genialer Kraft, aber mir unsympathisch« (I S. 96).

Wie Hauptmann selbst zur Bildhauerei die stärkste Affinität entwickelte, so gilt ihm in aller Kunst schließlich die formgestaltende Schaffenskraft als das Wesentliche der ästhetischen Erfahrung. Der von Nietzsche inspirierte Titanismus eines dionysischen Lebenskultes im Hervorbringen ästhetischer Werte verklärt sich in der jugendstilgeprägten Gebärde des »alter deus« und Schöpfers eines erhöhten Lebens.[15] Auch Hesse will die Wesensgesetze der Kunst ergründen und versucht analog zur romantischen Tradition in der Schönheit einer höheren Wirklichkeit und Wahrheit habhaft zu werden, auch ihm verbinden sich Jugendstilsehnsüchte nach ästhetischen Paradieswelten[16] mit dem hohen Glauben an die Vorrangstellung der Kunst im Zeitalter des technischen Fortschritts. Doch statt der verherrlichten Repräsentanz genialer Schaffensvorgänge bleibt für Hesse die Kunst immer an den Betrachter gebunden, an die Kommunikation mit den intendierten Ausdrucksgehalten der Künstler. Die Einheit von Natur, Kunst und Leben tritt in Hesses Betrachtungen auch deshalb immer wieder in den Mittelpunkt, weil der ästhetische Gesichtspunkt dabei aufgehoben ist in einem lebendigen kulturellen Ausdruckszusammenhang, dem die Kunst entstammt und auf den sie wieder zurückwirken soll. Dem Betrachter ist es deshalb vergönnt, »im glücklichen Belauschen und Verstehen« (I S. 56) an der immer wechselnden Fülle dieser Lebensäußerungen teilzunehmen, um gerade in der Passivität des Aufnehmens den Horizont der eigenen, historisch und kulturell beschränkten Welt aufbrechen zu können.

Gerhart Hauptmann feiert auch in der Natur jenes ihm wesensverwandt dünkende dionysisch-mythische Schöpferelement, das Geschichtliche hingegen ist ihm

Die *Sagrestia Nuova* in der Florentiner Kirche *San Lorenzo* mit ihren von Michelangelo geschaffenen Skulpturen wirkte auf Gerhart Hauptmann wie ein ästhetisches Erweckungserlebnis: »ein Tempel von abgeklärtester Heiterkeit« (Hauptmann: *Italienische Reise*, S. 57). Hesses Fazit nach einem Besuch der Grabkapelle fällt dagegen kühl aus: »technisch großartig und von genialer Kraft, aber mir unsympathisch.« (Hesse: *Italien*, S. 96)

immer fremd geblieben.[17] Gerade in Geschichte und Kultur aber entdeckt der Burckhardt-Schüler Hesse jene Spuren menschlicher Ausdrucksvermögen und Erlebnisweisen, die über die Zeiten hinweg die Fülle menschlicher Erfahrungsintensität ebenso zum Vorschein bringen, wie sie die verwandten eigenen Seelenregungen im Spiegel der Kunst wiederkennen, verstehen und in tieferem Sinn erfahren lassen. Sucht Hauptmann in der Kunst die gleichsam erstarrten mythischen Urkräfte des Daseins auf, so sind Hesses Zuschreibungen auf innerlich-emotionale Wertqualitäten bezogen: »frühlingshaft herb-süß« (I S. 66), »buntlustig«, »naives Frohsein« (S. 68), »gewaltig schlicht und edel« (S. 79), »ausdrucksvoll«, »ungemein anmutender Anblick« (S. 81), »edelschön«, »sympathisch«, »harmonisch, weich und süß« (S. 83), »Echtheit und Wahrhaftigkeit« (S. 92) sind häufige Epitheta der Hesseschen Bildbeschreibungen. Von daher bleiben ihm auch die prunkvollen Tintoretto-Gemälde und die kolossalen Michelangelo-Figuren eher fremd. Wichtiger als allegorisch-mythische Repräsentationen und bildnerische Formkraft sind ihm Farb- und Lichtschattierungen, lyrisch-romantische Szenerien und historische Stilnuancen.

Hermann Hesse und Gerhart Hauptmann empfinden sich auf ihren Reisen beide als Außenseiter in der Menge des deutsch-bürgerlichen Touristenpublikums, das ihnen in Italien auf Schritt und Tritt begegnet. »In den Galerien braucht es viel Humor und guten Willen, sich über das Publikum nicht zu ärgern; man hört haarsträubende Aussprüche« (I S. 71), äußert sich Hesse in den Uffizien. Gerhart Hauptmann entdeckt an seinem Florentiner Lieblingsort, der Grabkapelle in San Lorenzo, in demselben Phänomen sogar blasphemische Angriffe auf das »ewige Wunder« der Michelangelo-Skulpturen: »ahnungslos« höre man die »tauben Menschen um des Heiligste sinnlos herumgehen«, die mit »schalem Zungengedresch« den Raum »entweihen« (T S. 63).

Beide Künstler begreifen ihr Außenseitertum allerdings aus gänzlich verschiedener Sicht. Hauptmanns Aufstieg vom Skandalautor des »Kleine Leute-Milieus« zum Mythen beschwörenden Dichterfürst äußert sich auf der Italienreise in einem aristokratisch gefärbten Individualismus[18], der den Abstand zur Menge ostentativ wahrt; »jeder Barbier und jeder Schlachter« ströme jetzt nach Italien, mokiert er sich in Venedig über die »zähe träge Masse des deutschen Philisteriums« (T S. 23). Die gesellschaftliche Isolation des Dichters sucht gleichwohl jedoch die Repräsentanz des auserwählten Dichterfürsten. Nicht zuletzt deshalb wird ihm Goethe zum vertrauten imaginären Dialogpartner auf der italienischen Reise. »Aller kleinbürgerlicher Schmutz und Geruch« würde von den modernen Literaten abfallen, wenn sie sich den »Quellen« der Kunst zuwendeten; nur »Männer von vollkommenem Adel« allerdings würden ihrer teilhaftig: »Goethe und alle Großen tranken daraus.« (T S. 84) Hauptmanns spätere Goethe-Imitiatio[19] zeichnet sich bereits auf der Italienreise 1897 deutlich ab. In Sorrent etwa gipfelt das Bekenntnis zur Genußfähigkeit in südlicher Naturlandschaft in einer beinah komischen Behauptung der intuitiven Geistesverwandtschaft: »Goethe hatte es. Ich habe es.« (T S. 98)

Hesse andererseits gefällt sich in der Rolle des mittellosen Vaganten, der die Nähe zu dem italienischen Volk der ›kleinen Leute‹ gerade aufsuchen will. Er schildert die deutschen Touristen nicht aus der Position des Geistesadel, sondern aus der Unterschichtenperspektive, macht »deutsche Geldsäcke« (I S. 71) und »sehr ›feine‹ Leute« (I S. 116) aus, die sich durch Ignoranz gegenüber der italienischen Kultur und Gegenwart entlarven: »alle Kirchen von Florenz miteinander verwechselten [...] und Witze über den Sonnenuntergang machten« (I S. 116). In Florenz gesellt er sich zu dem »Volk an der Straße« und beobachtet, wie es »den Wagenkorso der fremden und vornehmen Welt betrachtet und ohne Scheu kritisiert« (I S. 87). Hermann Hesse, selbst ein dem bürgerlichen Bildungsweg entlaufener Außenseiter, schlägt sich angesichts des wilhelminischen Besitz- und Bildungsbürgertum auf die Seite des italienischen Volkes. »Die Lebhaftigkeit der Rede und der Anstand (bei aller Naivität) übertrifft deutsche Verhältnisse weit« (I S. 83), bemerkt der deutsche Poet in einer Trattoria, wo ihm im Vergleich zur hierarchisch strukturierten Gesellschaft des Deutschen Reiches die unterschiedslose Teilnahme von »Signore und Schuhputzer« an der allgemeinen Unterhaltung in die Augen fällt.

Wie der von Hesse später literarisch stilisierte Vagabund und wandernde Taugenichts sind auch die einfachen Leute Italiens, die sich durch natürliche Herzlichkeit, durch »Naivität und Sicherheit des Sichgebens« (I S. 79) auszeichnen, utopische Gegenentwürfe zum saturierten deutschen Spätbürgertum, dessen Krise Hesse bekanntlich am eigenen Leib erfahren mußte.[20] Auch im Verhältnis zwischen Kunst und Gesellschaft gewahrt Hesse in Italien das Gegenbild zur spätbürgerlichen Kulturbourgeoisie: Italienische »Arbeiter und Handwerker im Sonntagsrock« unterscheiden sich in den Uffizien »durch ihr stilles Betragen und oft auch durch ihre Art, die Bilder zu betrachten, vorteilhaft vom englischen und deutschen Pöbel« (I S. 99). Während Gerhart Hauptmann die »barbaresken Manieren« (T S. 43) der Italiener erwähnt und damit ein die Reiseliteratur des 19. Jahrhunderts durchziehendes Stereotyp fortsetzt, bereichert Hermann Hesse die deutsche Italientradition um eine neue Dimension, indem er die italienische Lebenswelt kulturkritisch gegen das Bürgertum der Jahrhundertwende aufbietet: »Wie gemein so ein feister deutscher Kommerzienrat neben einem italienischen Bettelbuben aussehen kann!« (I S. 134)

Gerhart Hauptmanns Vorliebe für Repräsentation und ›Objektivität‹ drängt dagegen auch zur Repräsentanz nationaler Art. Schon in Venedig empfindet er sich eindeutig »als Deutscher«. Wieder wird Goethe dabei zum Spiegel Hauptmanns: »Auch Goethe konnte sich nicht vom Deutschen zu weit entfernen: das war seine Größe und war sein Glück.« (T S. 30). Goethes *Faust* und das prunkvolle *Sebaldusgrab* des Bildhauers Peter Vischer in Nürnberg sind ihm dann auch die Manifestationen großer nationaler Kunst, die er ausgerechnet auf der Italienreise immer wieder erwähnt und zum Vergleich heranzieht. Vischers Nationaldenkmal habe sogar eine »reinere Stimme« als alle venezianische »Herrlichkeit« (T S. 25), neben Michelangelo verkörpere Vischer überdies den »ursprünglichsten« (T S. 64) Künstlertypus. In Sorrent schließlich gehen Hauptmanns Kunstreflexionen unverblümt in das Bekenntnis zum spezifisch »Deutschen« über. Anläßlich einer mißglückten französischen Uraufführung der *Versunkenen Glocke* enden seine von verletzter Eitelkeit nicht freien Zweifel an dem französischen Kunstverständnis – »Der Franzmann ist ein Barbar geworden« – in der Überlegung, es sei »nichts besser und nichts gesünder, als wenn sich die Gegensätze von Deutsch und Französisch hierin entschieden geltend machen« (T S. 95). Er selbst fühle sich, je »intimer und konfessioneller, um so deutscher« (S. 93) werden, und sieht schließlich in Goethes »Faust« und Vischers *Sebaldusgrab* »spezifisches Deutschtum« (T S. 105) genial verwirklicht. Kein Zweifel besteht für ihn an der eigenen Zugehörigkeit zu dieser nationalen ästhetischen Tradition: »Das eigne Gefäß« (T S. 105), notiert er am Rand.

Hermann Hesses Stellungnahme zu Italien ist nicht weniger eindeutig: »angesichts dieser Kultur und dieses Lebens sinkt mein Nationalgefühl auf Null herab« (I S. 296), schreibt er seinen Eltern schon kurz nach der Ankunft in Florenz. Damit wird das Kunst- und Kulturverständnis Hesses ebenfalls ins Gesellschaftliche verlängert: Wie er sich in den Kunstwerken des Allgemein-Menschlichen in seinen vielfältigen Formen vergewissern will, so dient ihm auch die italienische Gesellschaft zur Loslösung vom Nationalen und zur Besinnung auf das eigentlich Humane jenseits bürgerlicher Länder- und Klassengrenzen.

Bei Hauptmann wie bei Hesse verbanden sich Kunst- und Gesellschaftsverständnis zu einer Suche nach neuen Funktionen von Kunst – und dies in einer Zeit, die den Schriftsteller in die Rolle des Außenseiters und des Heiligen, des Märtyrers und des Repräsentanten[21] drängte. In den Italienreisen beider Künstler bildeten sich deshalb Vorstellungen von der Rolle des Dichters heraus, die auch politische Folgen zeitigen sollten: Hauptmanns Einstimmen in die nationale Kriegsbegeisterung 1914 und sein demonstratives Bekenntnis zur nationalsozialistischen Herrschaft 1933[22] lassen sich von daher ebenso verstehen wie Hesses publizistischer Einsatz für Völkerverständigung und gegen Nationalismus und Kriegshetze, den der Repräsentant eines ›anderen‹ Europas in den beiden Weltkriegen von der neutralen Schweiz aus führte.[23]

Der romantische ›Taugenichts‹ Hermann Hesse ließ sich Zeit für seine Reisen zwischen Florenz und Venedig. Im weltläufigen Bologna schlenderte er den Korso entlang, ebenso wie er in kleinen toskanischen Dörfern ganze Tage verbrachte: »dritter Klasse und Orangen in der Tasche durch Italien« (I S. 297). Nur die Heimfahrt wurde wegen Regen und Geldmangel zur »Schnellfahrt quer durch Oberitalien« (I S. 153). Am 19. Mai 1901 kehrte Hesse in das elterliche Calw zurück.

Der Großschriftsteller Hauptmann durcheilte nach den einwöchigen Aufenthalten in Venedig und Florenz Ober- und Mittelitalien ohne Zwischenstation. Für die Hauptstadt Rom blieben nur sechs Tage, ganze drei Seiten des Tagebuchs sind ihr gewidmet. »Rom. Regen. Schauder« bilden den Auftakt, dem das Gesamturteil noch am ersten Tag folgt: »Hier ist nicht gut sein für mich, in keiner Beziehung.« (T S. 68) Hauptmanns negative Eindrücke seiner jugendlichen Romreisen finden sich auch diesmal bestätigt. Schon in Florenz bekundete er seine Abneigung gegenüber den Städten (T S. 50f). Ebensowenig wie an der Historie nahm er Anteil an dem städtischen Gegenwartsleben Italiens, auch hier verkehrte sich dem naturalistischen Dichter der *Weber* die Perspektive. Nur Michelangelos *Pietà* blieb ein bleibender römischer Eindruck, der Hauptmann sogar noch während der ersten Wochen in der Bucht von Neapel beschäftigte. Das »Ausweiten der Seele an Michelangelo« (T S. 81) beruhte auch hier wieder auf der Fähigkeit des Künstlers, mythisch-überzeitliche Inhalte in künstlerischer Form zu gestalten: »das ewig mütterliche Leben« (T S. 82) sei die heidnische Grundbedeutung und mythische Urszene der katholischen *Pietà*-Madonna.

Ein »gesicherter Punkt« sei nun »gefunden« (T S. 73), atmet Hauptmann erst wieder im Hotel »Cocumella« bei Sorrent auf, wo er sich in einem Luxuszimmer mit »Rokokoteppich«, »Plafond« – »ein Himmel mit Schwalben und Schmetterlingen« –, Dachterrasse und Blick aufs Meer einquartiert, in geeignetem dichterfürstlichen Ambiente: »wie ein Dichter nur wohnen kann und soll« (T S. 74). Der gefundene Stützpunkt im Süden wird für Hauptmann auch zum Ort der Auseinandersetzung mit der Kunst seiner Zeit: Das Italienerlebnis führt zu einer regelrechten Abrechnung mit der eigenen naturalistischen Vergangenheit. Michelangelos Größe richtet sich nun auch gegen die Zeitgenossen, über deren Treiben er sich durch Berliner Zeitungen auf dem laufenden hielt: »Kleinbürger im Reiche der Kunst« (T S. 87) und »Epigönchen« (T S. 85) schimpft er sie – der Berliner Dramatiker Bulthaupt gehört ebenso dazu wie der »Scharlatanshumbug« (T S. 93) eines Zola. Hauptmanns bildungsaristokratischer Affront gegen »alles Törichte, Unlautere, Erbärmliche, Belanglose« innerhalb der Modetendenz des Naturalismus, »jener geliebten Bettelsuppe der Masse« (T S. 80), lebt auch von einem anti-zivilisatorischen Affekt gegen die Moderne. Im »sinneabnützenden Treiben der großen Stadt« (T S. 79) etwa könnten die »Heiligtümer« der Kunst gar nicht angemessen beurteilt werden, bei seinen Berliner Kollegen würde deshalb nicht selten ein »kleinliches,ekelhaftes, diebisches Geschäft« namens »Psychologie« (T S. 84) betrieben.[24]

Nun erst gewinnt das Italienerlebnis Gerhart Hauptmanns seine eigentliche Bedeutung. Statt Kunst- und Kulturerfahrung zu sein, verwandelt sich das südliche Italien für Hauptmann in eine den Dichter inspirierende mythische Naturlandschaft, ein Gegenbild zur städtischen Zivilisation, die allen Quellen großer Kunst ohnehin abträglich sei. Sorrent, Positano und Amalfi dagegen wirken »arkadisch«, Griechenland und Italien verbinden sich zu einer allegorischen Ideallandschaft, der Dichter imaginiert »den großen Pan in den Bergen« und die »unzähligen Schlupfe und Lustplätze von Faun und Nymphe« (T S. 109). In religiöser Metaphorik – »Dank dir, Ewiger, für dieses Fest« – feiert Hauptmann die »große Lehrerin« Natur (S. 97), empfindet »überweltliche Wonnen« (S. 110) an der Meeresküste, verbrüdert sich schließlich in dionysischer Geniegebärde mit den Elementen, um das eigene naturgewaltige Schöpferpotential zu entbinden: »Dort ist das Drama« (T S. 78), notiert Hauptmann angesichts des Meeres – eine Vorwegnahme des am Wasserfall gestikulierenden Mynheer Peeperkorn, der Hauptmann-Parodie in Thomas Manns *Zauberberg*-Roman.

In Italien offenbarte sich dem neuen Kritiker des Naturalismus jenes »tiefe Mysterium« (CA VI, S. 887) der Kunst, das den Dichter als Sprachrohr des »Urmythos« mit neuem Sendungsbewußtsein erfüllte. Italien und der Süden blieben deshalb nach der Rückkehr aus Sorrent – mit Zwischenaufenthalt im oberitalienischen Rovio während der zweiten Aprilhälfte 1897 – Inspirationsquelle und Projektionsfläche der Hauptmannschen Dichtung.[25] Antizivilisatorischer Affekt, ästhetisch-dionysische Kunstreligion und irrationales Dichtungsverständnis prägten Hauptmanns wiederholte Begegnungen mit der südlichen Welt, ob sich der Dichter später an der italienischen Riviera oder den oberitalienischen Seen aufhielt. Spiegelungen fanden diese Italienreisen nur noch im künstlerischen Werk. Volkstümliche schlesische Sagenwelt und der Mythos des goldenen Venedig vereinigen sich im »Märchendrama«

Ganz anders als Hauptmann schlüpfte *Hermann Hesse* nur zu gerne in die Rolle des fahrenden Poeten, der dem »dolce far niente« nachzueifern versuchte: beim Bummel durch die italienischen Städte wie beim Chianti in Fiesole. Die gesuchte Nähe zum italienischen Land und Volk kommt jedoch auch der Beobachtungsgabe zugute: Nicht dem Dichterfürsten Hauptmann, sondern dem jungen Schriftsteller Hesse gelingen treffliche Schilderungen der italienischen Gegenwart um 1900.

Und Pippa tanzt (1905)[26], die heidnisch-dionysische Natur des Südens feiert ihren dämonischen Sieg über Christentum und Bürgerwelt in der Geschichte des gefallenen Mönchs *Der Ketzer von Soana* (1918). Die italienisch-südliche Motivik in Hauptmanns Werk ist zugleich immer eine Parallele zum irrationalen Schöpfungsakt des Dichters, der – ebenso wie im »Urdrama« der Natur selbst – »aus dem Chaos den Kosmos zu bilden« habe (CA VI, S. 882).[27]

Der Ausbruch aus der bürgerlich-christlichen Zivilisation in antikisch-heidnische Natur und in die Geschichtslosigkeit einer mytischen Irrationalität, den der Dichter Hauptmann vollzog und mit seinem Kunstverständnis verkörperte, war die Grundlage der repräsentativen Führungsrolle, die der Dichterfürst in den Jahren danach, besonders in der Weimarer Republik, beanspruchte und exerzierte[28]: Der mit der Natur und den Urgewalten kommunizierende und sich verbündende Dichter erneuerte die bis in die Antike zurückgehende und von Klopstock zu neuem Leben erweckte Tradition des Dichter-Sehers und qualifizierte den Dichter in einer prosaischen Zeit zum Repräsentanten einer kultisch und mythisch orientierten Sinnsuche.[29]

Freilich drohte Hauptmann schon damals – als die Avantgarde-Bewegungen bereits zum Ansturm auf die obsolete bürgerliche Kunstreligion anzusetzen und den Kunstbegriff dieser Tradition zu zerstören begannen[30] – zur anachronistischen Integrationsfigur einer »verspäteten Nation« (Helmuth Plessner) und ihres nach rückwärts gewandten Bürgertums zu werden. In diesem Sinne stellt Hauptmanns italienische Reise, trotz aller prätentiösen Selbstdarstellung, eine epigonale Spätform der Goetheschen Tradition dar: Die Wiedergeburt des Mythensängers offenbart sich im Rückblick zu einem nicht geringen Teil als Wiederbelebungsversuch einer vergangenen Tradition. Trotz ihres Bemühens um Ewigkeitsgeltung bleiben deshalb auch Hauptmanns Italienbilder Ausdruck ihrer historisch begrenzten Situation.

Auch Hermann Hesse verstand sich als ein der Tradition zugewandter Poet auf der Sinnsuche in einer entfremdeten modernen Spätzeit. Seine Italienreisen waren romantische Wallfahrten ins Reich der Kunst. Uninteressiert an allen politischen Zusammenhängen und Großstadtereignissen seiner Gegenwart, restaurierte Hesse auch in seiner Lyrik und den frühen Prosatexten die romantischen Formen der Innerlichkeit und Poesie, fern aller revolutionären literarischen Formexperimente der avantgardistischen Moderne.

Die Sinnsuche Hesses jedoch konzentrierte sich nicht auf die »Urnatur« schöpferischer Genialität, sondern auf die in den Kunstinhalten aufzudeckenden Wesensäußerungen einer klassisch-bürgerlicher Humanität. Deren Verlust in der modernen Welt zeigte sich dem Traditionalisten Hesse weniger in einer die Literaturformen sprengenden Zersplitterung der Ich-Identität als vielmehr in der Isolation des Individuums und der Zerstörung kultureller Werte. Die italienische Kunstwelt bot deshalb auch ihm ein Gegenbild zur kunstfernen Gegenwart, einen Zufluchtsort, an dem sich die Zeugnisse künstlerisch-humanistischer Anstrengungen versammelten. Beim Anblick der italienischen Kunst und Kultur, so begründete Hesse im Jahre 1907 seine auch nach der Italienreise andauernde Reiselust, habe er gefühlt, »daß über der bedrükkenden Einsamkeit, in der jeder Mensch sein Leben hinlebt, etwas allen Gemeinsames, etwas Begehrenswertes und Köstliches vorhanden ist; daß zu allen Zeiten Hunderte einsam gelitten und gearbeitet haben, um das Sichtbarwerden dieses tröstlichen Gemeinsamen zu fördern« (I S. 215). Bewußtseinskrise und fragmentarische Existenz in der Moderne werden kompensiert durch den Rückhalt einer Tradition, in der die verloren geglaubte Orientierung an den aufklärerischen Werten der Humanität noch einmal Gestalt gewinnt.[31] »Auch wir Kleinen, seien wir Künstler oder nicht, freuen uns an jedem Sieg des Ewigen über das Zufällige und bedürfen jenes Trostes, um den Kampf mit dem Mißtrauen gegen den Wert alles Menschlichen immer wieder aufzunehmen.« (I S. 215)

Gleichzeitig wird aber die Kunst vom Erleben der italienischen Lebenswelt und Natur nicht isoliert. Im Reisen selbst sieht Hesse eine »Betätigung des rein ästhetischen Triebes« (I S. 251) am Werk, in der die Kunstrezeption durch die Ausbildung einer ästhetischen Produktivität vervollständigt wird. Das »reine Schauen, das von keinem Zwecksuchen und Wollen getrübte Beobachten, die in sich selbst begnügte Übung von Auge, Ohr, Nase, Tastsinn« (I S. 251) sind Versuche im Feld ästhetischer Erfahrung, die dem modernen Erfahrungsverlust in einer durchrationalisierten Welt entgegengestellt werden: nicht Fluchtraum einer ›inneren Emigration‹, in der sich das vereinsamte Künstler-Ich wieder heimisch weiß, sondern Anleitung zu einer Lebenskunst, die das Individuum zur Bereicherung und Erweiterung seiner Fähigkeiten auffordert. »Ich genieße an einem schönen Berge nicht die zufällige Wirklichkeit, ich bestätige mich selbst, ich genieße die Fähigkeit des Sehens, des Linienfühlens, ich laufe in einer schönen, fremden Landschaft keineswegs der Kultur davon, sondern übe und liebe und genieße lauter Kultur, indem ich meine Sinne und Gedanken an der Landschaft erprobe.« (I S. 252) Auch die Rezeption der Kunstwerke bleibt in dieser zivilisationskritischen Reisephilosophie an die subjektive Erfahrung und Entfaltung menschlicher Bedürfnisse zurückgebunden: »Was soll mir die Freude an Tizian, wenn seine Bilder mir nicht Ahnungen wahr machen, Triebe bestätigen, Ideale erfüllen (Träume rechtfertigen)?« (I S. 253) Hier führen Hesses italienische Reisen – ganz im Gegensatz zu Hauptmanns Bemühungen um eine Theorie dichterisch-mythischer Produktivität – zu einer Philosophie der ästhetischen Erfahrung, die Einsichten der jüngsten Ästhetik-Diskussion vorweggenommen hat. Italien als Experimentierfeld ästhetischer Einstellungsweisen: Nicht zuletzt die Verarmung der modernen Lebenswelt durch Zweckrationalisierung und zunehmende Reizüberflutung läßt auch heute wieder einen Bereich der ästhetischen Erfahrung wiederentdecken, in der weniger das Kunstwerk und seine anzueignende Bedeutung als vielmehr die Aktivität des Betrachters, seine Bedürfnisse und Erfahrungsmöglichkeiten zum Ausdruck kommen sollen.[32] Auch für Hesse dienen eine »Figur von Michelangelo« oder ein »toskanischer Dom« nicht dem Zuwachs an Bildung, sondern der Selbstvergewisserung des Betrachters: der »Bestärkung und Rechtfertigung unseres Verlangens nach einem Sinn, einer tiefen Einheit, einer Unsterblichkeit der menschlichen Kultur« (I S. 253).

Gerade Hermann Hesse, ob seines Traditionalismus oft genug des spätromantischen Epigonentums bezichtigt oder aufgrund diverser Hesse-Renaissancen als Mode- und Jugendschriftsteller abgewertet, entwickelt in seinen ästhetischen Reisereflexionen erstaunlich moderne Aspekte. Es scheint allerdings fast folgerichtig, daß

Hesse, der die Kraft zur Bewätigung der modernen Existenz- und Bewußtseinskrise allein aus den Quellen der Tradition schöpfte[33], nicht in der innovatorischen Gestaltung eigener Literatur, sondern in der Verarbeitung und Rezeption traditioneller künstlerischer Formen und Inhalte produktiv wurde. So wie er in seinen Werken die romantisch-klassischen Traditionselemente variierte und im *Glasperlenspiel* sogar den Universalismus abendländischer Kultur in ein utopisches Sinnbild projizierte, so bestanden auch seine theoretischen Bemühungen allein in der Vermittlung und Anverwandlung ästhetisch-literarischer Traditionen für das »feuilletonistische Zeitalter« (HW IX, S. 15) des 20. Jahrhunderts. Das Tagebuch der italienischen Reise dokumentiert deshalb nicht nur die Kunstrezeption und Reiseart des jungen Hermann Hesse, sondern illustriert in der Begegnung mit Italien eine exemplarische Reise in die Welt ästhetischer Erfahrung.

Der Dichterfürst und der Taugenichts: Auch wenn Hermann Hesse vom Buchhandelsgehilfen zum freien Schriftsteller und Nobelpreisträger ›aufstieg‹, so blieb doch die Charakteristik der Italienreisen Hesses und Hauptmanns prägend für das gesamte Künstlertum beider Dichter. Während Hauptmann sich als Repräsentant der Weimarer Republik und selbsternannter Goethe-Nachfolger der Deutschen etablierte, kleidete Hesse noch 1927 das Schicksal des bürgerlich-deutschen Intellektuellen in die bittere Außenseiter-Existenz eines *Steppenwolfs*.

»Als ob Hauptmann nicht immer dorthin gelaufen wäre, wo Macht und Erfolg waren«, urteilt Hesse 1933 angesichts Hauptmanns Paktieren mit den nationalsozialIstischen Machthabern, erinnert an »die liederlichen Kriegsgedichte« des Autors im Jahre 1914 und fällt ein eindeutiges Urteil über Hauptmanns Schriftstellerexistenz: ihm »brauchen wir nicht nachzutrauern«.[34]

So hat sich schließlich der Antagonismus zweier künstlerischer Attitüden während der Italienreisen in die Gegensätzlichkeit zweier Schriftstellerexistenzen verwandelt. Obwohl sich beider Kunstverständnis als im wesentlichen Maße der Tradition verhaftet erwiesen hat, gaben sich in den italienischen Selbstdarstellungen der Schriftsteller, in Hauptmanns Inthronisation des Künstlers als auserwählten Mythensänger ebenso wie in Hesses Sensibilität für den Erfahrungsraum der italienischen Welt, spezifische Erscheinungsformen der künstlerischen Moderne zu erkennen. Noch in jüngster Gegenwart feierte die Präsentation und Prätention des Dichters als eines säkularen Heilsbringers in Peter Handkes Literaturverständnis eine Wiedergeburt[35]; auch hier verwandelt sich wie in Hauptmanns Italiensicht die Welt unter dem beschwörenden Blick des Dichters in mythische Landschaften und seelenverwandte Naturerscheinungen, zu deren dichterischer Anverwandlung auch das Goethe-Vorbild noch einmal huldigend bemüht wird.[36] Hesses rückhaltlose Sensibilität im Sich-Öffnen für die Erfahrungen der fremden Natur- und Kulturwelt wiederum wird in Rolf Dieter Brinkmanns autobiographischem Dokument *Rom, Blicke* (1978) nur in das negative Extrem getrieben. Darin zeigt sich bei beiden Autoren der Jahrhundertwende trotz aller Kontinuitätsbrüche jedoch auch ein durchgängiger Zusammenhang mit der älteren Italientradition der deutschen Dichter. Dichterfürstliche Repräsentanz und romantisch-›alternative‹ Taugenichtsstilisierung[37] sind zwei Spielarten von Italienreisen um 1900, die auf die Anfänge deutscher Italiensehnsucht, auf Goethesche Klassik und romantischen Kunstenthusiasmus, verweisen. Während Hauptmann jedoch den Bogen von venezianischem Orient und südlich-antiker Mythologie zur nationalen Dichtergröße schlägt und damit auch ein Stück deutscher Ideologie – und deutscher Misere – enthüllt, ist Hermann Hesse bei aller romantischen Traditionspflege der entschieden modernere Autor: Liest sich Hauptmanns Tagebuch als historisches Dokument einer Italienerfahrung um 1900, so tritt hinter Hesses Zeitverbundenheit eine aktuelle ›Apodemik‹ des 20. Jahrhunderts hervor, die dem modernen Tourismusbetrieb Bilder einer ästhetischen Erfahrungsreise gegenüberstellt.

V.
Lust und Last des Erbes
Deutsch-italienische Begegnungen im 20. Jahrhundert

»Laterna-Magica-Bilder« Italien als Ort der deutschen ›Inneren Emigration‹

Der Gedichtband *Revolution* des anarchistischen Schriftstellers Erich Mühsam, erschienen im Jahr 1925, enthielt das Italien-Gedicht *Mignon 1925*, Goethe-Parodie und politisches Gedicht zugleich: »Kennst du das Land, wo die Faschisten blühn, / im dunklen Laub die Diebslaternen glühn, / ein Moderduft von hundert Leichen weht, / die Freiheit still und hoch der Duce steht? / Kennst du es wohl?/ Dahin! Dahin / möcht ich mit dir, mein Adolf Hitler, ziehn!«[1] Die zeitgeschichtlichen Anspielungen sind deutlich: 1923 mißlingt der sogenannte Hitler-Putsch in München, 1925 – Hitler ist vorzeitig aus der Haft entlassen worden – wird die nationalsozialistische Partei Deutschlands unter der Führung Adolf Hitlers neu gegründet. Ein Jahr zuvor feierten die italienischen Faschisten unter dem ›Duce‹ Benito Mussolini einen triumphalen Wahlsieg, dem schon 1925 die gewaltsame Ausschaltung der Opposition und die Errichtung einer faschistischen Diktatur folgten. Erich Mühsam karikiert in seinem Gedicht nicht nur die ›sehnsüchtigen‹ Blicke der deutschen faschistischen Bewegung auf das vorangegangene südliche Nachbarland, er kontrastiert zugleich den längst in den Volksmund eingewanderten Zitatenschatz der bildungsbürgerlichen Italiendichtung mit einer politischen Realität, in der Italien kaum noch den Titel eines sehnsuchtsvoll bereisten »Arkadien« zu beanspruchen vermag. Erich Mühsam jedoch, 1934 in einem Konzentrationslager der Nationalsozialisten ermordet, war schon zur Zeit der Weimarer Republik eine Ausnahmefigur; um so singulärer auch sein Versuch, dem Phänomen ›Italien‹ politisch beizukommen.

Ein anderer Fall: Im selben Jahr 1925 unternahm der wie Mühsam 1878 geborene Hans Carossa eine Italienreise, die ihn nach Verona, Pisa, Padua und Ravenna führte – auch er ein deutscher Dichter, der kurz vor der Reise zudem seinen bürgerlichen

Arztberuf aufgeben konnte, da ihn – den fast schon berühmten Autor – der Insel-Verlag finanziell zu unterstützen begann. Schon in Verona zeigen Carossas Tagebuchaufzeichnungen auch den hervorstechendsten Unterschied zur politischen Italiensicht Mühsams. Statt politischer Gegenwart sind es die Zeichen der Kultur und der Geschichte, denen sich der Italienfahrer Carossa verpflichtet weiß: »Wie Wegweiser grüßen Strophen Dantes, die da und dort an einem Eckhause in eingelassene Marmortafeln gemeißelt sind. Mitten im Straßengewühl bespricht uns der herbe, kühne Sehergeist, und gleich wissen wir uns Kinder jenes Abendlandes, das nicht untergeht.« (CA S. 796)

Carossas »Wegweiser« sind die Kulturdenkmäler Italiens, Zeugnisse einer abendländischen Tradition, der sich der deutsche Italienreisende enthusiastisch zuwendet. Vorbild der Italienfahrt Carossas ist denn auch Goethe, zu dessen Angedenken allein der Anblick der Bäume im botanischen Garten zu Padua genügt: »Schon Goethe hat sie gesehen, und wir denken daran, daß in seiner Phantasie, während er durch diese Anlagen ging, die Ahnung der Urpflanze gegenwärtig war.« (CA S. 810) Weit entfernt, den zeitgeschichtlichen Abstand zu Goethe gar mit den Mitteln der Parodie zu markieren, schlägt Carossa bereitwillig die Brücke zu Goethes *Italienischer Reise*, um sich die Fähigkeit zum eigenen Italienerlebnis zuallererst anzueignen und vor Augen zu führen. Der klassische Dichter instruiert gewissermaßen seinen späten deutschen Nachfolger, das klassische Italien auch angemessen wahrzunehmen: »Sobald uns Goethes Geist anrührt, erquickt uns ein Gefühl des In-der-Mitte-Seins, ein Vertrauen zu unseren Sinnesorganen, ein Vorsatz, sie uns unverkümmert zu bewahren.« (CA S. 810)

Anders als Mühsams politische Kritik ist Carossas Italienbild zu jener Zeit durchaus repräsentativ für einen Großteil der deutschen Schriftsteller. Im Gegensatz zum Fall Mühsams erstreckt sich deren Berühmtheit jedoch keineswegs nur auf die Epoche der Weimarer Republik: Hätte man nämlich in der Nachkriegszeit und in den fünfziger Jahren nach den bedeutendsten deutschen Dichtern der Gegenwart gefragt, so wären dabei kaum die heute so geläufigen Namen eines Alfred Döblin, Bert Brecht, Wolfgang Borchert, Heinrich Böll oder Alfred Andersch genannt worden, wohl aber die Namen derer, die damals die Lesebücher und Anthologien zu füllen begannen: Hans Carossa, Werner Bergengruen, Rudolf Alexander Schröder, Reinhold Schneider. Es handelt sich dabei überwiegend um Dichter der sogenannten Inneren Emigration, jenen Schriftstellern, die während der nationalsozialistischen Gewaltherrschaft in Deutschland geblieben sind, in den Jahren von 1933 bis 1945 teilweise noch publiziert haben, sich jedoch in zumeist passiver Gegnerschaft zum politischen Regime befunden haben. Diese stille Opposition aus dem Geiste eines überwiegend christlich getönten Humanismus war es dann auch, was diesen Autoren Popularität und Anerkennung in den frühen Jahren der Bundesrepublik Deutschland verschafft hat, vertraten sie doch jenes ›andere Deutschland‹, das Kontinuität und Neubeginn deutscher Kultur zugleich repräsentieren konnte.[2]

Nicht zufällig waren alle die genannten Schriftsteller auch außerordentlich rege Italienreisende, ja für die meisten Schriftsteller der Inneren Emigration wurde die Fahrt nach Italien geradezu ein festes Ritual ihrer dichterischen Existenz. Carossa etwa, der als junger Arzt 1913 zum ersten Mal Italien besuchte, war in den Jahren von 1925 bis 1941 insgesamt acht Mal in Italien, Reinhold Schneider unternahm zwischen 1931 und 1941 ebenfalls mehrere Italienreisen, auch Bergengruen und Schröder – letzterer sogar schon seit 1898 – wählten bis in die dreißiger Jahre hinein Italien immer wieder zu ihrem bevorzugten Reiseziel.

Der erste Grund dafür ist schon bei Carossa genannt: Nicht zuletzt das Vorbild Goethe blieb für diese bildungsbürgerlichen Literaten immerwährender Anlaß, die traditionelle Italienreise zu beleben; längst bot das Industriezeitalter sämtliche Vorzüge, den klassischen Bildungsgang nach Süden beliebig oft und in schöner Regelmäßigkeit zu erneuern. Darüber hinaus gewinnen diese Reisen jedoch eine zeitsymptomatische Bedeutung, nach der gerade im Hinblick auf ihre offensichtlich rituelle Funktion zu fragen ist: Welche Bedürfnisse liegen diesen kollektiven Italienerfahrungen zugrunde? Welche Bedeutung gewinnt das Erlebnis ›Italien‹ gerade vor dem Hintergrund der gesellschaftlichen und politischen Ereignisse in den zwanziger, dreißiger und vierziger Jahren des 20. Jahrhunderts? So wenig die Italienreisen der hier in Frage kommenden Schriftsteller bloße epigonale Neuauflagen klassischer Arkadiensehnsucht sind, so wenig sind sie auch private Urlaubsreisen, die dem Vergnügen und der Regeneration deutscher Dichter in dürftiger Zeit zu dienen hatten. In der typischen Form dieser Italienerfahrung wird vielmehr ein Modell der Zeit- und Gegenwartsbewältigung sichtbar, dessen literarische Verarbeitungen gerade in den frühen Nachkriegsjahren den Status öffentlicher Bekenntnisse erhalten konnten: Carossas *Aufzeichnungen aus Italien* erschienen 1946 und 1948, Bergengruen veröffentlichte ein *Römisches Erinnerungsbuch* im Jahre 1949. Noch deutlicher ist der Bezug zwischen Zeitgeschichte und literarischer Italienerfahrung bei den Schriftstellern Rudolf Hagelstange und Kasimir Edschmid: Hagelstanges *Venezianisches Credo*, verfaßt im Kriegsjahr 1944, erlangte sofort nach dem Erscheinen 1945 den dokumentarischen Rang literarischer Vergangenheitsbewältigung; Edschmid, während der dreißiger und vierziger Jahre schon als Verfasser vielgelesener Italien-Reisebücher hervorgetreten, publizierte seine ebenfalls im Krieg entstandenen *Italienischen Gesänge* im Jahre 1947. Rudolf Alexander Schröder, als ›großer alter Mann‹ der deutschen Nachkriegsliteratur vielfach geehrt, veröffentlichte schon 1940 im Band seiner *Weltlichen Gedichte* die später immer wieder aufgelegten Italien-Elegien, Reinhold Schneiders Sonette und Italien-Gedichte, im Krieg als ›Schmuggelware‹ vervielfältigt und verbreitet, fanden ebenfalls erst in den Nachkriegsjahren ihre dann jedenfalls große Öffentlichkeit.

Italien als literarischer Ort deutscher Gegenwarts-, Kriegs- und Vergangenheitsbewältigung, als epochale Erfahrung, mit der die berühmten Dichter der Zeit zweihundert Jahre deutsche Italientradition bis über die Jahre des zweiten Weltkriegs hinaus fortzusetzen wußten: An einigen Beispielen soll dieses wichtige Kapitel deutscher Italienerfahrung aufgeschlagen werden – gerade auch weil Erich Mühsams ›Politisierung‹ des Phänomens Italien erst sehr viel später, in den sechziger Jahren der Bundesrepublik Deutschlands, wieder zu Ehren kam.

Carossas Italienreise während der Weimarer Republik indes war schon zwanzig Jahre später repräsentativ genug, um 1946 sein Italienbuch für die Leser der Nachkriegszeiten programmatisch einzuleiten: »Der Krieg und seine Folgen haben es unmöglich gemacht, diese Aufzeichnungen so zu ergänzen, daß ein rundes Italienbuch daraus geworden wäre. So bleibe denn die kleine Sammlung einzelner Tagebuchblätter ein Gruß an die Glücklichen, die einst wieder frei in dem schönen Lande werden reisen dürfen.« (CA S. 794)

Die Tagebuchnotizen Carossas über seine Reisen nach Oberitalien, Florenz, Rom, Neapel und Ischia in den Jahren zwischen 1925 und 1942 verdeutlichen in besonderem Maße die Stationen und Veränderungen der epochal zu nennenden Italienerfahrung der deutschen »inneren Emigranten«. 1925 ist Carossa nicht nur auf den Spuren Dantes und Goethes, sondern erfährt Italiens Gegenwart insgesamt als ein einziges Konglomerat ästhetischer und historischer Reminiszenzen: An erster Stelle der Aufzeichnungen stehen die Beschreibungen architektonischer Kunstdenkmäler und historischer Gemälde in Verona, Padua und Ravenna; daneben erinnert Oberitalien auch an die vergangene Größe des historisch gewordenen Abendlandes, an den sagenhaften Dietrich von Bern, den Gotenherrscher Theoderich, dessen Grabmal Carossa in Ravenna besucht (CA S. 815 ff.).

Carossa reist jedoch auch als unbeschwerter Spaziergänger, der keineswegs die touristischen ›Sehenswürdigkeiten‹ abzuhaken beginnt, sondern sich in die Details des fremden Lebens vertieft, die vielfältigen Eindrücke Italiens ungeordnet auf sich wirken läßt – in diesem Sinn den wandernden Bohemiens und den Nachfahren Eichendorffscher Romantiker, etwa einem Hermann Hesse, verwandt: »Der Nachmittag war dunstig mild; ich genoß meine Freiheit und ließ mir Zeit.« (CA S. 813) Italienische »Stiefelputzer« (CA S. 810) gewinnen dieselbe Aufmerksamkeit wie eine »halb verfallene Mauer« mit kleinen Feigenbäumen (CA S. 813 f.); die malerische Versammlung italienischer Kirchenbesucher wird ebenso beschrieben wie die sich in der Kathedrale befindenden Skulpturen eines Donatello (CA S. 807 f.).

So wie jedoch die Kunstbetrachtungen in Carossas Aufzeichnungen eine dominante Stelle einnehmen, so rücken auch die Geschehnisse des italienischen Alltags zunehmend in die Nähe einer ästhetisch wahrgenommenen Kunstlandschaft. Die von Carossa beobachtete »stämmige Bäuerin« etwa erinnert »an ein vor Jahren vielverbreitetes Bild: *Das Weib des Briganten*« (CA S. 807); in der an der Tür des Hotels postierten »Cameriera« in Ravenna scheint dem Deutschen sogar »Anselm Feuerbachs Römerin wiedergeboren« (CA S. 812). Carossa, der in Verona zuerst das Ereignis »Dante«, in Padua die nachempfundene Größe eines Goethe beschwört, verwandelt Italien in ein ›musée imaginaire‹ zeitenthobener Kunstwerke: Die Gegenwartsfülle des italienischen Lebens erstarrt zu Duplikaten unbewegter Kunstsammlungen. Zugleich erhält die Kunst den höheren Realitätswert zugesprochen: Die reale »hübsche Schaffnerin«, die an eine »marmorne Hand vom Albergo Commercio« erinnert, wird »nach und nach immer alltäglicher«, während die »Steinhand von Tag zu Tag an Leben und Ausdruck zu gewinnen« beginnt (CA S. 833). Das noch kurios anmutende Beispiel bringt gleichwohl eine wichtige Dimension der Italienerfahrung des Schriftstellers Carossa zum Vorschein. So wie nämlich die Kunst die lebendige Gegenwart Italiens zu überlagern beginnt, steigert sich das ästhetische Erlebnis zu einer Erfahrung von beinahe heilsgeschichtlicher Qualität. In einer Kapelle belauscht Carossa das Gespräch junger Touristen, die sich in kulturkritischer Manier über die »Fülle« einer Zeit beklagen, in der die »ausgezeichneten Nachbildungen« berühmter Kunstwerke wie Zigarettenmarken gehandelt und kon-

Nachdem für viele deutsche Dichter in Italien die römische katholische Kirche nur eine Zielscheibe der Kritik und des Spottes gewesen war, fanden im 20. Jahrhundert nicht wenige wieder zu ihr zurück. Mit den politischen Wirren zwischen den beiden Weltkriegen, der faschistischen Gewaltherrschaft in Deutschland und Italien sowie der Katastrophe des »Dritten Deutschen Reiches« erschien vor allem den deutschen »inneren Emigranten« die zweitausendjährige Tradition des Katholizismus als Garant für Stabilität und wiedererlangten Seelenfrieden. Wie in keinem anderen Land blieb sie in Italien – sowohl im Volk als auch in den Institutionen – lebendig. Die Anlage des Petersdoms mit ihrer geglückten Synthese antiker und christlicher Elemente versinnbildlicht dabei die Kontinuität einer abendländischen Kultur, die gerade im 20. Jahrhundert bedroht zu sein schien.

sumiert werden – vorwegnehmende Stichworte der späteren Thesen Walter Benjamins über den »Aura«-Verlust des *Kunstwerks im Zeitalter seiner technischen Reproduzierbarkeit* (1934). Das Unbehagen Hans Carossas bei der Rede dieses »jungen Verneiners« in Ravenna jedenfalls provoziert ein dem Tagebuch anvertrautes Bekenntnis zur Kunst, das die vormals religiösen Heilshoffnungen direkt an die Künstler zu delegieren scheint: »Entscheiden werden die Künstler. Gewiß geht irgendwo schon ein stilles oder wildes Sonntagskind umher, das berufen ist, im dunkelglühenden Zeitgewühl die feinen Lichtbänder zu entdecken und aufzuzeichnen, aus denen sich das Wesen einer neuen Welt erschließen läßt.« (CA S. 828f.) Die Kunstwerke als Symbole einer über dem »Zeitgewühl« sich erhebenden anderen Welt: Hier enthüllt zugleich die Ästhetisierung Italiens durch den Poeten Carossa ihren heimlichen Sinn. »Was willst du hier?« hatte sich ja der Reisende auf einem Spaziergang zur Basilika Sant'Apollinare in Ravenna gefragt und damit das alte Thema der Italiensehnsucht neu angeschlagen: »Was drängt uns, in überfüllten Zügen an tausendfach blühendem Leben vorüberzufahren, um die Reste einer versunkenen Welt zu besuchen?« (CA S. 818f.) Wenig später scheint die Antwort gefunden, die Antwort auch darauf, warum das »blühende Leben« der Gegenwart weit weniger wichtig zu werden beginnt als die Zeugnisse »versunkener Welten«. Im Rückblick auf die »Schönheit« und »Formgewalt« der Kunstwerke von »Leonardo, Michelangelo, Raffael, Mantegna« glaubt Carossa jetzt nämlich jene »Sphäre« einer Kunstreligion entdeckt zu haben, »wo sich die Bilder mehr und mehr der Wirklichkeit entrücken«: So wie »unzählige Geschichten und Legenden der Völker« sind auch die Kunstwerke »Zeichen und Winke« göttlicher Mächte, die von der Unvergänglichkeit transzendenter Sinnerfahrung »künden« und »das Göttliche aufnehmbar« werden lassen (CA S. 834). Das Italien Carossas wird dementsprechend zu einem Ort, an dem diese Verbindung religiöser und ästhetischer Erfahrung zu ihrer vollen Entfaltung kommt und sich zugleich zu einer Gesamtschau abendländischer Kulturtradition versammelt.

Zehn Jahre später – die Weimarer Republik war in den Machtergreifungsstrategien der Nationalsozialisten untergegangen, ein Jahr zuvor hatten sich die Faschistenführer Hitler und Mussolini in Venedig getroffen – brach Carossa erneut nach Italien auf: Der inzwischen noch berühmtere und auch im nationalsozialistischen Deutschland öffentlich geehrte Dichter folgte einer Einladung des »Instituts für germanische Studien« in Rom. Mittlerweile hat sich mit dem politischen Geschehen auch die Atmosphäre der Italienfahrt verändert; die Verwandlung der italienischen Gegenwart in eine zu bewahrende Kunstwelt hat sich zu einem schmerzhaften Gegensatz von Innen und Außen, einem Rückzug in die Innerlichkeit verschärft, von dem schon die Eingangspassagen aus dem Tagebuch *Winterliches Rom* Zeugnis geben: »Ist uns einmal innerlich ein gewisses Maß von Unabhängigkeit zugewachsen, so kann uns das Draußen, das ein Herrschaftsrecht über uns beansprucht, nicht mehr gar so viel anhaben.« (CA S. 836) Die Italienerfahrung Carossas konzentriert sich infolgedessen noch mehr auf ein Abwehrverhalten, mit dem das Reich der Kunstschätze gegen die zeitgeschichtlichen Verwirrungen aufgeboten wird. Verstärkt auch rückt das religiöse Erlebnis in den Vordergrund; nicht zuletzt ist es fast ausschließlich das christliche Mittelalter, zu dem sich Carossa hingezogen fühlt.

Gedanken über das Christentum leiten über zu Versen Hölderlins (CA S. 844), selbst die Gestalt einer jungen Römerin oder die Erinnerung an den »Anblick des ersten Ölbaums« gerinnen nur mehr zur Beschwörung eines Italiens, das zum religiös stilisierten Bollwerk gegen die Zeitlichkeit der Welt wird: »hier ist Italien, das unverletzliche, dem alle göttlichen Genien beistehen.« (CA S. 862) Je mehr sich die Zeiterfahrungen aufdrängen, desto mehr wird gerade Italien zu einem Refugium, das kraft seiner Kultur Schutz bietet vor dem »Draußen« eines unerquicklichen »Zeitgewühls«: Carossas Italienfahrten werden so zum wichtigen Indikator einer Grunderfahrung der Inneren Emigration.

Selbst die Natur wird zu diesem Zweck auf ihre unvergängliche Substanz hin befragt. Erneut auf Goethes Spuren ist Carossa bei der Vesuv-Besichtigung ohnehin, wenn er die Goethesche Vorliebe für Geologisches bei der Beschreibung erstarrter Lava selbst liebevoll zelebriert. (CA S. 877f.) Gleichzeitig feiert er auch das Naturspektakel als »Zeugnis einer großen, tiefbegründeten Ordnung«, die – wie zuvor die Kunst – ihr gleichsam ewiges Recht vom »Urzustand der Erde« bis zum Erlöschen des letzten Vulkans behauptet, auch wenn »das Menschengeschlecht älter und müder« geworden sein wird. (CA S. 878)

Während »Italien« verstärkt zur Chiffre des Übergeschichtlichen wird, findet jedoch auch die offizielle Existenz des Schriftstellers Carossa Eingang in die Tagebuchnotizen des Romaufenthalts. Dies ist kein Widerspruch: Will Carossa die allem Zeitgeschichtlichen entgegengesetzte Substanz des Kulturereignisses ›Italien‹ zum Leben erwecken, so nimmt er zugleich die damit zusammenhängende dichterische Mission gebührend ernst. Vorbereitung und Durchführung des römischen Vortrags werden anschaulich geschildert (CA S. 845ff.): Carossa galt auch während des Dritten Reiches – nolens volens – als Repräsentationsfigur Deutschlands, der die deutsche Kultur im Ausland zu vertreten hatte. Meist sind es deshalb auch offizielle Einladungen, Vorträge und Besuche, die in den Jahren 1937 und 1938 weitere Italienreisen Carossas anregen.

Die *Italienischen Aufzeichnungen* indes setzen erst wieder mit der Reise nach Ischia, Neapel und Florenz ein, die bereits mitten im zweiten Weltkrieg, im Jahre 1942, stattfindet. Die »Schatten des Krieges« (CA S. 883) haben sich zu dieser Zeit auch auf Italien gelegt: Auf Ischia bemerkt Carossa den Mangel an Bedienungspersonal in den Gasthöfen sowie sorgenvolle Gesichter (CA S. 883), über Neapel kreisen »feindliche Flieger« (CA S. 900), beginnender Nahrungsmangel macht sich bemerkbar (CA S. 901f.). In Florenz gewinnt Carossa sogar den Eindruck wachsender »Verelendung« (CA S. 908). Weit entfernt jedoch, diesen momentanen Impressionen politisch nachzuspüren – nie fällt auch nur ein Wort über die Ursachen oder die deutschen Urheber des Krieges –, bleibt das Italienerlebnis selbst allerdings immer noch im Banne der Überzeitlichkeit: ein imaginärer Fluchtort vor dem »Riesennetz des Völkerschicksals« (CA S. 891).

Im italienischen Süden ist es wieder einmal die Natur, der die ganze Aufmerksamkeit des Goethe-Adepten Carossa gewidmet ist. Mit dem Leipziger Zoologen, dem »Professor Bucher« , und dessen Sohn, der dem »Studium der Altertumskunde« zugetan ist (CA S. 887), untersucht Carossa die geologische Beschaffenheit Ischias und meditiert über jene naturgeschichtlichen »Vorgänge«, »dic sich in unübersehbaren Zeiträumen abgespielt haben« (CA S. 889). Zugleich komplementiert Carossa den Refugiumscharakter Süditaliens durch die Lektüre griechischer Autoren, läßt den »Zauber der griechischen Rhythmen« eines Aischylosdramas »ins Überirdische« (CA S. 891) steigen und wendet die Zeitklage in die »kranke Sehnsucht nach der geistigen Abendlandheimat, deren Gestirn jetzt an unserem Himmel hinabsinkt« (CA S. 892). Der Dichter im geistigen Exil: Fast sprichwörtlich gewinnt hier der Gestus der Inneren Emigration deutliche Kontur. Und gerade weil Italien noch einmal den Gedanken an die eigentliche »Heimat« wachzurufen versteht, findet hier auch die prekäre Situation des inneren Emigranten ihren sprechenden Ausdruck: Auf den Inselwanderungen des Poeten Carossa, der im 20. Jahrhundert die verlorene Heimat des Abendlandes mit der Seele sucht, kommt plötzlich »etwas Gewitterhaftes in die Luft«, läßt sich auf einmal ein Donnern vernehmen – was sich jedoch als Naturschauspiel ankündigt, entpuppt sich als der Lärm neapolitanischer Abwehrraketen (CA S. 900). Als Carossa ein andermal sich der Beobachtung fremdländischer Termiten und Nachtfalter widmet und den wie aus »Urzeiten« stammenden insularen »Pflanzenwuchs« bewundert, treten ihm aus einer Schlucht plötzlich »zwei deutsche Soldaten« (CA S. 899) entgegen: Dem Italienfahrer, den Blick auf das Ewige und Überzeitliche gerichtet, geraten die kriegerischen Zeitläufte immer wieder störend in den Blick – sinnfälliges Zeichen jener weit in die bildungsbürgerliche Tradition Deutschlands reichenden Trennung zwischen Kultur und Politik, die im Kontext der Inneren Emigration geradezu ein Bewältigungsmodell des Faschismus geworden war.[3]

Dennoch werden auch in Italien schon die ›äußeren‹ Bedrohungen spürbar; in Florenz machen sich »deutsche Offiziere und Soldaten« breit, Carossa muß beim Stadtrundgang schon die großen öffentlichen Plätze meiden, um nicht mit den faschistischen Massenversammlungen, wo »Tausende den Lautsprecher umstanden«, konfrontiert zu werden (CA S. 906). Die Trauer über diese von »draußen« kommende Überfremdung der einstmaligen Kulturlandschaft wird zu einer letzten Replik auf die in Italien immerhin noch mögliche Gesamtschau der abendländischen Kulturwelt: »Ach, jede Reise im Abendland ist heute ein großes Abschiednehmen; nie wieder wird es uns das Antlitz zeigen, das uns vertraut war.« (CA S. 906) Nur noch Italien allerdings gewährt diese beinah entschwundene Vetrautheit. Zurück in München, verliert sich der Zauber des ›Unvergänglichen‹ nahezu schlagartig: »Als ich aber nun in München eintraf, drängten sich wieder die Kriegserscheinungen vor.« (CA S. 913) Mit ihnen erneuern sich rückblickend auch Reiz und Wert des Italienerlebnisses. Im Angesicht des europäischen Kriegsschauplatzes wird Italien zur Gegenwelt, in der sich auch die Zerstörungskräfte der Geschichte letztlich relativieren: »[...] wo die alten Ruinen so herrlich sind, hätte man sich am Ende damit abgefunden, wenn ein paar neue hinzugekommen wären.« (CA S. 913) Die Epigonalität einer Kunstreligion im 20. Jahrhundert wandelt sich hier unverhohlen zum Zynismus: Der Glaube an eine durch Dichtung und Kunst repräsentierte Sphäre soll der katastrophenreichen Geschichte die bleibende Domäne einer geistigen Welt abtrotzen, verharmlost dabei jedoch alle Ereignisse der nach Ansicht dieser Epigonen immer gleich belanglosen Zeitläufte. Deshalb kann Rom zum Sinnbild der Unzerstörbarkeit werden, da es sogar aus seinen Verfallsepochen das Gesamtkunstwerk eines ›ewigen Roms‹ zu erschaffen vermag: »Rom, das große, verwandelbare, fühlt sich als ewiges Wachstum, ewige Gegenwart [...].« (CA S. 913) Noch in der Erinnerung verklärt sich somit das Italienbild zu einem Zeichen, das der Inneren Emigration in Deutschland die geistige Heimat Italiens an die Seite stellt. In seiner Autobiographie beschreibt Carossa später, in welcher Stimmung während des Krieges die italienischen Reminiszenzen Anlaß zur vollständigen Niederschrift der »Aufzeichnungen« wurden: »[...] und im verdunkelten Abendzimmer zogen leuchtend wie Laterna-magica-Bilder die Erinnerungen an kurze Aufenthalte in Verona, Padua, Ravenna vorüber«.[4]

Hans Carossas Italienreisen illustrieren die immer dringender werdende Funktion des Italienerlebnisses, der Inneren Emigration als einer spezifischen »Lebensform« im Dritten Reich[5] auch einen geographischen Ort zuzuweisen, der den ohnehin von Goethe beeinflußten, konservativ-bürgerlichen Dichtern eine temporäre Zuflucht in der Welt der Kulturtradition gewährte. Gerade in der vorherrschenden Manier dieser Schriftsteller, jenseits der oft als Naturgewalten dämonisierten faschistischen Machtstrategien ein unzerstörbares Reich des »Geistes« zu kultivieren[6], gelangt Italien zu der Ehre, jene Aura des Kulturerlebnisses auch realiter zu verkörpern. Als Entlastung und Sinnbild zugleich wurde die Italienreise deshalb zur ›Institution‹ vieler innerer Emigranten, zumal das ›heimliche‹ Exil des Italienaufenthalts aufgrund der faschistischen »Brüderschaft« der beiden Staaten ein politisch bequemes Reiseziel blieb.

Freilich war Italien auch das Land einiger ›echter‹ deutscher Emigranten: Der jüdische Dichter Karl Wolfskehl emigrierte 1934 zunächst nach Italien, bevor er 1938 nach Neuseeland auswanderte, Armin T. Wegner und Stefan Andres wählten 1937 Italien zum freiwilligen Exil – ersterer war von 1941 bis 1943 sogar als Deutschlehrer in Padua tätig –, Hans Leifhelm schließlich unterrichtete von 1935 bis 1939 an der Universität Palermo und fand später ebenfalls an der Universität Padua ein berufliches Unterkommen. Wurde hier Italien zum wirklichen Exilland, so behielt es für die inneren Emigranten dagegen seine klassisch gewordene Bedeutung als Reiseland, das sich noch immer mit der Tradition deutscher Dichterreisen in Italien verband.

»So vielleicht empfing Deutschland die Kaiser, wenn sie zurückeilten aus Italien, um die Last der erworbenen Krone nach Hause zu tragen.« (ST S. 319) Sehr weit zurück eilten denn auch die Erinnerungen an die deutsche Italien-Tradition, als der achtundzwanzigjährige Schriftsteller Reinhold Schneider die Alpen auf einer Paßstraße überquert. Wir schreiben das Jahr 1931. Obwohl Schneider mit der Historie bereits *das* große Thema seiner Italienreise anzuschlagen beginnt, holt auch ihn schon in Bozen die italienische Gegenwart ein – »kriegerische Musik in den Straßen«, faschistische Massenkundgebungen und nächtliche Umzüge mit den Symbolen der neuen Machthaber: »Das Beil, aus dem Faschistenbündel ragend, leuchtet bei Nacht von den Bergen [...].« (ST S. 320) Auch Reinhold Schneider, fünfundzwanzig Jahre jünger als Carossa, sucht allerdings nicht diese Spuren eines gegenwärtigen Italien, sondern die Insignien einer überzeitlichen und unzerstörbaren geistigen Kultur. Schneider findet 1938 in einem hymnischen Glückwunsch zu Carossas sechzigstem Geburtstag im Werk des älteren Kollegen genau jene Sphäre vor, die beide Dichter nicht zuletzt in Italien unermüdlich aufspüren: die »Klang- und Geistesgestalt des Ewigen im Menschen«[7]. Schon in Florenz – »in meiner Stadt« – eröffnet sich für Schneider die gesuchte Erfahrung: »Denn hier ist das Ewige näher als irgendwo sonst; [...] und so baut sich über der Stadt eine Verheißung auf, eine Brücke hinüber, auf die wir nur den Fuß zu setzen brauchen, um die Erde zu verlassen«. (ST S. 321) Kunst und Geschichte sind auch hier die Wegweiser, die aus der Gegenwart hinausführen. Fast noch stärker als bei Carossa macht sich bei dem jungen Reinhold Schneider ein Affekt gegen die moderne Zivilisation geltend, die Klage über eine langsam versinkende abendländische Kultur – schon vor der Inthronisation des Dritten Reiches die konservative Grundmelodie der späteren Inneren Emigration.[8] Und noch deutlicher ist für Schneider der Kontrast zwischen dem »Glück«, der »Dauer«, dem »Unaussprechlichen« (ST S. 323) der Ewigkeitserfahrung einerseits und dem Alltag der profanen Gegenwart Italiens andererseits. Nach dem Florenz der Renaissance wirkt deshalb das moderne Rom auf den Italienfahrer wie ein niederschmetternder Kulturschock: »Höllischer Lärm in den Straßen; treibende Benzinwolken. Heller Himmel, kalte Abende. Tiefe Melancholie.« (ST S. 327)

Nicht nur das moderne, sondern auch das historische Rom bietet jedoch Anlaß zur Trauer. Antike und Christentum werden dort zu Zeugnissen einer Endzeit, aus denen die Lebendigkeit längst entschwunden ist; wie der Petersdom erstarrt das ganze Rom unter den Augen Reinhold Schneiders zu einer monumentalen Ruinenstadt, zum »Grabmonument einer machtvollen Vergangenheit« (ST S. 328). Anders als Carossa ist der junge Schneider zutiefst geprägt von der Décadence- und Fin de siècle-Stimmung seiner Zeit; Schopenhauer und Nietzsche sind seine Ahnherren, mit denen er das Ende der müden, untergangsreifen abendländischen Kultur diagnostiziert.[9] Unermüdlich reflektiert Schneider über die in Rom dokumentierten Untergänge der wichtigsten Kulturepochen: die Rudimente heidnischer Mythen im römischen Katholizismus (ST S. 332f.), die Transformationen antiker Kultur auf dem Weg vom Süden in den Norden (ST S. 326, S. 333), das Ende der christlichen Welt in der Neuzeit (ST S. 334f.), die faschistische »Renaissance« als ein spätes Erbe römischer »Machtform« (ST S. 329). Auch für ihn kennzeichnet es gerade die der Gegenwart abgerungene Qualität Roms, daß es die welthistorischen Evolutionen des Abendlandes wie in einem Museum zu konservieren vermag: »Neue Werte bringt Rom nach seinem ersten Sturz nicht mehr hervor: es wiederholt, oder es sammelt.« (ST S. 334) Am Ende dieser Untergänge findet Reinhold Schneider nur noch die »Tragik« als beherrschendes Lebensgefühl.[10] Freilich ist auch das Tragische in der Gegenwart Italiens kaum mehr aufzufinden: »in Italien wurde alles zum Spiel, und die Tragik des Michelangelo kommt nicht zum zweiten Mal.« (ST S. 324) Nur noch dem kulturkritischen »Nordländer« scheint es dagegen gegeben zu sein, die Idee des Tragischen zur Darstellung zu bringen, »die Tragik in ständiger Wiederholung auf die Ewigkeit zu projizieren« (ST S. 326).

Reinhold Schneider, der in Italien an einem historischen Roman über Innozenz III. arbeitet, projiziert seinerseits den konservativen Kulturpessimismus auf die Kulturwelt Italiens: In Rom schrumpfen die Gegenwart und alle »europäischen Hauptstädte«, selbst der neoimperatorische Stil eines Mussolini, zu Formen eines bloßen Epigonentums herab, Variationen eines sinnfälligen »Schutthaufens« der Geschichte (ST S. 340). Die Kehrseite dieses kulturpessimistischen Gestus ist der von Nietzsche übernommene geistesaristokratische Stil desjenigen, der als einsam Wissender über dem Abgrund thront. Die daraus resultierende Verachtung der Menschenmasse setzt die Tourismuskritik in wesentlich schärferen Tönen fort: In den Kirchen und Galerien »wälzt sich eine tote Menschenmasse hin« (ST S. 328). Die Vertreter vatikanischer Geistlichkeit geben auf der anderen Seite kein besseres Bild ab: »alles verkrüppelte, verbogene, verwachsene Naturen, Bäumen gleich, die verknorpelt sind [...]« (ST S. 341).

Zunehmend zieht sich Schneider in die Welt einer Vergangenheit zurück, die er sich in Italien auch intensiv anzueignen beginnt. Das Bekenntnis zum »Ewigen« entrückt den Dichter selbst in eine jenseitig anmutende Sphäre des Geistes: »Ich lebe hier wie im Jenseits: ohne allen Konnex; nur das weit Zurückliegende, das 12. und 13. Jahrhundert und die römische Zeit fesseln mich [...]. Ich grüble Stunden lang über dieses Schicksal, das in eine solche Distanz zur ganzen Umgebung setzt.« (ST S. 341) Eine tragisch empfundene Endzeitstimmung und Zivilisationskritik prädestiniert zu einer einsam-tragischen Existenzform, die der junge Reinhold Schneider ausgiebig kultiviert. Zugleich bietet auch Italien noch einmal jenes Erlebnis, in dem sich Trauer über die vergehenden Kulturwelten mit ihrer für wenige noch möglichen Erfahrbarkeit verbindet: »Es ist ein tiefes, von Gefahren gesättigtes Glück in diesen europäischen Reisen. Alle diese Städte, die herrlichsten und reichsten, stehen ja nicht mehr lang. [...] ich fand sie, ich besuchte sie wieder: immer als ein Abschiednehmender, als einer, der von ihrem baldigen Ende weiß.« (ST S. 377)

Nicht zufällig nimmt auch Schneider das Stichwort Carossas vom »Abschiednehmen« auf, um die Italienerfahrung in jenen Jahren rückblickend zusammenzufassen. So wie diesen bürgerlichen Kulturkritikern später der Nationalsozialismus nur als Bestätigung und Einlösung ihrer geschichtspessimistischen und zivilisationskritischen Diagnosen erschien[11], wird auch Italien zur Symbolgestalt eines Abendlandes, das auf der Reise – kurz vor seiner Zerstörung – noch einmal im Innern der deutschen Dichter aufbewahrt wird: »Ich ward beschenkt wie man nur in Rom beschenkt werden kann; das Wesentliche wird mir nun bleiben; es ist von der Stadt gelöst, und ich muß nicht zurückkehren, wenn ich es erleben soll.« (ST S. 406) Ein ebensolches »Geschenk« wird später in Sizilien die Antike: Während sich in Salerno nur mehr »kleines, elendes Leben« – italienischer Alltag nämlich – bemerkbar macht (ST S. 410), gemahnt Sizilien an den Schicksalsgedanken und die Tragödien der alten Griechen (ST S. 408 f.).

Relativieren sich Gegenwart und Geschichte jedoch vor den Lebensmächten des »Schicksals« und des »Tragischen«, so droht zugleich die leer gewordene »tragische« Existenzform sich um so schneller zu öffnen für reale Anzeichen eines neuen Heroismus der »Form«, mit dem Schneider schon vorher den sich von der verachteten »Masse« absetzenden »aristokratischen Stil« ausgezeichnet hatte (ST S. 376). Von hier aus läßt sich auch Schneiders Sympathisieren mit jenen politischen Bewegungen begreifen, die mit ihm vor allem den Protest gegen die vermeintliche Oberflächlichlichkeit des Zivilisationszeitalter teilen. Verbergen schon Schneiders vereinzelte Bemerkungen über den italienischen Faschismus nicht eine gewisse Faszination, so werden die Formen der griechischen und römischen Antike zu Einfallstoren einer unverhehlten Bewunderung des »Nationalismus« italienischer Kriegsfeiern: Der nationale Gedanke erneuere in der seelenlosen Gegenwart zumindest die »Möglichkeit Schicksal zu haben« (ST S. 415). Schneiders Italienfahrt zeigt besonders deutlich das intellektuelle Klima auf, dem nicht wenige der späteren »inneren Emigranten« angehörten: Der gerade in Italien verarbeiteten Trauer über den Verlust der geistigen Heimat korrespondiert auf der anderen Seite immer wieder die Suche nach einer Rettung der »ewigen« Kulturwerte. Eine kurze Zeit sogar glaubt Reinhold Schneider in den Aktionen der deutschen »nationalen Revolution« von 1933 das verlorene Erbe einer schicksalsreichen und »tragischen« Epoche wiederzuerkennen. In Potsdam, der früheren preußischen Militärhauptstadt, erinnert sich Schneider an eben jenes Sizilien, das er ein paar Jahre zuvor besucht hat: Wie im »Halbrund von Syrakus« erlebe Deutschland 1933 die »Einswerdung mit der Gesamtheit«, die endlich auch Deutschland wieder ein »allumfassendes Schicksal« (ST S. 666) in die Hände gibt.

Reinhold Schneiders Arrangement mit der nationalen »Schicksalsgemeinschaft« (ST S. 667) währte indes nicht lange: Wie andere Intellektuelle ging auch er in den folgenden Jahren den Weg der Inneren Emigration[12], nachdem er sich schon 1930 von den als »viehmäßig dumm und roh« (ST S. 148) bezeichneten Nationalsozialisten distanziert hatte. Zugleich wandte sich Schneider der Religion zu, die zur letzten Zuflucht vor dem Nihilismus des jungen Kulturkritikers werden sollte. Wie bei Carossa bleibt Italien ein Refugium, das Schneider in der Folge häufig besucht; in Italien entstand auch das berühmte Gedicht *Allein den Betern*, mit dem Schneider zu einer Hauptfigur des christlichen Widerstands gegen das Dritte Reich zu werden beginnt[13]: »Allein den Betern kann es noch gelingen, / Das Schwert ob unsern Häuptern aufzuhalten / Und diese Welt den richtenden Gewalten / Durch ein geheiligt Leben abzuringen. / Denn Täter werden nie den Himmel zwingen: / [...].« (SL S. 54) In der Konfrontation von »Betern« und »Tätern« enthüllt sich ein Grundmuster der christlich-humanistischen Schriftsteller während des Dritten Reiches: So wie der Kunst ist es auch der Religion vorbehalten, jenseits aktiven Handelns eine geistige Welt aufzubauen, die vor den Mächten der Geschichte und der Politik abzuschirmen versteht. Gerade für Reinhold Schneider, der sich 1933 – wie seinerzeit auch der Philosoph Martin Heidegger und der Schriftsteller Gottfried Benn – der geschichtlichen Entscheidung nahe fühlte, ersteht nun in der katholischen Religion ein aller Geschichte entrückter Sinnbezirk, der zur neuen Heimat des heimatlosen Abendländers zu werden vermag. Und so wie Italien zum Paradigma der Kunstlandschaft wird, verkörpert es auch die Stätte des europäischen Katholizismus: Der Höhepunkt der weiteren Italienreisen Schneiders ist zweifellos am 23. März 1941 die Privataudienz bei Papst Pius XII., in dessen kultischer Machtfülle der Dichter nun offensichtlich die neue Inkarnation des »Ewigen« repräsentiert findet: »Ich bin noch nie einem Menschen begegnet, der in solchem Maße, bis zur völligen Transparenz Seele war.«[14] Vom nihilistischen Kulturkritiker à la Nietzsche[15] zum Vatikanpilger – nicht zuletzt auch das katholische Italien wird zur Zufluchtsstätte deutscher Dichter im Dritten Reich. Wie die gläubigen Katholiken Hans Carossa und Reinhold Schneider vollzog auch der Protestant Werner Bergengruen jene religiöse Wende, als er 1936 zum Katholizismus übertrat.

Was von diesen Konversionen übrig blieb, stifteten auch hier die Dichter: Schon damals berühmt waren die Sonette Reinhold Schneiders, mit denen er den christlichen Widerstand gegen den Nationalsozialismus mit den Mitteln der Kunst bestritt.[16] Mit dem Sonett war auch die strenge Form eines Gedichtes gefunden, in der sich abendländisches Traditionserbe mit dem Anspruch überzeitlicher ästhetischer Formkultur verband.[17] In den Italien-Sonetten des inneren Emigranten Reinhold Schneiders vereinen sich deshalb ästhetische und religiöse Erfahrung Italiens zu Dokumenten einer geistigen Haltung, die das zuvor in die Geschichte investierte Ausmaß an Kulturkritik, Trauer und Schicksalserwartung nunmehr in die Transzendenz des Glaubens verlagert: »Der mag in Stille von dem Treiben scheiden, / An Bildern reich, um dankbar zu verehren, / Was ihm gewährt ward nach des Schöpfers Willen, / Vor dem in Licht sich alle Formen kleiden. / Die letzten Sorgen, die sein Herz beschweren, / Und letzte Wehmut wird der Himmel stillen.« (SL S. 27) So wie im Gedicht *Montecassino* das »Treiben« der Weltgeschichte sich gerade in Italien augenfällig zu den »dankbar« verehrten Bildern verdichtet, gewinnen auch diese Sonette ihren Reiz durch die »Laterna-magica-Bilder« eines in ästhetische Form verwandelten Italien.

Die Kontinuität einer Poetik, die das unversehrte Reich des Geistes und der Kunst auch nach 1945 gegen die dämonischen »Schicksale« der Geschichte und der jüngsten deutschen Vergangenheit aufzurichten versuchte[18], setzte auch die Italienbilder nach 1945 wieder an ihren angestammten Platz. Der 1892 in Riga geborene Werner Bergengruen, der schon 1935 mit dem Roman *Der Großtyrann und das Gericht* ein umstrittenes Stück christlicher Widerstandsliteratur publiziert hatte, veröffentlichte 1949 ein *Römisches Erinnerungsbuch*, in dem die italienische Hauptstadt noch einmal als Sinnbild eherner Kontinuität gefeiert wird. Die Kulturwelt Roms, während des vermeintlich Tausendjährigen Reiches ein Zufluchtsort innerer Emigration, behauptet sich nun auch als historische Bewältigungsstrategie der frühen Nachkriegsjahre; das historische Geschehen der vergangenen Jahre, zu deren »Bewältigung« und Schuldabtragung die Deutschen damals aufgerufen waren, relativiert sich vor dem Denkmal des Dauernden ohnehin: »Wer einmal, und sei es für eine noch so sparsam bemessene Zeit, in Rom war, der hat in Jahrhunderten und in Jahrtausenden gelebt.« (BR S. 138) Die Ruinenstadt Rom soll den in den Ruinen der Nachkriegszeit lebenden Deutschen Zeugnis abgeben von der Geringfügigkeit historischer Zerstörungskraft – so sind die römischen Reflexionen Bergengruens, der freilich jegliche Gegenwartsanspielungen vermeidet, offensichtlich zu verstehen: »Das Leben geht weiter, es kann geschehen sein, was da will. Und hat es einmal den Anschein, als solle es zum Erliegen kommen, meint man siebzig, hundert, zweihundert Jahre nichts als Zerfall, Verödung, Absterben zu gewahren, es behauptet sich dennoch; es überdauert.« (BR S. 9) Während die anderen Deutschen sich im Tausendjährigen Reich deutscher Nationen wähnten, wurden die Rompilger gegenüber den zerbrechlichen Versprechen weltlicher Machthaber eines Besseren belehrt: »Dich überkam das große Gefühl des Bleibenden, des natürlich-ruhigen Fortbestandes, [...] der zeitlichen Ewigkeit.« (BR S. 138)

Bergengruens Rückblick auf römische Erfahrungen beruht, unbeschadet ihres Signalwerts für die deutsche Nachkriegssituation, auf den zahlreichen früheren, schon im Jahre 1913 beginnenden Italienfahrten des inneren Emigranten Bergengruen.[19] Im Jahre 1939, dem Beginn des zweiten Weltkriegs, entstand Bergengruens Gedichtzyklus *Capri*: Statt der »ewigen Gegenwart« römischer Ruinen ist es hier die Naturlandschaft der italienischen Insel, die von der Relativität des historischen Geschehens zeugen soll. In immer neuen Naturbildern -»Oleandergeruch, Flug und Pfauengeschrei« – offenbart die Natur ein magisches Wissen um die Zeitlosigkeit der italienischen Gegenwart: »Silbernes Ölbaumlaub zittert unter dir lind. / Über Cäsarengestein trägt dich gnädiger Flug / Glanzvoll ins Unbegrenzte: / Göttlich-salziges Blau, das Odysseus befuhr.« (BF S. 96) Die beschworene Heilkraft der Natur mischt sich mit der Umdeutung der Geschichte zu organisch-naturhaften Prozessen[20]: Ein »Uralt phönikisches Volk«, die »Normannen und Hohenstaufen«, einst die »Schwellende Jugend der Welt«, verwandeln sich zu »Ölbaum« und »Weinstock« (BF S. 101), mit denen Bergengruen die Hoffnung auf künftige Zeiten zu beschwören versucht. Wie hier im Gedicht *Castiglione* versteckt sich die Zeiterfahrung zugleich in mythisch getönte Bilder; kakteenartige »Opuntien« werden zu Schreckenspflanzen, die das Schicksal des geistigen Exils symbolisieren: »Aufgesprungen, Entsetzter, Flüchtling / nach wohnlicher Welt! – / Aber sie sperren den Weg dir, / halten dich schaurig umstellt.« (BF S. 106) In dem 1944 verfaßten Gedicht *Teutones in Pace* verschärft sich der Gestus des Flüchtlings zur Elegie des exilierten Romfahrers, dem das Schicksal die Rückkehr nach Deutschland verwehrt hat: »Wo aber ist das Grab mir zugemessen? / Nicht in dem Land, da ich so viel gelitten! / Dürft ich denn wählen, wollt ich mir erbitten / als Totenwächter römische Zypressen.« Wo die »Teutonen« endlich – »nach Schuld und Streit« (BH S. 262) – ihre letzte Ruhestätte finden, ist auch für die Dichter der Inneren Emigration der letzte Ort des geistig ausgemalten Exils. Schon 1936 griff auch Reinhold Schneider nach dem Topos der »Teutones in Pace«, um in einem gleichnamigen Italien-Sonett die Topographie dieser elegisch beklagten Emigrationserfahrung aufzuzeigen: »Dem Deutschen bleibt nur eine Statt hienieden, / Die Fremde wählen, um ihn zu bestatten.« (SL S. 17)

Von Carossas Italienreise von 1925 bis zu Bergengruens römischen Erinnerungen von 1947: Die Botschaft bleibt nahezu gleich. Trotz allem Zivilisationspessimismus verkünden Carossa, Schneider und Bergengruen eine geistige Hoffnung, die den Irrwegen der Politik und der Geschichte ein entrücktes Reich der »Ewigkeit« gegenüberstellt. Italien erheben sie nicht selten zum realen Fluchtort dieser geistigen Erfahrungen. Was Carossas und Schneiders italienische Tagebücher vorgeben, bleibt bestimmend auch für andere Italienfahrer dieser Zeit. Und noch weit mehr für die Spiegelung dieser Erfahrungen in der Poesie: Die ›Flüchtigkeit‹ der Moderne, durch die selbst Italien von den Ereignissen der Zeit zerstört zu werden droht, ist erst in der Kunst gebannt. Nicht zuletzt deshalb wollten die besagten Emigranten mit ihrer Italiendichtung die jeweils persönliche Arkadien-Erfahrung dem versinkenden Abendland noch einmal öffentlich vor Augen führen. Über Italien gedichtet haben sie schließlich alle: Einige wenige Beispiele – von Edschmidt, Hagelstange und Schröder – seien zum Schluß vorgestellt.

Wie im Falle Werner Bergengruens behält das Italienerlebnis für viele seine Heilkraft auch über die Jahre der Inneren Emigration hinaus: Ein Beispiel sind die 1947 erschienenen Hymnen Kasimir Edschmids an das Land des Exils, die *Italienischen*

Gesänge. Edschmid, geboren 1890, der als expressionistischer Lyriker begonnen hatte, verkörpert eine Kontinuität der Italienerfahrung von eigenem Gepräge: In den Jahren des Dritten Reiches fast ständig im Süden unterwegs, verfaßte er italienische Reisebücher, deren erstes – *Italien. Lorbeer, Leid und Ruhm* – 1935 erschien, deren letztes dagegen – *Italien. Seefahrt, Palmen und Unsterblichkeit* – erst im Jahre 1948 veröffentlicht wurde. Dazwischen publizierte er in den Jahren 1937, 1939 und 1941 weitere drei Italienbücher, die allesamt noch in den fünfziger Jahren in zahlreichen Editionen neu aufgelegt wurden: Zu einem wesentlichen Anteil bezog das deutsche Bürgertum jener Zeit seine Italieneindrücke aus den Reisedarstellungen des Kasimir Edschmid.

Edschmids persönliche Italienerfahrung jedoch findet sich in den *Gesängen* aus dem Nachkriegsjahr 1947, dessen einleitende Verse schon das vertraute Programm der Inneren Emigration formulieren: »Im schlechten Leben, das von Not umgittert, / vom Krieg zerfetzt, das Auge kaum erhebt, / ist kostbar, was nicht vor dem Leben zittert, / wie dieser Park, der nur sich selbst erlebt.« (EI S. 7) So wie der hier besungene italienische Garten verwandelt sich ganz Italien in einen einzigen Kontrast zur Weltkriegserfahrung: »Geschrieben 1942«, verzeichnet das Vorblatt lakonisch. In dem hymnischen Ton dieser »Gesänge« erreicht das lyrische Ich zugleich dieselbe von allem Schrecken der Historie befreite Ruhe, die es an Italien beschreibt: »Es ruht der Park, das Herz im Gleichgewicht / [...] Nun spürst du, Herz, einmal die höchste Wonne, / erlöst und doch beglückt von dieser Welt / vom Schicksal frei zu sein, so wie die Sonne [...].« (EI S. 9f.) Es sind die »kleinen Dinge« – so der Titel eines Zyklus –, die in Italien gegen das »Imperatorenwerk« (EI S. 19) der Weltgeschichte aufgeboten werden: Ein Wald bei Pisa und die Pinien der Campagna, die »Trümmerwüsten von Girgent und Selinunt« (EI S. 14), die Netze auswerfenden Fischer, die Zigarettenkippen aufsammelnden Alten, die spielenden »Bambini« (EI S. 17). Die Italienerfahrungen versammeln sich auch in den *Italienischen Gesängen* zu einer Gegenwelt, die zumindest die Ahnung eines besseren Lebens wachhalten soll. Edschmid nämlich wäre nicht der ehemalige expressionistische Kritiker, würde er sich mit der Beschwörung einer heilen italienischen Welt begnügen: Mitten zwischen den Gesängen erinnert das Gedicht *Sono ebréi* an das Schicksal kasernierter jüdischer »Fremdkinder«, deren Andenken sich vor das Bild einer singenden italienischen Kinderschar schiebt (EI S. 30). Hier ist der Ansatz einer politischen Lyrik der Inneren Emigration zu sehen: Im nächsten Italienhymnus *Lob des Marmors und der Fruchtbarkeit* (EI S. 32ff.) sind es gerade die Kinder, in denen eine Utopie der »Unschuld« (EI S. 36) aufzuleuchten scheint. Die Italienfahrt wird zum Symbol einer kindlich stilisierten Anschauungsform, in der sich naive Natur- und Gotteserfahrung vereinen: »O Landschaft tief gemischt aus Bergen, Mensch und Tieren, / Legenden, Meer und Wald, Gott selbst hat sich bemüht / für immer hier die gute Ordnung durchzuführen, / nach der die Herde läuft, der Oleander blüht [...].« (EI S. 38) Naturhafte Ordnung als Refugium und als Utopie: Edschmids Gesänge verdeutlichen wie keine andere Italiendichtung jener Zeit die Ambivalenz einer naturlyrisch ausgemalten Italienerfahrung, die im Exil des Südens die Utopie eines besseren Lebens beschwört, jedoch immer in die Gefahr gerät, den Anlaß der »Emigration« darüber vergessen zu machen.

Fast unmöglich wäre es wohl für den Schriftsteller Rudolf Hagelstange gewesen, im Italien des Jahres 1944 die Ereignisse des zweiten Weltkrieges zu vergessen: Der 1912 geborene Schriftsteller war in den Jahren von 1940 bis 1945 Soldat in Frankreich und Italien; im vorletzten Kriegsjahr entstand der Sonett-Zyklus *Venezianisches Credo.* Mit dem Schreckensszenario des Krieges beginnt denn auch das erste Sonett: »Denn noch ist Krieg, und Blut wird ausgegossen. / Wie aus der Wolke stürzt es aus den Leibern [...].« Am Ende des Sonetts stellt Hagelstange sogar jene Frage, die noch in Adornos berühmtem späteren Diktum, nach Auschwitz könne man keine Gedichte mehr schreiben, nachwirkt: »Wie kann man singen, wenn aus allen Kehlen / der Angstschrei und die Klage bricht?« (HV S. 12) Anders als Adornos Antwort jedoch entpuppt sich Hagelstanges Frage alsbald als bloß rhetorisch. Wie es das überladene Pathos der Eingangsverse schon andeutet, weiß der Soldat und Dichter Hagelstange sehr wohl zu »singen«, allerdings weniger vom Schlachtfeld als von der Welt des Geistes, vor der das profane Kriegsgeschehen sich blamiert: »Denn dunkel ist die Stimme unseres Blutes. / Und unseres Trachtens, unseres Mutes / hoher Gebieter ist der Geist allein.« (HV S. 16) Das *Venezianische Credo* ist ein Aufruf zur geistesaristokratischen Einkehr in diese Welt der Auserwählten, der »Edelsten« (HV S. 17), in deren Abwehrverhalten sich der Krieg als Folge der Massenzivilisation entlarvt: »Der Markt war Euer Platz, das Glück die Menge. / Die Freiheit aber darbte in der Enge.« (HV S. 16) Mit diesem verzweifelten »Credo« an die Freiheit der Geistesmenschen, die Hagelstange in seinen formstrengen Sonetten und einer hymnisch-pathetischen Sprache feiert, wird der Zyklus 1946 zu einem wirkungsvollen Dokument der Inneren Emigration.[21] Von Italien selbst ist in den Sonetten kaum die Rede; der programmatische Titel allerdings verbindet die Italienerfahrung auch hier mit einer Bilderwelt, in der sich das ahistorische und gesellschaftslose Bekenntnis der inneren Emigranten noch einmal kristallisiert: »[...] Denn müßig ist der Streit / um Wechselvolles. Und wir bauen / Unsterbliches und Bleibendes hienieden / nur aus dem geisterzeugten Stoff, dem nicht / an Dauer, nicht an Herrlichkeit gebricht. / Von ihm ist der vergängliche geschieden / wie Ton von Marmor. [...]« (HV S. 20)

Die Bedeutung Italiens als heimlicher Ort der inneren Emigration in den Jahren des nationalsozialistischen Deutschlands ist die zeitgeschichtlich aufgeladene Variante einer weit zurückreichenden Tradition: »Und wo viele Gefahr und viel Zerstörung uns heimsucht, / steht auch des Heilenden viel, uns zu getrösten, bereit.« (SG S. 99) Diese Verse über die »Königin Rom«, der trotz und wegen ihrer Ruinen unzerstörbaren und ewigen Stadt, stammen aus dem Jahre 1910; sie sind entnommen dem Gedicht *Tivoli* von Rudolf Alexander Schröder, dem letzten der an dieser Stelle zu beschreibenden Vertreter der inneren Emigranten. Schröder veranschaulicht zugleich die Kontinuität der hier in Frage stehenden Italienpoesie am eindringlichsten. Seine Jugend führt zurück in die Zeit der Jahrhundertwende, als der zwanzigjährige Bremer Kaufmannssohn 1898 auch seine erste Italienreise unternahm. Schröder war nicht nur befreundet mit Hugo von Hofmannsthal, den er 1901 zum ersten Mal besuchte, sondern auch mit Rudolf Borchardt, dem gleichaltrigen neoklassizistischen Schriftsteller, der von 1907 bis 1945 fast ständig in Italien lebte. Von 1907 an datieren die Besuche Schröders, zuerst in der Villa dell' Orologio bei Lucca, später dann an den verschiedensten italienischen Aufenthaltsorten Borchardts. Seit dieser Zeit sind auch die Italiengedichte Schröders überliefert, Elegien und Oden im antik-klassizistischem Stil, mit denen Schröder schon das Generalthema der späteren »Emigration« anschlägt: Allein die formstrenge Dichtung, welche Kunst, Religion und Mythos vereint, bannt das Vergängliche in ein dauerndes Bild.

Rudolf Borchardt selbst hat nicht von ungefähr seine italienische Wahlheimat in einigen Essays auf ähnliche Weise festgehalten. Im schicksalsträchtigen Jahr 1933 schildert er in der Skizze *Pisa und seine Landschaft* die oberitalienische Stadt als ein in allen Stürmen der Geschichte siegreich gebliebenes Monument, in dem sich die »Katastrophe des Zeitlichen verklärt«[22]: Wie die Poesie verwandelt auch die Anschauung der italienischen Natur das Weltgeschehen in die Statik einer Landschaft, deren Beschreibung durch den Dichter die Ewigkeitswerte des Abendlandes gleichsam konserviert.[23] Unter diesen Auspizien kann es schließlich sogar zur welthistorischen Mission der deutschen Poeten und Kulturreisenden werden, das übergeschichtliche und weltbürgerliche »ewige« Reich des Geistes zur Anschauung zu bringen: ein Gedanke, der vor allem in den dreißiger Jahren von Borchardt und Schröder immer wieder variiert worden ist.[24]

Wie seine Italienfahrten geht auch Schröders Italienbild nahezu unverändert ein in die Widerstandshaltung des protestantischen Dichters während des Dritten Reiches. 1935, als Schröder seinen Freund Rudolf Borchardt in der Toskana besucht, wetteifern beide Klassizisten mit Schmähgedichten auf die deutschen Machthaber.[25] Wie für andere bildungsbürgerliche Ästheten jener Zeit ist ihnen der Nationalsozialismus eine kleinbürgerlich-plebeische Bewegung, der gerade der große Atem der Geschichte fehlt: Nicht »Aufstand, Tyrannei«, nicht »Bürgerkrieg« oder »Wahnbegeisterung wild berauschter Leidenschaft« sei in Deutschland zu spüren, kein Cromwell, Danton oder Spartacus diene mehr als Vorbild; »schlechterdings Dreck« – so lautet das abschließende Urteil über den deutschen Faschismus in Borchardts »Nomina odiosa«.[26]

Bei Ausbruch des ersten Weltkriegs war das Denken an Deutschland noch anders gewesen. Damals veröffentlichte der junge Rudolf Alexander Schröder hymnische Kriegsgesänge auf den deutschnationalen Patriotismus: *Heilig Vaterland* (1914). Ein Jahr zuvor schon begann Schröder die Arbeit an den *Römischen Elegien*, deren Endfassung allerdings erst 1940 – als Bestandteil der *Weltlichen Gedichte* – erschien: In diesem Jahr des zweiten Weltkriegs hat sich das »heilige Vaterland« in eine Stätte der Fremde, der deutsche Patriot in einen Italien-Emigranten verwandelt: »Wieder der gleiche Gesang? Entführt sirenisches Flüstern / Ferne vom Vätergefild immer den Flüchtigen noch?« (SG S. 118) In den *Römischen Elegien*, einer Hommage an Goethe und an das geistige Exilland Italien gleichermaßen, bündelt sich die jahrzehntelange Italiensehnsucht Schröders in dem Versuch, die geistige Landschaft Italiens in der Schönheit des Gedichts noch einmal festzuhalten. In mythischen Bildern wird dem »Sohn des Winters« die Reise nach Süden zu einer nur im Lied erinnerten Heilserfahrung, zum letzten Surrogat einer verlorenen Heimat: »Dort liegt Italien! Gehe denn eilend, / Daß du die Deinigen dort findest und herzest. – Das Glück / steht auf der Schwelle, bereit sich abzuwenden [...] / [...] Keiner der Götter verbeut's und keiner der Menschen, / Daß du der Stätte gedenkst, die dir vor allen gelacht, / Rom andenkest im Lied und dankest ihren Geschenken [...].« (SG S. 119)

Die »Geschenke« Roms und die »Laterna-Magica-Bilder« Italiens: Über allen Differenzen der hier behandelten Schriftstellern zeigt gerade ihre Italienerfahrung ein einheitliches Profil, das während des sogenannten Dritten Deutschen Reiches Züge einer kollektiven Strategie anzunehmen begann. Italien war allen diesen »inneren Emigranten« eine in zahlreichen Reisen angesammelte Ressource unzerstörbarer Naturlandschaften und geistiger Symbole, mit denen die »Lebensform« der Inneren Emigration ihre Bilderwelt gewissermaßen empirisch ausstaffieren konnte. Ob in den Kunstwerken der Renaissance, den Denkmälern einer immer noch präsenten Antike, der sagen- und mythenumwobenen Naturwelt der Toskana, des Vesuvs und Siziliens oder den Insignien eines katholischen Rom: Auf je verschiedene Weise ordnen sich die Italienerfahrungen der »Emigranten« Carossa, Schneider, Bergengruen, Edschmid, Hagelstange und Schröder zu Instrumenten der Flucht und des Widerstandes gleichermaßen. Je schrecklicher allerdings die Ursachen der Flucht sind, je mehr die Italienbilder zu unpolitischen und ungeschichtlichen Gegenwelten erstarren, desto mehr lenken die Zeichen einer ja nur illusorischen »heilen Welt« – so der Titel eines Nachkriegsbandes Werner Bergengruens – vom Ausmaß der politischen und historischen Katastrophen ab, denen sich die arkadischen Gegenbilder gerade verdanken. Italien als Refugium einer noch heilen Welt, die dem eben erst durch Weltkrieg, Schuldfrage und angemahnter Vergangenheitsbewältigung geplagten Deutschen immer wieder Schutz vor der Unbill der Gesellschaft zu geben hat – als solche zum Klischee gewordene »Emigration« erlebt jene Erfahrung – zusammen mit der Dichtung innerer Emigranten – in den fünfziger Jahren eine gefeierte Wiedergeburt. Wenn nämlich die italienische Urlaubsreise nicht nur den erfolgreichen Dichtern und den wohlhabenden Bildungsbürgern möglich ist, sondern Tausenden von Mitgliedern einer sich formierenden Wohlstandsgesellschaft, dann findet sich das Pathos der Italiengesänge als ›abgesunkenes Kulturgut‹ noch im Schlager der Nachkriegszeit: »Wenn bei Capri die rote Sonne im Meer versinkt«. Nicht anders als die inneren Emigranten sucht auch der Wohlstandsbürger der Adenauer-Republik in Italien die Flucht vor Vergangenheitsbewältigung und moderner Zivilisation, vor Geschichte und Arbeitswelt zugleich; die mythischen Laterna-Magica-Phantasmen haben sich dabei nur in die Wochenschaubilder von Sonne, Mond und Sternen verwandelt. Und noch immer ist auch der Italientourist nach dem ›ganz Anderen‹ unterwegs, wenn er sich statt der »Ewigkeit« auch mit der Romanze am Urlaubsstrand begnügt. So findet sich in den Italienprojektionen der deutschen Inneren Emigration nicht nur das Ende einer bildungsbürgerlichen Tradition deutscher Italiensehnsucht, sondern auch die Bilderwelt derjenigen Fluchtträume, die das massentouristische »Bella Italia«-Erlebnis zu begleiten beginnen.

Neorealismus und magische Momente
Alfred Anderschs literarische Italienporträts

Alfred Anderschs früheste Italienreisen um 1933/34 – etwa gleichzeitig mit ersten literarischen Versuchen – fallen in eine lebensgeschichtliche Phase der »Emigration aus der Geschichte« (KF S. 46). 1933 war er wegen seiner politischen Aktivitäten im kommunistischen Jugendverband Südbayerns im KZ Dachau interniert, einige Monate später erneut festgenommen und nach seiner Entlassung unter Gestapo-Aufsicht gestellt worden. Der damals Neunzehnjährige kehrte der Politik den Rücken und flüchtete sich in formalästhetische Kunstübungen und -betrachtungen: »[...] Kunstgeschichte statt Kunst, Versuche mit kalligraphischen Gebilden am Schreibtisch, Rilkelektüre, Blicke auf die im Gegenlicht schimmernden Häuserblocks in München oder Rom.« (KF S. 47f.) Vergleichbar mit den Dichtern der Inneren Emigration suchte der junge Andersch angesichts der nationalsozialistischen Bedrohung nach vermeintlich unantastbaren Refugien; in ästhetisch orientierten Italienreisen fand auch er eine Möglichkeit der Gegenwartsbewältigung. Bereits einige Jahre zuvor hatte er, um seiner familiären und schulischen Misere zu entkommen[1], das »Aroma der Kunst« (KF S. 20) kennengelernt, bei Besuchen in der Münchner Pinakothek italienische Gemälde studiert.

Die in dem 1952 erschienenen autobiographischen »Bericht« *Die Kirschen der Freiheit* enthaltenen spärlichen Hinweise zu Anderschs ersten Begegnungen mit italienischer Kunst und Kultur sind allerdings im selbstkritischen Rückblick geschrieben, im Lichte erweiterter historischer und lebensgeschichtlicher Erfahrung. Sie vermitteln nicht das von einer impressionistischen Weltsicht geprägte authentische Lebensgefühl des jungen Italientouristen, sondern entlarven ihn als ästhetizistischen Kunstkonsumenten zwischen München und Italien, der sich einer naiven »Flaneur-Illusion vom Promenadeplatz bis zur Piazza Navona, von der Asamkirche bis San Miniato al Monte« hingab (KF S. 48).

Ausgerechnet im Dienst der faschistischen Rückeroberung des seit 1943 politisch zweigeteilten Italien mußte Andersch in das Land seiner ästhetischen (Flucht-) Träume zurückkehren; unmißverständlicher hätte der Beweis für die Unhaltbarkeit der einstigen Italien-Imaginationen nicht ausfallen können. Als deutscher Soldat wurde er im Mai 1944 der 20. Luftwaffenfelddivision zugeteilt und fungierte wegen seiner guten Italienisch-Kenntnisse als Schwadronsdolmetscher der Truppe. In einigen Briefen an seine Mutter spricht Andersch jedoch – vermutlich im Vorgefühl seiner geplanten Desertion – von einer »herrlichen Reise« und schildert, als ob er sich auf einer Vergnügungsfahrt befände, die üblichen Touristenpanoramen.[2]

Am 6. Juni 1944 bleibt er hinter seiner Einheit zurück und läßt sich nördlich von Rom in einem Bergdorf namens San Virginio von den Amerikanern gefangennehmen. Bei der literarischen Vergegenwärtigung seiner Desertion spielt die italienische Landschaft eine wichtige Rolle. Statt Postkarten-Klischees jetzt genau beobachtete

Augenblicke, mit wenigen Strichen skizzierte, atmosphärische Details. Hanjo Kesting hat die Wirkung dieses Stilprinzips auf den Punkt gebracht: »[...] indem die Gegenstände hart und kühl benannt werden, werden sie geheimnisvoll, verwandeln sich in Realitätschiffren«.[3] Und sie beleuchten die Gemütsverfassung des beobachtenden Subjekts, werden – im geglückten Fall ohne metaphorischen Aufwand – zu Spiegeln eines Seelenzustands. Angst und Einsamkeit des Fahnenflüchtigen sprechen aus der Schilderung des Städtchens Vejano: »In der Dämmerung machte Vejano einen vollständig verlassenen Eindruck. Aus keinem der Kamine über den flachen, grauen Hohlziegeldächern stieg Rauch auf. [...] Die Häuser waren hoch und grau und verlassen und, wie die Häuser aller kleinen italienischen Städte, aus regellos behauenen Quadersteinen zusammengefügt. [...] Drinnen war es dunkel und dumpfig, es roch nach Stroh und kalten Steinen und Kot. [...] In den dunklen, glaslosen Fensterhöhlen hingen bewegungslos die Schnüre, an denen sonst die Hemden oder die Maiskolben befestigt waren.« (KF S. 111) Der Glaube an die Realität einzelner Dinge, die bei gelungener Annäherung ihre Substanz offenbaren, der Versuch, die Begegnung mit dem Unbekannten als »magisches Moment« zu erleben und mittels detailgenauer Beschreibung zu »isolieren«, kennzeichnen Alfred Anderschs spätere Reiseprosa.[4]

Italien war für Andersch in der unmittelbaren Nachkriegszeit jedoch zunächst weniger als geographischer Ort, als Reise- und Urlaubsland von Bedeutung, sondern – eng verknüpft mit seiner publizistischen Tätigkeit und dem Glauben an eine demokratische Erneuerung Europas im Sinne eines sozialistischen Humanismus – als politisches und kulturelles Vorbild.[5] Um die seiner Meinung nach gesellschaftlich relevante Funktion Italiens im Nachkriegseuropa zu begründen, zog er die jüngste italienische Vergangenheit und die zeitgenössische italienische Literatur heran – verglichen mit der deutschen Tradition individualistischer und vergangenheitsorientierter Italienerlebnisse eine beachtliche Innovation. Anderschs Bewunderung galt in erster Linie den aus der antifaschistischen »Resistenza« hervorgegangenen sozialistischen Kräften Italiens, literarisch und filmkünstlerisch vertreten durch den sogenannten Neorealismus.[6]

Seine Überzeugung von der weitreichenden Wirkung der antifaschistischen Bewegung im Mussolini-Italien hat sich später nicht geändert. 1964 schreibt er, der italienische Faschismus wäre – im Gegensatz zum deutschen – im Jahre 1933 nur scheinbar konsolidiert, in Wirklichkeit jedoch vom »italienischen Geist« bereits unterwandert gewesen. Daran habe die italienische Kultur nach dem Kriege bruchlos anknüpfen können.[7]

Im ernsthaften Bemühen um eine Vermittlung der fortschrittlichen italienischen Gegenwartskultur beendete Andersch eine beinahe schon traditionelle Interesselosigkeit der Deutschen für das aktuelle italienische Geistesleben und versuchte, die im Lande der Dichter und Denker eher abgelehnte Synthese von Kultur und Politik zu propagieren.

Schon seit dem späten 18. Jahrhundert hatten sich die deutschen Italienliebhaber meist lediglich für die »klassische« italienische Literatur von Dante bis Ariost erwär-

Szenenphoto aus *Il Grido.* Die flache weite Landschaft der winterlichen Poebene ist Schauplatz des 1956/57 gedrehten Antonioni-Films *Il Grido* (Der Schrei). Ein Mann wird von seiner Frau verlassen, lebt eine Weile mit verschiedenen anderen Frauen zusammen und begeht schließlich – vor den Augen der Geliebten – Selbstmord. Der Film – in Anderschs Roman *Die Rote* nacherzählt – ist jedoch keine Hommage an die Macht der »großen« Gefühle, sondern stellt vielmehr die konventionelle Auffassung von Liebe und Leidenschaft in Frage.

men können, abgesehen von der Begeisterung für die italienische Kunstgeschichte und die Oper.[8] Erst zu Beginn des 20. Jahrhunderts richtete sich der Blick der Deutschen wieder häufiger auf die italienischen zeitgenössischen Dichterkollegen; die Futuristen und der Nietzsche-Adept d'Annunzio erweckten großes Interesse. Im Dienste faschistischer Propaganda wurden die deutsch-italienischen Kulturbeziehungen seit 1936 durch offizielle Abkommen beträchtlich intensiviert, selbstverständlich betraf dieser Austausch nur die ins ideologische Konzept passende ›Kultur‹. Die Anstrengungen einiger italienischer Intellektueller für eine »andere Achse« sollen jedoch nicht unerwähnt bleiben.[9]

Nach dem Zusammenbruch der faschistischen Regimes waren die Voraussetzungen für eine Verbesserung der deutsch-italienischen Kontakte kaum günstiger. Den meisten Italienern war alles Deutsche gleichbedeutend mit nationalsozialistisch. Und auf der anderen Seite paßte die aus dem antifaschistischen Widerstand hervorgegangene neorealistische Literatur Italiens, repräsentiert durch mehr oder weniger ›linke‹ Autoren wie Ignazio Silone, Vasco Pratolini, Elio Vittorini oder Cesare Pavese »nicht in die Wirtschaftswunderwelt einer sich stabilisierenden Gesellschaftsordnung, die auf politische Alternativen mit zunehmender Gereiztheit reagierte«.[10] Erst 1956, ein Jahr nach dem Gastarbeiterabkommen, erfolgte wieder eine Kulturvereinbarung zwischen Deutschland und Italien. Das von offizieller Seite in Deutschland präsentierte Italienbild, beispielsweise in den wieder eröffneten oder neu gegründeten Kulturinstituten, war jedoch zumindest in den 50er und 60er Jahren »eine Neuauflage des kunsthistorisch verklärten Italienbildes des 19. Jahrhunderts«.[11]

Andersch hingegen nutzte seine publizistischen Möglichkeiten, zunächst beim *Ruf*, dann als Rundfunkredakteur und Herausgeber der avantgardistischen Literaturzeitschrift *Texte und Zeichen*, die demokratisch-sozialistische Kultur und die zeitgenössische Literatur Italiens in Deutschland zu verbreiten. Zunächst – noch an eine echte demokratische Erneuerung Europas glaubend – sah er in dem aus dem Schweizer Exil zurückgekehrten Schriftsteller Ignazio Silone, der eine »Synthese von Sozialismus und religiösem Denken versucht«, einen der führenden Köpfe der jungen italienischen Republik.[12] Das 9. *Texte und Zeichen*-Heft (1956) stellte die in Deutschland damals so gut wie unbekannten Autoren Vittorini, Pavese, Alberto Moravia und den mittlerweile zum Kultfilm avancierten Streifen *La Strada* von Federico Fellini vor.[13]

Anderschs Versuche, durch Vermittlung literarischer Texte zu politischen Veränderungen beizutragen, waren allerdings zum Scheitern verurteilt, einmal abgesehen vom exklusiven Charakter seiner Publikationsorgane. Die später als trügerisch erkannte Hoffnung, »ein neuer Text – und das Leben würde sich ändern«, wurde durch die tatsächliche politische Entwicklung in Gestalt der christdemokratischen Restauration in Deutschland *und* Italien zunehmend enttäuscht.[14]

Um so mehr rückte für ihn die problematische Position des Künstlers zwischen moralischer und ästhetischer Existenz in den Vordergrund. Als erklärter Gegner des l'art pour l'art-Prinzips sah er in Vittorinis autobiographisch geprägtem Werk eine geglückte Aufhebung der Widersprüche: Man könne »zugleich ein ausgekochter Ästhet und ein Schriftsteller des Engagements sein«.[15] 1958 hat Andersch sein persönliches Vorbild Vittorini in Mailand besucht.

Innerhalb der deutschen Nachkriegsliteratur ist Andersch einer der wenigen Autoren, dessen literarisches Werk nachhaltig und nachweisbar von der intensiven Auseinandersetzung mit italienischer Gegenwartskultur beeinflußt wurde. Sein 1960 erstmals erschienener Roman *Die Rote* – Anderschs populärstes und gleichzeitig umstrittenstes Buch – kann geradezu als Modellfall der literarisch-fiktionalen Verarbeitung seines neorealistisch geprägten Italienbildes gewertet werden.[16]

Mit Venedig als Schauplatz der Handlung wählte Andersch einen symbolträchtigen Ort, der seit Mitte der 50er Jahre wieder zum Treffpunkt deutscher Touristeninvasionen geworden war. Das zum käuflichen Souvenirprodukt denaturierte Venedig, »Andenkenschaufenster, die mit Gondeln in allen Preislagen, Gondolierestatuetten, unglaublich kitschigen Murano-Gläsern, Farbdrucken, Puppen von grauenerregender Häßlichkeit, Seidentüchern, auf denen der Dogenpalast abgebildet war, und Bildern von der Taubenfütterung angefüllt waren« (DR S. 30), wird von der Romanheldin Franziska ebenso abgelehnt wie das Kirchen- und Palazzi-Venedig ihres Mannes Herbert, eines modernen Nachfahren des Heineschen Bildungsphilisters, der kunsthistorische Etikettierungen mit dem Gehalt von Kunst verwechselt (DR S. 16). Franziska hingegen ist auf der Suche nach menschlicher Substanz und italienischer Wesensart, die sie eher hinter »gewöhnlichen« Wohnhausfassaden vermutet als hinter den »künstlerischen« (DR S. 16/29). Bei der Betrachtung von Kunstwerken geht es ihr um die unverfälschte Wahrnehmung des Sichtbaren; ihre kunstgeschichtlichen Vorkenntnisse empfindet sie dabei als Störfaktoren: »[...] und man denkt: die Salute-Kuppel, und so sieht man nicht mehr, das Sehen wird von Namen verdeckt, in Wirklichkeit ist da nur ein Halbrund aus Grünspan und Schwarz über Schattenkuben neben blausilbernem Wasser [...].« (DR S. 120) Als fiktive Romanfigur ist Franziska selbstverständlich nicht bloßes Sprachrohr ihres Schöpfers. Dennoch lesen sich ihre Venedig-Beobachtungen oftmals wie Illustrationen zu Anderschs Reise-›Philosophie‹, programmatisch formuliert im Nachwort zum 1962 erschienenen Reisebericht *Wanderungen im Norden*: »[...] das einzig Wichtige und Wesentliche, das ihm, dem Touristen widerfahren kann: er wird von Stimmungen berührt, von Farben und Gerüchen, von der Essenz fremden menschlichen Lebens oder von der Substanz toter Steine. Sein flüchtiger Blick wird für Momente brennend und intensiv, und der Geist der Länder entschleiert sich in ihm [...].« (WN S. 218)[17]

Im Roman läßt Andersch seine Heldin über ihre Italienprojektionen kritisch spekulieren und reflektiert damit ein ganz persönliches Problem: mittels einer eher ästhetisch motivierten Wirklichkeitserfahrung ein substantielles und ›wahres‹ Bild der Realität zu liefern. »[...] wahrscheinlich ist das Ganze eine literarische Idee, ausgelöst von neorealistischen Filmen, ein bißchen Faszination von der Poesie südlichen Proletariats, das italienische Proletariat ist literarisch en vogue, aber vermutlich bedankt es sich dafür, vermutlich wünscht es, auf die Poesie zu verzichten, wahrscheinlich findet es nicht einmal Geschmack an jenen Filmen, die zwar sein Leben zu verändern wünschen, aber zugleich dem optischen Zauber dieses Lebens verfallen sind.« (DR. S. 83)

Die hellsichtig erkannte Mystifizierung der Wirklichkeit kraft ästhetisierender Wirklichkeits-Bilder verweist nicht allein auf Anderschs persönliche, neorealistisch inspirierte Italien-Imaginationen, sondern birgt zugleich ein typisches bildungsbürgerliches Italien-Phänomen: die lange Tradition einer überwiegend literarisch vermittelten Italien-Idee, die das Sehen und Erleben dominiert.[18]

Neben verschiedenen Erscheinungs- und Wahrnehmungsformen der venezianischen Wirklichkeit werden im Roman auch Deutschland, »Land ohne Geheimnisse« (DR S. 82), und Italien, »das wunderbare Land, das Land, in dem man noch bettelt« (DR S. 182), kontrastiert. Franziska flüchtet aus einem langweiligen Wirtschaftswunder-Deutschland, in ihrem Privatleben repräsentiert durch den rücksichtslosen Aufsteiger Joachim und den bildungsbürgerlichen Parvenü Herbert, einem Land, in dem sie Leidenschaft und Ideen vermißt, statt dessen »falsche Ordnung« und »falsche Sauberkeit« dominieren sieht (DR S. 82). Italien als geopraphisch relativ naheliegender Ort der Befreiung aus persönlichen und gesellschaftlichen Zwängen ist eine beliebte Variante der deutschen Italophilie, die – nebenbei bemerkt – gerade von der jüngeren ›kritischen‹ (Touristen-) Generation dankbar aufgegriffen wurde und bis heute gepflegt wird.

Franziska jedenfalls findet in der ersten Romanfassung im Industrieproletariat von Mestre eine neue, menschlichere Lebensperspektive. Damit ist Andersch offenbar doch der schon in der ersten Fassung erkannten Gefahr einer pittoresken Verklärung des italienischen Proletariats erlegen – in der überarbeiteten Ausgabe von 1972 hat er das höchst fragwürdige ›happy end‹ durch einen offenen Schluß ersetzt.

Venedig bildet also keineswegs nur das stimmungsvolle Roman-Ambiente, es dient zudem als Folie für eine literarische Kritik an der bundesrepublikanischen Nachkriegsgesellschaft, wobei deren Charakterisierung – ausschließlich ex negativo formuliert – zwangsläufig sehr klischeehaft ausfallen muß.

Die Wahl der Lagunenstadt als Handlungsort deutet nicht zuletzt auf eine von Walter Jens als symptomatisch herausgearbeitete Erfahrung des gesellschaftskritischen Schriftstellers der 50er und 60er Jahre. In den vom Wirtschaftswunder geprägten, nivellierten Mittelstandsgesellschaften, »einer Welt der Homogenität«, waren augenfällige »Details von signifikanter Bedeutung« offenbar nicht mehr zu finden.[19] Da der Schriftsteller nun aber »Farbe und Plastizität«, zumindest »die scharfe Antithese zwischen schwarz und weiß und arm und reich« benötige, flüchte er sich in Extrembezirke.[20] Gerade die moderne italienische Literatur, so Jens – neben Andersch einer der wenigen deutschen Literaten, der sich in den 50er und 60er Jahren ernsthaft mit der italienischen Gegenwartskultur auseinandergesetzt hat – zehre von den in Italien noch vorhandenen »pittoresken« Antithesen.[21]

Eine weitere Schwierigkeit für die deutschen Nachkriegsautoren, so möchte man hinzufügen, ist die historisch begründete Distanz zur eigenen ›Heimat‹. Jeder italienische Schriftsteller hingegen, erklärte Andersch in einem Aufsatz über den Erzähler Giorgio Bassani, besitze eine »selbstverständliche Liebe« zu seiner Heimat, die ihn befähige, Landschaften und Menschen der Kindheit mit liebevoller Genauigkeit und atmosphärischer Plastizität zu schildern.[22]

Anderschs differenziertes Venedig-Bild im Roman *Die Rote* ist auch als Konsequenz seiner Orientierung am italienischen Neorealismus zu verstehen. »Keine Fiktionen, sondern Chroniken des Alltags«, lautete die programmatische Forderung des neorealistischen Theoretikers und Drehbuchautors Cesare Zabattini.[23] Mit der Romanfigur des Italieners Fabio, dessen venezianischer Alltag in mehreren Episoden alternierend zu Franziskas Erlebnissen erzählt wird, hat Andersch offensichtlich versucht, eine Art Alltagschronik im Sinne des Neorealismus aufzuzeigen.[24] Fabio, ehemaliger Kommunist, enttäuschter Revolutionär und Verehrer des Filmregisseurs Michelangelo Antonioni, trägt zudem unübersehbar autobiographische Züge Alfred Anderschs. Auch er muß erkennen, daß seine Hoffnung, die weltpolitische Entwicklung zum westöstlichen »nihilistischen« Zweifronten-System ließe sich aufhalten, dem »Vorstellungskreis einer alten Welt« entsprang, »in dem die menschliche Geschichte eine Geschichte der Entscheidungen zwischen geistigen Prinzipien war« (DR S. 103). Der Rückzug aus der aktiven Politik zugunsten der Kunst bedeutet für den Berufsgeiger Fabio jedoch keineswegs eine formale Kunstausübung oder -betrachtung. Gemeinsamer Nenner der in die Fabio-Passagen integrierten Kurzinterpretationen italienischer Kunstwerke verschiedener Disziplinen und Epochen – Monteverdis *Orfeo*-Oper, Giorgiones Gemälde *Das Gewitter* und Antonionis Film *Il Grido* – ist die Suche nach aktuellen gesellschaftlichen oder biographischen Bezügen. Damit sind Modernität und ›praktische‹ Anwendungsmöglichkeiten italienischer Kunst einmal mehr demonstriert.[25]

Die Beschreibungen der venezianischen Stadtlandschaft – innerhalb der Handlung mit den jeweiligen ›Seelenlandschaften‹ der beiden Hauptfiguren korrespondierend – verraten genaue Ortskenntnisse Anderschs. Blendet man die Romanhandlung einmal aus, so ergeben sich reizvolle Momentaufnahmen unterschiedlicher Belichtung und Perspektive, die sich zu einer ungewöhnlichen Venedig-Vedute zusammenfügen lassen. Im Spätzeitalter seiner massentouristischen und bildungsbürgerlichen Verwertbarkeit erhält Venedig die Aura der Einzigartigkeit zurück, wird wieder zum unmittelbaren Erlebnis und, um mit Andersch zu sprechen, enthüllt »magische Momente«.

Im Zeichen wachsender politischer Frustration Ende der 50er Jahre rückt Italien für Andersch als Reise- und Erlebnisland in den Vordergrund. 1958 findet er zwar – nach Aufgabe aller öffentlichen Ämter in der Bundesrepublik – im Tessiner Bergdorf Berzona eine feste Bleibe, die »Lust nach der Fremde« (WN S. 217) treibt ihn jedoch immer wieder zu ausgedehnten Reisen in den Norden und Süden Europas.

»Einfache und vernünftige Antworten« läßt Andersch als Erklärung für den menschlichen Reisetrieb nicht gelten. In Wahrheit reise man aus »Ungenügen, aus Neugier, aus Unruhe«; die Reise sei Selbstkritik und Gesellschaftskritik zugleich und eine Form der Kreativität.[26]

Im Sommer 1960 besucht er Sardinien – auch für den Italienkenner Andersch ›terra incognita‹. Die erst seit Mitte der 60er Jahre allmählich touristisch erschlossene Mittelmeerinsel gehört nicht zum traditionellen Italienprogramm. Anders als ihre größere Schwester Sizilien war sie schon immer eher ein Nebenschauplatz der Weltgeschichte; zudem galt sie bis in die 50er Jahre hinein als Brutstätte der Malaria.

Zumindest auf einen berühmten und von ihm geschätzten literarischen Vorgänger konnte sich Andersch allerdings berufen: Im Frühsommer 1954 weilte Ernst Jünger auf Sardinien und schrieb dort sein (Tage-)Buch *Am Sarazenenturm*. In einem klei-

Osterprozession in dem kleinen sardischen Dorf Oliena bei Nuoro, photographiert in den 50er Jahren. Sardinien gilt noch heute als Reservat »uralten« Brauchtums. Tatsächlich haben sich dank der geographisch isolierten Lage und der sozialen Rückständigkeit etwa Trachten und Feste besser erhalten können als in anderen Teilen Europas. Bei seinem Sardinienbesuch 1960 bewunderte Andersch die schlichte Alltagstracht der Frauen – heute gerät das Trachtentragen auch auf Sardinien immer mehr zum organisierten Massenspektakel für den Touristen.

nen, übrigens heute als Wallfahrtsort von Jünger-Jüngern verehrten »albergo« in »Illador« – Jüngers Pseudonym für das an der Südküste gelegene Städtchen Villasimius – verbrachte er drei glückliche Wochen vollkommener Entspannung abseits der modernen Zivilisation. Jüngers Tagebuchblätter erzählen von einer unberührten Natur, vom »einfachen« Leben, die jahrtausendealte Geschichte der Insel gleichsam en passant miteinbeziehend. Unzählige genau beobachtete Details über den sardischen Alltag, das Essen und natürlich das Trinken, über Viehwirtschaft und Käsegewinnung, Naturerlebnisse, angereichert mit zoologischen Betrachtungen – Jünger war leidenschaftlicher Käfersammler – Begegnungen mit »einfachen«, offensichtlich unverdorbenen Menschen, die im Einklang mit sich selbst und ihrer abgeschirmten Welt leben. »Wir ahnen lange Zeiten eines Inselfriedens, eines abgeschlossenen glückhaften Lebens, die hier verträumt wurden« (AS S. 13) – eine trügerische Ahnung, die Sardiniens wechselvolle Geschichte, ständige Barbareneinfälle und jahrhundertelange Fremdherrschaft keineswegs bestätigen.

Obwohl Andersch die Jüngerschen Aufzeichnungen sicherlich kannte, hat er dessen südliches Domizil Villasimius offenbar nicht besucht. Die beschriebenen Stationen seines fünfwöchigen Sardinienaufenthalts mit Auto, Zelt und Kindern[27], finden sich auf der nördlichen Inselhälfte: der Nordwest-Zipfel, die bergige Gegend um die auf der Ostseite gelegene Provinzhauptstadt Nuoro und die Golfküstenlandschaft in der Nähe der antiken Ausgrabungsstätte Tharros im mittleren Westen. Auch Anderschs sardische Reisebilder *Nach Tharros* sind vom unmittelbaren Erleben und Entdecken geprägt, atmosphärisch-ästhetische Sinneseindrücke überwiegen. Längere Reflexionen allgemeiner Art fehlen fast ganz, während bei Jünger die Suche nach übergreifenden lebensphilosophischen Zusammenhängen und ein kulturkritischer, moralisierender Unterton ständig spürbar bleiben.

Andersch war sich der Oberflächlichkeit touristischer Erfahrungen durchaus bewußt. Doch gerade der Versuch, mit Hilfe von Bildung und Information den »Geist der Länder« (WN S. 218) zu entschlüsseln, kann seiner Meinung nach das Gegenteil bewirken: das Wesentliche, die »Minute der Wahrheit« zu versäumen (WN S. 217).

Auch Jünger will sich die Geheimnisse der Insel, insbesondere ihre Geschichte, nicht mit Hilfe von »Freund Baedeker« (AS S. 10) erschließen, sondern auf »ihren Bergen, an ihren Riffen und im besonnten, eidechsenhaften Frieden ihrer Täler [...] an Wind und Woge, aus den Gesichtern der Menschen, aus ihrer Sprache und ihren Melodien, aus der Art, in der sich der Rauch der Herdfeuer am Abend über ihrer Heimstatt kräuselt« (AS S. 11). Einziges Buch im Jüngerschen Reisegepäck ist ein Bestimmungsschlüssel der Vögel Europas (AS S. 26).

Scheinbar intuitiv und ohne erläuternde Kommentare liest auch Andersch das Vergangene aus dem Gegenwärtigen. Die Beobachtungs- und Erlebnisdetails sind durchsetzt mit Attributen wie »karthagisch«, »vorchristlich«, »biblisch«, »sarazenisch«, die die geschichtliche Dimension lediglich assoziativ ins Bild bringen: »Aber in Isili dann die Frauen im grellen karthagischen Rot ihrer langen Gewänder [...].« (RW S. 64) Die Sphäre der Zeitlosigkeit wird jedoch durch nüchterne Alltagsbeobachtungungen und informative Fakten relativiert. Andersch konfrontiert die Zeichen von Tourismus, moderner Zivilisation und aktueller Lebenswirklichkeit oft unmittelbar mit dem »archaischen« Charakter der Insel: »Das wahre Interesse der

Nuoresen gilt den Fernsehapparaten, die an den Abenden mit Schatten und Geheul über dem Urgestein flimmern.« (RW S. 61) Andernorts mit unverhohlener Kritik: »Luxushotel und Siedlung des Landproletariats entstanden fast gleichzeitig als höchst bedenkliche Signale der Massengesellschaft auf archaischem Boden.« (RW S. 54)

Dennoch wirken Anderschs zivilisationskritische Bemerkungen eher zurückhaltend; eine Bewertung bleibt dem Leser überlassen. Jüngers Beschreibungen hingegen sind nur scheinbar neutrale Deskriptionen – fast unbemerkt fließen Wertungen ein. Der temporäre Aussteiger auf der Jagd nach dem Ursprünglichen urteilt mit der Arroganz des zivilisationsmüden, konservativen Mitteleuropäers. Ärgerlich registriert er den Einzug industrieller Massenware in die sardischen Küchen, das Aluminium der Kochtöpfe empfindet er geradezu als Beleidigung fürs Auge (AS S. 125), ebenso beklagt er das Verschwinden der Dorfbrunnen als Folge der zunehmenden Wasseranschlüsse (AS S. 128). Was für die Sarden Fortschritt und Verbesserung der Lebensqualität bedeutet, ist für Jünger eine tadelnswerte Beeinträchtigung bei »diesen ruhigen, schönen Bildern«, die er überall zu finden hofft (AS S. 129). Jüngers Reaktion: »[...] sich von den menschlichen Dingen ab- und den Pflanzen, Tieren und Steinen zuwenden.« (AS S. 128)

Mit seiner bornierten Kritik am technischen Fortschritt in unterentwickelten Regionen hat Jünger allerdings ein Kennzeichen des modernen Inseltourismus ins Blickfeld gerückt: »Wir werden ja immer häufiger bezahlen für Nichtvorhandenes. [...] Der Luxus liegt heute außerhalb der technischen Bereiche, ist insular.« (AS S. 110)

Andersch wendet sich allen Dingen – Kunst und Natur, Menschenwerk und Landschaft – mit gleichbleibender Aufmerksamkeit zu. Die Beschreibung eines gefüllten Fischernetzes ist ebenso detailliert wie der Blick auf eine Meeresbucht, »flache, sehr niedrige Lehmziegelhäuser« (RW S. 72) erscheinen nicht weniger interessant als eine kleine Kathedrale aus dem 11. Jahrhundert.

Die größte Bewunderung hegt er für die sardischen Frauen, die er nicht mehr nur beschreibt, sondern interpretiert und idealisiert. Die Frauen – von Jünger an einigen Stellen ganz ähnlich geschildert – sind ihm unbestechliche Hüterinnen archaischer Traditionen, verkörpern schlichte Schönheit jenseits moderner Zeitläufte: »Die Genialität der biblischen Hirtenlandschaft des Nuorese scheint sich einzig in den Frauen aufzubewahren. Die jungen Männer zeigen sich amerikanisiert, die alten kostümieren sich museal. Die Frauen hingegen haben das Kostüm in zeitlose Klassik gewendet: sie tragen den langen, noch die Füße verhüllenden Rock, die helle Bluse, das Kopftuch gegen den Wind. Sie sind fast alle sehr schön. [...] Dies müßten Frauen für altertümliche Leidenschaften sein [...].« (RW S. 63) Andersch hinterfragt diesen Eindruck nicht; die sozialgeschichtlichen Ursachen sind ausgerechnet bei Jünger nachzulesen: »Die Frauen werden außerhalb der Gesellschaft gehalten [...].« Daß sich »das paternitäre Element fast atmosphärisch ausbreitet«, findet er zwar »merkwürdig«, aber nicht im geringsten bedauernswert (AS S. 104).

Genialität und zeitlose Klassik, schön, altertümlich und leidenschaftlich: das sind Stichworte, die die Begegnung deutscher Künstler mit dem Süden seit dem späten 18. Jahrhundert charakterisieren, deren Suche nach beglückender Harmonie und

Schönheit, den Wunsch, in längst vergangene Bereiche der Menschheitsgeschichte hinabzutauchen und die Verheißung ›großer‹ Gefühle. Es hat den Anschein, als könnten solche Sehnsüchte nach der Mitte des 20. Jahrhunderts auch in Italien nur noch in Bereichen insularer Abgeschiedenheit erfüllt werden.

Andersch und Jünger erkennen auf Sardinien ein ähnliches, strukturelles Ordnungsprinzip. Bei Andersch lösen sich die kleinteiligen Einzelstudien immer wieder in den »großen Farbflächen« Sardiniens auf (RW S. 69). Von der Natur vorgegebene Eigenschaften wie »weit«, »weiß«, »gelb« und »leer« bezeichnen ein unabänderliches Grundmuster der Insel. »Man ahnt, daß dies das letzte Wort ist, das Sardinien sprechen wird: Gelb.« (RW S. 64)

Auch Jünger sieht »die großen Bilder friedlich, harmonisch, oft beglückend« (AS S. 146), Bilder, die alle menschlichen und natürlichen Verschiedenheiten Sardiniens einzuordnen vermögen, Geschichte und Gegenwart als nebeneinander »Geschichtetes«, als »Webmuster« offenbaren (AS S. 147). »Die Natur behält immer das letzte Wort [...].« (AS S. 146)

Beide Autoren sind ›Jäger des Augenblicks‹, auf der Suche nach Momenten der Freiheit, jenseits ihrer eigenen und der Geschichte der Welt. Einen solchen Moment hat Andersch im letzten Kapitel seiner Sardinienbilder zu beschreiben versucht. Nach dem Besuch der Ausgrabungsstätte Tharros empfindet er, von einer Anhöhe aus auf die sardische Landschaft blickend, nur noch »sehr große heiße Gleichgültigkeit [...]. Das große Rad da oben dreht sich. Oder steht es still? Ist es weiß? Es könnte auch sein, daß es schwarz ist.« (RW S. 76)[28]

Ende des Jahres 1962 zieht Andersch mit seiner Familie nach Rom. Der Aufenthalt soll ursprünglich zweieinhalb Jahre dauern, wird jedoch dann auf insgesamt zehn Monate verkürzt – in »Ermangelung des nötigen Kleingelds«, wie Andersch in einem späteren Brief an Arno Schmidt verlauten ließ.[29] Über die genauen Gründe für den zeitlich begrenzten Umzug vom Tessiner Bergdörfchen Berzona in die italienische Metropole äußert er sich im ersten römischen Brief an seine Mutter nur vage. Die bisher ungünstige Schulsituation der beiden halbwüchsigen Kinder soll durch den Besuch der deutschen Schule in Rom geregelt werden; außerdem ist er froh, »aus den deutschen Verhältnissen einmal für eine Weile gänzlich herauszukommen« und glaubt, den Kopf voller neuer beruflicher Pläne, daß »römische Jahre keine verlorenen Jahre sind«.[30]

Von einem befreienden und inspirierenden Rom-Erlebnis ist jedoch in den Reisebildern *Aus einem römischen Winter* wenig zu spüren – möglicherweise liegt hier die eigentliche Ursache für den vorzeitigen Abbruch des Experiments. Einleitend schreibt er: »Rom erdrückt einen. Das war schon vor dreißig Jahren so, als ich es zum erstenmal sah. Damals floh ich. Diesmal begann ich, Skizzen zu zeichnen. Sie halfen mir, die Stadt zu ertragen. Ich bin der heutigen Wirklichkeit Roms ausgewichen.« (RW S. 11)[31] Die heutige römische Wirklichkeit wird anschließend in Stichworten charakterisiert: Zerstörung der Stadt durch Betonmassen und Autoverkehr, eine ausschließlich profitorientierte Cliquenpolitik, Vernichtung der angrenzenden Landschaften.

Andersch (links) *mit Michelangelo Antonioni* 1964 in Rom. In den 50er und 60er Jahren beschäftigten sich der deutsche Schriftsteller und der italienische Regisseur mit einem ähnlichen Themenkreis: die existentielle Krise der Nachkriegsgesellschaft. Antonionis Filme setzten die Gefühlswelt der Menschen im Nachkriegsitalien in Szene, Menschen, die wachsenden Konsum und Komfort mit emotionaler Verarmung bezahlen. Die Konzentration auf die von Antonioni selbst so bezeichnete »Krankheit der Gefühle« unterscheidet ihn vom Neorealismus der ersten Jahre, der vorrangig soziale und politische Ungerechtigkeiten des alten und des neuen Systems aufgezeigt hatte.

Die Verwendung der traditionellen Untergangsterminologie, beispielsweise im Topos vom »Tod Roms« deutet auf eine melancholische Grundstimmung, die Andersch angesichts des zerstörerischen »Treibens« in Rom befällt. Der einst im Hinblick auf Italien und die Italiener so optimistische Besucher muß feststellen, daß das gegenwärtige »Chaos« nicht fremde »Vandalen«, sondern die Italiener selbst zu verantworten haben. Doch was hier geschieht, ist für Andersch nur Ausdruck des allgemeinen »Weltgeistes«; wieder einmal wird Rom zum verkleinerten Abbild des Weltlaufs, Symbol der gescheiterten abendländischen Zivilisation. Mit den unerfreulichen Erscheinungsformen, geschweige denn Ursachen für den neuzeitlichen »Untergang Roms« will sich Andersch nicht länger beschäftigen. Ausdrücklich kündigt er römische Skizzen »im alten Stil« an, »Umrisse von Landschaften und Menschen«, die eine längst in das Reich der Vergangenheit verwiesene »Utopie« umschreiben. Diese in der Einleitung nicht näher erläuterte Utopie dürfte in etwa das Gegenteil der sichtbaren römischen Wirklichkeit beinhalten: eine menschenwürdige Zivilisation, ein friedliches und freiheitliches Zusammenleben der Menschen im Einklang mit ihrer Kultur und Natur.

Anderschs Utopiesehnsüchte bedingen die bewußte Ausblendung der modernen, häßlichen Alltagsrealität Roms. Immerhin setzt er nicht ein imaginiertes Bild an die Stelle des wirklichen, oder zelebriert den vielzitierten »Untergang« mit den Mitteln der Kunst, sondern besucht und beschreibt reale Orte und Menschen, die noch nicht von Zerstörung und Entfremdung zeugen, gleichsam »letzte Paradiese« der Menschheit (RW S. 40). Nicht zufällig befinden sich solche Orte meist außerhalb des römischen Stadtgebietes: (noch) unversehrte Landschaften der Campagna, der Albaner Berge oder am Meer, einzelne schlichte Kunstwerke, beispielsweise die Zisterzienserabtei Fossanova; in Rom selbst sind es einige Vertreter der italienischen Kultur und wenige unverändert gebliebene Handwerkergassen.

Charakteristisch für die dort gesammelten Beobachtungen und Reflexionen ist das meist als harmonisch empfundene In- und Nebeneinander von Vergangenheit und Gegenwart, Mythos und Alltagsrealität, Kunst und Natur. Bei den topographischen Beschreibungen dominieren wieder impressionistische Sinneseindrücke, kombiniert mit scheinbar absichtslos eingestreuten Hinweisen auf die geschichtliche Vergangenheit. »Der Travertin der neun dorischen Säulen des Tempels von Corae hat in zweitausend Jahren eine bläuliche Farbe angenommen, die Farbe der Flügel des Perlmuttfalters. Blau, leicht und griechisch steht das Atrium über den pelasgischen Mauern.« (RW S. 13)

Wie schon auf Sardinien, bevorzugt Andersch weite Landschaftsausblicke bis zum Horizont, die ihm jene gesuchte, »durchsichtige Freiheit« ermöglichen (RW S. 13). Architektur wird in der detailgenauen, impressionsreichen Deskription häufig zur Landschaft, und umgekehrt gerät Landschaft zum Kunstwerk (RW S. 33). Vom Menschen erschaffene Kunst bildet für Andersch keinen Gegenpol zur unberührten Natur. Die Mosaikfußböden im Dom von Anagni erscheinen nicht als Widerspruch zu einer Aussicht auf die Lepinischen Berge, »auf ungeordnete Natur also«, sondern »wie als herausgehobenes Strukturnetz dieser Ebene, dieser Berge« (RW S. 32). Die Kunstbetrachtungen unterscheiden sich von den Landschaftsbildern jedoch durch längere Reflexionspassagen und die Ausbreitung kulturhistorischer Fakten. Anderschs Kunst-Gedanken kreisen um den künstlerischen Schaffensprozeß und die historisch-politischen Lebenszusammenhänge von Mensch und Kunstwerk. In die unmittelbare Gegenwart zurückbefördert wird der Leser dann oft durch einen einzigen kurzen Nachsatz. Die Ausführungen über die alte Bischofsstadt Anagni enden mit der Bemerkung: »Aber die Stadt Anagni wird heute von der kommunistischen Partei regiert.« (RW S. 34)

Auch in seinen Menschenschilderungen sucht und findet Andersch eine friedliche, zuweilen erheiternde Koexistenz von alter und neuer Kultur. Kirchweihsonntag auf dem Monte Socrate: ein Priester auf einem Esel, spielende Männer und »eine Gruppe Jugendlicher tanzte nach der Musik aus Transistorgeräten Twist, ehe sie sich in die Prozession den Berg hinab einreihte« (RW S. 41). Amüsiert, aber mit Respekt, erzählt er vom Aberglauben der römischen Intellektuellen (»Malocchio«) oder dem steinreichen Marchese Moretta, der in seinem prächtigen Palast mitten unter kommunistisch organisierten Handwerkern lebt, wobei am Abend Graf und Kleinbürger einem klassenübergreifenden Vergnügen huldigen: dem Fernsehen (RW S. 16).

Einziges Medium der ›direkten‹ Gesellschaftskritik ist die Auseinandersetzung mit der römischen Film- und Literaturszene. Am Beispiel des bewunderten Regisseurs Antonioni, dessen Gesichtszüge Andersch mit dem »Kopf eines römischen Kaisers« vergleicht, mutmaßt er über die Fehler der italienischen Linken (RW S. 28). Deren Kritik an Antonionis Filmgeschichten und Figuren als nicht mehr ausschließlich politisch und sozial bedingt, laufe Gefahr, »den revolutionären Charakter der Existenz-Analyse in Antonionis Meisterwerken« zu übersehen (RW S. 29). Die von Antonioni in seinen Filmen intendierte »Spiegelung einer allgemeinmenschlichen Wirklichkeit« hingegen entspricht Anderschs eigener Einschätzung: »[...] die Selbstentfremdung hat tiefere Ursachen als ökonomische allein.« (RW S. 29) »Allgemeine demokratische Heuchelei« erkennt er in der Reaktion der Linken auf ein Verbot des blasphemischen Pasolini-Films *La ricotta*: »[...] statt eine Blasphemie durchzusetzen, weil sie ein Kunstwerk ist, strengt man sich an, in einem atheistischen Werk geheime religiöse Absichten zu erkennen.« (RW S. 39) Anderschs Plädoyer für die Freiheit des Kunstwerks bleibt im Rahmen seiner Beschäftigung mit der gegenwärtigen römischen Gesellschaft die einzige engagierte Parteinahme.

Am Todestag von Papst Johannes XXIII. besucht er die halb verfallene Rundkirche Santo Stefano Rotondo und entwickelt dort die utopische Vision einer Synthese verschiedener Kulturen und Zeiten: »Ich wünsche mir plötzlich eine Wurlitzer Orgel hierher, in die tote Kirche, eine Orgel und dazu Thelonius Monk, einen sehr traurigen Blues improvisierend. Und die zwei Meter großen, federnd schlanken Negertänzer aus der Via Margutta müßten anfangen zu tanzen, einen langsamen Blues im äußeren Schiff von Santo Stefano Rotondo, zwischen den zweiundzwanzig antiken ionischen Säulen. [...] Pacem in terris. Der Geister-Blues weht durch die Geister-Kirche.« (RW S. 47)

Anderschs unterschiedliche Italienerfahrungen sind untrennbar mit seiner Biographie verknüpft. Am Anfang steht die vergebliche Flucht aus der nationalsozialistischen Wirklichkeit; zehn Jahre später das befreiende Erlebnis der Desertion. In der

Nachkriegszeit, als sich Italien wieder eher als Ort angenehmer und kulturgeschichtlich sanktionierter Vergangenheitsverdrängung empfahl, hat Andersch versucht, aus der italienischen Gegenwartskultur Lehren für eine Erneuerung der politischen Kultur in der Bundesrepublik zu ziehen. Im italienischen Neorealismus fand er moralische und ästhetische Vorbilder, die seine Italienwahrnehmung und deren literarische Verarbeitung deutlich geprägt haben.

Kalter Krieg und politische Restauration verstärkten seine »Lust an der Fremde« und führten ihn wiederholt in den warmen Süden. Als Italienfahrer im Zeitalter des Massentourismus war Andersch bemüht, auratische Erlebnisse zu vermitteln, sich der vorgefertigten Bilder- und Informationsflut mit Hilfe von unvoreingenommener atmosphärischer Detailbeobachtung zu entziehen.

1962 unternahm er den vorzeitig beendeten Versuch, als heimatloser Deutscher und Linker in Rom einen zeitweiligen Stützpunkt zu finden; dort die erneute Flucht vor der Wirklichkeit zugunsten einer Kunst »im alten Stil«, Ästhetik und humanistische Utopie verbindend.

Konstant geblieben ist Anderschs Bewunderung für die italienische Literatur, den »italienischen Geist«, zuletzt dokumentiert in seinen sensiblen Nachdichtungen italienischer Lyrik.[32]

Ewige Streiterei mit dem ewigen Rom: Marie Luise Kaschnitz

Kritische Stimmen über die »ewige Stadt« hoffte Karl Alfred Wolken zu entdecken, als er Ende der 60er Jahre eine Anthologie deutscher Romlyrik und -prosa der Nachkriegszeit zusammenstellte. Doch seine Annahme, die Literatur nach 1945 wäre »jenem festlich-feierlichen Rombild« abzuschwören bemüht, ließ sich nicht bestätigen.[1] Zumindest die von Wolken gesammelten und veröffentlichten Texte verraten den altbekannten verehrenden und glorifizierenden Grundton, ein fassungsloses Staunen angesichts der Herrlichkeiten Roms.

Die in deutschen Landen nach dem Krieg von einer ganzen Schriftstellergeneration so vehement postulierte »Stunde Null« hatte offensichtlich in Rom, genauer, im deutschen Bild von Rom, noch nicht geschlagen. Stand »Roma aeterna« jetzt erst recht unter Denkmalschutz? Gemeint ist nicht die Pflege der Bau- und Kunstwerke, sondern die Konservierung des vom ›dunklen Norden‹ aus imaginierten Rom-Bildes mit einer ganzen Palette tradierter Symbole und Erfahrungsmuster. Kein Zweifel: Der Bedarf an ideologisch ›unverdächtigen‹ kulturellen Werken und Werten, die Sehnsucht nach Harmonie, nach Sinnen- und Seelenstimulantia war größer denn je. Aber wollte sich die gesamte Trümmergeneration, deren jüngere Angehörige gar literarische »Kahlschläge« forderten, mit der bald zweihundert Jahre alten Italiensicht eines Goethe und seiner Epigonen identifizieren? Hatte der Glaube, mittels Anschauung und Erleben der südlichen Landschaft, Kunst und Kultur zur geistig-sittlichen Vollendung zu gelangen, Sinn und Wesen der eigenen Existenz zu begreifen, nach den Erfahrungen der Naziherrschaft und des Zweiten Weltkriegs noch seine Berechtigung?

Immerhin konnte sich ausgerechnet in Italien, dessen Natur und Kunst so oft als symbolische Repräsentation von Humanität und Poesie gegolten hatte, die faschistische Ideologie schon seit 1926 als Staatsmacht etablieren; der 1939 mit den Deutschen geschlossene Pakt, die »Achse Rom – Berlin« verband das deutsche und das italienische Schicksal auf ganz andere Art und Weise, als es sich Winckelmann, Goethe und andere Italienenthusiasten hätten träumen lassen.

Eine starke Widerstandsbewegung und die gerade noch rechtzeitige Wendung zu den Alliierten (1943) verhinderten wenigstens, daß Italien als völlig geschlagenes und zerstörtes Land aus dem Krieg hervorgehen mußte. Die Besetzung Roms durch die Alliierten im Juni 1944 bewahrte die Stadt vor einem zweiten »Sacco di Roma«.

Obwohl die italienische Metropole durch Kriegszerstörungen vergleichsweise wenig zu leiden hatte, bot sie nach dem Krieg ein verändertes Bild. Die unter Mussolini errichteten, teilweise unvollendeten Bauten und Prachtstraßen – für letztere wurden ganze Stadtviertel abgerissen und die Bewohner in die Randbezirke zwangsumgesiedelt – fügten dem römischen Nebeneinander verschiedener Stilformen eine weitere Variante hinzu. Zwischen 1946 und 1966 stieg die Einwohnerzahl nach offiziellen Angaben von 1,5 auf 2,5 Millionen. Massenzuwanderungen aus dem unterentwickelten Süden ließen die »Borgate«, slumähnliche Vorstädte, immer weiter in die Landschaft wuchern. Es fehlten umsichtige, der veränderten Bevölkerungs- und Verkehrssituation angepaßte Erweiterungspläne, oder solche wurden nicht konsequent durchgeführt. Hemmungslose Bodenspekulation, ein aufgeblähter Verwaltungsapparat und eine total verschuldete Stadtkasse ließen die Hauptstadt zu einer chaotischen Problemzone Italiens werden.[2]

»Von einem dauernden ästhetischen Freudenrausch ist nicht die Rede, und nur für Ferienreisende ist Rom noch ein Museum oder ein historisches Seminar. Es ist eine moderne Großstadt, eine brüllende, ratternde Verkehrshölle, in der gehetzte und mürrische Leute ihren mühsamen Tag bestehen.« (W II, S. 10) Die Passage aus Marie Luise Kaschnitz' 1955 erschienenen Aufzeichnungen *Engelsbrücke* läßt ahnen, daß Krieg und moderne Zivilisation doch ihre Spuren im deutschen Rom-Bild hinterlassen haben, daß dessen Pflege zumindest nicht in einer (wort-)getreuen Restaurierung überlieferter Eindrücke und Vorstellungen besteht.

Marie Luise Kaschnitz hat vor und nach dem Krieg bis zu ihrem Tode 1974 jeweils für mehrere Jahre oder Monate in Rom gelebt. Die italienische Metropole war neben ihrer Heimat Bollschweil im Breisgau und ihrem späteren Wohnort Frankfurt der dritte Fixpunkt, an den sie immer wieder zurückkehrte.

Ihre insgesamt acht verschiedenen römischen Wohnungen liegen in den unterschiedlichsten Stadtteilen des alten und (damals) neuen Roms; in der Nähe der vornehmen Via Condotti oder im ehemaligen Armenviertel Trastevere jenseits des

Tiber, im Wohnblock auf den »Prati« oder der Villa Massimo konnte sie die vielfältigen Facetten der Stadt nicht nur als Zaungast erleben.[3] Die wechselnden römischen Eindrücke und Erfahrungen hielt Marie Luise Kaschnitz über einen Zeitraum von nahezu vierzig Jahren in Prosa und Lyrik fest.

1901 im damals kaiserlichen Deutschland geboren, prägten zwei Kriege und die anschließend explosionsartig einsetzende technische und wirtschaftliche Entwicklung ihre Wahrnehmung und damit auch ihr autobiographisch geprägtes literarisches Schaffen entscheidend – gerade an ihrem Verhältnis zur »ewigen Stadt« läßt sich dies beispielhaft verfolgen. Eine andere, sehr persönliche Zäsur in Leben und Werk hinterließ der Tod ihres Mannes im Jahr 1958.[4]

1924 beginnt die Geschichte ihrer Rom-Aufenthalte. Als Mitarbeiterin eines Buchantiquariats und spätere Sekretärin des von Ludwig Curtius geleiteten Deutschen Archäologischen Instituts in Rom lernt sie den Archäologen Guido von Kaschnitz-Weinberg kennen. Die ersten gemeinsamen Jahre nach ihrer Heirat 1925 verbringen die Kaschnitzens in Rom; ihr Leben spielt sich zwischen wissenschaftlichen Vorträgen, Geselligkeit mit Professorenehepaaren, Studienreisen in Italien und anderen Mittelmeerländern ab. Marie Luise Kaschnitz betätigt sich als Hausfrau und Mutter – 1928 wird die einzige Tochter in Rom geboren – und Begleiterin ihres Mannes. Der ständige Kontakt mit akademischen Kreisen mag ein Ersatz für ihr versäumtes Universitätsstudium gewesen sein.[5]

In dieser exklusiven Welt der Bildung und Tradition entstehen in den 30er Jahren ihre ersten Italien-Gedichte. Das 1936 geschriebene, dem im darauffolgenden Jahr von Hitler amtsenthobenen Curtius gewidmete Gedicht *Rom* liest sich wie ein Panoptikum klassisch-romantischer Deutungsmuster: Die personifizierte, »königliche« Stadt wird aus der Perspektive des von der »dunkleren Heimat« Kommenden mit ehrfürchtigem Staunen betrachtet und als Ort der Sehnsüchte und Verlockungen, aber auch der Gefahren und Grausamkeiten charakterisiert. Es fehlen nicht die Hinweise auf Tyrannei, Christenverfolgungen und Vanitas, ebenso wird die mythische Vergangenheit der Stadt heraufbeschworen. (WV, S. 25f.) Rom erscheint als Zentrum des Geistes und der Kunst, voll »belebender Liebe«; tiefen Schmerz und das Erlebnis der Erneuerung erfährt der Mensch bei Abschied und Wiederkehr:

Immer schied ich von dir mit weinendem Herzen.
Ungedeutet blieb vieles und unverstanden das Letzte. (...)
Und deine Fülle zu fassen verzagte das Herz.

Doch es erneuern sich ewig die Wasser der trevischen Quelle.
Andere immer und offener kehren wir wieder
Suchen ein Neues und finden ein Neues bereit uns. (W V, S. 26)

Auch andere, vor dem Krieg entstandene Italien-Gedichte sprechen eine salbungsvolle, metaphernbeladene Sprache. Allgemeinmenschliche Themen werden auf der Folie italienischer Landschaft und Kunst abgehandelt: die Überlegenheit der Natur gegenüber dem Menschen (*Herkules in der Villa Borghese*, W V, S. 27), die ›unsterbliche‹ Beziehung zwischen Mutter und Kind (*Pieta*, W V, S. 34), der Tod (*Via Appia*, W V, S. 28) oder das Leben ›an sich‹ (*Die Straße nach Süden*, WV, S. 39). Wenn

Als »Region der kreatürlichen Fruchtbarkeit, der Armut und der üppigen Mahlzeiten, des Gitarrengezupfs und der Mundartlieder« hat Marie Luise Kaschnitz das römische Altstadtviertel *Trastevere* bezeichnet (Kaschnitz: *Werke* III, S. 704). Auch wenn sich die Bevölkerungsstruktur in dem einstigen Stammquartier der »kleinen Leute« in den letzten 25 Jahren verändert hat – viele Wohnungen sind nach der Sanierung nur noch für gut Betuchte erschwinglich – gilt Trastevere (»jenseits des Tiber«) auch heute noch als der volkstümlichste, »römischste« Stadtteil der Metropole.

Menschen auftreten in diesen Gedichten, so sind dies keine der historischen oder aktuellen Wirklichkeit abgeschauten Italiener aus Fleisch und Blut, sondern Mythen- oder Symbolfiguren. Auch die Naturschilderungen bleiben im Rahmen konventioneller Italientopoi: Olivenhaine, Weingärten, Quellen und Springbrunnen, und immer wieder das Meer, tröstend und bedrohlich zugleich.

Seit 1933 lebte die Familie Kaschnitz in Königsberg, kehrte aber bis zum Ausbruch des Krieges jährlich für einige Monate nach Rom zurück.

Von 1953 bis 1956 war Rom dann wieder der Hauptwohnsitz; Guido von Kaschnitz-Weinberg leitete während dieser Zeit das Deutsche Archäologische Institut. Schon 1952 erscheint ein neuer Zyklus mit Rom-Gedichten von Marie Luise Kaschnitz (W V, S. 229–242). Der Titel *Ewige Stadt* läßt eine Fortsetzung der bisherigen traditionsgebundenen Italien-Lyrik vermuten. Aber schon die Form verweist auf eine veränderte ästhetische Erfahrungsweise der Autorin. Analog zur Aufsprengung des früher gepflegten, formalen Ebenmaßes (meist vier- oder fünfzeilige gereimte Strophen) in freie, ungereimte Rhythmen, breitet der Zyklus ein Trümmerfeld zerstörter Rom-Imaginationen aus. Alles erscheint fremd, die Zeichen moderner Zivilisation sind unübersehbar; Rom gibt keine Antworten auf die Frage nach dem Lebenssinn, sondern ist selbst fragwürdig geworden:

Wem wächst das Brot? wer liebte noch die Liebe?
Wo fließt noch der goldne Castelliwein? (W V, S. 229)

Ruhe und Besinnlichkeit sind lärmender »Unrast« gewichen, anstatt Fröhlichkeit kommt Furcht auf, wenn die Gesichter der Gitarrenspieler in den Lokalen »starr wie Masken des Todes« bleiben (S. 230). Angesichts der gerade überstandenen Katastrophe des Krieges wirken die gut erhaltenen Stätten wie ein Hohn, und selbst die Kirchen bieten keine Zuflucht, sondern provozieren verzweifelte Wut:

Schreien möchtest Du, seid ihr immer noch da
Madonnen lächelnde und Engelkränze (. . .).« (S. 231)

Die Armen, Entwurzelten und Arbeitslosen, Hoffnungslosigkeit, Entfremdung, Krankheit und Tod prägen jetzt das römische Leben.

Eine grundsätzliche Revision des überlieferten Rom-Bildes bietet der Zyklus freilich nicht, denn der Ausgangspunkt, die Norm, an der die vorgefundene Wirklichkeit gemessen wird, ist immer noch die alte, symbolträchtige »Roma aeterna«. Kaschnitz beschreibt die vergebliche Suche nach einer versunkenen Welt der Schönheit und der Harmonie. Noch immer spiegelt sich im Schicksal der Stadt das Schicksal der Welt:

Und die Schwermut des Ackers von Rom,
die die Schwermut der Welt ist. (W V, S. 241)

Aber die römische und zugleich menschliche Melancholie hat ganz konkrete soziale und kulturelle Formen angenommen, die kein Entkommen vor der existentiellen Krise der Dichterin ermöglichen, sondern diese als kollektive Krise bewußt machen und verstärken. Die alten Bilder und Projektionen, die alten Vokabeln sind noch präsent, doch Marie Luise Kaschnitz versucht nicht, das aus allen Fugen geratene Rom wieder ›in Ordnung zu dichten‹. »Die Tage, in denen man noch umherstreifen konnte, dürstend nach Schönheit und Erkenntnis, sind vorbei«, stellte sie schon 1946 im Essay *Rom* fest (W VII, S. 457). Ihre Wahrnehmung hat sich erweitert um die Einsicht, daß auch die »ewige Stadt« ein sozialer und politischer Ort des zwanzigsten Jahrhunderts ist, bevölkert mit durch Krieg und unaufhaltsamen Fortschritt verstörten Menschen des zwanzigsten Jahrhunderts.

Das chaotische Durch- und Nebeneinander von Vergangenheit und Gegenwart ertragen, lautet die Botschaft der nun im Neonlicht leuchtenden römischen Steine:

> *Nimm auf Dich das Alte, das nicht ausgetilgt wird*
> *Und das Neue, das nicht kommt wie ein Weihnachtstag. (W V, S. 241)*

Die ständige Auseinandersetzung mit der sichtbaren Realität Roms und dem Symbolkomplex »Roma aeterna« bestimmt von nun an ihr Italien-Bild. Sie selbst hat den Zyklus *Ewige Stadt* als eine »Streiterei mit dem immer gleichen, eben dem ewigen Rom, nach den Erfahrungen des zweiten Krieges« beschrieben.[6]

Ein gewisses Pathos bei der Behandlung des Rom-Stoffes, nostalgische, bisweilen klagende Tön angesichts der nicht mehr wegzuleugnenden Veränderungen, bleiben auch in ihren späteren Werken spürbar. Marie Luise Kaschnitz löst sich nie gänzlich von einer klassisch-romantischen Wahrnehmungstradition; wer eine radikale Demontage des Rom-Mythos oder die dokumentarische Bestandsaufnahme einer modernen Großstadt erwartet, sieht sich getäuscht. »Das ewige Rom ist in den Stürmen des letzten Krieges nicht untergegangen, das magische Wort hat seine Wirklichkeit nicht verloren« – dieser bereits ein Jahr nach Kriegsende geäußerte Glaube behält seine Gültigkeit (W VII, S. 449).

Kasimir Edschmid, der in den letzten Kriegsjahren Zuflucht in Italien gefunden hatte, sprach bei der Verleihung des Büchner-Preises an Marie Luise Kaschnitz im Jahre 1955 das Wesentliche aus: »Die Suggestion Roms auf Sie ist ungeheuer, aber die Abwehrkräfte in Ihnen, die Sie sich Ihrer eigenen Epoche verbunden fühlen, lehnen sich dagegen auf, Sie wollen sich nicht vergewaltigen lassen von etwas, das *gewesen* ist, Sie wollen denkerisch Repräsentant ihrer eigenen Zeit sein und mit dem Barometer Ihrer Dekade urteilen und also Distanz nehmen zu der ungeheuren summa des in Rom schon aufgespeicherten Geistesgutes – aber Sie lieben und verehren das Antikische doch, obwohl Sie sich dabei selbst im Wege stehen.«[7] Mit dem Büchner-Preis wurde Marie Luise Kaschnitz nicht zuletzt für ihre erste große Prosa-Arbeit zum Thema Italien, *Engelsbrücke, Römische Betrachtungen* geehrt. Diese Sammlung tagebuchartiger Essays sollte zuerst den Untertitel »Zehn Jahre nach dem großen Krieg« tragen, steht also ganz bewußt unter dem Eindruck von Krieg und Nachkriegszeit (W II, S. 11). Kaschnitz unternimmt hier den keineswegs neuen Versuch, den Sinn menschlicher Existenz und das Wesen Roms zu durchdringen, muß jedoch am Ende feststellen, daß die Integrität des eigenen Lebens nicht mehr in harmonisch-ganzheitlichem Zusammenhang mit dem Erleben der südlichen Metropole steht. »Die Bemühung um Einklang ist vergeblich [...].« (W II, S. 269)

Mit dem Blick auf ihre Heimat und die Deutschen hat Kaschnitz Rom beschrieben, »in das Nebelland, für Menschen, die von Rom, und vom sonnigen Süden überhaupt, eine ganz bestimmte Vorstellung haben, und die Goldorangen blühen im dunklen Laube ja auch tatsächlich, aber von Orangen wird niemand satt, und Ferien von der Zeit gibt es nicht mehr« (S. 269).

Der deutsche Orangenliebhaber entnimmt ihren skizzenhaften Aufzeichnungen eine autobiographisch gefärbte, subjektive Mischung aus Landschafts- und Ortsbeschreibungen, fiktiven oder erlebten Geschichten, Beobachtungen des täglichen italienischen Lebens, Gedanken über die italienische Wesensart, über Geschichte, Kunst und Tourismus. Marie Luise Kaschnitz hat sich später als »ewige Autobiographin« bezeichnet (W III, S. 827), erfährt jedoch das Ich als Teil der Welt, so daß ihre persönlichen Empfindungen selten in einem abgeschlossenen Kreis der Innerlichkeit befangen bleiben.

Rom ist für sie ein Ort des visuellen Erlebens: »Ich glaube, daß man vor allem Sehen lernt. Man hat viele Impulse durch Augenfreuden, und weil sich das Leben zum großen Teil draußen, nicht in den Häusern abspielt, erfährt man auch viel von den Menschen, viel mehr als hier«, antwortete sie in einem Interview auf die Frage, ob Rom ihre künstlerische Arbeit beeinflußt habe.[8]

In *Engelsbrücke* verbindet sich häufig Visuelles mit Visionärem, die sichtbare Gegenwart mit der Vergangenheit. Meist steckt in einer Zufallsbeobachtung der Keim für eine Geschichte. Ein zunächst harmloses Erlebnis wird plötzlich tragisch oder gespenstisch, der banale Alltag offenbart seine extremen und irrealen Dimensionen oder wird ins Mythische gewendet.

Ihre unverkennbare Neigung, flüchtigen Eindrücken und Erinnerungen eine sinnbildliche, allgemeinverbindliche Pointe abzugewinnen, hat die Autorin selbst einmal angesprochen (W II, S. 70f.). Ein Mann in einer römischen Osteria entpuppt sich als siebenfacher Mörder. Während er sich der Strafe für seine Morde immer entziehen konnte, hat er gerade eine zehnjährige Haftstrafe für eine gar nicht von ihm begangene Tat verbüßt, weil er den eigentlich Schuldigen nicht verraten wollte. Jetzt wird er als »Patriarch der Armen«, als »Held unserer Zeit« von den Gaststättenbesuchern gefeiert (W II, S. 237). Eine andere Episode erzählt von einem bereits stadtbekannten kleinen Angestellten, der in seiner Freizeit Lebensmittel und getragene Kleider sammelt und sie unter den römischen Obdachlosen verteilt. Der »Mann mit dem Sack« ist für Marie Luise Kaschnitz Sinnbild freiwilliger Aufopferungsbereitschaft, beinahe schon eine »mythische Gestalt« (W II, S. 238).

Ihren Hang zum Mythischen sieht sie nicht allein als persönliche Vorliebe, sondern geschlechtsspezifisch begründet: »Sosehr wir uns auch bemühen, Staatsbürgerinnen zu werden: der Mythos liegt uns näher als die Geschichte, das ewig Gleiche und ewig Menschliche näher als das einmalige, historische Geschehen.« Ihre Kunstauffassung ist von dieser Einschätzung geprägt. »Wirklichkeitsfanatismus« im Dienste des Staates anstatt allgemeinmenschlicher Werte bezeugen ihr die römisch-republikanischen Statuen und die historischen Reliefs. (W II, S. 34).

In allen Italienwerken widmet Marie Luise Kaschnitz den Armen und Bedürftigen große Aufmerksamkeit. Doch ihre Beobachtungen wirken oft idealisiert, soziale Zusammenhänge und Ursachen werden kaum einmal aufgezeigt. Die Beschränkung auf Impressionen und das Bemühen, inmitten aller Trostlosigkeit doch einen positiven und humanen Kern zu finden, bergen die Gefahr der Ästhetisierung und Verklärung. Für Marie Luise Kaschnitz sind die Bettler Roms »Aristokraten der Gosse« (W II, S. 238), sie sieht zwar die miserable materielle Lage der Unterprivilegierten, entdeckt aber doch »ein wenig Märchenglanz und große Würde der Armen« (S. 252).

Eine Art ›Faszination des Häßlichen‹ kennzeichnet die 1957 veröffentlichten *Neuen Gedichte.* Da ist von zertrümmerten Menschenantlitzen, blutigen Halbmonden und Eiterbeulen die Rede (*Picasso in Rom,* W V, S. 283 f.); das authentische Bild italienischer Armut vermitteln derartige Gruselszenarien allerdings kaum:

Zwischen Kohlrippen, bleichem Gedärm
Leuchtet der Hahnenkamm
Gefleckt von Orangenschalen
Versickert der Blutbach. (Piazza Vittorio, W V, S. 287)[9]

Sobald Kaschnitz sich auf ihre eigene Beobachtungsgabe verläßt anstatt eine expressionistische Bildersprache zu bemühen oder das Geschilderte im Sinne einer ›höheren‹ Wahrheit zusammenzufassen, gelingen ihr glaubwürdigere, atmosphärisch dichte Italienbilder. Schon in *Engelsbrücke* finden sich solche locker hingeworfenen, vorläufig wirkenden Skizzen ohne jenen Zug ins Allgemeinmenschliche, Tragische oder Mythische: »Rom im Hochsommer, das sind die langen Alleen von Oleanderbäumen, weiß und rosa blühend. Die blauen, von der Sonne aufgeweichten Asphaltstraßen zwischen rostroten Mauern, die kühlen Schluchten der Altstadtgassen, dröhnend von heftigen Geräuschen, die Wasserschleier über den Brunnenschalen, von kleinen Stückchen Regenbogen überglänzt.« (W II, S. 218)

Dann gereicht die Fremdsicht zum Vorteil: Farben, Formen und Geräusche, die der Einheimische, mit seiner Umgebung Vertraute, gar nicht mehr wahrnehmen kann, vermitteln sich der fremden Beobachterin als beschreibenswerte Details. Ohne bedeutungsschwangere Formeln, sondern rein deskriptiv und deshalb umso plastischer, ist etwa die folgende Schilderung römischer Hinterhöfe in den 1968 erschienenen Tagebuchaufzeichnungen *Tage, Tage, Jahre*: »[...] die vielen kleinen Balkone, auf denen Wäsche aufgehängt ist, die Treppenhäuser mit den scheibenlosen Fenstern, die kleinen, angeklebten Toiletten, alles ockerfarben und tagsüber merkwürdig still, nur die Katzen schreien. Nachts viele Stimmen, ein Hin und Her und Musik aus den Fernsehapparaten, auch Singstimmen und Lärm aus einer Birreria, Geklapper von Geschirr und Gläsern [...].« (W III, S. 123 f.)

Immer noch bestaunt und bewundert Marie Luise Kaschnitz die »ewige Stadt«, jedoch nicht mehr als unantastbares Denkmal mit Glorienschein, sondern als einen realen Ort der Koexistenz von Geschichte und Gegenwart. Die Monumente künstlerischer und menschlicher Größe sind ebenso präsent wie die unmenschlichen Zeugnisse der jüngsten Vergangenheit; beispielsweise die Hinrichtungsstätte bei Fosse

Ardeatine. Dort waren im Jahr 1944 bei einem Bombenattentat umgekommene SS-Soldaten mit der zehnfachen Zahl von Menschenleben gesühnt worden (W II, S. 183).

Marie Luise Kaschnitz versucht, das Eine im Anderen zu entdecken, altes und neues Rom, vergangene und gegenwärtige Zivilisation, Alltag, Mythos und jüngste Geschichte. Alle Facetten sollen erfaßt werden, verbunden mit ihrer persönlichen Existenz und Lebensgeschichte, aber nicht mehr in Form eines harmonisch abgerundeten Ganzen, sondern als Nebeneinander, als »Unzahl von Linien, die sich erst im Unendlichen treffen« (W II, S. 269).

Eine positive Voreingenommenheit verhindert jeglichen Chauvinismus gegenüber Italien und den Italienern. Sie ist offen für die Eigenheiten eines anderen Landes, fühlt sich nicht berechtigt, angesichts anderer Sitten und Gebräuche den moralischen Zeigefinger zu erheben. Selbst die aus deutscher Sicht unverständliche Verwertung von Singvögeln (als Delikatesse) verurteilt sie nicht (W II, S. 37). Die Italiener sind in ihren Augen ein Kulturvolk, in dem selbst die bettelarme Barackenbewohnerin ihren Dante kennt (W II, S. 125). Trotz ihrer unverhohlenen Sympathie für Italien und seine Bewohner vollzieht sie kein devotes Mimikry im anderen Land. Das Bewußtsein, Besucherin, Gast zu sein, ist auch nach jahrelangen Italienaufenthalten noch vorhanden, Momente völliger Fremdheit und das Gefühl des Andersseins bleiben nicht aus (W II, S. 108). Aber aus der vorurteilslosen Beobachtung des Fremden läßt sich lernen, etwa den ruhigen ausgeglichenen Gang der Italiener, ihre dem Augenblick verhaftete Lebensart im Gegensatz zur deutschen Zielstrebigkeit und Zukunftsbezogenheit. »Wir Nordländer sind hier, und nicht nur an unseren plumperen Schuhen, unter den Einheimischen auf den ersten Blick zu erkennen. Wir gehen anders, zielstrebig, gerichtet, angezogen und aus dem Gleichgewicht gebracht von dem, was wir erreichen wollen, ein Museum, die Arbeit, zu Hause, einen Menschen, den es uns wiederzusehen begehrt. Wir scheinen nicht im Augenblick, sondern in der Zukunft zu leben, nicht innerhalb, sondern außerhalb unseres Selbst heimisch zu sein.« (W II, S. 113 f.)

Sensibilität für beide Seiten, Besucher und Besuchte, kennzeichnet auch ihre Äußerungen über Probleme des Tourismus. Als »Weltraumbewohner« müssen die Studienreisenden aus Nordeuropa den Bewohnern abgelegener italienischer Orte erscheinen. Weniger die Sprach- und Stammesverschiedenheit verhindern ihrer Meinung nach ein gegenseitiges Verständnis, sondern »daß wir uns so luxuriöse Empfindungen wie den historischen Wissensdurst und die ästhetische Befriedigung erlauben durften, während jene gerade nur ihre einfachsten Bedürfnisse stillten« (W II, S. 167).

Auch die zerstörerischen Auswirkungen touristischer Expansion bleiben Marie Luise Kaschnitz, die die Erschließung der Küstengebiete über Jahre hinweg mitverfolgen konnte, nicht verborgen (W III, S. 465). An anderer Stelle werden Vor- und Nachteile der inzwischen zu einer Form des Massentourismus avancierten Bildungsreise abgewogen. Welchen Nutzen ziehen die unvorbereiteten Besucher aus dem endlosen Gang durch die römischen Bildungstempel; verursacht deren überwältigende Fülle nicht Minderwertigkeitskomplexe, Einsamkeitsgefühle, Verzweiflung und Zorn? Und haben die »wirklich Genießenden« (W II, S. 258), Gebildeten, das

Tief im Herzen der italienischen Metropole, unweit der Piazza Navona, wohnte Marie Luise Kaschnitz während ihres vierten Romaufenthaltes. Es ist das Viertel des *Governo Vecchio*, eine typisch römische Altstadtgegend mit unzähligen Gäßchen, Plätzen und Hinterhöfen, Palästen, Werkstätten und Osterien.

Recht, die Massen auszuschließen, um ihrem Kunstgenuß den entsprechenden Raum und die nötige Stille zu verschaffen? Gerade im »Erlebnis der Einsamkeit« und in den ehrwürdigen Gegenständen ungemäßen Gefühlen sieht Marie Luise Kaschnitz die Chance eines Ertrags. (W II, S. 259) Keine ›Wiedergeburt‹ zwar, aber doch wenigstens kleine Denkanstöße kann in ihren Augen das Erlebnis großer Kunst und Geschichte bewirken.

Und es gibt noch andere, viel einfachere Möglichkeiten der Erkenntnis: »[...] gar nichts tun, nur bei einem Espresso oder einem Glas Wein herumsitzen und mit den Römern sprechen, den Kindern des Hauses, denen all das von uns Gepriesene so herrlich selbstverständlich ist und die dieselben Sorgen haben wie alle Leute in allen großen Städten der Welt (W III, S. 706f.).«

Einen besonderen Zusammenhang zwischen Italienerlebnis und dichterischer Erweckung oder gar Vollendung stellt Marie Luise Kaschnitz nirgends her. Rom ist nur einer von drei wichtigen Fixpunkten, einer von drei ihr besonders vertrauten Orten, wobei sie keinem den Vorrang gibt (W II, S. 526). Auch Bollschweil und Frankfurt hat sie immer wieder zum Gegenstand und Schauplatz ihrer prosaischen und lyrischen Werke gewählt.[10] Ein »Nirgendwomehrsein« wird ihr später zum besten Ausgangspunkt des Schreibens; nicht auf den geographischen Ort komme es an, sondern auf den persönlichen geistigen Standort und die absolute Konzentration der Gedanken. (W III, S. 457) Den wechselnden Lebensschauplätzen entspricht ihre geistige Mobilität. Der ernsthafte Versuch, sich von erstarrten Traditionsvorbildern zu lösen, diese wenigstens zu korrigieren, prägt auch ihr Rom- und Italienbild der Nachkriegszeit, das niemals als etwas Fertiges, Abgerundetes erscheint, sondern immer vorläufige Skizze bleibt.

Entzauberung eines Mythos?

Zum Italienbild deutscher Gegenwartsliteratur

Alfred Andersch gehört schon zur jüngeren Generation deutscher Schriftsteller. In den fünfziger Jahren überwiegt noch die traditionelle Sichtweise – kein Wunder, wenn man bedenkt, daß erst jetzt viele Autoren die Möglichkeit besaßen, überhaupt nach Italien reisen zu können. Wie die moderne Italienlyrik zeigt, reagieren die Autoren der Gegenwart nicht mehr so enthusiastisch wie die Dichter früherer Jahrhunderte. Die Gegenwart spielt für sie eine genau so bedeutsame Rolle wie die Vergangenheit. Ihre Lyrik ist nicht mehr nur aufs Preisen und Rühmen eingestellt. Ein Musterbeispiel ist etwa Marie Luise Kaschnitz. In ihren Anfängen eine konservative Autorin, findet sie erst in den fünfziger Jahren zum eigenen, unverwechselbaren Ton. Unmittelbare Wahrnehmung wird wichtiger als Bildungserlebnisse. Armut, Krankheit und Zerfall kommen jetzt in den Blick. Dennoch bleibt sie immer noch dem Ästhetizismus der älteren Generation verhaftet, wenn sie versucht, auch den Schattenseiten etwas Positives abzugewinnen. Sogar bei den unterprivilegierten Schichten sieht sie »ein wenig Märchenglanz und große Würde der Armen«.

Eine andere deutsche Lyrikerin, Ingeborg Bachmann, zog bereits mit 27 Jahren nach Italien: zunächst auf die Insel Ischia, danach für ein Jahr nach Neapel, für weitere drei Jahre nach Rom. Dort traf sie in den Jahren 1954 bis 1957 auch mehrmals mit Marie Luise Kaschnitz zusammen. Man besuchte regelmäßig – jeweils mit Kollegen und Freunden – das Café Doney in der Via Veneto: ein deutscher Künstlerkreis in Rom während der Adenauer-Ära. Ingeborg Bachmann allerdings erlebte Italien von Anfang an nicht als gänzlich fremdes Land; in Österreich nahe der Grenze geboren, war ihr das Italienische von Kindheit an vertraut: »Der Entschluß für mich nach Italien zu gehen, war nicht für mich ein Entschluß, wie es ihn für soviele andere gibt oder etwa der Zug nach Süden der Engländer, der Deutschen, der Österreicher; denn ich komme schon von der italienischen Grenze, bin wenige Kilometer von der italienischen Grenze aufgewachsen, Italienisch war meine zweite Sprache; obwohl es natürlich erst im Verlauf der Jahre wirklich meine zweite Sprache geworden ist.« (BB S. 53) Die demonstrative Abgrenzung von einer europäischen Italien-Tradition mag vielleicht ein Grund dafür sein, daß die langjährigen Italienaufenthalte Bachmanns in ihrem Werk nur geringe Spuren hinterlassen haben, zumindest was die Beschreibung des Landes betrifft. Allerdings entstanden in jenen ersten Jahren in Neapel und Rom Italien-Dichtungen anderer Art: Bachmanns Italiengedichte schildern eine poetisch verwandelte Welt, in der nur mehr der Klang der italienischen Namen an den Ursprungsort dieser Lyrik erinnert. *Was ich in Rom sah und hörte* – der 1955 in der Zeitschrift *Akzente* veröffentlichte Essay (BW IV, S. 29–34) – ist ein Musterbeispiel dieses lyrischen Verfahrens. Die poetische Beschwörung Roms erweckt mit Hilfe der allesamt aufgeführten Kennzeichen römischer Topographie – Tiber, Peterskirche, Campo de Fiori, Fontana di Trevi – ein utopisches Reich, in dem sich die Zeiten der Geschichte symbolisch vereinigen und dadurch wieder ins Leben gerufen werden. Das »Sehen« der Dichterin führt in eine nahezu mystische Welt der erfüllten Gegenwart, in der das reale Rom nur als Zeichen und Wegweiser fungiert: Der italienische Junge, der des Nachts in den mit Geldmünzen gefüllten Brunnen steigt, bekommt das »Aussehen eines Gottes« (BW IV, S. 33), die Namen der alten römischen Adelsgeschlechter bleiben bestehen, auch wenn längst die »Obdachlosen ihre Eisenbetten aufstellen und ihre Wasserbehälter auf den Sarkophagen stapeln«. (BW IV, S. 32) Selbst der profane Bahnhof wird zum poetischen Signal: »Auf dem Bahnhof Termini sah ich, daß in Rom die Abschiede leichter genommen werden als anderswo. Denn die fortfahren, lassen denen, die bleiben, einen Gepäckschein auf Sehnsucht zurück.« (BW IV, S. 32 f.)

Vielleicht vermag der moderne Italienreisende in Ingeborg Bachmanns lyrischen Texten das Italien des 20. Jahrhunderts kaum wiederzukennen. Dies ist freilich auch nicht die erklärte Absicht. In einem Kommentar zu ihrem Gedicht *In Apulien* wird Bachmann präzise: »Natürlich war ich in Apulien; aber ›*In Apulien*‹ ist etwas andres, löst das Land auf in Landschaft, und führt sie zurück auf das Land, das gemeint ist.« Der Klang des Wortes »Apulien« sei hierfür durchaus wichtig: ein altes Land, heute jedoch von der Welt fast vergessen, kein Ort der Italiensehnsucht – »klassische Italienwege führen nicht dorthin«. Auch Bachmanns Weg soll jedoch woanders hinführen, nicht in das reale Apulien, sondern in »Ursprungsländer«, für deren poetische Bezauberung der Name »Apulien« als Symbol unter anderen steht: wie »Atlantis« oder das vom jungen Mörike herbei geträumte »Orplid«. (BW IV, S. 305)

Ingeborg Bachmanns Lyrik gehört in die fünfziger Jahre: Statt Beschreibung zählt einzig das in die Form gegossene Sinnbild einer poetisch überhöhten Erfahrung. Bald jedoch verwandelt sich die Lyrikerin in eine Erzählerin, als die Ingeborg Bachmann in den sechziger und siebziger Jahren fast ausschließlich hervortritt. In der 1961 erschienenen Erzählung *Das dreißigste Jahr* taucht auch Italien wieder auf: Die männliche Ich-Figur wird in ihrem »dreißigsten Jahr« von einer Lebenskrise erfaßt, in der sie eine unerklärliche Unruhe zunächst nach Rom führt, eine Stadt der Erinnerung. »Er muß nach Rom gehen, dorthin zurück, wo er am freiesten war, wo er vor Jahren sein Erwachen, das Erwachen seiner Augen, seiner Freude, seiner Maßstäbe und seiner Moral erlebt hat.« (BW II, S. 97) Die beschworene Poesie Italiens in Bachmanns Lyrik ist zu einer biographischen Reminiszenz der Erzählfigur geworden, die Erzählung selbst jedoch zu einer fiktiven Probe auf das Exempel vergangener Italiensehnsucht. Auch hier bleibt der Reiz der Stadt jedoch ein imaginierter. In Rom – konfrontiert mit alten Bekannten – gelingt dem Dreißigjährigen kein Ausbruch in das neue Leben: »Rom ist groß. Rom ist schön. Aber es ist unmöglich, hier nochmals zu leben.« (BW II, S. 100) So bleibt nur die Möglichkeit, soziale Kontakte abzubrechen, sich für kurze Zeit einzurichten in einer Stadt des Wartezustandes: »Er ging jetzt immer auf kleine Plätze, ins Ghetto oder in die Cafés der Kutscher nach Trastevere, und trank dort langsam, Tag für Tag zu der gleichen Stunde, seinen Campari.« (BW II, S. 105) In dieser Erzählung sind Rom und Italien nicht mehr Orte der Sehnsucht, sondern einer unbestimmten Zwischenzeit, erfüllt zwar mit Erinnerungen, die jedoch nur mehr in verinnerlichter, gleichsam stillgelegter Form greifbar sind. Die namenlose Hauptfigur geht denn auch bald darauf zurück nach Wien: Die Ich-Suche kommt an den Orten der Erinnerungen nicht an ihr Ziel. Am Ende ist der Dreißigjährige allerdings wieder in Italien: Ziellos begibt er sich auf eine Reise »durch die italienischen Provinzen« und wandert schließlich von Genua »gegen Norden« (BW II, S. 133). Die Geschichte endet mit einem Autounfall, als die Reise ›per Anhalter‹ weitergehen soll. Unspektakulär und wenig enthusiastisch präsentiert sich in Bachmanns Erzählung ein Italien, dem seine Funktion als Fluchtort deutscher Sehnsucht abhanden gekommen zu sein scheint.

Auch Ingeborg Bachmann ging 1957 nach drei Jahren zurück in den Norden, zunächst nach München; danach lebte sie einige Jahre wechselweise in Zürich und Rom, schließlich drei Jahre in Berlin. Im Jahre 1965 jedoch übersiedelte sie endgültig nach Rom – ein Entschluß, den sie später allerdings von allen deutschen Emigrationssehnsüchten wieder abgrenzt: »Man hat mich so oft gefragt, warum ich nach Rom gegangen bin, und ich habe es nie gut erklären können. Denn Rom ist für mich eine selbstverständliche Stadt, man pilgert heute nicht mehr nach Italien. Ich habe kein Italienerlebnis, nichts dergleichen, ich lebe sehr gerne hier.« Ingeborg Bachmann spricht sogar von einem »Doppelleben«, in dem sie inmitten des italienischen Ambientes auch ihre österreichisch-wienerische Lebensweise beibehält: »Meine römischen Freunde machen sich alle lustig über meine Wohnung, weil sie sagen, daß es mir gelungen ist, mitten in Rom eine wienerische Wohnung zu haben und ostinatamente daran festzuhalten.« (BB S. 126)

Wird Rom eine »selbstverständliche Stadt«, verliert sie auch ihre Bedeutung für das dichterische Werk. Italien selbst kommt darin kaum mehr vor, allenfalls als ›selbstverständliche‹ Kulisse: In der Erzählung *Simultan* (1968) fahren ein Diplomat und eine Dolmetscherin durch Italien; beide stammen aus Wien, haben sich auf einem Kongreß in Rom kennengelernt und nutzen die Zeit anschließend für einen Kurzurlaub Richtung Süden, nach Paestum, Salerno und zu kleinen kalabrischen Dörfern. Die Zufälligkeit dieser Reise ist jedoch symptomatisch auch für die Bedeutung der italienischen Umgebung: Die beiden Figuren kommen von ihrer Heimat, ihren privaten Problemen, Selbstzweifeln und Einsamkeiten nicht los – wieder ist Italien allenfalls Metapher eines Niemandslandes, in dem die Zeit stillsteht, die existentielle Ziellosigkeit zum Programm erhoben wird.

Dies ist und bleibt jedoch auch ein poetisches Programm, das Ingeborg Bachmann ihrer Wahlheimat verdankt, und aller Lakonie zum Trotz trägt Italien zu einer geschärften poetischen Wahrnehmung, einem römischen Lebensgefühl der Dichterin bei: »In Italien, könnte ich sagen, bin ich froher geworden, hier habe ich gelernt, Gebrauch von meinen Augen zu machen, habe schauen gelernt. In Italien esse ich gern, gehe ich gern über eine Straße, sehe ich gerne Menschen an.« So wenig jedoch das Italien-Motiv in Ingeborg Bachmanns Dichtung noch seine traditionellen Formen beibehält, so wenig hat ihr eigenes Italien-Bild mit der arkadischen Emigrationserfahrung deutscher Dichter und Dichterinnen zu tun. Die Motive Ingeborg Bachmanns liegen woanders: »Aber nach einer vieljährigen Bekanntschaft mit einem Land reicht das natürlich nicht aus, um einen festzuhalten, und immer wichtiger als sich wohl fühlen wird das Mitfühlen und das Mitdenken mit dem, was hier gespielt und bewegt wird, in der Politik, in der Literatur, im Film.« (BB S. 64) Schon früh hat Ingeborg Bachmann die Verse des italienischen Lyrikers Giuseppe Ungaretti übersetzt, bereits während ihres ersten Italienjahres hat sie als Italienkorrespondentin der Essener *Westdeutschen Allgemeinen* politische Artikel unter einem Pseudonym veröffentlicht. Wie für Alfred Andersch gewinnt auch für sie das politische Italien eine auch später immer größere Bedeutung. »Klassenkampf« und »Arbeiter« sind um 1970 die Themen ihrer italienischen Erfahrung: »Und diese Leute liebe ich. Warum ich Italien liebe, das hat damit zu tun und nicht mit seinen Schönheiten, weil ich begriffen habe, warum und worum dieses Volk kämpft.« (BB S. 130) Von der poetisch-lyrischen Beschwörung bis zur Aufmerksamkeit für ein in den sechziger und siebziger Jahren politisch zerrissenes Italien spannt sich der Bogen, mit dem Ingeborg Bachmann noch einmal die Tradition einer »Arkadien«-Erfahrung zitiert, zugleich auf neue, noch immer unterbewertete Aspekte eines modernen Italien-Bildes verweist. Diese Italienerfahrung findet ein jähes Ende: Am 17. Oktober 1973 – mit 47 Jahren – stirbt Ingeborg Bachmann an den Folgen schwerer Verbrennungen, die sie sich bei einem Unfall in ihrer römischen Wohnung zugezogen hat.

Wie Streiflichter auf die Werke der jüngeren Schriftsteller zeigen, gilt auch ihnen Italien nicht mehr als Eldorado der Kunst und der Schönheit, der Geschichte und der vollkommenen Natur. Man schaut hinter die prächtige Fassade und entdeckt zahlreiche Risse und Brüche. Die Konsequenzen der Autoren sind unterschiedlich. Bei den einen rückt an die Stelle des Idealischen die Realität, die Gegenwart mit ihren politischen, sozialen und ökonomischen Interessen und Bedürfnissen; bei den anderen fällt das hehre Ideal wie ein Kartenhaus in sich zusammen und es bleibt eine Leere übrig. Die früher so dominante Vergangenheit kommt bei den jüngeren Italienreisenden höchstens als Folie in den Blick.

Die Zuwendung zur Gegenwart und zum Alltag muß nicht unbedingt in ein negatives Italienbild münden. Paul Nizons lyrisches Rombuch *Canto* (1963) steht in einer durchaus hymnisch-preisenden Tradition. Im Rückblick erscheint *Canto* freilich nicht als ein epochemachendes Literaturereignis, wie dies vielleicht manchem Zeitgenossen erschienen war. Das ist nicht schwer zu erklären. Anfang der sechziger Jahre herrschte in der deutschsprachigen Literatur ein nüchterner, zuweilen fast karger Stil, thematisch dominierte die Vergangenheitsbewältigung. Heinz F. Schafroth beschreibt den elementaren Einbruch des Gefühls in diese vorwiegend analytische, dem Aufarbeiten historischer und psychischer Probleme gewidmete Literaturszenerie: Weder in der Schweiz noch in Deutschland dürfte 1963 ein vergleichbares Buch »mit einer derart schönheitstrunkenen, alleswagenden, eruptiven Sprache« auszumachen gewesen sein, und er betont den Charakter des Schönen, Reichen, Sinnenhaften und Singenden, ja des Lyrischen. (Heinz F. Schafroth. Nachwort zu Paul Nizon: Canto. Frankfurt am Main 1976, S. 147, S. 149.) Rom, der Standort dieses Weltgesangs, erscheint in zahlreichen Momentaufnahmen des sprachverliebten Tagträumers, eines Stipendiaten ohne besondere Aufgaben. Kein Wunder, daß er die üblichen touristischen und wissenschaftlichen Interessen negiert: »Mein Halt ist die Verneinung«. (S. 11) Anders als die besichtigungswütigen Kollegen, die blind durch Roms »leuchtendwilde Stadttagessumme« trippeln und sich – »unangefochten von der erdrückenden Übermacht« – für den Hausgebrauch ihre kleinen Erfahrungen zusammensuchen, überläßt er sich fast bewußtlos dem Fluß des römischen Lebens, einer Existenz zwischen Leben und Historie, zwischen Stein gewordener Größe und diesseitiger Lebhaftigkeit. Beide Dimensionen, Jetzt und Einst, gehen eine unlösbare Verbindung ein.

»Und mitten am Tag war's, Tag war's, Tag war's, aller Mauerstein aller Mauern, Palazzi, Kirchen, Ekklesien und Märkte, bleichte in der Sonne, dieses Himmels, der voll Meer ist, und wir die Klippe, und die Tankstellen und die kolossalen Reklamen, meist mit Mädchen, liegenden, leuchteten im Tag. Hart und grell.« (S. 8)

Die Zweckfreiheit seines Romaufenthaltes läßt es zu sublimen Wahrnehmungen kommen, Stimmungsbildern, gezeichnet mit der Akkuratesse des persönlich interessierten Zuschauers. »Sie schimmert nicht, die Stadt. Unberührt hell tönen die Farben von den vielen, den vielen Mauern. Kuppeln wölben sich prall. Größenwahnsinnig anspruchsvolle Signa, jedoch längst auch Natur geworden. Phallische Beutel. Rot, rötlich, braun und ocker, die Mauern. Sonnenbrandmauern, leicht bröckelig, und der Himmel dick blau darin. Ja, im schönen Steinbruch lebt sich's hier. Unten. Und die Sonne ist nicht fern: mittendrin, mittendarin der Himmel voll Sonne. Darum die Mauern so rot, darum das Leben so leicht und vertan, die Menschen weich, glänzend und weich. Und das Grün so gebärdenreich neben Mauer und Stein. Zeitlos. Ernst. Haltbar. Dürr. Immergrün.« (S. 9)

Das Motiv des Steins durchzieht leitmotivisch das Buch. Der Wanderer wird eins mit dem Stein. Der Gesang auf Rom wird zum Preislied des geschichtsträchtigen Steins. Das Interesse wendet sich indes nicht der historischen Information zu: Baugeschichte oder Planung, Ausstattung und Kunstideal der Kirchenkomplexe spielen keine Rolle:

»Mich interessiert der Stein, aus dem Gras wächst, während ... Der Stein, in dessen Schatten ich vor der Sonne kusche, an den ich meinen Körper lehne, dem ich im Körper mich anvertraue, wenn ich nachts vorbeikomme und aus Säulen auf Säulen und Platz schaue. Ich halte mich an den Stein, der alles andere enthält. Ich halte mich an die Agglomeration, unentwirrt. Ich halte mich an das große Ding, das Hingestellte, Dastehende. Den Stadtgipfel, die Schattenfront, die benzingetränkte Wand im Verkehr, den Treffpunkt oder Regenunterstand, den Sonnenbehälter, den Zeitbehälter, den Mich-Behälter, die Faust im Gelände, den Katzenhort.« (S. 12 f.) So allgegenwärtig ist der Stein, daß es dem Romwanderer geradezu vorkommt, als begleite er ihn bei seinen Streifzügen, als gewinne er Leben, nehme Gestalt und Farbe an: »Ach, diese Stadt, hingelagert die vielen, vielen Häuser, die vielen Leiber aus Stein, teils überkuppelt, Mauern rötlich gebrannt und weißlich, gelblich gebleicht. Und das Hallende, Luftige dazwischen. Große, große Stätte aus lang lagernden Leibern, Leibern mit Steinhaut sonnengetrocknet. Lagerstadt, backend in der Sonne, Lagerstadt atmend im Steinhausdunst hell. Backend und atmend im Himmel, im Himmel blau mit Händen zu greifen, Leiber aus Stein, ihre mauernen Rücken, Rücken an Rücken, lagernd.« (S. 17 f.)

Nizon beschreibt sein Rom in leuchtenden Visionen; zu den Impressionen gesellen sich unsystematische Reflexionen, momenthaft und subjektiv, geschrieben in einem bald verschwebend lyrischen, bald stakkatoartigen Sekundenstil, bald ohne Artikel, bald mit geballten Wortfügungen, originell bis zum Gesuchten und ganz aufs Wesentliche konzentriert. Er entdeckt die Dichotomie Geschichte und Alltag, zwei römische Bewußtseinsebenen, die gänzlich getrennt von einander existieren: das tägliche Leben bleibt geschichtslos, so sehr auch in Rom Geschichte zu dominieren scheint. (S. 38) »Ist das ein Zusammenleben«, fragt er, »dieses händlerische Improvisieren und snobistische Profitieren einerseits und das steinern überlebend widerhallende Monument?« Es gibt keine Korrespondenzen zwischen diesen beiden Welten: »Das lebt aneinander vorbei.« Und so scheiden sich auch die Besucher dieser Stadt, je nachdem, ob sie sich mehr für die Architektur oder für die Bewohner Roms interessieren, in Steinfreunde und Menschenfreunde. Nizon, der dezidierte Steinfreund, singt eine Hymne auf den römischen Stein, den heidnischen und den christlichen Stein und vieles andere Gestein, das die Geschichte hier abgelegt hat, aus dem Gras wächst, um den Zypressen ranken und in dem Katzen sich tummeln. Der Stein beginnt zu reden, strahlt Wärme und Leben aus. »Geschichten in Stein laufen unausschaubar nebenher. Steinwort, Steinschritt. Schweigen in Stein. Steingewicht lebensgeduldig. Man kommt nie herein in die Stadt, man kommt heran an den Stein. Stein, an den wir uns also halten.« (S. 40)

Zum Lobgesang auf den Stein gesellt sich der Preis des lebenspendenden Wassers.

(S. 44) Rom bildet freilich in diesem Buch nur die Kulisse für ein Identitätserlebnis, ein Selbstsuchen und -finden, im imaginären Dialog mit dem toten Vater – hierin nicht unähnlich dem Goetheschen Romaufenthalt. Letzten Endes will der Besucher nichts Bestimmtes finden, er treibt, »Passant unter Passanten« (S. 102), mit wechselnder Identität, einer der in Rollen lebt. Rom bleibt ihm so fern und unfaßbar, wie es ihm nahe zu sein scheint. Nur in einer Metapher läßt es sich noch einfangen: im Bild der Stadt mit Hörnern, einem abends erwachenden Tierhaus. (S. 143) Es ist aber nur ein Bild für eine Wirklichkeit, so wechselhaft wie vielgesichtig.

»Aber da ich nie herankomme, an Rom nie herankomme, an das Ding, nehme ich, was immer, den Pflasterstein, den Nachttopfdeckel, die Zigarette, das im Rinnstein verderbende Gemüseblatt und das Polster des Schnellzugs und deine Augen und deinen Schnurrbart und dein Holzbein und deinen Leberfleck und den Stein und den Stein und den Stein und den Stein und den Pflasterstein und die Eisenbahnschiene und und und singe darauf. Im Anderen Land. Vom Ding, das nicht Rom ist. Ein Ding. Ein Land? eine Zeit? eine Lebenszeit? Ein Ding. Ein Canto darauf. Ein Canto.« (S. 145)

So endet Nizons Buch, eine lyrische Liebeserklärung an Rom, die Stadt aller Städte – ein impressionistisches Stimmungsgemälde voll eingestandener und gerade deshalb überzeugender Subjektivität. So bleibt Rom, trotz aller Schattenseiten und Alltäglichkeiten, eine leuchtende, den Zeitlichkeiten enthobene Stadt, eine Stadt, die ein Lebensgefühl des Bedeutenden oder zumindest des Besonderen erzeugt.

Ganz anders die Romerfahrung Rolf Dieter Brinkmanns – ein mittlerweile berühmt gewordenes Debakel, Inbegriff des Nichtzueinanderfindens, ja des Nichtzueinanderpassens. Hier läßt sich nicht mehr von nüchterner Bestandsaufnahme sprechen, eher von einer neuen, einer negativen Voreingenommenheit. Die negative Einstellung prägt die unter dem Titel *Rom, Blicke* 1979 veröffentlichte Collage aus Texten und Bildern, die seinen vom 14. Oktober 1972 bis zum 9. Januar 1973 dauernden Romaufenthalt dokumentieren. Als Brinkmann, der Poet der Beat-Generation, im Jahr 1972 nach Italien reiste, war von der klassischen Aura der Italienreise wenig mehr als eine große Sensibilität für italienische Atmosphäre geblieben. Die Bewertung dieses Italienerlebnisses hatte sich fast ins Gegenteil verkehrt.

Dies beginnt schon bei der Ankunft am Bahnhof. Nur einen kurzen Augenblick hatte Brinkmann geträumt, »daß eine Weltstadt wie Rom funkelnd sein würde, bizarr, blendend und auch gefährlich für die Sinne«. Schon der erste Eindruck jedoch enttäuscht die Erwartung und hinterläßt eine Ernüchterung, die Brinkmanns Tagebuch von nun an begleitet: »statt dessen war da ein grauer Zug erschlaffter Reisender, die stumpfe Monotonie der Bahnhofshalle, zwischen den Ankommenden die italienischen Kulis mit großen eisernen Schubkarren« (S. 16).

Schon auf der Reise selbst hatte sich die Entzauberung des Italienmythos angekündigt. Das beginnt bereits beim Grenzübergang: »Sofort, in Italien, wurde alles verwahrloster. Der Unterschied ist auffällig. Vor allem die Menge des rausgekippten Drecks, zerfallene Häuser und wirklich öde Mietskasernen, auf den Balkons hängt Wäsche. Staubige Büsche entlang der Bahn [...]. Die Landschaft zerfetzt, öde, kaputt.« (S. 13) Für das desillusionierende, ja deprimierende Italien-Erlebnis des

1940 geborenen Brinkmann gibt es vielleicht viele Gründe, die mit dem fremden Land selbst gar nicht viel zu tun haben: Brinkmann zog es nur widerstrebend nach Süden, das Stipendium der Villa Massimo half über Geldprobleme hinweg, die Freundin blieb in Köln zurück, der düstere Blick schließlich ist Brinkmann nicht nur in Italien eigen, sondern charakteristisch für alle seine Werke – ein Abgesang auf Kultur und abendländische Tradition, geboren aus der Verzweiflung eines sich bewußt zum Außenseiter stilisierenden »poète maudit«. Und dennoch: Wenn bereits die Tatsache des Stipendiums eine Ironie deutscher Italienerfahrung darstellt – der reiseunwillige Brinkmann will vom institutionalisierten Erbe deutscher Italientradition profitieren –, so ist obendrein auch Brinkmanns Romreise eine einzige Kontrafaktur der Vergangenheit, welche sämtliche übersteigerten Arkadien-Träume in ihr rigides Gegenbild verkehrt: »›Auch ich in Arkadien!‹ hat Göthe geschrieben, als er nach Italien fuhr. Inzwischen ist dieses Arkadien ganz schön runtergekommen und zu einer Art Vorhölle geworden.« (S. 16) Konkrete Hinweise, wie das gefeierte Paradies die Gestalt eines Infernos annehmen kann, finden sich in Brinkmanns fragmentarischen Notizen zuhauf: Hinterhöfe, tote Kaninchen, Blechlawinen, »Busse vollgestopft mit deutschen Rentnern, Diabetikern, Magenkranke, mit Fußkranken Rentnerinnen, die dich aus den Fenstern anstarren, Vorgarten-Greise auf Sight-Seeing-Tour« (S. 33), verkommene Parkanlagen, der »Schutthaufen des Kolosseums« und ein antikes »Trümmerfeld« (S. 57).

Amerikanisierung und Nepp sind die zwei Kehrseiten einer Medaille: des modernen, auf Touristenfang eingerichteten Italien. »Momentaufnahmen/: Harlem-Musik schwülstig treibt durch die Trattoria über die Spaghetti-Reste blutig-rot verschmiert auf den Tellern ein röhrender Gesang von Liebe und Schwitzen und amerikanisch :/: ich zündete mir eine Chesterfield King Size an /: – – – –: (daß Bestecke, Messer, Gabel, Löffel aufgelegt werden, wird extra berechnet!/ Sie denken vielleicht, man äße noch mit Fingern, fahre mit zwei gespreizten Fingern in die Spaghetti und wickele darin herum?/):(geht ähnlich wie mit dem Draußen-Sitzen, kostet auch extra, – für den Gestank in der Sonne genießen?)« (S. 227) Mit systematischer Verbissenheit sammelt Brinkmann seine desillusionierenden Beobachtungen zu einem Schutthaufen des Zerfalls.

Brinkmanns Blick ist auf die Schattenseiten des modernen Italiens manisch fixiert. Noch die Collage des dabei zustandegekommenen Buches – Lektürenotizen, Fotos aus Rom, Zeitungsausschnitte, Traumsequenzen, reale und imaginäre Briefe an die Kölner Freunde, Obszönitäten – bietet keinen Gesamteindruck, sondern ein Konglomerat von Abfallprodukten moderner Zivilisation.

Eduard Beaucamp hat Brinkmanns Aufzeichnungen charakterisiert als »ein grimmiges Intermezzo« »in der schmucken Kette der hochgemuten, schwärmenden und immer bildungssatten Rom-Poesie der Deutschen«. »Es ist ein Haßgesang auf Rom als modernde Kapitale aus Tod und Sex und auf jene staatliche Kulturidylle, die mittendrin, arglos, ohne jedes preußisches Reglement und Erfolgskalkül nur den uralten Bildungsglauben und die schönsten Träume der Deutschen konserviert.« (Paradies oder Getto. Eine deutsche Künstlerstiftung in Rom: Die Villa Massimo. In: FAZ vom 10. Oktober 1987)

Die Tradition der Italienreisen rückt spiegelverkehrt ins Blickfeld. Zuallererst die

Goethe-Nachfolge – ein ins Gegenteil verkehrtes Programm: »Man müßte es wie Göthe machen, der Idiot: alles und jedes gut finden / was der für eine permanente Selbststeigerung gemacht hat, ist unglaublich, sobald man das italienische Tagebuch liest: jeden kleinen Katzenschiß bewundert der und bringt sich damit ins Gerede.« (S. 115).

Brinkmanns Tagebuch – Goethes *Italienische Reise* mit umgekehrten Vorzeichen – ist indes nicht nur eine geradezu selbstzerstörerisch anmutende Selbsterniedrigung, es beschreibt auch die anderen Goethe-Nachfolger in der Villa Massimo in wenig schmeichelhafter Weise. Gehörten zur Italienreise meist die Kontakte zu den deutschen Künstlerkreisen in Rom dazu, porträtiert Brinkmann die Kollegen immer aus der Distanz, auch hier jedoch in einer Wahrnehmungsweise, die den Zustand der modernen Künstlerreise nach Italien nicht ohne Detailwahrheiten beschreibt. »Auch hier in der Villa reden sie alle nur noch von Geld, von Preisen, von Honoraren und geschäftlichen Beziehungen, dann reden sie von Autounfällen und dann kommen witzige Bemerkungen und schließlich das Thema Essen.« (S. 54)

Brinkmanns Entlarvung der Italientradition richtet sich mit gleicher Verve gegen die italienische Bevölkerung; von den alten Elogen auf die glückliche Mentalität der Südlandbewohner ist nichts geblieben: »sie stehen abends in größeren Gruppen zusammen, lehnen an eine Blechkarre, selten befindet sich ein Mädchen darunter, witzeln, reden, erregen sich, kratzen sich am Sack, in bunten Hosen, frisierten Haaren, und müssen bei jeder Nuß auf die Hupe drücken. [...] und was das mit Vitalität zu tun haben soll, mit raffinierter Sinnlichkeit oder Sinnlichkeit überhaupt, wie man lange behauptet hat, ist mir unverständlich«. (S. 72)

»Wie man lange behauptet hat«: Die Straßenszene der männlichen Italiener konkretisiert drastisch das ›dolce far niente‹, ebenso die »Schnittmusterbogengesichter« der italienischen Frauen: »übertrieben damenhaft« und in einer Uniformiertheit von Kleidung und Make-up, deren Ursache Brinkmann in der allgegenwärtigen »Hollywood-Seuche« (S. 75) vermutet. Auch wenn die »Boutiquen-Seuche« noch nicht so um sich gegriffen habe wie in Westdeutschland (S. 76): Die kommerzielle Einebnung kultureller Unterschiede ist ein weiteres Indiz der Desillusionierung Italiens. Auch hier nicht ohne vorausweisende Sensibilität: Was Brinkmann anprangert, hat Pier Paolo Pasolini später zu einem kulturkritischen Panorama über seine italienische Heimat ausgeweitet. »Gleichförmigkeit in den Lebensäußerungen« und »Zwang zu Konsum« haben laut Pasolini die Eigenständigkeit der italienischen Volkskultur nahezu völlig zerstört; was sich im »Hedonismus« der Jugend ankündige, bedeute nichts weniger als eine »anthropologische Revolution«, bei der Pasolini sich nicht scheut, von einem neuen Faschismus zu sprechen, der auf seine Art das Volk terrorisiert und unterdrückt. (Pier Paolo Pasolini: Freibeuterschriften. Die Zerstörung der Kultur des Einzelnen durch die Konsumgesellschaft. Berlin 1979, S. 37)

Für Brinkmann ist sogar diese, von Pasolini beschworene Erinnerung an andere, ›lebendige‹ Zeiten erloschen. Ein Spaziergang durch Rom: »Ein Nippes-Laden neben dem anderen. – Nutten streunen herum neben Snack-Bars und den Hotels. – Fliegender Straßenhändler: mit Kunstlack-Gürteln, Feuerzeugen, Radios, Uhren. – Quietschende Bremsen, erste Hupkonzerte, eine Ausdünstung von endlosen Wagenkolonnen. – Schlager-Musik aus einem Transistor an einem Lotterie-Stand.«

(S. 301). Selbst jede Reise weg von der römischen Metropole vermittelt zunächst den gleichen Eindruck vom Ausverkauf ›kanonischer‹ Italienerfahrung. Ein Besuch in Venedig: »verfaulte Philologie samt Literatur!« Dennoch – bei aller gewollten Negativität – ist eine poetische Suche nach Authentizität spürbar, die sich freilich ebenso verquält äußert wie die zivilisationskritischen Tiraden: »Ich will Gegenwart:!« (S. 177)

Nur einmal scheint sich die Erfahrung ›Italien‹ aufzuhellen, und dies an einem ›klassischen‹ Ort deutscher Italienreisen: Die Jahreswende 1972/73 verbringt Brinkmann in Olevano, bereits kurz vor seiner Heimkehr nach Deutschland. Hier, fern von Touristen und abseits der Zivilisation, macht er offenbar eine Erfahrung, die von ferne an ein ›anderes‹ Italien erinnert. Der Freundin bekennt er: »Etwas Zärtliches: hier, von einem winzigen, aber genau zu bestimmenden Punkt, inmitten dieser Berglandschaft, inmitten der gelblichen lehmigen Erde und Steine, der zerfallenen steinigen Häuser, der bläulichgrünen Olivenbäume und der trockenharten, faserigbraunen kriechenden Weinreben, in dem Auf und Ab der Landschaft, habe ich an Dich gedacht, schicke Dir die Information, daß ich an Dich gedacht habe.« (S. 428) In der wiederentdeckten Natur findet sich sogar Brinkmann unversehens auf den Spuren der romantischen Taugenichtse und Vagabunden. »Das Geld ist aus, das Essen ist alle, eine Woche, 10 Tage geträumt, nachgedacht, Furcht gehabt, den Ort durchsucht, herumgegangen [...].« (S. 429)

Nur die absolute Einsamkeit und Menschenleere gewährt diesen einzigen Ruhepunkt in Brinkmanns Italienerlebnis – eine Künstlerstimmung, in der sich der Lyriker sogar an die romantisch-idyllischen Bilder der Caspar David Friedrich, Friedrich Runge und Carl Spitzweg erinnert, freilich nicht in sehnsüchtiger Verklärung, eher in schwarzer Melancholie: »schäbige kleine Hütten, ausgefranste Hinterhöfe, abendliche Dämmerung, wegsackender Mond, Stille, Monotonie, Apathie, Passivität, eine sterbende Welt haben sie gemalt – eine resignierende Welt, eine abendländische Welt, eine deutsche Welt, eine Todeswelt [...].« (S. 431)

Von der grellen Modernität Italiens zu der sterbenden Welt deutscher Romantik: Brinkmann entkommt auch hier nicht einer ›teutonischen‹ Tradition, von der er sich nicht nur in Italien so ostentativ verabschieden will. Zärtlichkeit und Melancholie sind aber nicht von langer Dauer, Brinkmann bleibt sich selbst treu, wenn er Olevano als Refugium entlarvt: »Ich kletterte über Abhänge zurück, die Luft war angenehm, immer wieder gibt es zwischendurch befreiende Momente, beim Gehen über einen Grasabhang, beim Balancieren über Steine, aber sobald man sich auf etwas Touristisches einläßt [...], gerät man wieder in die Schrott-Zivilisation.« (S. 433) Schon das dörfliche Provinzleben Olevanos weckt bald wieder Brinkmanns Ressentiments; falls seine Eindrücke sich zu einer halbwegs geschlossenen Stimmung runden, dann regelmäßig ohne italienische Gegenwart, ohne italienische Menschen und ohne italienische Geschichte: eine pointierte Reduktion des Italienerlebnisses, das einer Zerstörung gleichkommt.

»Rom, Blicke« – ein Anti-Goethe und ein Endpunkt deutscher Italienreisen: So wie Goethes »Italienische Reise« in mehreren Fassungen vorliegt, zuletzt in der von Goethe selbst stilisierten Ausgabe letzter Hand, so fragmentarisch ist Brinkmanns

Tagebuch. Erschienen ist es posthum, vier Jahre nach Brinkmanns Tod im Jahre 1975.

Bei Rom mag die ausschließlich negative Blickweise auch in der Gegenwart verwundern. Anders bei Venedig. Der zwischen Meer und Land erbauten Lagunenstadt haftete schon immer etwas Untergangsträchtiges, ein Hauch von Verfall und Todesgeweihtheit an. Im Fin de siècle eilten Europas Dichter zuhauf nach Venedig, um an diesem symbolhaften Ort auch ihr Scherflein zum allgemeinen abendländischen Katzenjammer beizutragen. Wen ergreifen schließlich keine elegischen Gefühle, wenn er den Canale grande, an der versinkenden Pracht der Palazzi entlanggondelt, im Ohr die verhallenden Töne von Wagners *Tristan* und im Blick Julie Christies wehenden Witwenschleier aus Nicolas Roegs Kultfilm *Wenn die Gondeln Trauer tragen*? In zwei neueren Werken begegnet Venedig in dieser Perspektive – apokalyptisch in Wolfgang Hildesheimers Untergangsgroteske *Masante* aus dem Jahr 1973, sphinxhaft verrätselt in Peter Roseis Kurzroman *Wer war Edgar Allan*? von 1977. In Hildesheimers Buch nimmt Venedig nur knappen Raum ein, als Erinnerung des in der Wüstenstadt Masante hausenden Icherzählers. Bei der Gondelfahrt assoziiert Freundin Niki – nicht zufällig beim Passieren des Palazzo Vendramin-Calergi – den Untergang venezianischer Herrlichkeit: Eines Tages werde Venedig wie Vineta nur noch ein Märchen sein. Der Erzähler reflektiert die Abgegriffenheit dieses wohlfeilen Gedankens und er schlußfolgert illusionslos: »Daß sie recht hatte, macht das Thema nicht besser, es macht freilich Venedig von Tag zu Tag unentbehrlicher [...].« (S. 158) Das Karnevalsfest, das der Besitzer, ein texanischer Milliardär, dort veranstaltet, bietet die angemessene Szenerie für die ironische Burleske, bei der die Herren als Richard Wagner verkleidet, die Damen als Cosima oder Mathilde Wesendonck erscheinen, und wo Hausherr und Gäste die herabgestürzten Crevetten unter schallendem Gelächter vom Boden auffressen. Die Vision des tollen Festes schlägt um in eine irrwitzige Groteske. Die Gäste verlassen den Palast, finden aber keine Gondeln mehr vor, statt der Wasserstraße erstreckt sich zwischen den Pfählen ein einziger großer Sumpf.

»Die Pfähle sind ekelhaft glitschig, Bündel von Faulmuscheln und Wassermaden haben sich in den Ritzen und Rillen festgesetzt, in großen schwarzen stinkenden Trauben, die jetzt trocknen; die Würmer kriechen hilflos, nicht mehr in ihrem Element, in den Kerben der Maserung hinauf und hinab, aber das stört niemanden [...].« (S. 161)

Die betrunkene Karnevalsgesellschaft watet im knöchel- und zuweilen kniehohen Schlamm oder steht in den an Stricken aufgehängten Gondeln – »dann reißen oben, von Mäusen zerknabbert, die Stricke der Gondeln, und eine nach der anderen fällt herab, eine Mathilde wird von einer herabfallenden Gondel tödlich getroffen und versinkt.« (S. 162) Die bis zu diesem Moment noch halbwegs komische Begebenheit schlägt nun vollends ins Grausige um: Ratten kommen aus allen Löchern, aus Rissen und Spalten und nagen am Fuß der Pfähle von Brücken und Palästen, die Paläste stürzen zusammen, das totale Chaos breitet sich aus. Über dem allgemeinen Untergang von Mensch und Stadt aber erhebt sich ein großes Lachen.

Der Untergang Venedigs ist nur Vision. Der Icherzähler und seine Freundin gehen nicht zu dem Ball und verlängern dadurch die Existenz der Stadt. Eine irrwitzige Episode, irr und witzig, burlesk und grotesk zugleich – eine Perspektive, in der dem vielzitierten Untergang Venedigs unerwarteterweise die Qualität von Wahrheit zuwächst.

Auch in Hildesheimers Buch fällt der Ausdruck »Welträtsel« (S. 166); weder Masante noch Venedig sind Orte, an denen sich Lösungen finden. Verrätselung ist der Grundcharakter von Peter Roseis Roman *Wer war Edgar Allan?* Rosei erzählt von einem geheimnisvollen Amerikaner mit dem beziehungsreichen Namen Edgar Allan, der in einem ungeklärten Zusammenhang mit dem Mordfall Gräfin Contessa steht. Ist er selbst drogensüchtig oder gehört er zu den Fahndern, ist er gar ein Polizeispitzel? Fragen, um die das Denken des Icherzählers, eines »verbummelten Studenten« (S. 8), Trinkers und Rauschgiftabhängigen, unablässig kreist. Die einfühlsamen Bilder vom zerfallenden Venedig bilden das Pendant zum psychischen Verfall des Erzählers. Unter dem Einfluß von Kokain scheinen ihm öfters die reale Welt und die Welt des Traums und der Halluzination in eins zu verschwimmen. Der Erzähler läßt sich bewußt treiben. Dann wieder taucht er aus seinen Rauschzuständen auf und genießt es, »als ein Auferstandener über die bunten und marmornen Fassaden der Paläste hinzublicken, die von größeren Kähnen erzeugten Wellen an ihren Portalen hell und glitzernd emporspritzen zu sehen«. Er erkennt: »Je härter die vergangenen Exzesse gewesen waren, desto beglückender spürte ich die Frische der Meerluft, die Kühle der Schattenzonen, das breite Einströmen des Lichts: Wie fern war ich im Rausch diesem Leben gewesen!« (S. 11) Präzise Momentaufnahmen der Stadt sind in die wahnhaften Überlegungen und deliriengeborenen Einfälle des Erzählers eingelagert, scheinbar die einzig objektiven Wahrnehmungspartikel, ob es nun der Blick auf die ›an den Steinwänden der Kanäle angewachsenen‹ Algen ist (S. 38) oder ob es Beobachtungen zur Farbe des Wassers sind. »Der Tag war wiederum herrlich: hell und golden, mit zarten Nebeln darin, die das Sonnenlicht kostbar und funkelnd erscheinen ließen. An der Ca' Foscari nahm ich eine Gondel; wir fuhren auf den Canale Grande hinaus. Heute waren seine Wasser von jenem Grün, wie es Guardi auf seinen Gemälden gegen das abendliche, festliche Braun der Palazzi und Kirchen zu setzen wußte.« (S. 46)

Wenig später erscheinen ihm diese geheimnisvollen Wasser in einem ganz anderen Licht: »Wie anders! Das Wasser der Lagune ist stahlgrau, kleine Gischtkämme darauf unter dem scharf anwehenden Wind. Großer Himmel, hell, mit dunklen, schieferfarbenen Flächen darin. Gelbbraun, niedrig, wie abgehobelt die Giudecca. Nur wenige Boote unterwegs. An der Dogana starke, hoch aufspritzende Brecher, Symmetrie der Palastfassaden, sichtbar beinahe die schweren Lasten des Steins.« (S. 63)

Der Mordfall und der Identitätsverlust des Erzählers gewinnen vor dem Hintergrund Venedigs überindividuelle Dimensionen. Parallel zum Zerfall des beobachtenden und schreibenden Ichs zerbröselt die Wirklichkeit. Das Klare zerschwimmt, das Festgegründete wankt, das Eindeutige verkehrt sich zum Doppelbödigen: Dem von wahnhaften Einbildungen umgarnten Blick verrätselt sich Edgar Allan immer mehr. Zuweilen keimt in ihm gar der Verdacht, der harmlose Tourist sei nicht nur rauschgiftsüchtig, sondern der gesuchte Mörder selbst? Aber Beweise fehlen für jede seiner Imaginationen. Am Schluß scheint es ihm sogar, als sei der geheimnisvolle Fremde selbst der führende Kopf des infernalischen Drogen-Syndikats. Der Reiz der Erzählung liegt jedoch gerade in der Ungewißheit: Ist alles nur Halluzination eines sich immer tiefer in seinen wahnhaften Einbildungen verstrickenden Drogenopfers, oder lassen die Wirklichkeits-Partikelchen, die der Erzähler in klaren Momenten erfaßt, den Schluß auf eine tatsächlich existierende verderbliche Organisation zu, die den Erzähler systematisch in ihre Gewalt bringt? Nicht zufällig also die Wahl gerade Venedigs, zwischen dessen Kanälen und Mauern der beklemmende Eindruck eines unentrinnbaren Schicksals entsteht.

Die Alfred Anderschs Italienbild prägende, politisch motivierte Sympathie für Land und Leute erhielt im Zuge der 68er Revolte neuen Auftrieb; insbesondere, nachdem die anfängliche Theoriefixierung innerhalb der Studentenbewegung allmählich beträchtliche emotionale Defizite spürbar werden ließ. Zu Beginn der siebziger Jahre suchten viele deutsche Linke nach Vorbildern, in denen die Trennung von Politik und Gefühl, der Konflikt zwischen gesellschaftlichen und individuellen Bedürfnissen als überwunden erschien.

Peter Schneiders Erzählung *Lenz* (1973) schildert – in freier Anlehnung an Georg Büchners gleichnamige Novelle – die Geschichte eines jungen Intellektuellen, der Ende der sechziger Jahre rat- und rastlos durch die deutsche Politszene irrt, auf der Suche nach Möglichkeiten, seine ideologischen und privaten Ansprüche gleichermaßen formulieren und leben zu können. Einem plötzlichen Entschluß folgend, fährt er nach Rom. Hier bewundert Lenz den für viele junge Deutsche so faszinierenden, selbstverständlichen Umgang der Italiener mit ihrer Geschichte. Er kann sich vorstellen, »daß dieses angstlose Zusammenleben mit der Vergangenheit es einem erleichtere, sich in der Gegenwart einzurichten« (S. 69f.). Doch nicht in der Metropole Rom – dort trifft Lenz erneut auf orthodox ideologisch, diesmal psychoanalytisch ausgerichtete Zeitgenossen, sondern in der norditalienischen Industriestadt Trient, inmitten politisch aktiver Arbeitergruppen, kommt er zur Ruhe: »Lenz blieb. Er schrieb keine Briefe mehr und telefonierte nicht mehr nach Deutschland. Er sehnte sich nirgends zurück und nirgendwo hin.« (S. 83)

In Trient erscheinen dem heimatlosen Deutschen seine theoretischen Kenntnisse und praktischen Erfahrungen pötzlich nicht mehr nutzlos; gleichzeitig lernt er, emotionale Barrieren zu überwinden und persönliche Ängste zu formulieren. »Er ließ sich anstecken von der Unbefangenheit, mit der sie mit ihm und miteinander umgingen. Er gewöhnte sich daran, daß jeder jeden anfaßte, wenn es ihm in den Sinn kam, ohne daß es sich dabei um irgendeine Anspielung gehandelt hätte. Es wurde ihm selbstverständlich, daß man sich für seine Zweifel und Unsicherheiten ebenso interessierte wie für seine Standpunkte.« (S. 82)

Lenz begreift in Italien, daß sich gesellschaftliche und individuelle Interessen durchaus vereinbaren lassen, daß der gemeinsame politische Kampf ein sensibles Miteinander keineswegs ausschließt; ebenso müssen übergeordnete politische Ziele nicht notwendigerweise den Blick auf die Erfordernisse und Freuden des Alltags verstellen – beispielsweise den Genuß einer liebevoll zubereiteten Mahlzeit. (S. 86f.)

Einigermaßen abrupt ist das Ende der Italienfahrt. Zwei Herren (von der Polizei) holen sich Lenz, der sich auf dem Weg zu einer Arbeiterversammlung befindet, und schieben ihn ohne viel Federlesens über die Grenze ab. Die Erfahrungen, die er in Italien gemacht hat, ermöglichen es ihm denn schließlich, in Deutschland zu bleiben, den Alltag mit seiner banalen Normalität hinzunehmen und zu ertragen.

Wenn auch nicht gerade repräsentativ für das Italienerleben einer Generation, so doch einigermaßen zeittypisch ist Gerhard Roths Roman *Winterreise* (1978), der die Geschichte einer Existenzkrise erzählt. Der frustrierte Lehrer Nagl fährt zusammen mit seiner Freundin Anna nach Italien. An erster Stelle ihres Ausbruchs – ihrer verzückten Mischung aus dolce far niente und sexuellem Sichausleben – steht das Gefühl der Freiheit, die Möglichkeit, aus einem deprimierenden Alltagstrott auszubrechen und nicht auf die von den Zwängen entfremdeter Arbeit erlösende Pensionierung zu warten. (S. 12) Aber während Anna letzten Endes nach Sicherheit verlangt, wieder in die alte Bindung zu Nagl zurückkehren will, verlangt er nur nach der Freiheit, sämtliche Zwänge und Bindungen abzuwerfen – selbst um den Preis eines ziellosen Herumvagabundierens.

Obwohl Italien hier nur als Kulisse für eine innere Wandlung fungiert und die Beschreibung der italienischen Lebenswirklichkeit nicht an erster Stelle steht, ist es wohl nicht zufällig, daß die zivilisationsmüden Liebenden gerade nach Italien fliehen. Glauben sie, dort, im traditionsreichen Land aller Sehnsüchte, im sonnigen und sinnenhaften Süden ihre persönliche Freiheit leichter als anderswo zu erringen? Steht ihnen Italien letztendlich als Chiffre für das Sichlösen aus bürgerlichen Zwängen und für Befreiung?

Bereits auf dem Bahnsteig empfindet Nagl beim Hören der fremden Sprache ein »Glücksgefühl« (S. 17). Neapel, ihre erste Station, präsentiert sich als turbulente und lärmende Stadt. Vielfältig sind die Eindrücke: von Obst- und Gemüseständen in den engen Gassen der Stadt (S. 21), vor denen »elegisch und leidend blickende Witwen« sitzen, bis zu neonleuchtenumrahmten Marienschreinen, Profanes neben Heiligem – alles sehr hautnah, naiv und kreatürlich, ohne die verhüllenden Euphemismen moderner Zivilisation, ein unvermitteltes groteskes Nebeneinander von Leben und Tod: »Embryomenschen gingen herum, waren alt, saßen auf Sesseln neben Kartons voller wunderbar großer Eier, fossilierten Fruchtblasen, neben Käfigen mit dicht aneinandergedrängten braunen Hühnern, Ställen mit gefleckten und weißen Hasen, über denen in Glaskästen geschlachtete und abgezogene Kadaver ausgestellt waren. In blauen Blechgefäßen krabbelten Langusten durch Wasser, in das mit durchsichtigen Nylonschläuchen Luft gepumpt wurde, auf Tischen waren tote Fische – Sardinen, Aale, Schollen, Makrelen, Polypen mit goldenen Augen, Rochen – und andere ausgebreitet, die er noch nie gesehen hatte, mit bizarren Köpfen, Stacheln, und großen Mäulern, rote und gesprenkelte zwischen grauen, toten Tintenfischen, die wie Gedärme aussahen.« (S. 22)

Grausam und paradox erscheint Nagl der Anblick der »mit verschwenderischer Pracht« trillernden, zu einem banalen Freßtod bestimmten Vögel. Seltsam berührt es ihn, wie »selbstvergessen« die Vögel mitten im Todesinferno sich dem Gesang hingeben – »als wollte die Natur die Menschen für ihre Grausamkeit trösten«. (S. 23)

Italien als Inbegriff des Sinnlichen, des glühenden und erregten Lebens. Selbst die Ornament-Bilder an den Wänden der Casa dei Vetteri leuchten auf mystisch-blutgeschwängerte Weise, in »tief aus dem Meer ans Tageslicht getauchten Farben, Farben aus Blütenstaub und aus dem Blut geschlachteter Ochsen«, jedoch zart wie Gedankengespinste. (S. 33) Auch der Aufstieg zum schneebedeckten Vesuv erhält den Charakter des Lebendigen und sich Bewegenden. (S. 39)

In Rom lassen sich beide – beliebtes Spiel erfahrener Touristen – ziellos durch die Straßen treiben. (S. 50) Der Petersdom beeindruckt Nagl. Angesichts eines toten, goldüberzogenen Papstes in einer der Seitenkapellen fühlt er die eigene Vergänglichkeit. Andere Eindrücke: die Engelsbrücke, ein halbzerfallenes Tiberschiff, die Piazza Navona mit schreienden Kindern, voll Lärm und Leben.

Neu ist für Nagl – und das ist sicherlich ein Motiv für viele Italienreisende – das Gefühl, »Zeit zu haben«. (S. 62) In dieser zeitenthobenen Stimmung spielt das Ziel im Grunde keine Rolle mehr: Ob er nun nach Sizilien, nach Catania oder Messina, nach Florenz oder Venedig fährt. Er kann sich bei diesen schemenhaften Überlegungen auf einen Reise-Veteran der eigenen Familie stützen: seinen Großvater, der schon im Jahre 1910 den Entschluß gefaßt hatte, nach Amerika auszuwandern. Die Fahrt nach Amerika, der Traum des Großvaters, ist dezidiert Ausdruck einer »Flucht aus der Selbstzerstörung, aus der Sinnlosigkeit« des Alltagstrotts (S. 65). Freilich erreicht der Großvater sein gelobtes Land niemals; er pendelt auf den Weltmeeren herum, als Heizer, und begnügt sich am Schluß, zurückgekehrt nach Deutschland, mit einer bescheidenen Existenz. Immerhin hatte er den Mut zum Ausbruch aufgebracht. Und für diesen Zweck spielt es keine Rolle, wohin man ausbricht.

Nagl landet in Venedig. Symbolisch die schwarzen Boote, die leitmotivisch den Sinnsucher begleiten. Ein Anflug von Verzweiflung überkommt ihn. (S. 78f.) Gefühle der Leere beschleichen ihn. (S. 83) Der Entschluß reift in ihm: »Er wollte nicht mehr zurück in das Leben, in einen Staat, der für ihn sorgte und dafür Arbeit, die nichts mit ihm zu tun hatte, von ihm verlangte.« (S. 90) Es drängt ihn fort aus der entfremdeten Situation.

So ist es ihm eigentlich gleichgültig, wohin er fährt (S. 62), ob er nach dem Italienaufenthalt nach Island weiterzieht oder nach Istanbul (S. 93, 98). Anna verläßt ihn, in der Erkenntnis, »wenn sie bei ihm sei, komme er nicht zu sich« (S. 94). Er beschließt, »irgendwohin zu fahren, wo er sich nichts erhoffte« (S. 99) – auf der Suche nach dem angstlosen Zustand, der für ihn mit Freiheit identisch ist. Es ist nur konsequent, daß er an den fernstmöglichen Ort fährt, nach Alaska.

Kulinarisch und im Abschiednehmen elegisch zugleich die letzten Stunden in Venedig:

»Der Himmel über dem Markusplatz war jetzt purpurrot, das Wasser fast schwarz. Nagl ging in die Kälte hinaus und war glücklich. Die Sonne war eine rotgoldene Scheibe, die rasch hinter den Palazzi unterging. Das Purpur hinter den Häusern versickerte im Meer und zog einen Strom fasriger roter Wolken nach sich. Dort, wo Nagl den Campanile vermutete, leuchtete im untergehenden Sonnenlicht die Figur eines goldenen Engels auf, er war klein und hell, während der Himmel violett wurde und sich von den Häusern weg ins Grüne verfärbte. Der Engel leuchtete übernatürlich hell, und der Himmel ging in Weißblau über und verwandelte sich langsam ins

Nachtdunkle. Vom Vaporetto aus sah Nagl das letzte Stück des Himmels tief violett, das immer mehr vom Schwarz der Nacht gedeckt wurde. Aber der angestrahlte Engel leuchtete immer heller und deutlicher. Sie fuhren auf ihn zu, und Nagl dachte: Endlich ist es wie im Leben und nicht wie im Traum.« (S. 105f.)

Als bevorzugtes Ziel linksgerichteter Polit-Touristen spielt Italien ein gutes Jahrzehnt nach *Lenz* nurmehr eine untergeordnete Rolle. Längst ist – gerade bei inzwischen zu Amt und Wohlstand gelangten ›Altachtundsechzigern‹ ein eher genußorientiertes Italienerlebnis wieder in den Vordergrund gerückt. Die Toskana, besonders reich an Sinnenfreuden für Seele, Augen und Gaumen und von Deutschland aus relativ bequem erreichbar, wurde dabei zum zeit(geist)gemäßen Lieblingskind der deutschen Intelligenzia. Der Ausverkauf toskanischer Immobilien hat bereits in den sechziger Jahren eingesetzt. Heute steht in den schönsten Lagen kaum ein Haus, das nicht, mit oft erheblichem Aufwand für die Bedürfnisse moderner Zivilisation umgerüstet, einem deutschen Redakteur, Künstler oder wenigstens gut betuchten, zeitweiligen ›Aussteiger‹ gehört.

Jene Toskana-Mode der deutschen Nachkriegsgeneration nimmt Robert Gernhardt in seinem 1986 erschienenen Schauspiel *Die Toscana-Therapie* aufs Korn.

Ort des Geschehens ist der italienische Grundbesitz des Sozialtherapeuten Dieter:

»Eine Terrasse vor einem ehemaligen toscanischen Bauernhaus, das, sehr schonend, zu einem Sommerhaus umgebaut worden ist. [...] Zwischen den Mauern und dem Haus je ein Durchlaß. Der eine führt ins tiefergelegene Gelände und zu einem nicht sichtbaren Parkplatz, der andere zum ebensowenig sichtbaren Swimming-pool.« (S. 7)

Der Akademische Rat Gerhard (Mitte vierzig) und die Graphikerin Karin (Ende dreißig) wollen hier – wie schon häufig – ihren Sommerurlaub verbringen, werden jedoch dabei von unerwünschten Besuchern gestört; ein, wie sich am Ende herausstellt, von Dieter arrangiertes, sozialtherapeutisches Komplott, das die aus dem Leim gegangene ›Beziehungskiste‹ der beiden reparieren soll. Permanenter Störenfried ist aber auch der einzige Vertreter der italienischen Bevölkerung im Stück, der Bauer Danilo. Schon dessen äußere Erscheinung paßt keineswegs ins harmonische Italienbild, denn er »sieht nicht aus wie ein südlicher Bilderbuchbauer und trägt auf gar keinen Fall einen Strohhut. Vielmehr ähnelt sein Aufzug dem eines Mechanikers [...], auf dem Kopf eine dieser Mützen, die vorzugsweise Benzin- oder Reifenfirmen verschenken: mit durchsichtigem Schirm und einer Reklame auf dem Stoff.« (S. 8)

Danilo, der eher die Errungenschaften des Industriezeitalters als bodenständiges Bauerntum illustriert, bearbeitet mit seinem Traktor und mehreren Wagenladungen voller Putenmist ein Olivenfeld der Dieterschen Ländereien – eine für die geruchs- und geräuschempfindlichen Urlauber fast unerträgliche Beeinträchtigung ihrer Ferien. Die Diskrepanz zwischen touristischen Bedürfnissen und dem Alltagsleben der Einheimischen zieht sich als roter Faden durch das ganze Stück.

Hauptsächlich wird die andauernde Trübung der ersehnten Italienidylle jedoch von den Erholungssuchenden selbst verursacht; der tägliche Kleinkrieg zwischen Karin und Gerhard findet eben ein paar hundert Kilometer von der deutschen

Das Umschlagbild für die Buchausgabe *Die Toscana-Therapie* hat der Autor Robert Gernhardt selbst gestaltet: eine Italienidylle mit Schatten(-seiten).

Heimat entfernt statt. Dialoge von äußerster Phrasenhaftigkeit karikieren eine überspannte und bisweilen selbstquälerische Intellektuellenschickeria, die ihre eigentlichen, möglicherweise naiven Sehnsüchte hinter geistreichen Smalltalks und Selbstironie verbergen gelernt hat und selbst Zikadengeräusche als Lärmbelästigung empfindet. Gerhard erinnert sich an seine einstmals ganzheitliche Italienerfahrung:

»Wir haben ihn doch immer geliebt, den Gesang der Zikaden! [...] Als wir zelteten, damals 1963, im Klostervorhof von Santa Firmine, inmitten der Pinien, deren Schatten die Säulenvorhalle von Benedetto da Maiano streiften – warteten wir da nicht geradezu auf die Zikaden? Begrüßten wir sie nicht Mittag für Mittag mit einem Blick, darin Dankbarkeit lag dafür, daß sie uns einmal mehr die unwiderlegbare Gewißheit schenkten, im Süden zu sein, im Ganz Anderen also, beschirmt vom Hitzeschild des azorischen Hochs, entrückt dem nordischen platten Alltag, eingebunden, ja aufgenommen in eine höhere Form des Daseins, in welcher Natur und Kultur einander nicht fremd sich gegenüberstanden, sich vielmehr freudig vermählten...« (S. 46)

Der pathetische Duktus dieser Italienhymne ist keineswegs zufällig. Gerhard kann seine frühere Italienbegeisterung, »das uralte Lied von Sonne, Sommer, Süden« (S. 46), nur noch ironisch zitieren. Die Befreiung vom »nordischen platten Alltag« funktioniert nicht mehr; latente Schuldkomplexe wegen nicht eingelöster gesellschaftlicher Ansprüche verhindern ein unbeschwertes Genießen. Das Gefühl des »Ganz Anderen« stellt sich nicht ein, auch, weil das anfänglich Fremde und Neue jederzeit verfügbar und damit alltäglich geworden ist. Deshalb plaziert Fotograf Florian für seinen Toskana-»Konzept-Bildband« einen Sack Zement als »durchgehenden Verfremdungseffekt« in seinen Fotoarrangements. (S. 83) Der Jüngere und weniger als Gerhard mit 68er-Nachwehen Belastete glaubt damit, fragwürdige Klischees relativieren zu können (und seine Marktchancen zu verbessern). »Ich habe mir gedacht: Wenn man schon noch einen Toscana-Bildband macht, dann darf das nicht einfach noch ein Toscana-Bildband sein.« (S. 82)

Mehr als Streiflichter auf moderne Italienerlebnisse – dies muß nochmals betont werden – möchten diese ausgewählten Skizzen aus der deutschen Gegenwartsliteratur nicht sein. Sie illustrieren immerhin, daß zunehmend ein anderes, von der Last der Vergangenheit befreites Italienerleben möglich wird. Den Dichtern des 19. Jahrhunderts stand Goethes übermächtiger Schatten hemmend im Weg. Heute ist dessen klassizistische Stilisierung selbst in die Historie entrückt, kein zur Nachahmung verpflichtendes Vorbild und kein zur Ablehnung provozierendes Kunstwerk. Auch wenn bei den jüngeren Autoren vorwiegend italienische Gegenwart, und nur selten Geschichtsdokumente und kulturelle Pracht, in den Blick kommt, muß die Umkehrung der traditionellen Klischees, das Infragestellen nicht notwendig in die Negation münden. Brinkmanns Werk ist die konsequenteste Ausbildung einer Ästhetik der Negativität, die aus Unlust an der rühmenden Tradition die krude Realität einfängt und das Häßliche zum Richtmaß der Wahrheit erhebt. Rom fungiert nur als höchst konkretes Sinnbild für den allgemein wahrgenommenen Weltzustand und Wertzerfall.

Sogar der Staat scheint die Italienliteratur zu fördern. Seit ihrer Neueröffnung in der Mitte der fünfziger Jahre bietet die Kulturinstitution der Villa Massimo zahlreichen Schriftstellern ein Gratis-Domizil. Das Verzeichnis der Stipendiaten und Ehrengäste der Deutschen Akademie nach der Wiedereröffnung der Villa Massimo weist eine stattliche Zahl von Schriftstellern auf. Viele dieser Autoren sind heute schon wieder vergessen. Aber die meisten dieser Gäste fühlten sich doch irgendwie verpflichtet, ein positives Romgedicht anzufertigen. Sicherlich bildet Brinkmanns Buch eine Ausnahme. Dennoch ist das großzügige Stipendienwesen eine Überlegung wert, ob dadurch nicht eine zur Gleichförmigkeit tendierende Vereinheitlichung des Italienerlebens in die Wege geleitet wird, eine Institutionalisierung der Italienpoesie. Wie die meisten modernen Gedichte belegen, kann jedoch davon keine Rede sein. Wohl aber orientieren sich die Schriftsteller immer ausschließlicher an der Gegenwart. Sie müssen nicht mehr rühmen und preisen, müssen auch nicht mehr dichten wie Goethe. Die alten Ideale der Kunst, der Schönheit und der Sehnsucht nach einem freien, weniger reglementierten und zweckbestimmten Leben sind auch aus dem modernen Italien-Bild nicht wegzudenken. Aber die Art und Weise der Aneignung ist, anders als im 19. Jahrhundert, nicht epigonal. Ihre Selbständigkeit erringt sie aus der Balance zwischen tradierter Formsprache und persönlicher Wahrnehmung. Die Italien-Gedichte der Gegenwart sind subjektiver als die Gedichte der Vergangenheit, aber auch unvoreingenommener und damit ehrlicher.

Und hinter Saloppheit, flapsiger Burschikosität und bissiger Kritik verbirgt sich immer Sympathie, heimlicher Ausdruck der alten Sehnsucht nach einem Leben in Schönheit und Freiheit, wie es nur der mythische Süden gewähren kann. Ein Traum, privater als in den hochtrabenden Gedichten früherer Epochen, ein Wunsch, der gerade wegen seiner Bescheidenheit erfüllbar bleibt. So verschmelzen etwa in Rainer Malkowskis kleinem Gedicht *Zu Gast bei Emilio* Fremdheitsempfindung und Heimatgefühl zu einer eigenartigen Synthese. Keine schlechte Voraussetzung, im Anderen nicht allein das Fremde, sondern etwas von langeher Vertrautes zu erkennen.

Zu Gast bei Emilio.

Unter einem Himmel von ereignislosem Blau,
gegenüber der ockerfarbenen Kaserne

im Abgas, in der Sonne

nahe am Denkmal der Alpini
neben einem faltigen Hals,
einem Cappuccino,
einer Strickjacke

zwischen klingenden Sätzen, die ich nicht verstehe

sitze ich an einem schmutzigen kleinen Tisch
vor Emilios Bar –

leicht wegzudenken,
gerne klarsehend.

Wirklich, ich fühle mich
hier deutlicher zu Hause.

Anhang

Das im Buchtitel verwendete Zitat stammt aus Goethes italienischem Tagebuch. Die betreffende Stelle lautet vollständig: »Die Revolution, die ich voraussah und die jetzt in mir vorgeht, ist die in jedem Künstler entstand, der lang emsig der Natur treu gewesen und nun die Uberbleibsel des alten grosen Geists erblickte, die Seele quoll auf und er fühlte eine innere Art von Verklärung sein selbst, ein Gefühl von freyerem Leben, höherer Existenz, Leichtigkeit und Grazie.«
Johann Wolfgang Goethe: Tagebuch der italienischen Reise 1786. Notizen und Briefe aus Italien. Hrsg. von Christoph Michel. Frankfurt am Main 1976 (it 176), S. 107.

Einführung
Italien – Sehnsuchtsland der Deutschen

1 Heinrich Heine: Widmung zu den »Reisebildern« III. In: Heinrich Heine: Sämtliche Schriften. Hrsg. von Klaus Briegleb. Band 7. München 1976, S. 484.

2 Vgl. die allgemeinen Beiträge von Manfred Beller: Geschichtserfahrung und Selbstbespiegelung im Deutschland-Bild der italienischen und im Italien-Bild der deutschen Gegenwartsliteratur. In: arcadia 17 (1982), S. 154–170; Ludwig Friedländer: Reisen in Italien in den letzten vier Jahrhunderten. In: L. F., Erinnerungen, Reden und Studien. Bd. 2. Straßburg 1905, S. 448–497; H. Neville Maugham: The Book of Italian Travel (1580–1900). London, New York 1903; William Edward Mead: The Grand Tour in the Eighteenth Century. Boston and New York 1914; Ludwig Schudt: Italienreisen im 17. und 18. Jahrhundert. Wien, München 1959; Lucia Tresoldi: Viaggiatori Tedeschi in Italia 1452–1870. Roma 1975; Wilhelm Waetzoldt: Die Kulturgeschichte der Italienreisen. In: Preußische Jahrbücher. Bd. 230 (1932), S. 13–24; Joachim Wieder: Vom deutschen Italienerlebnis. Ein Beitrag zur Kulturgeschichte der Italienreisen. In: Nisus in librorum nitore. Werner Goebel zum 65. Geburtstag. Hrsg. von Max Leonhard. München 1980, S. 132–172. Sigmund Freud hat darüber hinaus ein sexuelles Motiv ausfindig gemacht. »Gen Italien!« laute »die unbewußte Parole der deutschen Sehnsucht nach diesem Land in zahllosen Fällen«. Dazu Michael Rutschky: Fritz in Not. Die neuesten Phantasien über Nietzsche. In: DIE ZEIT, Nr. 13 vom 24. März 1989, S. 28. Neuester Überblick über die internationalen Italienreisen Attilio Brilli: Reisen in Italien. Die Kulturgeschichte der klassischen Italienreise. Köln 1989; zu den Transportmitteln insbesondere S. 132–153.

3 Zur Geschichte Italiens vgl. Giuliano Procacci: Geschichte Italiens und der Italiener. München 1983.

4 Einige Anthologien seien hier genannt:
Doris und Arnold Maurer (Hrsg.): Literarischer Führer durch Italien. Frankfurt am Main 1988, it 1071.
Carl Brinitzer (Hrsg.): Deutsche Dichter führen nach Italien. Mainz und Berlin 1964.
Georg Jacob Wolf (Hrsg.): Kennst du das Land? Das Schönste, was Deutsche über Italien schrieben. München 1965.
Herbert Nette (Hrsg.): Die großen Deutschen in Italien. Dichtung, Briefe und Berichte. Darmstadt 1938.
Darstellung:
Hildegard Černohous: Das Gesicht Italiens in den deutschen Briefen, Reisebeschreibungen

und Novellen des 19. Jahrhunderts, Diss. Wien 1937; Wilhelm Emrich: Das Bild Italiens in der deutschen Dichtung. In: Studien zur deutsch-italienischen Geistesgeschichte. Köln 1959, S. 21-45; wiederabgedruckt in W. E., Geist und Widergeist. Wahrheit und Lüge in der Literatur. Frankfurt a.M., 1965, S. 258-286; Gunter E. Grimm: Italiendichtung I. Erzählungen. Stuttgart 1988, Vorwort, S. 7 - 34; Stefan Oswald: Italienbilder. Beiträge zur Wandlung der deutschen Italienauffassung 1770-1840. Heidelberg 1985; Paul Requadt: Die Bildersprache der deutschen Italiendichtung. Von Goethe bis Benn. Bern 1962.

5 Ich habe mich zu diesem Thema in der Einleitung zu dem vòn mir herausgegebenen Bändchen: Italiendichtung, Band 1. Erzählungen, ja bereits verbreitet, und ich möchte das dort Gesagte hier nicht wiederholen. Immerhin doch ein paar wenige Bemerkungen und einige Literaturhinweise.

6 Zu *Venedig*:
Ignaz Jezower (Hrsg.): Der poetische Cicerone. Städte und Länder in der Dichtung. Band 1. Venedig. Berlin 1908.
Carl Emil Lorck (Hrsg.): Venedig. Briefe, Berichte und Bilder aus vier Jahrhunderten. Dresden 1938.
Doris Maurer und Arnold Maurer (Hrsg.): Venedig. Frankfurt am Main 1983. it 626
Pascal Morché (Hrsg.): Venedig im Gedicht. Frankfurt am Main 1986. it 920
Thea Seuffert: Venedig im Erlebnis deutscher Dichter. Diss. München 1938.
Karl Ipser: Venedig und die Deutschen. Deutsche, Österreicher und Schweizer am Rialto. München 1976.
Christiane Schenk: Venedig im Spiegel der Décadence-Literatur des Fin de siècle. Frankfurt am Main/New York 1987 (Diss.).

7 Theodor Fontane: Brief vom 10. Oktober 1874 an Karl und Emilie Zöllner. In: Eberhard Haufe (Hrsg.): Deutsche Briefe aus Italien. Von Winckelmann bis Gregorovius. München 1987, S. 461.

8 Zu *Rom*:
Hermann Smidt (Hrsg.): Deutsche Romfahrer von Winckelmann bis Böcklin. Ein Jahrhundert römischen Lebens in Tagebuchblättern und Briefen. Leipzig 1903.
Michael Worbs (Hrsg.): Rom. Ein Städtelesebuch. Frankfurt am Main 1988. it 921
Pascal Morché (Hrsg.): Rom im Gedicht. Frankfurt am Main 1989. it 1176
Otto Harnack: Deutsches Kunstleben in Rom im Zeitalter der Klassik. Weimar 1896.
Gerhart von Graevenitz: Deutsche in Rom. Studien und Skizzen aus elf Jahrhunderten. Leipzig 1912.
Friedrich Noack: Das deutsche Rom. Rom 1912.
Friedrich Noack: Das Deutschtum in Rom seit dem Ausgang des Mittelalters. 2 Bde. Berlin, Leipzig 1927.
Walter Rehm: Europäische Romdichtung. München, 2. Aufl. 1960.
Weniger literarisch die Titel von H. Jedin: Die deutsche Romfahrt von Bonifatius bis Winckelmann. Krefeld 1951, und von E.M. Jung-Inglessis: Romfahrt durch zwei Jahrtausende in Wort und Bild. Bozen 1982, und von L. Schudt: Romreisen in drei Jahrhunderten. In: Italien 1 (1928) H. 3 S. 108-123.

9 Wilhelm Heinse: Ardinghello oder die glückseligen Inseln. Hrsg. von Max L. Baeumer. Stuttgart 1975, S. 254.

10 Goethe an den Freundeskreis in Weimar, Brief vom 7. November 1786. In: Johann Wolfgang Goethe: Briefe aus Italien 1786-1788. Hrsg. und erläutert von Peter Goldammer. München 1982, S. 18. Vgl. den entsprechenden Passus in der *Italienischen Reise*, vom 7. November 1786. Hamburger Ausgabe Bd. XI. München 1978, S. 164.

11 Brief Goethes an Philipp Seidel, vom 13. Januar 1787. In: Goethe, Briefe aus Italien, S. 56. Vgl. auch Goethes in der Retrospektive ähnlichlautende Äußerung gegenüber Eckermann vom 9. Oktober 1828.

12 Brief an Johann Gottfried u. Caroline Herder, vom 10. November 1786. In: Goethe, Briefe aus Italien, S. 20; vgl. den identischen Passus in der *Italienischen Reise*. Rom, den 7. November.

13 Zu *Florenz*:
Andreas Beyer (Hrsg.): Florenz. Lesarten einer Stadt. Frankfurt am Main 1983. it 633
Andreas Beyer (Hrsg.): Toskana. Ein literarisches Landschaftsbild. Frankfurt am Main 1986. it 926
K. E. Hoffmann (Hrsg.): Florenz in der Dichtung von Dante bis Goethe. Berlin 1911.
Darstellung:
Oskar Walzel: Florenz in deutscher Dichtung. Stuttgart 1937.
14 Zu *Neapel* fehlen vergleichbare Anthologien und Darstellungen. Das Material steht in den allgemeinen Textsammlungen von Carl Brinitzer, Georg Jacob Wolf und Herbert Nette (s. Anm. 4).
15 Theodor Fontane: Brief vom 3. November 1874 an Karl Zöllner. In: Haufe (Anm. 7), S. 468.
16 Goethe: Brief vom 4. September 1788 an Herder. In: J. G. Herder. Italienische Reise. Briefe und Tagebuchaufzeichnungen 1788-1789. Hrsg. von Albert Meier und Heide Hollmer. München 1988, S. 95.
17 Gustav Nicolai: Italien wie es wirklich ist. Erster Theil. Leipzig 1834, S. 3 f.
18 Ebd., S. 237.
19 Bruno Arzeni: Platen und Italien. In: Platen. Gedächtnisschrift der Universitätsbibliothek Erlangen. Hrsg. von E. Stollreither. Erlangen 1936, S. 137-143, hier S. 137.
20 Jonas Lesser: Deutsche Südsehnsucht. In: Deutsche Rundschau 89 (1963), H. 8, S. 37-50, hier S. 37.
21 Wieder (Anm. 2), S. 134.
22 Wilhelm Waetzoldt: Das klassische Land. Wandlungen der Italiensehnsucht. Leipzig 1927.
23 Ebd., S. 4.
24 Zu Goethes »Mignon«-Gedicht vgl. Paul Requadt: Die Bildersprache des Mignonliedes. In: P. R.: Die Bildersprache (Anm. 4), S. 15-23.
25 Erich Mühsam: Gedichte. Hrsg. von Günther Emig. Berlin 1983, S. 404. Vgl. S. 241 dieses Buchs.
26 Claus Sommerhage, Deutsche Romantik. Literatur und Malerei 1796-1830. Köln 1988, S. 130.
27 In seinem Buch »Die Struktur wissenschaftlicher Revolutionen.« Frankfurt am Main, zweite Auflage 1976. (Original »The structure of scientific revolutions«).
28 Wilhelm Waetzoldt: Die Kulturgeschichte der Italienreisen (Anm. 2).
29 Joachim Wieder: Vom deutschen Italienerlebnis (Anm. 2).
30 Ebd., S. 167.

Zwischen Erdenjammer und Kunstgenuß. Pilger, Gelehrte, Kavaliere auf Reisen

1 Quelle zu Luthers Romerlebnis sind vor allem seine »Tischgespräche«; vgl. einschränkend Bernhard Lohse: Martin Luther. Eine Einführung in sein Leben und sein Werk. München 1981, S. 40.
2 Joachim Wieder: Vom deutschen Italienerlebnis. Ein Beitrag zur Kulturgeschichte der Italienreisen. In: Nisus in librorum nitore. Werner Goebel zum 65. Geburtstag. Hrsg. von Max Leonhard. München 1980, S. 132-172, hier S. 142.
3 Zit. nach Wieder: Vom deutschen Italienerlebnis, S. 143.
4 Michel de Montaigne: Tagebuch einer Italienreise. Stuttgart 1963. Zu Montaigne vgl. Ludwig Schudt: Italienreisen im 17. und 18. Jahrhundert. Wien, München 1959, S. 47 ff.; auch Ludwig Friedländer: Reisen in Italien in den letzten vier Jahrhunderten. In: L. F., Erinnerungen, Reden und Studien. Bd. 2. Straßburg 1905, S. 448-497, hier S. 461-464.
5 Wieder: Vom deutschen Italienerlebnis, S. 143 ff.; Attilio Brilli: Reisen in Italien. Die Kulturgeschichte der klassischen Italienreise. Köln 1989, S. 29-38.
6 Gunter E. Grimm: Literatur und Gelehrtentum in Deutschland. Untersuchungen zum Wandel ihres Verhältnisses vom Humanismus bis zur Frühaufklärung. Tübingen 1983, S. 447.

7 Georg Steinhausen: Die Idealerziehung im Zeitalter der Perrücke. In: Mitteilungen der Gesellschaft für deutsche Erziehungs- und Schulgeschichte 4 (1894), S. 209 ff.
8 Norbert Conrads: Politische und staatsrechtliche Probleme der Kavalierstour. In: Reiseberichte als Quellen europäischer Kulturgeschichte. Hrsg. von A. Maczak und H.J. Teuteberg. Wolfenbüttel 1982, S. 45-64, hier S. 47; ders.: Die italienische Kavalierstour. In: Norbert Conrads, Ritterakademien der frühen Neuzeit. Bildung als Standesprivileg im 16. und 17. Jahrhundert. Göttingen 1982; Harry Kühnel: Die adelige Kavalierstour im 17. Jahrhundert. In: Jahrbuch für Landeskunde von Niederösterreich N.F. 36 (1964), S. 364 ff.; Brilli: Reisen in Italien, S. 41-49.
9 Ulrich Klein: Franz Wilhelm von Wartenbergs Reisetagebuch von 1641. Zur Frage der Cavalierstour Illustrissimi im 17. Jahrhundert. In: Osnabrücker Mitteilungen. Band 93 (1988), S. 45-68.
10 Ebd., S. 64 f.
11 Ebd., S. 67.
12 Schudt: Italienreisen, S. 65.
13 Dazu Schudt: Italienreisen, S. 18–25; Ludwig Friedländer: Reisen in Italien in den letzten vier Jahrhunderten. In: L. F., Erinnerungen, Reden und Studien. Bd. 2. Straßburg 1905, S. 448- 497, hier S. 468 ff.
14 Dorothea Kuhn (Hrsg.): Auch ich in Arcadien. Kunstreisen nach Italien 1600-1900. Sonderausstellung des Schiller-Nationalmuseums Nr. 16. Stuttgart 1966, S. 23 f.
15 Ebd., S. 22 f.
16 Schudt: Italienreisen, S. 66 f.
17 Zit. nach Wilhelm Waetzoldt: Die Kulturgeschichte der Italienreisen. In: Preußische Jahrbücher, Bd. 230 (Okt.-Dez. 1932), S. 13-24, hier, S. 17; vgl. Schudt: Italienreisen, S. 67.
18 Winckelmann: Brief vom 7. Juli 1756 an Hieronymus Dietrich Berendis. In: Haufe (Hrsg.): Deutsche Briefe aus Italien. Von Winckelmann bis Gregorovius. München 1987, S. 11.
19 Dazu allgemein Wilhelm Emrich: Das Bild Italiens in der deutschen Dichtung. In, W. E.: Geist und Widergeist. Wahrheit und Lüge der Literatur. Frankfurt a.M. 1965, S. 258-286, hier S. 267-269.
20 Ludwig, Fürst zu Anhalt-Köthen: Reise-Beschreibung von ihm selbst in deutsche Verse gebracht. Zerbst 1716, S. 249 f.
21 Albrecht Schöne (Hrsg.): Das Zeitalter des Barock. Texte und Zeugnisse. Zweite verb. und erw. Aufl. München 1968, S. 954 f.
22 Christian Hofmann von Hofmannswaldau: Gedichte. Hrsg. von Manfred Windfuhr. Stuttgart 1969, S. 103 ff.
23 Ebd., S. 107.
24 Andreas Gryphius: Oden und Epigramme. Hrsg. von Marian Szyrocki. Tübingen 1964 (Gesamtausgabe der deutschsprachigen Werke, Bd. 2), S. 182.
25 Andreas Gryphius: Sonette. Hrsg. von Marian Szyrocki. Tübingen 1963 (Gesamtausgabe der deutschsprachigen Werke, Bd. 1), S. 87.
26 Justi Lipsii Opera Tom. II (Vesaliae 1675), S. 31 ff. Zit. nach Friedländer: Reisen in Italien, S. 458.
27 Wieder: Vom deutschen Italienerlebnis, S. 155.
28 Eberhard Mannack: Andreas Gryphius. Stuttgart 1968, S. 10.
29 Schudt: Italienreisen, S. 99-106.
30 Ebd., S. 109-112; Friedländer: Reisen in Italien, S. 468-479; Brilli: Reisen in Italien, S. 24-49.
31 Waetzoldt: Kulturgeschichte der Italienreisen, S. 21.
32 Ebd., S. 18 ff.; Wieder: Vom deutschen Italienerlebnis, S. 146 ff.
33 Winckelmanns Werke. Hrsg. von Helmut Holtzhauer. Berlin-Ost und Weimar 1969, Einleitung, S. IX.
34 Gedanken über die Nachahmung, in: Winckelmanns Werke, S. 17 f.
35 Dazu Herder im sogen. »Älteren Wäldchen«, Sämtliche Werke ed. Suphan (SWS), Bd. 4, S. 199-218, sowie in seiner nicht publizierten Preisschrift »Denkmal Johann Winkel-

manns«, SWS 8, S. 437–483, und dem Nekrolog aus dem »Merkur« von 1781 »Winkelmann«, SWS 15, S. 33–56.

36 Winckelmanns Werke, S. XLIX. Vgl. auch seinen Brief an Francke, vom 9. März 1757. »Rom ist mir, bey meiner Genügsamkeit, ein Paradies, und ich würde es mit Thränen in den Augen verlassen.« Zit. nach Wilhelm Emrich: Das Bild Italiens in der deutschen Dichtung (Anm. 19), S. 269f.

37 Zu Winckelmanns Neapelaufenthalt vgl. Wolfgang Leppmann: Winckelmann. Ein Leben für Apoll. Bern und München 1982, S. 160f.

»*Ich sehne mich herzlich wieder nach Deutschland*« – Lessing, der mißgelaunte Italienreisende

Texte

Gotthold Ephraim Lessings sämtliche Schriften. Hrsg. von Karl Lachmann. Dritte, auf's neue durchgesehene und vermehrte Auflage, besorgt durch Franz Muncker. 22 Bände. Leipzig 1886–1924. Das Tagebuch befindet sich in Bd. XVI (1902), S. 256–288 (zitiert nur mit Seitenzahlen).

1 Christian Friedrich Daniel Schubart: Deutsche Chronik. Ulm und Augsburg, 26. Juni 1775. In: Julius W. Braun (Hrsg.): Lessing im Urtheile seiner Zeitgenossen. Zeitungskritiken, Berichte und Notizen. Lessing und seine Werke betreffend, aus den Jahren 1747–1781. 3 Bände. Berlin 1773–1781, hier Bd. 2, S. 44.

2 Bericht vom 18. Dezember 1775. Ebd., S. 44f.

3 Berlinische Nachrichten von Staats- und Gelehrten Sachen. Berlin, 13. Mai 1775. Ebd., S. 43f.

4 Lessing an Johann Wilhelm Ludwig Gleim, vom 24. September 1768, LM XVII, Nr. 205, S. 259; an den Bruder Karl, vom 24. September 1768, ebd. Nr. 206, S. 260; an Friedrich Nicolai, vom 28. September 1768, ebd. Nr. 207, S. 261; an Johann Arnold Ebert, vom 18. Oktober 1768, ebd. Nr. 210, S. 265. »Daß alle, denen ich sage, ›ich reise nach Rom‹ sogleich auf Winkelmannen verfallen. Was hat Winkelmann, und der Plan, den sich Winkelmann in Italien machte, mit meiner Reise zu thun?« Heinrich Christian Boie meldet im Brief an Christian Jessen, vom 5. Dezember 1768, mit Bestimmtheit, Lessing gehe Ostern 69 nach Italien, »um die Werke der Kunst im Originale zu studieren, und seinem Vaterlande Winkelmanns Verlust zu ersetzen.« Zitiert nach Richard Daunicht (Hrsg.): Lessing im Gespräch. Berichte und Urteile von Freunden und Zeitgenossen. München 1971, Nr. 449, S. 267.

5 An den Bruder Karl, vom 7. Mai 1775, LM XVIII, Nr. 438, S. 138.

6 Lessings Briefwechsel mit Eva König liegt jetzt auch in einer neueren Edition vor: Meine liebste Madam. Gotthold Ephraim Lessings Briefwechsel mit Eva König 1770–1776. Hrsg. von Günther und Ursula Schulz. München 1979.

7 Dazu Erich Schmidt: Lessing. Geschichte seines Lebens und seiner Schriften. 2 Bde. Vierte Auflage. Berlin 1923, hier Bd. 2, S. 137ff. Conrad Wiedemann spricht gar von Lessings »habitueller Reiseunlust«, die sicherlich durch die Tatsache, daß dem Gelehrten die Form einer Kavaliersreise aufgezwungen war, verstärkt wurde. Conrad Wiedemann: Lessings italienische Reise. In: Nation und Gelehrtenrepublik. Lessing im europäischen Zusammenhang. Beiträge zur internationalen Tagung der Lessing-Society Juli 1983. Hrsg. von W. Barner und A. M. Reh. München 1984, S. 151–162.

8 An den Bruder Karl, vom 7. Mai 1775, LM XVIII, Nr. 438, S. 138.

9 An Eva König, vom 2. Juni 1775, LM XVIII, Nr. 440, S. 140.

10 An Eva König, vom 12. Juli 1775, LM XVIII, Nr. 441, S. 143.

11 Die datierten Einträge stammen vom 23. August bis zum 4. Oktober 1775. Spätere Eintragungen sind undatiert.

12 An Eva König, vom 26. Dezember 1775, LM XVIII, Nr. 445, S. 145.

13 Zu Baretti vgl. Lessings Tagebuch, LM XVI, S. 156. Anm. Giuseppe Baretti verfaßte gegen die englische Reisebeschreibung von Samuel Sharp »Lettres from Italy, describing the Customs and Manners of that Country« (1766) ein Buch, dessen zweite erweiterte Auflage »An Account of the Manners and Customs of Italy; with Observations of the Mistakes of some Travellers with regard to that Country«, 1768/69 in zwei Bänden zu London erschien. Eine deutsche Übersetzung von Johann Gottlieb Schummel kam erst 1781 in Breslau heraus.
14 Daunicht: Lessing im Gespräch, Nr. 635, S. 369f.
15 Schmidt: Lessing, Bd. 2, S. 140f.; vgl. auch Waldemar Oehlke: Lessing und seine Zeit. 2 Bde. 2. Aufl. München 1919, hier Bd. 2, S. 248.
16 Gothaische Gelehrte Zeitungen, Gotha, 6. Januar 1776. In: Braun: Lessing im Urtheile, Bd. 2, S. 62.
17 Daunicht: Lessing im Gespräch, Nr. 638, S. 371f.
18 Dreizehnter Antiquarischer Brief, LM X, S. 273.
19 Daunicht: Lessing im Gespräch, Nr. 727, S. 427.
20 Paul Raabe: Einige philologische Anmerkungen zu Lessings italienischer Reise 1775. In: Nation und Gelehrtenrepublik (Anm. 7), S. 163-171.
21 Walter Deeters: Des Prinzen Leopold von Braunschweig Italienreise. Ein Beitrag zur Lessing-Biografie. In: Braunschweigisches Jahrbuch 52 (1971), S. 140-162.
22 Raabe: Einige philologische Anmerkungen, S. 169.
23 An Friedrich Nicolai, vom 20. September 1777, LM XVIII, S. 252.

»Ein unaufhörliches Vergnügen«. Wilhelm Heinses dionysischer Italienzug

Texte

Wilhelm Heinse: Sämmtliche Werke. 10 Bände. Hrsg. von Carl Schüddekopf und Albert Leitzmann. Leipzig 1902-1925. Die italienischen Aufzeichnungen und Briefe besonders in den Bänden VII, VIII, IX und X (zitiert nur mit Band- und Seitenzahlen).

Ardinghello und die glückseligen Inseln. Kritische Studienausgabe. Mit 32 Bildtafeln, Textvarianten, Dokumenten zur Wirkungsgeschichte, Anmerkungen und einem Nachwort, hrsg. von Max L. Baeumer. Stuttgart 1975 (A).

1 Friedrich Leopold von Stolberg: Reise in Deutschland, der Schweiz, Italien und Sicilien. In: Gesammelte Werke der Brüder [...] Stolberg. Bd. 6. Hamburg 1922, S. 84f.
2 Wilhelm Waetzoldt: Die Kulturgeschichte der Italienreisen. In: Preußische Jahrbücher Bd. 230 (Okt.- Dez. 1932), S. 13-24, hier S. 18f.
3 Joachim Wieder: Vom deutschen Italienerlebnis. Ein Beitrag zur Kulturgeschichte der Italienreisen. In: Nisus in librorum nitore. Festschrift Werner Goebel. Hrsg. von Max Leonhard. München 1980, S. 132-172, hier S. 146.
4 Dazu Ludwig Schudt: Italienreisen im 17. und 18. Jahrhunderts. Wien, München 1959, S. 77-99, zu Lassels S. 80f. Der volle Titel von Lassels' Reisebeschreibung lautet »The voyage of Italy, or a compleat journey through Italy.« In two parts. [...] Paris, London 1670.
5 Waetzoldt: Kulturgeschichte der Italienreisen, S. 18.
6 Ebd., S. 19.
7 Wieder: Italienerlebnis, S. 147.
8 Albert Zippel: Wilhelm Heinse und Italien. Jena 1930, S. 22. Generell zur Erscheinung und Wirkung: Wilhelm Heinse in Zeugnissen seiner Zeitgenossen. Zusammengestellt und erläutert von Albert Leitzmann. Jena 1938; Claudio Magris: Wilhelm Heinse. Udine 1968. Überblick bei Manfred Dick: Wilhelm Heinse. In: Deutsche Dichter des 18. Jahrhunderts. Ihr Leben und Werk. Hrsg. von Benno von Wiese. Berlin 1977, S. 551-576.

9 Briefwechsel zwischen Gleim und Heinse. Hrsg. von Carl Schüddekopf. 2 Bde. Weimar 1894–1895, hier Bd. 1, S. 71.
10 Briefe über das italienische Gedicht, Ricciardetto, an Herrn H. J., III 2, S. 454–472, hier S. 466.
11 Brief an Gleim, vom 24. Januar 1779. Generell zum Reiseverlauf Zippel: Heinse und Italien, S. 35–72, oder die tabellarische Zusammenfassung bei Hans Zeller: Wilhelm Heinses Italienreise. In: Deutsche Vierteljahrsschrift für Literaturwiss. und Geistesgeschichte Bd. 42 (1968), S. 23–54, hier S. 28f.
12 Das Zitat geht weiter: »Besonders reizen und rühren vom Kapitol an die ungeheuern Ruinen, welche die neuen Villen mit ihren Pinien, Lorbeern, Zypressen und beständig grünen Eichen ausschmücken.« Vgl. IX, S. 139.
13 Heinrich Mohr: Wilhelm Heinse. Das erotisch-religiöse Weltbild und seine naturphilosophischen Grundlagen. München 1971, S. 90.
14 Dazu prinzipiell Hans Rolf Sprengel: Naturanschauung und malerisches Empfinden bei Wilhelm Heinse. Frankfurt am Main 1930, S. 1 – 23.
15 Mohr: Heinse, S. 90ff.
16 Regina Häusler: Das Bild Italiens in der deutschen Romantik. Bern – Leipzig 1939, S. 33f.
17 An Fritz Jacobi, Brief vom 16. März 1782; X, S. 153.
18 Goethe: Italienische Reise. Hrsg. und kommentiert von Herbert von Einem (Hamburger Ausgabe Bd. XI). München 1978, S. 99, vgl. S. 154.
19 Ebd., S. 122.
20 Vgl. auch VIII 1, S. 460f. Zu Heinses ästhetischen Anschauungen Rita Terras: Wilhelm Heinses Ästhetik. München 1972, sowie die ältere Arbeit von Karl Detlev Jessen: Heinses Stellung zur bildenden Kunst und ihrer Ästhetik. Zugleich ein Beitrag zur Quellenkunde des Ardinghello. Berlin 1901.
21 Hanno-Walter Kruft: Wilhelm Heinses italienische Reise. In: Deutsche Vierteljahrsschrift für Literaturwiss. und Geistesgeschichte Bd. 41 (1967), S. 82–97, hier S. 93.
22 Vgl. VII, S. 171; X, S. 256.
23 Zeller: Heinses Italienreise, S. 33.
24 IX, S. 361, vgl. VIII 1, S. 277. Der Endzweck der Kunst sei, formuliert Heinse einmal, »den Menschen zu erquicken, und stolz und groß zu machen.« (VIII 1, S. 502) Und eine in den Notizen häufig wiederkehrende Bestimmung der Kunst dekretiert, gerade die »beste Kunst« sei »ein bloßes Denkzeichen verfloßnen Genusses« (VIII 1, S. 494), für den Künstler wie für den Betrachter. (VIII 1, S. 494, 277, 496; VIII 2, S. 29; zum Komplex »Genuß« auch Dick: Heinse, S. 563.
25 Vgl. IV, S. 327f. »Sich des Daseyns freuen unter allen Formen und Gestalten, diese dazu vervollkommnen, und sie zernichten, sobald sie nicht mehr dazu taugen, oder in Sklaverey taugen können, und alle Traurigkeit fliehen, predigt die Natur.« (auch A, S. 311) Dazu Mohr: Heinse, S. 109f.
26 Dazu kritisch Zeller: Heinses Italienreise, S. 42ff.
27 Er sagt dies mit unwiderleglicher Deutlichkeit: »Die meisten Mahler sind gegen die Werke der Natur, wie Buben, die das Soldaten spielen, so wenig Größe, Wahrheit und Wirkung haben ihre Bilder.« VIII 1, S. 477.
28 Sprengel: Naturanschauung, S. 27.
29 VIII 1, S. 562; vgl. die naturalistischen Beschreibungen S. 295ff. und S. 311ff., ferner die Urteile S. 509, 516, 518.
30 VIII 1, S. 287f., 289, 330f., 518. Zum Torso S. 308f., 326f., 329f., 518.
31 Vgl. VIII 1, S. 477, 512.
32 Vgl. Dick: Heinse, S. 561f.
33 VII, S. 157ff., 164f., 254, 260; VIII 1, 185, 189, 190, 195, 272, 284, 354.
34 Allerdings darf man seine einseitige Ansichten aus der Düsseldorfer Zeit nicht verabsolutieren. »Die Malerei ist die schwerste unter allen Künsten, weil keine so weiten Umfang hat wie sie, weil keine so von der heißesten Sommersonne bis auf den letzten Flimmer des Lichts, und von der äußersten Kraft des Herkules und dem Brüllen des Löwen bis auf das erste Wimmern des Kindes keine so die ganze unermeßliche Natur in sich hat und keine

sich auf das augenblicklichste Dasein so einschränken muß. Apelles war mehr als Menander und Raffael mehr als Ariost. Nur der unwissendste Phantast kann von der Malerei als einer bloß kurzweiligen Kunst reden. Sie ist für den gefühlvollen Menschen die erste unter allen; gibt Dauer völligen Genusses ohne Zeitfolge.« dekretiert er in seinen »Briefen über die Düsseldorfer Gemäldesammlung«, die seine grundsätzlichen Vorstellungen über Schönheit enthalten. In: J. J. W. Heinse: Briefe aus der Düsseldorfer Gemäldegalerie. Kritisch hrsg. und eingeleitet von Arnold Winkler. Leipzig und Wien 1914, S. 113 (Zuerst publiziert wurden die Gemäldebriefe im August 1776 und im Mai/Juni 1777 in Wielands »Merkur«).

35 VIII 1, S. 494; vgl. S. 487: »Die Mahlerey und Bildhauerkunst dient hauptsächlich zur Wollust; man sieht nur, ob sie schön und reizend ist, und fragt nicht oder doch selten: ist auch Verstand darin? Sie sind Augenhuren, Augenphrynen. Das körperliche macht fast alles aus, das geistige äußerst wenig.« Vgl. auch S. 495. Bildende Kunst ist für Heinse Augenkunst, ob es sich nun um Malerei oder um Plastik handelt. Dezidiert bezieht er gegen Herder Stellung, nennt ihn sogar einen »Schwärmer«, weil er – im »Vierten Kritischen Wäldchen« und in der »Plastik« die Bildhauerkunst dem Tastsinn zugeordnet hat. VIII 1, S. 488.

36 Dazu Baeumer im Nachwort zu »Ardinghello«, S. 673 ff.; Dick: Heinse, S. 569.

37 VII, S. 197; vgl. Sprengel: Naturanschauung, S. 22.

38 Häusler: Bild Italiens, S. 13.

»Äther ohne Wolken...«
Mythos und Wirklichkeit in Goethes italienischen Metamorphosen

Texte

Johann Wolfgang Goethe: Tagebuch der Italienischen Reise 1786. Notizen und Briefe aus Italien. Mit Skizzen und Zeichnungen des Autors. Hrsg. und erläutert von Christoph Michel. Frankfurt a.M. 1982 (insel taschenbuch 176) (T)

Johann Wolfgang Goethe: Briefe aus Italien 1786–1788. Hrsg. und erläutert von Peter Goldammer. München 1983 (Lizenzausgabe Leipzig 1982) (B)

Johann Wolfgang Goethe: Italienische Reise. Hrsg. und kommentiert von Herbert von Einem. München 1978 (= Band XI der Hamburger Ausgabe). (IR)

1 Goethes Preislied auf Italien findet sich im »Requiem, dem frohsten Manne des Jahrhunderts, dem Fürsten Ligne«. Goethe: Poetische Werke. Gedichte. Berliner Ausgabe. Berlin und Weimar 1978, Band 2, S. 533–538, hier S. 537. Goethe hat das Fragment gebliebene »Requiem« dem österreichischen Feldmarschall Karl Joseph Fürst von Ligne zugeeignet, mit dem er seit 1803 korrespondiert hatte und der am 13. Dezember 1814 gestorben war.

2 Goethes Briefe. Hamburger Ausgabe in 4 Bdn. Hrsg. von Karl Robert Mandelkow. Hamburg 1962–1967, hier Bd. 1, S. 107.

3 Eine Zusammenstellung sämtlicher Reisen Goethes bietet Helmut Wolff: Wie Goethe reiste. In: Wissenschaftliche Zeitschrift der Martin-Luther-Universität Halle Wittenberg. Gesellschafts- und sprachwissenschaftliche Reihe. Jahrgang V, Heft 6. Halle an der Saale 1956, S. 967–1014, hier besonders die tabellarische Übersicht, S. 1005. Vgl. auch Hartmut Schmidt: Die Kunst des Reisens. Bemerkungen zum Reisebetrieb im späten 18. Jahrhundert am Beispiel von Goethes erster Italienreise. In: Goethe in Italien. Katalog zur Ausstellung des Goethe-Museums Düsseldorf. Mainz 1986, S. 9-14, hier S. 10. Schmidt bezieht sich in seinen Angaben zu den Reisemodalitäten auf Wolff.

4 Wolff: Wie Goethe reiste, S. 1009.

5 Vgl. dazu: Goethe in Italien (Katalog), S. 170 f. Außerdem Johann Jacob Volkmann: Historisch-Kritische Nachrichten von Italien. 2 Bände. Erstausgabe Leipzig 1770/71, hier Bd. 1, S. 78–80.

6 Unter »Extrapost« verstand man »das Reisen sowohl mit Mietpferden und eigner Kutsche, wie mit kompletten Mietfuhrwerken. In Preußen erfolgt die Verstaatlichung des ›extraordinären‹ Lohnfuhrwesens und damit die Einführung der Extrapost per Edikt vom 8. August 1712.« Klaus Beyrer: Des Reisebeschreibers »Kutsche«. Aufklärerisches Bewußtsein im Postreiseverkehr des 18. Jahrhunderts. In: Reisen im 18. Jahrhundert. Neue Untersuchungen. Hrsg. von Wolfgang Griep und Hans-Wolf Jäger (Neue Bremer Beiträge). Heidelberg 1986, S. 50–90, hier Anm. 24, S. 51. Bei Beyrer auch weiterführende Literaturhinweise zur bisher wenig erforschten Geschichte der Post, vgl. S. 51.

7 Zur Umrechnung von Goethes Reisestrecken von Postmeilen in Kilometer vgl. Wolff: Wie Goethe reiste, S. 999. Zum Zeitaufwand und zu den Kosten vgl. auch Schmidt: Die Kunst des Reisens, S. 12.

8 Vgl. Wolff: Wie Goethe reiste, S. 1002.

9 Abgebildet in: Goethe in Italien, Katalog-Nr. 106, S. 226. Zu Tischbeins Gemälde »Goethe in der Campagna die Roma« vgl. auch Andrea Wagener: Goethe und sein römischer Freundeskreis. In: Goethe in Italien, S. 40–45, hier S. 45–47.

10 Goethes Werke. Hrsg. im Auftrage der Großherzogin Sophie von Sachsen. Weimar 1887–1919, hier Abteilung IV, Bd. 8, S. 212.

11 Zu den Kosten vgl. Wolff: Wie Goethe reiste, S. 1008, und Schmidt: Die Kunst des Reisens, S. 13f.

12 Zu Goethes gescheiterter Reformpolitik Hans Mayer: Goethe. Ein Versuch über den Erfolg. Frankfurt a. M. 1973, S. 16ff.

13 Karl Otto Conrady: Goethe. Leben und Werk. 2 Bde. Frankfurt a. M. 1987, hier Bd. 1, S. 441.

14 Johann Wolfgang von Goethe: Italienische Reise. Hrsg. von Peter Sprengel. München 1986, S. 528ff.

15 Conrady: Goethe I, S. 439.

16 Kurt R. Eissler: Goethe. Eine psychoanalytische Studie. 1775–1786. 2 Bde. München 1987, hier Bd. 2, S. 1136f.

17 Ebd., S. 1138–1158.

18 Brief vom 16.2. 1788 an Carl August; WA IV, 8, S. 346f.

19 Vgl. Conrady: Goethe I, S. 436f.

20 Über Goethes ›übergeschichtliche‹ Wahrnehmungsweise, der alles Nur-Historische als ephemer gilt, vgl. Mayer: Goethe, S. 31f. Zu Herders ungehaltener Reaktion auf Goethes ähnlichlautende Briefe vgl. B S. 97, 250; hier S. 95/97.

21 Vgl. den Brief an Herzog Karl August vom 3. Februar 1787, B S. 73. Zum Gesamteindruck Roms vgl. B S. 65.

22 Vgl. Conrady: Goethe I, S. 445f.; Stefan Oswald: Italienbilder. Beiträge zur Wandlung der deutschen Italienauffassung 1770–1840. Heidelberg 1985, S. 88.

23 In der morphologischen Schrift »Schicksal meiner Handschrift« faßt Goethe den geistigen Ertrag der italienischen Reise in drei Punkten zusammen: »Im Laufe von zwei vergangenen Jahren hatte ich ununterbrochen beobachtet, gesammelt, gedacht, jede meiner Anlagen auszubilden gesucht. Wie die begünstigte griechische Nation verfahren um die höchste Kunst im eignen Nationalkreise zu entwickeln, hatte ich bis auf einen gewissen Grad einzusehen gelernt, so daß ich hoffen konnte nach und nach das Ganze zu überschauen, und mir einen reinen, vorurteilsfreien Kunstgenuß zu bereiten. Ferner glaubte ich der Natur abgemerkt zu haben, wie sie gesetzlich zu Werke gehe, um lebendiges Gebild, als Muster alles künstlichen, hervorzubringen. Das dritte, was mich beschäftigte, waren die Sitten der Völker. An ihnen zu lernen, wie aus dem Zusammentreffen von Notwendigkeit und Willkür, von Antrieb und Wollen, von Bewegung und Widerstand ein Drittes hervorgeht, was weder Kunst noch Natur, sondern beides zugleich ist, notwendig und zufällig, absichtlich und blind. Ich verstehe die menschliche Gesellschaft.« Hamburger Ausgabe Bd. 13, S. 102. Die drei unmittelbar nach der Rückkehr geschriebenen Aufsätze »Einfache Nachahmung der Natur, Manier, Stil«, »Die Metamorphose der Pflanzen«, »Das Römische Karneval« bilden einen ersten Niederschlag.

24 »Es ist so schwer, ein großes Talent zu fassen, geschweige denn zwei zugleich. Wir erleich-

tern uns dieses durch Parteilichkeit; deshalb denn die Schätzung von Künstlern und Schriftstellern immer schwankt und einer oder der andere immer ausschließlich den Tag beherrscht. Mich konnten dergleichen Streitigkeiten nicht irremachen, da ich sie auf sich beruhen ließ und mich mit unmittelbarer Betrachtung alles Werten und Würdigen beschäftigte.« IR S. 389f. Im »Zweiten Römischen Aufenthalt« gelten verschiedene Betrachtungen Raffael und Michelangelo, den einzigen einander ebenbürtigen Malergenies der Renaissance. Dazu Petra Maisak: Goethe und die Malerei in Italien. In: Goethe in Italien (Katalog), S. 66–87, hier S. 74ff.

25 Goethe folgt in seiner prinzipiellen Wertschätzung der venezianischen Maler Tizian, Veronese und Tintoretto dem Reiseführer Volkmann, nicht aber dessen positiven Urteilen über die bolognesische Schule, also die Maler Carracci, Reni, Domenichino, Guercino.

26 Vgl. den fast identischen Passus in der »Italienischen Reise«, IR S. 105f., mit der verdeutlichenden Formulierung des letzten Satzes: »Da ist nichts, was einen menschlichen Begriff gäbe!«

27 Vgl. zur Kunstfeindlichkeit christlicher Motive auch T S. 133f.

28 Eintrag vom 26.10. 1786, T S. 169f.; vgl. IR S. 116ff. Aus dem »schönen heiligen Werk« des Tagebuchs ändert Goethe in der »Italienischen Reise« in »das löblichste Werk«. Dazu Wolfgang Schiering: Goethe und die antike Kunst. In: Goethe in Italien (Katalog), S. 55–65.

29 »Gemälde und Statuen zu sehen, hilft mir des Hofrat Reiffenstein lange Praktik und Tischbeins Künstlerauge, und ich sehe denn nur so hin.« B S. 13.

30 Dazu Richard Friedenthal: Goethe. Sein Leben und seine Zeit. München 1963, S. 317f.

31 Walther Rehm: Europäische Romdichtung. Zweite, durchgesehene Auflage. München 1960, S. 167.

32 Nur die Peterskirche kann mit der Antike mithalten; erstaunlicherweise erscheint sie Goethe »wohl größer und kühner als einer der alten Tempel«. IR S. 456.

33 Johann Wolfgang von Goethe: Italienische Reise. Hrsg. von Peter Sprengel. München 1986 (Goldmann Klassiker 7641), Nachwort, S. 543.

34 Vgl. Horst Claussen: »[...] die herrlichste Idee, die ich nun nordwärts mitnehme.« Goethe und die Architektur in Italien. In: Goethe in Italien (Katalog), S. 94–99.

35 Insbesondere im Fragment »Die Natur« von 1783, Hamburger Ausgabe Bd. 13, S. 45–47. Obwohl Georg Christoph Tobler als Verfasser bezeugt ist, gelten die darin niedergelegten Ansichten auch für den jungen Goethe.

36 Pierre Bertaux: Goethes Italienische Reise als Anti-Herder. In: Bausteine zu einem neuen Goethe. Hrsg. von Paolo Chiarini. Frankfurt am Main. 1987, S. 43–54, hier S. 45. In einem Riemer diktierten Entwurf heißt es: »Die Geschichte, selbst die beste, hat immer etwas Leichenhaftes, den Geruch der Todtengruft.« Ebd.

37 Bertaux: Goethes Italienische Reise, S. 46f.

38 Ebd., S. 52f.

39 »Es nimmt keinen innigen zärtlichen Antheil am Unglücklichen, wie mich dünckt, es freut sie nur wenn der Held gut spricht, denn aufs reden halten sie viel, dann wollen sie wieder lachen, oder was albernes vornehmen.« T S. 123.

40 So Oswald: Italienbilder, 90f.

41 Vgl. B S. 49. »Da ich keine vollständige Idee von Italien mitnehmen kann, will ich wenigstens das, was ich sehe, mit eignen Augen und nach eigner Art sehen. Es wird mir mit diesem Lande wie mit meinen Lieblingswissenschaften gehn. Auf den ersten sichern Blick kommt alles an, das übrige gibt sich, und durch Schrift und Tradition hat man keinen sichern Blick.«

42 Vgl. auch den Brief an Charlotte von Stein, B S. 38.

43 Vgl. Herders Brief an Goethe vom 27.12. 1788. »Wenn ich aus Italien komme, will ich mir von Dir erzählen lassen, was Du gesehen hast und ich hätte *sehend* sehen sollen und meinen Mund dazu nicht auftun.« Johann Gottfried Herder: Italienische Reise. Briefe und Tagebuchaufzeichnungen, Hrsg. von Albert Meier und Heide Hollmer. München 1988, S. 293.

44 »Denn man hat gar keine Idee, wie schön das Land ist, und wir sind den Landschaftsmalern viel schuldig, daß sie uns ein Bild davon über die Alpen schicken.« B S. 105.

45 B S. 98, vgl. B S. 106. Ebenfalls an den Herzog gerichtet ist Goethes Schilderung seiner künstlerischen Tätigkeiten aus dem Rückblick, B S. 118.

46 Vgl. auch IR S. 173: »Mit dem Künstler nur muß man sich nicht vergleichen, sondern nach seiner eigenen Art verfahren; denn die Natur hat für ihre Kinder gesorgt, der Geringste wird nicht, auch durch das Dasein des Trefflichsten, an seinem Dasein gehindert: »Ein kleiner Mann ist auch ein Mann!« Und dabei wollen wir's denn bewenden lassen.«

47 Goethes Werke. Festausgabe. Hrsg. von Robert Petsch. Siebzehnter Band. Italienische Reise. Bearb. von Robert Weber. Leipzig 1926, S. 20; Conrady: Goethe I, S. 449; Hein-Th. Schulze Altcappenberg: Zwischen Ideal und Wirklichkeit. Zum Verständnis der Goethe-Zeichnungen. In: Goethe in Italien (Katalog), S. 99–112.

48 Roland Daube-Schackat: Goethes literarisches Schaffen in Italien. In: Goethe in Italien (Katalog), S. 113–125.

49 B S. 22. »Wie gern erzählt ich Dir von dem, was ich gesehn habe, wenn nur Erzählen das Mindste eines Bildes hinübertragen könnte.« B S. 31 »Alles Reden und Beschreiben hilft bei sinnlichen, ja auch bei moralischen Gegenständen nichts.«

50 Schon Angelika Kauffmann machte ihm das Kompliment, wenige in Rom sähen besser als er; IR S. 519.

51 Vgl. zum Kontext Paul Requadt: Die Bildersprache der deutschen Italiendichtung. Von Goethe bis Benn. Bern und München 1962, S. 15–95.

52 Vgl. IR S. 131. Bezeichnenderweise fährt Goethe im Brief an Charlotte mit der Feststellung fort: »Doch werd ich wenig zeichnen [...]«, während er an der entsprechenden Stelle in der »Italienischen Reise« den Satz anschließt: »Man müßte mit tausend Griffeln schreiben [...].« Die kleine Änderung ist ein deutliches Indiz für die veränderte Intention des späteren Goethe: Er projiziert die Schriftstellerintention in den ursprünglichen Kontext. Eine ähnliche, von malerischer Intention zeugende Beschreibung gibt es von Frascati: »Die Gegend ist sehr angenehm, der Ort liegt auf einem Hügel, vielmehr an einem Berge, und jeder Schritt bietet dem Zeichner die herrlichsten Gegenstände.« B S. 22.

53 Oswald: Italienbilder, S. 102f.

54 Goethe: Poetische Werke. Berliner Ausgabe. Bd. 5. Berlin und Weimar 1978, S. 568.

55 Oswald: Italienbilder, S. 101.

56 Klaus H. Kiefer: Wiedergeburt und Neues Leben. Aspekte des Strukturwandels in Goethes ›Italienischer Reise‹. Bonn 1978, S. 394.

57 Vgl. dazu Oswald: Italienbilder, S. 88ff.

58 Ferdinand van Ingen: Goethes »Italienische Reise«: Ein fragwürdiges Modell. In: Italo Michele Battafarano (Hrsg.): Italienische Reise. Reisen nach Italien. Gardolo di Trento 1988, S. 177–229, hier S. 196ff.

59 Vgl. Heinrich Niederer: Goethes unzeitgemäße Reise nach Italien 1786–1788. In: Jahrbuch des Freien Deutschen Hochstifts 1980, S. 55–107.

60 Vgl. dazu Eissler: Goethe, S. 1111ff.

61 Vgl. Melitta Gerhard: Die Redaktion der »Italienischen Reise« im Lichte von Goethes autobiographischem Gesamtwerk (1930). In: M.G.: Leben im Gesetz. Fünf Goethe-Aufsätze. Bern. München 1966, S. 34–51, hier S. 38ff.

62 Oswald: Italienbilder, S. 93ff.

63 Dazu bereits Gerhard: Die Redaktion (s. Anm. 61).

64 Ebd. S. 42ff.

65 Oswald: Italienbilder, S. 97.

66 Dazu: Wilhelm Emil Mühlmann: Goethe, Sizilien und wir. In: GRM 26 (1976), S. 440–451.

67 Christoph Michel: Nachwort. In: Goethe: Tagebuch der Italienischen Reise, S. 381–391, hier S. 389.

68 Dazu Peter Boerner: Italienische Reise (1816–29). In: Paul Michael Lützeler, James McLoed (Hrsg.): Goethes Erzählwerk. Interpretationen, Stuttgart 1985, S. 344–362.

69 Dazu Helmut Pfotenhauer: Der schöne Tod. Über einige Schatten in Goethes Italienbild. In: Jahrbuch des Freien Deutschen Hochstifts 1987, S. 134–157.

70 Boerner: Italienische Reise, S. 352ff.

71 van Ingen: Goethes »Italienische Reise«, S. 221 ff.
72 WR IV, 9, S. 198.
73 Ebd., S. 207.
74 Zum Kontext vgl. Wilhelm Voßkamp: Klassik als Epoche. Zur Typologie und Funktion der Weimarer Klassik. In: Hans-Joachim Simm (Hrsg.): Literarische Klassik. Frankfurt 1988, S. 248-277.
75 Vgl. Kiefer: Wiedergeburt und Neues Leben, S. 377 ff.
76 Vgl. Wilfried Barner: Altertum, Überlieferung, Natur. Über Klassizität und autobiographische Konstruktion in Goethes »Italienischer Reise«. In: Goethe-Jahrbuch 1988, S. 64-92, hier S. 88 ff.

»Ich bin nicht Goethe«. Johann Gottfried Herders italienische Bedrängnisse

Texte

Johann Gottfried Herder: Italienische Reise. Briefe und Tagebuchaufzeichnungen 1788-1789. Hrsg., kommentiert und mit einem Nachwort versehen von Albert Meier und Heide Hollmer. München 1988 (nach dieser Ausgabe wird, lediglich mit Seitenangabe, zitiert).

Johann Gottfried Herder: Bloß für Dich geschrieben. Briefe und Aufzeichnungen über eine Reise nach Italien 1788/89. Hrsg. von Walter Dietze und Ernst Loeb. Berlin (Ost) 1980.

Johann Gottfried Herder: Sämmtliche Werke. Hrsg. von Bernhard Suphan. 33 Bände. Hildesheim 1968 (Reprographischer Nachdruck der Ausgabe Berlin 1877-1930) (SWS).

Johann Gottfried Herder: Briefe. Gesamtausgabe. 1763-1803. Unter Leitung von Karl-Heinz Hahn. Hrsg. von den Nationalen Forschungs- und Gedenkstätten der klassischen deutschen Literatur in Weimar (Goethe- und Schiller-Archiv). Bd. 5: September 1783 - August 1788, Bd. 6: August 1788 - Dezember 1792, Bd. 9: Nachträge und Ergänzungen.

Herders Reise nach Italien. Herders Briefwechsel mit seiner Gattin. Hrsg. von Heinrich Düntzer und Ferdinand Gottfried von Herder. Hildesheim / New York 1977 (Reprographischer Nachdruck der Ausgabe Gießen 1859).

Johann Gottfried Herder: Von und an Herder. Ungedruckte Briefe aus Herders Nachlaß. Hrsg. von Heinrich Düntzer und Ferdinand Gottfried von Herder. 3 Bände in 1 Band. Herders Briefwechsel mit Gleim, Nicolai, Hartknoch, Heyne u. a. Hildesheim / New York 1981 (Reprographischer Nachdruck der Ausgabe Leipzig 1861-62).

1 Goethe an Herder, vom 5. Juni 1788. In: Goethes Briefe. Hrsg. von Karl Robert Mandelkow. Hamburger Ausgabe. Bd. 2. Hamburg 1968, Nr. 466, S. 94.
2 Johann Gottfried Herder: Bloß für Dich geschrieben, S. 437 f. Die bisherigen Einzeldarstellungen der Reise sind materialiter unvollständig. Ferdinand Zehender: Herders italienische Reise. Zürich 1882, S. 1 - 32; Josef Bayer: Herder in Weimar und seine italienische Reise. Vortrag 1904. In: J.B.: Literarisches Skizzenbuch. Gesammelte Aufsätze. Prag 1905, S. 152-182; Augusto Foà: Gottfredo Herder in Italia. In: Rivista d'Italia. Roma 1909. Teil 2, S. 227-253; Giovanni Necco: Herder e l'Italia. In: Romana. Anno 4. Roma, Firenze 1940, S. 605-627; Kenji Tanaka: Herders Italien-Reise, aus seinem Briefwechsel mit der Frau gesehen. Ein Material für Herderforschung. In: Die deutsche Literatur, Heft 10, Osaka 1964, S. 39-72. Vgl. auch die Biographien von Rudolf Haym: Herder. Nach seinem Leben und seinen Werken dargestellt. 2 Bände. Berlin 1877/85. Neudruck Berlin (Ost) 1958, hier Bd. 2, S. 424 ff.; Eugen Kühnemann: Herder. Zweite Aufl. München 1912, S. 464 ff.
3 Vgl. S. 164, 278, 348, 359, 368, 384, 449.
4 S. 95, 154.
5 S. 98, 132 f., 151, 175 f., 200, 212; vgl. S. 218.

6 »Hole der Henker den Gott, um den Alles ringsumher eine Fratze sein soll, die er nach seinem Gefallen brauchet; oder gelinder zu sagen, ich drücke mich weg von dem großen Künstler, dem Einzigen rückstrahlenden All im All der Natur, der auch seine Freunde und was ihm vorkommt bloß als Papier ansieht, auf welches er schreibt, oder als Farbe des Paletts, mit der er malet.« S. 369.

7 SWS IV, S. 67f.; SWS VIII, S. 16f., S. 121, 153.

8 Dazu vgl. die Aufsätze von Gunter E. Grimm: Kunst als Schule der Humanität. Beobachtungen zur Funktion griechischer Plastik in Herders Kunst-Philosophie. In: Gerhard Sauder (Hrsg.): Johann Gottfried Herder (1744–1803). Hamburg 1987, S. 352–363; ders.: »Die schönste Philosophie«. Zur Philosophie von Johann Gottfried Herders Kunstwahrnehmung im Lichte seines Romaufenthalts. In: Rom – Paris – London. Erfahrungen und Selbsterfahrungen deutscher Schriftsteller und Künstler in fremden Metropolen. Ein Symposion der Deutschen Forschungsgemeinschaft. Hrsg. von Conrad Wiedemann. Stuttgart 1988, S. 231–246.

9 Dazu Grimm: »Die schönste Philosophie«, S. 237f.

10 SWS XVII, S. 373ff.

11 SWS XVII, S. 373ff.

12 Herder an Goethe, vom 27. Dezember 1788: »Ich fürchte, ich fürchte, Du taugst nicht mehr für Deutschland; ich aber bin nach Rom gereist, um ein echter Deutscher zu werden, u. wenn ich könnte, würde ich eine neue Irruption germanischer Völker in dies Land, zumal nach Rom veranlassen. Die Italiener sollten mir dienen, u. in Rom wollte ich insonderheit werben.« S. 293. Vgl. S. 195, 336.

Mit den Augen eines Außenseiters: Johann Gottfried Seume und die Entdeckung der italienischen Wirklichkeit

Texte

Johann Gottfried Seume: Spaziergang nach Syrakus im Jahre 1802. Vollständige Ausgabe nach der 2. verbesserten Auflage. Braunschweig und Leipzig 1805. Hrsg. von Albert Meier. München 1985 (SS).

Oskar Planer/Camillo Reißmann: Johann Gottfried Seume. Geschichte seines Lebens und seiner Schriften. Leipzig 1898 (PR).

1 Johann Gottfried Seume: Mein Leben. In: Seume: Prosaschriften. Mit einer Einleitung von Werner Kraft. Köln 1962, S. 51–154, hier S. 107.

2 Seume: Mein Leben, S. 137.

3 Zur Auflösung Polens vgl. Inge Stephan: Johann Gottfried Seume. Ein politischer Schriftsteller der deutschen Spätaufklärung. Stuttgart 1973, S. 24–28. Seume geriet beim Aufstand der polnischen Freiheitskämpfer in mehrmonatige Gefangenschaft und wurde von General Suworow, der die letzte Teilung Polens herbeiführte, befreit. Während die Mehrheit der deutschen Aufklärer die dritte Teilung Polens 1795 verurteilte und einen Mann wie Suworow zutiefst verachtete, hat Seume immer wieder seinen Retter verteidigt und sich damit die Kritik vieler Zeitgenossen zugezogen.

4 Rolf Kraft: Unbekannte Briefe Johann Gottfried Seumes an Karl Ludwig Frhr. von Münchhausen, 1792–1806. In: Euphorion. Bd. 63 (1969), S. 167–206, hier S. 176.

5 Georg Joachim Göschen an den Schriftsteller Karl August Böttiger: »Seume will übers Jahr nach Italien. Warum? Das wissen er und die Götter, und ich mag mich nicht darum bekümmern. Er ist ein braver Mann; aber seine Reise scheint mir nicht hinlänglich gerechtfertigt zu sein.« (PR S. 283)

6 Die zitierten Passagen entstammen der Vorrede zu Seumes gesammelten Gedichten, die

kurz vor seiner Abreise nach Italien erschienen. Vgl.: Prosaische und poetische Werke von Johann Gottfried Seume. 10 Bände. Berlin 1879, hier Bd. 5, S. 12.

7 Johann Gottfried Seume: Mein Sommer. In: Seume: Prosaschriften. Mit einer Einleitung von Werner Kraft. Köln 1962, S. 635–858, hier S. 638f.

8 Anfänglich wollte Schnorr Seume bis Rom begleiten, dort seinen künstlerischen Studien nachgehen und Seumes Rückkehr aus Sizilien abwarten. Vgl. PR S. 284ff. Von Schnorr stammt auch das bekannteste Porträt Seumes. Es wurde der 3. Auflage der Gedichte als Titelkupfer beigegeben und später vielfach nachgedruckt, nicht zuletzt in der Biographie von Planer und Reißmann.

9 Zu den verschiedenen Tendenzen der Reisebeschreibung im 18. Jahrhundert vgl. Wolfgang Griep: Reiseliteratur im späten 18. Jahrhundert. In: Deutsche Aufklärung bis zur Französischen Revolution. Hrsg. von Rolf Grimminger. München 1980, S. 739–764, und zwei Aufsatzsammlungen: Reise und soziale Realität am Ende des 18. Jahrhunderts. Hrsg. von Wolfgang Griep und Hans Wolf Jäger. Heidelberg 1983 (Neue Bremer Beiträge); Reisen im 18. Jahrhundert. Neue Untersuchungen. Hrsg. von Wolfgang Griep und Hans Wolf Jäger. Heidelberg 1986 (Neue Bremer Beiträge).

10 Stefan Oswald: Johann Gottfried Seume: Spaziergang nach Syrakus. In: Oswald: Italienbilder. Beiträge zur Wandlung der deutschen Italienauffassung 1770–1840. Heidelberg 1985, S. 45–61, hier S. 52. Schon Inge Stephan hat auf die häufigen »Inkompetenztopoi« in Seumes Reisebericht hingewiesen, die es ihm erlauben, »das Schwergewicht seiner Beobachtungen und Reflexionen auf aktuelle soziale und politische Probleme Italiens zu verlagern«. Inge Stephan: Seume, S. 147.

»Von Reu' zur Gier, von Gier zur Reu'«. Zacharias Werners römisches »Damaskus«

Texte

Werner, Zacharias: Ausgewählte Schriften. 15 Bände. Hrsg. von Zedlitz/Schütz. Grimma 1840/1841.

Briefe des Dichters Friedrich Ludwig Zacharias Werner. Mit einer Einführung hrsg. von Dr. Oswald Floeck. Kritisch durchgesehene und erläuterte Gesamtausg. 2 Bde. München 1914. [B]

Unbekannte Briefe von Zacharias Werner. Von Oswald Floeck. In: Hochland. Monatsschrift für alle Gebiete des Wissens, der Literatur und Kunst. Hrsg. von Karl Muth, Jg. 27 (Oktober 1929 – März 1930), Bd. 1, S. 329–353, 446–462, 550–557.

Die Tagebücher des Dichters Zacharias Werner. Hrsg. und erläutert von Oswald Floeck. 2 Bde. Leipzig 1939/1940. [T]

1 Heinrich Düntzer: Zwei Bekehrte. Zacharias Werner und Sophie von Schardt. Leipzig 1873, S. 39.

2 Paul Hankamer: Zacharias Werner. Ein Beitrag zur Darstellung des Problems der Persönlichkeit in der Romantik. Bonn 1920, S. 20; Eugen Wohlhaupter: Zacharias Werner. In: E. W., Dichterjuristen. Bd. 2. Hrsg. von H.G. Seufert. Tübingen 1955. S. 1 – 34, hier S. 4f.

3 »Die Wahrheit ist, dass seine Frau, mochte er auch sich einbilden, sie zu lieben, ihm wirklich zur Last war.« Düntzer: Zwei Bekehrte, S. 71.

4 Hoffmann in der »Nachricht von den neuesten Schicksalen des Hundes Berganza. In: E.T.A. Hoffmann: Gesammelte Werke. Bd. 5. Lebensansichten. Hrsg. von Nino Erné. Hamburg 1965, S. 455. Er rügt hier »den Mangel an innerer Wahrheit«.

5 Programmatischer Brief vom 5.12. 1803 an Peguilhen, in: Briefe I, Nr. 47, S. 224f. (zitiert als B); vgl. Hankamer: Werner, S. 78ff., 91ff.

6 Düntzer: Zwei Bekehrte, S. 107ff.; Hankamer: Werner, S. 169ff.

7 Aus dem Brief vom 15. April 1808 an Goethe ein Beispiel: »Halten Ew. Excellenz mir mein Geschwätz zu Gnaden; ich möchte gern mein ganzes Gefühl ausströmen gegen Den, dem

ich keinen Nahmen geben kann, als die biblischen »Krafft, Rath, Ewigvater, Friedensfürst« gegen Helios-Apollon dessen Gedächtnisse so wie dem Angedenken an Carolina die Einzige, das letzte Sonett, unter den anliegend abgeschriebenen, geweyht ist.« Briefe II, Nr. 151, S. 124ff. Das von Werner angesprochene Sonett heißt »Heliopolis« (Eine Votiv Tafel für Helios-Apollon und Psyche porphyrogeneta. Leipzig den 4ten April 1808) und ist mit zwölf anderen Gedichten in einem Heft, das Werner Goethe mit diesem Brief übersandte, enthalten.

8 Hankamer: Werner, S. 169ff.

9 Briefe II, S. 167 Anm. 1; Düntzer: Zwei Bekehrte, S. 153f. Goethes Briefe. Hamburger Ausgabe in 4 Bdn. Hrsg. von Karl Robert Mandelkow. München 1976, Bd. 3, S. 562, Kommentar zu Nr. 905, sowie Goethe: Gedichte und Singspiele. Berliner Ausgabe, Lizenzausgabe Genf o.J., Bd. 2, S. 820. Henrik Steffens hat diese Szene festgehalten. So habe Goethe in seinem Zornausbruch gerufen: »Ich hasse diese schiefe Religiosität; glauben Sie nicht, daß ich sie irgendwie unterstützen werde.« Vgl. Düntzer: Zwei Bekehrte, S. 153f. Goethe soll damals die Worte »Wer mit mir nicht gehn kann, oder will, von dem scheide ich!« gesprochen haben, und ein späterer Brief Werners bezeugt noch die aufwühlende Wirkung, die dieser Ausspruch auf ihn ausübte: als Verdammungsurteil. Briefe II, Nr. 176, S. 225.

10 Hankamer: Werner, S. 222f.

11 Lediglich Düntzer hat in seiner Biographie Zacharias Werners die Tagebücher in aller Ausführlichkeit herangezogen. Düntzer: Zwei Bekehrte, S. 179–237.

12 Wohlhaupter: Dichterjuristen, S. 28.

13 Zunächst, so vermerkt sein Biograph, »ließ er sich behaglich treiben im vollen Strome des römischen Lebens, verkehrte mit dem Prinzen Friedrich von Sachsen-Gotha und mehrern Künstlern und suchte daneben seine sinnliche Lust in gewohnter Weise zu befriedigen.« Sulger-Gebing in Allgemeine Deutsche Biographie 42 (1897), S. 66–74, hier S. 72.

14 Zu Werners geselligem Umgang in Rom vgl. Düntzer: Zwei Bekehrte, S. 183ff.

15 Hankamer: Werner, S. 233.

16 Werner: Poetische Werke, Bd. 2, S. 84f.

17 An Sophie von Schardt, vom 17. April 1810. In: Hochland, Jg. 27 (1929/30), Bd. 1, S. 353. Ähnlich, doch im Ton gemäßigter schreibt er an Frau von Staël, daß er aus Rom »mit einem Schatz von SeelenRuhe« zurückkehren werde, spüre er doch bereits jetzt, daß der Frieden, der ihn seit zwanzig Jahren »verdienter Weise« gemieden habe, allmählich in seine Brust einziehe. Ebd., S. 446.

18 Z. W.: Poetische Werke. Bd. 2, Grimma 1840, S. 83–87, hier S. 85f. Auch in: Deutsche Italiendichtung. Hrsg. von Gunter E. Grimm. Bd. 2 Gedichte. Stuttgart 1988, S. 91–95, hier S. 93f.

19 Werner hatte Goethes Roman am 31. Januar 1810 bei Frau von Humboldt gesehen und Anfang Februar zur Lektüre entliehen. Vgl. Tagebuch Bd. 1, S. 159. Vgl. auch Werners Brief an Sophie von Schardt vom 30. August 1811, in: Hochland Jg. 27 (1929/30), S. 448.

20 Vgl. auch den im Ton gemäßigteren Brief vom selben Tag an Karl Ludwig von Knebel. Briefe II, S. 226–229.

21 Hankamer: Werner, S. 171.

22 Dazu Floeck in der Einleitung Briefe II, S. L und S. LIII. Die letzte Äußerung Goethes zu Werner steht in seinem Aufsatz »Edinburgh Reviews« in »Kunst und Altertum« (1828). Vgl. Goethes Briefwechsel mit Werner 1804–1811. In: Goethe und die Romantik. Bd. 2. Hrsg. von Carl Schüddekopf und Oskar Walzel. Schriften der Goethe-Gesellschaft Bd. 14, 2. Teil (Weimar 1899), S. XXI-XXXIII, 1–66, 305–327, hier S. 326f.; Düntzer: Zwei Bekehrte, S. 244; Trude Undesser: Goethe und Zacharias Werner, Diss. Wien 1944 (masch.).

23 Brief an Friedrich Heinrich vom 7. März 1808, in: Goethes Briefe Bd. 3, Nr. 871, S. 66.

24 »Herr Werner, ein abstruser Dichter,
Dazu vom sinnlichsten Gelichter,
Verleugnete sein schändlich Lieben,
Die Unzucht, die er stets getrieben;
Nun sucht er neue Lasterspur;

Ihn treibt die sündige Natur
Nach Rom zur balylon'schen Hur.
Da laicht er denn mit Münch' und Nonnen
Und glaubt, er habe viel gewonnen,
Daß, was er fleischlich sonst vollführt,
Den Leichnam er geistlich nun branliert.
Nun will der Kerl sich mit den treuen,
Keusch-siegesfrommen Deutschen freuen,
Da doch der Papst, der Antichrist,
Ärger als Türk' und Franzosen ist.«

Goethe: Gedichte. Nachlese und Nachlaß. Berliner Ausgabe, Lizenzausgabe Genf o. J., Bd. 2, S. 418.

25 Goethe an Carlyle, Brief vom 15. Juni 1828. In: Goethes Briefe. Hamburger Ausgabe. Bd. 4, München 1976, Nr. 1398, S. 281. Vgl. auch die frühere konziliante Äußerung Goethes über Werner, gegenüber Jacobi im Brief vom 7. März 1808, ebd. Bd. 3, Nr. 871, S. 66; ferner Goethes Brief an Werner vom 1. Oktober 1809, ebd. S. 905, S. 111f.

26 Düntzer: Zwei Bekehrte, S. 191f.; Hankamer: Werner, S. 242ff.

27 Zur Charakterisierung des zweiten Tagebuchs vgl. Floeck, Einleitung zu den Tagebüchern S. XVIIIff.

28 Vgl. auch den Brief vom 31. Januar 1811 an Karoline von Humboldt. »Ich leb' hier übrigens immer so in den Tag hinein und besuche fast keinen Menschen. Das Motiv dieser meiner mystischen Zurückgezogenheit ist aber nicht sowohl Menschenhaß und Reue, als Menschenliebe und Faulheit, nehmlich um nicht seidene Strümpfe anziehn zu dürffen.« Briefe II, Nr. 175, S. 217. Vgl. auch den Jubelruf vom 9. Dezember anläßlich seines einjährigen Romaufenthaltes, Tagebuch I, S. 224f.

29 Vgl. auch S. 200 die Vermischung von Sinnlichkeit und geistlicher Übung: »Gang über das Campo vaccino, wo allerlei Volk mit Ausgraben beschäftigt ist (die alten Monumente sollen noch weiter ausgegraben werden), und ins Colisäum, wo ich mit der büßenden Brüderschaft und einigen andern guten Christen die Freitagsprocession an die Stationen halte. Ein junges Mädchen trägt das Kreuz zwischen zwei andern, wovon die eine recht hübsch ist, vor.«

30 Tagebuch II, S. 247f.; zu Marianne von Willemer und Werner vgl. Düntzer: Zwei Bekehrte, S. 204–214.

31 »Roms Springwässer«, »Die Tiber«, »Der schwere Reim«, »Der Immerdurstige«, »Selbstbekenntniß«. Vgl. auch den Brief an Karoline von Humboldt vom 31. Januar 1811. »Lieber Gott, was soll man machen! Ich mache fast gar nichts von Versen als hin und wieder ein Sonett, dagegen lese ich sehr viele und gute Sachen, die ich denn, da gute Sachen selten dick sind, bequem in die Tasche stecke und damit nach dem Äskulaptempel in der Villa Borghese, oder Villa Pamphili, oder Pietro Montorio hintrolle und spazirend lese auch wohl nach advenant ein paar Zeilen, ohne weiteres Ziel und Zweck dichte.« Am 12. Januar etwa schrieb er das Sonett »Villa Borghese«, am 24. »Pietro Montorio« und »Villa Pamphili«. Briefe II, Nr. 175, S. 218.

32 Ebd., S. 454, 456. Vgl. die Tagebuchfragmente aus der Zeit vom April bis zum Dezember 1811. Tagebuch I, S. 243–261.

33 Floeck, Einleitung in die Tagebücher. Bd. 1, S. XIXf., S. 224f.

34 Brief an Karl von Dalberg vom August (oder September) 1813; Briefe II, Nr. 185, S. 257; vgl. Düntzer: Zwei Bekehrte, S. 222f., 233.

35 Vgl. die Briefe Werners vom 30. August 1811, vom 27. April 1814, in: Hochland Jg. 27 (1929/30), S. 448–460. Sophie von Schardt beschloß bereits 1814, zum Katholizismus zu konvertieren, was sie dann am Ostertag, dem 6. April 1817, auch ausführte.

36 Düntzer: Zwei Bekehrte, S. 237. Werner hat im Juni 1819 eine Reise nach Venedig geht.

37 Brief an Eduard Julius Hitzig vom 11. Dezember 1822, Briefe II, S. 351. Übrigens war Werner abgesichert zunächst durch eine vom Mainzer Fürstbischof von Dalberg bezahlte Pension von 1000 Gulden, die, nachdem Aschaffenburg an Bayern gefallen war, Dalberg also seine Besitzungen verloren hatte, vom Weimarer Großherzog Karl August übernom-

men wurde. Wohlhaupter: Zacharias Werner, S. 30; Hankamer: Werner, S. 254f., 258f., 317f.

»*In Schutt liegt eure Größe*« – Grillparzers kritische Italienvisite.

Texte

Franz Grillparzer: Sämtliche Werke. Ausgewählte Briefe, Gespräche, Berichte. Vier Bände. Hrsg. von Peter Frank und Karl Pörnbacher. München 1960. (W)

Das »Tagebuch auf der Reise nach Italien« befindet sich in Band 4, S. 275–349 (zitiert nur mit Seitenzahlen).

Sämtliche Werke. Historisch-kritische Ausgabe. Begonnen von A. Sauer, fortgeführt von R. Backmann. 3 Abt. 22 Bde. Wien 1909–1948. Dritte Abtlg. Bd. 1. Briefe. Wien und Leipzig 1913. (B)

1 Grillparzers Werke in zwei Bänden. Hrsg. von Friedrich Schreyvogl. Band 1. Salzburg o. J., S. 192.

2 W IV, S. 748. Brief an Ignaz Karl Graf von Chorinsky, vom 13. März 1819. Vgl. B I, S. 164 und 168. Der Vortrag des Hofkammerpräsidenten ist ebenfalls erhalten; zu den vom Arzt und vom Dichter aufgeführten Gründen nennt Ignaz Graf von Chorinsky die von Grillparzer »erworbenen schriftstellerischen Verdienste« als weiteren Empfehlungsgrund: »Es wäre nie zu billigen, einem Manne den Zutritt zu diesen Reichtümern der Vorwelt zu verschließen, dessen hoher Kunstsinn erprobt ist, und bei dem sich von dem Ausfluge in diese Gegenden, von dem eigenen Anblicke der erhaltenen Denkmäler der Alten, nur die gelungensten Folgen für seine späteren Werke hoffen lassen.« Josef Nadler: Grillparzer. Vaduz 1948, S. 83.

3 Dieser divinatorische Vergleich wird von Grillparzer im Brief vom 9. April an Caroline Pichler bestätigt, nachdem er zwei Tage in Rom weilt. »Venedig übertrifft alles, was ich bisher von herrlichem gesehen habe, selbst Rom, ja selbst das ewige Rom, was nämlich die Macht des ersten Eindrucks betrifft. Dieser Markusplatz, diese Markuskirche, dieser Markuspallast, diese Denkmäler einer Größe, die zwar auf dem Sterbebette liegt, aber doch noch in den letzten Zügen die Riesenglieder dehnt und streckt, indeß Rom ganz tod und unbeweglich daliegt [...].« B I, Nr. 164, S. 174.

4 Grillparzers erster Romaufenthalt dauerte vom 7. bis zum 26. April.
Vgl. auch seinen Brief vom 9. April an Caroline Pichler, B I, Nr. 164, S. 173–175.

5 »Die ungeheuren Mauern des Tempels des Antonin und der Faustina hat man benützt um eine Kirche des heiligen Lorenz daran zu flicken, die jetzt Antonins herrliche Säulen unwillig schmücken.« W IV, S. 295.

6 Vgl. den Brief an Joseph Schreyvogel vom 30. April 1830, B I, Nr. 168, S. 182.

7 Brief an Joseph von Sonnleithner vom 30. April 1830, B I, Nr. 167, S. 181. Vgl. auch den Brief an Joseph Schreyvogl, ebenfalls vom 30. April, B I, Nr. 168, S. 182, wo er über den »immerwährenden Zustand der Dumpfheit« klagt, der ihn in Rom befallen habe.

8 Nadler: Grillparzer, S. 105; Raoul Auernheimer: Franz Grillparzer. Der Dichter Österreichs. Wien, München 1972, S. 92.

9 Das Schreiben des österreichischen Gesandten in Neapel, Fürst von Jablonowski, vom 14. Juni 1819, an die Hof- und Staatskanzlei, in: Grillparzer: Werke ed. Schreyvogl, Bd. 1, S. 193. Vgl. auch Grillparzers Schreiben an seinen Dienstvorgesetzten Ritter von Fuljod, B I, Nr. 178, S. 197–199.

10 Vgl. den Brief vom 9. April an Caroline Pichler, B I, S. 175; ferner die Tagebuchaufzeichnungen W IV, S. 299, S. 324.

11 Dazu Grillparzer in seiner 1844 verfaßten Erklärung »Meine Reise nach Italien«, W IV, S. 183–187.

12 Zum poetischen Ertrag und zum Fall »Campo vaccino« vgl. Nadler: Grillparzer, S. 86–89, S. 104f., sowie Stefan Oswald: Italienbilder. Beiträge zur Wandlung der deutschen Italienauffassung 1770–1840. Heidelberg 1985, S. 75–79.
13 Nadler: Grillparzer, S. 86.
14 Eugen Wohlhaupter: Recht und Rechtswissenschaft auf Grillparzers Lebensweg. Recht und Staat in Grillparzers literarischem Werk. In: E. W., Dichterjuristen, Bd. 1. Hrsg. von H. G. Seufert. Tübingen 1953, S. 390–466, hier S. 413 Anm. 65; zur eigenen Darstellung vgl. den Brief an Sedlnitzky, B I, S. 219.
15 In dieser Richtung äußert sich auch der zum Katholizismus konvertierte Friedrich Schlegel gegenüber seiner Frau Dorothea: »Herr Grill- und Schrill Pratzer hat beliebt in der Agleja ein höchst ultraheidnisches Gedicht zu machen, über das Coliseum, worin er ganz barbarisch auf das Kreuz, was dort steht, und so auch überhaupt auf das Christentum zu schimpfen und zu schänden beliebt.« Der Briefwechsel Friedrich und Dorothea Schlegels 1818–1820. Hrsg. von H. Finke. München 1923, S. 300.
16 Nadler: Grillparzer, S. 87. Kaiser Franz schrieb am 25. November an Graf Sedlnitzky folgenden Brief: »Sie haben ganz recht getan, das hier beigeschlossene Gedicht des Grillparzer aus dem Taschenbuche Aglaja herausnehmen zu lassen, und werden Sie den Verfasser desselben vorrufen und ihm in Meinem Namen einen strengen Verweis umsomehr erteilen, als er, wie Ich nun vernehme, die Reise nach Rom mit Meinem Gefolge gemacht hat, und es keinem Dichter zum Ruhm, noch Ehre gereicht, wenn er seinen Witz ohne Berücksichtigung des Gegenstandes, so ehrwürdig oder heilig solcher auch sein mag, ausläßt, und ein solches Benehmen eine schiefe Bildung des Verstandes, wenn nicht gar ein verdorbenes Gemüt verrät. Übrigens werden Sie ihm bedeuten, daß, da er zugleich Beamter ist, ihm bei einem abermaligen Rückfalle die Entlassung aus meinem Dienste bevorsteht [...].« W IV, S. 899. Sedlnitzky veranlaßte daraufhin, daß das ominöse Gedicht aus allen noch erreichbaren Exemplaren herausgerissen wurde. Grillparzers Freund Schreyvogel, Redakteur der Zeitschrift, Direktor des Burgtheaters und zugleich Zensor, erhält einen Verweis.
17 Brief vom 1.12. 1919 an Graf Sedlnitzky, B I, Nr. 192, S. 213–220. Von Interesse ist es, daß der Protestant Hebbel ganz ähnlich wie Grillparzer urteilte. Er notierte 1844 in sein Tagebuch: »Im Colliseum das Kreuz: es ist, als ob man es einem erschlagenen Titanen auf die Stirn gebrannt und ihn dadurch noch im Grabe zum Kreuzritter umgeschaffen zu haben geglaubt hätte.« Friedrich Hebbel: Tagebücher 1843–1847. Bd. 2. Hrsg. von Karl Pörnbacher. München 1984, S. 141 (Nr. 3243).
18 Dazu Auernheimer: Grillparzer, S. 98; Wohlhaupter: Grillparzer, S. 415.
19 »Nachruf an Zacharias Werner«; W I, S. 151f.

»Wer die Schönheit angeschaut ...«
August von Platens Flucht aus Deutschland

Texte

August Graf von Platens sämtliche Werke in zwölf Bänden. Historisch-kritische Ausgabe mit Einschluss des handschriftlichen Nachlasses. Hrsg. von Max Koch und Erich Petzet. Leipzig 1910. Nachdruck Hildesheim/New York 1969. (W)

August von Platen: Werke. Bd. 1: Lyrik. Hrsg. von Jürgen Link. München 1982.

Der Briefwechsel des Grafen August von Platen. Hrsg. von Ludwig von Scheffler und Paul Bornstein. Bd. 1 – 4. München/Leipzig 1911–1931 (mehr nicht erschienen). Nachdruck Hildesheim/New York 1973. (B)

Die Tagebücher des Grafen August von Platen. Aus der Handschrift des Dichters hrsg. von Georg von Laubmann und Ludwig von Scheffler. 2 Bde. Stuttgart 1896–1900. Nachdruck Hildesheim/New York 1969. (T)

1 Der Vergleich Platens mit Don Quijote stammt aus Thomas Manns Essay »August von Platen«. In: T. M: Das essayistische Werk. Hrsg. von Hans Bürgin. Frankfurt am Main und Hamburg 1968. Schriften und Reden zur Literatur, Kunst und Philosophie. Bd. 2, S. 33-43, passim; aufgegriffen von Hans Mayer: Aussenseiter. Frankfurt am Main 1975, S. 208f., 213.

2 Generell zu Platen die detailreiche Biographie von Rudolf Schlösser: August Graf von Platen. 2 Bde. München 1910 und die neueste Biographie von Peter Bumm: August Graf von Platen. Paderborn, München 1990; Max Koch: August Graf von Platens Leben und Schaffen. In Platens Sämtliche Werke. Bd. 1, und die Kurzdarstellungen von Vincent J. Günther: August Graf von Platen. In: Deutsche Dichter des 19. Jahrhunderts. Ihr Leben und Werk. Hrsg. von B. v. Wiese. Berlin 1969, S. 77-96; Jürgen Link: Artistische Form und ästhetischer Sinn in Platens Lyrik. München 1971; ders.: Nachwort zu August von Platen: Werke, Bd. 1, S. 965-982; Helmut Prang: August Graf von Platen-Hallermünde. In: Jahrbuch des Historischen Vereins für Mittelfranken 84 (1967/68), S. 162-169; Kurt Wölfel: Platens »Poetische Existenz«. Studien zur Lebenshaltung des Dichters. Diss. (masch.) Würzburg 1951; ders.: August von Platen. In: Fränkische Lebensbilder. Neue Folge der Lebensläufe aus Franken. Bd. 3. Würzburg 1969, S. 250-272; ders.: August Graf von Platen. In: Fränkische Klassiker. Eine Literaturgeschichte in Einzeldarstellungen. Hrsg. von Wolfgang Buhl. Nürnberg 1971, S. 523-534; ders.: August von Platen. In: Deutsche Dichter. Hrsg. von Gunter E. Grimm und Frank Rainer Max. Bd. 5. Stuttgart 1989, S. 365-377.

3 Zu Platens Freundschaften vgl. Max Koch: August Graf von Platens Leben und Schaffen. In: Platens Sämtliche Werke. Bd. 1, S. 123-175.

4 Wölfel: Platen 1989, S. 368.

5 Koch: Platen, S. 263.

6 So urteilen Schlösser: Platen I, S. 577; Wölfel: Poetische Existenz, S. 74, und noch Link: Nachwort, S. 977.

7 Wölfel: Poetische Existenz, S. 86; vgl. insbesondere den Tagebucheintrag Platens vom 5. Oktober 1826, T II, S. 811f.

8 Zum Thema Platen und Italien gibt es außerhalb der Biographien nur essayistische Skizzen, etwa Ernst Sander: Platen und Italien. In: Platen. Gedächtnisschrift der Universitätsbibliothek Erlangen. Erlangen 1936, S. 110-121; Bruno Arzeni: Platen und Italien. Ebd., S. 137-149; Albert H. Rausch: Platens Mittelmeerbindung. In: Italien. Monatsschrift für Kultur, Kunst und Literatur. Jg. 1 (1928), S. 162-166.

9 Wölfel: Poetische Existenz, S. 69, grenzt hinsichtlich der Motivation Goethe und Platen voneinander ab. Flucht liege bei beiden Dichtern vor. Während aber Goethe nach Erweiterung seiner Lebenserfahrungen, nach Entfaltung seiner Möglichkeiten verlange, sehne sich Platen »nach Ruhe, Geborgenheit und Asyl, um den Leiden und dauernden Verletzungen zu entgehen, welche ihm eine rohe und beleidigende Umwelt zufügt.«

10 Vgl. auch den Brief an Konrad Schwenck vom 8. Februar 1829. »Nach Deutschland zu kommen, habe ich freilich keine Lust, und in jedem Falle müßte ich erst den ganzen Erfolg jenes Lustspiels abwarten, der im Guten und Schlimmen nicht gering seyn kann.«« B IV, S. 514f.

11 Dazu Hans Mayer: Der Streit zwischen Platen und Heine. In: H. M., Aussenseiter. Frankfurt am Main 1975, S. 207-223. Eine interessante Parallele bietet das Leben Hans Christian Andersens in Italien; ebd., S. 227.

12 Vgl. den Brief vom 24.3. 1828 [1929] an Puchta; B IV, S. 533.

13 Benito Mussolini: Platen e l'Italia. Platen und Italien. In: Siracusa ad Augusto von Platen nel primo centenario della morte 1935. Edizione Speciale di venti esemplari numerati. Siracusa 1935, S. 4 - 15, hier S. 8.

14 Giuseppe Gabetti: Platen e la bellezza come ideale morale. Genua 1915; Arzeni: Platen, S. 145-148.

15 Dazu Koch, S. 312f.; T II, S. 827.

16 Arzeni: Platen, S. 143.

17 Zu Platens Venedigbild vgl. die Studien von Theodor Schultz: Platens Venedig-Erlebnis. Berlin 1940 (enthält viel Unsinn über Platen als »Volksdichter«); Schlösser: Platen I, S. 457ff.; Thea von Seuffert: Venedig im Erlebnis deutscher Dichter (Italienische Studien 2).

Köln, Stuttgart 1937 (Diss. München), S. 49–69; Karl Ipser: Venedig und die Deutschen. München 1976, S. 84–86.

18 Zu den einzelnen Touren Koch: Platen, S. 354–431; vgl. auch Wölfels Zeittafel zu Platens Leben, in: Platens Werke (ed. Link) Bd. 1, S. 960–964.

19 Koch, S, 353f.

20 Felix Mendelssohn Bartholdy. Brief aus Neapel an Fanny Hensel und Rebecka Dirichlet vom 28. Mai 1831. In: F. M. B., Reisebriefe aus den Jahren 1830 bis 1832, Bd. 1. Leipzig 1861, S. 155f.

21 Vgl. Günther: Platen, S. 81.

22 Vgl. die brieflichen Äußerungen B IV, S. 523, 529, 545, 557, 558, 563, 574; T II, S. 794, 886. Ein Paradebeispiel sei zitiert: »Ehe ich meine besten Jahre in beständigen Geldplackereien zubringe, muß ich natürlich Alles versuchen, und mich wo möglich nach einem andern Verleger und einem andern Könige umsehen.« Brief an Puchta vom 17. April 1829, B IV, S. 546.

23 B IV, S. 304, 309, 505, 551, 579; T II, S. 894f. Zuweilen sind seine Kuren gar zu radikal. Etwa in Rom 1830, wo ihm ein ungeschickter Arzt allzu viele Tierchen setzte, mit der Folge, daß sich nicht nur die Leiden verschlimmerten, sondern durch den »starken und unnützen Blutverlust« eine große Schwäche einstellt (T II, S. 919).

24 T II, S. 814, 860f., 865, 880f., 903, 974. An die Brüder Frizzoni im August 1829: »Es wird mir sehr langweilig immer allein zureisen. [...] ich bin der beständigen Plackereien mit den Vetturinen und Gastwirthen satt. In Gesellschaften macht dergleichen wenig Beschwerden; aber allein desto mehr.« B IV, S. 577, vgl. S. 592.

25 Repräsentativ für sein Leben in Italien ist die Aufzeichnung, die er am 3. Dezember 1828 in Bologna macht.
»Von Reggio, wo schlechterdings nichts zu sehen ist, da selbst das Haus Ariosts modernisiert worden, machte ich einen abenteuerlichen Ritt nach den Ruinen von Canossa, die vierzehn Miglien weit im Gebirg liegen. Ein Bauer begleitete mich als Wegweiser, da keine gebahnte Straße nach dem einsamen Dörfchen führt, das bloß aus einer kleinen Kirche und ein paar Hütten besteht, deren eine der Pfarrer bewohnt. Der Weg führt großenteils durch das Flußbett der Campola. Das Schloß liegt auf der höchsten Spitze und bietet eine herrliche Aussicht über die Apeninnen und die ganze Lombardei dar, welche aber als ein Meer von Nebel erschien, da wir selbst erst eine Stunde von Canossa, als wir die Höhe erreichten, aus dem Nebel in das schönste Wetter versetzt wurden. Die Ruinen sind neueren Ursprungs, von alten Resten sind bloß zwei Säulen übrig und vielleicht ein paar Cisternen. Der Pfarrer konnte uns kein Nachtquartier geben, und so mußten wir noch sieben Miglien weit in das nächste Dorf reiten. Wir nahmen einen Knaben mit, der die Laterne trug. Im Anfang hatten wir den herrlichsten Sternenhimmel, bis wir in den dicken, frostigen, lombardischen Nebel hinunterkamen. Das Nachtquartier war nun freilich in einer armseligen Dorfschenke. Doch waren die Leute freundlich und das Bett reinlich. In Modena habe ich mich anderthalb Tage beinahe gelangweilt.« (T II, S. 883f.)

26 Vgl. die Tagebuchaufzeichnung vom 13. Oktober 1824: »Ich habe mich so gewöhnt, jeden Morgen mit der Anschauung schöner Kunstwerke zuzubringen, daß ich nicht weiß, wie ich diesen Genuß werde entbehren können.« (T II, S. 698f.; vgl. auch die Eintragungen S. 712, 732) und die Aufzeichnung vom 24. Oktober 1824: »Ich kann nicht beschreiben, wie wenig mich das Anschauen aller dieser Bilder überhäuft, und welchen unsäglichen Genuß es mir verschafft.« (T II, S. 714) Benno von Wiese: August von Platen. 1. Die Liebe zum Schönen. In: Platen. Gedächtnisschrift der Universitätsbibliothek Erlangen. 1936, S. 1–28, hier S. 1–16. Der Schönheitssinn Platens kommt nur im malerischen Italien auf seine Kosten. Vgl. das Sonett Nr. 104 »Was habt ihr denn an euerm Rhein und Ister, / Um neben dem Hellenenvolk zu thronen? / Journale, Zeitungsblätter, Rezensionen, / Tabak und Bier und Polizeiminister!« (W III, S. 231f.)

27 Thomas Mann: Platen, S. 34ff.

28 Wölfel: Platen 1989, S. 368; ders.: Poetische Existenz, S. 70f.

29 Vgl. den Brief an Fugger vom 15. November 1827 mit dem bereits anzitierten Lobpreis der italienischen Städte: »Ueberall möchte man bleiben, überall die Wunder der Natur und der

Kunst genießen. Wenn mich nicht irgendwo die Menschen fesseln, so werde ich wohl so leicht keine bleibende Stäte finden.« B IV, S. 327.

30 Goethe an Herzog Karl August, Brief vom 29. Dezember 1787. In: Johann Wolfgang Goethe: Briefe aus Italien 1786–1788. Hrsg. und erläutert von Peter Goldammer. München 1982, S. 111f. Goethe führt zur Männerliebe des weiteren aus: »Vorausgesetzt daß sie selten bis zum höchsten Grad der Sinnlichkeit getrieben wird, sondern sich in den mittlern Regionen der Neigung und Leidenschaft verweilt: so kann ich sagen, daß ich die schönsten Erscheinungen davon, welche wir nur aus griechischen Überlieferungen haben (s. Herders ›Ideen‹, 3. Band, pag. 171), hier mit eignen Augen sehen und, als ein aufmerksamer Naturforscher, das Physische und Moralische davon beobachten konnte. Es ist eine Materie, von der sich kaum reden, geschweige schreiben läßt, sie sei also zu künftigen Unterhaltungen aufgespart.«

31 Ulrich Pohlmann: Wilhelm von Gloeden. Berlin 1987, S. 14. Zu Gloedens Knabenschönheitskult in Taormina auch die (etwas reißerische) Nietzsche-Biographie Joachim Köhlers: Zarathustras Geheimnis. Friedrich Nietzsche und seine verschlüsselte Botschaft. Nördlingen 1989, S. 312–317. Viel eher als auf Nietzsche trifft das dort Dargelegte auf Platen zu.

32 Weitere einschlägige Belege T II, S. 847 (»Innocenz ist weit hübscher, lieblicher, unschuldiger, als jener andere war und ich habe auch Hoffnung, ihn öfters wiederzusehen.«), 848 (»Gestern habe ich die schönste Bekanntschaft meines Lebens im Theater gemacht, eine Bekanntschaft, die meine kühnsten Wünsche befriedigen würde, wenn sie nicht wahrscheinlich ebenso flüchtig als schön wäre.«), 852, 887, 901, 902, 903, 912, 930, 946, 987 (»Einer der Matrosen, ein junger Mensch von neunzehn Jahren, war schön wie ein Gott.«), 991, 994.

33 Zu Kopisch vgl. Koch: Platen, S. 319f., 323–336, 346ff.

34 Zur politischen Lyrik Günther: Platen, S. 90f.

35 Wölfel: Poetische Existenz, S. 78.

36 Zu Waiblinger vgl. Gerhard Hagenmeyer: Wilhelm Waiblingers Gedichte aus Italien. Ein Beitrag zur Literaturgeschichte der Restaurationszeit und zur Geschichte der deutschen Italiendichtung. Berlin 1930; Lawrence S. Thompson: Wilhelm Waiblinger in Italy. New York 1966; Stefan Oswald: Italienbilder. Heidelberg 1985, S. 116–135.

37 Wilhelm Waiblinger: Werke Hrsg. von Hans Königer Bd. 5, 1, S. 392; vgl. ebd. S. 381, 432, 435.

38 Waiblinger Werke Bd. 5, 1, S. 460.

39 Waiblingers Werke Bd. 5, 1, S. 529f.

40 Waiblingers Werke Bd. 5, 2, S. 966 »wieder eine schauerliche Novelle geschrieben«.

41 Günther: Platen, S. 88, 92f.; Wölfel: Poetische Existenz, passim.

42 Vgl. das »Sonett an Goethe« (W III, S. 160f.) und das Sonett »Grabschrift«, in dem er sich selbst den angemessenen Rang im deutschen Dichterolymp zuweist: »der Ode zweiten Preis« (W III, 233f.).

43 B IV, S. 406, vgl. auch S. 427.

44 Arzeni: Platen, S. 140f. »Das Jahrzehnt, das Platen in Italien [...] verlebte, hat sich für seine Kunst nicht besonders fruchtbar erwiesen. [...] Italien war für den Dichter, wenn man das Tiefste seines Verhältnisses zum ›gelobten Land‹ betrachtet, immer ein glänzender, verödeter Hof. Obwohl er fast alle Gegenden Italiens durchwanderte und Menschen, sogar bedeutende Menschen kennen lernte [...], gestalteten sich Natur und Menschen Italiens in seinem Geiste wie die Figuren eines großen Gemäldes.«

Weltschmerz und Emanzipation – Heinrich Heines Attacken gegen die Bildungsphilister

Texte

Heinrich Heine: Sämtliche Schriften in sechs Bänden. Hrsg. v. Klaus Briegleb. München 1968–1976. Bd. II: Die Reisebilder. München 1969 (R).

Heinrich Heine: Briefe. Säkularausgabe. Hrsg. v. den Nationalen Forschungs- und Gedenkstätten Weimar und dem Centre National de la Recherche Scientifique Paris. Berlin, Paris 1970ff., Bd. 20–27 (HSA).

1 Vgl. Michael Werner: Genius und Geldsack. Zum Problem des Schriftstellerberufs bei Heinrich Heine. Düsseldorf 1978, S. 26ff.
2 Ebd. S. 29.
3 Vgl. dazu Hans-Georg Pott: Heine in München. In: Heine-Jahrbuch 24 (1985), S. 215–226.
4 Vgl. Michael Werner: Heines »Reise von München nach Genua« im Lichte ihrer Quellen. In: Heine-Jahrbuch 14 (1975), S. 24–46, hier S. 27f.
5 Johann Wolfgang Goethe: Italienische Reise. Hamburger Ausgabe in 14 Bänden. München 1981, Bd. 11, S. 28.
6 Vgl. Hans Magnus Enzensberger: Eine Theorie des Tourismus. In: Enzensberger: Einzelheiten I. Bewußtseinsindustire. Frankfurt 1964, S. 179–205, hier S. 188ff.
7 Vgl. Stefan Oswald: Italienbilder. Heidelberg 1985, S. 138f.
8 Michael Werner führt über 20 von Heine rezipierte Titel namentlich auf: Heines »Reise von München nach Genua«, S. 24f.
9 Vgl. Oswald: Italienbilder, S. 136ff.
10 Friedrich Tiersch, Ludwig Schorn, Eduard Gerhard, Leo von Klenze: Reisen in Italien seit 1822. Leipzig 1826, S. IV.
11 Wilhelm Müller: Reisebeschreibungen über Italien. In: Hermes 1820, 3. Stück, S. 265–290. 1821, 2. Stück, S. 248–263. 3. Stück, S. 177–213. Hier Jg. 1820, 3. Stück, S. 265.
12 Vgl. Auch ich in Arcadien. Kunstreisen nach Italien 1600–1900. Ausstellungskatalog. Marbach 1966, S. 181ff.
13 Wilhelm Müller: Amor, ein Cicerone. In: Gunter E. Grimm (Hrsg.): Italiendichtung Bd. 2. Gedichte. Stuttgart 1988, S. 117.
14 Vgl. dazu Jürgen Brummack (Hrsg.): Heinrich Heine. Epoche-Werk-Wirkung. München 1980, S. 118ff.; Werner: Heines »Reise von München nach Genua«, S. 38ff.
15 Vgl. Jost Hermand: Der frühe Heine. Ein Kommentar zu den »Reisebildern«. München 1976.
16 Vgl. Norbert Altenhofer: Heines italienische Reisebilder. In: Jahrbuch des Freien Deutschen Hochstifts 1986, S. 293–316.
17 Vgl. Brummack (Hrsg.): Heinrich Heine, S. 122ff.
18 Vgl. Eberhard Galley: Politische Aspekte in Heines italienischen Reisebildern. In: Internationaler Heine-Kongreß Düsseldorf 1972. Heine-Studien 1973, S. 386–398.
19 Vgl. Werner: Heines »Reise von München nach Genua«, S. 34ff.; Altenhofer: Heines italienische Reisebilder, S. 305ff.
20 Goethe: Italienische Reise, S. 40.
21 Werner: Heines »Reise von München nach Genua«, S. 39.
22 Wolfgang Preisendanz: Der Funktionsübergang von Dichtung und Publizistik bei Heine. In: Preisendanz: Heinrich Heine. Werkstrukturen und Epochenbezüge. München 1973, S. 21–68.
23 Brummack (Hrsg.): Heinrich Heine, S. 132.
24 Dazu Klaus Pabel: Heines »Reisebilder«. Ästhetisches Bedürfnis und politisches Interesse am Ende der Kunstperiode. München 1977, S. 185ff.
25 Goethe: Italienische Reise, S. 47.
26 Enzensberger: Theorie des Tourismus, S. 180.

»Stellt euch Hamburg in Trümmern vor und ihr habt Pompeji« – Hebbel, Scheffel, Fontane: die distanzierten Beobachter

Texte

Friedrich Hebbel: Werke in 5 Bänden. Hrsg. v. Gerhard Fricke, Werner Keller, Karl Pörnbacher. München 1963–67 (HW).
Friedrich Hebbel: Historisch-Kritische Ausgabe. Bes. v. Richard Maria Werner. Berlin 1901–1907. 1. Abteilung: Werke. 12 Bände (HK). 3. Abteilung: Briefe. 8 Bände (HB).

Joseph Viktor von Scheffel: Werke in 4 Bänden. Hrsg. v. Friedrich Panzer. Leipzig, Wien o.J. (SW).

Scheffel in Italien. Briefe ins Elternhaus 1852–1853. Hrsg. v. Wilhelm Zentner. Karlsruhe 1928 (SB).

Theodor Fontane: Sämtliche Werke. Hrsg. v. Walter Keitel und Helmuth Nürnberger. München 1962 ff.
Abt. 1. Bd. 1-6. Romane, Erzählungen, Gedichte (FW).
Abt. 4. Bd. 1-4. Briefe (FB).
Theodor Fontane: Reisen in Italien. In: Aufsätze zur bildenden Kunst. Zweiter Teil. Ges. v. Kurt Schreinert und Wilhelm Vogt. Fortgef. u. hrsg. v. Rainer Bachmann u. Edgar Gross. München 1970 (= Th. F.: Sämtl. Werke. Hist.-Krit. Ausgabe. 24 Bände. München 1959 ff., Bd. XXIII/2). (FA).

1 Vgl. dazu Herbert Kaiser: Friedrich Hebbel. Geschichtliche Interpretationen des dramatischen Werks. München 1983 (UTB 1226).
2 Vgl. Heinz Stolte: Das Molochfragment. Zugleich ein Beitrag zur Beurteilung der Italienreise Hebbels. In: Hebbel-Jahrbuch 1962, S. 94–113.
3 Zit. in Wilhelm Zentner: Einleitung zu: Scheffel in Italien. Briefe ins Elternhaus. Karlsruhe 1929, S. V–XXXII, hier S. X.
4 Zit. ebd. S. X.
5 Zur Bedeutung der Geschichte für Scheffel vgl. auch Rolf Selbmann: Dichterberuf im bürgerlichen Zeitalter. Joseph Viktor von Scheffel und seine Literatur. Heidelberg 1982, S. 67 ff.
6 Zu Scheffels Reiseepisteln vgl. Günther Mahal: Joseph Viktor von Scheffel. Zu Unrecht vergessen? Karlsruhe 1986, S. 81 ff.
7 Vgl. dazu Selbmann: Dichterberuf, S. 107 ff.
8 Zum Thema der »Melancholie« bei Scheffel vgl. Manfred Lechner: Joseph Viktor von Scheffel. Eine Analyse seines Werks und seines Publikums. Diss. München 1962, S. 98 ff.
9 Zum »Trompeter von Säckingen« vgl. Mahal: Zu Unrecht vergessen? S. 65–76.
10 Zu Rezeption, Publikumserfolg und Verkaufszahlen vgl. die Angaben bei Selbmann: Dichterberuf, S. 161 ff.; Mahal: Zu Unrecht vergessen? S. 183 ff.
11 Vgl. Wolfgang Schievelbusch: Geschichte der Eisenbahnreise. Zur Industrialisierung von Raum und Zeit im 19. Jahrhundert. Frankfurt. Berlin. Wien 1979, bes. S. 51 ff.
12 Vgl. Wilhelm Vogt: Fontane und die bildende Kunst. In: Fontane: Reisen in Italien, S. 185–197.
13 Vgl. dazu Richard Brinkmann: Realismus mit »Verklärung« – Perspektiven einer keineswegs ungewöhnlichen Ästhetik. In: Brinkmann: Theodor Fontane. Über die Verbindlichkeit des Unverbindlichen. 2. Aufl. Tübingen 1977, S. 39–47. Zur Italienreise Fontanes vgl. jetzt auch die knappe Darstellung bei Helmut Ahrens: Das Leben des Romanautors, Dichters und Journalisten Theodor Fontane. Düsseldorf 1985, S. 269 ff.
14 Zum zeittypischen Phänomen des »Geschichtsüberdrusses« in der Italienerfahrung des mittleren und späteren 19. Jahrhunderts vgl. auch Wilhelm Waetzoldt: Das klassische Land. Wandlungen der Italiensehnsucht. Leipzig 1927, S. 153 ff. Vgl. dazu die zeitgenössische, heute ›klassische‹ Polemik von Friedrich Nietzsche: Vom Nutzen und Nachteil der

Historie für das Leben (1874). In: Nietzsche: Kritische Studienausgabe in 14 Bänden. Hrsg. v. Giorgio Colli und Mazzino Montinari. München 1988. Bd. 1. Unzeitgemäße Betrachtungen. Zweites Stück, S. 243–334.
15 Jacob Burckhardt: »Cicerone« (1855). »Kultur der Renaissance in Italien« (1860).
16 Ferdinand Gregorovius, »Wanderjahre in Italien« (5 Bde 1856–77). »Geschichte der Stadt Rom im Mittelalter« (8 Bde 1859–72). »Römische Tagebücher« (1882).

»Strahlend und fatal«: Schönheitsfeier im Fin de Siècle

Das Zitat »strahlend und fatal« stammt aus Rainer Maria Rilkes Gedicht »Spätherbst in Venedig«. Das Sonett lautet

»Nun treibt die Stadt schon nicht mehr wie ein Köder,
der alle aufgetauchten Tage fängt.
Die gläsernen Paläste klingen spröder
an deinen Blick. Und aus den Gärten hängt

der Sommer wie ein Haufen Marionetten
kopfüber, müde, umgebracht.
Aber vom Grund aus alten Waldskeletten
steigt Willen auf: als sollte über Nacht

der General des Meeres die Galeeren
verdoppeln in dem wachen Arsenal,
um schon die nächste Morgenluft zu teeren

mit einer Flotte, welche ruderschlagend
sich drängt und jäh, mit allen Flaggen tagend,
den großen Wind hat, strahlend und fatal.«

Aus: Italiendichtung. Band 2. Gedichte von der Klassik bis zur Gegenwart. Hrsg. von Gunter E. Grimm. Stuttgart 1988, S. 259.

»Gott ist tot« – »Es lebe der Gott Italiens« Friedrich Nietzsches Metaphysik des Südens

Texte

Friedrich Nietzsche: Werke. Kritische Studienausgabe in 14 Bänden. Hrsg. v. Giorgio Colli und Mazzino Montinari. München 1988 (KSA).

Friedrich Nietzsche: Sämtliche Briefe. Kritische Studienausgabe in 8 Bänden. Hrsg. v. Giorgio Colli u. Mazzino Montinari. München 1986 (B).

1 Vgl. Dieter Borchmeyer: Das Theater Richard Wagners. Idee-Dichtung-Wirkung. Stuttgart 1982, S. 151ff.
2 Vgl. dazu Martin Gregor-Dellin: Richard Wagner. Sein Leben. Sein Werk. Sein Jahrhundert. München. Zürich 1980, S. 375f. Über die Stationen der Italienreisen Richard Wagners informiert Karl Ipser: Richard Wagner in Italien. Salzburg 1951.
3 Vgl. dazu Werner Ross: Der ängstliche Adler. Friedrich Nietzsches Leben. Stuttgart 1980, S. 329ff.
4 Vgl. dazu Volker Gerhardt: Artisten-Metaphysik. Zu Nietzsches frühem Programm einer ästhetischen Rechtfertigung der Welt. In: V. G.: Pathos und Distanz. Studien zur Philosophie Friedrich Nietzsches. Stuttgart 1988, S. 46–71.

5 Vgl. Helmut Pfotenhauer: Die Kunst als Physiologie. Nietzsches ästhetische Theorie und literarische Produktion. Stuttgart 1985, S. 33ff.
6 Vgl. Curt Paul Janz: Friedrich Nietzsche. 3 Bände. München 1978/1979, Bd. 1, S. 748ff.
7 Vgl. dazu auch Dietrich Fischer-Dieskau: Wagner und Nietzsche. Der Mystagoge und sein Abtrünniger. Stuttgart 1974, bes. S. 205ff.
8 Vgl. Horst Althaus: Friedrich Nietzsche. Eine bürgerliche Tragödie. München 1985, S. 323ff. (»Der neue Privatier«).
9 Joachim Köhler: Zarathustras Geheimnis. Friedrich Nietzsche und seine verschlüsselte Botschaft. Nördlingen 1989, S. 267ff.
10 Vgl. Wolfgang Müller-Lauter: Nietzsches Lehre vom Willen zur Macht. In: Nietzsche-Studien 3 (1974), S. 1-60.
11 Vgl. dazu Pfotenhauer: Die Kunst als Physiologie, S. 89ff.
12 Zur Metapher des Meeres vgl. etwa Hans Blumenberg: Schiffbruch mit Zuschauer. Paradigma einer Daseinsmetapher. Frankfurt 1979.
13 Vgl. dazu auch Pfotenhauer: Die Kunst als Physiologie, S. 188ff.
14 So jedoch Köhler: Zarathustras Geheimnis, S. 317ff.
15 Zur Biographie vgl. Janz: Friedrich Nietzsche, Bd. 2, S. 110ff.; Ross: Der ängstliche Adler, S. 602ff.
16 Die Worte sind später in Lou Andreas-Salomés »Lebensrückblick« überliefert worden. Hier zit. nach H. F. Peters: Lou Andreas Salomé. Das Leben einer außergewöhnlichen Frau. 2.Aufl. München 1976, S. 98.
17 Zur Formel vgl. Eugen Biser: »Gott ist tot«. Nietzsches Destruktion des christlichen Bewußtseins. München 1962; Walter Kaufmann: Nietzsche. Philosoph-Psychologe-Antichrist. Darmstadt 1982, S. 112ff.
18 Bernd Magnus: Nietzsches äternalistischer Gegenmythos. In: Jörg Salaquarda (Hrsg.): Nietzsche. Darmstadt 1980, S. 219–233.
19 Vgl. dazu auch Ernst Bertram: Nietzsche. Versuch einer Mythologie. Berlin 1922, S. 249ff.
20 Vgl. Wolfram Groddeck: »Ein andres Wort für Musik«. Zu Friedrich Nietzsches Venedig-Gedicht. In: Gedichte und Interpretationen 5. Hrsg. v. Harald Hartung. Stuttgart 1983, S. 20–32, S. 20.
21 Vgl. zuletzt Kai Kauffmann: »Gondeln, Lichter, Musik«. Friedrich Nietzsches »Venedig«-Gedicht und sein metaphorisches Umfeld. In: Nietzsche-Studien 17 (1988), S. 158–178.
22 Giorgio Colli: Nach Nietzsche. Frankfurt 1980, S. 189.
23 Vgl. dazu Peter Pütz: Friedrich Nietzsche. 2. Aufl. Stuttgart 1967, S. 67ff.; Bruno Hillebrand (Hrsg.): Nietzsche und die deutsche Literatur. 2 Bde. Tübingen 1978.
24 Vgl. Clemens Heselhaus: Deutsche Lyrik der Moderne. Von Nietzsche bis Yvan Goll. Die Rückkehr zur Bildlichkeit der Sprache. Düsseldorf 1961.
25 Der jahrelange Aufenthalt im Süden brachte jedoch zumindest den einen Effekt, auf den auch heutige Italientouristen oft noch stolz wären: Nietzsche wurde nicht mehr als Deutscher erkannt. Meta von Salis etwa berichtet 1884 über das »Fremdartige, Nicht-Deutsche« in Nietzsches Physiognomie sowie über sein »durch vielen Aufenthalt in freier Luft im Süden bronziertes Gesicht« (Zit. bei Janz: Friedrich Nietzsche, Bd. 2, S. 299.) Wenige Jahre später schrieb ein gewisser Ruthardt, Nietzsches Anblick »ließ ihn so wenig dem Typus eines deutschen Gelehrten gleichen, daß er eher an den eines südfranzösischen Edelmannes oder eines italienischen oder spanischen höheren Offiziers in Zivil erinnerte. Aus seinen edlen, von vielem Aufenthalte in freier Luft und Sonne gesund gebräunten Gesichtszügen und seinen großen dunklen Augen sprach zwar tiefer Ernst, aber keineswegs der finstere, kantige, dämonische Ausdruck, der ihm auf Bildern und Büsten angedichtet worden ist« (Zit. ebd. S. 394). Zweifellos gehören in diesen Zusammenhang auch die bis heute nicht gesicherten Gerüchte über die erotischen »Abenteuer« Nietzsches in Italien. Füllt die Literatur über Nietzsches frühe syphilitische Ansteckung in einem Leipziger Bordell bereits Bände, so ist ein Beleg über Nietzsches sexuelle Kontakte in Italien erst 1980 von Martin Gregor-Dellin publiziert worden. Ein Richard Wagner ergebener Arzt, Dr. Otto Eisler, untersuchte im Jahre 1877 Friedrich Nietzsches unklare Krankheitszustände mit dem von Wagner selbst geäußerten Hintergedanken, es könnten Folgen sexueller Selbstbefriedigung

vorliegen: Bereits der in Neapel konsultierte Arzt habe Nietzsche eine Heirat empfohlen. Eisler wiederum überliefert Wagner daraufhin einen mündlichen Bericht Nietzsches, »daß er jüngst in Italien auf ärztliches Anraten mehrmals den Coitus ausgeübt haben will« (zit. bei Gregor-Dellin: Richard Wagner, S. 751). Vermutungen, daß Nietzsche auch noch in Turin italienische Prostituierte in seinem Zimmer empfangen habe, sind seitdem immer wieder geäußert worden: Auffallend sei etwa Nietzsches theoretische Beschäftigung mit der Prostitution, besonders in den letzten Fragmenten (Vgl. dazu Althaus: Friedrich Nietzsche, S. 533ff.). Schon die Äußerung, Nietzsche habe den Koitus »auf ärztliches Anraten« ausgeübt, zeugt jedoch – wie vieles andere in Nietzsches Lebensstil – nicht gerade von dem ausschweifenden Leben eines dionysischen Libertins; eher dürfte die Darstellung von Werner Ross zutreffen, in Nietzsches erotischen Phantasien vom »Weibe« habe sich die deformierte, zuweilen sado-masochistische Sinnlichkeit einer prüden, wilhelminisch-puritanischen Sozialisation ausgetobt (Der ängstliche Adler, S. 712ff.). Joachim Köhlers These von den homosexuellen Kontakten Nietzsches in Italien haben der Diskussion eine neue Variante – auf der Basis eines Indizienbeweises – hinzugefügt (Zarathustras Geheimnis, a.a.O.).

26 Zur Krankheitsgeschichte vgl. Janz: Friedrich Nietzsche. Bd. 3, S. 9ff.
27 Vgl. dazu Gilles Deleuze: Nietzsche und die Philosophie. München 1976, S. 161ff.
28 Vgl. Andreas Kilb: Das alte Geschöpf gibt auf. Vor hundert Jahren: Friedrich Nietzsches Zusammenbruch in Turin. In: Die Zeit. Nr. 2. 6. Januar 1989, S. 37f.
29 Vgl. Anacleto Verrecchia: Zarathustras Ende. Die Katastrophe Nietzsches in Turin. Wien. Köln. Graz 1986.
30 Ebd., S. 188ff.
31 Vgl. Pierre Klossowski: Nietzsche und der Circulus vitiosus deus. München 1986, S. 323ff. (»Die Euphorie von Turin«).
32 Verrecchia: Zarathustras Ende, S. 265.
33 Vgl. dazu Ross: Der ängstliche Adler, S. 784ff.; Verrecchia: Zarathustras Ende, S. 266ff.
34 So Overbeck in einer Randnotiz zu Nietzsches Venedig-Gedicht, zit. bei Groddeck: »Ein andres Wort für Musik«, S. 31.
35 Verrecchia: Zarathustras Ende, S. 219ff.
36 Ebd., S. 305f.

»Es regt sich ein Heimweh nach Märchenpracht ...« Venedig-Impressionen um 1900 und in der Dichtung Hugo von Hofmannsthals

Texte

Hugo von Hofmannsthal: Gesammelte Werke in Einzelausgaben. Hrsg. von Herbert Steiner. Frankfurt am Main 1945ff.
- Gedichte und Lyrische Dramen, 1952 (GD)
- Prosa I, 1956 (PR I)
- Prosa II, 1959 (PR II)
- Die Erzählungen, 1949 (E)
- Dramen I, 1953 (DR I)
- Dramen II, 1954 (DR II)
- Lustspiele I, 1947 (L I)
- Aufzeichnungen, 1959 (A)

Hugo von Hofmannsthal, Leopold von Andrian. Briefwechsel. Hrsg. von Walter Perl. Frankfurt am Main 1968 (BWA)

Hugo von Hofmannsthal, Edgar Karg von Bebenburg. Briefwechsel. Hrsg. von Mary E. Gilbert. Frankfurt am Main 1966 (BWBE)

Hugo von Hofmannsthal, Carl J. Burckhardt. Briefwechsel. Hrsg. von Carl J. Burckhardt. Frankfurt am Main 1956 (BWBU)

Hugo von Hofmannsthal: Briefe 1890–1901. Berlin 1935 (BR I)

Hugo von Hofmannsthal: Briefe 1900–1909. Wien 1937 (BR II)

1 In: Gunter E. Grimm (Hrsg.): Italien-Dichtung. 2 Bände. Gedichte von der Klassik bis zur Gegenwart. Bd. 2. Stuttgart 1988, S. 169.
2 Vgl. dazu beispielsweise Rilkes Gedicht »Die Kurtisane«, zit. in: Grimm: Italien-Dichtung, Bd. 2, S. 45.
3 Thomas Mann: Der Tod in Venedig. In: Sämtliche Erzählungen. Frankfurt 1963, S. 399.
4 Deshalb beschäftigen sich die meisten neueren Untersuchungen nicht nur mit der deutschen Venedig-Dichtung, sondern vergleichen im europäischen Kontext. Vgl. Erwin Koppen: Tödliches Venedig. In: Koppen: Dekadenter Wagnerismus. Berlin/New York 1973, S. 214–247, und die wohl neueste, materialreiche und äußerst instruktive Darstellung von Christiane Schenk: Venedig im Spiegel der Décadence-Literatur des Fin de siècle. Frankfurt am Main/New York 1987, die französische, italienische, deutschsprachige und angloamerikanische Autoren behandelt. Thea von Seufferts ältere, aber immer noch lesbare Studie: Venedig im Erlebnis deutscher Dichter. München 1937 (Diss.), konzentriert sich hingegen hauptsächlich auf die deutsche Literatur, allerdings betrachtet sie Venedig-Dichtungen über einen Zeitraum von mehreren Jahrhunderten hinweg.
5 Thomas Mann: Lübeck als geistige Lebensform. In: Gesammelte Werke in 12 Bänden. Reden und Aufsätze 3. Bd. 11. Frankfurt am Main 1960, S. 392.
6 August von Platen: Venedig. In: Sämtliche Werke. Hrsg. von Karl Goedeke. Stuttgart/Berlin o.J. Bd. II, S. 220.
7 Walter Pabst: Satan und die alten Götter in Venedig. Entwicklung einer literarischen Konstante. In: Pabst: Themen und Texte. Gesammelte Studien zur romanistischen und zur vergleichenden Sprachwissenschaft. Berlin 1977, S. 94 (zuerst in: Euphorion 49, 1955, S. 335–359).
8 Vgl. dazu Wilhelm Emrich: Das Bild Italiens in der deutschen Dichtung. In: Emrich: Geist und Widergeist. Wahrheit und Lüge der Literatur. Frankfurt am Main 1965, S. 265, sowie Seuffert: Venedig, S. 21–25, und Hellmuth Petriconi: Das Reich des Untergangs. Bemerkungen über ein mythologisches Thema. Hamburg 1958, S. 85f.
9 Zit. in Seuffert: Venedig, S. 142.
10 Karl Ipser: Venedig. Geliebte der Welt. Das Buch von San Marco. München 1976, S. 67.
11 Erwin Koppen: Tödliches Venedig, S. 217.
12 Ebd., S. 224; vgl. auch S. 216ff.
13 Zit. in: Ipser: Venedig, S. 81.
14 Für das literarische Geschehen um 1900 kursieren in der Literaturgeschichtsschreibung verschiedene Begriffe nebeneinander: Fin de siècle, Jugendstil, Symbolismus, Impressionismus, Dekadenz oder Décadence. Die Berechtigung der einzelnen Termini kann hier nicht diskutiert werden. Corinna Jäger-Trees hat überzeugend herausgearbeitet, daß dem aus dem Französischen übernommenen Begriff »Dekadenz« eine »gewisse Schlüsselposition« eingeräumt werden kann. Vgl. Corinna Jäger-Trees: Aspekte der Dekadenz in Hofmannsthals Dramen und Erzählungen des Frühwerks. Bern/Stuttgart 1988 (Sprache und Dichtung. Neue Folge, Bd. 38), S. XVI, sowie S. VIff.
15 Vgl. die Verse im »Tod des Tizian«: »Siehst du die Stadt, wie jetzt sie drunten ruht« ... usw. (GD S. 190), mit dem eingangs zitierten Gedicht »Siehst du die Stadt?« (GD S. 471f.), das 1890 entstand, also zu einer Zeit, als Hofmannsthal Venedig vermutlich noch gar nicht aus eigener Anschauung gekannt hat.
16 Abgedruckt in: Hofmannsthal: Sämtliche Werke. Bd. III. Dramen 1 (Krit. Ausgabe). Frankfurt am Main 1982, S. 386f. Zur Dekadenz-Thematik und Renaissanceverklärung in »Der Tod des Tizian« vgl. Jäger-Trees: Aspekte der Dekadenz, S. 96ff, S. 148ff, S. 153ff.
17 Thomas Mann: Der Tod in Venedig, S. 364.
18 Walter Rehm: Der Renaissancekult um 1900 und seine Überwindung. In: Zeitschrift für Deutsche Philologie. Bd. 54. Stuttgart 1929, S. 296–328, hier S. 313.
19 Georg Simmel, zit. in Seuffert: Venedig, S. 142.

20 Franz Werfel: Verdi. Roman der Oper. Frankfurt am Main 1962, S. 17; Thomas Mann: Der Tod in Venedig, S. 369. Zur Gondel-Sarg-Metapher vgl. Goethes »Venetianische Epigramme«:
»Diese Gondel vergleich' ich der sanft einschaukelnden Wiege,
Und das Kästchen darauf scheint ein geräumiger Sarg.
Recht so! Zwischen der Wieg' und dem Sarg wir schwanken und schweben
Auf dem großen Kanal sorglos durchs Leben dahin.« (Hamburger Ausgabe Bd. II, S. 176).
Vgl. auch Koppen: Tödliches Venedig, S. 230, und Schenk: Venedig im Spiegel, S. 436f.
21 Rainer Maria Rilke: Geschichten vom lieben Gott. Szene aus dem Ghetto von Venedig. In: Lyrik und Prosa. Lizenzausgabe für die europäische Bildungsgemeinschaft. Stuttgart o. J., S. 56.
22 Zit. in: Christiane Schenk: Venedig im Spiegel, S. 299.
23 Vgl. dazu Corinna Jäger-Trees: Aspekte der Dekadenz, S. 15–21.
24 Paul Requad: Die Bildersprache der deutschen Italiendichtung. Von Goethe bis Benn. Bern/München 1962, S. 215.
25 Zur Rezeptionsgeschichte des Otwayschen Dramas vgl. Hofmannsthal: Sämtliche Werke Bd. IV. Dramen 2 (Krit. Ausgabe). Frankfurt am Main 1984, S. 159f.
26 Allerdings mußte Hofmannsthal die Arbeit an seinem Trauerspiel »Das gerettete Venedig« in Venedig wegen großer Kälte abbrechen. Am 17. November 1902 schreibt er an die Eltern: »[...] ich gebe morgen (Dienstag) den aussichtslosen Kampf des ungeheizten Dichters gegen die wahnsinnige Bora auf und fahre über Pontebba zurück [...].« Zit. in: Hofmannsthal: Sämtliche Werke Bd. IV. Dramen 2, S. 246.
27 Vgl. BR II, S. 281f. Eine erste Fassung wurde 1909 unter dem Titel »Florindo und die Unbekannte« veröffentlicht, »Christinas Heimreise« erst 1910. Beide sind in L 1 abgedruckt.
28 Richard Alewyn: Hofmannsthals erste Komödie. In: Alewyn: Über Hugo von Hofmannsthal. Göttingen 1958 (zuerst 1936), S. 100.
29 Ebd., S. 81.
30 Über Venezianer Bilder schrieb Hofmannsthal: »[...] daß die Farben an sich nichts sind, sondern nur Medien für die Offenbarung des durchgehenden Lichtes.« (A S. 117)
31 Zur Entstehungsgeschichte und genaueren Datierung der verschiedenen Konvolute vgl. Richard Alewyn: Andreas und die »Wunderbare Freundin«. Zur Fortsetzung von Hofmannsthals Romanfragment und ihrer psychiatrischen Quelle. In: Alewyn: Über Hugo von Hofmannsthal, S. 107f. Vgl. auch: Hofmannsthal: Sämtliche Werke. Bd. XXX (Krit. Ausgabe). Frankfurt am Main 1982, S. 303ff.
32 Vgl. dazu Emrich: Das Bild Italiens, S. 282ff.; Seuffert: Venedig, S. 158f.
33 Zu Sizilien vgl. Hofmannsthals Aufsatz »Sizilien und wir« (1925). In: H. v. H.: Gesammelte Werke in Einzelausgaben. Prosa IV, Frankfurt am Main 1955, S. 284–290.

Dichterfürst und Taugenichts – Die Italienreisen Gerhart Hauptmanns (1897) und Hermann Hesses (1901)

Texte

Gerhart Hauptmann: Sämtliche Werke in 11 Bänden. Centenar-Ausgabe. Hrsg. v. H.-E. Hass. Berlin 1982ff. (CA).

Gerhart Hauptmann: Italienische Reise 1897. Tagebuchaufzeichnungen. Hrsg. v. Martin Machatzke. Berlin 1976 (T).

Hermann Hesse: Gesammelte Werke in 12 Bänden. Frankfurt 1970 (HW).

Hermann Hesse: Italien. Schilderungen, Tagebücher, Gedichte, Aufsätze, Buchbesprechungen und Erzählungen. Hrsg. v. Volker Michels. Frankfurt 1983 (I).

1 Vgl. Reinhild Schwede: Wilhelminische Neuromantik. Flucht oder Zuflucht? Ästhetizistischer, exotistischer und provinzialistischer Eskapismus im Werk Hauptmanns, Hesses und der Brüder Mann um 1900. Frankfurt 1987.

2 »Das Abenteuer meiner Jugend« (1937), »Buch der Leidenschaft«(1930), Centenar-Ausgabe Bd. 7. Zu Hauptmanns Italienaufenthalten 1883/84 vgl.die kurze Darstellung bei Felix A.Voigt: Gerhart Hauptmanns Italienerlebnis. In: Germanic Review 33 (1958), S. 187-210, S. 198ff.

3 Beide Dichter haben später ihre leidvollen Erfahrungen mit dem wilhelminischen Schul- und Bildungssystem literarisch verarbeitet, Gerhart Hauptmann in der Autobiographie »Das Abenteuer meiner Jugend« (1937), Hermann Hesse im Roman »Unterm Rad« (1906).

4 Zusammenfassend: Helmut Kreuzer, Die Bohème. Beiträge zu ihrer Beschreibung. Stuttgart 1968; Jens Malte Fischer: Fin de siècle. Kommentar zu einer Epoche. München 1978.

5 Hauptmann erhielt den Nobelpreis 1912, Hesse 1946.

6 Vgl. dazu Martin Machatzke: Dichtung und Dichter an der Wende des 19. Jahrhunderts. Nachwort zu: Gerhart Hauptmann: Italienische Reise 1897, S. 185-219, bes. S. 190ff.; Hans von Brescius: Gerhart Hauptmann. Zeitgeschehen und Bewußtsein in unbekannten Selbstzeugnissen. Bonn 1976, S. 29ff.; Schwede: Wilhelminische Neuromantik, S. 38ff.

7 So Hermann Hesse im Vorwort einer späteren Ausgabe des ersten Prosabandes. Zit. bei Bernhard Zeller: Hermann Hesse in Selbstzeugnissen und Bilddokumenten. Hamburg 1963, S. 37.

8 Brief an Johannes Hesse vom 24.1. 1887. In: Hermann Hesse in Briefen und Lebenszeugnisse 1885-1900. Frankfurt 1978, S. 156-159, S. 157f.

9 Zeller: Hermann Hesse, S. 32.

10 Zum parareligiösem Dichtungsanspruch Hauptmanns vgl. auch Machatzke: Dichtung und Dichter, S. 202ff. sowie den die Kontinuität dokumentierenden späteren Vortrag Hauptmanns »Kunst ist Religion« (1932), CA VI, S. 871-873.

11 Vgl. von Brescius: Gerhart Hauptmann, S. 22ff.; Hans Mayer: Gerhart Hauptmann. Velber 1967, S. 19ff.

12 Zum Mythos bei Gerhart Hauptmann allgemein vgl. Peter Sprengel: Die Wirklichkeit der Mythen. Untersuchungen zum Werk Gerhart Hauptmanns aufgrund des handschriftlichen Nachlasses. Berlin 1982; Karl S. Guthke: Gerhart Hauptmann. Weltbild im Werk. 2. überarb. u. erweit. Aufl. München 1980, S. 40ff.

13 Zum »Orientalismus« in der deutschen Literatur der Jahrhundertwende vgl. auch Machatzke: Dichtung und Dichter, S. 205ff.

14 Vgl. auch C. F. W. Behl: Gerhart Hauptmanns schöpferisches Venedig-Erlebnis. In: Jahrbuch der Deutschen Schillergesellschaft 6 (1962), S. 326-339.

15 Zum Kontext: Jost Hermand: Der Schein des schönen Lebens. Frankfurt 1972. Zu Hauptmann vgl. Karl E. Webb: Islands, Maidens and the Life Force: Gerhart Hauptmann's Literary »Jugendstil«. In: Theatrum Mundi. Festschrift für Harold Lenz. München 1980, S. 109-124. Zu Hauptmanns Beziehung zu Nietzsche vgl. Sprengel: Die Wirklichkeit der Mythen, S. 172ff.

16 Vgl. Slobodan Grubačić: Hermann Hesse als Autor der Jahrhundertwende. Der Beginn: Jugendstil als ästhetische Ausflucht. In: Germanistik. Forschungsstand und Perspektiven. Deutscher Germanistentag Passau 1984. 2 Bde. Berlin. New York 1984, Bd. 2, S. 546-558.

17 Vgl. Voigt: Gerhart Hauptmanns Italienerlebnis, S. 199f.

18 Vgl. von Brescius: Gerhart Hauptmann, S. 35ff.

19 Vgl. dazu Gunter Grimm: Goethe-Nachfolge? Das Beispiel Gerhart Hauptmann. In: G.G., Rezeptionsgeschichte. Grundlegung einer Theorie. München 1977, S. 206-239.

20 Vgl. Axel Fritz: Neue Lernprozesse als Alternativen zum bürgerlichen Bildungsweg im Werk Hermann Hesses. In: A. Mádl, M. Salyámosy (Hrsg.): Welt und Roman. Viségader Beiträge zur deutschen Prosa zwischen 1900 und 1933. Budapest 1983, S. 269-284; Paul Böckmann, Die Bedeutung der Bewußtseinskrise für Hermann Hesses Literatur- und Zeitverständnis. In: Jahrbuch der deutschen Schillergesellschaft 22 (1978), S. 589-609.

21 Vgl. die Essay-Sammlung von Hans Mayer: Der Repräsentant und der Märtyrer. Frankfurt 1971.

22 Zum Politikverständnis und politischen Verhalten Gerhart Hauptmanns vgl. jetzt die Zusammenfassung von Peter Sprengel: Gerhart Hauptmann. Epoche-Werk-Wirkung. München 1984, S. 222ff.

23 Zu den politischen Implikationen von Hesses Kulturverständnis vgl. auch Paul Noack: Politische Konstanten bei Hermann Hesse. In: Sigrid Bauschinger, Albert Reh (Hrsg.): Hermann Hesse. Politische und wirkungsgeschichtliche Aspekte. Bern 1986, S. 9-24.

24 Zur Naturalismus-Kritik Hauptmanns vgl. von Brescius: Gerhart Hauptmann, S. 29ff.

25 Einzelne Nachweise und Motive bei Voigt: Gerhart Hauptmanns Italienerlebnis, S. 206ff.

26 Zu »Und Pippa tanzt« und der Entwicklung des »Märchendramas« von »Hannele« zu »Und Pippa tanzt« vgl. Allen E.McCormick: Gerhart Hauptmann's »Und Pippa tanzt«. In: Theatrum Mundi. Festschrift für Harold Lenz. München 1980, S. 93-108.

27 »Das Drama im Geistigen Leben der Völker« (1934). Die frühe Ausprägung der Hauptmannschen Konzeption dokumentieren fast identische Äußerungen im italienischen Tagebuch 1897: »Kunst ist, was absondert, formt, aus dem Chaos zur Ordnung bildet. Und wehe dem Bildner, der nicht, selbst gebildet, das eigne Chaos beherrscht.« (T S. 86)

28 Vgl. dazu: Peter de Mendelssohn: Von deutscher Repräsentanz. Gerhart Hauptmann und Thomas Mann. In: de Mendelssohn: Von deutscher Repräsentanz. München 1972, S. 170-238.

29 Vgl. Grimm: Goethe-Nachfolge? S. 211 u. 238f.

30 Vgl. Peter Bürger: Theorie der Avantgarde. Frankfurt 1974.

31 Vgl. auch Tadeusz Namowicz: Die frühe Prosa Hermann Hesses und die Traditionen der deutschen Aufklärung. In: A. Mádl u. M. Salyámosy (Hrsg.): Welt und Roman, S. 257-267.

32 Vgl. dazu Hans Robert Jauß: Ästhetische Erfahrung und literarische Hermeneutik. Frankfurt 1982, S. 71ff.; Franz Koppe: Grundbegriffe der Ästhetik. Frankfurt 1983, S. 125ff.; Martin Seel: Die Kunst der Entzweiung. Zum Begriff der ästhetischen Rationalität. Frankfurt 1985.

33 Vgl. Böckmann: Die Bedeutung der Bewußtseinskrise, S. 584ff. Dort auch Bemerkungen zu Hesses Theorie der Literatur als »Selbstbezeugung des Humanen in der Vielfalt seiner Erscheinungsweisen« (S. 597).

34 Brief an Otto Basler vom 24.11. 1933. Hermann Hesse: Gesammelte Briefe. Zweiter Band 1922-1935. Frankfurt 1979, S. 405f.

35 Vgl. dazu Jörg Drews: Über einen neuerdings in der deutschen Literatur erhobenen vornehmen Ton. In: Merkur 430 (1984), S. 949-954. Auch die ältere Hauptmann-Forschung hat diesen Kultus des dichterischen Genies oft nachvollzogen und Hauptmanns Selbstverständnis sich zu eigen gemacht. Anschaulich dazu auch die Forschung zum Italienbild Hauptmanns. Vgl. Voigt: Gerhart Hauptmanns Italienerlebnis: Hauptmann, »selbst ein dämonischer Mensch«, lebe »in der Erfassung der dämonischen Leidenschaften der Menschen und in der Versenkung in die ihm stets so nahe Natur mehr in der Archaik oder besser gesagt: in einer Urzeit. [...] der ›Urmythos‹ weht in seinem Dichten [...]. Man darf es aussprechen: Gerhart Hauptmann ist selbst ein Stück dieser organisch schaffenden Natur in seinem fast pflanzenhaften Werden und Sein, in dieser Ausschaltung jedes krampfhaften Wollens. Es ist, als ob die Natur in einem großartigen Schöpfungsprozess in Hauptmann ihrer selbst bewußt geworden ist und durch seinen Mund nach ihren langsam wirkenden Gesetzen ihr Wesen im Kunstwerk gestalten ließ.« (S. 208f.)

36 Vgl. Peter Handke im Gespräch mit Sigrid Löffler: »Mein Fluch. Mein Glanz«. Ein Besuch bei Peter Handke, Süddeutsche Zeitung v. 28./29. März 1987. Nr. 73, S. 149. »Vom größten aller Menschen, die gelebt haben – und als den seh' ich Goethe –, fühl' ich mich erkannt. Nicht durchschaut, sondern erkannt. Und erhoben.«

37 Modernität und Aktualität des italienischen Reisetagebuch Hermann Hesses betont auch Volker Michels: Nachwort zu Hermann Hesse: Italien, S. 501-510, S. 504.

»Laterna-Magica-Bilder« Italien als Ort der deutschen ›Inneren Emigration‹

Texte

Werner Bergengruen: Römisches Erinnerungsbuch. Kleine Ausgabe. Freiburg 1958 (BR).
Werner Bergengruen: Figur und Schatten. Gedichte. München 1958 (BF).
Werner Bergengruen: Die heile Welt. Gedichte. München 1950 (BH).

Hans Carossa: Italienische Aufzeichnungen. In: Sämtliche Werke. Bd. 1. Frankfurt 1962, S. 793-913 (CA).

Kasimir Edschmid: Italienische Gesänge. Darmstadt 1947 (EI).

Rudolf Hagelstange: Venezianisches Credo. In: Gast der Elemente. Zyklen und Nachdichtungen 1944-1972. Köln 1972, S. 9-28 (HV).

Reinhold Schneider: Tagebuch 1930-1935. Frankfurt 1983 (ST).
Reinhold Schneider: Lyrik. Gesammelte Werke. Bd. 5. Frankfurt 1981 (SL).

Rudolf Alexander Schröder: Die Gedichte, Gesammelte Werke in fünf Bänden. Bd. 1. Frankfurt 1952 (SG).

1 Erich Mühsam: Mignon 1925. In: Gunter E. Grimm (Hrsg.): Italien-Dichtung II. Stuttgart 1988, S. 278.
2 Vgl. dazu Charles W. Hoffmann: Opposition und innere Emigration: Zwei Aspekte des »Anderen Deutschlands«. In: Peter Uwe Hohendahl, Egon Schwarz (Hrsg.): Exil und innere Emigration II. Frankfurt 1973, S. 119-140; Ralf Schnell: Traditionalistische Aspekte. In: Ludwig Fischer (Hrsg.): Literatur in der Bundesrepublik Deutschland bis 1967. München 1986, S. 214-229.
3 Vgl. Ralf Schnell: Literarische Innere Emigration 1933-1945. Stuttgart 1976, bes. S. 46ff.
4 Zit. in: Hans Carossa. Leben und Werk im Bild. Hrsg. v. Eva Kampmann-Carossa. Frankfurt 1978, S. 225.
5 Vgl. Reinhold Grimm: Innere Emigration als Lebensform. In: Reinhold Grimm, Jost Hermand (Hrsg.): Exil und innere Emigration. Third Wisconsin Workshop. Frankfurt 1972, S. 31-73.
6 Vgl. Schnell: Literarische innere Emigration, bes. S. 57ff., S. 90ff., S. 134ff.
7 Reinhold Schneider: Die Seele und das Werk. Zu Hans Carossas 60. Geburtstag. In: Über Hans Carossa. Hrsg. v. Volker Michels. Frankfurt 1979, S. 118-122, S. 121.
8 Vgl. Martin Greiffenhagen: Das Dilemma des Konservatismus in Deutschland. Frankfurt 1986, bes. S. 122ff.
9 Vgl. dazu Wolfgang Frühwald: Die »Papierrosen der Literaturgeschichte«. Zur literarischen Einordnung des Werkes von Reinhold Schneider. In: Über Reinhold Schneider. Hrsg. v. Carsten Peter Thiede. Frankfurt 1980, S. 315-335.
10 Vgl. Juhani Rekola: Das Tragische bei Reinhold Schneider. In: Über Reinhold Schneider, S. 85-98.
11 Vgl. Schnell: Literarische Innere Emigration, S. 148ff.
12 Vgl. Hans Getzeny: Reinhold Schneider. Seine geistige und künstlerische Entwicklung am Beispiel der erzählenden Prosa. Frankfurt. Bern. New York. Paris 1987, S. 84ff. Zur Biographie Schneiders vgl. insgesamt Ingo Zimmermann: Reinhold Schneider - Weg eines Schriftstellers. Stuttgart 1981.
13 Zum christlichen Widerstand vgl. Getzeny: Reinhold Schneider, S. 98ff.
14 Reinhold Schneider. Leben und Werk in Dokumenten. Hrsg. v. Franz Anselm Schmitt. Olten/Freiburg 1981, S. 133.
15 Vgl. dazu Hans Getzeny: »Jetzt ist die Zeit, wo Nietzsche wiederkehren muß.« Reinhold Schneiders literarische Nietzsche-Rezeption 1928-1935. In: Nietzsche-Studien 17 (1988), S. 280-297.
16 Vgl. Rita Meile: Reinhold Schneiders Sonette. Eine Studie über Dokumente des inneren

Widerstandes im nationalsozialistischen Deutschland. In: Über Reinhold Schneider, S. 242-260.

17 Vgl. dazu Theodore Ziolkowski: Form als Protest. Das Sonett in der Literatur des Exils und der Inneren Emigration. In: Reinhold Grimm, Jost Hermand (Hrsg.): Exil und Innnere Emigration. Frankfurt 1972, S. 153-172.

18 Vgl. Schnell: Traditionalistische Konzepte, S. 216ff.

19 Vgl. dazu Hans Bänziger: Werner Bergengruen. Weg und Werk. 4. Aufl. Bern 1983, S. 19ff.

20 Zur Naturlyrik der Inneren Emigration vgl. Schnell: Literarische Innere Emigration, S. 67ff.; Horst Ohde: Die Magie des Heilen. Naturlyrik nach 1945. In: Ludwig Fischer (Hrsg.): Literatur in der Bundesrepublik Deutschland, S. 349-367.

21 Vgl. auch Schnell: Traditionalistische Konzepte, S. 224f.

22 Rudolf Borchardt: Italienische Städte und Landschaften. Stuttgart 1986, S. 63.

23 Vgl. dazu Friedmar Apel: Leser der Landschaft. Über Rudolf Borchardt. In: Merkur 480 (1989), S. 168-174.

24 Vgl. Rudolf Borchardt: Deutsche Reisende Deutsches Schicksal. Berlin, o.J. [1932]. Rudolf Alexander Schröder: Dichter und Volk. Hameln 1938. »Enthistorisierung« kennzeichnet auch die vergleichbare Italien-Erfahrung eines Stefan George. Vgl. Bernhard Böschenstein: Stefan George und Italien. In: Jahrbuch des Freien Deutschen Hochstifts 1986, S. 317-333, hier S. 333.

25 Vgl. Rudolf Borchardt, Alfred Walter Heymel, Rudolf Alexander Schröder. Eine Ausstellung des Deutschen Literaturarchivs im Schiller-Nationalmuseum. Marbach am Neckar 1978, S. 485f.

26 Ebd. S. 485.

Neorealismus und magische Momente Alfred Anderschs literarische Italienporträts

Texte

Alfred Andersch: Die Kirschen der Freiheit. Ein Bericht. Zürich 1968 (KF).

Alfred Andersch: Die Rote. Roman. Neue Fassung. Zürich 1974 (DR).

Alfred Andersch: Wanderungen im Norden. Reisebericht. Olten/Freiburg 1962 (WN).

Alfred Andersch: Aus einem römischen Winter. Reisebilder. Olten/Freiburg 1966 (RW). (Enthält die sardischen Reisebilder: Nach Tharros)

Ernst Jünger: Am Sarazenenturm. Zweite Auflage. Frankfurt 1955 (AS).

1 Alfred Andersch, 1914 in München geboren, wuchs in kleinbürgerlichen Verhältnissen auf. Sein Vater, ein begeisterter Anhänger Ludendorffs und Teilnehmer am Hitlerputsch 1923, starb 1929 nach langem Leiden an den Folgen einer Kriegsverletzung. 1928 mußte Andersch wegen ungenügender schulischer Leistungen das Gymnasium verlassen. Schuldirektor und Lehrer Anderschs war Gebhard Himmler, der Vater von Heinrich Himmler.

2 Vgl.: ... einmal wirklich leben. Ein Tagebuch in Briefen an Hedwig Andersch 1943-1975. Hrsg. von Winfried Stephan. Zürich 1986, S. 40f.

3 Hanjo Kesting: Die Flucht vor dem Schicksal. In: Alfred Andersch. Text und Kritik. Hrsg. von Heinz Ludwig Arnold. Heft 61/62. München 1979, S. 3-22, hier S. 15.

4 Vgl. seine Aussagen in einem Interview mit Paul Kersten: Plädoyer für das Erzählen. In: Über Alfred Andersch. Hrsg. von Gerd Haffmans. Erstausgabe. Zürich 1974, S. 110-113, hier S. 110.

5 Vgl. Anderschs Leitartikel: Das junge Europa formt sein Gesicht. In: Der Ruf. Unabhängige Blätter der jungen Generation. Heft 1, 1. Jg., München 15.8. 1946; sowie den redaktionellen Beitrag: Der neue Weg der italienischen Republik. In: Der Ruf. Heft 4, 1. Jg., 1. 10. 1946. Das politische Italienbild Alfred Anderschs hat besonders Wolfgang Eitel herausge-

arbeitet. Vgl. Wolfgang Eitel: Alfred Andersch und Italien. In: Volker Wehdeking (Hrsg.): Zu Alfred Andersch. Stuttgart 1983, S. 28–36.
In einigen Briefen berichtet Andersch seiner Mutter von einer Reise nach Sizilien und auf die Liparischen Inseln. Auf Lipari verbrachte er mit seiner Frau Gisela im Frühsommer 1954 im Haus des Schweizer Malers Hunzigers einige Urlaubswochen. Vgl. ... einmal wirklich leben, S. 94ff.

6 Zum Neorealismus vgl. den ausführlichen Band: Italienischer Neorealismus. Text und Kritik. Hrsg. von Heinz Ludwig Arnold. Heft 63. München 1979; darin besonders die Aufsätze von Thomas Bremer: Den Menschen neuschaffen, S. 3-18, und Carmine Chiellino: Der Neorealistische Film, S. 19–31.

7 Die andere Achse. Italienische Resistenza und geistiges Deutschland. Hrsg. von Lavinia Jollos-Mazzuchhetti. Mit einem Nachwort von Alfred Andersch. Hamburg 1964, S. 118.

8 Vgl. dazu Wolfgang Eitel: Neorealismus-Rezeption. In: Italienischer Neorealismus, S. 47–58, hier S. 47f.

9 Vgl. dazu den Sammelband: Die andere Achse.

10 Wolfgang Eitel: Neorealismus-Rezeption, S. 52.

11 Ebd., S. 52.

12 Zit. in: Wolfgang Eitel: Alfred Andersch und Italien, S. 29.

13 Das Heft enthält Originaltexte von Vittorini und Moravia, Filmphotos aus »La Strada« und einen Aufsatz von Walter Jens über Pavese, sowie weitere Aufsätze zur italienischen Gegenwartskultur. Zur Zeitschrift »Texte und Zeichen«, deren Herausgeber Andersch von 1955 bis 1957 war, vgl. Thomas Scheuffelen: Texte und Zeichen. Für Alfred Andersch. Marbacher Magazin 17. 1980 (Katalog zur gleichnamigen Ausstellung im Schiller-Nationalmuseum vom 24.10. 1980–1.2.1981).

14 Alfred Andersch: Ein intellektuelles Ghetto. Erinnerungen zum 25. Jahrestag seiner Gründung. In: Frankfurter Rundschau. 1.12. 1972, S. VIII.

15 Alfred Andersch: Nachricht über Vittorini. In: Norden, Süden rechts und links. Von Reisen und Büchern 1951–1971. Zürich 1972, S. 130–141, hier S. 141 (Erstveröffentlichung als Vorwort zur deutschen Ausgabe von Elio Vittorini: Offenes Tagebuch. Olten 1959). Zum l'art pour l'art-Prinzip vgl. Andersch: Die Blindheit des Kunstwerks. In: Norden, Süden rechts und links, S. 142–153. Von der Begegnung Anderschs mit Vittorini existiert ein Photo, abgedruckt in: Bernhard Jendricke: Alfred Andersch. Reinbek 1988, S. 86. Bei Jendricke auch eine ausführliche Andersch-Bibliographie.

16 »Die Rote« wurde in 13 Sprachen übersetzt und erreichte bis 1979 400000 deutsche Gesamtauflagen. Zur literarischen Kritik vgl. Volker Wehdeking: Alfred Andersch. Stuttgart 1983, S. 88ff., ebenso Erhard Schütz: Alfred Andersch. München 1980, S. 61ff.

17 Vgl. auch die folgende Textpassage: »[...] nicht Namen, sondern Bilder, keine Begriffe, sondern Formen, nicht die Abstraktion eines Wortes, sondern die Realität einer lebendigen Erscheinung.« (WN S. 39)

18 Andersch hat den Einfluß der Literatur auf das Reiseerlebnis auch in seinen Reiseberichten reflektiert: »Zu einem geringeren oder größeren Teil ist der Tourist also ein Geschöpf der Literatur, von ihr veranlaßt und gebildet [...].« (WN S. 217)

19 Walter Jens: Deutsche Literatur der Gegenwart. Themen. Stile. Tendenzen. München 1961, S. 124 u. 39.

20 Ebd., S. 39.

21 Vgl. ebd., S. 124f.

22 Vgl. Alfred Andersch: Auf den Spuren der Finzi Contini. In: Andersch: Norden, Süden rechts und links, S. 189-204, hier S. 189.

23 Zit. in Carmine Chiellino: Der neorealistische Film, S. 24. Bekanntlich wurde »Die Rote« 1962 von Helmut Käutner verfilmt. Ruth Leuwerik spielte die Hauptrolle, die Kamera führte der Fellini-Mann Otello Matelli (»La dolce Vita«). Der Film war jedoch ein Mißerfolg. Vgl. dazu einen Brief von Andersch an seine Mutter, in: ... einmal wirklich leben, S. 140. Andersch hat sich immer für ein Zusammenwirken von Literatur und Kino eingesetzt, auch hierin waren für ihn die italienischen Neorealisten ein Vorbild. Vgl. dazu Alfred Andersch: Das Kino der Autoren. In: Andersch: Norden, Süden rechts und links,

S. 163–183, hier bes. S. 173: »Italien bietet [...] das Bild der fast geschlossenen Partizipation einer Nationalliteratur am Film. Diese Teilnahme ist kein mechanischer Vorgang der Arbeitsteilung, sondern eine natürliche Bewegung des italienischen Sinnes für Modernität. Der Neorealismus wurde bekanntlich gleichzeitig in der Literatur durch Vittorini und Pavese, im Film durch Visconti erschaffen. Die Zusammenarbeit großer Autoren mit dem Film ergab sich ganz von selbst; ohne die Namen von Zavattini, Flaiano, Brancati, Bassani, Moravia, Bartolini u.a. ist der italienische Spitzenfilm auch heute nicht denkbar.«

24 Vgl. Volker Wehdeking: Alfred Andersch. Stuttgart 1983, S. 93.

25 Vgl. dazu Wolfgang Eitel: Alfred Andersch und Italien, S. 29f.

26 Alfred Andersch: Vom Reisen lesend. In: Andersch: Norden, Süden rechts und links, S. 102–107, hier S. 106.

27 Vgl. dazu einen Brief an Arno Schmidt vom 10.8. 1960. In: Arno Schmidt: Briefwechsel mit Alfred Andersch. Hrsg. von Bernd Rauschenbach. Zürich 1985, S. 212.

28 In einer von Andersch zusammengestellten Anthologie ist auch ein Kapitel Ernst Jüngers, »Der Moosgrüne« aus »Subtile Jagden« (1957) enthalten. Die abgedruckte Passage schildert die vergeblichen Anstrengungen Jüngers, an der Südküste Sardiniens einen seltenen Käfer zu fangen. Andersch schreibt darüber im Vorwort: »Doch die Essenz des Stücks ist das Gefühl reinen Seins, daß es den Leser ahnen läßt.« In: Alfred Andersch: Mein Lesebuch oder Lehrbuch der Beschreibungen. Frankfurt am Main 1978, S. 14. Andersch Bemerkung bezieht sich insbesondere auf folgende Sätze: »Das ist das Ziel; die Elemente haben sich am Mittag in ihrer Reinheit voneinander abgehoben; das Auge ist von allen Einzelheiten, der Geist von jeder Reflexion befreit. Das läßt sich, wie jedes Gleichgewicht, nicht länger halten als einen Augenblick.« Ernst Jünger: Der Moosgrüne. In: Alfred Andersch: Mein Lesebuch, S. 127–157, hier S. 150.

29 Brief an Arno Schmidt vom 1.12. 1963, in: Arno Schmidt: Briefwechsel mit Alfred Andersch, S. 222.

30 ... einmal wirklich leben, S. 142.

31 Alle folgenden, nicht extra ausgewiesenen Zitate ebenfalls aus der Einleitung, S. 11.

32 Vgl.: Alfred Andersch: empört euch der himmel ist blau. Gedichte und Nachdichtungen, 1946–1971. Zürich 1977.

Ewige Streiterei mit dem ewigen Rom: Marie Luise Kaschnitz

Texte

Marie Luise Kaschnitz: Gesammelte Werke. Hrsg. von Christian Büttrich und Norbert Miller. 7 Bände. Frankfurt am Main 1981–1989 (W).

1 Karl Alfred Wolken (Hrsg.): Blick auf Rom. Variationen über ein altes Thema. Gütersloh 1968, S. 5-12, hier S. 5.

2 Vgl. Toni Kienlechner: 7 mal Rom. Schauplatz des 20. Jahrhunderts. München 1970, S. 210.

3 Vgl. Marie Luise Kaschnitz: Meine acht römischen Wohnungen. In: Westermanns Monatshefte 104, 1963, S. 67–79. Der Aufsatz ist auch in der Gesamtausgabe abgedruckt (W III, S. 699–707), die Erstveröffentlichung enthält jedoch zusätzlich Photographien von Rom und einen Stadtplan, auf dem die Wohnungen eingezeichnet sind.

4 Zu Leben und Werk vgl. folgende Literatur: Inselalmanach auf das Jahr 1971. Hrsg. von Hans Bender für Marie Luise Kaschnitz. Frankfurt 1970; Sigrid Jauker: Marie Luise Kaschnitz. Monographie und Versuch einer Deutung. Graz 1966 (masch. Diss.); Elisabeth Lipinsel: Kaschnitzbibliographie. Dortmund 1971; Elisabeth Pulver: Marie Luise Kaschnitz. München 1984.

5 Vgl. die knappe Zusammenfassung ihrer ersten Ehejahre. In: W 3, S. 450 und S. 730. Marie Luise Kaschnitz hat sich nie über ihr Hausfrauendasein beklagt, sie empfand es sogar als

Erleichterung, Belebung und reichhaltige Erfahrungsquelle (vgl. »Segen der Hausarbeit«, W II, S. 221ff.).

6 Vgl. das Interview mit Horst Bienek. In: Horst Bienek: Werkstattgespräche mit Schriftstellern. 3. Auflage. München 1976, S. 38-44, hier S. 40.

7 Vgl. Kasimir Edschmid: Huldigung für M. L. Kaschnitz. In: Jahrbuch der deutschen Akademie für Sprache und Dichtung 1955. Heidelberg 1956, S. 79 (Hervorhebung im Original).

8 Vgl. Bienek: Werkstattgespräche, S. 39.

9 Vgl. auch den Zyklus »Sizilischer Herbst« (W V, S. 261-270).

10 Zu Bollschweil: »Beschreibung eines Dorfes« (W II, S. 557-587) und zahlreiche Gedichte; zu Frankfurt: »Tage, Tage, Jahre« (W III, S. 7-338) und zahlreiche Gedichte.

Entzauberung eines Mythos? Zum Italienbild in deutscher Gegenwartsliteratur

Texte (in der besprochenen Reihenfolge):

Ingeborg Bachmann: Werke. Hrsg. v. Christine Koschel. Inge von Weidenbaum. Clemens Münster. 4 Bde. München. Zürich 1982 (BW).

Ingeborg Bachmann. Bilder aus ihrem Leben. Mit Texten aus ihrem Werk. Hrsg. v. Andrea Hapkemeyer. München. Zürich 1987 (BB).

Paul Nizon: Canto. Frankfurt am Main 1976 (zuerst Frankfurt am Main 1963).

Rolf Dieter Brinkmann: Rom, Blicke, Hamburg 1979.

Wolfgang Hildesheimer: Masante. Frankfurt am Main 1973.

Peter Rosei: Wer war Edgar Allan? Reinbek bei Hamburg 1979 (zuerst Salzburg 1977).

Peter Schneider: Lenz. Eine Erzählung. Berlin 1973.

Gerhard Roth: Winterreise. Frankfurt am Main 1979 (zuerst Frankfurt am Main 1978).

Robert Gernhardt: Die Toscana-Therapie. Schauspiel in 19 Bildern. Frankfurt am Main 1986.

Rainer Malkowski: Zu Gast. Gedichte. Frankfurt am Main. 1983, S. 52.

Editorische Notiz

Die Idee des Buches, in Tübingen geboren, wurde – allen Widerständen von Examina, Orts- und Berufswechseln zum Trotz – in den Jahren 1985 bis 1990 ausgeführt. So intensiv die Diskussion war und sogar zu einer Reihe gemeinsam gebosselter Sätze geführt hat, so blieb dennoch die individuelle Schreibweise der Verfasser gewahrt. Das Goethekapitel und das Schlußkapitel wurden gemeinsam verfaßt, am Seumekapitel hat Grimm mitgewirkt. Im einzelnen verteilen sich die Kapitel dergestalt auf die Verfasser:

Breymayer:	Seume, Hofmannsthal, Andersch, Kaschnitz
Erhart:	Heine, Hebbel/Scheffel/Fontane, Nietzsche, Hauptmann/Hesse, Innere Emigration
Grimm:	Einführung, Pilger/Gelehrte/Kavaliere, Lessing, Heinse, Herder, Werner, Grillparzer, Platen
Gemeinsam:	Goethe, Gegenwartsliteratur

Ortsregister

Namenregister

Verzeichnis der Abbildungen

GPSR Compliance

The European Union's (EU) General Product Safety Regulation (GPSR) is a set of rules that requires consumer products to be safe and our obligations to ensure this.

If you have any concerns about our products, you can contact us on ProductSafety@springernature.com

In case Publisher is established outside the EU, the EU authorized representative is:

Springer Nature Customer Service Center GmbH
Europaplatz 3
69115 Heidelberg, Germany

Batch number: 10601340

Printed by Printforce, the Netherlands